日本比較法研究所翻訳叢書
90

イギリス行政法

ピーター・レイランド
ゴードン・アンソニー
著

比較行政法研究会 訳

Textbook on Administrative Law

**By
Peter Leyland
Gordon Anthony**

中央大学出版部

© Peter Leyland and Gordon Anthony 2016
"TEXTBOOK ON ADMINISTRATIVE LAW EIGHTH EDITION
was originally published in English in 2016.
This translation is published by arrangement with Oxford University Press.
INSTITUTE OF COMPARATIVE LAW IN JAPAN, CHUO UNIVERSITY
is solely responsible for this translation from the original work
and Oxford University Press shall have no liability for any errors,
omissions or inaccuracies or ambiguities in such translation
or for any losses caused by reliance thereon."

装幀　道吉　剛

訳者はしがき

　本書は，Peter Leyland and Gordon Anthony, Textbook on Administrative Law, 8th ed, Oxford University Press, 2016 の翻訳である。第4版までは，Peter Leyland 教授と Terry Woods 教授との共著であったが，第5版以降は Woods 教授に代わり Anthony 教授が共著者となっている。1994年に初版が登場してから第8版まで版を重ねており，本書はイギリス行政法の標準的な概説書として評価されている。

　Peter Leyland 教授は，ロンドン・メトロポリタン大学の名誉教授であり，現在，ロンドン大学東洋アフリカ学院〔School of Oriental and African Studies〕の上級ティーチングフェロー兼公法の客員教授を務めておられる。Leyland 教授は，Hart 出版の「世界の憲法制度」シリーズの創設者及び編集者であり，同シリーズの Constitution of the United Kingdom, 3rd ed. 2016 や，The Constitutional System of Thailand, 2011（Andrew Harding との共著）の著者として知られている。

　Gordon Anthony 教授は，クイーンズ大学（ベルファスト）法学部の公法教授である。Anthony 教授の主な研究分野は，司法審査，公的機関の責任及びイギリス法と EU 法の関係であり，UK Public Law and European Law: The Dynamics of Legal Integration, Hart Publishing, 2002, Values in Global Administrative Law, Hart Publishing, 2011（Jean-Bernard Auby, John Morison and Tom Zwart との共編著），Judicial Review in Northern Ireland, 3rd ed, Hart Publishing, 2024 など多くの業績がある。Anthony 教授は，2011年に北アイルランドでバリスタの資格を取得し，実務家としても活躍している。

　伝統的にイギリス行政法の基本原則は権限踰越原則であるので，裁判所が同原則を実現するための司法審査の手続・対象・救済手段，そして，裁判所が同原則を具体化した審査の根拠（行政活動の実体的・手続的規制原理）が，一般にイギリス行政法の教科書の中心となっている。本書の中心を占めるのは，他の行

政法の教科書と同じく，司法審査制度であるが，近年の組織改革の内容も含めて，中央・地方の行政組織に関する記述も充実している。本書は，それらの組織改革の内容を知りたい読者にとっても最初の手掛かりとなりうる。はじめに，イギリスの行政法そして司法審査制度を理解する前提となる，イギリス憲法の概要，EU 法との関係，欧州人権条約や 1998 年人権法の内容についても一定の紙面を割いて丁寧に説明がされており，行政法を立体的に理解することが可能となっている。なお，EU 法との関係について，原書はブレグジット前の法状況を前提としており，その点では古くなっている箇所もあるが，現在なお移行期であり（後述参照），EU 法の影響が残る部分も多いので，訳出することには十分に意義があると考えている。司法審査に限られない広範な行政救済としてのオンブズマン（第 6 章），審判所制度と審問制度（第 7 章）について詳しく論じられ，また，契約についても独立した章を設け（第 19 章），PFI 等の近年の動向を含めて考察がなされている。各章の末尾には参考文献リストが附されており，興味を持った問題についてさらに検討を深めていくことができるようになっている。原書は 2016 年に刊行されたものだが，その後，ブレグジットや Covid-19 への対応に迫られた同国の法制度は大きな変化を余儀なくされた。最終章である第 21 章はもともと「結語：未来に直面する行政法」〔Conclusion: administrative law facing the future〕と題するものであったが，それに代えて日本語翻訳版のために，新たに「第 21 章 2016 ～ 2022 行政法の過渡期？」が書きおろされた。両教授のご厚意には訳者一同深く感謝している。

　この翻訳企画は，日本比較法研究所の共同研究「比較行政法研究の歴史的分析と方法（比較行政法研究会）」の研究活動の一環である。2018 年度から本研究会の代表を務めておられた亘理格教授（中央大学元教授，北海道大学名誉教授）のご退職にともない，2024 年度から徳本広孝（中央大学教授）が代表を引き継いでいる。翻訳企画は，Leyland 教授と交流のあった徳本が共訳者とともに具体化し，2020 年度から着手された。

　本書の翻訳は，本共同研究に参加している者のうちイギリス行政法に関心の

ある者が担当した。分担は，次のとおりである。

徳 本 広 孝（中央大学教授）　　　はしがき・第 6 章（6. 1, 6. 3 - 6. 12）・第 7 章
太 田　　信（札幌学院大学准教授）　用語集・第 6 章（6. 2）・第 20 章（20. 1 - 3）
深 澤 龍一郎（名古屋大学教授）　　　第 1 章・第 10 章 - 第 13 章・第 21 章
　　　　　　　　　　　　　　　　　（21. 4. 2, 21. 5）
上 田 健 介（上智大学教授）　　　　第 2 章 - 第 4 章・第 14 章・第 18 章
　　　　　　　　　　　　　　　　　第 21 章（21. 2 - 21. 2. 1）
北 島 周 作（東京大学教授）　　　　第 5 章・第 8 章・第 9 章
　　　　　　　　　　　　　　　　　第 21 章（21. 1, 21. 4 - 21. 4. 1）
洞 澤 秀 雄（中央大学教授）　　　　第 15 章 - 第 17 章・第 19 章・第 21 章（21. 3）
牛 嶋　　仁（中央大学教授）　　　　第 20 章（20. 4 - 6）・第 21 章（21. 2. 2）

　編集担当者は特に設けていないが，それぞれの原稿について，訳語を調整す
るために開催された検討会は十数回に及んだ。訳語や形式について統一性を持
たせるとともに，イギリス行政法の観点から正確性を確保しつつも，日本の読
者に理解しやすい訳語となるよう，検討を行った。
　訳語については，田中英夫編集代表『英米法辞典』（東京大学出版会, 1991 年），
小山貞夫編著『英米法律語辞典』（研究社，2011 年）といった定評のある辞典を
参考にしたほか，関係する各分野の書籍，諸論文を参考にし，共訳者が話し
合った上で適切と考えられるものをあてている。通常は，定訳となっていると
思われる訳語を用いているが，検討の結果，異なる訳語を用いている場合もあ
る。例えば，ある活動を行う権限を有する行政組織を表現する際に用いられ
る "authority" という言葉に対しては，伝統的に「当局」という訳語が当てら
れてきた。そのため，「当局」という訳語を見れば，それは "authority" を訳出
したものであるということは明らかであることから，それを採用することも考
えられた。しかし，日本の行政法学において「当局」という言葉はほぼ用いら
れないことや，現在，日本語で「当局」という言葉が用いられる場合，問題と

なっている個別具体の事案を担当している行政組織という印象を受けることから、原則として、"local authority" は「地方政府機関」、"public authority" は「公的機関」という訳語をあてることにした（なお、固有の組織名に使われている場合は別の訳語が用いられていることがある）。また、"administrative justice" のようにイギリスでも多義的に用いられている言葉（大雑把にいえば、わが国でいう行政救済制度全体を指す用語法、このうちの司法審査と審判所・公審問・オンブズマン等を対置し後者のみを指す用語法、逆に行政救済制度のほかに第一次的な行政決定の制度まで視野に入れる用語法があるようである）については、無理に訳語を統一せず、文脈によって訳し分けることにした。

　翻訳の校正作業は主として太田信が担当したが、武田朋起助教（中央大学）にもその作業に加わっていただいた。武田助教のご尽力に感謝したい。

　さらに、本書の共訳者は、翻訳書の刊行をご承諾くださったオックスフォード大学出版、刊行にご尽力いただいた日本比較法研究所の林和彦氏をはじめスタッフの方々及び中央大学出版部の中村英之氏に対し、厚く御礼を申し上げる次第である。

　最後に、本書の体裁及び訳語等について、若干のおことわりをしておく。

1　原書では、判例索引、法律索引及び事項索引が含まれるが、本書ではこれらを割愛することにした。

2　日本語訳では十分にその意義が伝わらない可能性のある語、複数の定訳がある語などについては、本文中において〔　　〕内で原語を示した。

3　原書の中の情報等について明らかに形式的な誤りと思われるものは修正しているが、これについては著者の承諾を得ている。

4　人名、地名、文献名に関しては、ダイシー、ロンドン、法の精神などの著名なものを除き、原則として、原語のままの表記としている。なお、人名に附されている Sir, Lord 等の敬称は省略し、裁判官の場合は単に〜裁判官と表記している。

2024 年 9 月 10 日

訳者一同

著者はしがき

　この版は，2015 年の総選挙後に成立した保守党政権からちょうど 1 年余り後に公刊された。これまでの版と同様に，選挙前の変化を振り返りつつ，今後，行政法に影響を与える可能性がある選挙後に行われた変更も検討している。行政国家にとって，公共サービス全体の削減の影響は依然として重要な問題であり続けているが，EU 離脱に関する国民投票の実施が迫っており，それに加えて 1998 年人権法を巡り議論されているため，行政法は多くの面で急激な変革を迎える可能性がある。その変革は，ウエストミンスターでの立法手続に関して物議を醸したイングランド法に関するイングランド議員の投票制〔English Votes for English Laws〕や，イングランドの一部地域で段階的に導入された市長公選制及び大都市地域制度など，2014 年のスコットランド独立が問われた住民投票の結果として生じた変更に加えて行われるものである。

　これまでの版と同様に，本書のかなりの部分は，司法審査という重要な分野の分析にあてられている。この分野の判例法は急速に変化を続けており，多くの重要な判決が登場している。本書で分析されている判例には，Imperial Tobacco v Lord Advocate[1]（スコットランド議会の立法権について），Pham v Home Secretary[2]（EU 加盟の法的根拠について），R（Nicklinson）v Ministry of Justice[3]（1998 年人権法に基づく不適合宣言について），Bank Mellat v HM Treasury（No 2)[4]（比例性および手続的公正について），Michael v Chief Constable of South Wales Police[5]（警察のネグリジェンス上の責任について），Keyu v Foreign Secretary[6]（1998 年人権法の遡及効および Wednesbury 原則と比例性の関係について），

---

[1]　[2012] UKSC 61, 2013 SC (UKSC) 153.

[2]　[2015] UKSC 19, [2015] 1 WLR 1591.

[3]　[2014] UKSC 38, [2015] AC 657.

[4]　[2013] UKSC 39, [2014] AC 700.

[5]　[2015] UKSC 2, [2015] AC 1732.

[6]　[2015] UKSC 69, [2015] 3 WLR 1665.

vi

Sandiford v Foreign Secretary[7]（国王大権に関する問題について），が含まれる。

　本書に慣れ親しんでいる読者は，この版の章の構成が第 7 版と同じであることに気付くであろう。序及び憲法の文脈に関する考察の後，行政法の文脈における EU 法及び人権法に関連する超国家的な問題に焦点を当て，続いて現代の行政国家の性質について論じている。

　次に，本書でいう「不服申立ての連鎖」を参照しながら，多様なレベルの法的アカウンタビリティという重要な問題に具体的に焦点を当てる。各種オンブズマン，審判所及び審問が市民に提供する救済手段を評価し，その後，司法審査と裁判所のより広範な役割について詳細に検討する。まず，司法審査の根拠について説明する前に，手続上の問題と司法審査の範囲（及びその利用を制限する傾向にあるいくつかの要因）の両者を検討する。GCHQ 事件で Diplock 裁判官が詳述した違法性，不条理性，手続的不適正という項目は，現在では比例性とともに，確立された審査の根拠に関する議論を体系化するための有用な方法であり続けており，平等と正当な期待に関する章は，これらの審査の根拠がより重要性を増していることを反映している。手続的不適正については，公正さに係る制定法上の要件とコモンロー上のルールに関する 2 つの章で検討されている。本書の残りの部分では，救済手段，公的団体の契約責任及び不法行為責任が扱われている。最終章では，現在の議論を踏まえて論点をまとめ，行政法の現状に関する一般的な結論を導き出すことを目指している。

　Terry Woods は 1992 年に Peter と共にこの行政法の教科書を構想し，第 4 版の完成後，共著者としての関与を継続しないことを決めた。彼の長年にわたる本プロジェクトへの多大な貢献に対し，心から感謝の意を表する。また，OUP の Tom Young，Janine Fisher，Anna Foning，Fiona Tatham には，この版の準備のために多大な努力と支援をいただき，深く感謝する。

　Peter は，議論に応じ，法的問題に関する助言および支援をしてくれた Nicholas Bamforth，Andrew Harding，Sebastian Payne，Nicola Lupo，Paul

---

7)　[2014] UKSC 44, [2014] 1 WLR 2697.

O'Connell，Alison Riley に感謝の意を表する。

　Peter は，本書のすべての版の準備中に素晴らしいサポートを提供し，励ましてくれた妻の Putachad に感謝の意を表する。

　Gordon は，クイーンズ大学法学部の友人や同僚である Jack Anderson，Brice Dickson，Natasa Mavronicola，Chris McCrudden，Kieran McEvoy，John Morison，Sal Wheeler に感謝の意を表する。また，本書を Jill，Emily，Louis，Ben，そして Toby に捧げる。

　本書に記載されている法律は 2016 年 5 月 4 日時点のものである。

Peter Leyland
Gordon Anthony

目　　次

訳者はしがき
著者はしがき
用　語　集

第1章　序：理論と歴史 ……………………………………… *1*

　1.1　序　*1*

　1.2　定　義　*2*

　1.3　法とコンテクスト　*6*

　1.4　赤信号の観点と青信号の観点　*8*

　1.5　行政法と現代国家の起源　*16*

　1.6　結論：行政救済における不服申立ての連鎖へ？　*23*

第2章　憲法的な背景 ………………………………………… *29*

　2.1　序　*29*

　2.2　議 会 主 権　*30*

　2.3　ウエストミンスターモデルとホワイトホールモデル　*34*

　2.4　大臣の個別責任並びに議会と議員の役割　*36*

　2.5　議会主権と司法の権威の押し出し　*44*

　2.6　権力分立：性質と含意　*48*

　2.7　法 の 支 配　*57*

　2.8　結　論　*61*

第3章　EU法と行政法 ……………………………………… *65*

　3.1　序　*65*

3. 2　EU 法と国内法システム：構成国の責務　*67*

3. 3　イギリスにおける EU 法　*83*

3. 4　結　論　*95*

第 4 章　人権と行政法 ……………………………………………… *99*

4. 1　序　*99*

4. 2　人権と人権法以前のコモンロー　*102*

4. 3　なぜ ECHR に効力を与えるのか？　*110*

4. 4　人権法，ECHR，そして憲法原理　*113*

4. 5　欧州基本権憲章　*136*

4. 6　結　論　*138*

第 5 章　現代行政国家 …………………………………………… *143*

5. 1　序　*143*

5. 2　権　限　*147*

5. 3　中 央 政 府　*157*

5. 4　国民医療サービス　*169*

5. 5　非省庁型の公的組織　*172*

5. 6　権限移譲と地方政府　*176*

5. 7　警察監督機関　*190*

5. 8　民営化と規制　*192*

5. 9　シティズンズチャーターからカスタマーサービスエクセレンス　*203*

5. 10　情報の自由　*205*

5. 11　結　論　*208*

第 6 章　オンブズマンの原則 ……………………………………… *213*

6. 1　序　*213*

6. 2　憲法上のコンテクスト　*215*

目　次　*xi*

6.3　議会オンブズマン：「議員フィルター」又は直接アクセス　*218*

6.4　行政の過誤とは何か　*220*

6.5　1967 年議会コミッショナー法に基づく調査手続と権限　*225*

6.6　議会オンブズマンの管轄権の限界　*231*

6.7　オープンガバメントと情報の自由　*234*

6.8　議会オンブズマンの仕事量　*235*

6.9　議会オンブズマンの調査　*237*

6.10　苦情処理の業界：オンブズマン制度の激増　*246*

6.11　シティズンズチャーター，カスタマーサービスエクセレンス，
　　　　そして「良き行政」の探求　*251*

6.12　結　論　*254*

第 7 章　紛争解決：審判所及び審問 ……………………………… *261*

7.1　序　*261*

7.2　裁判所と審判所の比較　*263*

7.3　審判所の手続と 1998 年人権法　*267*

7.4　Leggatt 報告書及び統一的で，独立した審判所サービスの確立　*269*

7.5　上訴，司法審査，そして Cart ケース　*277*

7.6　審判所：結論　*279*

7.7　審　問　*281*

7.8　特殊な目的のための公審問　*285*

7.9　2005 年審問法　*292*

7.10　結　論　*293*

第 8 章　司法審査序論 ………………………………………… *297*

8.1　序　*297*

8.2　政府の権限　*300*

8.3　監視的・上訴的の区別　*303*

xii

8. 4　制定法上の権限，制定法上の義務，そして裁量　*307*

8. 5　司法審査の出現　*312*

8. 6　司法審査手続　*318*

8. 7　公法上の救済手段と私法上の救済手段：どちらの手続か？　*323*

8. 8　有効な他の救済手段　*331*

8. 9　議論に値する事件　*333*

8. 10　原 告 適 格　*334*

8. 11　期間制限と遅滞　*347*

8. 12　結　論　*351*

第9章　司法審査の範囲の拡大：公私の区別と国王大権 ………… *355*

9. 1　序　*355*

9. 2　公法上の決定の識別：公私の区別　*357*

9. 3　司法審査と国王大権上の権限　*373*

9. 4　結　論　*390*

第10章　司法審査の制限：管轄権排除条項と公益上の理由による

　　　　免責 ……………………………………………………… *395*

10. 1　序　*395*

10. 2　管轄権排除条項と期間制限条項　*398*

10. 3　主観的な文言　*414*

10. 4　記録に表れた法についての過誤　*417*

10. 5　司法審査に対する黙示の制限：公益上の理由による免責　*420*

第11章　違 法 性 Ⅰ ……………………………………………… *445*

11. 1　序　*445*

11. 2　制定法の解釈の重要性　*446*

11. 3　純然たる権限踰越　*448*

11. 4 「不正な」目的　*451*

11. 5 関連考慮事項と関連しない考慮事項　*461*

11. 6 不誠実　*478*

11. 7 結　論　*479*

第12章　違 法 性 Ⅱ ………………………………………… *483*

12. 1 序　*483*

12. 2 裁量の拘束：政策の参照による決定　*485*

12. 3 禁反言と裁量の拘束　*500*

12. 4 契約による裁量の拘束　*505*

12. 5 不法な委任による裁量の拘束　*508*

12. 6 法についての過誤と事実についての過誤　*512*

12. 7 委任（又は従位）立法　*520*

12. 8 結　論　*529*

第13章　不合理性，不条理性，比例性 ……………………… *531*

13. 1 序　*531*

13. 2 Wednesbury 判決の不合理性と一般的な不合理性の区別　*532*

13. 3 不合理性の歴史　*538*

13. 4 不条理性：GCHQ 判決における Diplock 裁判官の再定式化　*546*

13. 5 比例性　*549*

13. 6 人権法と比例性　*555*

13. 7 人権法の適用外での Wednesbury 判決と比例性　*575*

13. 8 結　論　*578*

第14章　平　等 ……………………………………………… *581*

14. 1 序　*581*

14. 2 平等とコモンロー　*583*

xiv

14. 3　平等と EU 法　*585*

14. 4　平等と ECHR　*589*

14. 5　平等と制定法　*593*

14. 6　結　論　*595*

第 15 章　正当な期待 ……………………………………………… *597*

15. 1　序　*597*

15. 2　正当な期待はいつ形成されるのか？　*600*

15. 3　原理の展開　*604*

15. 4　Coughlan 判決と実体的正当な期待の保護　*613*

15. 5　適法でなく形成された正当な期待　*621*

15. 6　結　論　*626*

第 16 章　手続的不適正 I：制定法上の要件 ………………… *629*

16. 1　序　*629*

16. 2　手続的権限踰越　*631*

16. 3　制定法上の要件：判例法からの示唆　*635*

16. 4　結論 ― 常識的アプローチ？ ―　*643*

第 17 章　手続的不適正 II：コモンロー上のルール ……………… *647*

17. 1　序　*647*

17. 2　沿　革　*651*

17. 3　審理を受ける権利　*674*

17. 4　偏向禁止ルール　*698*

17. 5　結　論　*720*

第 18 章　司法審査における救済手段 ………………………… *723*

18. 1　序　*723*

目　次　*xv*

18. 2　救済手段の起源と裁量的な性質　*725*

18. 3　救 済 手 段　*728*

18. 4　救済手段と1972年欧州共同体に関する法律　*742*

18. 5　救済手段と1998年人権法　*745*

18. 6　結　　論　*749*

第19章　契約と公的組織 ……………………………………… *751*

19. 1　序　*751*

19. 2　政府の契約権限　*752*

19. 3　裁量の拘束　*758*

19. 4　司法のアカウンタビリティ　*760*

19. 5　無効の契約　*761*

19. 6　不当利得の返還と公的機関　*763*

19. 7　結　　論　*765*

第20章　公的機関の不法行為責任 ……………………………… *769*

20. 1　序　*769*

20. 2　公的機関の責任：主な不法行為　*772*

20. 3　ネグリジェンス，公的活動，コモンロー上の注意義務の制限　*785*

20. 4　判例の変化　*792*

20. 5　人権法と不法行為責任　*799*

20. 6　結　　論　*803*

第21章　2016～2022　行政法の過渡期？ …………………… *807*

21. 1　序　*807*

21. 2　ブレグジット　*809*

21. 3　Covid-19のインパクト　*818*

21. 4　「司法審査のパターン」　*825*

xvi

21. 5　結　論　*834*

xvii

用　語　集

　この用語集には，本書の内容を理解する上で不可欠な重要な用語の一部が収録されている。そして，そうした用語はこれ以降のページ，特に司法審査を扱う章に登場する。2000年にイングランド及びウエールズで導入された民事手続規則〔Civil Procedure Rules〕（CPR）では，行政専門部の名称や大権上の救済手段の名前を含む，いくつかの重要な要素がその名を変更されていることに注意されたい。

行政専門部事務局〔**Administrative Court Office**〕（**ACO**）　旧**クラウンオフィスリスト**〔**Crown Office List**〕の民事手続規則での名前である。行政専門部は司法審査を扱う専門裁判所であり，高等法院女王座部に置かれている。

申請人〔**applicant**〕　旧53号〔Order 53〕の手続に基づいて司法審査を申請した当事者のこと（現行の民事手続規則では請求人〔claimant〕として知られている）。

他方当事者の言い分を聞け〔**audi alteram partem**〕　自然的正義及び公正性のルールの1つ。その核心は，自らに影響を与えうる決定に関して，個人が審理を受ける機会を有するべきであることを意味する。

移送命令〔**certiorari**〕　もともとは下位裁判所に向けられた令状であり，司法的事項を認証するために，記録を提出することを命じるものであった。現在では，司法審査手続の下で，下位裁判所，審判所，そしてその他の公的決定者の決定を審査し，取り消すために用いられる（現在では，**取消命令**〔**quashing order**〕として知られている。以下を参照）。

xviii

請求〔claim〕 裁判所における司法審査を求める訴えは，現在，「（ⅰ）法律，（ⅱ）公的活動を行うことに関係する決定，作為又は不作為の適法性を審査する請求」と定義されている。

請求人〔claimant〕 民事手続規則において，司法審査を請求する当事者のことであり，以前は申請人〔applicant〕として知られる（以下の被告〔defendant〕の箇所を参照）。

不適合宣言〔declarations of incompatibility〕 これは，1998 年人権法 4 条に基づき，裁判所がウエストミンスターの議会の法律又は特定形式の従位立法を欧州人権条約に適合するように解釈できない場合になされる。議会主権の原則を妨げないようにするため，不適合宣言が出された後も争われた措置は有効である。

被告〔defendant〕 司法審査請求がなされる当事者（上記請求人〔claimant〕を参照）。

委任された権限は委任することができない〔delegatus non potest delegare〕 公法の一部の領域において，大臣，官吏及び権限を付与された人が，その権限の行使を不適切に委任してはならないという法原則のこと。これに関する最も有名な判決である Carltona Ltd v Commissioner of Works〔1943〕2 All ER 560 を参照。

ディスカバリー〔discovery〕 現在では，これはディスクロージャー〔disclosure〕と呼ばれる。一方当事者が，他方当事者が持っている証拠を明らかにすることを可能とする手続である。

禁反言〔estoppel〕 これは，ある人が以前に行った自らの発言の真実性を否

定することを妨げる証拠法上の原則である。公的機関によって明確に事実主張や保証がなされ，ある人はそれに基づいて行動していたが，後に撤回されたというようないくつかの公法上の事件においては，約束的禁反言の一形態が歴史的に適用されてきた。このような事件は現在では，正当な期待〔legitimate expectation〕の原則によって処理される。

一方当事者のために〔ex parte〕 現在，民事手続規則では「通知なしに」〔without notice〕と呼ばれている。（ⅰ）利害関係者ではない者による請求及び申請，又は，（ⅱ）他方当事者不在という状況における，請求及び申請のいずれかを意味する。

インジャンクション〔injunction〕 この救済手段によって裁判所は，司法審査手続において被告である機関に対し，特定の行為を差し控えること，又は特定の行為に着手することを要求することができるようになる。

暫定的インジャンクション〔interim injunction〕 終局的なものではなく，実体に即して審理が行われるまでの間，現状を維持するために認められるもの。American Cyanamid Co v Ethicon Ltd [1975] AC 396 を参照。

権限内〔intra vires〕 権限ないし管轄権の範囲内のこと。

管轄権〔jurisdiction〕 裁判所が事件について判断を下す，又は事案について取り扱う権限のこと。

管轄権に関する過誤〔jurisdictional error〕 司法審査において，介入の根拠となり得るもの。すなわち，ある機関が有していない管轄権を行使しようとする場合，又は有している管轄権を行使しない場合のこと。現在では，権限踰越〔ultra vires〕原理にほぼ完全に置き換えられた（下記を見よ）。

司法判断可能な〔justiciable〕 裁判所による判断に適していること。

許可〔leave〕 司法審査は2段階の手続である。53号〔Order 53〕の下では，申請人〔applicant〕はもともと，正式審理の前に高等法院の裁判官から許可〔leave〕を得る必要があった。民事手続規則では，この最初の段階は現在「許可」〔permission〕と呼ばれている（許可〔permission〕も参照）。

職務執行命令〔mandatory order〕 司法審査手続において，公的決定者に公的義務を果たすことを強制する救済手段の1つ。

何人も自ら関係する事件の裁定者たるをえず〔nemo judex in causa sua potest〕 自然的正義及び公正性のルールの1つであり，偏向がある，又は偏向があるのではないかと十分に考えられる者は，事件について判断を下すことができないというもの。

無効〔nullity〕 無効であること。効力も効果を有さないこと。

53号〔Order 53〕 司法審査の申請及び請求は，旧最高法院規則53号によって行われていた。その後，1981年最高法院法31条（現在の1981年上級法院法）として立法化された。これは2000年に民事手続規則**54部**〔Part 54〕に置き換えられたが，実質的な効果は旧53号とほぼ同じである。

許可〔permission〕 民事手続規則に基づく司法審査請求の第1段階のこと。上記の「許可」〔leave〕も参照。

大権令状〔prerogative writs〕 この用語は，移送令状〔writ of certiorari〕（現在の取消命令〔quashing order〕），職務執行令状〔mandamus〕（現在の職務執行命令〔mandatory order〕），禁止令状〔prohibition〕（現在の禁止命令

〔prohibiting order〕）及び人身保護令状〔habeas corpus〕という救済手段を指す。

禁止命令〔prohibiting order〕（以前は，禁止令状〔prohibition〕）　司法審査手続において用いることができる救済手段であり，ある機関がその権限を超える行為を行うことを防ぐためのものである。

取消命令〔quashing order〕　もともとは移送令状〔writ of certiorari〕であったが，民事手続規則で新しい用語が示された。しかし，その機能は同じである。したがって，これによって，下位裁判所に対して何らかの司法的事項を認証するために，記録を提出することを命じたり，司法審査手続に基づいて下位裁判所，審判所，その他公的決定者の決定を審査し，取り消したりすることができる（移送命令〔certiorari〕も参照）。

切り離し〔severance〕　例えば委任立法に関して，一部無効の問題がある場合に生じうる。裁判所は，無効な部分を有効な部分から分離し（切り離し），有効な部分を存続させることができるかどうかの決定を求められる場合があり得る。DPP v Hutchinson〔1990〕2 AC 783 を参照。

原告適格〔standing〕　1981 年上級法院法 31 条 3 項は，「司法審査の申請は，裁判所規則に従って高等法院の許可〔permission〕を得なければ行うことができない。そして，裁判所は原告が当該申請に関する事柄に十分な利益があると考えられない限り，そのような申請を行う許可〔permission〕を与えてはならない。」なお，1998 年人権法 7 条では，欧州人権裁判所の判例に沿って，「十分な利益」という基準が「犠牲者」という基準になっており，原告適格に関する基準は幾分か限定されていることに注意されたい。

権限踰越〔ultra vires〕　権限踰越原則は司法審査の中心である。つまり，あ

xxii

る機関が法的に与えられた権限を超えて行為をした場合，その行為は違法となり，救済手段が講じられる可能性があることを意味する。

無効〔void〕 法的効力を有さず，有効となり得ないこと。

当初から無効〔void ab initio〕 あたかも存在しなかったかのように，最初から無効であること。

取り消し可能な〔voidable〕 無効と宣言できること。規則，行為，決定などに異議を申し立てる権利があるが，それがなされるまでは完全な効力を持ち続けるという場合に生じる。現代的というよりも歴史的な意味を持つ用語。

通知なしに〔without notice〕 以前は一方当事者のために〔ex parte〕であった。上記参照。

第1章

序

——理論と歴史——

1.1　序

　ビクトリア朝末期において，AV ダイシー——彼を当代随一のイギリス憲法
の権威であったと相変わらず考える者もいる——は，（彼が欧州大陸に存在する
と考えたような）行政法がイギリス憲法に入り込む余地はないはずであると信
じた。実際に，パリ大学法学部長であった M Barthelemy は，ダイシーと週末
を過ごしている間，イングランドにおける行政法の地位に関して質問したこと
を詳しく話している。ダイシーは次のように言い返した。「イングランドにお
いて，我々は行政法について何も知らないし，何も知りたくはない。」逆に今
日では，行政法が存する——現実には何世紀もの間存在してきたと主張する者
もいる[1]——だけでなく，その範囲と重要性を大きく増してきたことは，一般
的に承認されている。教科書や論文が定期的に刊行され，広く普及している。
司法審査事件を審理するため，裁判官が行政専門部に特別に任命され，事実上
その領域の専門家になっている。この法領域が暗闇から表に現れたのはなぜ
か。この問いに答える最初の手掛かりは，その法領域が頻繁に関係する問題の
話題性にあるはずである。重大な事件が定期的に裁判所の下に来て，新聞やテ
レビで目立った場所を割り当てられる。世間の注目が大きいのは，これらの事
件が，重要なわが生活領域において，公衆全員に関係する事柄について，国家
（これがいかに測られ定義されるにせよ）と個人との関係を明らかにすることを大

---

1)　e.g., P Craig, *UK, EU and Global Administrative Law: Foundations and Challenges* (Cambridge: Cambridge University Press, 2015), ch 1.

2

抵は必要とするからである。この問いに対するその他のより重要な答えは，以下の本書の議論の進行中に現れることになる。

1.2 定　　義

　まず，別の問いを立てなければならない。すなわち，行政法とは何か。通常は，行政法とは，政府の権限の統制に関係する法領域と考えられる。実質的に，政府の権限とは，制定法（主位制定法及び従位又は委任制定法），国王大権及び欧州連合（EU）から生じる様々な形式の立法に由来する権限か，又はそれらによって課される義務を指すものである。このように，行政法の１つの主たる機能は，中央政府のレベルであろうと，分権政府のレベルであろうと，地方政府のレベルであろうと，警察のようなその他の機関が個人に関して決定をする場合であろうと，これらの権限に基づく意思決定を統制することである。行政法は，行政府やその他の公的意思決定者が利用できる多数のルールと裁量権限が合法性及び公正性の基本的な基準に適合するよう確保するため，諸機関の権限の行使と義務の履行に適用することができる一般的な諸原則を具体化するものである。これらの諸原則の表向きの目的は，法の支配の遵守とともに，公的領域における権限の行使に際してアカウンタビリティ，透明性及び実効性が存するよう確保することである。

　この辺りで，行政法が極めて広いアリーナであることが既に明らかになるであろう。不運なことに，行政法を分割し，複数の関係領域を客観的に分離する，広く受け入れられた方法は存しない。それにもかかわらず，便宜のため，本書は，行政法が慣習的に関係する諸活動を，社会保障，医療，住宅，計画，教育，出入国管理，中央及び地方政府並びに警察による権限行使，並びに，審判所及び審問を含むものとして列挙することができる。これらが現代国家の主要な諸活動に概ね対応していることにも気付くであろう。これらの領域で妥当する諸原則及び諸手続の体系を解明することが可能であるかぎり，そのような諸原則は，一体的に捉えると，いわゆる行政法の基礎を形成するのである。

第1章 序 3

1. 2. 1 機能と特徴

行政法の特定の機能と特徴が上記の大雑把な定義から生じる。すなわち，

(a) 行政法は，統制機能を有するのであり，政府又は行政の権限の不法な行使又は濫用に関して消極的な意味で制動機又は抑制物として作用する。

(b) 行政法は，命令機能を有することがあり，これは，公的機関をして，制定法に基づく裁量の行使を含む公的義務を履行させることによる。

(c) 行政法は，良き行政実務を促進するための建設的な諸原則を具体化するのであり，これは，例えば，自然的正義又は公正性の原則が遵守されるよう確保する点においてである。

(d) 行政法は，アカウンタビリティ及び透明性を提供するよう作用するのであり，この中には，利害関係を有する個人や団体による行政過程への参加が含まれる（個人は単独で――すなわち，ある決定から影響を受ける者として――参加するか，あるいは，より広範な公益上の問題が関係する場合にはグリーンピースのような圧力団体や利益団体の一員であることを通じて参加することがある）。

(e) 行政法は，公的機関のせいで生じた不服について救済を与えることがある。

これらの問題の中には，非法的救済を通じて，例えば，代議士，地方カウンシル議員，オンブズマン又は（国民医療サービスの場合のような）内部的苦情処理手続によって，インフォーマルに処理されることになるものもある。しかし，そうでなければ，そのような不服の解決は，法的救済の手段によることになる。法的救済の手段のうちの最も著名なものが司法審査であるが，法的救済手段は，出入国管理及び社会保障を含む諸領域における審判所手続にも見出すことができる。この非法的救済手段と法的救済手段の区別を心に留めておくことは，たとえ，状況によっては，個人が先に非法的救済手段を尽くした後に初

4

めて法的救済手段に進むことができることが明らかになるとしても，十分価値のあることである。

1. 2. 2　例

1.2.1 で記されているような機能の精確な役割は，後の章でより詳細に論じられる様々な公的活動領域から出てくる例によって容易に例証することができる。さしあたり，ここにあるいくつかの問いが，生じうる問題の性格に対する洞察力を与えるであろう。

- ・グレーターロンドンカウンシル（ロンドン全域の行政について責務を有する当時は選挙に基づいた機関）は，ロンドン交通局の運賃を引き下げた時に適法に行為していたか，それとも，このことはより広範な地方税納税者の利益に反するものであったか[2]。
- ・タクシー運転手が，ヒースロー空港で営業をする免許を，主張された非行のため奪われることが，事前に自己の主張を提出する機会を与えられることなしに許されるか[3]。
- ・特定の形式のソーシャルケアを受けてきたが当該ケアを撤回された老齢者は，当該決定を争うことを許されるべきか[4]。
- ・親は，地方政府機関に対し，その地域の学校を，補助職員のストライキの間も開校しておくよう強制することができるか[5]。
- ・個人は，公的機関による過誤のある行政の結果として不正な取扱いを受けたときにどうするか。オンブズマンに申立てをすることが許されるか[6]。
- ・誰が入国することができ，誰を退去強制させることができるかを決定する

---

2)　*Bromley London Borough Council v GLC* [1983] 1 AC 768, at 11.5.2.

3)　*Cinnamond v British Airports Authority* [1980] 1 WLR 582.

4)　*R (McDonald) v Royal Borough of Kensington and Chelsea* [2011] UKSC 33, [2011] 4 All ER 881, at 11.5.1.

5)　*Meade v Haringey London Borough Council* [1979] 2 All ER 1016, at 11.4.1.1.

6)　Ch 6.

第1章 序 5

内務省の権限には限界があるか[7]。

・内務大臣は，庇護請求者の退去を命じるときに，高等法院の権威を無視して無事に済まされるか[8]。

・終身刑に服している受刑者は，自己の刑の罰的要素が特定の水準に設定された理由を知る資格を有するか[9]。

・地方政府機関は，鹿狩りを道徳的な理由に基づき禁止する資格を有するか[10]。

・女性は，夫が死亡前に書面での同意を与えていなかったにもかかわらず，夫の冷凍精子を妊娠するために使用することができたか[11]。

・かつて軍事独裁者であり国家元首であった者は，人道に対する犯罪を理由とした訴追を免除されたか[12]。

・インドネシアで薬物犯罪を理由として死刑を言い渡されたイギリス人女性は，海外の公判における法的代理に資金を提供しない政府の政策を争うことができたか[13]。

・秘匿特権付法的通信文の秘密性とされるものに対する絶対的な権利は存するか[14]。

・新聞社は，チャールズ皇太子が政府の大臣に書いた手紙にアクセスするた

---

7) *R (WL) v Home Secretary* [2011] UKSC 12; [2012] 1 AC 245.

8) *M v Home Office* [1994] 1 AC 377, at chs 3 and 18.

9) *R v Secretary of State for the Home Department, ex p Doody* [1993] 3 All ER 92, at 17.3.5.

10) *R v Somerset County Council, ex p Fewings* [1994] 3 All ER 20, at 11.4.1.1.

11) *R v Human Fertilisation and Embryology Authority, ex p Blood* [1997] 2 All ER 687.

12) *R v Bow Street Metropolitan Stipendiary Magistrates, ex p Pinochet Ugarte (No 3)* [1999] 2 WLR 827, at 17.4.2.2.

13) *R (Sandiford) v Secretary of State for Foreign and Commonwealth Affairs* [2014] UKSC 44, [2014] 1 WLR 2697, at 9.3.2.2.

14) *R (Daly) v Secretary of State for the Home Department* [2001] 2 WLR 1622, at 13.6.1.

め，2000年情報自由法を使用できたか[15]。

・テロリズムの容疑をかけられた外国人の無期限の拘禁を定める2001年反テロリズム・犯罪・安全法の諸規定は，欧州人権条約（ECHR）に適合するものであったか[16]。

・ある学校のアドミッション・ポリシーは，ユダヤ人の母の卑属であるか，ユダヤ教正統派の改宗を経てユダヤ人となった生徒の志願を優遇するものであったため，不法であったか[17]。

・イスラム教信者の少女が自分の好きな形の宗教服を着ることを妨げる学校の制服に関する方針は，ECHR 9条に基づき自己の信仰を表明する彼女の権利の不法な侵害であったか[18]。

これらの問題の全ての法的含意が，行政法の関心であった。それぞれの事件では，共同体における競合する諸利益の間で裁定し，法的ルール，原則及び裁量の射程に関する諸問題を決定することが必要であった。後の章で明らかになるように，これらの問いに対する答えは，住宅，刑事施設における懲戒，社会保障，情報へのアクセス等のいずれに関するものであれ，現代の行政国家の作用に関して多くのことを明らかにするのである。

1.3 法とコンテクスト

「全ての行政法理論の背後には国家理論がある」[19]と時として主張される。本

---

15) *R (Evans) v Attorney General* [2015] UKSC 21, [2015] AC 1787.

16) *A v Home Secretary* [2005] 2 AC 68, at 4.4.3 and 13.6.3.1.

17) *R (E) v Governing Body and the Admissions Appeal Panels of JFS* [2009] UKSC 15; [2010] 2 AC 728, at 14.5

18) *R (SB) v Headteacher and Governors of Denbigh High School* [2007] 1 AC 100, at 13.6.1.

19) C Harlow and R Rawlings, *Law and Administration*, 3rd edn (Cambridge: Cambridge University Press, 2009), 1.

書としてはこの意見を強く支持する。実際には，このことが，当該科目の大雑把な定義が学生にとって極めて有益であると本書が信じるもう1つの理由である。社会や公益とは争う余地のない，統合された，同質の統一体と見なすことができるものであるという暗黙の前提は，認めることができない。むしろ，行政法の役割を評価するときには，誰の立場を取っているかを認識することが極めて重要である。誰の目を通して当該分野を見渡しているのか。これを解決するため，ある根本的な問いに答えようとすることが必要である。すなわち，行政法は何を行うよう要求されているのか。行政法はどのような固有の任務を遂行できるのか。行政法は実際には誰の利益に仕えているのか。

　これらの問いに答えるときに，本書は，全ての法制度が，多数の公的機関，制度及び利益から構成される社会である多元的社会において作用していることを承認することから始める。多元的社会は，自己の専門職又は職業，階級又は民族性と結びついた利害関係を有する諸個人や，様々な政治的及び社会的意見を有する諸個人から構成される。諸個人には，意思決定過程の受け手側となる（満足した又は被害を受けた）市民だけではなく，政治家，公務員及び裁判官も含まれる。個々人は，多くの（時として対立する）党派的利益から構成される同じ社会に属する。このことを認めると，理論的にも実際的にも，公法を支える単一の首尾一貫した観点が存することはありえないことになる。先に進むにつれて，注意深い読者にとっては，これらの様々な観点が，法の定立と裁判所やその他の公的機関から出される決定の両方に影響を及ぼすことが次第に明らかになるであろう。

　それゆえ，行政法は，このような背景で発展してきたのであり，主張する向きがあるように，自己完結的な一連のルールとしてそれ自体の文言解釈によって満足に学習することのできる自立的な学問分野として考えるべきものではない。法（行政法を含む）とは，実践の1つとして，広く普及するとともに絶えず変化し発展する思考と生活の潮流であって，常に社会の編成と維持に寄与するものの一部なのである。

8

1. 4　赤信号の観点と青信号の観点

　現代国家における法の役割は明らかに複雑なものである。そこで，初めて法にアプローチする学生は一体法をどのように理解することができるか。本書の目的にとって，現在の法的な思考と実務が，Harlow と Rawlings によって行政法の「赤信号」理論と「青信号」理論と名付けられた2つの対照的なモデルの周囲でどのように具体化するかを考察することが有益である[20]。それらの理論は互いに独立して存するわけではないが，前者の理論は推進力が控え目であると一般的に考えられ，公権力の司法的統制に焦点が合ったものであるのに対し，後者は方向性がより自由又は社会民主主義的であり，性格が促進的であると考えられる。それぞれの理論は，現代国家の出現と並んで発展してきたのであり，行政法とは何であるかを叙述するとともに，社会における法の役割とは何であるべきか（政治倫理に関係する規範的な次元）を伝えてくれるのにも資する。しかし，本書がそれらの用語を使用するときには，これは本書の赤信号理論と青信号理論の見方であり，Harlow と Rawlings がそれらの理論を本書と全く同じ使い方をしているとも，さらには彼らが本書のアプローチを必然的に共有するであろうとも考えるべきではないことを強調すべきである。したがって，本書がその理論を使用するのは，法律家と裁判官が決定を行う状況で生じることに関する確定的な声明を出すためではなく，日々の法的活動という現実世界において，スペクトルの一方の端にある赤信号から他方の端にある青信号にまでわたる諸仮定の連続体であるものを叙述するためである。

1. 4. 1　赤信号理論

　赤信号理論は，19世紀のレッセフェールの政治的伝統に由来するものと考えることができる。赤信号理論は，政府の権力に対する根深い疑いを体現し，

---

20)　Ibid, ch 1.

個人の権利（特に財産権）に対する国家の侵害を最小化しようとするものであった。ダイシーは，20世紀の変わり目頃に著述し，「集産主義者の」社会立法の勢いが明らかに増していることが，国家の品性を破壊する傾向を有し，個人の進取的精神と企業心を奪うと信じた。この理由を考えるためには，少し距離をおいて考えなければならない。

　ダイシーは，法的主権の概念（わが憲法の根本原則）が法の至高性を裏付けると主張した。議会が社会における一般的ルールの枠組みを確立し，行政府がこれらのルールに従って統治すべきであり，さもなければ，行政府が適法に行為するよう確保するため裁判所が行政府を統制することができる。このような見解は「自動制御の民主制」の考えと密接に連携しており，そこでは，全ての法（行政法を含む。行政法は，ダイシーにとって憲法とは別個に存しなかったことを想起されたい）が，自立的かつ首尾一貫した一学問分野であり，重要な統制機能（「抑制と均衡」という憲法制度の一部）を果たすと考えられる。法の支配が依然としてキーコンセプトであり，個人だけではなく全ての公的及び私的機関がもっぱら法に従って行為するよう確保する。法は違法と濫用を阻止するため作用するが，明示の道徳的，政治的基礎を必ずしも有しないし必要ともしない。法一般（又は特に行政法）にとってそのような特別の指導原理は存在しない。というのも，コモンローを支える哲学は完全に実用主義的なもの，すなわち，状況の変化に順応的なものであるからである。そうすると，ダイシー派の見解と呼ばれてきたものは，修正された形で多くの法曹界，学界において今日もなお影響力を有し，その最も基本的なレベルでは，公的機関（又はその他の機関や個人）がその法的権限を踰越する（すなわち権限踰越して行為し又は権限を濫用する）ときに，またそのときにかぎり司法の介入を承認するものである。これと対応する仮定は，国家の官僚と行政の権力及びその諸制度は，抑制しなければ，我々全ての自由を脅かすであろうというものである。

　赤信号アプローチが克服しようとするもう1つの問題が存する。この見解に由来する哲学について，法が本質的に裁定と統制の機能を有すると考えられていることが分かる。政策や実体的当否の問題を直接取り扱うことには明らかな

10

躊躇が存する。

現代国家とそれに伴う行政手続，指導及び裁量という手荷物の全ては，政党政治の出現と同時期に確立し，明らかなことに，政党政治の進展とともに，主要な政党間でイデオロギーの観点について相当に顕著な違いがしばしば存してきた。赤信号の支持者にとって，司法府は自立的かつ公平であると考えられる。司法府は独立性と公正性という独自の基準が身に付いており，決定の政治的妥当性でもなければ実際的妥当性ですらなく，もっぱら行政活動の合法性について裁定を行う一種の審判人として信頼することができる。このことは，時を経て，法を政治の枠外に留めるのに資する諸原則，特に「Wednesbury 判決の不合理性」又は「不条理性」の定式化と発展へとつながった[21]。しかし，このことは，法が政治や道徳とは別に存立できるという大いに疑義ある仮定の上でしか働かないのであり，この問題は，裁判所が鹿狩りを禁止しようとする地方政府機関の試みを斥けた時に論じられたものである[22]。そのようなアプローチは，法曹の狭い職業団体を表面上は支持するという前提から出発していると指摘することにも価値がある。司法府の主たる職務は，法の厳格な字義を解釈し適用することと考えられる。このことは，制定法又はルールをより広範な文脈上の枠組みから切り離して厳格に解釈することを重視して，永続的に法を政策問題から分離することによって，法律家のニーズに十分に仕えるものであると主張される。

しかし今日では，概ね赤信号の観点を有する法律家や学者でさえ，ダイシーの見解をその最も純粋な形式では，すなわち，大臣や公務員への特別の権限の付与とともに展開する行政法制度の発展によって，市民の自由が脅かされるということは，認めないであろう。というのも，とりわけ，そのような制度の展開は，20 世紀中に自由や正義の明白な侵害なしに生じてきたことが自明であるからである。むしろ，現在危険であるとより的確に考えられているのは，大臣や公務員が，行政の任務を促進するために創り出されたルールと委任された

---

21) See ch 13.

22) *R v Somerset County Council, ex p Fewings* [1995] 3 All ER 20.

権限の集合体の背後に隠れる傾向にあるであろうことである。そこで，消極的な意味において，司法の介入は，議会による統制が明らかに不足していると認められる領域の，民主的に弛緩した部分を取り上げることによって，又は，議会の野党が弱く役に立たないと考えられる期間中に活発になることによって，一種のセーフティーネットとして可能になる，ということになるのである。赤信号の仮定は，行政裁量に対して，議会によって制定された法の範囲を逸脱するように思われるときや場合であればいつでも，当然の抵抗を示す諸判決の中に認めることができる。この見解は，行政法を，政治理論や社会的背景から同様に断裂したコモンローを通じて進展した独立の法原則の体系として出現したものと考えるものであり，行政法の適切な伝統を失わせる姿勢である。少なくともここ数十年前まで，変化の必要性を認めることに対するこの躊躇の不幸な結果は，中央政府と地方政府の両方における権力濫用の証拠の増加への対応不足であった。他方で，比肩しうる国家，特にフランスでは，行政法が一連の一般的な原則として発展し，体系的に適用されることが見られた[23]。

1. 4. 2 青信号理論

青信号の観点（機能主義とも呼ばれる）は，より積極的な，概ね社会民主主義的な国家観の立場から出発するものであり，それは，政治的，社会学的背景を法に黙示的に取り入れるものである。それは，本質的に（ベンサムやミル，1884年設立のフェビアン協会と通常は関連した）功利主義の伝統に由来する立場であり，その道徳的規範は，最大多数の最大幸福を，この場合は平等主義的，改良的社会改革によって促進することである。この目的を達成する際の優先事項は，国家の寄与を促すことであり，国家とは，共同体主義的目標の実現を促進する実効的な手段として考えられるのである。国家がこのことを行うのは，住宅，教育，医療，社会保障及び地域サービスを含む給付の少なくとも基本的な最低限度の基準について責務を引き受けることによってである。今日知られるような

---

23) See N Brown and J Bell, *French Administrative Law*, 5th edn (Oxford: Oxford University Press, 1998).

行政法の出現は，現代国家の発展の舞台となった政治的，経済的変化と単に一致するだけではなく，これらの変化と不可分に結合したものである。国家の拡大は，ある領域では，例えば，中央政府，行政事務，（イギリス国境局のような）エージェンシー及び準政府機関といった権限の集中を生じさせ，またある領域では，例えば，19世紀及び20世紀における地方政府の出現，北アイルランド，スコットランド及びウエールズにおける分権政府の立法府の設置といった広範な地域にわたる権力の分散を生じさせてきた。総じて，公的機関によって行使される権力は大きく拡大し，そこでアカウンタビリティの機構は，特に1960年代以降，新たな重要性を獲得した。

青信号派に連なる自由民主主義的社会主義の理論家，例えば，Jennings, Griffiths, Robson及びLaskiは，公的サービス給付の発展を目的とする政策の導入を概ね支持した[24]。アカウンタビリティを適切に果たすが同時にこれらのサービスを実効的に行き渡らすことのできる組織化された制度を創設することが，同様に重要な目標であった。法は，有益な武器であり，授権の道具と考えられる。特に，立法は時として極めて具体的であり，少なくとも原理的には，合意に基づき統治するための適切な権限と枠組みを与えることができる。法を味方にしなければ，十分かつ持続可能なサービス給付を達成することは遙かに困難であることが認められている。かくして，法は，立法の形式において，政治的正統性と道徳的説得力の両方を同等に体現するものとなる。

しかし，公的領域におけるサービス給付と官僚制度が増大し，それに伴い，委任立法，行政の規則，規程及び通知文書が増殖してきた一方で，強力な政党政府（換言すると「選挙による独裁」）は，同時に，議会が十分なアカウンタビリティのフォーラムのようなものとしてもはや機能しないことを意味したと主張する者が多い。というのも，概ね，議会は，行政府の精査の実効的な機構を一般に提供することができなかったからである[25]。我々は，市民として，遍在する中央及び地方政府の権限や，さらには，例えば，民営化された公益企業のよ

---

24) See further Harlow and Rawlings, n 19.

25) See ch 2.

うに現在では民間部門にある機関によって行使される権限に直面して，どのような権利を有するのか。1つの対応は，意思決定過程に特定の権利と一定程度の市民参加を組み込むことであった。このことの反映は，行政審判所の成長に，おそらくはそれに次いで，市民憲章や借地借家人憲章等のような情報の自由及びインフォーマルな紛争解決機構を中心とした諸提案に見ることができる。ここでの中心的な関心事は，社会福祉の権利の付与と，公的機関による権限行使に関する個人への一般的なエンパワーメントであった[26]。同様に，青信号の主張者は，裁判所が審査の根拠を，例えば，社会保障や出入国管理の領域における個別の行政機構の詳細な作用に一層精確に焦点を合わせて発展させるのを見たいであろう。審判所は，内部的な紛争解決を促すだけではなく，決定者及び進行役として行動することがあるから，審判所を通じて活動するための追加的な権利及び権限が主張されるであろう。この見解は，赤信号の見解から生じるであろう誤った考えのいくつかについて黙示的に異議を唱え，是正するものと考えることができる。青信号の見解がそうするのは，実用主義的アプローチと対比されるものとしての道具的アプローチを採用する（すなわち，実効性に集中する）ことによってである。行政法は，政府の全機構とは大部分が異なる何物かではなく，政府の全機構の一部として認められるようになる。行政法は，社会政策が実効的かつ公正に実施されることを可能にするための規制者及び進行役として働くよう制定されることが可能である。

　この目的の明らかな首尾一貫性にもかかわらず，そのような機構を設立することが行政上の諸問題を必ずしも克服するものでないことは，明らかである。例えば，行政審判所が存する場合でも，審判所があまりにもフォーマルであり，過度の遅滞をもたらし，不十分な代理しか与えないことがある。司法審査が利用可能な場合にも，同様の批判の多くが司法審査に向けられることがある。さらに，裁判所は，監視者及び規制者としての役割を遂行するのに申し分なく適しているわけでもその能力を有しているわけでも全くないと考えられて

---

26)　See generally M Adler (ed), *Administrative Justice in Context* (Oxford: Hart Publishing, 2010).

14

いる。一般的に，裁判官は，行政に関する訓練を受けているわけでも能力を有しているわけでもないが，それにもかかわらず，公的領域において広範な影響を有しうる決定を行うよう頻繁に要求される。おそらくは遙かに重要なことに，司法府はいかなる意味においてもアカウンタビリティを負っていない。司法府は選挙に基づかないだけではなく，判決の結果は，民主的に選挙された政治家によって行われた決定の正統性を損なう役目をすることがある[27]。法律家の手続に関する訓練は，政治家の政策選択と容易に対立しうるものである。司法府の役割に関するこの懸念の結果は，とりわけ，青信号の理論家が通常は司法的統制よりも民主的な政治的統制を支持したがるということである。彼らは，そのような危険を，現在の行政法制度の修正や，より広範に及ぶ改革を支持するものと考えそうである。領域によっては，このことは，裁判所の役割の一層の限定に至るであろう。それにもかかわらず，いかなる変化も，例えば，オンブズマンへの不服申立ての選択権のような，市民にとって利用可能なフォーマル，インフォーマル両方の救済手段の提供を怠る口実となるべきではない[28]。

　しかし，アカウンタビリティに関心を有する者にとってのもう１つの問題は，全ての範囲の利益が行政過程において代表されているよう確保するというものである。このことは，公務員に取り入るよう特別に組織された多くの「ロビー」団体や利益団体から構成される複雑かつ多元的なわが社会を想起させる。一般的には参加を奨励しながら，実際には狭い既得の利益を優先させる制度を創り出すことをどのように回避するか。ここでの青信号のアプローチにとっての問題は，本質的には，どの市民団体が共同体の一部として考えられることになるかというものになる。というのも，その問題は，いつでも範囲が定められるためである。例えば，過去に大きな論争を引き起こした１つの問題点は，養育費庁の活動である。なぜならば，子，男親又は女親のいずれがそのような制度から最も利益を得るかが不明確なことがあるからである。さらに，別

---

27)　See ch 13.

28)　See ch 6.

の見地からは，そのような新構想から最も利益を得るのは，国家給付を受けている親と対比されるものとしての中産階級の親なのかと思われるであろう。Child Poverty Action Group，女性団体及び男性団体の各立場は，ルールを立案する際に全て詳細に調査されたであろうが，不可避的に，その過程に伴う協議にもかかわらず，結果において不利益を受けたと感じる団体もあった。現実には，理想的な（均衡のとれた）結果が発見されるのを待っていることは決してない。不完全な世界において，達成可能な目標とは，定立される全てのルールが良き民主的意思決定に対して過度に立ち入るおそれのある妨害者としてではなく，その進行役として働くよう，法原則が行政法の一部として発展させられることであろう。

　最後に，青信号の立場は，大規模な政府が現代社会の永続的な特徴であるとの仮定に歴史的に基づくものであったことが明らかになるであろう。しかし，このことは，公的債務と国家規模の削減に関する現在の政府の政策を前提としても，依然として正しいか。実際には，2010年の選挙後に始まった大規模な政府の縮小以前でさえ，この仮定に対しては既に根本的な異議が存したのであり，多くの中央政府の職務についていわゆる「ネクストステップ」新構想を通じてエージェンシーの地位を推進し，かつては公的部門にあった多くのサービスの民営化を推進し，公私協働の発展を推進する広範な傾向にあった。とはいえ，全ての公的機関の所有と精確な地位の問題は，副次的に重要な問題であると考えられるであろう。青信号の理論家は，これらの変化の中にアカウンタビリティと利害当事者による参加の必要性を減少させたものがあるか否かを問うことに依然として関心を有するであろう。さらに，近時の傾向は，統制や裁定の新たな機構を求める圧力をもっぱら増大させることになり，公衆を，名目上は私的な機関によって行われる決定から保護する代替的手段を検討することが適切になるであろう。裁判所と審判所の役割を増加させようとすべきだろうか，あるいは，オンブズマンやその他の代替的紛争解決機構の果たす紛争解決の役割を高めるべきだろうか[29]。

16

1. 4. 3　黄色信号の合意点？

　今日では2つの基本的な立場はおそらくかなり一致しており，行政に対する外部的，内部的抑制と行政職員に自らの仕事を行うよう委ねることとの間で新たな均衡が模索されている。この立場は，時として黄信号の観点と称され，これは，多数の行政決定に対する統制の必要性を，行政の行動の良き基準の設定，実効的な意思決定，アカウンタビリティ及び人権への関心と結合させる統合体である。この統合の試みにもかかわらず，合理的な意思決定に関する簡潔な規準の必要性がある。その過程を2つのモデルに基づいて考察し続けることが，依然として教育上有益である。すなわち，第1のモデルは，裁定と統制を重視するものであり，第2のモデルは，現代行政国家の役割を，利害当事者による参加を確保するだけではなく，良き実務の規制者及び進行役と認めるものである。しかし，そのようなモデルが有益であるのは，現実に関する実際の経験主義的な叙述としてではなく，むしろ，法的活動と司法の意思決定の基礎にある観点と仮定の必然的な相違点を強調する方法としてであることを再度強調しておく。本書を読むときにこのことを明確に心に留めておくと，「政府のモデルチェンジ」の時代における行政法の学習とは不可分の論点や論争のいくつかを理解する助けになる[30]。

1. 5　行政法と現代国家の起源

　次に，本章の後半部分では，行政法の理論的又は概念的基礎に関する議論から離れ，その歴史的，政治的及び社会的起源に焦点を合わせる。現代行政国家は一体どのように出現したのだろうか。

　わが国内憲法を学ぶ全ての者が教えられる最初の物事の1つは，イギリスが不文の，すなわち成文化されていない憲法を有する国であることである。行政

---

29)　See chs 6 and 7.

30)　On which see ch 5.

法を論じる本書の目的にとって，このことは，他のほぼ全ての国の場合よりも多くの意味において，過去との連続を見出すことができることを意味する。国家の基礎が自然に，コモンローの伝統と並行して発展してきたため，古代の組織と慣行が当該制度に深く刻みつけられることとなった。実際に，当該科目を学ぶ者にとっては，今日的な行政法が17世紀から今日までの途切れない歴史をかなり跡付けることができるものであることがすぐに極めて明らかになる[31]。さらに，現在の制度のある重要な部分は，一層昔の中世にまで遡る血統を誇ることができるものである。ここでは，その時代に起源を有する令状制度や，さらには，その時代に出現した自然的正義の原則が考えられるであろう。

　これらの展開のいくつかを（極めて選択的であるけれども）考察しなければならない。まず，中世の君主は絶対的な（又はほぼ絶対的な）支配者であり，税を徴収し又は国事の管理を取り扱うことに主として関わっていたということを想起することが重要である。初期の議会は，税の徴収を承認し，請願の形式で提出された市民からの不服に対応するという極めて限定的な役割を有し，これらが近代的な立法の前身であった。税の徴収と司法の運営といった日常的な任務を遂行するため，1200年頃に国王評議会の分裂が発生し，この国王評議会から財務府への責務の委任へと至った。このことは職務の分離も意味し，特定の重要な任務が国王評議会の司法メンバーに委ねられ，後に王座裁判所となった。王座裁判所が引き受けた1つの任務が，下位の裁判所及び司法的機関に対する監視的（すなわち，制定法ではなく固有のコモンローに基づく）管轄権となった。ここに，命令を発給し，臣民の国王の面前への参内を強制するために作用した大権令状の起源もある。これらの令状は，移送命令〔*certiorari*〕，禁止命令〔*prohibition*〕及び職務執行命令〔*mandamus*〕（現在ではそれぞれ取消命令〔quashing order〕，禁止命令〔prohibiting order〕及び職務執行命令〔mandatory order〕に改称されている）という救済手段の直接の前身であり，後に下位（従位）裁判所の決定を審査するためにより広く用いられるようになった。

---

31)　See further Craig, n 1.

18

　統治と行政は，存在しているかぎりにおいて，どのように行われたのか。中世に，治安判事が全土における君主の行政上の代理人として登場した。治安判事は，1361 年治安判事法によって治安維持を行う制定法上の権限を付与された。しかし，この比較的よく知られた刑事管轄権に加えて，治安判事は，多くの行政上，統治上の責務を獲得した。これらの権限の配分において，この初期でさえ，司法的職務と行政的職務のかなりの重複が存在したことが目を引く。治安判事は，行政職員としてだけではなく裁判所として実質的に行為した。ヘンリー 8 世のようなチューダー王家の君主が支配者としての自己の地位の強化に取りかかると，国家のより一層の中央集権化が生じた。このことを実効的に達成すべく，政策が全国的規模で適切に施行されるよう確保するため，法の実現の手段が要求され，治安判事に対するより広範な統制が，令状制度を使用する王座裁判所によって行われた。

　考慮する必要のある次の道程は，君主の絶対的な行政権力に対する異議申立てである。実際には，チューダー王朝とスチュアート王朝期に生じた君主への権力集中は，17 世紀末までに抑制された。さらには，1640 年代のイングランド内戦以前でさえ，裁判所は国王大権に基づく自由な権力の行使に関して懸念を既に表明していた。Prohibitions del Roy[32] は，国王による個人の裁判がもはや可能ではないと断言した一方で，Case of Proclamations[33] は，新たな犯罪を創設する国王の権利を制限した。これらの判決が国王大権上の権限に対する制限の証拠として引用されるにもかかわらず，しばらくの間ジェームズ 1 世は，そして後にチャールズ 1 世は，適法か疑わしい別の手段によって活動した。そのような媒体の 1 つが星室裁判所であったのであり，その糾問的手続とその政治性に満ちた判決を通じて，特に物議を醸す評判を獲得した。星室裁判所の出現は，かつては枢密院に属した行政権力の多くの一時的な消滅も見た。巻き返しが来るのに，長くかからなかった。星室裁判所が 1640 年に廃止された時までに憲法と国民は既に危機を深めていた。一世代のうちに，1642 年のイング

---

32)　(1607) 12 Co Rep 63.

33)　(1611) 12 Co Rep 74.

ランド内戦におけるチャールズ1世の打倒，その後のオリバー・クロムウェルの護国卿政治の確立，ジェームズ2世の敗北，それに続く1688年の「名誉革命」は，君主の政府からの不可逆的な権力の移行となるものに至った。1688年から1689年の権利章典の制定によって，議会は徐々に至高の，主権者としての立法権力を獲得した。大臣は，もはや自己の活動について議会に対してアカウンタビリティを負わなければならず，このことは，目に見える形式での大臣の個人責任の発展に至った。約言すれば，絶対的君主が自己の権力を全国的規模で，行政権力の行使を促進するために用意されていた機構によって行使しようとした時代からの変移を見てきたのであり，同時に，これらの権力の行使に対する控え目ではあるが現実的な対抗勢力として働くことのできる裁判所の監視的管轄権の出現を見てきたのである。これらの出来事の結果は，初期の議会政治の最終的な勝利をももたらした。

1.5.1　法と現代行政国家の現実

現代的と認められる中央及び地方政府制度の発展に向かって進んだ道程を検討すると，裁判所は，一貫して，既に進行中の行政実務の変化に対処するために利用可能な救済手段を修正することによって，いくぶん遅れて対応してきたことが明らかになる。治安判事は，18世紀中において現代的な地方政府の前身として重要な役割を有した。実は19世紀初頭にも，政府の職務を遂行する権限は，職務の発展のかぎりで，依然として主に治安判事に属した。しかし19世紀末までに，治安判事は，選挙に基づいた機関に概ね取って代わられた。1835年都市団体法は，改革された地方政府機関制度を確立する初期の一段階であり，そうした機関は徐々に現代的な機関の責務を獲得していった。その後に生じた組織再編は，次第により広範な権限と職務が地方政府機関と制定法に基づく委員会，例えば，教育委員会へと委任されることに至った。

これらの機関はどのようにアカウンタビリティを負ったか。第1に，上訴手続が制定法に基づき時々定められた。このことは，認められた状況では，決定を上級機関の下で争うことができ，上級機関は（必要に応じて）決定をやり直

すか，又は，個人に救済を付与できることを意味した。換言すると，治安判事，後に地方政府機関の決定は，関係法令における定めに基づき統制に服することが可能であった。四季裁判所（現在では刑事法院の責務である管轄権）がこれらの上訴の多くを処理した（刑事法院が事案によっては依然として上訴を処理しており，1つの良い例は許認可の職務に関するものである）。第2に，上訴の権利が付与されなかった場合には，王座裁判所が，治安判事（後には委員会及び地方政府機関）に付与されていた権限の範囲について決定するよう要求されることが可能であった。このことを行うことができたのは，王座裁判所の監視的管轄権の行使によってである。17世紀末までに，旧体制の崩壊の後，王座裁判所は，監視的職務を遂行するよう古くからの大権令状をさらに適応させると，重要な役割を再び引き受けた。実際には，王座裁判所は，移送令状，禁止令状及び職務執行令状という大権上の救済手段を発給し，損害賠償を裁定する排他的権限を有する，司法審査裁判所と類似したものとして既に認識できるものであった。これらの令状は，行政の行為を2つの方法で争うために用いることができる有益な装置であった。すなわち，限定的には，記録に表れた法についての過誤を是正することであり，さらにより一般的には，ある機関がその管轄権を踰越したときに有罪決定又は命令を取り消し（移送令状），公的義務の履行を強制する（職務執行令状，禁止令状）ことであった。まさしくこのような方法によって，権限踰越原則がコモンローの庇護の下で革命ではなく適応によって発展してきた。

　19世紀の間に，地方政府の出現と並行して，中央政府の官僚制の発展に向かう道程が存したのであり，公務員に委ねられる行政権力が増大した。これらの発展と同時に，特にダイシーのように本書が赤信号派に分類してきた者や自己の財産権を保護しようとした者の見解によれば，司法の介入の潜在的な必要性が大きくなった[34]。1945年の第二次世界大戦の終結後に現代福祉国家の基礎が築かれると，官僚制の拡大がより一層真実となった。19世紀の初頭におい

34）　See 1.4.1.

第1章　序　*21*

て，中央政府の規模が今日的な基準によるといかに限定されていたか，際立っている。1832年に大改革法が参政権を拡大し，議会議席を再配分した時に，行政事務全体で約2万1,000人の公務員であった。一連の立法的措置の施行が19世紀中に始まり，存在する政府の省によって遂行される活動の規模と範囲の着実な増大に至った。それは，旧委員会制度が没落する一方でいくつかの新たな省の設置も見たのであり，例えば，1847年に救貧法委員会に代わって省が設置され，1944年に旧教育委員会に代わって教育省が設置された。次いで，行政事務の重要性は，複雑な政策的措置を実施するために用いられる技術の精巧さとともに増したが，そうした例の1つが委任立法の増大であった。1854年のNorthcote-Trevelyan報告書の後に，行政事務は専門職の体制に再編され，公務員は専門職試験によって新規採用された。大規模な政府に向かう傾向は，20世紀中にさらに急速に弾みが付いた。例えば，1908年に老齢年金が導入され，1942年のベバリッジ報告書の公表の後に，全国民を対象とした健康管理及び社会保障制度が現実となった。同時に，様々な種類の審判所がいくつかの領域において政策の実施を援助するために導入された。中央政府の拡大の規模は，公務員の数が1900年までに5万人に増加し，1980年までにその数は50万人を優に超えたというものであった。より近時において，この傾向は逆向きとなったのであり，これは，2010年からの大規模な公的支出の削減の導入以降，強まった変化である。歴史的に，政府の規模は，国民総生産に占める公的支出の割合の規模の大幅な増加と一致した。19世紀末において，それは国民総生産の約10％に過ぎなかったが，2002年までに概ね50％になった。毎年議会で成立する立法の分量も増加し，数百ページから今日では数千ページになった。

1.5.2　アカウンタビリティと行政国家

現代行政国家の発展に関するこの極めて簡潔な概観の要点とは，これらの変化によって象徴される権力の集中は，現代の政権がひとたび選挙に基づいて成立すると，通常は自己の主要な立法案の可決を保証するために議会の多数派を

操ることができるという現実と一体であることから，憂慮して考察されるべき
ものであるということが，現在では公法専門の法律家によって広く認識されて
いることを強調することにある。多数派の投票によって承認される措置は，政
府がほとんどアカウンタビリティを負わないように見えるものである。このこ
とは，時として，これらの措置が，例えば，1980 年代のコミュニティチャー
ジ（すなわち「人頭税」）の導入と廃止や 1990 年代における鉄道の民営化のよう
に，いかに不人気であることが判明しようとも，事実であるように思われる。
他方で，低所得世帯に深刻な損害を及ぼすよう考案された，政府の税額控除の
縮小案について，貴族院が否決する投票を行った 2015 年 10 月において，特別
の憲法的論争の瞬間が存した。この瞬間は，政府の権限の範囲に関して原則が
ある証拠となる例外同然のものとして際立っていた。実は，政府は，選挙に基
づかない貴族院がそのような財政的措置への賛同を留保する投票を行うこと
は，長期にわたり確立され，1911 年議会法の規定によって強化された憲法習
律と衝突すると主張した。野党は，自己の立場を防御するため，これらの措置
を導入した 2002 年税額控除法は，議長から財政法案として認証されなかった
ため，当該習律が適用されないと主張した[35]。

　政党政治に向かうこの傾向は，Hailsham から「選挙による独裁」[36] と呼ばれ
たことはよく知られている。それは，そのような潜在的に恐ろしい政府の権力
の行使を抑制するために設置された機構の十分性を評価することを一層必要な
ものとする傾向である。というのも，とりわけ，制定法（度々「開かれた構造」
の性質を有する）がひとたび定められると，広範にわたる裁量的な意思決定権
限を大臣や公務員に大抵は付与するからである。これらの決定に介入でき，ま
た介入しようとする裁判所の役割は，本書の中心的テーマの 1 つである。さら
に，広範な立法に基づく大量の計画の管理は，一層多くの決定が公務員によっ
て行われることを必要とするものであっただけではなく，公務員が政策戦略を
実施するときに結果として一層多くの裁量を委ねられることにもなったのであ

35)　M Russell, 'The Lords, Politics and Finance' UK Const L Blog, 2 November 2015.
36)　See Lord Hailsham, *The Dilemma of Democracy* (London: Fontana, 1978), p 126.

る。結局，裁判所の監視的管轄権は，過去（と現在）の地方政府の領域の場合と同様に，中央政府による意思決定に妥当するようになった。裁判所は，中央政府の省が適法に行為していて，権限を濫用していないか否かを検討するよう要求されることが可能である。しかし，これらの変化に対する裁判所の反応をどのように理解することができるのか。裁判所は一体何を達成しようとしているのか，そして，裁判所がそうすることは正統なのか。

1.6 結　　論
——行政救済における不服申立ての連鎖へ？——

1.4 での議論において，そのような問題に対する 2 つの大雑把な根本的な理論的アプローチを簡単に検討した。これらのアプローチは，国家の役割に関する別個の考えと関連しており，「赤信号」の観点及び「青信号」の観点として特徴付けられてきた。同時に，事件の決定に関与するときの司法府の見解は，自身の姿勢によって影響されることになることは疑いない。本書の見解によると，司法府の姿勢は，赤信号の立場から青信号の立場にまで至る連続体に沿って通常は測定することができるが，今日的には黄信号の「中立的な立場」に好意的である。（本書は，個別の裁判官や個別の判決がそのように測定し量的に表すことができ，異なる観点の混合を示す例がほとんどであると主張しているのではない，ということに再び注意されたい。）これによって，どの程度裁判所は法の厳格な字義を適用しており，又は，立法の根本的な目的を念頭に置いているか，また，それによって裁判所はより公正かつ実効的な行政を促進しているか否かを問うことが可能になる。本書は，司法の監視的職務が現代国家における授権に対する反応として，つまり潜在的な平衡錘として現れたことに注目してきた。さらに，20 世紀の初期までには，権限踰越原則がある意味では既に行政過程に対する司法の介入の手段として確立していた。例えば，R v Electricity Commissioners において，Atkin 裁判官は次のように述べた。「臣民の権利に影響を及ぼす決定を行う法的権限を有し，また，司法的に行為する義務を有している人々がそ

の法的権限を踰越して行為するときは常に，［移送］令状及び［禁止］令状において行使される王座部の管轄権の統制に服する」[37]と。

しかし，後の章において，これらの原則を適用するときの裁判所の記録が常に一貫してきたわけではないことも見ることになる。20世紀中には，狭く定義された根拠に基づく場合を除き，権限踰越原則を適用することを司法府が一般的に回避した時期があった。これらの時期は「司法静観主義」と呼ばれてきたのであり，そこでは，自然的正義に関する Local Government Board v Arlidge と Nakkuda Ali v Jayaratne がそのような司法のアプローチの2つのよく知られた例である[38]。これらの静観期が，裁判所がより介入的であったように思われる時期の後に続いたのは一体どうしてだろうか。その説明のある部分は，公法上の救済手段の裁量的性質に結び付けることができ，またある部分は，原告が公法上の救済を求めるために答えなければならなかった問題（争われる決定が司法的ではなく行政的か，ある問題が公法上のものか私法上のものか等）に結び付けることができる[39]。さらに部分的には，特に戦争や社会的対立の時期においては，裁判所が不意に政治のアリーナに引きずり込まれる危険があるという，裁判官によってしばしば表明される不安にも説明を求めることができる。説明のもう1つの部分は，1945年の労働党の総選挙勝利と戦後のケインズ流の福祉国家についてのコンセンサスを受けた政府の利益と認識されるものに対する裁判所のある程度の敬譲にある。

これらのムードの振り幅にもかかわらず，より近時において，中でも注目すべきは1960年代以降において，司法積極主義の姿勢がより一般的に維持されていることが現実となった。このことは，2つの明らかに確認できる段階において生じた。第1に，1960年代の一連の影響力のある貴族院判決が，より技術的な障害のいくつかを斥けようとする新たな意欲の証拠となるものであった。

---

37)　*R v Electricity Commissioners, ex p London Electricity Joint Committee* [1924] 1 KB 171, 205.

38)　[1915] AC 120 and [1951] AC 66, respectively. See further ch 17.

39)　See ch 8.

これらの判決には，以下の画期的な判決が含まれる。すなわち，自然的正義の基本的な基準が遵守されるべきことを裁判所が主張した Ridge v Baldwin[40]，大臣の裁量が適切な目的のために行使されるべきことを裁判所が主張するために介入した Padfield v Minister of Agriculture[41]，貴族院が裁判所の監視的役割を再び断言した Anisminic v Foreign Compensation Commission[42]，及び，公益上の理由による免責の法理に対していくつかの重大な限定をもたらした Conway v Rimmer[43] である。これらの判決や後に論じられるその他の判決は，裁判所による介入の範囲を大幅に拡大した。司法審査の活性化にとって第2の，そして同様に重要な段階は，（当時の）最高法院規則第53号（後に1981年上級法院法（旧1981年最高法院法）31条において法律化された）に基づく手続の合理化であった。これは，司法審査申請のための単一の手続を創設したもので，その排他性は，O'Reilly v Mackman で承認された[44]。これらの革新以降，裁判所の下に来る事件数が著しく増加した[45]。1980年代中盤までに，幹部公務員には，行政法の性質と審査の根拠を概説した The Judge Over Your Shoulder という題名の政府内部のパンフレットが配布された。これは，行政活動に対する訴訟リスクの増大を抑制するためのものであった。司法審査申請は，それ以来，増加し続けている。実際には，1998年人権法の制定の後に司法審査はさらに勢いが増した。同法が2000年に施行されると，この重要な憲法的措置は，原告が自己の権利を国内裁判所の下でECHRに基づき主張しようとするためのもう1つの道を創り出した[46]。

　しかし，司法審査のかなりの増大にもかかわらず，毎年公的機関によって行われ，後に争われる一見すると数え切れないほどの決定のうち，実際に訴訟を

---

40)　[1964] AC 40.
41)　[1968] AC 997.
42)　[1969] 2 AC 147.
43)　[1968] AC 910.
44)　[1983] 2 AC 237.
45)　See ch 8 *et seq.*
46)　See ch 4.

生じさせるのは，比較的少数のものであることが強調されねばならない。現実には，本書を通じて「不服申立ての連鎖」と呼ぶことになるものが存する。この不服申立ての連鎖には既述の２つの部分があり，すなわち，非法的救済手段と法的救済手段である。これらのうちの第１のものは，不服申立ての解決のための比較的フォーマルではない諸機構から成り，代議士に[47]又はオンブズマンに訴えることや，争われている決定を行った機関における内部審査の手段が含まれる[48]。第２のものは，関係法令の規定に基づく審判所への上訴[49]や，司法審査請求から成り，司法審査請求がまさしく最後の救済手段と考えられるものである[50]。本書の任務とは，これらの不服申立ての連鎖の様々な部分を順次検討して評価し，最終的に第21章において制度全体の十分さについて本書の結論を提示できる立場に立つことである〔訳者注：ただし，日本語版の第21章は，原著者が日本語版用に書き下ろした内容に基づくものであり，上記記述と対応していない〕。

FURTHER READING

Adler, M (ed) (2010) *Administrative Justice in Context* (Oxford: Hart Publishing).

Allison, JWF (1997) 'Theoretical and Institutional Underpinnings of a Separate Administrative Law', in Taggart, M (ed), *The Province of Administrative Law* (Oxford: Hart Publishing).

Allan, TRS (1993) *Law, Liberty and Justice: The Legal Foundations of British Constitutionalism* (Oxford: Clarendon Press).

Bingham, T (2010) *The Rule of Law* (London: Allen Lane).

---

47) Ch 2.
48) Adler, n 26; ch 6.
49) Ch 7.
50) Ch 8 *et seq.*

Craig, PP (1991) 'Dicey: Unitary, Self-Correcting Democracy and Public Law' 106 *Law Quarterly Review* 105.

Craig, PP (2012) *Administrative Law*, 7th edn (London: Sweet & Maxwell), chapter 1.

Craig, PP (2015) *UK, EU and Global Administrative Law* (Cambridge: Cambridge University Press).

Griffith, JAG (1979) 'The Political Constitution' 42 *Modern Law Review* 1.

Griffith, JAG (1997) *The Politics of the Judiciary*, 5th edn (London: Fontana), chapters 1, 8, and 9.

Hailsham, Lord (1978) *The Dilemma of Democracy* (London: Fontana).

Harlow, C [2000] 'Export, Import: The Ebb and Flow of English Public Law' *Public Law* 240.

Harlow, C and Rawlings, R (2009) *Law and Administration*, 3rd edn (Cambridge: Cambridge University Press), chapters 1 and 2.

Leyland, P and Woods, T (1997) 'Public Law History and Theory: Some Notes Towards a New Foundationalism', in Leyland, P and Woods, T (eds), *Administrative Law Facing the Future: Old Constraints and New Horizons* (London: Blackstone Press).

Loughlin, M (1992) *Public Law and Political Theory* (Oxford: Clarendon Press), chapter 2.

Nolan, Lord and Sedley, Sir Stephen (1997) *The Making and Remaking of the British Constitution* (London: Blackstone Press), especially chapter 2, 'The Common Law and the Constitution' by Sir Stephen Sedley.

Sugarman, D (1983) 'The Legal Boundaries of Liberty: Dicey, Liberalism and Legal Science' 46 *Modern Law Review* 102.

Wade, HWR and Forsyth, CF (2014) *Administrative Law*, 11th edn (Oxford: Oxford University Press), chapter 1.

Willis, J (1935) 'Three Approaches to Administrative Law: The Judicial, the

Conceptual and the Functional' 1 *University of Toronto Law Journal* 53.

第 2 章

憲法的な背景

2.1 序

　第 1 章では，行政法の理論的及び歴史的な背景を描写した。ここでは，中心となる重要な憲法上の諸概念の概要を描くことで，より広範な憲法的な背景について考えてみたい。これらの概念は，大部分が 19 世紀に由来するもので[1]，現代の行政法システムのはたらきを分析するのに重要となる説明を形成し付与するものである。もう 1 つのレベルでは，これらの背景にある概念が，政府と行政の核心でどれくらいよく作動して，（例えば，不正に対し救済を得ることの関係で，又はイギリスの確立した諸政党が提供する枠組みの外部若しくは内部から立法の変更を達成しようと試みることとの関係で）みずからの諸権利を防御し又は自らの利益を保護する必要がある個人又は集団の役に立っているのかを問うことが重要であるだろう。この問いに留意するとき，イギリスにこのシステムを制約する枠組みを定める単一の憲法典ないしは法文書が存在していないことは，憲法を学ぶ者にとってすでに明らかであろう[2]。しかし，行政，執行エージェンシー，他の行政機関により行使された権限を議会そのものの内部から争うことができる手段は多くある[3]。まとめると，まず概念上の背景に焦点を当て，次に議会の役割を，この「不文」憲法の特徴としても，またこの特徴が行政法に与える

---

1) See W Bagehot, *The English Constitution* (Glasgow: Fontana, 1963), introduction by RS Crossman; and AV Dicey, *An Introduction to the Study of the Law of the Constitution*, 10th edn (London: Macmillan, 1959).

2) しかし，近年の提案として, see R Gordon, *Repairing British Politics: A Blueprint for Constitutional Change* (Oxford: Hard publishing, 2010).

3) See 2.4.

30

影響を評価するためにも検討し，さらにより一般的に，政治システム及び法システムの全体のはたらきを見ていきたい。

本章では，イギリスの立憲主義を規定する諸概念の多くは，権力の所在に関する理解が変化してきていることの結果，ますます圧力をかけられていることが明らかになるだろう。この圧力の中には，イギリス「内部」の発展，すなわち，1997 年に政権についた労働党政権で始まりそれに続く諸政権で行われた意図的な選択の結果生じた権限分配に関する変更の結果といえるものがある。しかし，「外部」に源がある挑戦もある。欧州連合（EU），欧州評議会及びその他の国際機構の諸活動——これらはすべてイギリスの憲法プロセスに直接及び間接の影響を及ぼしている。例えば，あらゆる直接的な影響は，EU に参加するという国内の決定から生じたということができるかもしれないが（執筆時点で迫っている EU 加盟資格をめぐる国民投票については 3.1 を参照），間接的な帰結がイギリスの諸政権の特定の選好に依存するのははるかにわずかである。そうではなく，このような影響は，国際的なプロセスの結果生じるのであり，このプロセスは，単純に，グローバル化する世界における繋がりや重なり合いによってイギリスにおける政策の選択に影響を与えるのである[4]。したがって，イギリスの立憲主義を規定するものの多くは，特定の国家主権のモデルに起源をもつが，それは現代の法的及び政治的な諸現実によってますます圧力を受けつつある[5]。

2.2　議 会 主 権

第 1 のまた最も重要な憲法上の概念は，議会の法的主権の原理である。この原理の下では，新しい法律を制定する無制限の法的権能を有する議会よりも高

---

4)　See G Anthory et al., *Values in Global Administrative Law* (Oxford: Hart Publishing, 2011).

5)　See further N Bamforth and P Leyland (eds), *Public Law in a Multi-layered Constitution* (Oxford: Hart Publishing, 2003).

い地位にある組織はない。この原理は，議会はその後継者たる議会を拘束できないことも含んでおり，2つの法律の間で衝突がある場合には，黙示的廃止の原理のもと，裁判所は議会の意思の最も新しい表明に常に効力を与える[6]。さらに，制定法とコモンローとの間に衝突がある場合には，制定法が優越する。

　議会の法定立権限の主権的な性質は，非常に大きな範囲で柔軟性を残している。なぜなら，憲法は，（根本的な諸原理を保持するためにあるコモンロー上の権利や憲法習律という広範な背景と対比される）エントレンチメントされた権利章典の中にみられるような法典化されたルールによって制限されていないからである[7]。憲法理論上，議会は，どのような事項であれ立法することができ，裁判所も，理論上，議会の最新の意思の表明に効力を与える。Reid 裁判官がMadzimbamuto v Lardner-Burke 判決で次のように述べたことがよく知られる。

　　イギリスの議会がある事柄を行うことは違憲であるとよく言われる。それは，それらを行うのに反対する道徳的，政治的その他の理由が非常に強いので，議会がこれらの事柄を行えば多くの人々がこれを大変不正であると考えるということを意味する。しかし，そのような事柄を行うのは議会の権限を越えるものであることを意味するわけではない。仮に議会がこれらの事柄のいずれであれ行うことを選択したとしても，裁判所は，その議会制定法を無効とは判断しないだろう[8]。

　しかし，この核にある前提は，今や，多くのかたちで挑戦を受けているとみられる。最も明白なのは，EU 加盟の影響である。国家は，EU に参加するとき，この組織の憲法的な諸原則によって拘束されるが，そのうち最も重要なものは，EU 法の優越性の原理である[9]。この原理は，EU 法と（いつ制定されたも

---

6)　*Ellen Street Estates Ltd v Minister of Health* [1934] 1 KB 590 and *Vauxhall Estates Ltd v Liverpool Corporation* [1932] 1 KB 733.

7)　See 4.2.

8)　[1969] 1 AC 645, 723.

のであれ）国内法のあらゆる部分との間に衝突がある場合には，EU法が優越することを意味する。このとき，2つの優越性——EU法の優越性とイギリス憲法秩序の優越性——とがあるところ，イギリスの裁判所は，EU加盟国であることによって問題が生じないように，議会主権の原理の内容を修正しなければならなかった。換言すれば，裁判所は今や，イギリスが加盟国となった後に可決された立法がEU法の義務と抵触する場合でさえ，EU法に優先的な効力を与える[10]。

　スコットランド，北アイルランドそしてウエールズへの権限移譲に関しても，また欧州人権条約の編入に関しても，緊張をみることができる（権限移譲と人権条約の編入は，労働党政権によって導入された1997年以降の改革プログラムの中心であった）。権限移譲の諸法と1998年人権法とは，議会主権を重ねて断言する言葉が述べられているが，議会がスコットランド議会を廃止する立法を行うことは，そのような展開に対するスコットランドの支持がなければ今では困難であるというのが，政治的な現実である[11]。このような点から，裁判所は，近時，権限移譲立法と人権法を（他にもあるが）コモンロー上の「憲法的法律」であると述べるようになっている[12]。これは，これらの法律が議会によって廃止できないことを意味するわけではないが，議会の権限に対して「公式の」制限を課すものである。なぜなら，ウエストミンスターの議会が憲法的法律を廃止又は改正するという明示の文言を用いるか，必然的推論の結果憲法的法律の改廃にたどりつく文言を用いることを裁判所が求めるからである[13]。すなわち，

---

9)　See 3.2.1.2.

10)　この難問の憲法上の含意については，さらに3.3.2（「主権と優越性——Factortame事件からPham事件へ——」）を参照。

11)　現在の憲法上の立場の深い分析のために，M Elliot, 'The Principle of Parliamentary Sovereignty in Legal, Constitutional, and Political Perspective' in J Jowell, D Oliver, and C O'Cinneide (eds), *The Changing Constitution*, 8th edn (Oxford: Oxford University Press, 2015), ch 2 を参照。今は2016年スコットランド法1条も参照。

12)　*Thoburn v Sunderland City Council* [2003] QB 151 and, e.g., *R (Brynmawr Foundation School Governors) v Welsh Ministers* [2011] EWHC 519, para 73.

13)　M Elliot, 'Embracing "Constitutional" Legislation: Towards Fundamental Law?'

最高裁判所は，スコットランド議会——そしてその類推により北アイルランド議会とウエールズ国民議会——は，ウエストミンスターの議会がそうであるという意味での法的主権者ではないとも述べた[14]。それにもかかわらず，最高裁は，AXA 判決で，スコットランド議会が民主的に選挙で選出される組織体であることに照らせば，裁判所はこの議会の立法における選択にあまり介入するべきではなく，介入するのは例外的な状況（例えば，司法へのアクセスの廃止を議会が意図していたような場合）に限られることを強調した[15]。最高裁は，Imperial Tobacco v Lord Advocate[16] において，全員一致で，スコットランド議会の立法に対する別の異議申立てを退けたものの，権限の問題は常に裁判所が決定するべき事項であると述べて，Hope 裁判官は，おそらく，この判決で示された非常に狭く限定された限界の中ではあるものの，権限移譲を受けた組織体の立法を争う可能性を開いたままにした。その後，ウエールズ国民議会の立法における選択が Recovery of Medical Costs for Asbestos Diseases（Wales）Bill: Reference by the Counsel General for Wales[17] 事件で争われ，原告が勝訴した。最高裁は，ウエールズの議員立法の法律案のうち，ウエールズ政府に支払うべき負担金を保険者に課す諸規定は，国民医療サービスの「組織及び財政」に関係せず，その結果，2006 年ウエールズ政府法（GOWA）108 条に基づきウエールズ議会に移譲された権限を踰越すると判断した。上記のスコットランドの諸事件は 1998 年スコットランド法にかかわるものなので，これらと区別できるものの，Mance 裁判官の多数意見は，「裁判所の機能を，GOWA のもと，立法権限という問題と人権条約上の権利との適合性という問題の双方について，関連する考慮事項を評価しみずからの判断を形成する［ものとして］」[18] 考え

  (2003) 54 *Northern Ireland Legal Quarterly* 25.

14）　*Axa General Insurance Limited and others v Lord Advocate* [2011] UKSC 46, [2012] 2 AC 868. この判決は，13.6.3.1 でさらに議論する。

15）　But compare *Salvesen v Riddell* [2013] UKSC 22, 2013 SC（UKSC）236.

16）　[2012] UKSC 61, 2013 SC（UKSC）153.

17）　[2015] UKSC 3, [2015] AC 1016.

18）　[2015] AC 1016, 1046, para 67.

ていることが重要である。換言すれば，この法律案に含まれる遡及効に特別な
正当化ができないとして，疑いなく「憲法的な」法律であるものを限定的に解
釈することを強調している。他方，Thomas 裁判官は，重要な反対意見で，民
主的に選挙で選出された機関であるウエールズ議会の判断により大きな重みを
与えることによって，スコットランドの諸事件における Hope 裁判官のアプ
ローチに共鳴している。2014 年のスコットランド独立の住民投票により生じ
たスコットランドとウエールズにおける政治的な変化という背景の中で，権限
移譲にかかわる事件に適用される法の基本的な諸ルールが生成していくように
みえる。しかし，公式の制限がない中では，ウエストミンスターの議会は，最
終的かつ主権的な権威を享受するという意味で，イギリスにおいて，他の民主
的に選挙で選出された諸議会より上のランクに位置しつづけることは明らかで
あるように思われる。

2.3　ウエストミンスターモデルとホワイトホールモデル

　学者は，これら 2 つの概念を，現代の憲法上の配置に関する理解を強めるた
めに，しばしば用いている。第 1 のものは，正統的，あるいは「ウエストミン
スター」モデルであり，その起源を 19 世紀終盤にもつ。このモデルは，政府
が「代表的でもあり責任も負う〔responsible〕」ものであるとする。すなわち，
全体としての人民が議会（ここでは，いまだに非選出である貴族院と対比された，庶
民院）を選出するという点で代表的であり，議会は，その大部分が議会の中か
ら出される行政府の責任を追及するという点で責任を負う。翻って，議会も政
府も次の総選挙で選挙民に対して政治的にアカウンタビリティを負う。Craig
が述べるとおり，主権のもう 1 つの側面は，次のようなものである。

　すべての政府の権限は，下院による立法及び監視により議会を経由するも
のでなければならない。ダイシーは，下院は行政府をコントロールし，すべ
ての公権力が立法府による監視に服すべきであると信じていた。この民主的

なシステムは，ダイシーが，下院が人民の意思を正確に反映し，行政府をコントロールすると信じていた点で，「自己修正的」なものでもあった。したがって，全権をもつ議会は，選挙民の希望に反した法律を通過させることはないだろう[19]。

　しかし，21世紀における展開によって，すでにダイシーの時代に認識されていた，行政府による支配あるいは「ホワイトホール」統治モデルと呼ばれてきた傾向に拍車がかかった。大雑把にいえば，下院多数派の支持を受けホワイトホールのマシンにより支えられている政党が政府を組織し，下院多数派を失うまで，あるいは次の総選挙まで，究極的には自らの立法提案のほとんどすべてを押し通すことができる。この，政府による議会の支配に近いことは，（人々の票という点で）多数派による選挙の支持がなくても，政党の忠誠並びに首相及び政党マシンにより行使される権力並びに役職配分権によって可能となっている。前の連立政権は，単一政党による支配という典型的な経験からの逸脱を示したが，それにもかかわらず，不信任決議に関する議会での敗北は選挙の前倒しと投票での連立諸政党の屈辱的な結果を導くおそれがあることから，連立政権みずからの立法プログラムに対する支持はほぼ保障されている。このことから，このような状況が生じることを許すわが国の選挙制度の気まぐれによって，人口の過半数は政治参加の機会を奪われ無力にさせられているとしばしばいわれる。それゆえ，数十年にわたって，Charter88（現在は‘Unlock Democracy’の一部）など様々な利益集団によって選挙改革の要求が繰り返されてきている。さらに，自由民主党は，長い間，選挙改革に向けて運動をしてきており，2010年に保守党と連立政権を形成した際に，いわゆる「選択投票」選挙制度の導入に関する国民投票を主張した。しかし，この国民投票は失敗に終わり，ホワイトホールモデルに含まれる多くの弱点はそのままとなっている。法律案が作成される段階で広範な利益集団から意見を聴くことがあるという事実にもかかわ

---

19)　P Craig, *Administrative Law*, 7th edn (London: Sweet & Maxwell, 2012), 4.

らず，人口のうち一定の部分は，例えば地方自治体の役割や公共サービスの提供の性質を再定義する重要な政策変更によって傷つきやすい。立法によって基本的なルールがいったん作り直されると，住宅困窮者，手当受給資格の変更により影響を受ける人々や環境問題に抗議する人々といった集団は，選挙による別の政権の誕生に伴う，希望する政策変更を待つ以外の実践的な選択肢をごく限られたものしか持っていない，ということも事実である。

2.4　大臣の個別責任並びに議会と議員の役割

われわれが「不満の鎖」と名付けたものの一部であるが，その中心的な概念であるアカウンタビリティは，実際に機能している重要な非-法的な紛争解決メカニズムに照らして考察しなければならない。議会は行政府にその行為のアカウンタビリティを果たさせようとしており，ここでは議会が議論の焦点となる。というのは，今や行政府が委任立法という手段を用いて立法することが議会制定法により可能となっており，ここに行政活動の多くがその起源をもっているからである。大臣の個別責任という習律は，行政府の議会に対するアカウンタビリティの概念と法の支配との間を調和させる点として役立っている。Vile はこの大臣の個別責任という理念によって2つの理論の統合が可能となっていると説明する。いわく，

「行政府」は法に従って行為しなければならず，「政府」は政策の展開においてリーダーシップを行使しなければならない。しかし，もし政府が議会のコントロールに服し，行政府が裁判所のコントロールに服するのであれば，大臣がもつ2つの役割の間に調和を確立することができるだろう。それゆえ，大臣の法的責任と政治的責任は，英国の統治制度の核心である。これが現実のものである間は，立憲主義の仕組み全体が保持されるだろう。もしこれが機能しうる概念であることを止めれば，法的な根拠と政府の運営との間の統合が崩壊するプロセスが始まるだろう[20]。

この「古典的」（おそらく神話的）な大臣の個別責任の原理は，本質的には，「大臣は賞賛も非難も受ける」という言葉で要約できる。これにより，大臣をすべての決定の源と同定し，その究極の制裁は辞任であるとする。換言すれば，内閣の内部又は外部にいる大臣たちは，政策の問題や，その職に関係する個人的な行動，そしてその省におけるあらゆる過ちあるいは過ちとされるものについて，責任の大部分を負うのである。このことは今なお政府によって承認されている[21]。これらのカテゴリーは実務上しばしば重なり合うことも指摘しておかなければならない。政府がもっぱら庶民院及び貴族院の議員から組織されることが正当化される主な理由は，大臣たちが議会に対しアカウンタビリティを果たせること，あるいは少なくとも大臣たちがみずからの行為及びその職員たちの諸活動について議会に対し答弁できるということなのである。その結果，大臣たちは，その省の長として，公衆の大変な注目を集めることになる。それは，クエスチョン・タイムや特別委員会，一般的な討論における議会での役割において，また議会外でのメディアへの登場によっても，明白である。これと対照的に，公務員は，少なくとも理論的には匿名であり，大臣が政策を決定すればそれを実施するだけである。これにより公務員は日々の政治的な論争からよりいっそう保護されている。この原理は，スポットライトが行政府内部で働いている諸個人にあまりに接近して当てられるのを阻止することによって，2000年情報自由法の施行にもかかわらず，ホワイトホールに浸透している秘密の文化を支えるためにも用いられている。

　ここまで，大臣の個別責任を「ウエストミンスターモデル」の基本的な特徴の1つであるとしてその輪郭を描いてきた。しかし，この古典的な原理にはいくつかの留保を付さなければならないことを指摘しておくことが重要である。

---

20)　M Vile, *Constitutionalism and the Separation of Powers* (Oxford: Oxford University Press, 1967), 231.

21)　Ministerial Code, Cabinet Office October 2015, s 1.2 (b)：「大臣は議会にアカウンタビリティを果たす義務を負い，その省およびエージェンシーの政策，決定および活動につきアカウンタビリティを果たさなければならない……」。

38

第1に，現代の行政の複雑性ゆえに，多くの決定は委任されており，実務上，多くの決定は大臣の名前のもと公務員によって行われている[22]。第2に，大臣責任の正統な原理には，とくに，地方政府，極めてわずかだけ残っている国営企業，執行エージェンシー，民営化された公益事業の規制者そしてクアンゴとして知られるその他の団体について議会に（行政府とは対照的に）限定的なアカウンタビリティしか負わないということなど，多くの但書きをつけることができる点を指摘しておかなければならない[23]。第3に，アカウンタビリティが何を含むかというまさにその定義が，政府の性質の変化という背景に照らして展開してきている。大臣が省の深刻な過誤に関与しあるいは知悉していた場合には辞任が求められることを示す先例がある。第6章で検討する Crichel Down 事件と，1982年のアルゼンチンによるフォークランド諸島への侵攻を防ぐための措置が不十分であったことをめぐる Carrington の外相辞任とが2つの例として挙げられる[24]。しかし，実際には大臣が公務員に代わってみずからを犠牲にすることはほとんど知られておらず，完全な政治的アカウンタビリティという考え方は，現代の省のはたらきへの適用の現実から隔たりがあるのである。さらに，問題なのは，伝統的な大臣責任の概念は，第5章でみるように今はエージェンシーに分解されてしまっている現代の公務員制の構造に，もはや合っていないことである。「大臣に任命されるエージェンシー長と，概念上は議会に対してアカウンタビリティを負う大臣との間で権限が区別されていることから，裂け目とギャップが生じ，深刻なアカウンタビリティの問題が発生している」[25]。Michael Howard（内務大臣）が1995年に Whitemoor 刑務所の脱走

---

22) このことは，裁判所によって，*Carltona Ltd v Commissioner of Works* [1943] 2 All ER 560 の判決にならって，「*Carltona* 原則」として承認されている。また12.5.2 を参照。

23) See 5.5.2.

24) D Woodhouse, 'Ministerial Responsibility' in Bogdanor (ed), *The British Constitution in the Twentieth Century* (Oxford: Oxford University Press, 2003), 310.

25) C Harlow and R Rawlings, *Law and Administration* (Cambridge: Cambridge

第 2 章　憲法的な背景　*39*

をめぐり，この脱走を痛烈に批判する報告書が出されたにもかかわらず辞任しなかったことは，この点を明瞭に描き出した。刑務所サービスの長（Derek Lewis）はみずから辞任するのではなく大臣によって解任されたが，大臣は，大臣の責任に入る政策事項とサービスの長の責任に入る運営事項（脱走も含まれる）との間には区別があり，本件は運営事項であったということに依拠していたところ，この区別には強い異論があった[26]。結局，大臣は今なお議会にアカウンタビリティを負っていると考えられているが，上級公務員はみずから批判にさらされることがあるのである[27]。上級公務員が頻繁に特別委員会に出ることに照らせば，匿名性の主張を維持するのは難しい。

2. 4. 1　議会の監視メカニズム

庶民院議員は，有権者たちの苦情を救済し，また行政府にアカウンタビリティを果たさせるうえで重要な役割をもっている。大臣責任がルーティンで実際に行使されていることは，庶民院議員がこの活動の遂行を可能にする多くの手続を通じて観察することができる。諸個人や諸団体は，選挙区の面会所，あるいは郵便，Ｅメールにより，そして彼らみずからが問題を追及できるその時々の会議の場で，庶民院議員に接触することができる。注意すべきは，この初期の段階で庶民院議員が関与することは，例えば大臣の耳に入れることによって，争いのインフォーマルな解決に寄与しうるということである。しかし，もしこのようなインフォーマルな方法が不十分であることが判明しても，庶民院議員がこれらの問題を提起できる幅広いフォーマルな機会がある。そこには，近日討議動議，10 分ルールに基づく法案賛成，一般討論，緊急討論そして議会質問の上程が含まれる。これらすべての装置は，議会みずから設定する時として時代錯誤的な方法によって制限されることがあるものの，意見の強

University Press, 2009), 63.

26)　A Tomkins, *The Constitution After Scott: Government Unwrapped* (Oxford: Clarendon Press, 1998), 45ff.

27)　A King, *The British Constitution* (Oxford: Oxford University Press, 2007), 351.

さを測り，付随的にプレス報道を通じて無料で広報をしてもらうことに資する。議会質問，省別特別委員会また決算委員会それぞれの役割については，さらに触れる必要がある。

2.4.1.1 議 会 質 問

　口頭又は書面による答弁を求める質問を上程する権能は，議員個人の手にある重要な武器である。その少なからぬ理由は，議会のテレビ中継が始まって以来，議会開会日のハイライトであるクエスチョン・タイムの機会が広範な人々の注目を集めるからである。平議員は，大臣に向けられた，あるいは省の内部から情報を得るよう企図された質問を作成することによって，行政府を審問する機会をもつ。別の観点からいえば，議会質問に対する答弁は，情報の流れに対する行政府によるコントロールを示すものともいえる。なぜなら，大臣は情報を選択的に発表することで庶民院議員を欺くことができる立場にあるからである。それゆえこのことは，庶民院議員がその監視作用を純粋に行使するに際して不釣合いな苦闘があることを示している[28]。

2.4.1.2 省別特別委員会

　議会は特別委員会によって監視作用を行使すると認識されている[29]。事実，特別委員会は，変化の激しい時代において，大臣がその省その他のエージェンシーを担当する責任をどのように果たしてきているのかを跡付けることを助けるもので，大臣責任の重要な拡張だと考えるべきである。1979 年の選挙の後，当時の庶民院の制度に重大な変更が加えられた。それ以前に行政府の特定の領域の活動を調査していた，限られた数の特別委員会と様々なアド・ホックな委

---

28)　これは，Scott 報告書，すなわち，*Report of the Inquiry into Exports of Defence Equipment and Dual-Use Goods to Iraq and Related Prosecutions*, HC 115 1995-96 vol1 の鍵となる認定の１つであった。

29)　R Kelly, 'Select Committees: Powers and Functions' in A Horne, G Drewry, and D Oliver (eds), *Parliament and the Law* (Oxford: Hart Publishing, 2013).

員会に代えて，14 の省別特別委員会が設置された。現在は 21 の特別委員会が，行政府と，政府による政策形成を監視している[30]。行政府の行為の権限踰越と権限濫用を取り扱う裁判所とは異なり，特別委員会は，その裁量で，政治的，社会的，経済的な問題が発生した際にそれらの問題を検討し，政策形成の形成段階にインフォーマルな影響を与えることができる一方，公衆の懸念に応え，いつでも政策領域に対する調査を開始することもできる点に利点を有している。

　これらの省別特別委員会はアメリカの制度の中にある委員会と比較されてきた。しかし，両者にはその構造及び実効性において実質的な違いがある。構造についていえば，アメリカ合衆国憲法の権力分立の中心的な特徴は，立法府が議会委員会という手段によって行政府を抑止するやり方にある。議会委員会がもつ広範な名声は，特別調査によって多くのスキャンダルを明るみに出してきたことに基づいている（最も有名なものは1973 ～ 4年のウォーターゲート事件である）のに対し，省別特別委員会の特定的な付託範囲は行政，政策そして歳出であって，委員会は，政策を提案し行政府を点検するという，よりルーティンの任務に日々従事している。実際には，アメリカの議会委員会は豊かな財源を割り当てられフルタイムのスタッフを備えている強力な機関である。それにもかかわらず，イギリスの省別特別委員会は，書類を提出させ国務大臣（大臣）や最上位の公務員を含む証人を召喚するという恐るべき権限をもっている。委員会はルーティンの調査を行うが，公的な関心がある時事問題も調査する[31]。

---

30)　2015 年以降の省別特別委員会は，次のとおり。ビジネス・イノベーション及びスキル，共同体及び地方自治，文化・メディア及びスポーツ，防衛，教育，エネルギー及び気候変動，環境 [・] 食料及び地方問題，外交，保健，内務，国際開発，司法，北アイルランド問題，請願 [，] 公行政及び憲法問題，科学技術，スコットランド問題，交通，財務，ウエールズ問題，女性及び平等 [，] 労働及び年金。

31)　多くの著名な調査がある。例えば，卵の中のサルモネラ問題（1998），イギリスにおけるミレニアム（2000），イラクへの派兵決定（2003）そして近年では News of the World の電話盗聴スキャンダルに関する文化・メディア及びスポーツ委員会の Phone Hacking, 19 July 2011, HC 903 ⅱ による調査と内務委員会の Unauthorised tapping into or hacking of mobile communications, Thirteenth Report of Session

Wright 委員会[32] の提案に沿って，2010 年選挙後に，政府による庶民院の議事日程コントロールを小さくするためいくつかの重大な変更が行われた。その目標は，平議員議事委員会の設置により達成された。委員長の選挙に関する議院規則の改正は，省別特別委員会を政党規律の影響から守ることにより委員会の独立性を強めるために設計されたもう 1 つの重要な変更であった。これらの改革は，主要政党が割り当てられた数の特別委員会委員を選出する内部手続を導入することにもつながった。Russel は，正当にも，「これは，委員たちに，より正統性が高められたという感覚と，議院全体のために発言しているのであるというより大きな自信を与えるはずである。またこれは，委員たちのメディアにおける注目度を高めることにもつながるだろう」[33] と結論づけている。

2.4.1.3 決算委員会と会計検査院

決算委員会は，庶民院が，現在は年間で 4000 億ポンドを超える政府の財政に対し一定のコントロールを行使するための主要な装置である。この委員会は，非党派的，非政党政治的なやり方で運営されている。それは 16 人以下の国会議員で組織され，委員長には，通常は財務省の大臣経験者である野党の長老が就任する。大臣及び省の会計官（通常は事務次官）が決算委員会に出席し，省の決算の年次検査から生じる問題につき質問，場合によっては審問を受ける。さらに，庶民院の中にテレビカメラが設置されたことによって，これらの手続，そして審理される重要問題が広く公衆に紹介されることとなっている。

決算委員会は他の特別委員会と異なり，会計検査院長が率いる会計検査院の支援と援助を受ける[34]。1983 年まで，会計検査院長は時の政府によって任命さ

2010-12, HC 907 による調査である。

32)　Tony Wright MP が委員長である庶民院改革特別委員会である。

33)　M Russel, ''Never Allow a Crisis Go To Waste'': The Wright Committee Reforms to Strengthen the House of Commons' (2011) 64 (4) *Parliamentary Affairs*, 612-33, 628.

34)　P Dunleavy, C Gilson, S Bastow, and J Tinkler, *The National Audit Office, the Public Accounts Committee and the Risk Landscape in UK Public Policy*, Risk and

れていたが，同年の会計検査法により，このポストは庶民院の職員という位置づけを与えられた。現在，会計検査院長の任命は，首相と決算委員長を構成員とする委員会で行われる。このやり方によって，このアカウンタビリティ制度における独立性の要素が高められた。会計検査院は，1000人を超えるスタッフによって，決算委員会と密接に連携して活動しており，政府諸機関がそれらに割り当てられた政策目標を遂行する実効性を検査し，無駄を除去するためのバリューフォーマネー検査を実施する。政府すべての省の年次検査を受けて作成される会計検査院の報告書──決算委員会の管轄はこれに限定されている──は委員会に送付され，そこではこの報告書に含まれる証拠を歳出の詳細を検分するための道具として実効的に利用することができるので，決算委員会の報告書の権威が増すことになる。近年，会計検査院が900を超えるPFIプロジェクトを監督することができるかにつき懸念が表明されており，また近年の財政危機は決算委員会及びその他の特別委員会による事後的な調査の限界を露呈している。しかしそれにもかかわらず，ある有力な論者は，「会計検査院という形態での外部的な専門性と［決算委員会を含む］特別委員会により遂行される内部的な調査との適切な組み合わせのもとで40年を超える制度上の変更を伴い到達したものに，財政統制の1つのモデルをみることができる」[35]と述べている。

　この節を終わるにあたって，2009年に明らかになった庶民院議員の手当をめぐるスキャンダルにより議会に対する人々のイメージが非常に損なわたこと[36]を指摘しておく。このため，庶民院議員の利益開示と行為一般を規律するより厳しいルールの導入が促された[37]。議会の名声を回復することは，庶民院議

Regulation Advisory Council, October 2009.

35) J McEldowney, 'Public Expenditure and the Control of Public Finance' in Jowell, Oliver and O'Cinneide, n 11, 368ff.

36) P Leyland, *The Constitution of the United Kingdoms: A Contextual Analysis*, 2nd edn (Oxford: Hart Publishing, 2012), 122ff.

37) See Parliamentary Commissioner for Standards, Annual Report 2014-15, July 2015, HC 329; and R Kelly and M Hamlyn, 'The Law and Conduct of Members of

44

員が行政府の監視機能という肝要な役割を果たすゆえ非常に重要である。さらに，一般の議員が自由に使用できるこれらのメカニズムの有効性は，政府が政党の院内幹事たちを通じて議会を支配しようとする傾向を背景に判断しなければならない[38]。庶民院の議事の日程計画及び特別委員会制度に行われた近年の改革は，政治権力を行使する1又は複数の政党からの既存の議会のメカニズムの独立性を高めることによって，いくらか庶民院議員に有利な方向に均衡状態を動かすだろう。

2. 5　議会主権と司法の権威の押し出し

議会権限の法的性質に戻ると，イギリスでは，主権者たる立法府──国王〔Crown〕，庶民院及び貴族院──が，立法が違憲であると争われるおそれなしに立法を任意に行うことができる状況に歴史的に今まで置かれつづけてきていることを見て取ることができる。しかし，この状況は変化の過程にある。第1に，2005年憲法改革法は，重大な憲法上の変更を設計施行して，議会と司法府との間の権力分立を強化しようとした。この法律は，大法官が議会，行政府そして司法府の権限を結合させることがもはやできないよう，その古くからの役割を変容させただけでなく，司法官の任命制度を制定法に依拠させ，貴族院上訴委員会を最高裁判所に置き換えて議会から建物を分離させた（この点は後述する）。最高裁判所の構成と権限は上訴委員会が有していたものとだいたい同じであるが，新しい裁判所の創設によって議会と裁判所との間の権力分立が確認されたのは，象徴的でもあり重要でもある。

第2に，司法の権威の押し出しがますます強くなってきており，多くの論者はこれを議会と裁判所との間の均衡を動かしたものと考えている。狩猟をめぐる事件である R (Jackson) v Attorney General[39] で，貴族院は，1911年及び

Parliament' in Horne, Drewry, and Oliber, n 29.

38)　「選挙独裁」というフレーズを刻印した，Lord Hailsham, *The Dilemma of Democracy* (London: Fontana, 1978) を参照。

1949 年の議会法に基づき導入された手続のもと可決された議会制定法（問題となった立法——2004 年狩猟法——は犬を用いて野生動物を狩猟することを違法とした）の妥当性に関して議論を展開する意思があった。裁判官たちは，この法律を無効にしようとはしなかったが，単純に目前の事件を審理することによって，「登録された議会制定法」ルールに従わなかった。このルールによれば，当該事案は司法判断不適合だとされるが，異論も多いものであった。しかし，おそらくより重要なことは，3 名の裁判官が，議会が司法審査を廃止しようとしたり個人の諸権利を脅威にさらそうとしたりする例外的な状況においては裁判所が制定法を無効と宣言できるだろうという効果をもつ傍論を書く意思があったことである。それ以降，Jackson 判決の意義をおそらく打ち消す判決文がいくつか存在するが[40]，この判決で出された傍論は影響力を持ちつづけている。Jeffrey Jowell は，その影響を次のように要約する。

　法の支配の議会主権に対する優位を裁判所が押し出すまでには，ある程度の時間と，挑発的な立法，そして裁判官の相当の勇気が必要になるだろう。しかし，現代民主主義において立法府が咎めなしに法の支配という拘束を破ることができるというのは，もはや自明でもなく，一般的に受け入れられているともいえない[41]。

　第 3 に，裁判所は，1998 年人権法によって，人権と基本的自由を守るのにより重要な役割をもつようになった[42]。とくに，裁判所には，欧州人権条約（ECHR）を広く遵守するよう法律を解釈し，もしそれが不可能であるならば当該法律と ECHR との間の不適合宣言を出す権限が与えられた[43]。不適合宣言

---

39)　[2005] UKHL 56, [2006] 1 AC 262.

40)　*Axa General Insurance Limited and others v Lord Advocate* [2011] UKSC 46, [2012] 2 AC 868.

41)　J Jowell, 'The Rule of Law' in Jowell, Oliver and O'Cinneide, n 11, 34. *Re Moohan* [2015] AC 901, 925, para 35 における Lord Hodge のコメントも参照。

42)　See ch 4.

はその対象となる法律を無効とするものではなく，これにより議会主権は保持されるが，この宣言は議会にECHRを破っている法律を改正するよう促す効果を通常持っている。これにより，必然的に司法の評価が著しく高まり，それは「ヨーロッパの」人権価値の国内法への輸入に関わる場面で最も顕著となる。しかしそれは非常に物議をかもすこととなり，政府はしばしばイギリス及び欧州の裁判所の判決を批判してきている。しかし，このことは裁判官と行政府，立法府との間での優位をめざす争いを示唆しているけれども，裁判官の中には，この関係をむしろ「相対的な制度上の権限」という言葉で表現した者もいる。Bingham 裁判官は，次のように述べる。

　　問題がより純粋に（広義または狭義で）政治的なものであればあるほど，政治的な解決がよりふさわしく，司法による決定が適切な事柄ではなくなるだろう。したがって，裁判所の潜在的な役割はより小さなものとなるだろう。政治的な問題の解決は，政治機関の権限であって司法機関の権限ではない。逆に，どのような争点であれ法的な内容が大きければ，裁判所の潜在的な役割はより大きくなる。なぜなら，イギリスの憲法のもとでは，議会の主権的な権限に服する限りで，法的な問題の解決は裁判所の権限であり政治機関の権限ではないからである[44]。

このような解説からは，裁判所が，政治の領域においては議会による選択に効力を与えようとするのが普通であることが明らかであるが，裁判所がそうしようとすることにはいくつか重要な留保がある。その留保のうち主なものは，議会が特定の結果に到達することを望む場合，議会は明示的な文言か，必要的含意によりその結果に到達する文言を使用すべきであるという要請である。裁判所は，この要請——本質的に制定法解釈のルールである——をコモンロー上の基本的権利が争点となる場合に用いて大きな効果を導いてきた。このことは，

---

43)　1998 年人権法 3 条及び 4 条。

44)　*A v Home Secretary* [2005] 2 AC 68, 102, para 29; 強調は加筆したものである。

1998 年人権法に結びつく争点をめぐりますます増大してきた憲法上の責任と
の関係でも同じである[45]。この解釈アプローチは，EU 法の要求に対する裁判
所の対応においても中心を占めてきた。裁判所は，EU 法に抵触する立法に効
力を与えるのは，衝突が意図されていることを議会が明示的に述べている場合
に限ると長年判断してきたのである[46]。

　司法の権威のもう 1 つの表明は，上で述べた，コモンロー上の「憲法的法
律」というカテゴリーの承認を通じて行われた。有名な Thoburn 判決[47] で，
Laws 裁判官は，今日，もはや黙示的廃止という通常の国内ルールに服しない
一定の法律があると説明した。このような法律――これには，複数の権限移譲
法，1972 年欧州共同体に関する法律そして 1998 年人権法が含まれる――は，
黙示的廃止ではなく，「後法において明示的な文言又は現実の判断における推
論の結果これを否定することが不可避（である）ほどに特定されている文言」[48]
である場合に限り廃止することができる。このような見方は，憲法的法律を黙
示的廃止の射程を超えるものとみており，裁判所をいっそうさらに影響力ある
地位に置くものである。なぜなら，憲法的法律を同定する責任を負うのは――
コモンローの使用を通じて――裁判所だからである（Laws 裁判官のリストは決
して網羅的ではない）[49]。

　このような展開の中で論争がなかったわけではなく，またこのような展開は
司法積極主義に関する難しい問題を提起しうることは，後の章でみる。しか
し，いずれにしろ，このような展開は歓迎すべきものなのだろうか？　あるレ

---

45)　4.2.2 で論じる *R v Home Secretary, ex p Leech*（*No 2*）[1993] 4 All ER 539，ま
　　た，例えば，*HM Treasury v Ahmed* [2010] 2 AC 534 を参照。

46)　この点の発生については，*Macarthys Ltd v Smith* [1979] 3 All ER 325, 329, Lord
　　Denning を参照。

47)　*Thoburn v Sunderland City Council* [2003] QB 151.

48)　Ibid, 187.

49)　憲法的法律（Laws 裁判官がいう）の存在は，このあと，*R（HS2 Action Alliance
　　Ltd）v SS for Transport* [2014] UKSC 3, [2014] 1 WLR 324, 383, para 208, Lord
　　Neuberger and Mance の中で，最高裁によって承認されている。

ベルにおいては，その答えは「イエス」であるに違いない。なぜなら，しばしば議会主権という核となる憲法原理の背後で形成する非常に強い政府の権力に対し，この展開は何らかの限界を画するものだからである。他方で，司法積極主義という懸念の性格を指摘しておくことが大事である[50]。イギリスの民主的均衡の制度の強みの１つは，歴史的に，人々により選挙で選出された立法府の選好を選挙で選ばれていない裁判官が打ち負かすことができないということである。Thoburn 判決において形式的な制限が（裁判所が主位立法を無効にしうるという意味で）実質的な制限に展開したのならば，このことは翻って正統性の問題を惹起するだろう。次節で議論するとおり，諸権力——すなわち，立法権，行政権と司法権——の分立の理念は，民主的統治制度にとって中心的な重要性をもつ。したがって，裁判所の役割について考える際には，立法府と行政府に帰属させることを望む憲法上の役割の性質についても考えなければならない。

2. 6 権力分立：性質と含意

権力分立に関する最も有名な言明の１つは，1748 年に公刊されたモンテスキューの『法の精神』においてなされた。その著作で，彼は次のように述べる。

立法権と行政権とが同一の人間あるいは同一の役職者団体において結合されるとき，自由は全く存在しない。……司法権が立法権や行政権と分離されていなければ，自由はやはり存在しない。もし司法権が立法権と結合されれば，臣民の生命と自由は恣意的な統制にさらされるだろう。なぜなら，このとき裁判官は立法者となるからである。もし司法権が行政権と結合されれば，裁判官は，暴力と抑圧をもってふるまうであろう。同一の人間または同一の団体が……これら３つの権力を行使するならば……すべては失われるで

---

50) やや古いが今なお指導的な論文集として，C Forsyth (ed), *Judicial Review and the Constitution* (Oxford: Hart Publishing, 2000) を参照。

あろう[51]。

この「権力分立」の原理は，憲法の内部における権力の分配に関して起きるべきことを規定するための政治理論として展開した。本質的に，この理論は，様々な権限——立法権，行政権そして司法権——を国家諸機関に，これら諸機関のうち1つが支配することを防ぐために分配し，権力が1つの人間または団体に集中することを防止することで，権力の濫用が制限されることを示す。権力分立は，18世紀に初めて提案されて以来，影響力の強い理念でありつづけてきているが，この概念は，200年以上前に起草された革命後のフランスとアメリカ合衆国の憲法の中に最も明瞭に認識されている。イギリスにおける司法府は，行政活動の適法性をその妥当性あるいは実質的な政策の結果から切り離すことを常に意識して，この概念の妥当性を繰り返し主張している。例えば，Duport Steels Ltd v Sirs で，Diplock 裁判官は「イギリス憲法は，大部分は不文であるものの，権力分立を確固として基礎としていること，すなわち議会が法を作り，司法府はそれを解釈するのだということを強調してもしすぎることはない」[52] と説明した。関連して，権力分立と法の支配の関係についての説明も，他の多くの事件で行われてきている[53]。

　このような説明にもかかわらず，この理論的な理念は，イギリス憲法のもとで実務にどれくらい組み込まれてきているのだろうか？　上で述べたアメリカ合衆国と比較するとどのようなものであるのだろうか？

2.6.1　イギリス憲法

最も影響力のある権力分立の見方，すなわちモンテスキューにより普及した

---

51)　Book XI, ch 6, quoted in MJC Vile, *Constitutionalism and the Separation of Powers* (Oxford: Oxford University Press, 1967).

52)　[1980] 1 All ER 529, 541.

53)　See, among other rulings, *M v Home Office* [1994] 1 AC 377, discussed at 18.3.4 and *R v Home Secretary, ex p Fire Brigades Union* [1995] 2 AC 513, at 9.3.2.3.

見方が，私たちの憲法上の配置の基本要素が 17 世紀末に設定された後に生まれたものであることからすれば，権力分立の概念がイギリス憲法にとって重要なものであるとずっと考えられてきたというのは，驚くべきことかもしれない。このように考えられてきたのは，Loughlin が指摘するように，議会主権が法の至高性に味方するというダイシーの信念の形成を権力分立が助けたからかもしれない。

　権力分立という理念は，議会は社会の一般的なルールの枠組みを定め，行政府はこれらのルールの中で統治し，独立した司法府はこれらのルールの意味をめぐる紛争を解決するとともに，とくに行政府を法の境界の中にとどめる，というものである[54]。

たしかに，すでに見たように，裁判所による判決は，長い間，この原理を継続的に承認することに支持を与えてきた。別の例として，John Donaldson 裁判官（記録長官）が R v HM Treasury, ex p Smedley で次のように述べている。

　イギリスは成文憲法をもたないが，議会の一定の窮極の権限に服するものではあるものの，立法府と司法府は分離し，互いに独立しているということが最重要な憲法習律である。……したがって，裁判所は，議会の領域に侵入しないようにする，あるいは，避けることができる限り侵入しているようにすらみえないようにする，という最高度の必要性を非常に気にしなければならない[55]。

この概念に対するこのような強調が司法府の最高のレベルで行われてきたにもかかわらず，イギリスの司法府の役割の様々な側面がどれくらい真に権力分

---

54)　M Loughlin, *Public Law and Political Theory* (Oxford: Clarendon Press, 1992), 145.
55)　[1985] 1 All ER 589, 593.

立と適合しているのかに対する疑いが長年存在している。この懐疑が，2005年憲法改革法の１つの理由であった。例えば，この法律ができる以前には，大法官は司法府の長で多くの裁判官の任命を推薦する責務を負っていただけでなく，みずからの省をもつ閣僚でもあり，貴族院の重要な構成員でもあった。さらに，大法官は裁判官として審理する可能性もある[56]。このあり方は，法改革集団である「JUSTICE」の作業班によって，「内在的に誤って」おり偏向があるような外観を作っていることを理由に批判された。偏向の問題は，より一般的に――コモンロー上も ECHR 6 条に基づいても――法服貴族が，法案の議会通過の際にそれを審議し，その後にその法律が争点となる事件を審理する可能性があることとの関係でも，提示された[57]。これに対応する法案を議会に提出した労働党政権によれば，2005 年憲法改革法は，かかる諸批判に応えて制定されたものである。それゆえ，この法律は，大法官の司法上の役割を除去し，最上位の裁判官の任命に対する大法官の関与を制限する仕組みを創設し，そして大法官が貴族院の議長の資格を喪失することを求めた。さらに，上述したとおり，この法律はイギリス最高裁判所を創設し，その構成員が立法府たる議会の一院としての貴族院の任務に参加することができないようにした。

　イギリスにおける権力分立の理念に関するもう１つの問題は，行政部それ自体が議会の内部から派生していることである。すべての大臣が庶民院又は貴族院から選ばれなければならないというのが，憲法上の習律である。多くの論者は，このようなやり方が真の権力分立を裏付けられているのかを疑っている。例えば，Vile は，ルールが立法者，公務員，裁判官によって作られていることと，ルールが行政府と同様に裁判所によって適用されていること，判断――価値判断という意味である――が裁判官と同様に公務員と大臣によって行われていることを指摘した[58]。すでに論じたとおり，政府が議会に対して責任を負っ

---

56)　See, e.g. *DPP v Jones* [1999] 2 WLR 625.

57)　See further *Davidson v Scottish Ministers* [2004] HRLR 34.

58)　MJC Vile, *Constitutionalism and the Separation of Powers* (Oxford: Oxford University Press, 1967).

52

ているというよりむしろ，実際には，政権党こそが，議会の中でみずからの立
法提案を支持する多数派の確保を通じ政治権力を行使しているのである。政府
の政策が放棄されたり変更されたりするのは極めて稀である。これは，議会の
内部から一般的に起きるというより，議席数の差が小さい場合に政権党の内部
から強力で統率のとれた反対があったときに起きる可能性の方が高い。良い例
は，1992 年秋に出された，炭鉱（全部で 31）と石炭産業の人員を劇的に削減す
る提案である。この提案は，政権党そのものの内部からの強力な反対と R v
Secretary of State for Trade, ex p Vardy[59] におけるこの提案に不利な裁判所
の判断とが生じた結果，最終的に修正された。しかし，まさにこの例は，この
ような反対の限界をも明らかにしている。というのは，この提案が足止めされ
て数ヶ月が経過した後に，政府支持者からの同じような反対なしに，まったく
同じペースでの閉鎖が再び始められたからである。

　このような反乱の例があるにもかかわらず，行政府の議会に対する圧倒的な
優位は，首相，内閣そしてその他のすべての大臣たちを含む行政府が立法府の
構成員であることだけでなく，とりわけ，政府の存続が議会の多数派を維持す
ることに依拠していることによって可能となっている。政権を支持する庶民院
議員たちは，政党の院内幹事たちによって，庶民院における政権の敗北を導く
ような行為をとることの帰結について認識させられている。このような敗北が
現実的な見込みとなる場合に，庶民院議員たちは，政権が崩壊し，与党分裂と
混乱という逆境の中で総選挙を戦わなければならない危険を本当に犯すだろう
か？　答えは，ほとんど常に「ノー」であろう。このような行政府による議会
の支配が元大法官の Hailsham により「選挙独裁」として描かれたことがよく
知られる[60]。

2. 6. 2　アメリカ合衆国憲法

　対照的に，アメリカ合衆国では，18 世紀の権力分立の理念がほとんど完全

---

59)　[1993] ICR 720.

60)　N 38 above.

な形で実現してきている[61]。「均衡のとれた」(あるいは制限された) 政府の制度は, 立法権, 行政権と司法権との間に明確な区別を確保した成文憲法の一部であると考えられている。このアプローチには多くの安全装置が含まれていた。大統領とその行政 (政府) は, 大部分の行政作用を付与されることによって, 巨大な権力を行使する。大統領は軍隊の最高司令官にして, 外交政策の形成に責任を負う。大統領はみずから政府の諸役職の任命を提案し, 政府は, いったん任命されれば, 議会に立法措置を提案できることによって, 政策遂行に責任を負う。長官 (大臣に相当する) は議員ではなく, みずから投票することはできない。

　他方, 議会は政策の管理から切り離された立法府である。議員は政府の一部でないだけではなく, 議会は立法を否決する権限をも有する。人民による付託を受けかつ上院及び下院 (議会の二院) でみずからを支持する党派が多数派を占めていても, 大統領はその立法プログラムが承認を受けることを当てにできない。事実, 議会はしばしば大統領の重要な提案を拒否する。これにより統治の実効性は減ぜられるものの, 大統領や政府が権力から滑り落ちる結果とはならない。「大統領が提案し, 議会が処理する」と言われてきた。加えて, 行政活動の「監視作用」の一環として, 議会は強力な委員会制度を通じて行政部を監督する重要な役割を引き受ける。

　最後に, 最高裁判所は, 終審裁判所として, 人種差別撤廃[62], 堕胎の権利[63], 同性パートナーシップの権利[64], そしてゲイの婚姻[65] といった, 争いのある憲法問題につき判断する際に重要な公式の権限をもつ。しかし, 最高裁は強度に政治的かつ積極主義的な組織であるとしばしばみられていることを指摘してお

---

61)　アメリカ合衆国の制度については, M Tushnet, *The Constitution of the United States of America: A Contextual Analysis*, 2nd edn (Oxford: Hart Publishing, 2015) を参照。

62)　*Brown v Board of Education* (1954) 347 US 483.

63)　*Roe v Wade* 93 S Ct 705 (1973).

64)　*Lawrence v Texas* 123 S Ct 2472 (2003).

65)　*Obergefell v Hodges*, judgement of 26 June 2015 (576 US 644 (2015)).

54

くことが重要である。さらに，アメリカ合衆国が権限の重複や重畳を除去する
のに完全に成功していると考えるのは誤りである。例えば，大統領は，最高裁
の判事の任命に責任を負うが，議会の同意に服する。いったん任命されると，
判事たちの保守またはリベラルの傾向が憲法解釈，ひいては政府の行政部の政
策に大きな影響を与えうるしまた与えるにもかかわらず，判事たちは大統領の
行為によって解任することができない。上で挙げた政策領域はこの良い例であ
る。

2. 6. 3　イギリスの裁判官は実際に権力分立を遵守しているのか？

　もちろん，イギリスとアメリカ合衆国の憲法について上で述べた諸点は，権
力が国家の諸部門に配分される規範的な枠組みにかかわるものである。しか
し，イギリスの裁判官は実際に権力分立を遵守しているのだろうか？　すでに
見たとおり，イギリスの裁判官は，法律の合憲性を審査することができないの
で，その意味で立法府の選択に介入することから排除されている。しかし，2. 5
で検討した法律の解釈に対する裁判官によるアプローチの意義は何だろうか？
このことは潜在的に裁判所を立法過程に関与させていないだろうか？　政府の
省その他議会が制定法上の権限及び責務を与えた公的団体に対する司法による
統制（司法審査にとって中心となる統制）についてはどうだろうか？

　これらの問いには，以下の諸章でより詳細に答える。しかし，ここで触れる
べき重要な点がいくつかある。第1は，制定法解釈にかかわる。解釈の諸技法
——とくに目的的アプローチ——は，長年，立法につながりうる過程に踏み込
む機会を裁判所に与えると理解されてきた。昔の世代の裁判官たちは法律を字
義のとおり解釈するのを好んでおり，それはまさにこのようなアプローチが司
法積極主義の諸悪を避けると理解されていたからである[66]。しかし，裁判所は
近年，ますます創意に富むようになってきており，このことは積極主義に関す

---

66)　See, e.g., R Bellamy, *Political Constitutionalism* (Cambridge: Cambridge
　　University Press, 2007).

第 2 章　憲法的な背景　*55*

る主張がより広がっていることに対応している[67]。さらに，すでに指摘したとおり，1998 年人権法の条件に基づく解釈を通じて重大な司法積極主義に至る可能性がある。同法 3 条によって，裁判所は，「可能な限り」すべての法律をECHR に適合的なやり方で解釈することを求められている。これは非常に強い義務であり，いくつか論議を呼ぶ判決が出されてきている[68]。

　政府の諸省やその他の公的団体の決定に対する司法審査との関係では，判例法は積極主義と抑制との間で行き来をしている。まず，裁判所はそもそも事案を取り上げるか否かを決定するのに広範な裁量を持っている[69]。第 1 に，積極主義と抑制との間のシーソーは，審査の根拠を形作る法の一般原則の司法による発展により影響を受けてきている[70]。これらの根拠のうちいくつか（例えば比例原則）によって，裁判所は，権限の受け手に代わって決定を——少なくとも潜在的に——行うことが可能である[71]。この可能性は権力分立の理念の中核にかかわり，裁判所にとっての課題はいかにして政策問題を法的問題から切り離すかである。Griffith が指摘したとおり，「民主主義は，なんらかの人々の集団が，諸個人の間だけでなく統治権力と個人との間でも，裁定者として行動することを求める」[72]。しかし，裁判官が政治的に争いの多い事件を審理するとき，この決定者の役割と裁定者の役割という役割の潜在的な衝突によって，より広い共同体の中の重要な部分をなす人々の目からの裁判官の権威を落とすおそれがある。したがって，裁判所は常に行政の意思決定過程の範囲の外にとどまることを望むことを強調すべきなのだろうか？　あるいは，裁判官は，個人の基

---

67)　See Forsyth, n 50.

68)　See D Nicol, 'Statutory Interpretation and Human Rights after *Anderson*' [2004] *Public Law* 274.

69)　See T Bingham, 'Should Public Law Remedies be Discretionary?' [1991] *Public Law* 64, and ch 18.

70)　P Craig, *UK, EU and Global Administrative Law: Foundations and Challenges* (Cambridge: Cambridge University Press, 2015), 236ff.

71)　See ch 13.

72)　J Griffith, *The Politics of the Judiciary*, 5th edn (London: Fontana, 1997), 291.

本的権利が影響をうける場合にはもっと積極主義者としてのアプローチをとるべきなのだろうか？　このような問いに対する簡単な答えは決してなく，裁判所は権力の分立と個人の保護という対抗する憲法上の要請の間で均衡をとるよう絶えず心がけていることをみる。

　裁判所がその役割を画する際に直面する困難さをみるのにとくに適切な例は，論争を呼んだ事件である R (Corner House Research) v Director of the Serious Fraud Office[73] によって提供される。この事件は，原告である公益運動団体がBAE社とサウジアラビア王国との間の武器契約の文脈で起きた贈収賄疑惑に対する調査を終結する重大不正捜査局長の決定を争ったものである（局長の調査権限は1987年刑事裁判法1条に根拠を持つ）。「公益」を理由に行われたといわれる本件決定は，重大不正捜査局の調査が継続するならサウジアラビアとイギリスとの間の緊密な諜報・外交上の接触が止まる結果となるというサウジアラビアからの脅しを背景に行われたものであった。合議法廷は，重大不正捜査局長が調査を終結させるにあたり違法に行為したと判断する中で，権力分立原理は，いかなる手段が刑事司法制度の高潔性を守るため必要であるかを裁判所が考えるべきことを含意していると述べた。合議法廷は，国家の司法部門が外交政策に影響を与える決定に介入すべきではないことを認めつつも，本件はそのような決定ではなくむしろ法の支配と司法の運営にかかわる決定であると考えた。しかし，貴族院は合議法廷の認定に同意せず，局長はここで問題とされた決定を行った際に適法に行為したと判断した。貴族院の裁判官たちは，法の支配を維持することに「公益」があることを認めたが，テロリストによる暴力という害悪から公衆の構成員を守ることにも等しく「公益」があると指摘した。これら2つの「公益」は常に相補的なものではないと述べて，貴族院は，局長が対抗する諸利益を彼が行ったように衡量する資格があったか否かを問うた。貴族院は，彼にはそのような資格があったと判断したが，その際に，審査を行う裁判所としての役割は，局長に別の行動を採りえたか否かを問

---

73)　[2009] 1 AC 756.

うことではなく，むしろ議会が彼に与えた裁量を適法に行使したか否かを問うことであると強調した。このようなやり方でアプローチすれば，局長はその権限外で行為したということはできないだろう[74]。

2.7 法の支配

2.7.1 定　　義

1932 年に Donoughmore 委員会は，「法の支配は……承認されたイギリス憲法の原則，習律上の義務である。しかし，この言葉は，広範な解釈に開かれた言葉である」と述べていた[75]。したがって，行政法の文脈で法の支配の理念を理解するには，第 1 章で論じた「赤信号」「青信号」の理論に言及することが有益である。法律プロフェッション及びその他の場所で広く持たれている見解は，赤信号の観点，すなわち，最広義の法の支配とは権力の恣意的な行使を抑制する枠組みであるという見方に傾いている。権力分立と，公権力はそれが行使される際には常に法の前におけるアカウンタビリティの原則に服すべきであるという理念との間に常に結びつきがあるのは，まさにこのことが理由である。換言すれば，法の支配とは，例えば，私人がその中で国家とその代表者から不当な干渉を受けることなく生を送ることが可能となるべき枠組みを定めるものである。しかし，国家による干渉が不可避でありまたは望ましいものとなる場合には，公的機関は，みずからがとるあらゆる行為についてアカウンタビリティを果たすことができるということが常についてくるのである。

2.7.2 ダイシーの理論

行政法の性質を分析するという目的との関係で，19 世紀終わり以来，法律

---

74)　批判的な分析として，J Jowell, 'Caving in: Threats and the Rule of Law' (2008) 13 *Judicial Review* 273 を参照。権力分立については，5.10 における *Evans v Attorney-General* [2015] UKSC 21 も参照。

75)　*Minister's Powers*, Cmnd 4060, p. 71.

58

家にとって最も影響力がある定義は，ダイシーにより与えられたものである[76]。大雑把にいって，彼の理論には3つの要素があるといわれるのが一般的である。

(a) 「法の支配とは，第1に，恣意的な権力の影響と対比される，通常法の絶対的な優位ないし優越を意味し，政府の側に，恣意，特権，あるいは広い裁量権さえ存在することを排除する……」[77]

(b) 法の支配とは，「法の前の平等，あるいは通常の司法裁判所が運用する国の通常法にすべての階層が等しく服すること」を意味する[78]。

(c) 法の支配とは，憲法はコモンロー伝統を通じ裁判所により発展してきた通常法の結果であり，また憲法は権利章典を通してではなくコモンローの発展を通じて個人の法的な保護を提供しているという意味である[79]。

これらの諸要素は，どのようにして時代を超えて生き残ってきたのだろうか？ (a) についていえば，政府その他の公的機関が広範な権限——例えば，1984年警察刑事証拠法に基づく警察権限——をしばしば享受していることにほとんど疑いはなく，その分だけこの言明は掘り崩されている。また，他の章において，内務大臣に外国籍市民を拘束する広範な権限を付与する立法がどのように導入されたかをみる[80]。このことは，通常法がもはやダイシーが描いた

---

76) AV Dicey, *An Introduction to the Study of the Law of the Constitution* 10th edn (London: Macmillan, 1959).

77) See, e.g., *Entick v Carrington* (1765) 19 St Tr 1030, Lord Camden.

78) See, e.g., *Conway v Rimmer* [1968] AC 910.

79) See, e.g., *Ridge v Baldwin* [1964] AC 40.

80) 2001年反テロリズム・犯罪・安全法23条であるが，*A v Home Secretary* [2005] 2 AC 68 に照らして廃止された。4.4.4.3 及び 12.6.3.1 を参照。

ように支配していないことを意味していないだろうか？　あるいは，極端な措置は「例外」であり，通常法の優位が「ルール」であることが確保できているのだろうか？　もっと論争的なことを述べると，このような法を導入することができるという事実は，(c) の要素に挑戦する根拠となっているのではないだろうか？　すなわち，通常法が高次の規範に服するようになる段階となる，立法府を憲法的にコントロールする形態をとる必要性があるのではないだろうか？

　要素 (b)──法の前の平等──もまた，ある意味で乗り越えられてしまっているが，これもまた問題含みの形態となっている。廃棄された側面とは，公的な者と私人との間に区別があってはならない（「すべての階層が等しく服すること」）という理念にかかわる。ダイシーは，通常裁判所とその前での平等を強調するがゆえに *droit administratif* として知られるフランスの行政法体系を拒絶した（フランスその他の体系では，国家にかかわる紛争を取り扱う専門化された行政裁判所が存在していた）。しかし，以下の諸章でみるように，現代行政国家とその法的秩序は，今や，関係する当事者が誰かによって法的ルール，原理及び手続が異なることを帰結する公私区分によって特徴づけられている[81]。実際，イングランド及びウエールズは，今や，高等法院の1つの部として，みずから行政専門部をもっている[82]。

　要素 (b) のうち問題含みの側面は，平等を強調するにもかかわらず差別があることにかかわる。法の支配の概念が議会主権の原理に結びつくとき，実際には差別的な立法の導入を認めることとなる（そのような立法は違憲審査を乗り越え，それにより影響を受けるすべての者に「平等に」適用される）。近年で顕著な例は，2001年反テロリズム・犯罪・安全法である。なぜなら，同法に基づく国務大臣の拘留権限はイギリス国籍を持たない者との関係でのみ用いられたか

---

81)　See JWF Allison, *A Continental Distinction in the Common Law: A Historical and Comparative Perspective on English Public Law* (Oxford: Oxford University Press, 2000).

82)　See ch 8.

らである。同法の関係規定——23 条に含まれる——は，後に，ECHR 14 条に不適合であるとの宣言の対象となり，法律改正につながった（もっとも，この後の立法それ自体も多くの争訟を惹起することになった）[83]。

　要素（c）は，疑いなく，時の経過を乗り越え最もよく生き残っている。もっとも，この要素もまた，緊張にさらされ始めている。ダイシーにとって，憲法とはコモンロー伝統を通じ裁判所によって発展されてきた通常法の結果であるという言明は，制定法に起源をもつ，あるいは成典化された憲法の枠組みの中で体現された権限と対照的に，裁判官がつくる法を強調することを意味する。彼は，裁判所が，判例法の展開によって行政機関による権限の無制約な行使を防止し，これにより市民の諸自由を保護することを信じていた。本質的に，このような権限を極端なやり方で行使することは，まさにイギリス憲法の精神を侵害するので抑止されるだろう。Entick v Carrington[84] は，行政権を抑止するために司法が介入した初期の古典的な例であり，同様の状況において裁判所は臣民のため自由の守護者として行為することを当てにされているといわれた。Camden 裁判官は，彼の意見の中で，「イングランドの法によれば，財産に対するあらゆる侵害は，いくら小さなものであっても，トレスパスである」と述べた。Entick v Carrington 以後数世紀にわたり市民を保護してきたコモンローの裁判記録は一貫しているものではなかったが，裁判所は，上でみたように，より近年になって，コモンローと司法審査の発展に向けて再活性化されたアプローチを採用してきている（この過程は，通常は 1960 年代終わりに始まったと捉えられ，公法と私法との間に区別があってはいけないというダイシーの理解に対し挑戦する一体の法を大いに表している）。しかし，将来に向けての問題は，コモンロー上の「憲法的法律」の発生と欧州基本権の諸基準の影響とにより，通常のコモンローが個人を守るものであるとの認識が消滅することになるのか否か，ということである。

---

83)　See further 17.3.2.

84)　(1765) 19 St Tr 1030.

2. 8 結　　論

　本章では，大部分が成典化されていないイギリスの憲法上の枠組みを背景として，いくつかの中心的な概念を考察してきた。しかし，最初に述べたように，ただ憲法の規範だけを参照して展開を論じたわけではないことに留意すべきである。むしろ，行政法を理解する手段としてこの概念の枠組みが十分であるかを評価することに関心を集中させてきた。ダイシーは，正統的な「ウエストミンスターモデル」のアカウンタビリティがもつ本質的に「自己修正的な」性質を強調したが，現在の考え方は，19世紀終盤からの国家の大変な膨張を，行政府による議会の支配という観点から，「ホワイトホールモデル」を通して分析するというものである。このことは，以前の諸観念が疑いなく不十分であることを示しており，全体としてみれば，政党の支配とホワイトホールのマシンとによって議会のアカウンタビリティの十分さが損なわれているのである。この見方が受け入れられるのであれば，ダイシーが「いかなる法であれ制定し廃止できる」主権者たる議会の手中にあると考えていた憲法の「実効的な」要素は，今日，相当な程度，行政府のコントロールのもとにあることになる。

　もしこのことを受け入れるのであれば，すでにイギリスでは限定的なものとなっている権力分立の概念を適用することが，行政府による支配のためにさらにできなくなっていることは，今や明白であろう。それにもかかわらず，今なお議会は政府にアカウンタビリティを果たさせるのに重要な役割を演じなければならず，そうすると，問いは次のものとなる。議会はかかる重要な任務の遂行を可能とするだけの十分な道具をもっているか？　同時に，憲法に均衡をもたらすのに司法府が果たしうる役割にも注意を向けた。立法の憲法適合性を審査する公式の権限は存在しないものの，修正された解釈技法の出現と司法審査の根拠の展開により，司法の役割は重くなった。このことを背景に，司法積極主義が権力分立との関係でどれくらい問題となるかについても検討した。それゆえに，裁判官たちは政策・政治的な事柄にかかわることになるのをしばしば

ためらう。これは，第8章から第18章の中で司法審査を議論する際に常に強調する点である。

　最後に，本章は，超国家的，国際的な法——とくにEU法とECHR——がイギリスで核となる憲法上の諸概念に与える影響に関心を向けた。後の章で続く議論の中で，この超国家的，国際的な一体の法が司法審査の根拠の展開に与えている影響が，重要でまた次第に大きくなっていることが明らかになるだろう。結局のところ，現代の行政法を条件づけている憲法構造の側面は多くある。

FURTHER READING

Allan, TRS（2001）*Constitutional Justice: A Liberal Theory of the Rule of Law*（Oxford: Oxford University Press）.

Allison, JWF（2000）*A Continental Distinction in the Common Law*, 2nd edn（Oxford: Oxford University Press）.

Allison, JWF（2013）'The Spirits of the Constitution' in Bamforth N and P Leyland（eds）, *Accountability in the Contemporary Constitution*（Oxford: Oxford University Press）.

Anthony, G, Auby, J-B., Morison, J, and Zwart, T（2011）*Values in Global Administrative Law*（Oxford: Hart Publishing）.

Bagehot, W（1963）*The English Constitution*（Glasgow: Fontana）, introduction by RS Crossman.

Bamforth, N and Leyland, P（eds）（2003）*Public Law in a Multi-Layered Constitution*（Oxford: Hart Publishing）.

Cole, DH（2001）'"An Unqualified Human Good"; E. P. Thompson and the Rule of Law' 278 *Journal of Law and Society* 177.

Craig, P（2015）*UK, EU and Global Administrative Law: Foundations and Challenges*（Cambridge: Cambridge University Press）.

第 2 章　憲法的な背景　*63*

Dicey, AV (1959) *An Introduction to the Study of the Law of the Constitution*, 10th edn (London: Macmillan).

Elliott, M (2003) 'Embracing "Constitutoinal" Legislation: Towards Fundamental Law?' 54 *Northern Ireland Legal Quarterly* 25.

Elliott, M (2015) 'The Principle of Parliamentary Sovereignty in Legal, Constitutional and Political Perspective' in Jowell, J, Oliver, D, and O'Cinneide, C (eds), *The Changing Constitution*, 8th edn (Oxford: Oxford University Press).

Forsyth, C (ed) (2000) *Judicial Review and the Constitution* (Oxford: Hart Publishing).

Gordon, R (2010) *Repairing British Politics: A Blueprint for Constitutional Change* (Oxford: Hart Publishing).

Grifith, JAG (1997) *The Politics of Judiciary* (London: Fontana).

Horne, A, Drewry, G, and Oliver, D (eds) (2013) *Parliament and the Law* (Oxford: Hart Publishing).

Jennings, WI (1959) *The Law and the Constitution*, 5th edn (London: University of London Press).

Jowell, J [2006] 'Parliamentary Sovereignty Under the New Constitutional Hypothesis' *Public Law* 562.

Jowell, J (2015) 'The Rule of Law' in Jowell, J, Oliver, D, and O'Cinneide, C (eds), *The Changing Constitution*, 8th edn (Oxford: Oxford University Press).

Laws, Sir John [1995] 'Law and Democracy' *Public Law* 57.

Lazare, D (2001) *The Velvet Coup: The Constitution, The Supreme Court, and the Decline of American Democracy* (London: Verso Press)

Leyland, P (2016) *The Constitution of the United Kingdom: A Contextual Analysis*, 3rd edn (Oxford: Hart Publishing), chapters 3 and 5.

Loughlin, M (1992) *Public Law and Political Theory* (Oxford: Clarendon

Press)

Peele, G (2002) 'The US Supreme Court: Politicians in Disguise?' *Politics Review* 8 April.

Tomkins, A (1998) *The Constitution after Scott: Government Unwrapped* (Oxford: Oxford University Press).

Tushnet, M (2015) *The Constitution of the United States of America: A Contextual Analysis*, 2nd edn (Oxford: Hart Publishing).

Williams, Sir D [2000] 'Bias; the Judges and the Separation of Powers' *Public Law* 45.

Young, A [2006] 'Hunting Sovereignty' *Public Law* 187.

第 3 章

EU 法と行政法

3.1 序

　本章では，欧州連合（EU）加盟がイギリス行政法に与える影響について考察する。その焦点は主に，EU 法が加盟国の法システムに対して行う要請と，これらの要請がイギリスの特定の文脈の中でもつ影響に当てられる。例えば，すでに前の章で，EU 加盟によってイギリスの憲法の基本的な諸要請に挑戦が向けられてきていること，そしてこの挑戦は憲法の再編成のために向けられたイギリスの法秩序内部及び外部双方の他の圧力（地方分権，グローバリゼーションなど）と共鳴していることを指摘した。この点を十分に敷衍するにあたって，イギリスにとっての挑戦とこの挑戦にとくに裁判所がどのように対応してきているのかを規定してきている EU 法の鍵となる諸原理及び一般原則を本章で考察する。本章はまた，EU 法が国内システムにもたらしうるより深い影響を考察する――EU 法は，それが訴訟手続において直接の争点になるときに最も直接的な影響を与えるが，裁判所は，EU 法の論点が提起されていない事件でコモンローを発展させるに際して，EU の判例法を利用することがある[1]。

　本章は，2 つの主要な節に分かれる。第 1 節では，EU 加盟による様々な要請，例えば，直接効をもつ EU 法は，いかなる形式であれ，いつ制定されたものであれ，国内法に対する優越性を享受するべきであるという要請について考察する。これに基づき，第 2 節ではイギリスの立法府と裁判所が EU 法を国内システムに受容する際にとった方法と，その結果 EU 法が法原理と法実務に与

---

1) See generally G Anthony, *UK Public Law and European Law: The Dynamics of Legal Integration* (Oxford: Hart Publishing, 2002).

えた影響について考察する。結論では，国内秩序と超国家秩序との間の相互作用に関するより一般的，評価的なコメントを述べる。

序を用いて指摘すべき点がさらに2つある。第1は，本章がEUの歴史，展開そして目標，すなわち，本質的に経済的な共同体として始まり，共通の外交，安全保障政策を含む諸領域で権能を享受する連合へと至ったということについて説明を行おうとするものではないことである[2]。これは，そのような分析は1つの章では不可能であるからであり，またイギリス行政法のはたらきにとって重要な問題をはるかに超えるところまで分析をしてしまうことになるからでもある。それゆえ，本章が示すのは，加盟国の諸機関による決定過程に適用されるEU行政法の特徴の概観と，ここでの目的にとって重要な限りでのEU諸機構の作用とである。EU法の性質とそれに付随するプロセスに関するより詳細な説明を望む読者は，この主題に関する多くの素晴らしいテキストの1冊ないし複数冊を繙いてみてほしい[3]。

第2の点は，この版の執筆時点で，イギリスのEU加盟の継続をめぐる国民投票が迫っていることである[4]。EU残留の表決になれば，EU法の様々な原理等はイギリスの法に適用され続けることになる一方で，EU離脱の表決は，EU法がそれ以後にはイギリスの法システムに重要でなくなるということを必ずしも意味しない。これが，EU法の一般原則に関して本質的に重要な点であり，本章の後ろで議論しさらに後ろの諸章で再び言及する。これらの一般原則

---

2) リスボン条約以前の素晴らしい説明として，W van Gerven, *The European Union: A Polity of States and Peoples* (Oxford: Hart Publishing, 2005) を参照。また，リスボン条約については，P Craig, *The Lisbon Treaty: Law, Politics and Treaty Reform* (Oxford: Oxford University Press, 2010) を参照。

3) 他にもあるが，例えば，P Craig and G de Búrca, *EU Law: Text Cases and Materials*, 6th edn (Oxford: Oxford University Press, 2015)及び D Chalmers, G Davies, and G Monti, *European Union Law: Cases and Materials*, 3rd edn (Cambridge: Cambridge University Press, 2014) を参照。

4) 2015年EU国民投票法を参照。ありうる含意のいくつかについては，A Biondi and P Birkinshaw (eds), *Britain Alone!: The Implications and Consequences of UK Exit from the EU* (The Netherlands: Kluwer, 2016) を参照。

は，とくに司法審査の基礎に対するコモンローのアプローチに影響を与えてきたのであり，イギリスの裁判所は，多年にわたって発展してきたコモンロー上の諸原則を今なお利用しているのである。したがって，本章そしてこれに続く諸章を読まれるときには，イギリス法の諸原則がどのように発展しているかについて，またこれら諸原則が他の法システムとどのように重なり合っているかについて，横方向に考えるようにしていただきたい。

3.2　EU 法と国内法システム
——構成国の責務——

　EU 法が国内法システムに課す責務はとても射程の広いものであり，加盟の性質と影響に関して広範な憲法上の議論を引き起こした[5]。EU 法それ自体の観点からは，これらの責務は，EU が，共通の法的基準や原則に従うよう国内法秩序に要請することによって，社会的，経済的，政治的統合という目標の達成を確保するために必要なものとみなされてきた。しかし，国内法秩序の観点からは，ヨーロッパ内部で，とりわけコモンロー伝統と大陸法伝統との間で，法文化に違いがあることから，これらの基準や原則に従うことは時として困難であることが明らかになっている。主権という論争の多い問題を脇においても，加盟に伴う責務は，「外部の」法概念を国内法に取り込むことを裁判所に要請することによって，別の難題を与えることがありうる。イギリスの裁判所はまさにそのような経験をしてきており，そしてそれは，たとえイギリスが EU 離脱を表決するとしても EU 法がイギリスの法に影響力を持ち続けるだろうということを意味している。

　おそらく４つの鍵となる義務が，加盟に伴って存在する。(1) EU 法の直接効と優越性，(2) EU 法の一般原則，(3) 基本的権利，そして (4) 救済手段である。

---

　5)　いくつかの観点について，例えば，K Jaklic, *Constitutional Pluralism in the EU* (Oxford: Oxford University Press, 2014) を参照。

3. 2. 1　直接効と優越性

　EU 法の直接効と優越性の原理は，EU 法秩序のまさに核心である。これら
の原理は，統合過程における初期に欧州連合司法裁判所（CJEU）によって導
入されたものであるが，国際法や国際関係の歴史の中で類似のものがない用語
で EU 法秩序を定義するのに資した。例えば，これらの諸判決が出される以前
は，個人が国際法の規範に依拠することができるのは関連する国際条約が明示
的にその権利を与えているときだけであるというのが公理であった。しかし，
Van Gend en Loos 判決[6] において，CJEU は，EU を国際法の通説が置き換え
られた「新しい法秩序」として描き，個人が国内法裁判所において EU 法の一
定の諸規定に依拠することは条約がこの点につき沈黙しているにもかかわらず
可能であると述べた（直接効）[7]。CJEU は，この理解に基づき，有名な Costa
判決で，直接的に効力をもつ EU 法の諸規定はこれと衝突する国内法の諸規定
に対して優位すると判断した（優越性の原理）[8]。

3. 2. 1. 1　直　接　効

　直接効の原理は，次の場合に，個人が EU 法の規定に国内裁判所で依拠する
ことを可能とする。すなわち，当該規定が，（1）明確で曖昧さがなく，（2）条
件が付されておらず，かつ（3）EU 及び国内の機関によってとられるさらな
る行為に依存していない場合である。きわめて明確なことであるが，この原理
は，EU 法のあらゆる規定が直接効を持つのではなく，「自力執行力がある」
ということができる規定のみが直接効を持つことを意味する（規定とは，ここで
は，条約の規定，規則，指令，あるいは決定であることもありうる）[9]。それにもかか

---

　6)　Case 26/62, *Van Gend en Loos* [1963] ECR 1 and Case 6/64, *Costa v ENEL*
　　　[1964] ECR 585.
　7)　Case 26,62, *Van Gend en Loos* [1963] ECR 1.
　8)　Case 6/64, *Costa v ENEL* [1964] ECR 585.
　9)　EU の様々な種類の措置とそれらの間のヒエラルキーについては，Craig and de
　　　Búrca, n 3, ch 4 を参照。

わらず、この原理は、優越性の原理と合わせて読むと、国内レベルで法の実現が可能である非常に広範な諸権利を個人に与える結果となる。かかる法の実現は、翻って、欧州化というプロジェクトの成功を導く中心となってきた[10]。

　しかし、この原理が持つ問題のひとつは、「垂直」効（これにより、措置が国家機関に対して実現される）と「水平」効（これにより、措置が私人の当事者に対して実現される）との間の区別にかかわるものである。条約の規定、規則そして決定は潜在的にどちらの形態の効力でもとることができることが長年にわたり確立してきているものの[11]、CJEU は一貫して、指令は、とくに構成国を名宛人とするものであるから垂直効しか持つことができないと判断してきている[12]。これは、ある意味で、イギリスにおける行政法のはたらきにとって重要性を持つ点ではない。なぜなら、指令の実施のための期限がいったん徒過すれば、個人は公的機関に対し指令を実現することができるからである[13]。しかし、この CJEU のアプローチは、潜在的に個人を法の完全な保護のない状態におくことになるという理由で多くの批判も受けたのであり[14]、CJEU はそれ以来、国内公法の作用にとり一般的に重要なその他の多くの責務を導入してきている[15]。それらの中で最も重要なものは、「間接効」と「国家責任」の原理である。こ

---

10)　しかし、欧州評議会が EU 運営条約 258 条に基づき構成国に対して CJEU の中でとることができる法の実現手続の役割と重要性についても注意が必要である。

11)　これらの規定並びに欧州基本権憲章及び国際協定を含むその他の法源の直接効については、Craig and de Búrca, n 3, ch 7 を参照。

12)　See most famously, Case 152/84, Marshall v Southampton and South-West Hampshire Area Health Authority [1986] ECR 723.

13)　Case 41/74, Van Duyn v Home Office [1974] ECR 1337. CJEU の判例法はこれらの目的との関係では国家について広い理解を採用していることを、すなわち、国家には「国家が採択した措置に基づき、国家のコントロールの下に公共サービスを提供する責務を負い、そのために個人間の関係で適用される通常のルールから導かれるものを超える特別な権限をもつ」団体が含まれることにも注意されたい。

14)　For a notable account see J Coppel, 'Rights, Duties and the End of Marshall' (1994) 57 *Modern Law Review* 859.

15)　Craig and de Búrca, n 3, ch 7.

れらの原理それぞれのもとで，(1) 国内裁判所は，可能な限り，直接効を持たないが当事者間の手続にとり重要である指令に適合するように国内立法を解釈しなければならず[16]，(2) 国内裁判所は，指令が実施されない結果，水平的に指令を実現することができないことを理由の1つとして，損害を被った個人に対して損害賠償を認めなければならない[17]。以下でみるように，イギリス法におけるこれらの原理の作用により，裁判所は新しい技法と救済手段を導入したが，それによって，これらの技法や救済手段がより一般的にどれくらい国内行政法に「溢出する」ことを認めるかという問題が提起されてきている。

3.2.1.2 優 越 性

　優越性の原理は，最も単純には，直接効を持つ EU 法をすべての国内法規範に優位するものとしてみなければならないということを，そして2つの間に衝突がある場合には EU 法が優位することを意味する[18]。この点は，Costa v ENEL で初めて確立した。この判決で，CJEU は，無限に存続する欧州共同体（現在の欧州連合）を構成国が創設したことに言及したうえで，構成国はそれにより自らの主権を制限し，また対応する一団の EU 法は，「その特別かつ始原的な性格のゆえに，[EU] 法としての性格を奪われることなしには，また [EU] そのものの法的根拠が疑問に付されない限りは，どのような形のものであれ国内法の規定によって覆されることはない」と述べた[19]。これに続く判例法により，この原理が，問題となる EU のルールの採択ないし制定が前であったか後であったかにかかわらず，あらゆる国内法規範に適用されることも確立された。CJEU にとって，これ以外の事態が発生すれば，EU 法の「有効性を損なう」ことになるであろう[20]。

---

16)　Case 14/83, Von Colson and Kamann v Land Nordrhein-Westfalen [1984] ECR 1891 and Case C-106/89, Marleasing SA v La Comercial Internacional de Alimentacion SA [1990] ECR I-4135.

17)　Cases C-6 & 9/90, Francovich and Bonifaci v Italy [1991] ECR I-5357.

18)　リスボン条約第 17 宣言を参照。

19)　Case 6/64, [1964] ECR 585, 593.

第 3 章 EU 法と行政法 *71*

　この状況の下でみると，優越性の原理は，EU 加盟がイギリスにおける憲法の正統理論に投げかける挑戦を規定している。なぜなら，この原理は，議会主権の原理が EU 法の要請に譲歩しなければならないことを実質的に意味するからである[21]。しかし，上述した定式は，CJEU のものであって，構成国の国内裁判所のものではないことに注意しておくことは重要である。それゆえ，EU 法が実務上の問題として構成国を通じて優越性を享受するのだとしても，EU 法が優位を享受すべきだとの CJEU の要請に国内裁判所が抵抗する，文書上十分に記録された多くの例が存在する[22]。この抵抗は，国内裁判所がみずからの役割を，彼らの見解によれば EU 法に規範的に優位する国内憲法を参照しながら規定しているという事実から生じている。換言すれば，国内裁判所は，EU 加盟はそれを国内憲法が正統化していることに依存しており，その意味で EU 法は国内憲法の先行する力に従属しているということを強調することができる。これは，後に考察するが，イギリスの裁判所が EU 法に優越性を帰せしめるために行った正当化を検討する際に，覚えておくべき重要な点である[23]。

3.2.2　法の一般原則

　EU 法の優越性の原理と相互関係にあるのは，直接的に効力がある条約の諸規定や指令，規則などの諸行為について争点が提起される事件において，国内裁判所が EU 法の一般原則に効力を与えなければならないという要請である。ここで適用される一般原則は，CJEU が EU 運営条約（TFEU）263 条に基づき EU の諸行為の適法性を審査する際に用いるものと同じであって，コモンローの伝統とは異なるかもしれない国の法伝統から導かれる諸原則を含む。これら

---

20)　Case 106/77, Amministrazione delle Finanze dello Stato v Simmenthal SpA [1978] ECR 629, para. 22.

21)　See ch 2.

22)　Craig and de Búrca, n 3, ch 9.

23)　さらに比較法的な分析について，A Dyevre, 'European Integration and National Courts: Defending Sovereignty Under Institutional Constraints?' (2013) 9 *European Constitutional Law Review* 139 を参照。

72

諸原則の中で特筆すべきなのは，比例原則，平等原則，合理的期待の原則である。なぜなら，これらは，いくつかの重要な点において，イギリスにおける裁判所の役割について，歴史的な理解とは異なるものを構想しているからである[24]。欧州人権条約（ECHR）にみられる基本的権利の諸基準を参照しながら発展してきた一般原則もまた注意すべきである。しかし，EUにおける基本的権利の物語は，法の一般原則の単なる彫琢をはるかに超えるものに関係するので，これらの諸原則の意義については以下に別の節を設けて考察する。

3.2.2.1 比 例 性

比例原則は，決定過程において衡量を要求する。すなわち，比例原則は，特定の目的を追求し個人の権利を制約する決定その他の措置はその目的を達成するのに必要な範囲を超えてこれらの権利を制約してはならない，ということを意味する。この原則は，その起源はドイツ法であるが[25]，例えば，国内の立法が道徳を理由として特定の物資の販売を禁止する場合や，イギリス内で特定の経済サービスの提供を望むイギリス国民ではない者に対して行政官が許可の付与を拒否する場合に，EUの文脈で用いられるようになりうる[26]。このような状況の下で，侵害を受けた個人は立法あるいは決定を裁判所で争うことができ，裁判官は，(a) このような制約が，条約で明記された又はCJEUの判例法でみられる公益目的の達成に適合的であるか否か，(b) とられた措置又は行われた決定が目的達成に必要であったか否か（すなわち，目的がより制限的でない手段によっては達成することができないか否か），(c) 当該措置が，追求される目的に比して個人に対し過剰な負担を課していなかったか否かを問わなければならない[27]。当該措置又は決定が比例性を充たさないと判断された場合には，

---

24)　See further chs 13-15.

25)　See G Nolte, 'General Principles of German and European Administrative Law— A Comparison in Historical Perspective' (1994) 57 *Modern Law Review* 191.

26)　この種の決定は，それぞれEU運営条約34〜36条，56〜62条に該当するであろう。

27)　Case C-331/88, *R v Minister for Agriculture, Fisheries and Food, ex p Fedesa*

個人は，彼又は彼女の EU 法上の権利の実効的な保護が確保される救済手段を
得る資格がある。状況によっては，救済手段は損害賠償の付与というかたちを
とることもある（後に検討する）。

　この原則が EU 法の射程に含まれる国内の措置に対し厳格な司法審査を構想
しているのは明らかであり，イギリスの裁判所によるこの原則の受容に困難が
なかったわけではない[28]。それは，イギリスにおける司法審査が，歴史的に
Wednesbury 判決の不合理性の根拠に中心を置いてきたところ[29]，これは行政
および二次的立法における選択に直面する際に司法の自制を基礎づけるものだ
からである（ウエストミンスターの議会の立法の審査［を行わないこと］については，
第 2 章を参照）。他方，比例原則が文脈に敏感であり，CJEU，そしてこれと提
携関係にある国内裁判所によって様々なかたちで適用されうることもたしかで
ある[30]。それゆえ，行政の決定が個人の基本的権利に不利な影響を与える場合
には，「裁判所は，国家の活動と個人の権利との間の境界線について判断する
ことを裁判所の正統な作用の当然かつ適切な一部分であると考える」[31] ので，
裁判所は争われている措置を厳格にみるべきであると述べる判例が存在する。
しかし，決定が社会・経済政策の性格を持つもので，決定者が広範な裁量をも
つ領域で行われた場合には，比例原則の利用は適切な司法の自制によって緩和
されるべきであるということを示す，CJEU の長時間の間に確立された判例が
ある[32]。国内レベルでは，行政の決定者も「評価の余地」を享受しうることを

　　[1990] ECR I-4023.

28)　See ch 13.

29)　Associated Provincial Picture Houses v Wednesbury Corporation [1948] 1 KB
　　223.

30)　指導的な説明は，今もなお，G de Búrca, 'Proportionality in EC Law' (1993) 13
　　Yearbook of European Law 105 である；そしてこのテストの性質に関する近年の司
　　法による考察については，R (Lumsdon) v Legal Services Bond [2015] UKSC 41,
　　[2015] 3 WLR 121.

31)　Case 44/79, Hauer v Land Rheinland-Pflaz [1979] ECR 3727.

32)　例えば，CJEU で争われた争点が共通農業政策の領域における指令の適法性であっ
　　た Case C-331/88, R v Minister for Agriculture, Fisheries and Food, ex p Fedesa

認めるが，かかる自制は，問題となる選択が立法府によるものである場合にとくに明白になるだろう[33]。

3.2.2.2 平 等

平等——あるいは差別禁止——は，EU の秩序においては，法の一般原則として，また TFEU の諸規定による実体的な要請として，存在する[34]。法の一般原則としては，平等は，決定者に，そうしない適切な理由がない限り，同じ状況は同じように，異なる状況は異なるように取り扱うべきことを要請する。例えば，公衆衛生を理由に導入された生産禁止により影響を受ける産業の中における異なるセクター間で政府による補償の枠組みが異なる場合に，この原則に対する違反があるといわれるだろう[35]。このような事情の下では，平等原則により，決定者が類似のセクターを同じに取り扱うことが，そうしないことが正当化されない限り要請されるだろう。かかる正当化がないとき，この枠組みその他の措置は違法となる。

ある措置が平等原則に違反しているか否かを評価する任務を担っている裁判所にとって中心となる問題は，ここでもまた，別異取扱いの正当化をどれほどよく調べるべきかである[36]。ここでは，比例原則は，最も純粋なかたちをとるならば，裁判所に対し，区別が適法であったかを決定する際に別異取扱いの正当化を詳細に検討することを求めるだろう。しかし，すでに見た通り，比例原則の適用もまた様々でありうるのであり，事件の文脈によって，審査する裁判

[1990] ECR 4023 を参照。

33) See. e. g., *R v Secretary of State, ex p Eastside Cheese Company* [1999] 3 CMLR 123.

34) See further 14.3.

35) 例えば，*R v Ministry of Agriculture, Fisheries and Food, ex p First City Trading Ltd* [1997] 1 CMLR 250 におけるような場合である。ただし，高等法院が本件でこの原則に効果を付与することを拒否した点には注意が必要である。

36) See. e.g., *R (Rotherham MBC) v Secretary of State for Business, Innovation and Skills* [2015] UKSC 6, [2015] 3 CMLR 20, discussed at 14.3.

所が措置の適法性を考える際に自制をはたらかせることがありうる。この後者のアプローチは，たしかにより容易にコモンローの正統理論に合うものである。なぜなら，イギリスの裁判所は，伝統的に，あらゆる別異取扱いについてWednesbury 判決の不合理性があるか否かを問うてきたからである[37]。

3.2.2.3 正当な期待

EU 法の一般原則である正当な期待は，法的安定性の原理（この原理は，措置が遡及効を持つことを排除するものでもある）に基づき発展してきた[38]。その基本的な前提は，ある特定の方法で行動する旨を個人に表明した公的機関がその表明を後から覆すことは，そうするだけの圧倒的な公益上の理由がない限りできないということである。それゆえ，EU 法における法的安定性との関連は，諸個人が彼女ら又は彼らに行われた法的表明に照らしてみずからの物事を処理することができなければならず，あるいは当局の政策若しくは慣行に依拠することができなければならないということの中にある[39]。国内におけるこの原則の起源はコモンロー上の公正性にあるものの，コモンローにおいて，裁判所は法的確実性の必要性についても語ることができる[40]。

正当な期待の原則は，形式において手続的か実体的か，あるいはその両方でありうることに注意することが重要である。手続的な面は，決定がなされる方法にかかわり，決定その他の措置により影響を受ける個人はその決定が最終的に行われるよりも前に諮問を受けるべきことを要求できる。他方，実体的な面は，特定の便益（例えば免許）を約束されている個人が，それを拒絶できるだけのやむにやまれぬ公益上の理由がない限りその便益を受けることを要求でき

---

37) See,e.g., *Matadeen v Pointu* [1999] 1 AC 98, 109, Lord Hoffmann; and on *Wednesbury* see ch 13.

38) See P Craig, *European Administrative Law*, 2nd edn (Oxford: Oxford University Press, 2012), ch 18.

39) See S Schønberg, *Legitimate Expectations in Administrative Law* (Oxford: Oxford University Press, 2000), ch 1.

40) See ch 15.

る[41]。EU 法における指導的な判例は, 今なお Mulder v Minister van Landbouw en Visserij[42] である。この事件は, EU 法の一般原則が裁判所を行政その他による選択に対し厳格な審査にどれくらい立ち入らせることができるかをよく表している。この事件の事実は, 原告である農夫が対価に奨励金を得て 5 年間ミルクの生産を停止してきたというものであった。彼が後に 5 年間の期限が切れる際に生産を再開しようとした時, 翌年に生産割当てを得るため前年にミルクを生産していなければならなかったにもかかわらず生産していなかったことを理由に割当てを拒否された。しかし, この規定は, 上記の 5 年間のうちに導入されたものであった。原告である Mulder は, この措置は彼がミルク市場に再び参入するという期待を阻むものであると主張した。これを受けて, CJEU は, EU が追求している一般政策目標を Mulder の主張する利益に照らして均衡をとろうとした (ここでは比例原則を用いている)。原告は彼が「退出した」ときとまったく同じ条件で市場に再進出することを期待することはできないことに注意しつつも, CJEU は, それにもかかわらず, 彼は「(EU の) 諸規定が提供する可能性をみずからのものにできるので, 彼の覚書の期限が切れる時点で, 彼に特別に影響を与える制限に服することがないことを正当に期待できる」と結論づけた。さらに, EU 諸機構が後にその立場を改めて Mulder に以前の生産高の 60％の割当てで生産を再開することを認めたとき, CJEU は, Mulder によるさらなる主張に対し, 60％の生産割当てはあまりに低いと判断した。その結果, 立場を改めることを再び考えなければならなくなった。

3. 2. 3 基本的権利

基本的権利の諸基準に言及する EU 法の一般原則の展開は, 先に注意したように, EU 法秩序における基本的権利の位置づけをめぐる非常に長い物語の一部分である。この物語は, 本質的には, EU が, その諸機構及び EU 法を実施する際の加盟国を拘束する公式の権利章典を一切持っていなかった歴史上の立

---

41) See e.g., Case C-152/88, *Sofrimport v Commission* [1990] ECR I-2477.

42) Case 120/86, [1988] ECR 2321.

場から，欧州基本権憲章という形式でまさにかかる章典を持つ現在の立場へとどのようにして変化したのかにかかわる[43]。この変化のきっかけは，Internationale Handelsgesellschaft 事件（'Solange I' 事件）[44] におけるドイツ連邦憲法裁判所の判決によってもたらされたといわれる。この事件で，裁判所は，ドイツ基本法が定める民主的統制と人権保障の基準を当該法的組織が充たさない限り，EU 法の優越性を無条件に受け入れることはしないと述べた（同様の争点が他の法体系でも起きたことに注意されたい）[45]。これは，EU 法の優越性の原理に対する明らかな挑戦を表しており，後に検討する。EU 諸機構は，EU 法の優越性を機能しうる原理として再構築しようとする試みの中で，このドイツの裁判所の判決の根底にある懸念に対応した。例えば，欧州議会，欧州評議会そして欧州委員会は EU の手続における基本的権利の重要性を再確認する宣言を採択し[46]，CJEU は諸国内部の憲法の伝統の中並びに ECHR 並びに市民的及び政治的権利に関する国際規約といった国際的文書の中にみられる基本的権利の諸基準に以前より多く触れながら法の一般原則を発展させ始めた[47]。後者の発展の結果，EU 及び国内の諸措置が，条約解釈にかかわる「法の準則」として基本的権利の諸基準に触れながら審査されるようになった。たとえば，国内の行政措置が移動の自由に関する諸権利に影響を与えるような場合である[48]。それゆえ，時を経て，ドイツ連邦憲法裁判所は，基本的権利が EU 法の下で十分な保護を受けていることを受け入れ，それゆえ EU 法をドイツ国内の基本権の基準に照らして審査する「留保権限」を行使しないようになってきている（もっとも，これ以降，裁判所は EU の諸権限に対する別の限界を指摘してきている）[49]。

---

43) この憲章は，EU 条約 6 条により条約法としての効力を持っている。

44) [1974] 2 CMLR 540.

45) See TC Hartley, *Constitutional Problems of the European Union* (Oxford: Hart Publishing, 1999).

46) OJ 1977 C 103/1.

47) See, e. g., Case 374/87, *Orkem v Commission* [1989] ECR 3283.

48) e.g., *R v Secretary of State for the Home Department, ex p McQuillan* [1995] 4 All ER 400.

CJEU の側は，それ以降，基本的権利の諸基準は EU 法にとって重要なので，国連安全保障理事会決議に効力を与えるためにとられた EU による諸措置の適法性を審査する権限を留保するとも判断した[50]。この判断は，決議の基礎を提供する国連憲章が国際法秩序の頂点に位置すると思われるにもかかわらず行われたのであった[51]。

　欧州基本権憲章の拘束力——それは今や EU 諸機構と EU 法を実施する際の加盟国の活動を規律している——は，リスボン条約が発効されたことの帰結である。一般的に言って，これは大変に重要である。なぜなら，この憲章は，EU 法における長期間にわたる発展を具体化し，さらにデータ保護，環境そして良き行政にかかわる基準のようなより現代的な基準に法的効果を与えることによって，諸権利の保護を前進させたからである（この憲章は，「尊厳」「自由」「平等」「連帯」「市民の権利」そして「司法」という 6 つの主要な諸条項にさらに分けられる）[52]。他方，この一般的な論点とは別に，この憲章とそのイギリス（及びポーランド）における適用という，より特定的な論点を理解しなければならない。要するに，リスボン条約の議定書は，「本憲章は［CJEU］又は［イギリス］のいかなる裁判所若しくは審判所であれ，本憲章が再確認する基本権，自由及び原則に［イギリス］の法律，規則又は行政の諸規定，慣行若しくは活動が適合していないことを認定する能力を拡張するものではない」とする[53]。まず，この議定書は，イギリスとの関係では，イギリスみずからの裁判所においても，また欧州委員会によりイギリスに対して提起される法の実現の手続にお

---

49)　諸権利について，*Re Wünsche HandelsGesellschaft 'Solange II'* [1987] 3 CMLR 225 を，またより詳しい見取り図について，Craig and de Búrca, n 3, 279-90 を参照。

50)　See most famously, Cases C-402 and 415/05, *Kadi v Council and Commission* [2008] ECR I-6351.

51)　EU 法体制の現在の性質については，CJEU の *Opinion pursuant to Article 218 (11) TFEU (2/13)* [2015] 2 CMLR 21（re accession to the ECHR）をさらに参照。

52)　憲章については，K Beal and T Hickman, 'Beano No More: The Charter of Rights After Lisbon' [2011] 16 *Judicial Review* 113 をさらに参照。

53)　附属第 30 議定書。

いても，この憲章を直接に主張することができないことを意味すると考えられた（この憲章はなお EU 法の一般原則を通じて間接効を持つし，イギリスの裁判所がコモンローを展開するときに自発的にこの憲章に言及することはありうるが）[54]。しかし，この議定書の文言の性格ゆえ，この憲章の大部分の規定は EU の管轄領域で活動する際にイギリスを拘束すると解釈できると主張する者もおり，CJEU は現在，この憲章は，おそらくは「連帯」の見出しのついた部分を除いて，拘束力を持つと判断している[55]。

　さらに重要な点は，EU と ECHR との関係についてである。ここでは，リスボン条約は，EU が ECHR に加入することができると定めることにより，再び重大な変更を行った。このことは，以前には，明示的にも黙示的にも加入を定める条項がなかったために，EU 諸条約の下では生じ得ないと CJEU が考えていたことであった[56]。この効果に関する明示的な規定をおくことによって，リスボン条約は，EU の諸措置の合法性を欧州人権裁判所で争いうるまさに現実的な可能性を作った[57]。しかし，それ以降，CJEU は EU 法秩序の内部の自律性に影響を与える加入協定の可能性に伴う現実的な困難に注目するようになっており，2 つの秩序が正式に 1 つのものとなるのにはまだ時間がかかるであろう[58]。

3. 2. 4　救済手段と個人の実効的保護

　最後に考察する EU 加盟に伴う責務は，EU 法違反に対する国内裁判所にお

---

54)　As in e.g., *A and others v East Sussex County Council* [2003] All ER (D) 233, at para 73 Munby J.

55)　Case C-411/10, *NS v Secretary of State for the Home Department* [2012] 2 CMLR 9 discussed at 4.5.

56)　See Opinion 2/94 on *Accession by the Community to the ECHR* [1996] ECR I-1759.

57)　附属第 8 議定書と合わせて解釈する EU 条約 6.2 条。

58)　See *Opinion pursuant to Article 218 (11) TFEU (2/13)* [2015] 2 CMLR 21 (re accession to the ECHR).

ける救済手段にかかわるものである。この文脈で，CJEU は優越性原理と直接
効原理そしてこれらと同様に統合プロジェクトに対する加盟国の忠実性という
より一般的な観念に依拠してきている。CJEU は，EU 法上の権利は国内の手
続及び実務によって保護されるべき（この保護は実効的で国内法に基づく権利に与
えられる保護と同等のものでなければならないという要請に服する）ことを長い間強
調してきたが[59]，国内システムが提供する救済手段を超える多くの特定の救済
手段の要請を導入してもきている[60]。判例法からは，CJEU が個人の「実効的
保護」が要請しているものについての理解を，これに対応する目標が国内の法
実務における違いにもかかわらず EU を通じて統一的な保護が得られることで
あるということと合わせ，十分に発展させていることが窺える。

CJEU の判例法における動きは，他国の裁判所とともに，イギリスの裁判所
に関する判例法の中で生じてきた2つの救済手段に触れることによって描出す
ることができる。第1は，個人の暫定的な保護であり，これは有名な
Factortame 判決[61] と関係している。この事件の事実は，スペインの漁船の船
長たちのグループが，1988 年商船法の諸条件が（当時の）EU 条約の国籍，法
人そして資本に関係する諸規定に違反するとして争い，イギリスの裁判所に対
し，運輸大臣がこれらの諸条件を実現するのを防ぐようインジャンクションを
求めたというものである。貴族院が，民事手続において国王〔Crown〕の大臣
に対するインジャンクションを付与できない国内ルール（すなわち，1947 年国王
訴訟手続法 21 条）を理由として，インジャンクションを付与できないと判断し
たため[62]，翻って EC 条約 177 条（現在は TFEU 267 条）による CJEU への付託
が行われた。しかし，CJEU は，その判決において，「EU 法に基づき請求され
た権利の存在に基づいて与えられる判決の完全な実効性を確保するために裁判

---

59) See e.g., Case 33/76, *Rewe-Zentralfinanz eG and Rewe-Zentral AG v
    Landwirtschaftskammer für das Saarland* [1976] ECR 1989.
60) See generally Craig and de Búrca, n 3, ch 8.
61) *R v Secretary of State for Transport, ex p Factortame Ltd (No 2)* [1991] 1 AC
    603.
62) *Factortame Ltd v Secretary of State for Transport* [1990] 2 AC 85.

所が暫定的救済を付与することが国内法のルールによって妨げられるならば，EU 法の完全な実効性は損なわれるであろう。ここから，このような状況において暫定的救済を付与しようとする裁判所は，国内法のルールによればそれができないならば，そのルールの破棄を義務づけられることが導かれる」と述べた[63]。貴族院は，この後に，CJEU の判断に照らしてインジャンクションを付与し，1988 年法は適用されない結果となった。このため，1972 年欧州共同体に関する法律を制定した議会が後の議会を実質的に拘束したことを理由に，論者の中にはイギリスにおける憲法的「革命」を語る者も現れた[64]。

　第 2 の救済手段は，損害賠償である。これは，国家が個人の EU 法上の権利を侵害して行為し又は行為しない場合に当該個人が求めるものである。「国家責任」の原理は，当初は，国内法において国家が EU 指令を実施しない結果として個人が損害を被った場合にのみ適用された[65]。しかしその後，この原理は発展して，個人の EU 法上の権利に対する国家のあらゆる部門によるあらゆる「十分に深刻な」違反をカバーするに至っている[66]。こうして，判例法は，立法府が EU 法上の権利に抵触する法律を制定した場合[67]，EU 法に違反する法律を廃止しなかった場合[68]，あるいは，この原理の起源であるが，EU 指令を実施する法律を制定しなかった場合に[69]，個人の請求に基づき国家が責任を負うことを確立してきている。同様に，判例法は，行政裁量が EU 法上の権利に違反して行使された場合あるいはこれらの権利が裁判所の行為又は不作為により

63）　Case C-213/89, *Factortame* [1990] ECR I-2433, 2465, para 21.

64）　HWR Wade, 'Sovereignty——Revolution or Evolution?' (1996) 112 *Law Quarterly Review* 56. On the case see further ch 18.

65）　Case C-6/90, *Francovich and Bonifaci v Italy* [1991] ECR I-5357.

66）　Cases C-46 and 48/93, *Brasserie du Pêcheur SA v Germany, R v Secretary of State for Transport, ex p Factortame Ltd* [1996] I-ECR 1029.

67）　*R v Secretary of State for Transport, ex p Factortame* [2000] 1 AC 524.

68）　Case C-46 and 48/93, *Brasserie du Pêcheur SA v Germany, R v Secretary of State for Transport, ex p Factortame Ltd* [1996] I-ECR 1029.

69）　Cases C-178-9/94, 188-190/94, *Dillenkofer v Federal Republic of Germany* [1996] ECR I-4845.

侵害された場合に責任が生じることも確立してきている[70]。

　これに対応する EU 法上の責任のテストは，3 つの要素からなる。すなわち，(1) 個人に実現可能な権利を付与する EU 法の規定はあるか？ (2) その規定に対する国家による「十分に深刻な」違反はあったか？ (3) その違反の直接の結果として個人が損害を被っているか？である。これらの要素のうち多くの事件で最も重要なものは，「十分な深刻さ」にかかわる要素である。というのは，CJEU は，責任の問題はあらゆる国家の行為ないし不作為の文脈を参照しながら解決しなければならないことを強調してきたからである。それゆえ，構成国の機関が特定の領域に広範な裁量を有している場合，例えば国の立法府が国内立法を行おうとする場合には，責任は国家が「その裁量の限界を明白かつ重大に無視する」場合に限り発生する[71]。対照的に，構成国が極めて限られた裁量しか持たずあるいは裁量をまったく持たない場合，例えば EU 法により厳格に規律されている政策領域で行政決定を行う場合，責任を発生させるのには EU の規定に対する「単なる違反」だけで十分だろう[72]。これら 2 つの例の中間の諸事件，例えば国の立法府が EU 指令を実施するために法律を制定しようとする場合には，十分に深刻な違反を同定するために CJEU が示した基準のリストを参照しながら解決しなければならない。その基準とは，すなわち，違反されている EU 法の規定は明確か？　この違反や損害は意図的なものか？国家の側におけるあらゆる法についての過誤は免責されうるものか？　加盟国は EU 法に抵触する慣行を採用し又は保持してきていたのか？　というもので

---

70)　See, respectively, Case C-5/94, *R v Ministry of Agriculture, Fisheries and Food, ex p Hedley Lomas (Ireland) Ltd* [1996] ECR I-2553 and Case C-224/01, *Köbler v Austria* [2003] ECR I-10239.

71)　Case C-46 and 48/93, *Brasserie du Pêcheur SA v Germany, R v Secretary of State for Transport, ex p Factortame Ltd* [1996] I-ECR 1029, para 55——「明白な無視」は，裁判所の行為及び不作為の文脈でも賠償責任の要件である。すなわち，Case C-224/01, *Köbler v Austria* [2003] ECR I-10239.

72)　Case C-5/94, *R v Ministry of Agriculture, Fisheries and Food, ex p Hedley Lomas (Ireland) Ltd* [1996] ECR I-2553, para 28.

ある[73]。

3. 3　イギリスにおける EU 法

　翻って，ここで，EU 法がイギリスの法秩序という特定の文脈の中でどのように受容されたのかをより詳細にみる。ここでの目的は，上で言及したイギリスによる EU 法の経験と結び付けて，EU の規範がコモンロー体系の中でどのようにして受け入れられてきたのかにつき，より完全な像を展開することである。これは，その核心においては，直接効原理と優越性原理のはたらき（3.2.1.1 及び 3.2.1.2 で検討した）を検討することである。なぜなら，国内裁判所に要求を行う EU の秩序におけるその他の大部分の側面を形作ってきたのはこれらの原理だからである。しかし，例えば，EU 法が直接には問題となっていない国内の事件においてコモンローを発展させるとき国内裁判所が EU 法に依拠する場合に，EU 法は，もっと広い影響を及ぼしている。この間接的な影響を「溢出」と名付ける。

3. 3. 1　1972 年欧州共同体に関する法律

　イギリスは二元主義の憲法伝統──これについては第 2 章を参照──を持つので，EU 法に基づく権利義務を国内裁判所で強行可能なものとするには議会制定法が必要となることは自明である。同時に，このために法律を制定するには，国内における議会主権の原理と EU 法の優越性の原理との間の一見融和不可能な衝突に対応する必要があるだろう。実際，この衝突の射程は，すでに EU 加盟前に十分認識されており[74]，議会における議論の中で，この法律の中

73）　Joined Cases C-46 and 48/93, *Brasserie du Pêcheur SA v Germany, R v Secretary of State for Transport, ex p Factortame Ltd* [1996] I-ECR 1029, para 56. CJEU からのさらなるガイダンスについては, 例えば, Case C-118/00, *Larsy v INASTI* [2001] ECR I-5063 and Case C-150/99, *Stockholm Lindöpark Aktiebolag v Sweden* [2001] ECR I-493.

74）　See PB Keenan, 'Some Legal Consequences of Britain's Entry into the European

に，議会はEU法に反する立法を行わないという効果をもつ文言を含めるべきであると提案された。しかし，時の政府は，将来の議会はあらゆるEU法の優越性を認める規定を無視できることを理由として，そのような条項を入れることを拒否した。したがって，その含意は，国内の正統理論に従い，EU法と衝突する将来の法律の方が優越するというものであった。

　この結果できた法律——1972年欧州共同体に関する法律——で中心となる規定は，2条と3条である。2条1項は，次のように，EU法のイギリス国内システムにおける直接効を定める。

　　時宜に応じて条約により又は条約に基づき創設される又は発生するすべての権利，権限，責任，義務及び制約，並びに時宜に応じて条約により又は条約に基づき制定されるすべての救済手段及び手続は，イギリスで法的効果を付与され又は利用される法律がなくても条約に適合しているので，法において承認され，利用可能とされ，それゆえ実現され，許容され及び遵守されるものとする。「実現可能なEUの権利」という表現及び類似の表現は，本項が適用されるものを指示していると解釈するものとする。

　2条2項によって，いくつかの領域でEU法を実施する目的で，女王は枢密院令により，指定された大臣又は省（権限移譲を受けた諸機構の大臣及び省を含む）は規則により，規定を設けることができる[75]。また2条4項は，すべての過去及び将来の法律は1972年欧州共同体に関する法律の諸規定に服するかたちで解釈し効力を与えられなければならないという解釈上の義務を課す。同項は，裁判所にすべての過去及び将来の法律をEU法に照らして解釈することを求めるので，この法律の中で最も優越性条項に近いものである——もっとも，現在では3.3.3で検討する2011年欧州連合法18条と比較できるが——。この解釈義務は，さらに「すべての法的手続の目的で，あらゆるEUの諸条約……又は

　　Common Market' [1962] *Public Law* 327.
75)　See further Sch 2 to the Act.

第3章　EU法と行政法　*85*

……あらゆる EU の法的諸文書の意味又は効力に関するあらゆる問題は，法律問題として取り扱うものとする（そして，もし欧州司法裁判所に付託されないとしても，欧州司法裁判所……の関連する決定に合致するように決定されるものとする）」と定める 3 条によって導くことができる。

3. 3. 2　主権と優越性──Factortame 事件から Pham 事件へ──

1972 年法の下でのこれに対応する一団の判例法は複雑で，より詳細な分析は別に譲る[76]。しかし，ここでの目的に関しては，イギリスの裁判所が主権と優越性の問題にどのようにアプローチしたかを理解するにあたり鍵となる事件が 4 つある。第 1 は，R v Secretary of State for Transport ex p Factortame Ltd[77] である。すでに 3.2.4 で見たように，この事件は，運輸大臣が 1988 年商船法の条件を実現させないために貴族院が暫定的インジャンクションを付与する結果となった。実質的にみると，これは，1972 年法が 1988 年法に優位したことを意味し，評者の中には，これはイギリスの憲法の関係で「革命的」だと考えた者もいた[78]。しかし，貴族院は，よく知られている通りそれほど人騒がせな者ではなく，その決定を正当化する際に，「議会は，1972 年欧州共同体に関する法律を制定したとき，議会の主権に対する制限をどのようなものであれ受け入れたので，イギリスの裁判所の義務は，終局判決を出す際に」EU 法の「直接効を持ついかなるルールであれそれに抵触すると判断するあらゆる国内法を覆すことであることが常に明確になっている」と述べている[79]。EU 法の

---

76)　e.g., P Craig, 'Britain in the European Union' in J Jowell, D Oliver, and C O'Cinneide (eds), *The Changing Constitution.* 8th edn (Oxford: Oxford University Press, 2011), ch 4; and G Anthony, *UK Public Law and European Law: The Dynamics of Legal Integration* (Oxford: Hart Publishing, 2002), ch 4.

77)　[1991] 1 AC 603.

78)　HWR Wade, 'Sovereignty──Revolution or Evolution?' (1996) 112 *Law Quarterly Review* 56. But compare TRS Allan, 'Parliamentary Sovereignty: Law, Politics and Revolution' (1997) 113 *Law Quarterly Review* 443.

79)　*Factortame (No 2)* [1991] 1 AC 603, 658, Lord Bridge.

優越性は，これにより，立法による選択の帰結として貴族院によって受け入れられたのであり，これに続く諸判決は，さらに，この結果が射程の広い影響をもたらすことを示している。それゆえ，R v Secretary of State for Employment, ex p Equal Opportunities Commission[80] で，貴族院は 1978 年雇用保護統合法の諸規定が EU 法の男女均等賃金保障に違反するとの宣言を行い，Webb v EMO Air Cargo (No 2)[81] で，貴族院は，いつ制定されたものであれ，国内法律を，双方が私人である当事者間の紛争に関連する，直接効を持たない指令に照らして解釈する義務を認めた（間接効については，3.2.1.1 を参照）。

しかし，Factortame 判決における EU 法の優越性を認めるための正当化は，本質的に契約構成の形式（すなわち，イギリスはあるルールを持つクラブに加入したというもの）であったのであり[82]，より精密な理由づけが現れ始めたのは，2 番目の事件，Thoburn v Sunderland City Council[83] における合議法廷の判決においてであった。Thoburn 事件において，争点は，1985 年度量衡法を改正するために，1972 年法に基づき制定された規則を利用できるか，あるいは 1985 年法は以前の制定法を黙示的に廃止したのだからこれはできないのかであった[84]。Laws 裁判官は，究極的には黙示的廃止の原理は制定法によって作動させられないと考えたのであるが，とにかく，どうして 1985 年の法律が 1972 年法を黙示的に廃止することができないかを説明した[85]。その理由とは，1972 年法が黙示的廃止という通常のルールにもはや服さない多くの「憲法的法律」の 1 つであることをコモンローが承認したからというものであった。憲法的法律

---

80) [1995] 1 AC 1.

81) [1995] 4 All ER 577. EU 法に照らした国内法の解釈については，さらに，*Assange v Swedish Prosecution Authority* [2012] UKSC 22, [2012] 2 AC 471 を参照。

82) For commentary to this effect see P Craig, 'Britain in the European Union' in Jowell, Oliver and O'Cinneide, n 76, ch4.

83) [2003] QB 151.

84) 黙示的廃止については，2.2 及び 2.5 を参照。

85) See also Sir John Laws, *The Common Law Constitution* (Cambridge: Cambridge University Press, 2014), 64-71.

とは，(a) 市民と国家との間の法的関係をある程度一般的かつ包括的なかたちで条件づけるものと，(b) 基本的な憲法上の権利の射程を拡張若しくは縮減するものとの，両方又は一方の性質をもつ議会制定法であるといわれるが，この憲法的法律を廃止することができるのは，黙示的廃止に代えて，「後法において明示の文言又は……意図される結果を効果として生じさせる実際の決定を推論することが抗し難いほど特定された文言」がある場合のみである[86]。Factortame 判決における結果は，このような背景において理解できる。すなわち，この事件における後法は，前法と適合していないのではあるが前者を明示的に廃止するものではなかったので，これにより前者の法律——憲法的法律——は優位したのである。

　Thoburn 判決が何を確立しようとしていたのかを正確に明らかにすることが重要である。要約すれば，この判決は，EU 法が国内法において優越性を享受すること，しかしこの優越性は 1972 年欧州共同体に関する法律及び同法のコモンロー上の解釈に条件づけられているということを受け入れたのであった。翻ってみると，これは，イギリスによる EU 法の受容を他の構成国による受容とより端的に軌を一にさせるアプローチである。たとえば，他の構成国における憲法裁判所は，CJEU の要求ではなくむしろこれら諸国の憲法こそが EU 法の国内秩序における位置づけを正統化しているという意味で，国内憲法の優位を強調したことを上で触れた (3.2.1.2)。Thoburn 判決は，もちろん，成文の憲法的文書に基づくものではないが，イギリス憲法の規範的な優位という外国法と比較しうる観念を前提としている。Laws 裁判官はこのことを次のように述べる。

　(1) EU 法が創設したすべての特定的な権利義務は，1972 年法によってわれわれの国内法に編入され最高の地位を占めた。……これは，これと適合しない地域的な規定が主位立法に含まれる場合であっても妥当する。(2) 1972

---

86)　[2003] QB 151, 187.

年法は，憲法的法律である。すなわち，黙示的には廃止されない。(3) (2) の真正さは，EU 法からではなく，純粋に［イギリスの］法から導かれる。すなわち，コモンローは憲法的法律というカテゴリーを承認している。(4)［イギリスの］EU との関係の根本的な法的根拠は，欧州の法的権力ではなく，国内の法的権力の下にある[87]。

3番目の事件は，R (Buckinghamshire CC) v Secretary of State for Transport, あるいはより一般的に「HS2」事件として知られるものである[88]。これは，環境法の複雑な事件であり，2つの主要な問題が関係していた。すなわち，(1) 高速鉄道構想 ('HS2') の展開を発表した政府文書はこれに先立ち戦略的環境評価指令に基づく評価を行うべきであったのか，(2) 計画許可を得る手段として議会における公私混合法律案を用いることは環境影響評価に関する EU 指令の手続的要請に従っていたのか，である。これら2つの問題には，裁判所が当該事案には何も違法性が存在していなかったと結論づけるかたちで回答が与えられたものの，法案形式についての議会内部の選択に関する法的議論は，裁判所に，憲法上の基本条件，とくに権利章典9条の地位に関する議論をいくらかさせることとなった。この点に関して行われた裁判所による詳細な説明にここで関心を持つ必要はないが，何人かの裁判官が，Thoburn 判決は EU 加盟に関する憲法上の争いをどのように解決するかに光を当てたものであるとみていたことに注意したい。Neuberger 裁判官と Mance 裁判官は共同意見を執筆して，Thoburn 判決は「この領域における潜在的な争点に対して重要な洞察を」与えたと述べ，Laws 裁判官は「一貫する議論」[89]を提供したと述べた。Reed 裁判官は，同様に，EU 法とイギリス法との衝突は，「欧州司法裁判所が展開した EU 法の優越性の原理を単純に適用することによっては，この原理のわれわれの法における適用そのものが 1972 年法に依拠しているので，解決すること

---

87)　[2003] QB 151, 189.
88)　[2014] UKSC 3, [2014] 1 WLR 324.
89)　Ibid, 383, para 208.

はできない。権利章典9条に埋め込まれているような憲法原則とEU法との間で衝突があるならば，この衝突はイギリス憲法の下で生じている争点としてわれわれの裁判所によって解決しなければならない」[90]と論じた。

4番目の事件——Pham判決——は，上の議論における論理の多くを包摂して，イギリスの法秩序におけるEU法の位置づけは国内憲法に完全に依存することを確認した[91]。Pham判決において重要な争点は，イギリス政府が，イギリスとベトナムの二重国籍者から，この者がテロリズムに関与したとされることを理由としてイギリス市民権をはく奪しようとする際に，EU法の市民権の要請の射程がどこまで及ぶかにかかわるものであった。EU諸条約の性質とCJEUの管轄権に触れる長大な判決の中で，何人かの裁判官は，EU法が優越性を享受するのは，ただ議会がその結果を意図したからにすぎないことを強調した。もう一度，Mance裁判官から引用する[92]。

　　いずれにせよ，国内裁判所にとって出発点となるのは，当該承認ルールに従って，その管轄権内における究極の立法権を同定することである。この探索は，超国家的なレベルで課される義務に対し明示的に二元主義的なアプローチをとるイギリスのような国では容易である。ヨーロッパ法は，たしかに特別で世界法史において特筆すべき発展を見せている。しかし，われわれの決定を形作る承認ルールが変更されない限り，そして変更されるまでは，イギリスは独立しているものと，議会は主権者と，そしてヨーロッパ法は国内法の一部分であるとみなければならない。なぜなら，議会がそのように意図したからである。それゆえ，議会がどの程度そのことを意図したかという問いは，1972年法を解釈することによって決定される。

---

90) [2014] UKSC 3, [2014] 1 WLR 324, 349, para 79.

91) *Pham v Secretary of State for the Home Department* [2015] UKSC 19, [2015] 1 WLR 1591.

92) [2015] UKSC 19, [2015] 1 WLR 1591, 1617, para 80.

3. 3. 3 2011 年欧州連合法

　上述した諸事件の重要性は，18 条にいわゆる「主権」条項を含む 2011 年欧州連合法に照らしても窺うことができるはずである。同条は次のように定める。

　　直接に適用される又は間接に効力を持つ（……1972 年欧州共同体に関する法律 2 条 1 項で定義される）EU 法がイギリスにおける法の中で承認され利用できるのは，1972 年法の効力による場合か他の法律の効力により法の中で承認され利用できなければならないとされる場合だけである。

　議会にこの規定を提案する際に，時の政府は，18 条は Thoburn 判決で描かれたコモンロー上の立場を制定法上の根拠の上に置こうとするものであり，EU 法がイギリスの憲法秩序の中で最高のものとして自らをエントレンチできるとするいかなる議論をも否定するものであるという見解に立っていた[93]。しかし，同条に対する分析によると，同条がこのような効果を持つことに疑問が呈される。例えば，Paul Craig は，「二元主義としての主権」と「優越性としての主権」との間に区別を行い，18 条はたんに EU 法の受容にあたりこの憲法の二元主義的な基礎を確認するだけのものであると主張した[94]。これにより，Craig は，18 条は，国際条約の中の諸規定がイギリスの裁判所で影響力を持つのは議会がそのような効果——1972 年欧州共同体に関する法律が果たした機能はもちろんこれである——を与える法律を制定する場合だけであるという事

---

93)　18 条に関する——そして「18 条」という形式における——議論については，*The EU Bill and Parliamentary Sovereignty*, European Scrutiny Committee, Tenth Report of Session 2010-2011, Vols I and II を参照。〈http://www.parliament.uk/business/committees/committees-a-z/commons-select/european-scrutiny-committee/publications/〉で入手できる。

94)　P Craig, 'The European Union Act 2011: Locks, Limits, and Legality' (2011) 48 *Common Market Law Review* 1915, 1937ff.

実を反映しているというのである。しかしながら,「優越性としての主権」という問題について,Craig は,2011 年法は「EU 法と国内法との間で衝突が生じた場合における両者の関係について何もわたしたちに語っていない」と述べる[95]。したがって,優位性あるいは優越性の争点に関する分析は,一方でThoburn 判決と,他方で HS2 判決および Pham 判決を特徴づけているとみられるコモンロー立憲主義モデルとをもって引き続き始めるべきであると結論づけることができる[96]。

2011 年法についての説明を終わる前に,この法律が,とくに条約改正の問題に関する EU のより広い政治過程に対するイギリスの参加のあり方を規律する構造を根本的に変えたことにも注意をしておくべきだろう[97]。すなわち,同法は,一定の事情の下では,EU に対するさらなる権限移譲に関する国民投票を定めており,統合プロジェクトの深化へのイギリスの参加により大きな民主的正統性を付与する意図がある。しかし,まさに EU 加盟の存続という争点に関する国民投票が迫っており,Brexit に賛成する表決は,2011 年法のような立法は不必要なものになることを意味することにも再度注意をしておく必要がある。もちろん,もし Brexit が起きなければ,2011 年法とともに何が起きるかを,そして同法が人民による意思決定のモデルを指向していることを引き続き注視していくことになるだろう。

3. 3. 4　EU 法の影響あるいは「溢出」

この最後の節では,翻って,1972 年欧州共同体に関する法律がかかわらない事件において,行政法に対し EU 法が与えうる影響について考えてみる。ここで大事な点は,EU の諸規範の「溢出」,別の言い方をすれば,イギリス法

---

95)　(2011) 48 *Common Market Law Review* 1915, 1938.

96)　コモンロー立憲主義については,第 2 章を参照。また 2011 年法のさらなる分析については,M Gordon and M Dougan, 'The United Kingdom's European Union Act 2011: "Who Won the Bloody War Anyway?"' (2012) 37 *European Law Review* 1 を参照。

97)　See Part I of the Act.

の欧州化である[98]。溢出は、EU法にかかわる争点を何も惹起しない事件を審理している裁判所が、国内法の争いを解決する際に超国家的な基準を用いた以前の経験に依拠するときに生じる。このようなEU法への依拠は完全に自発的なものである。なぜなら、EU法の原則や実務が直接に影響を与える領域を超えて影響を持つことを国内裁判所が可能としているからである。それにもかかわらず、EU法の間接的な影響は、国内の原則と実務に、そして司法府と行政の意思決定者との間の権力の均衡に、たいへん重要な変化をもたらしうるものである。

溢出の先導的な例は、M v Home Office[99]である。この事件は、政府が、政府の難民認定拒否に異議申立てをする司法審査申請を係争中の個人は国外退去にしないという裁判所に対し以前に行った約束に反して難民申請者を国外退去とした際に起きたものである。この事件が貴族院に来た時、中心的な問題は、暫定的及び終局的インジャンクションを司法審査手続の中で国王〔Crown〕の大臣に対して発給することが、1947年国王訴訟手続法21条が民事手続においてかかる救済手段を禁止しているにもかかわらずできるかであった。貴族院は、発給できるという判断を行う際に、司法審査手続は1947年法にいう「民事手続」ではないので21条が当該事件に適用されないと判断したのみならず、Factortame訴訟[100]の結果としてインジャンクションは1972年欧州共同体に関する法律に基づく手続においてすでに利用可能であったとも指摘した。このことは、権利がEU法に基づく権利である場合にはインジャンクションによって保護されるのにその起源が国内法である場合には保護されないという「不幸せな」状況を生み出すといわれていた。これを正すため、新しい国内ルールを確立する際に、貴族院はEUの基準から借用を行った[101]。

---

98) G Anthony, *UK Public Law and European Law: The Dynamics of Legal Integration* (Oxford: Hart Publishing, 2002).

99) [1994] 1 AC 377; and 18.3.4.

100) *R v Secretary of State for Transport, ex p Factortame Ltd* [1991] 1 AC 603.

101) EU法上の救済手段のレジームの他の諸側面——とくに国家責任の原理——が持つ類似の価値についての分析として参照、P Craig, 'Once More onto the Breach:

溢出——あるいはそれがたしかに望ましいと考えること——は司法審査の基礎の発展をも特徴づけている。たとえば，1998年人権法以前には，比例原則——3.2.2.1で考察した——を国内法における審査の独立した基礎として発展させるべきかをめぐる長い議論が存在した[102]。裁判所の意見の中では，比例原則は行政による選択に対する審査に裁判所をより厳格に関与させることになることを理由に，比例原則という基礎をさらに発展させることに反対するものが重きを占めていたが，裁判官の中には比例原則の展開をほぼ不可避なものだと指摘する者もいた[103]。研究者もまた，比例原則の発展は司法審査のはたらきにより大きな構造と一貫性を与えると主張して，この原則に認められる長所を強調した[104]。同様の主張は，実体的な正当の期待の保護に対するEU法のアプローチから導かれる洞察についても行われた[105]。

溢出のイメージは，基本的権利の諸基準との関係でも同様に用いることができる。ここでは，このイメージには過去の次元と（潜在的な）将来の次元とがある。過去の借用の例としては，裁判所がコモンロー上の基本的権利の基準を展開させる際にEU法の一般原則に依拠した事件が複数ある。例えば，R v Secretary of State for the Home Department, ex p McQuillan[106]——アイルランド国民に対しイギリスへの入国を許さない退去命令の適法性についての争いにかかわる事件——において，Sedley裁判官（当時）は，コモンローがEU法の一般原則及びECHRの一般原則と「共に歩んでいる」と語った。この言葉

The Community, the State and Damages Liability' (1997) 105 *Law Quarterly Review* 67; また例えば，*Cullen v Chief Constable of the RUC* [2003] 1 WLR 1763, Lord Bingham and Steyn.

102) 人権法が発効して以来の立場については，第13章を参照。

103) See, most famously, *Council of Civil Service Unions v Minister for Civil Service* [1985] AC 374, 410-11, Lord Diplock.

104) e.g., J Jowell and A Lester, 'Beyond *Wednesbury*: Substantive Principles of Administrative Law' [1987] *Public Law* 368.

105) *R v Ministry of Agriculture, Fisheries and Food, ew p Hamble (Offshore) Fisheries Ltd* [1995] 2 All ER 714; and 15.3.2.

106) [1995] 4 All ER 400.

が有名なのは，EU法とコモンローとの間の相当程度の重なりを強調したから
だけでなく，この関連をECHRでみられる保障とも結びつけたからである。
溢出の点を除いても，McQuillan判決は，1998年人権法の制定以前でもECHR
がコモンローに影響を与えた数少ない事件のひとつとして際立っている。

将来の次元は，基本権憲章の意義にかかわる。上でみたように，この憲章
は，「連帯」の部分を一見して除き，イギリスの公的機関がEUの権能の領域
で決定などを行うときに拘束力を持つということが現在受け入れられてい
る[107]。このことは，もちろん，1972年欧州共同体に関する法律の下における事
件でイギリスの裁判所が憲章に直接触れた経験——ある裁判官がこれを「ダイ
ナミックで，革命的で，かつ直接に効力をもつEU法の措置」として描いたが
——をますます展開させていくことを意味する[108]。しかし，1972年欧州共同体
に関する法律の外側であっても，裁判所は，より一般的にコモンローを展開し
ていく際に，着想の源として憲章を参照することがあるだろう。このことが基
本的権利の諸基準の他の源泉に関して裁判所が長い間やってこようとしてきた
ことであるのはたしかであり[109]，またこの憲章に拘束力が与えられる以前で
あってさえも，限定的ではあるが憲章を参照することが既にあった[110]。もしこ
のような参照がもっと普通のことになるなら，これによって憲章は間接的な影
響力を持つことができ，権利保護に対するコモンロー上のアプローチをさらに
現代化することになるだろう。間接的な影響力は，同様に，ECHRからも導
かれる。なぜなら，欧州人権裁判所はその判例法の中で憲章も参照することが
あり，そして次の章でみるように，イギリスの裁判所はこの判例法を1998年
人権法に基づく手続の中で「考慮に入れ」なければならないからである[111]。

---

107) Case C-411/10, *NS v Secretary of State for the Home Department* [2012] 2 CMLR
9.

108) *AB & Ors v Facebook Ireland Ltd* [2013] NIQB 14, para. 14, McCloskey J.

109) See 4.2.3.

110) As in, e.g., *A and others v East Sussex County Council* [2003] All ER (D) 233, at
para 73 Munby J.

111) 2条。憲章を参照する欧州人権裁判所判決の例として，*Goodwin v UK* (2002) 35

3.4 結　　論

　本章では，EU 加盟に伴う諸要請とこれらのイギリス行政法に対する影響について簡単に概観した。EU 法秩序の中にあるものの多くは，CJEU の積極主義の結果であり，CJEU は，構成国に甚大な影響を及ぼしうる，広範な，核となる諸原理を導入したのだということをみた。また，イギリスの裁判所が，一般的に，これらの原理をどのように受け入れたのか，そして加盟に伴う義務の充足を確保するため原則と実践を変えたことをみた。最後に，イギリスの裁判所が，EU 法の適用されない事件で，EU 法の原理，原則そして救済手段が国内法に「溢出する」ことを許したときに，EU 法が，直接に影響力を持つ領域を超えてインパクトを及ぼしてきたことを指摘した。

　本章を閉じるにあたって述べておくべき点がさらに 2 つある。1 つは，溢出の過程と，イギリス法は欧州の規範をより深く受容することに対し常に開かれていなければならないという想定とに対する限界にかかわる。たしかに，裁判所が EU 法の経験から借用するとき国内法が利益を受けうることをみてきたが，EU 法は幅の広い異なる法伝統をまとめるものであること，そしてこれに対応する原則などが常にコモンローの原則を補完するものでないかもしれないことを覚えておかなければならない。たとえば，第 8 章で，期間制限を規律する司法審査手続の諸規定が法的安定性を欠きそれゆえ個人の実効的な保護を損なうことを理由に CJEU によって批判されてきたことをみる[112]。しかし，CJEU の視点からはそのように見えるのかもしれないが，イギリス内部の手続は，事案ごとに個人の各々のニーズとより広い公衆のニーズとを斟酌することができる程度の柔軟性を確保するよう設計されてきている。このような目的に照らせば，この期間制限は，コモンロー伝統が阻害されずに残るべきだということを

　　EHRR 447 を参照。

112）　Case C-406/08, *Uniplex（UK）Ltd v NHS Business Services Authority* [2010] 2 CMLR 47; and 8.11.

正統に述べることができるかもしれない領域のひとつではないだろうか？

2つ目の点は，EU加盟の憲法上の基礎に対する現在の司法によるアプローチとそれが行政法をめぐる現代のコンテキストに合っているかにかかわる。例えば，本章では，Thoburn判決，HS2判決そしてPham判決が，EU法の優越性を国内法の諸効力と授権された権限という原則とに依拠させる枠組みの中でEU法の受容をどのようにして位置づけてきたかを描いた。このアプローチは他の構成国において裁判所が採用したアプローチと大いに合致しているものの，国内法を中心にしたEU法の受容の正当化が今日のポストモダンの憲法構造にふさわしいものであるかを問うことができるだろう。要約すれば，EUは，より広いグローバル化の過程の1つの表現であって，その広い過程ゆえに，国家を主権者とする伝統的なあらゆる理解は時代錯誤となると言われてきている[113]。そうすると，現在のイギリスの主権および優越性の問題に対するアプローチは批判されるべきなのか，それとも，国内裁判所が国内の価値以外の何かを参照して理由づけを行うべきことあるいは行えることを示唆することはミスリーディングなのだろうか？　これらの問題――そして別のいくつかの問題――には，次の「人権と行政法」についての章で立ち戻ることにする。

FURTHER READING

Anthony, G (2002) *UK Public Law and European Law: The Dynamics of Legal Integration* (Oxford: Hart Publishing).

Biondi, A and Birkinshaw, P (eds) (2016) *Britain Alone!: The Implications and Consequences of UK Exit from the EU* (The Netherlands: Kluwer).

Birkinshaw, P (2014) *European Public Law*, 2nd edn (London: Butterworths).

Craig, P (2011) 'The European Union Act 2011: Locks, Limits, and Legality' 48 *Common Market Law Review* 1915.

---

113) See ch 2.

Craig, P (2012) *EU Administrative Law* (Oxford: Oxford University Press).

Craig, P (2015) *UK, EU and Global Administrative Law: Foundations and Challenges* (Cambridge: Cambridge University Press).

Craig, P (2015) 'Britain in the European Union' in J Jowell, D Oliver, and C O'Cinneide (eds), *The Changing Constitution*, 8th edn (Oxford: Oxford University Press), chapter 4.

Craig, P and de Búrca, G (2015) *EU Law: Text, Cases and Materials*, 6th edn (Oxford: Oxford University Press).

de Búrca, G (1993) 'Proportionality in EU Law' 13 *Yearbook of European Law* 105.

Dyevre, A (2013) 'European Integration and National Courts: Defending Sovereignty Under International Constraints?' 9 *European Constitutional Law Review* 139.

Gordon, M and Dougan, M (2012) 'The United Kingdom's European Union Act 2011: "Who Won the Bloody War Anyway?"' 37 *European Law Review* 1.

Hartley, TC (1999) *Constitutional Problems of the European Union* (Oxford: Hart Publishing).

Jaklic, K (2014) *Constitutional Pluralism in the EU* (Oxford: Oxford University Press).

Jowell, J and Lester, A [1987] 'Beyond Wednesbury: Substantive Principles of Administrative Law' *Public Law* 368.

Keenan, PB [1962] 'Some Legal Consequences of Britain's Entry into the European Common Market' *Public Law* 327.

van Gerven, W (2005) *The European Union: A Polity of States and Peoples* (Oxford: Hart Publishing).

Wade, HWR (1996) 'Sovereignty—Revolution or Evolution?' 112 *Law Quarterly Review* 56.

第 4 章

人権と行政法

4.1 序

　本章の目的は，人権に関する法が政府及び公的機関の行為を制限する方法を
描くことである。以下で見るとおり，人権は，コモンローによる何らかの保障
を長年にわたり受けてきており，また 2000 年 10 月 2 日に 1998 年人権法が発
効して以来，ますます重要なものとなっている（同法の憲法上の位置づけ——コ
モンローにより「憲法的法律」として承認されている——については第 2 章を参照）[1]。
1998 年人権法は欧州人権条約（ECHR）の大部分に国内法の効力を与え，裁判
所，議会そして広範な行政組織の意思決定過程に影響を与えた。本章は，この
ような広範な影響力をこの法律が持つことを可能にした同法の特質を明らかに
する。また，この法律が，現在，欧州基本権憲章——その大部分は，公的団体
が EU 法の領域で活動する際にこれらを拘束している——と重複していること
にも触れる[2]。

　本章は，人権を保護するためにコモンローが用いられてきた方法の歴史と現
在を手短に概観することから始める。ここでの目的は，裁判所が発展させてき
た広範な裁判上の技法を紹介するだけでなく，1998 年人権法以前に人権領域
に存在していた立法，司法の多くの欠点を明らかにすることである。コモン
ローは人権保障の関係でいくつもの重大な発展を遂げたが，イギリスの不文憲

---

1)　同法については，M Amos, *Human Rights Law*, 2nd edn (Oxford: Hart Publishing,
2014) を参照。

2)　Case C-411/10, *NS v Secretary of State for the Home Department* [2013] QB 102;
and 3.2.3.

法の伝統には多くの問題ある部分が含まれていたのであり，イギリス法の諸側面が ECHR の諸基準に違反すると判断したストラスブールの判例の確実な流れが存在していた。本章が，1998 年人権法の意義を，同法が判例法を発展させているとみられるところにあると考えるのは，このような背景に照らしてである。判例法は（この法律が発効して 15 年以上たつにもかかわらず）継続して発展しているが，多くの画期的な展開があり，本章は，以下の諸章[3] における議論を文脈の中で説明することでこれらの判例の展開を年代別に述べる。その中で，本章は，人権法のはたらきに伴う多くの憲法上のテーマ，とくに裁判所の役割に関するテーマにも光を当てる。

　さらに 3 点，はじめに指摘しておきたい。第 1 は，人権の諸基準は，いまだにウエストミンスターの議会の法律の合憲性を完全に審査する根拠を提供していない（分権政府の議会の主位立法の地位は異なる）[4]。憲法上の実践がこのような審査の制度に確実に動いてきているのをみることはできるものの[5]，議会主権に関するダイシーの観念がいまだに強い影響力を保っており，今でも議会制定法は最高のものである。したがって，人権の諸基準――コモンローの基準と人権法の基準――は，制定法の解釈と行政活動の審査に対する裁判所のアプローチの水準に主に影響を与えてきたとみられる（これらのアプローチは，翻って，裁判所の憲法上の役割の限界に関する問題を惹起してきた）。しかし，第 2 章で検討したような本格的な審査は，EU 法上の権利が争点となる事件を除いて今も存在していない[6]。

　第 2 の点は，「人権」という語に与えられる意味にかかわる。イギリスは不文憲法であるので，人権の内容と射程は，1998 年人権法が制定されるまで，

---

3)　Principally in chs 9-19.

4)　2006 年ウエールズ統治法 94 条，108 条，1998 年北アイルランド法 6 条，1998 年スコットランド法 29 条。また *Axa General Insurance v Lord Advocate* [2011] UKSC 46; [2012] 2 AC 868 を参照。

5)　このような審査の可能性についての近時の裁判所による見方については，*Re Moohan* [2014] UKSC 67, [2015] AC 901, 925, Lord Hodge を参照。

6)　*R v Secretary of State for Transport, ex p Factortame (No 2)* [1991] 1 AC 603.

ほぼ定義されないままであった。その代わり，イギリス法における人権は，裁判所がコモンローを参照しながら発展させてきた。イギリス法は，（当時）編入されていなかった ECHR や他のコモンローをとる諸体系における権利との比較を描くことを通じて発展したときもあるが[7]，司法による法の発展は，本質的に断片的なものである（例えば，イギリス法が，生命，プライバシー，表現など，市民的政治的権利に加えて，社会的経済的な権利——居住，雇用，医療処置など——の観念を受け入れたかどうかに関する問題は解決されないままであった）[8]。それゆえ，人権の語を使う際，本章ではイギリスの制度において歴史的にこの語の定義が欠落していたことを出発点として，人権とは何か，あるいは人権とは何であるべきかについての包括的な定義を推し進めようとはしない。その代わり，「人権」そして「基本的権利」という語を用いた判例法を導きにして，1998 年人権法の下で生じた事件にも相応の重みを置きながら，議論を行う[9]。

　第 3 の点は，執筆時点において，1998 年人権法を改正するか廃止するか，あるいは特別に設けるイギリスの権利（及び責務の）章典によって置き換えるかすべきではないかという政治上の議論が現在進行形で行われているということである[10]。1998 年人権法が完全に廃止される可能性はおそらく相当に低いものの，権利の語が攻撃されているのみならず，裁判所の判断が政治家そしてプレスの批判にさらされていることは記しておくべきである[11]。したがって，本

---

7)　See, e. g., *R v Secretary of State for the Home Department, ex p Simms* [2000] 2 AC 115.

8)　しかし，諸権利のグループ間の区別の問題含みの性格について，*R v Cambridge Health Authority, ex p Child B* [1995] 2 All E R 129 を参照。

9)　人権の意味をめぐる議論については，D Feldman, *Civil Liberties and Human Rights in England and Wales*, 2nd edn (Oxford: Oxford University Press, 2002), ch 1 を参照。

10)　See S Greer and R Slowe, 'The Conservatives' Proposals for a British Bill of Rights' [2015] EHRLR 372.

11)　受刑者の選挙権の禁止の関係では，Hirst, n 82 を参照。S Dimelow and A Young, *'Common Sense' or Confusion? The Human Rights Act and the Conservative Party* (London: The Constitution Society, 2015) も参照。

102

章を読むときには，人権は常に疑問なく受け入れられているわけではないこ
と，また裁判所が人権に訴えるならば政治の領域に残しておいた方がよかった
かもしれない事柄に対して裁判所があまりに大きな権力をもつ議論を導くこと
になりうることを覚えておかなければならない。他方で，裁判所は人権の保護
を法の支配の原理の中心に据えているので，このような批判が常に妥当するわ
けでないことも覚えておく必要がある。この原理はまた，現代の法と政治にお
ける司法の役割と同義である[12]。

4.2　人権と人権法以前のコモンロー

4.2.1　法の一般原則

コモンローによる人権の保護として歴史上最もよく知られている例の1つ
が，Bagg's Case である[13]。この事件は，プリマスの市議会議長であった Bagg
が，市長を「人を騙すならず者」と呼んだことや，「彼の身体の隠された部分
を非人道的かつ野蛮な方法で前述した Thomas Fowens」に向けて，「愚弄し，
軽蔑し，不作法に，大声で……『こちらに来てキスをしろ』と［言った］」こ
とといった不適切な行為を理由として解職されて起きた。Bagg の振る舞いが
いかに嫌悪感を抱かせるものであったかもしれないとしても，Bagg が聴聞な
しにその職を奪われたことを理由として，プリマス市に対して職務執行令状が
出された。この原則——聴聞を受ける権利——は，しだいにコモンローの自然
的正義・公正性のルールの中心となり[14]，現在，ECHR 6 条に含まれる手続的
保障の中にもその表現を見出している。この原則の核となる目的は，行われる

---

12)　See generally T Bingham, *The Rule of Law* (London: Penguin, 2010). より広い
　　議論については，H Fenwick, 'The Human Rights Act or a British Bill of Rights'
　　[2012] *Public Law* 468 を参照。

13)　(1615) 11 Co Rep 93b.

14)　See also, e. g., *Dr Bonham's Case* (1610) 8 Co Rep 113a; *City of London v Wood*
　　(1701) 12 Mod 669; *Cooper v Wandsworth Board of Works* (1863) 14 CB (NS) 180;
　　and ch 17.

決定が個人の権利利益に影響を与える場合には，その個人に，みずからの主張を行い，みずからに不利な証拠や主張に対し反駁することが許されることを確保することにある。後続の章でみるように，公的機関のすべての決定に先立ってこのような聴聞が必要となるわけではないが，影響を受ける権利利益が重大なものになればなるほど，聴聞の機会を与えなければならない推定も強まるというのが基本的な考えである[15]。ここでは，コモンローは，立法による保障が存在しない場合，あるいは聴聞が必要であるか否かという争点について立法が沈黙している場合に，残された隙間を埋めるはたらきをしている[16]。

　自然的正義・公正性のルールに加えて，個人の権利利益を守るためにコモンローの内部から発展してきた法の一般原則が他にも多くある（例えば，合理性，正当な期待，理由提示義務）。これら諸原則の内容とこれらが適用される領域——これらは人権が問題となっているときにのみ用いられるわけではなく，公的団体による公権力の行使に対する一般的な制約としてはたらく——は，司法審査のはたらきに関する以下の諸章で非常に詳細に検討する[17]。しかし，この段階で述べることができる非常に重要な点の１つは，法の一般原則は最近数十年の間に裁判所によってとくに勢いをもって発展してきた，裁判官によりつくられた原則であるという事実にかかわる[18]。これら裁判官によりつくられた諸原則は，委任された権限の受け手（地方政府機関，中央政府諸省など）による権限行使をこれまで以上に強い仕方で制限することに資したので，これら諸原則は，裁判所が公権力の行使に介入するのがどの程度正当化されるのかに関する議論を長い間惹起してきた[19]。この議論は，すでに第１章，第２章でみたとお

---

15)　*McInnes v Onslow Fane* [1978] 3 All ER 211.

16)　制定法と公正性については，第16章を参照。

17)　See chs 16 and 17.

18)　S Sedley, 'The Sound of Silence: Constitutional Law Without a Constitution' (1994) 110 *Law Quarterly Review* 270.

19)　See generally CF Forsyth (ed.), *Judicial Review and the Constitution* (Oxford: Hart Publishing, 2000); and Sir John Laws, *The Common Law Constitution* (Cambridge: Cambridge University Press, 2014).

り，諸原則の発展は不当な司法積極主義に達したのか，あるいは政治的なアカウンタビリティと統制が欠如しているようにみえる問題状況に対応するため必要なことだったのか，という問題に焦点を当てた。そして，裁判所は憲法の観点から見て不可避的に度を超してしまったと考える者もいる一方で，この展開にはそれほど問題がなく，諸原則をもっと果敢に発展させるべきであるとみる者もいる。さらに進んで，諸原則を，委任された権限の統制を超えて，ウエストミンスターの議会の立法権の統制に向けて今こそ発展させるべきだとする者もいる[20]。

この議論の性質は，1998年人権法以前の時期に，個人の人権を侵害する行政の決定に対する「厳格な審査」を見出すために裁判所が用いた合法性の原則を参照しながら描くことができる[21]。「厳格な審査」とは，裁判所が，通常はためらうことであるが，司法審査申請に際して決定の実体的当否についてより立ち入った審査を行おうとすることの省略表現であった[22]。ある決定の基礎をより綿密に審査しようとすることを指し示すことによって，裁判所は，ある決定が個人の人権に影響を与えると主張されるならば合法性と法の支配というコモンロー上の諸観念によって憲法上の諸規範が必然的に変容を被ることを知らせようとしていた。この点を確立したと最も頻繁に考えられている事件が，Bugdaycay v Secretary of State for the Home Department である[23]。この事件では，難民申請者に対し，彼がそこから来た安全な国（ケニア——原告はウガンダの避難民であった）に戻るべきことを命じた内務大臣の決定に対し，他の事柄と並んで，訴訟が提起された。内務大臣は，第1に，ケニアへの入国を拒否さ

---

20) ［2004］（2）*Judicial Review* の諸論考，またこの可能性についての近時の司法による見方について，Lord Hodge, n 5 を参照。

21) 近時のコモンローのアプローチについての見方に関して，*Pham v Secretary of State for the Home Department* [2015] UKSC 19, [2015] 1 WLR 1591, 1625ff, Lord Sumption を参照。

22) *Associated Provincial Picture Houses v Wednesbury Corporation* [1948] 1 KB 223, considered in ch 13.

23) ［1987］AC 514.

れるであろうという（この点はケニアの外交官により認められている），第2に，ウガンダに送還されると彼の生命に危険が及ぶという，原告の主張を吟味することなく決定を行った。内務大臣の側に怠慢があったとして，貴族院は，この決定を覆した。貴族院は，行政裁量の行使に関して裁判所は限定された審査機能しか果たさないことを認めつつ，Bridge 裁判官は，それにもかかわらず，本件のような事情のもとでは，裁判所は，個人の権利を完全に保護する必要性に注意を払わなければならないとして，次のように述べた。

　そのような限定の内部において，裁判所は，行政の決定を，当該決定が定めた争点の重さに従って，当該決定にまったく過誤がないことを確保するために，より厳格な審査に服させることができなければならない。すべての人権のうちで最も基本的なものは，生命に対する個人の権利であり，争われている行政の決定が原告の生命を脅かしうるものであると主張されるときには，その決定の基礎について最も厳格な審査をしなければならないのは間違いない[24]。

このアプローチは，後に，他の多くのコモンロー上の人権の事件——他にもあるが，医療措置，性的指向や生命への権利にかかわる事件——において，裁判所が採用した[25]。このアプローチを採用したからといって，すべての裁判所への請求が成功したわけではないが，このアプローチの採用によって，公法に関する討論や議論が新たな方向に向かい始めた。方向の最も顕著な変更は，欧州の比例原則が国内法で果たすべき役割に関する点である。比例原則は，EU 法及び ECHR の両方のはたらきにとって中心となっているもので，その最も純

---

24)　[1987] AC 514, 531.
25)　それぞれ，*R v Cambridge Health Authority, ex p B* [1995] 25 BNLR 5 and [1995] 2 All ER 129（高等法院と控訴院を比較すると対照的である）; *R v Ministry of Defence, ex p Smith* [1995] 4 All ER 427; そして　*R v Lord Saville of Newdigate, ex p A* [2000] 1 WLR 1855 を参照。

粋な形においては，裁判所が，公的機関の決定の理由にその決定がもたらした個人の人権に対する介入の程度に照らして均衡がとれていることを要求する。論者や裁判官の中には，厳格な審査のテストが「よく調べる」審査と同じようなものであるとして，欧州の比例原則を国内法においても独立した審査の根拠として発展させるべきであると述べる者も登場した[26]。しかし，この主張はある者には説得的にみえたものの，ECHR に究極には国内法としての効力が与えられなかったという事実のために，貴族院は，比例原則を独立した審査の根拠として発展させることはできないと判断した[27]。この結果，比例原則が公式に承認されるのは1998 年人権法が発効するまで止められたが，国内法で直ちに承認され，今では厳格な審査とほとんど一体のものだとすら言われている[28]。この比例原則の発展の重要性とこれに関連する判例法については，第13章で立ち戻って検討する。

4. 2. 2　制定法の解釈と人権

　裁判所が人権を保護するさらなる方法は，主位立法の解釈を通じてであった。裁判所がここで行ったことは，二次的立法又は行政行為がコモンローにより承認されている個人の人権を侵害できる程度を限定するかたちで主位立法を解釈することであった。二次的立法及び行政行為は，ほとんどすべて，主位立法の授権規定に根拠を持つので，裁判所は，二次的立法又は行政行為が個人の権利を侵害する場合には，対応する主位立法がかかる侵害を明示的な文言又は必然的推論のかたちで授権していなければならないことを強調した[29]。このアプローチは，受刑者との関連でとくに意義を獲得したのであり，そこでは，有

---

26)　e.g., M Hunt, *Using Human Rights Law in English Courts* (Oxford: Hart Publishing, 1997).

27)　*R v Secretary of State for the Home Department, ex p Brind* [1991] 1 AC 696.

28)　*R v Home Secretary, ex p Daly* [2001] 2 AC 532 and *Pham v Secretary of State for the Home Department* [2015] UKSC 19, [2015] 1 WLR 1591.

29)　二次的立法と行政行為の中には，国王大権に基づいて行うことができる種類のものも存在する。5.2 及び9.3 を参照。

罪判決を受けた受刑者が「明示的に又は必然的推論によって奪われ（ていない）すべての市民的権利」を保持することを貴族院が強調したのであった[30]。例えば，R v Home Secretary, ex p Leech (No 2)[31] では，控訴院における争点は刑務所長に受刑者とその弁護士との間の通信を傍受することを許す刑務所規則の合法性であった。この規則に対する唯一の例外は，現在進行形の法的手続に関する通信についてであったのであり，裁判所は，このことによって受刑者が手続を提起するか否かを考える目的で弁護士に妨げられずにアクセスすることが否定されているので，この規則がコモンロー上の裁判所にアクセスする権利に介入するものだと判断した。裁判所は，この介入は主位立法（1952年刑務所法47条）の文言上明示的に定められていないと結論づけたうえで，この権限は必然的推論の方法によっても主位立法に読み込むことはできないと判断した。裁判所は，通信の遮断の必要性がありうることを認めつつも，現在の権限はあまりに広範で人権を侵害するものであり正当化できないと考えた。この規則は，受刑者と弁護士との間の通信に影響を与えるので，権限踰越であるというのが結論であった[32]。

この解釈技法は，受刑者の文脈以外の事件でも用いられた。例えば，R v Lord Chancellor, ex p Witham[33] では，所得補助受給者に訴訟費用の支払いを免除する政策を変更する大法官の決定に対して訴訟が提起された。大法官はこの変更——1996年最高法院手数料（改正）規則に含まれていた——を（当時の）1981年最高法院法30条（この規定は大法官に裁判所手数料を定める一般的な権限を付与していた）に基づき導入した[34]。訴訟が提起された際，Laws裁判官は，130条は裁判所にアクセスする権利に介入する措置を明示的に定めておらず，この

---

30) *Raymond v Honey* [1983] 1 AC 1, 10.

31) [1993] 4 All ER 539.

32) See also, e. g., *R v Secretary of State for the Home Department, ex p Simms* [2000] 2 AC 115.

33) [1998] QB 575.

34) この法律は，現在，1981年上級裁判所法として知られている。また，第130条は2003年裁判所法により廃止されている。

規則は，それゆえ，この法律の権限踰越であると判断した。同裁判官いわく，「裁判所に対するアクセスは憲法上の権利であり，この権利は，行政府が人々を裁判所の扉から締め出すことを特別に——実質的に明示の規定により——許す立法を通すよう政府を議会を説得する場合にのみ，政府によって否定することができる」[35]。

　もちろん，1998 年人権法の発効に伴い，裁判所がコモンロー上の解釈の推定に訴える必要性はずっと小さくなった（とくに，4.4.2 で検討する，人権法 3 条の解釈義務の重要性を参照）[36]。それにもかかわらず，コモンロー上の憲法的権利は，裁判所がこれらの権利を ECHR の権利と結びつけて考えることができ，場合によっては ECHR の権利に目を向ける前にコモンロー上の権利を考えることがあることから，今なお紛争解決にあたり一般的に重要でありうることに注意すべきである[37]。たしかに「コモンロー立憲主義」はそれほど影響力がないようにみえるという限りのものではあるが，コモンロー立憲主義が今も裁判所をウエストミンスターの議会の法律の合憲性審査制度へと導いているかもしれないことが示唆されてきた[38]。このような合憲性審査は現在のところ憲法の通説によっても 1998 年人権法のもとでも禁止されているけれども，コモンローがこのような審査に向けていくらか試験的な歩みをすでに踏んでおり，最高裁判所がどこかの段階でこの次のレベルでの審査を行うかもしれないことは注目されてきている[39]。もしこのようなことが起きるならば，コモンロー上の推定は，

---

35)　[1998] QB 575, 586.

36)　もっとも，例えば 2010 年テロリスト資産凍結（暫定的規定）法に照らして解釈した *HM Treasury v Ahmed* [2010] 2 AC 534 や，18.3.1 を参照。

37)　例えば，コモンロー上の生命に対する権利を ECHR 2 条と結びつけて考えている，*In Re Officer L* [2007] 1 WLR 2135，そしてコモンロー上の聴聞を受ける権利を ECHR におけるそれより前に考えている，*Re Reilly's Application* [2013] UKSC 61, [2014] AC 1115 を参照。

38)　See ch 5.

39)　M Elliott, 'Embracing "Constitutional" Legislation: Towards Fundamental Law?' (2003) 54 *Northern Ireland Legal Quarterly* 25; and M Fordham, 'Judicial Review: The Future' [2008] *Judicial Review* 66.

より重要なものについての基礎を提供したことになるだろう。

4. 2. 3 人権，コモンロー及び人権法以前の ECHR

1998 年人権法以前の権利保護に関してもう1つ重要な点は，コモンローと ECHR との関係についてである。上でみたとおり，裁判所はヨーロッパの比例原則を国内法における独立した審査の根拠として承認することを拒否したが，それでもなお ECHR は国内法秩序にいくらか影響を与えていたことに注意することが重要である。この影響は本質的に散発的なものであった——憲法の二元主義は，ECHR にかかわる判例法は直接に裁判所で主張することができないということを含んでいた[40]——が，ECHR は，国内法の発展に対して間接的な影響と呼べるものを有していた。例えば，影響の及ぼし方の1つは，裁判所が，コモンロー上の人権の内容を発展させる際に，ECHR 上の諸基準を対照することを通じてであった[41]。もう1つの影響の及ぼし方は，制定法解釈のさらなるルールを通じてであった。このルールは，国内法と国際法との関係について一般的に適用されるものであるが，議会が国際的な義務にかかわる事項について立法を行おうとする場合には，その立法はこれらの義務に違反するものを意図していないと推定しなければならない，というものである[42]。このルールのもとでも，もちろん，議会は国際法上の基準に抵触するかたちで立法することを明示的に行うことはできるものの，このルールによって，ECHR が完全に意義をなくすことがないことを裁判所が強調することができた。こうして，ECHR は，出入国管理のような，高度に重要である多くの政策領域における事件で裁判所によって考慮された[43]。

---

40) 二元主義については，G Anthony, *UK Public Law and European Law: The Dynamics of Legal Integration* (Oxford: Hart Publishing, 2002).

41) e.g., *Attorney General v Guardian Newspapers Ltd* (*No 2*) [1988] 3 All ER 545; and *R v Secretary of State for the Home Department, ex p Al-Hasan* [2005] HRLR 421, 423, Lord Rodger.

42) *Garland v British Rail Engineering Ltd* [1983] 2 AC 751.

43) See, e.g., *v Chief Immigration Officer, Heathrow Airport, ex p Salamat Bibi*

ECHR は，EU 法を介しても影響を与えた。その影響は，ECHR が長い時間
をかけて EU 法の一般原則の発展に影響を与え，その EU 法の一般原則に，国
内裁判所が，EU 法の諸条項が国内法の手続の中で争点となるときに効力を与
えなければならないという事実の結果生じた[44]。裁判所がこの事実を明らかに
認めた事件はごくわずかしかなかったが，それにもかかわらず，EU 法と
ECHR との関係を裁判所が考慮することによって，コモンローをヨーロッパ
での対応物から光を当てて発展させる潜在力に関する強い説示が導かれること
があった[45]。このような説示は，国内法と国際法との関係の正統的な理解と対
照をなすものではあった。しかし，1998 年人権法の時代においても繰り返さ
れてきたことであるが[46]，このような説示が二元主義の通説を包み込むに至っ
たのだと考えるならば，ミスリーディングであろう。しかし，かかる通説を限
定する影響力を持つものであるかどうかはともかく，以前のいくつかの判例法
の中における共同体的なコメントは，今なお，広範な判例法の中における興味
深い新展開であり続けている。このような理由から，論者の中には，これらの
コメントを引用して，グローバリゼーションと欧州化が現代の公法にとって広
範囲に及ぶ挑戦を提起しており，非「通説」的な司法によるアプローチが正し
いのであるという主張を支持する者もいる[47]。

4.3　なぜ ECHR に効力を与えるのか？

国内法において ECHR に効力を与える決定──これにより散発的で間接的

　　　[1976] 3 All ER 843.

44)　EU 法と ECHR の関係については，第 3 章を参照。

45)　See, most notably, *R v Secretary of State for the Home Department, ex p McQuillan* [1995] 4 All ER 400.

46)　e.g., *Re McKerr* [2004] 1 WLR 807. しかし，現在，この事実については，4.4.6 で *Keyu* [2015] UKSC 69, [2015] 3 WLR 1665 とともに考察する，*Re McCaughey's Application* [2011] 2 WLR 1279 を参照。

47)　See ch 2 and, e.g., Hunt, n. 26, chs 1-3.

な影響の時期は終わった——は多くの考慮に基づき引き起こされた。第1に，とりわけより大きな権限を行政府に与える傾向をもつ立法によって一定の個人的権利や自由が侵害されつつあるという，1980年代初期から一般に言われた政治的な懸念があった[48]。コモンローはより十全な保護の達成に向けてある程度の歩みを進めてきたものの，イギリスにおける権利保障の規範的な基礎づけは不満足なものであった。とくに議会主権の原理は，究極には立法府を広範に支配しうる政府の選好にあらゆる権利が服することを意味していた。例えば，しばしば，イギリスにいる者はすべて「あらゆることを自由に行うことができるが，法の諸規定のみに服する」と言われた[49]。この説示は，個人の自由の強調を示唆していたが，議会が個人の自由に介入しうること，あるいは他者がそうすることを明示的に認めることができるという事実を覆い隠すものでもあった（この点が，結局のところ，上で考察したLeech（No 2）判決などの核心部分であった）。人権法の条件の下でECHRを国内法に導き入れることによって，当時の労働党政権は，過度に走るおそれを秘めている立法権及び行政権に対する防御手段を入れることを望んだ。当時の大法官であったIrvine裁判官が述べたとおり，人権法は，これらの権利に対する政治権力の限界に関する明確な指標を伴わせるかたちで積極的な保障の言明を提供する権利基底的な制度への転換を示すことを意図していた[50]。

　もう1つ別の要素——上述したものと密接に関連するが——は，個人がストラスブールの欧州人権裁判所に事件を提起するようになったという事実である（この選択肢は，人権法の制定にかかわらず，今なお開かれている）[51]。イギリスは，

---

48) See K Ewing and C Gearty, *Freedom Under Thatcher* (Oxford: Clarendon Press, 1990).

49) *Attorney General v Guardian Newspapers Ltd* (*No 2*) [1998] 3 All ER 545, 660, Lord Goff.

50) Lord Irvine of Lairg, 'The Development of Human Rights in Britain under an Incorporated European Convention on Human Rights' [1998] *Public Law* 221.

51) 例えば，*Al-Jedda v UK* (2011) EHRR 23（イギリスが，原告のECHR 5条の自由に対する権利を，国連決議に基づき原告をイラクで収容したことにより侵害した）

ECHR を 1951 年 3 月 8 日に批准し（ECHR は 1953 年 9 月 3 日に発効した），1966
年 1 月に個人が欧州人権裁判所に申立てする権利を承認した。申立ては，個人
にとって費用も時間もかかりうるものであるが，申立ての権利によって，国内
秩序の多くの欠点がストラスブールで「暴露される」こととなった。これらの
欠点には，イギリス国内法が諸権利のいくらかの微妙な差異を認識し適応して
いないという事実だけでなく[52]，裁判所のコモンロー上の判例法体系が欧州の
水準を十分に満たしていないという事実も含まれていた[53]。その結果，1998 年
人権法がこれらの欠点やその他の多くの問題に対する救済に資していることが
明らかとなった。すなわち，同法は，「諸権利をわが国のものとし」，これによ
り個人がストラスブールに行くだけの時間と金銭を投資する必要なしにイギリ
ス国内の裁判所で主張を行うことができるようになり，またこれまでよりも多
くの問題に国内レベルで対応することができるようになり，さらには，裁判所
に欧州の規範によりよく対応するかたちでコモンローの基準を発展させる機会
が与えられたのである。

　しかし，当時の政府は，ECHR に効力を与える決定をしたことで，多くの
根本的な憲法上の問題に直面することとなった。その中で最も重大なのは，人
権保障の積極的な言明と議会主権の原理との調和をどのように図るかという問
題であった。イギリス以外の多くの国家の憲法では，諸権利は，立法府が導入
する主位立法に対する切り札として用いることができる。換言すれば，諸権利
は，立法の合憲性を完全に審査するための根拠を提供することができる。かか
る合憲性審査は，歴史的に，イギリスの体系には（EU 法によりもたらされる例
外には服するものの）忌み嫌われるものであるから，政府は，核となっている憲

　　及び 17.4.5 で言及する *Ali v United Kingdom*, judgement of 20 October 2015（原告
　　が通常の司法審査の諸原則に基づき住宅割当ての決定をカウンティ裁判所に訴えた
　　際に ECHR 6 条違反はなかった）を参照。
52）　例えば，プライバシーの権利について，*Malone v UK*（1984）EHRR A82 があり，
　　この後に 1985 年通信傍受法が続いた。また，2000 年調査権限規則法も参照。
53）　例えば，*Smith and Grady v UK* [2000] 29 EHRR 493 における「厳格な審査」の
　　批判を参照。

法の諸原理を壊さずにこれら諸権利をイギリス法においてどのようにして意味あるものとするのか，という問題に対応する必要があった。人権法によって個人は立法の提案に対する切り札としてECHRに依拠することができるとするべきなのか？　あるいは，既存の憲法上の平衡を維持しながら，同時に諸権利に強められた価値を付与するべきなのか？

　これに関連する困難は，ECHRの諸基準が国内の諸当局（最も顕著なものは裁判所）を拘束するものとして考えるべき程度にかかわるものであった。ECHRに含まれる実体的及び手続的保障は，多くの重要な法の一般原則によって補充されているが，これら法の一般原則は国内の法制度における法の一般原則に常に対応しているわけではない（これらの原則には，合法性，実効性，比例性そして評価の余地が含まれる）[54]。それゆえ，政府にとって問題は，これらの原則にどの程度，既存の国内法の原理や慣行に対する優位を認めるのかであった。すでに見たように，例えば，イギリスの裁判所は欧州の比例原則に注意深くアプローチしてきており，そしてECHRに効力を付与する国内の立法がない中では国内法においてこの原則を発展させるのをためらっていた。ECHRに国内法上の効力を付与するという決定は，ECHRの比例原則を国内の訴訟手続において変容させることなく適用するべきことを意味していたのだろうか？　あるいは，ECHRは，このECHRの諸基準に対する違反となる範囲を縮小させつつも，同時に，ECHRの人権基準（国際法）とイギリスの人権基準（国内法）との間に違いがあるという事実に配慮するかたちで効力を持ったのだろうか？

4.4　人権法，ECHR，そして憲法原理

　これらの考慮に照らして制定された人権法は，議会主権を保持すること，権利保護を促進すること，そしてECHRの諸原則の受容が国内の文脈で意義があることを確保することとの間で絶妙なバランスをとっている[55]。国内法で効

---

54)　See generally J Simor and B Emmerson, *Human Rights Practice* (London: Sweet and Maxwell, 2014).

力を有する ECHR の保障内容は，人権法の附則１の中に含まれており，２条の生命に対する権利，３条の拷問，非人道的又は品位を傷つける処遇を受けない権利，５条の自由に対する権利，６条の公正な審判を受ける権利，８条のプライバシー権，10条の表現の自由の保障，14条の差別禁止，そして第１議定書１条の財産権を含んでいる[56]。やむにやまれぬ憲法上の考慮事項のそれぞれを衡量すると，人権法で最も重要な規定は――これらを合わせ読むとともに，あるいは，他の諸規定に鑑みると――２条から４条及び６条から８条である。

4.4.1 ２条：裁判所が欧州人権条約の判例法を「考慮に入れる」べき要請

人権法２条は，ECHR が争点となるときに裁判所及び審判所が ECHR の判例法にどの程度効力を付与するべきかという問題に対応する。同条は，「(ECHR にかかる判例法が) 存在しているときはいつでも，その判例法が，裁判所又は審判所の意見において，問題が発生している当該手続にとって重要である限り」，裁判所及び審判所がこの判例法を「考慮に入れる」べきだと述べる。本条が「考慮に入れる」という文言と「裁判所又は審判所の意見において」という文言を用いていることによって，ECHR の判例法が公式には裁判所及び審判所を拘束していないことが明らかとされている。これにより裁判所が国内法の諸原則と ECHR の諸原則とを区別できることが強調されてきた――例えば，最高裁判所は，刑事手続における伝聞証拠に対する国内法のアプローチに ECHR の判例法が優越することを拒否した[57]――ものの，しかしながら，もし

---

55)　See further A Young, *Parliamentary Sovereignty and the Human Rights Act* (Oxford: Hard Publishing, 2009).

56)　効力を与えられた諸権利――主な例外は，１条及び13条並びにイギリスが批准していない議定書である――については，J Wadham et al, *Blackstone's Guide to the Human Rights Act 1998*, 6th edn (Oxford: Oxford University Press, 2011) を参照。

57)　*R v Horncastle* [2010] 2 AC 373. また，伝聞証拠に対する国内法のアプローチを適応させる *Al-Khawaja v UK* (2912) 54 EHRR 23 における欧州人権裁判所の判断を参照。

裁判所が関連する ECHR の先例を無視したり，あるいは法の一般原則の受容に対して不必要な障壁を構築したりすれば，極めて問題となるだろうことは承認されてきた。それゆえ，Ullah 判決で，貴族院は，国内裁判所が，時間をかけて欧州人権裁判所の判例法に合わせていく必要があるにすぎないとはいえども，欧州人権裁判所の「明確で安定した判例法」に通常は従うべきである，と述べた[58]。最高裁判所は，これ以来，欧州人権裁判所の判例法が国内手続において「拘束衣」となるべきでないことを強調してきたものの，判例法によって，イギリス国内法の根本的な原則と合致しない状況以外では欧州人権裁判所の判断に従うべきことが明らかにされてきている[59]。その実務的な理由は，もちろん，イギリスの裁判所が欧州人権裁判所の明確な先例に従わないならば，最終的な解決を求めて欧州人権裁判所に対する訴訟提起を招くことになり，そこでの結果は欧州人権裁判所の確立した判例法に沿ったものとなることがほぼ間違いないだろうからである。裁判所は，人権法が ECHR の原則の影響を制限することが適切な状況があるだろうと予測していたのと同程度に，この制限がルールというより例外であることを認識していた。この結果，国内法の文脈ではしばしば微妙なやり方（例えば，比例原則の承認をこれに対応する決定者の「裁量的な判断領域」の原理と結びつけるやり方）によってではあるが，国内における原則及び実践の多くの面が修正されてきた[60]。

　裁判所が ECHR の判例法を考慮に入れながら最終的にはそこで行われた主張を退けた興味深い例が，N v Secretary of State for the Home Department[61]である。原告は，難民申請者であり，1998 年にウガンダからイギリスに到着し，その後すぐに，エイズ関係の病気でヒト免疫不全ウイルス（HIV）陽性と

---

58) *R（Ullah）v Special Adjudicator*［2004］2 AC 323, 350, para 20, Lord Bingham. 同様の効果をもつものとして，*R（Alconbury）v Environment Secretary*［2003］2 AC 295, 313, para 26 における Slynn 裁判官のコメントを参照。

59) *Re Moohan*［2014］UKSC 67,［2015］AC 901, 942-4, para 104, Lord Wilson, and cases noted therein.

60) See 13.6.2.

61) ［2005］2 AC 296.

診断された。この女性はその後に医療措置を受けて，彼女の体調はこの措置を継続するならば数十年存命する可能性があると言われる程度にまで改善した。しかし，2001 年に彼女の難民申請が拒否され，ウガンダに送還されなければならないと言われた。彼女はこの決定に対し訴訟を提起して，イギリスが慢性的なエイズ患者をセントキッツ島に送還することにより ECHR 3 条の非人道的及び品位を傷つける処遇の禁止に違反して行為することになると判断したＤ v UK[62] という先例に基づきイギリスに在留することが認められるはずだと主張した。この原告の主張を退けて，貴族院は，Ｄ v UK は例外的な状況——すなわち個人の体調が深刻である場合——にのみ適用されるのであり，そしてかかる状況は本件では存在していないと判断した。それは，原告が移動に耐えうるからであった。移動に耐えうるのであれば，措置を継続して受けることができるはずであり，（相当に費用がかかるにもかかわらず）ウガンダで措置を受けることができる。また，Ｄ事件の個人と対照的に，彼女の出身国には親戚がいるからでもあった（彼女は，それらの親戚が彼女の世話をすることを望んでいないと主張していたが）。したがって，もし彼女がウガンダに送還されるとしても，ECHR 3 条に対する違反はない。

4. 4. 2　3 条：法律の解釈

　ECHR の判例法を「考慮に入れる」必要性は，翻って，この人権法の争いある要石である 3 条を裏付ける（4.4.4 で述べる同法 6 条の重要性についても参照）。3 条は，「可能な限り，主位立法及び従位立法は，人権条約上の諸権利と適合的に解釈し効力を付与しなければならない」と書かれている（ここにいう主位立法及び従位立法は，同法 21 条で定義されている）。これは，要するに，可能なときには，すべての立法——過去の立法を含む——は ECHR に従うかたちで裁判所により解釈され効力を与えられなければならないという意味である。これは，文面上は，1998 年法以前の制定法解釈のアプローチ（「明示的」及び「必然

---

62)　(1997) 24 EHRR 423.

的推論」等について，4.2.2 を参照）をはるかに超えているようにみえる。なぜなら，今や裁判所には，法律を解釈してそれが諸権利の制限を積極的に認めているかどうかを決めるのではなく，これらの制限を除去するかたちで法律を解釈しなければならないことが求められているからである。このことは，目的的解釈を採用することによって法律の文言の文字どおりの意味を捻じ曲げることになるとしても，求められているようにみえる。

　したがって，3条は，極めて強力な解釈上の義務を導入するものである。それは裁判官の手中に持たされた強力な道具であり，その道具はいくつかの重要な判決においてすでに利用されてきている。例えば，R v A[63] は，解釈上の義務に関する最初の，そして最もよく知られる事件の1つであるが，この事件では，1999 年少年司法及び刑事証拠法 41 条が，レイプ事件での反対尋問権を制限し，被告人と告発者との間に以前に性的関係があったという証拠が裁判所での審理に提出されないようにすることを認めるテストを導入したことを理由に，ECHR 6 条に違反するとして争われた。貴族院は，(a) ECHR 6 条に基づく公正な審理の保障に適合するように 41 条を解釈するか，(b) 不適合宣言（その仕組みについては後述）を行うかについて判断しなければならなかった。貴族院の裁判官たちは，前者の道をとった。Steyn 裁判官は次のように述べた。

　私の見解では，人権法 3 条は，裁判所に対して，41 条 3 項（c）の文言の細かいところ，とくに同時に同一空間を占めているという基本よりも，時間と状況にかかわる論理的で常識的な基準により判断される意義というより広範な考慮を優先させることを求めている。結局，立法府は，この問題に注意を喚起されていれば，真に証明力のある証拠を提出することで十分かつ完全な弁護を行う被告人の権利を否定することは望まなかったであろうということを基礎において進めることが現実的である。したがって，［1998 年人権法］3 条に基づき，41 条，とくに 41 条 3 項（c）を，人権条約 6 条に基づく公正

---

63)　[2002] 1 AC 45.

な審理を確保するために求められる証拠又は尋問を認められないものとして
取り扱うべきでないという黙示的な規定に服するように解釈することは可能
である。このような解釈の結果，時として論理的に重要である，告発者と被
告人との間の性的経験の証拠は，41条3項（c）のもとで受け入れることが
できるということになるだろう[64]。

同じ調子で，Slynn 裁判官は，同条の文言が非常に制限的なものであること
を認めつつも，それにもかかわらず，ECHR と適合的に解釈することができ
ると述べた。彼いわく，

　　41条3項（c）を人権条約6条の諸権利と合わせて，結果として公正な聴
　聞となるように解釈することが不可能であると裁判官が述べることはできな
　いように私には思われる。私の見解では，41条3項（c）は，本件における
　重要な争点に関連し，審理が公正なものとなるために必要であると事実審裁
　判官が判断する証拠調べや尋問の許可を認めていると解釈することができ
　る[65]。

このような拡張的解釈のアプローチによって，司法の役割の限界に関する広
範な議論が，学界の中でも司法府の構成員の中でも巻き起こされた[66]。実際，
裁判所が何を行うことが解釈義務に照らして憲法上許容されるのかについて，
判例法は実に多様な意見を提示してきており，3条をどのように用いるべきか
について司法府における一致は決して存在していないと思われる。対立の鍵と
なる点は，「解釈すること」が「立法すること」になるのはいつであるかとい
う問題についてであり，司法府における不一致が最もよくわかる例の1つは，

---

64)　[2002] 1 AC 45, 68, para 45.

65)　[2002] 1 AC 45, 56, para 13.

66)　See generally A Kavanagh, *Constitutional Review under the UK Human Rights
　　Act* (Cambridge: Cambridge University Press, 2009), chs2-5.

Ghaidan v Godin-Mendoza[67] における貴族院判決の中にみられるものである。この事件は，安定的な関係で共に暮らしている同性カップルの賃借人としての権利にかかわるが，貴族院の多数意見は，1977 年家賃法附則 1 第 2 条 2 項にいう「配偶者」の意味の解釈に対して拡張的アプローチを採用した。このアプローチは，残された同性パートナーが異性間の配偶者又は長期間のパートナーと同じ賃借人としての権利を享受することを認めるものであり，重大な社会的含意を持つものであった。これが，Millett 裁判官に反対意見を書かせ，貴族院は司法権と立法権を区別する線を踏み越えたと結論づけさせたものであった。しかし，多数意見は，これに同意せず，その意見において，採用されたアプローチが人権法 3 条で議会が定めたスキームといかに完全に合致しているかを強調した。それゆえ，この事件は，3 条の義務が実務の変化にどれだけ影響を与えうるか，またかかる変化が司法府の最高のレベルでどれだけ異論を惹起しうるかをよく示す典型的な例である。

解釈上の義務に関するさらに重要な点は，「黙示的廃止」の原理にかかわるものである。この原理のもとでは，裁判所は議会の最新の意思表示に効力を与える。すなわち，2 つの制定法の間の衝突は，より新しい法律に効力を与えることにより解決される。人権法 3 条は，一見すると，この原理に抵触するようにみえるだろう。なぜなら，この解釈上の義務は，いつ制定されたものであっても主位立法に適用される（すなわち，例えば 2012 年に制定された法律は，文理解釈するとき明白な衝突がある場合であっても，可能な限り ECHR と適合的なかたちで解釈するべきである）からである。この問題は，EU 法との関係で裁判所が経験してきたことであり，そこでは，後法において，議会はある措置が（1972 年欧州共同体に関する法律により効力を与えられた）EU 法に抵触することを意図していると明示的に述べなければならないという要請によって，黙示的廃止の原理が覆されている[68]。しかし，3 条との関係では，黙示的廃止にもはや服しないコモンロー上の「憲法的法律」（欧州共同体に関する法律もこのカテゴリーに含まれる）

---

67) [2004] 2 AC 557.

68) See *Macarthys Ltd v Smith* [1979] 3 All ER 325, 329, Lord Denning.

の１つとして人権法が承認されているという事実を指摘することによって今日
では解決できるだろう。その代わり，このような制定法の規定は，立法府が後
の制定法の中で明示的な文言又は「求める結果をもたらす現実の決定を推論す
ることが不可避（である）ほど特定的な文言」[69]を用いる場合にのみ廃止するこ
とができる。しかし，この点は，制定法の中の文言をECHRに適合的なかた
ちで解釈することができない場合でも裁判所は抵触している法律に対して不適
合宣言を出すことしかできないという事実を考慮に入れて読まなければならな
い。したがって，裁判所がECHRと適合的に解釈することができない法律を
無効とすることは，その法律が明示的に不適合である条項を含んでいなくても
できない（EU法と比較すると異なる立場である）。この点の意義については4.4.3
で詳しくみる。

4. 4. 3　4条：不適合宣言と議会主権

　人権法が議会主権を強調していることは，主位立法——ウエストミンスター
の議会の法律を含むと21条で定義されている——をECHRと適合的なかたち
で解釈することができないとき裁判所が「不適合宣言」を出すことが·で·き·る·と
定める4条の中に，最も明瞭に反映されている[70]（この宣言の顕著な例は，後に検
討するBelmarsh detainees事件[71]である）。ここでは，「できる」という文言が強
調されてきた。なぜなら，裁判所は不適合宣言を出すか否かの裁量を有し，
（たとえ例外的にであっても）事案の全体の文脈に照らして4条の権限を発動すべ
きでないと判断することができるからである[72]。例えば，悲惨な事件であるR

---

69)　*Thoburn v Sunderland City Council* [2003] QB 151, 187, Laws LJ.

70)　宣言を出す権限は，4条5項が定める裁判所，すなわち実質的に高等法院以上の裁
　　　判所に限定されていることに注意されたい。

71)　*A v Home Secretary* [2005] 2 AC 68. 別の興味深い例として，13.6.3.1で議論する
　　　R (F) v Home Secretary [2011] 1 AC 331（2003年性犯罪法82～86条における通
　　　知の要求が，これにより性犯罪者が警察に一定の個人情報を通知しなければならな
　　　いものであったが，ECHR 8条に不適合とされた）を参照。

72)　*R (Chester) v Secretary of State for Justice* [2013] UKSC 63, [2014] AC 271, 303,

（Nicklinson）v Ministry of Justice[73] において，争点の１つは，最高裁判所が
1961 年自殺法２条１項——自殺を幇助することを罪とする——と ECHR 8条
との間で不適合宣言を出すべきなのか否かであった。この争点は，事件の原告
がみずからの生を終えることを希望していたものの，彼の身体的な事情のため
にそれができなかったことから生じた。彼は，２条１項が包括的な性質を持つ
ことが彼の私的及び家族生活の権利に与える効果において比例原則に反すると
主張した。この立法が ECHR 8条に違反しているかについてはこの判決の中
で詳細な議論がなされていた——Hale 裁判官と Kerr 裁判官は，反対意見を著
し，この法律は比例原則に反しており不適合宣言を出すべきことを認めた——
ものの，最高裁判所の他の裁判官は，宗教，道徳という複雑な領域における裁
判官の権限に対する限界について懸念していた。その要点を Neuberger 裁判
官は次のように述べた。

　　私には，現時点では，多くの理由を合わせ考えると，不適合宣言を出さな
いで議会に現状を考える機会を与えることと対比すると，２条が人権条約8
条に不適合であると宣言することは，制度的に不適切であると考えられる。
第１に，２条の規定を改正すべきか否かという問題は，道徳，宗教の次元で，
困難で論争的かつセンシティヴな争点を提起することから，裁判所がこれに
慎重なアプローチをとることが正当化されることは疑いえない。第２に，本
件は，不適合を同定し治癒させるのが簡単な事案ではない。すなわち，２条
を改正するべきか，改正するとしてどのように改正するべきかは，立法府に
たいへんに神経を使う考察を求めることになるだろう。それゆえこのことも
また，裁判所がこの問題を比較的ゆっくり考えるべきことを示唆する。第３
に，２条は，議会において何度も検討されてきており，現時点でも，近い将
来に貴族院で審議されることとなっている。それゆえ，本件は，争点を積極
的に検討してきている事案である。第４に，少なくとも 13 年前に，貴族院

　　para 39, Lord Mance.
73)　[2014] UKSC 38, [2015] AC 657.

は，*R (Pretty) v Director of Public Prosecutions* [2002] 1 AC 800 で，2 条との関係で不適合宣言は適切でないと議会に知らせており，その見解は本件における合議法廷及び控訴院における結論によって強化されている。それゆえ，この上訴に基づき不適合宣言を出すと，全く予期されていない百八十度の方向転換になってしまうであろう[74]。

　不適合宣言が出される事件において——Nicklinson 事件は原則というより非常に例外的であることは再度注意しておくべきである——議会主権は保護されている。なぜなら，宣言は「それが付された規定の効力，継続した運用や執行に影響を与えることはない」からである[75]。議会主権は，実務的な意味では，3 条に基づく解釈上の義務による拡張的な司法の解釈によって影響を受けうるものの（「解釈」と「立法」に関する議論を参照），4 条は，裁判所が主位立法を無効にすることができないという意味で，裁判所の権限に限界を画している。例えば，有名な Alconbury 訴訟で，合議法廷は ECHR 6 条と 1999 年都市農村計画法 77 ～ 79 条に含まれる計画上訴制度との間に構造的な不適合があると判断し，不適合宣言を出した[76]。この問題が上訴に基づき貴族院に来たとき，裁判官たちは合議法廷の結論に反対してその判決を覆した。しかし，たとえ貴族院が下級審の判決を支持したとしても，計画上訴制度は運用され続けたであろう。なぜなら，不適合宣言は問題となっている法の効力に影響を与えないからである。それゆえ，1998 年人権法の立場は，1972 年欧州共同体に関する法律

---

74)　[2014] UKSC 38, [2015] AC 657, 793, para 116. これに続いた欧州人権裁判所に対する訴えは *Nicklinson v UK* (2015) 61 EHRR SE7 で却下されたことに注意されたい。

75)　4 条 6 項。もっとも，この立場は，従位立法——21 条で定義されている——との関係では，従位立法は，主位立法が「不適合の除去を避ける」（4 条 4 項）と定めている場合を除き，ECHR と不適合であるとの理由で無効とすることができるので異なる点に注意すべきである。

76)　*Alconbury Developments Ltd v Secretary of State for the Environment, Transport and the Regions* [2003] 2 AC 295.

の下での立場――この法は裁判所がEU法に抵触する議会制定法を適用しないことを可能にしていると今では読まれている――とは異なる[77]。

　いったん不適合宣言が出されると――主位立法か従位立法かにかかわらず――1998年人権法10条及び附則2は，不適合とされた立法を改正する特別な立法手続について定める。この迅速手続は，議会が完全に新たな立法枠組みを導入することを選択しない場合に政府によって進められるものであり，「修正命令」を議会の監督のもとで定める旨を規定している（迅速手続は，権限踰越と判断された従位立法についても用いることができる）[78]。この救済手続は自動的に用いられるものではない。なぜなら，所管の大臣には不適合宣言を受けて改正法を提出することが義務づけられておらず，やむにやまれぬ理由があるときのみこの手続をとることが可能であるからである（不適合宣言は，それだけでは，やむにやまれぬ理由があることにはならない）。しかし，不適合宣言が出された場合，修正命令が続くのが通常である。例えば，H v Mental Health Review Tribunal, N & E London Region[79] では，不適合宣言が1983年精神保健法73条についてECHR 5条との間で出された（精神保健法73条は，精神保健患者の身体拘束を継続するか否かという問題に関して，証明責任を転換したのだと，すなわち，当局にではなく患者に責任を負わせたものと考えられていた）。政府は，初の修正命令で対応をし，1998年法のはたらきと，それが立法過程にどのようにインパクトを与えうるのかについて早い段階で洞察を与えた[80]。これと対照的に，1983年国民代表法3～4条に関して出された不適合宣言に直面しながら，その後の諸政権は，救済措置の実施を今まで拒否してきている。これらの規定は，服役中のすべての受刑者の選挙権をはく奪するものであり，スコットランド民事上級裁判所はこれらの規定とECHR附属第1議定書3条に基づく受刑者の選挙権との

---

77)　*R v Secretary of State for Transport, ex p Factortame Ltd*（*No 2*）［1991］1 AC 603; and ch 3.

78)　10条3項，4項，5項及び附則2。

79)　［2001］3 WLR 512.

80)　Mental Health Act 1983（Remedial）Order 2001, SI 2001/3712.

間に不適合がある宣言を出した[81]。翻って，民事上級裁判所の判決は，1983年法3～4条の規定をその包括的な性格のために当該権利への介入として比例原則に反すると判断した欧州人権裁判所の Hirst v UK (No 2) の判決[82]によって影響を受けたものであった。しかし，Hirst 判決はそれ以降政治的に非常に物議をかもし，本章のはじめに触れた諸権利の有用性に関する多くの政治的議論を引き起こした。このような背景のもとで，イギリスが国際法に基づく義務違反を継続する状況に置かれることとなっているにもかかわらず，救済措置は何もとられてきていない。

本節では，さらに2点触れておくべきことがある。1つは，起草段階で用いられる ECHR との適合性確保を求める手続にかかわる。これにかかわる規定は19条である。同条は法案を所管する大臣に ECHR との「適合声明」を出すか大臣がこの声明を出すことができない旨の声明を出すかいずれかを求める（これは当該法案の議会における第二読会以前に行わなければならない）。適合声明に関して注意すべき点は，それが出された場合でも，当該法律を裁判所による後の審査から保護するものではないことである。なぜなら，ECHR との適合性の問題は，究極には法律問題だからである。Hope 裁判官が R v A[83]で強調したとおり，法案（この事件では1999年少年司法及び刑事証拠法のもとになった法案）に付された適合声明は，意見の表明にすぎず，裁判所では説得的な典拠にすらならないからである。したがって，政府の大臣たちが以前に ECHR と適合しているとしていた法律は裁判所で審査することができ，必要であれば不適合宣言の対象になる。

2つ目の点は，不適合宣言は，当該立法が ECHR に基づく諸権利を一時適用除外することを意図している場合であっても出すことができるということである。この点は，2001年9月11日のアメリカ合衆国に対する攻撃後間もなく

---

81) *Smith v Scott* (2007) CSIH 9. Smith 判決の後の考察については，Chester [2013] UKSC, [2014] AC 271 を参照。

82) (2006) 42 EHRR 41.

83) [2002] 1 AC 45.

制定された 2001 年反テロリズム・犯罪・安全法を参照して説明することがで
きる。同法 23 〜 32 条は，内務大臣に，国際テロ活動への関与が疑われるイギ
リス籍でない者の拘束を審理なしで無期限に行う権限を含む広範な権限を与え
ていた（この権限は，ECHR 5 条に含まれる自由に対する権利と衝突していた）。この
ような措置は，「戦争その他の国民の生存を脅かす公の緊急事態の場合に」執
られていると政府が判断するときには ECHR 15 条 1 項に基づき許容され，政
府はストラスブールとの関係で一時適用除外に入り，これに対応する 1998 年
人権法（指定一時適用除外）2001 年命令を発した[84]。しかし，これらの法律と命
令は後に裁判所で争われ，貴族院は，この立法枠組みは比例性を欠くとともに
差別であると判断した[85]。裁判官たちは，当該法律の関連規定について不適合
宣言を発し，当該命令を無効とした。また，2001 年法の諸規定は引き続き効
力を有するものの，政府は，反テロリズムの時代に人権諸原則により適合する
新しい立法枠組みを議会に提案することを求める圧力にますます強くさらされ
た。その結果，2005 年テロリズム防止法が制定されたが，同法の関連部分も
また裁判所で訴えられ，同法はその後に廃止され，2011 年テロリズム防止及
び調査措置法により置き換えられた[86]。

4. 4. 4　6 条：公的機関に対する拘束としての ECHR

　1998 年人権法のうち公的機関にとって最も重大な規定は 6 条である。同条 1
項によると，「公的機関が人権条約上の権利に適合しないやり方で行為するこ
と」は違法である（同法は域外効力を持つことができるので，イギリスの公的機関が
他国において決定を行うとき，例えば軍が海外での軍事行動に参加するとき，同法がイ
ギリスの公的機関に潜在的に適用されうることに注意すべきである）[87]。したがって，

---

84)　SI 2001/3644.

85)　*A v Home Secretary* [2005] 2 AC 68.

86)　2005 年法に関係するリーディングケースは，*Home Secretary v AF* [2010] 2 AC
　　269 を参照。また，ECHR 6 条及びテロリスト被疑者に対して「行動統制命令」を課
　　す際の「秘密証拠」の使用については，17.3.2 も参照。

87)　イラクでの戦争に関して，*Al-Skeini v UK* (2011) 53 EHRR 18 に照らして読む，

6条は，公的機関の活動に対する拘束として機能する。すなわち，ECHR に違
反する公的機関の行為，不作為は権限踰越となる（従位立法もまた，3 条及び 4
条に照らして解釈するとき，本条の対象に含まれる）。しかし，6 条は，違法との主
張に対する防御を，次の場合に公的機関が行うことも認めている。すなわち，
「(a) 主位立法の 1 若しくは 2 以上の規定の結果として，当該機関が異なる行
為をとることができなかった場合，又は（b）人権条約上の諸権利と適合的な
かたちで解釈しあるいは効力を与えることができない主位立法の 1 及び 2 以上
の規定若しくはそのような主位立法に基づき制定された 1 及び 2 以上の規定に
関して，当該機関がこれらの規定に効力を与えるために若しくはこれらの規定
を実現するために行為をとっていた場合」である[88]。同法がより一般的に議会
主権を強調していることと適合的に理解すると，公的機関は，当該行為又は不
作為が議会制定法により非常に明確に特定的なかたちで命令又は許容されてい
るならば，違法に行為をしていることにはならないであろう[89]。

　6 条は本法のデザインにとり鍵となっている。本条のもとで，行政法のはた
らきを再定義するのに資する多くの事件があった。同時に，裁判所が公的な意
思決定の中で新しい人権文化を創造するのに 6 条をどれくらい真摯に用いてい
るのか疑いを投げかけた事件もまた存在する。例えば，裁判所にとって 1 つの
問題は，公的機関が意思決定過程の中で人権に関する法に対する明示的な考慮
をしなかった場合に違法に行為したと判断するべきかである。当該機関は当該
決定が ECHR に適合的であったと確信していなかったであろうことを理由と
して，かかる誤りによって普通は決定が違法となるとした下位裁判所の判決が
いくつかあるものの，貴族院は，制約されうる権利に関係する多くの事件で，

　Al-Skeini v Secretary of State for Defence [2008] 1 AC 153 を参照。

88) 　*R (Hooper) v Secretary of State for Work and Pensions* [2005] 1 WLR 1681 及び
　Manchester City Council v Pinnock (Nos 1 & 2) [2011] 2 AC 104 で考慮された 6 条
　2 項。*R (GC) v Metropolitan Police Commissioner* [2011] 1 WLR 1230, 1249-50,
　paras 67-8, Baroness Hale も参照。

89) 　もっとも，21 条が，主位立法を，他のものの中に大権に基づく枢密院令を含めて
　定義していることにも注意するべきである。

人権にかかわる考慮事項を尊重しなかったことが必ずしも違法という効果をもたらすわけではないと判断した[90]。貴族院にとって，すべての事件において中心的な問題は，当該機関による最終決定が権利を侵害しているかどうかであり，もし侵害していない場合，その決定に至る過程の中で人権に考慮が払われるべきとの先行する要請は存在しないといわれる。このことは，権利を考慮しなかったことがこれを審査する裁判所が後に果たす役割にとって何らかの含意を持つとしても，意思決定者の頭の中で人権に関する法を最重要視する必要がないことを意味する。換言すれば，もし意思決定者が意思決定過程の中で権利に考慮を払わないのであれば，裁判所が最終決定を厳密に審査して，影響を被るすべての権利の間で意思決定者が適切な衡量を行っており ECHR と適合していることを確保しなければならないということが言われてきた[91]。したがって，裁判所は，上でみた，そして現在では比例原則と同じ意味だとされる「よく調べる」型の審査に乗り出さなければならないのかもしれない[92]。

　人権法のインパクトに疑いを投げかける判例法の第 2 の側面は，「公的機関」という語に与えられてきた解釈である。6 条 3 項（b）は，この語が裁判所と審判所，そして「その活動が公的性格を持っているあらゆる者」を含む旨を定める（しかし，この語が「議会の各院又は議会の手続に関係する活動を行う者」を除外していることに注意が必要である）。この「公的活動」の定式は，人権保護の相手方を，警察や中央政府の機関のような明らかな公的組織を超えて，規制団体，

---

90)　10 条の表現の自由及び第 1 議定書 1 条の財産権に関する，*Belfast City Council v Miss Behavin' Ltd* [2007] 1 WLR 1420; 9 条の宗教的信仰の表出に関する，R (SB) v *Governors of Denbigh High School* [2007] 1 AC 1000 を参照。しかし，Neuberger 裁判官が，住宅機関は 1996 年住宅法「に基づく所有手続をとる際には，干渉される賃借人の 8 条の権利を考慮に入れなければならない」ということは「見解が一致している」と注記した *Manchester City Council v Pinnock (Nos 1 & 2)* [2011] 2 AC 104, 134 と比較せよ。*Belfast* 判決及び *Denbigh* 判決の批判として，D Mead, 'Outcomes Aren't All' [2012] *Public Law* 61。

91)　*Belfast City Council v Miss Behavin' Ltd* [2007] 1 WLR 1420, 1432, para 37, Baroness Hale.

92)　*R v Home Secretary, ex p Daly* [2001] 3 All ER 433; and see ch 13.

民営化された公益事業や契約による委託を受けて公的活動を行う会社といった事実上の公的な意思決定者にまで拡大させるために用いられたのだと広く理解されている[93]。しかし，それ以降，判例法は，少なくとも，契約による委託を受けた活動にかかわる事案には，6条3項（b）に限定的な解釈を施さなければならないことを確立した。この点に関する先導的な判例は，今でも，YL v Birmingham City Council[94] である。この事件は，私的に所有され，利益を得ているが，公的に援助を受けている居住者に住居を提供しているケアハウスが「公的機関」に含まれるかという問題にかかわる（この論点は，個人に住居を提供する制定法上の義務を持つ地方自治体とケアハウスとの間の契約条件に基づき当該ケアハウスに収容された個人が，ケアハウスの退去決定に異議を申し立てる際にECHRに依拠しようとしたときに生じた）。当該ケアハウスは6条に該当しないと判断した際，貴族院の多数意見は，個人に対して住居を提供する地方自治体の行為（人権法に基づく公的活動の遂行に対応する）と当該ケアハウスが契約条件に基づき住居を提供する後続の行為（商業ベースで行われ，それゆえ6条3項bの範囲外である）との間に重要な区別を引くことができると判断した。それゆえ，たとえ貴族院の少数意見が，ケアサービスの提供には公的な援助と広範な公益が存在しているので，ケアハウスは公的活動を遂行しているのだと考えたとしても，多数意見は，ケアハウスの活動を公私区分[95] の私法側にはっきりと置いたのである。個人のさらなる保護は，裁判所ではなく，議会が果たすべき事柄であるといわれたのである。

　この狭く解するアプローチの正しさについては多くの異論が出されており，議会は，社会的ケアの文脈におけるこの判断の効力を覆すためすぐに介入し

---

93)　例えば，人権法案及び人権法に先立ち出された白書である，*Right Brought Home: The Human Rights Bill* Cm 3782 (1997), para 2.2 を参照。ただし，人権法は，6条5項によって，行為の性質が私的なものであるときには6条3項bの団体に適用されないことに注意されたい。

94)　[2008] 1 AC 95.　例えば，*R (Weaver) v London & Quadrant Housing Trust* [2010] 1 WLR 363 がこれに従っている。

95)　On which concept see further 9.2.3.

た[96]。例えば，議会の介入に先立ち，Mark Elliott は，「固有に公的又は私的な活動というものはほとんど存在せず，……［公私区分の問題は］……その代わりに，それが，どのようなものであれ政府の適切な役割に関する優勢な政治思想の表明——そして作用——であることを認識している経験的な規準を参照することで同定しなければならないという，議会の人権合同委員会が推し進めた見方」に基づくので，少数意見のアプローチの方が正しいと主張した[97]。さらに，Landau は，契約による委託の目的の1つは，純粋な公的組織体に適用されるが私的組織体には適用されない「いくつかの法的制約」を避けることにあるという多数意見の示唆を否定した。彼は，このような考え方は，イギリス法における人権の保護を拡大する効果を持つはずである 1998 年人権法を制定したときの議会の意思と合致しないと主張した。現代国家における権利保障に関してみると，この帰結は，地方自治体が直接運営する住居や病院でケアされている市民は人権法でカバーされるのに対し，国家が措置し支払いを行うものの私法上の契約に基づき民間企業が提供するケアを受ける市民はカバーされないという点で異常である。議会がケアハウスに関する異常状態を除去するため法律を定めたのは，個人の保護におけるこのような矛盾を回避するためであった。

4. 4. 5　7 条：誰が人権法を用いるのか？——「犠牲者」要件

1998 年人権法は，公的機関に対する独立した訴訟原因も創設した。7 条は，6 条 1 項に基づく違法性をもたらすあらゆる行為に関して，個人は，「(a) 適切な裁判所又は審判所において当該機関を被告に訴訟を提起し，(b) あらゆる法的手続において人権条約上の権利に依拠することができる。ただし本人が

---

96)　2008 年保健社会的ケア法 145 条であり，*R (Broadway Care Centre) v Caerphilly CBC* [2012] EWHC 37 で検討された。これを受けて 145 条は SI 2015/914 附則 1 第 90 パラグラフで廃止されたが，実質的に同じ規定が 2014 年ケア法 73 条によって定められている。

97)　M Elliot,' "Public" and "Private": Defining the Scope of the Human Rights Act' (2007) 66 *Cambridge Law Journal* 485, 487.

違法な行為の犠牲者である場合に限られる」と規定する。「犠牲者」という文言は，ECHRの体系（すなわちECHR 34条）そのものから借用したものであり，この文言は，人権法に基づき訴訟を提起することを望む者は，異議申立ての対象たる行為により直接に影響を受けた，あるいは受けるであろう者であることを本質的に意味している[98]。しかし，事件の状況によって，例えば誰かが国家の職員により殺害された場合には，本人に代わって，影響を受けた当事者の親類が訴訟を提起することができる[99]。死亡した者の近い親類たちが，それらの者自身の権利において「被害者」たりえて，その慰謝料を求めてECHR 2条に基づき訴訟を提起できることも，今や明らかになっている[100]。

犠牲者要件を人権法に含める政府の決定には，論争がなかったわけではない。なぜなら，この要件は，司法審査手続で裁判所により用いられている原告適格要件よりも相当に狭いものであると捉えられたからである[101]。換言すれば，裁判所は，司法審査手続における原告適格要件の解釈に対して非常に鷹揚なアプローチをとってきたのであり，それは，圧力団体や他の代表組織が政府の活動に対し異議申立てを行う目的で裁判所にアクセスすることを可能にしたものであった[102]。政府は，人権法にかかわる事件に犠牲者要件を用いることによって，移民福祉合同協議会などの代表組織が例えば庇護申請者の権利を擁護するために訴訟を提起する可能性を奪ったとして批判された[103]。しかし，この

---

98)　For consideration see *Axa General Insurance v Lord Advocate* [2011] UKSC 46, [2012] 1 AC 868.

99)　e.g., *Re McCaughey's Application* [2011] 2 WLR 1279.

100)　*Rabone v Pennine Care NHS Trust* [2012] 2 AC 72.

101)　See 8.10.

102)　*R v Secretary of State for Foreign Affairs, ex p World Development Movement* [1995] 1 WLR 386; しかし，このような申請を受け入れようとする裁判所の姿勢に対しては激しい批判もある。C Harlow, 'Public Law and Popular Justice' (2002) 65 *Modern Law Review* 1 を参照。

103)　司法審査手続のもとでの訴訟として，例えば *R v Secretary of State for Social Security, ex p The Joint Council for the Welfare of Immigrants* [1997] 1 WLR 275 を参照。

ような批判の力は，その後，おそらくは，代表組織が自ら訴訟を提起する代わりに指名した個人に経済的な支援を行って，その者が訴訟の「前面に立つ」ことが可能になったことによって和らいだ。また，人権の主張はしばしば他の争点と結びついて提出されること，そして ECHR に基づく主張を用いることができない場合でもそれに相当するコモンロー上の権利に関する主張を提起できるということもまた重要である[104]。最後に，組織そのものは 7 条の犠牲者のもともとの定義に入らなくとも，様々な法律をつなぎ合わせることで，その団体が 1998 年人権法に基づき訴訟を提起できる可能性がある[105]。

4. 4. 6　7条：期間制限と遡及

　7 条に基づく訴訟手続を提起したい個人は，通常，1 年の期間制限にかかる前にこれを行わなければならない（この期間制限は裁判所の裁量により延長することができる）[106]。これは，一見すると司法審査手続の発動のための期間制限（「速やかに，いかなる場合でも 3 か月以内に」）よりも大変に長いように見えるが，7 条 5 項が，1 年の期間制限は「当該手続にかかわってより厳格な制限を定めるルールに服する」と定めていることに注意が必要である。したがって，人権法

---

104)　7 条に関する一見すればもっと鷹揚なアプローチとして，例えば，*R (Rusbridger) v Attorney General* [2004] 1 AC 357 では，Steyn 裁判官が，共和主義を唱道する小説を公表したことにより理論的には刑事手続に服しうる新聞社は，潜在的に ECHR に依拠することができると述べた。しかし，ECHR に依拠する主張を退けるために本条が用いられた例として，*Re Committee for the Administration of Justice's Application* [2005] NIQB 25 を参照。この事件は，人権 NGO が殺人者である構成員の一人に対する現在進行形の警察による査問に関する情報を求めた際に，ECHR 2 条に依拠することが認められなかったものである。

105)　例えば，北アイルランド人権委員会の権限に関する 1998 年北アイルランド法 71 条。*Re Northern Ireland Human Rights Commission's Application* [2014] NI 263 を参照。

106)　例えば，*Rabone v Pennine Care NHS Trust* [2012] 2 AC 72——自殺の犠牲者の両親による約 1 年 4 か月後の訴訟提起が，国が娘に ECHR 2 条に基づく義務を負い，両親も死別による犠牲者であることを理由に認められた事案。

に基づく司法審査手続は，その典型例として，今なお，速やかに又は3か月の期間内に提起しなければならないのである[107]。

　もう1つ7条で大変重要なことは，遡及効である。ここでは，7条は，人権法が2000年10月2日に発効する以前に行われた行為に関して公的機関に対する訴訟提起を妨げることによって遡及効を制限するという明確な目的を持っている22条と合わせて解釈しなければならない。7条と22条（とその他の人権法の諸規定）が結合した効力に関する判例法や議論は大変に詳細かつ複雑なものとなっているが，私たちの目的との関係では，裁判所が一貫して人権法は遡及効を持つことを意図していないと述べていることに注意すれば十分である[108]。実際のところ，このルールに対する唯一の侵害は，ECHR 2条の生命に対する権利に関して，すなわち2000年10月2日の発効前に国家の職員の手によって発生した死亡の調査であったがその調査は同日以降に実施されたというものに関して起きた。ECHR 2条のもと，国家には，このような死亡に対し独立かつ実効的な死亡調査を行うことが求められる[109]。裁判所は，当初，人権法は死亡が人権法発効以前に起きている場合には適用されないと判断していたが[110]，後に欧州人権裁判所による Šilih v Slovenia 判決の判断に鑑みて，アプローチを変更した[111]。この事件では，欧州人権裁判所は，ECHR 2条は，国家が公式にECHR に加入する以前に生じた死亡であっても，その死亡調査が加入後に行われている限り，適用されうると判断した。これは，欧州人権裁判所の従来の判例法からのいくらかの逸脱を表しているものの，「2条に基づく実効的な調査を遂行するべき手続上の義務は，分離した自律的な義務へと展開してきてい

---

107)　司法審査の期間制限については，8.11 を参照。

108)　例えば，*R v Kansal* [2002] 1 All ER 257; *Wilson v First County Trust (No 2)* [2004]; *Wainwright v Home Office* [2004] 2 AC 406 に照らして読む，*R v Lambert* [2002] 2 AC 545 を参照。

109)　ECHR 2条の要請については，*R (Amin) v Home Secretary* [2004] 1 AC 653。

110)　*R (Hurst) v London Northern District Coroner* [2007] 2 AC 189; *Jordan v Lord Chancellor* [2007] 2 AC 226; *In Re McKerr* [2004] 1 WLR 807.

111)　(2009) 49 EHRR 996; and see also *Janowiec v Russia* (2014) 58 EHRR 30.

る……この義務は、第2条から生じるがこれと切り離すことができる、国家を拘束することができる義務だと考えられる」という事実により正当化された[112]。McCaughey判決[113]では、最高裁判所は、北アイルランド紛争の間に生じ、検視官による調査に現在服している少数の死亡調査にECHR2条が適用されると判断する際に、この論理を採用した。

McCaughey判決は、1948年に当時植民地であったマラヤでイギリス人兵士が24人の文民を殺害した射撃事件の調査をイギリス政府が拒否したことの適法性に関する事件であるKeyu事件における最高裁判所の判断に照らして読まなければならない[114]。裁判所の判断の多くは、この事件の事実がECHRの時間的な射程に含まれるか、あるいは射撃事件が、イギリスが国際法上ECHRの拘束を受けるに至った時点（1953年）よりも、またイギリスがストラスブールの裁判所への個人通報の権利を受け入れた時点（1966年）よりも前のものであることを理由にECHR2条が適用されないのかという問題に向けられた。この点につき、最高裁判所の裁判官たちは、（理由は様々であるが）ECHR2条は適用されず、調査を行う義務はECHRで基礎づけられないと判断した（Hale裁判官だけは、政府が調査を拒否したことはWednesbury判決にいう不合理なものであったことを理由として、政府は違法に行為したと判断した）[115]。しかし、McCaughey判決との関連でみたときのこの事件でのポイントは、もし別の認定をしたならば――すなわち射撃事件がECHRの時間的な射程に含まれるとしたならば――それによって射撃事件を1998年人権法の条項のもとで国内法において審理をしなければならないことになるかであった。これは、ECHRの時間的な射程に関する認定があったために裁判所が判断を行う必要がなかった事項であったが、Kerr裁判官とHale裁判官は、1998年人権法の射程と欧州人権裁

---

112) (2009) 49 EHRR 996, para 159.

113) [2011] 2 WLR 1279.

114) *Keyu v Secretary of State for Foreign and Commonwealth Affairs* [2015] UKSC 69, [2015] 3 WLR 1665.

115) On this ground for review see ch 13.

判所の判例法をめぐる複雑さを指摘した。この争点は，近く，最高裁判所のさらなる関心を引くことになると思われる。

4. 4. 7　8条：救済手段

ECHR に基づく主張が成功した場合，8条1項は「裁判所が違法である（又は違法となるだろう）と判断した公的機関の行為（又は提案されている行為）に関して，裁判所は，正当かつ適切だと考える，裁判所の権限内の救済〔relief or remedy〕又は命令を出すことができる」と定める。この定めは，人権法に基づく司法審査手続の文脈では，1981 年上級法院法と民事手続規則に基づき利用可能な救済方法のいずれも裁判所が利用可能であることを意味する[116]。それゆえ，文脈に応じて，裁判所は，ECHR 違反だと判断した行政の決定を破棄したり，当該機関が人権法6条に基づく義務に適合することを確保するため必要な特定の方法で行為するよう当該機関に命令したりすることができる[117]。

8条3項は，有利な認定を行うべき者に対し「正当な満足」を与えるため必要であると裁判所が判断した場合に損害賠償を認定することをも定める（「正当な満足」という語は ECHR 41 条の文言に直接に対応するものである点に注意が必要である。また善意で行われた司法上の行為については，ECHR 5条5項により要請される範囲で損失補償を行う場合，すなわち違法な逮捕又は拘束のために自由を奪われた場合を除き，損害賠償を受けることができない点にも注意されたい)[118]。公的機関に対する損害賠償請求訴訟の詳細については第 20 章で検討するが，ここで指摘しておきたいのは，公的機関に対する損害賠償の認定に裁判所はためらいがちであるということである。人権法の文脈では，裁判所は，主張されている侵害が個人のいわゆる絶対的権利である場合においてでさえも，損害賠償が簡単には

---

116)　北アイルランドにおける対応する法律は，1978 年司法府（北アイルランド）法と司法裁判所規則であり，スコットランドにおいては，民事上級裁判所規則第 58 章を参照。

117)　On remedies see ch 18.

118)　9条3項。

認められないことを強調してきた[119]。この制限的なアプローチの先導的判例は，R (Greenfield) v Home Secretary[120] である。この事件は，ECHR 6 条の権利を刑務所の懲罰手続によって侵害された受刑者が，被告が違法に行為した旨の宣言的判決に加えて損害賠償を受けることができるかが問題となった。貴族院は，本件の文脈では宣言的判決で十分であると判断した際に，欧州人権裁判所それ自体が，通常，ECHR 6 条にかかわる事件で損害賠償を認めておらず，損害賠償を認めるのは ECHR 6 条違反と個人が賠償を請求している金銭的損失との間に因果関係を認められる場合のみに限定する傾向があることを強調した（さらに，ECHR 6 条の侵害に起因する懸念や不満に対する賠償は抑制的につつましい金額で算出される）。貴族院は，人権水準に適合している状態を確保するという 1998 年人権法の目的は多くの事案において単に違反の認定によって充足することができるので，同法を，損害賠償というかたちでの救済方法を自動的に生じさせる不法行為の法律として考えるべきではないということも強調した。さらに，人権法は，個人に対し，その者がストラスブールに行った場合に得られるであろう救済よりも良い救済方法にアクセスできることを意図しているものではなく，むしろ，欧州人権裁判所のケースバイケースのアプローチを国内法に編入することを意図しているものであるといわれた。Greenfield 事件の事実関係をストラスブールの判例法理と合わせてみるならば，損害賠償が認められる特別な性質は何もなかったのである。

---

119) See e. g., *Van Colle v Chief Constable of Hertfordshire* [2009] 1 AC 225. この事件は，ある目撃者が，自らに不利な証言をすることが予定されており，脅迫を行っていた者により殺害されたことに関し，警察官は ECHR 2 条に基づく責任を負わないとしたものである（ECHR 2 条に違反しないと判断した *Van Colle v United Kingdom* (2013) 56 EHRR 23 も参照）。But compare *Rabone v Pennine Care NHS Trust* [2012] 2 AC 72. And see further 20.5.

120) [2005] 1 WLR 673. この判決は，例えば，*R (Sturnham) v Parole Board* [2013] UKSC 23, [2013] 2 AC 254 で用いられている。

4. 5 欧州基本権憲章

　本章で考察するべき最後の争点は，欧州基本権憲章がイギリスにおいて諸権利の保護に果たしている役割についてである。EU 法に関する第 3 章でみたように，基本権憲章は，「尊厳」，「自由」，「平等」，「連帯」，「市民の権利」，「正義」という 6 つの主要な部分に分けて，現在の諸権利の水準に関して重要な言明を与えている。この憲章は，当初は，EU 諸機構とその構成国とに対して，拘束力を持たない単なる諸権利の言明として宣言されたが，2007 年のリスボン条約で条約法としての完全な効力を与えられた。それゆえ，この憲章は，EU の包括的な憲法的枠組みの重要な一部分であり，欧州連合司法裁判所（CJEU）及び一般裁判所の判例法に大きな影響を与えた[121]。

　これに対応して，憲章がイギリス法で果たす役割に関して重要な点は，国内裁判所における法の実現可能性にかかわるものである。リスボン条約には，イギリス及びポーランドの裁判所における憲章の適用可能性を制限するため当初考え出された議定書（第 30 議定書）が含まれていたが，今では，EU 法が争点となるとき，憲章上の権利の大部分はイギリスの裁判所において法の実現が可能であることが明らかとなっている。これは，欧州共通庇護制度の活動に関する諸問題を取り扱った R (NS) v Secretary of State for the Home Department[122] における CJEU の判示の帰結である。この事件は，ギリシャを含む他国を経由してイギリスに到着したアフガニスタンの庇護申請者が，庇護制度のルール（庇護申請は，庇護申請者が最初に到着した EU 構成国によって処理しなければならないというルール）に従って彼の庇護申請を処理するためギリシャに退去させるとの決定に対して訴訟を提起したものである。NS は，彼をギリシャに退去させると，欧州基本権憲章 4 条に基づく拷問及び非人道的取扱いの禁止などに対

---

121)　See generally S Peers et al. (eds), *The EU Charter of Fundamental Rights: A Commentary* (Oxford: Hart Publishing, 2014).

122)　Case C-411/10, [2012] 2 CMLR 9.

する違反を惹起すると主張し，控訴院は，CJEU に，原告がイギリスの裁判所で憲章に依拠することができるかという問題を付託した。裁判所は，Trstenjak 法務官の第 30 議定書の文言分析——本件における憲章上の権利を，「連帯」の見出しのもとに纏められている憲章の社会権から区別する——を注記して，退去決定に対し異議申立てをする権利に依拠することができると判断した。したがって，第 30 議定書は憲章からの「オプトアウト」を帰結するものではなく，「連帯」の諸権利を例外として（この諸権利について CJEU は何も述べていない），憲章の諸規定をイギリスの裁判所において主張することができることが明らかとなった[123]。

　NS 事件の含意で注意すべき点が 2 つある。第 1 は，イギリスの裁判所は，今や，EU 法の実施にかかわる手続においてのみであるが，憲章上の権利を保障する義務を法的に負っているということである（もっとも，憲章は，規範の「溢出」を通して判例法に間接的な影響を及ぼす）[124]。もっとも，このことはさらに，憲章の射程に関する困難な問題を生じさせる。「実施」が何を含むのかについて多かれ少なかれ拡張的な理解があり，当然，これに応じて憲章の射程は変わりうるからである[125]。しかし，われわれの目的との関係では，公的機関の行為又は不作為により影響を受けている EU 法の他の規定を個人が示すことができる場合には，憲章に基づく諸権利に関する問題がたいてい生じるだろうということを指摘できれば十分である。この場合，EU 法の優越性の原理によって，裁判所は，憲章の関連条項及び CJEU の判例法に優先的な効力を認めなければならない。

　第 2 の点は，憲章の諸権利と 1998 年人権法の下で効力を持つ ECHR の諸規

---

123)　その法の実現可能性については，さらに，*R（EM）v Secretary of State for the Home Department* [2014] 1321, 1342, para 62, Lord Kerr を参照。

124)　See 3.3.4.

125)　For analysis see K Beal and T Hickman, 'Beano No More: The Charter of Rights After Lisbon' [2011] 16 *Judicial Review* 113. 欧州司法裁判所の（拡張的）見解について，Case C-617/10, Aklagaren v Fransson [2013] 2 CMLR 46 を参照。

定との関係についてである。いくらかの事件では——おそらく多くの事件では
——個人は，本質的に等しい憲章及びECHRの諸権利（例えば，欧州基本権憲章
4条は，上述したとおり，ECHR3条に対応するものである）に依拠することができ
るだろう。このことは潜在的に混乱を招くようにみえるが，憲章は，52条3
項で「本憲章が［ECHR］によって保障される諸権利に対応する諸権利を含む
限りで，……本憲章の諸権利の意味及び保護範囲は，［ECHR］が定める諸権
利と同じものとする。本条は，欧州連合法がより拡張的な保護を与えることを
妨げない」と定めていることを指摘しなければならない。それゆえ，このこと
は，EU基本権憲章に基づく諸権利はECHRに基づく諸権利と適合的に解釈し
なければならず，異なる解釈が可能となるのは，より高い水準の保護を個人に
提供する場合だけであることを意味する。この結果，イギリスの裁判所は，定
着した1998年人権法に関する判例法は憲章に基づき生成する判例法によって
たいていの場合は影響を受けず，「新しい基準」が発生するのは，ECHRに
よって従来包含されていなかった諸権利に関する主張を裁判所が聴く場合だけ
であると考えるだろう。CJEUが憲章と第30議定書に基づく「連帯」の諸権
利の具体的な実現にかかわるさらなるガイダンスを後日に求められたときに
も，修正したアプローチが求められるかもしれない。

4.6　結　　　論

　本章では，人権にかかわる法のはたらきにおいて鍵となるいくつかのテーマ
を概観して，これらのテーマに対する1998年人権法の影響の与え方を紹介し
ようと試みた。その中で，本章に前後する他の諸章への相互参照を多く行っ
た。このような相互参照は，人権に関する法が，主に1998年人権法を理由に，
しかし今日では欧州基本権条約をも理由として，ますます多くの領域でより重
要なものになってきているという事実を単純に反映している。もちろん，1998
年人権法といった特定の1つの法律の意義を強調しすぎないことは重要である
が，人権にかかわる法が公法のはたらきを多くの根本的な方法で変えているの

は明らかである。このことは，おそらく，Laws 裁判官が人権法は形式において「憲法的なものである」と規範的に描写したことを，実務的に支持することになる。

　ここで指摘した多くの点は，後ろの章で取り上げることになる。例えば，第13 章では，Wednesbury 原則の審査と比例原則との関係を，行政法及び人権保障において中心的な原則として議論する。1998 年人権法をめぐる諸争点は，多くの事件で，違法性や手続的不適正といった他の司法審査の根拠と並んで登場してきたことも明らかになるだろう。それゆえ，これらの審査の根拠に関する章（第 11 章から第 12 章及び第 16 章から第 17 章）で，人権法が審査の根拠にどのように影響を与えてきたかについてより詳細に分析する。最後に，第 20 章で，裁判所が，不法行為における公的機関の責任に対するアプローチを，徐々に表れてきている権利関係の判例に照らし，どのように変えてきたのかをみる。

FURTHER READING

Amos, M (2014) *Human Rights Law*, 2nd edn (Oxford: Hart Publishing).

Anthony, G (2002) *UK Public Law and European Law: The Dynamics of Legal Integration* (Oxford: Hart Publishing).

Chandrachud, C [2014] 'Reconfiguring the Discourse on Political Responses to Declarations of Incompatibility' *Public Law* 625.

Clayton, R [2015] 'The Empire Strikes Back: Common Law Rights and the Human Rights Act' *Public Law* 3.

Craig, P (2002) 'Contracting out, the Human Rights Act, and the Scope of Judicial Review' 118 *Law Quarterly Review* 551.

Elliott, M (2007) '"Public" and "Private": Defining the Scope of the Human Rights Act' 66 (3) *CLJ*, 485-7.

Ewing, K and Gearty, C (1990) *Freedom Under Thatcher* (Oxford: Clarendon

Press).

Feldman, D (2002) *Civil Liberties and Human Rights in England and Wales*, 2nd edn (Oxford: Oxford University Press).

Fenwick, H (2004) 'Clashing Rights, the Welfare of the Child and the Human Rights Act' 67 *Modern Law Review* 889.

Forsyth, C (ed) (2000) *Judicial Review and the Constitution* (Oxford: Hart Publishing).

Greer, S and Slowe, R [2015] 'The Conservatives' Proposals for a British Bill of Rights' *European Human Rights Law Review* 372.

Harlow, C (2002) 'Public Law and Popular Justice' 65 *Modern Law Review* 1.

Hunt, M (1997) *Using Human Rights Law in English Courts* (Oxford: Hart Publishing).

Laws, J (2014) *The Common Law Constitution* (Cambridge: Cambridge University Press).

O'Cinneide, C (2013) 'Legal Accountability and Social Justice' in N Bamforth and P Leyland (eds), *Accountability in the Contemporary Constitution* (Oxford: Oxford University Press).

O'Cinneide, C (2015) 'Human Rights and the UK Constitution' in Jowell, J, Oliver, D and O'Cinneide, C (eds), *The Changing Constitution*, 8th edn (Oxford: Oxford University Press).

Oliver, D [2004] 'Functions of a Public Nature under the Human Rights Act' Public Law 476.

Wadham, J, Mountfield, H, Edmundson, A, and Gallagher, C (2011) *Blackstone's Guide to the Human Rights Act 1998*, 6th edn (Oxford: Oxford University Press).

Young, A (2009) *Parliamentary Sovereignty and the Human Rights Act* (Oxford: Hart Publishing).

Young, A (2013) 'Accountability, Human Rights Adjudication and the Human

Rights Act 1998' in N Bamforth and P Leyland (eds), *Accountability in the Contemporary Constitution* (Oxford: Oxford University Press).

第5章

現代行政国家

5.1 序

　本書における行政法についての検討は，アカウンタビリティのメカニズムと，権限踰越や権限の濫用に直面したときに市民が利用可能な救済手段に主に関係しているが，イギリスの組織及び法的枠組みの中での権限の分配を明らかにしておくことも重要である。これは，行政法が，本質的に，政府が行うことと，公的機関が，直接に，あるいは民間会社を通して，どのように，こうした権限を行使し，様々な義務を果たしているかということによって画されるものであるためである。私たちは，その権限が何に由来し，その組織がいかなるものかを問う必要がある。これらの問いに答えることは容易ではない。それは，1つには，イギリス憲法は「法典化」されておらず，立法機能と行政機能の厳格な分立のようなものが規定されていないことがある。また，イギリスが，認識できるほどきちんとした形で，明瞭に組織された行政組織を持ってこなかったこともある。そのため，本章では，まずは，法的権限の淵源を簡単に明らかにし，その上で，主要な国家組織だけでなく，国・地方のレベルで，サービスを提供し，又はその提供を監督する責務を有する他の公的機関，私的組織を紹介する。

5.1.1 国家，国王，政府

　最初に，中央政府の組織に用いられる，相当に紛らわしい用語について明らかにしておくことが有益だろう。国家〔State〕は，通常，主たる政治的主体として認識され，歴史的に，領土の保全と法と秩序を守護するものとされてい

る。今日，国家は，非常に広い範囲の活動を行い，それは，生活のあらゆる面にわたっている。しかし，国家は，イギリスにおいては厳密な法的主体として存在するのではなく，制定法においても判例法においてもこれまでほとんど言及されてこなかった。しかし，Chandler v DPP[1] において，Reid 裁判官は，国家を，「おそらく，国〔country〕又は王国〔realm〕という言葉が，我々が見つけることができる最善の類義語であり，私は，組織化された共同体という言葉を，限りなく定義に近いものとして受け入れることにしたい」と述べた。他方で，Devlin 裁判官は，その言葉は，「国家共同体の政府〔government〕の機関を示す」ために使われるものであって，イギリスにおいて，その機関は…国王〔Crown〕である」という見解を示した。「国王」は，一般的に，公的な行政的立場において行為する政府をいう際に制定法において用いられている言葉である。中央政府は国王の名において運営される。そして，大臣，一般公務員，軍の構成員は全て国王の公務員である。この言葉は，それが，主位立法，二次的立法（委任立法），国王大権に淵源を有するかにかかわらず，中央政府の権限全体を表すためにも用いられる。

　「国王」という言葉が，機能，サービス，組織，公務員のいずれを指すのかを確認することが重要となる場合がある。これは，国王は（1947 年国王免責法によって規制された）法において免責と特権を与えられており，同法が明示的に定めるときにのみ制定法に拘束されるからである。例えば，多くの場合，計画に対する許可は国王には要求されない。Chandler v DPP[2] において Diplock 裁判官は，政府の行政的行為について触れるとき，「国王」よりも「政府」という言葉を使うのがより正確であるだろうと述べた。国王という言葉は，軍と王国の防衛に関する行為に対して用いられることになる。しかし，国王の公務員が，まさに，ある免責を享受するという事実があるためにこの点は議論がある。大臣は制定法上の権限に基づいて行為をするときには，全ての司法審査上の救済手段に服するのであるが，もし，この免責が大臣に適用されるのであれ

---

1)　[1964] AC 763.

2)　Ibid.

ば，例えば，国王大権上の権限〔Prerogative powers〕を行使する際には，この免責が大臣を法的訴えに服させる機会を減少させる効果を持つことになる。他方で，制定法上の権限において行為するときには，大臣は全ての司法審査上の救済手段に服するのである。これは，権限が，国王にではなく，大臣個人に対して与えられているからである。それゆえに，「政府」という言葉は，それが，明らかに，国家の行政機関，公務員，軍を含むものとして慣例的に用いられうるという事実にもかかわらず，法的主体として見られるべきではなく，国王と混同されるべきではない。他方で，「国家」や「政府」は，イギリスにおいてはほぼ同じものを意味するものと合理的に見ることができる[3]。

5. 1. 2 契 約 国 家

1979 年以来，歴代の政権は，一連の政策によって，公的セクターにおける様々な形式の契約の適用に関する考え方や可能性を根本的に変え，私たちが「行政国家」（例えば，行政機関，地方政府機関，非省庁型の公的組織，国有化産業を含む）と呼ぶものの役割を変えてきた。これは，元々は，市場指向の解決方法を提供し，福祉行政機構や大きな政府に固有の問題であると主張されてきた問題に取り組むためのイデオロギー的改革と結びついていた。様々な戦略が採用されてきたが，表面上は，効率性の改善や，民営化，官僚主義的な煩瑣な手続の削減を通して行政部門を合理化し，国家の役割を削減することが企図されていた[4]。1994 年規制緩和及び民間委託法（以下で検討する。現在では，2001 年規制改革法，2006 年立法及び規制改革法，2015 年規制緩和法に置き換えられている）は，この目的を進めるための大きな試みであった。これらの政策は，政府責任の遂行という点で多くの重要な変化を生じさせてきた。多くの場合，政策作成機能の全体的な責任は，中央政府又は地方政府にとどめられたが，その行政機構の

---

3) See *M v Home Office* [1994] 1 AC 377.

4) See generally R Austin, 'Administrative Law's Reaction to the Changing Concept of Public Services' in P Leyland and T Woods(eds), *Administrative Law Facing the Future* (London: Blackstone Press, 1997), ch 1.

一部には，エージェンシーの地位が与えられた。このやり方は，刑務所，社会保障システム（社会保障給付エージェンシー）について採用された。しかしながら，他の領域においては，囚人護送サービスから道路清掃に至るまで多くの活動が，現在，中央政府や地方政府機関から完全に独立した民間会社により契約に基づき提供されている。サービスの効果的な提供という点で，そうした政策の利点がどのようなものであれ，こうした発展は公法学者に対して多くの興味深い問題を提示している。1997 年から 2000 年の労働党政権と，2010 年から 2015 年の保守党・自由党連立政権は，政策構想の多くを継続し，磨きをかけてきた。

　かくして，中央政府の組織と地方政府によって行われてきた活動が，現在では，独立した民間会社によって行われている。いくつか例をあげると，囚人護送サービスや，裁判所の速記，ゴミ収集，道路工事，カウンシルの庁舎の維持・修繕，道路建設などがある。このような傾向は「直接の契約関係の法理」が継続して適用されるために法的に大きな意味を持つ。つまり，これが意味するのは，外部の民間団体がそうしたサービスを提供する契約に入るとき，履行を強制できる合意は，サービスの提供者と省，エージェンシー，地方政府機関の間でのみ交渉されるということである。他方で，合意の当事者ではない消費者は，訴えることができず，法的救済手段を奪われていることになる[5]。例えば，カウンシルの納税者は，契約により委託されたゴミ収集サービスがうまくいっていないことについて，訴訟を提起することはできない。別の領域では，刑務所エージェンシーが警備会社と裁判所への囚人護送サービス契約を締結している。そうした契約についてなんらかの紛争が生じた場合，それは，通常，省又はエージェンシーとサービス提供者の間の民事訴訟で解決されることになるだろう。しかし，公的なアカウンタビリティや公法上の救済手段が必要となる問題があるかもしれない。例えば，囚人が，移動を強制される際の環境が危

---

5)　See G Drewry, 'The Executive: Towards Accountable Government and Effective Governance' in J Jowell and D Oliver (eds), *The Changing Constitution*, 7th edn (Oxford: Oxford University Press, 2011).

険で不衛生である，また，看守が自らを非人道的に扱っていると主張をするときなど，サービスの消費者が私法上の権利を全く持たない場合があり得る。そうした場合，どのような利用可能な選択肢があるのか。後でネクストステップスエージェンシーを検討するときに見るが (5.3)，契約による委託は，庶民院議員を通して大臣に至る確立されていた責任の道筋を，議会の監視からさらに離れたものとした。しかし，より重要なことは，もし，エージェンシーや省が，重要な問題について救済手段を定めていないという点で欠陥のある契約の交渉を民間企業と行った場合に，そうした契約が修正されることなく存続することが許されるべきかということである。

5.2 権　　限

本章の後半で説明する組織が，様々な権限を付与され，保有していることは，一見して明らかであろう。ここで，我々はこれらの権限の性質について検討しなくてはならない。国王〔Crown〕としての政府は，大権のもとで行為するだけでなく，立法することもできる。しかし，他の多くの団体は，直接の法律上の権限を持つか，中央政府から委任された権限に依拠している。この議論をさらに進める前に，イギリスの法的主権は，EU への加盟（1972 年欧州共同体法）によって実質的に制限されており，条約によりカバーされている領域においてEU 法が国内法の非常に重要な淵源であることを想起することが重要である。ヨーロッパの制度と法については第 3 章で詳細に検討されている。

5. 2. 1　国 王 大 権

17 世紀まで，「国王大権〔Royal prerogative〕」という言葉は，戦争をする権限や条約締結する権限のような特別な権限や特権が君主個人に与えられていたという事実を反映するものである。これらの非制定法上の，残余のコモンロー上の権限は，一定範囲の重要な権利，免責，特権に及んでいるが，それらは，国王が，憲法上の義務を果たし，政府を運営するために，（間違いなく）必要と

148

されているものである。今日，これらの権限は，首相や他の国王の大臣，分権組織の大臣によって同様に行使されている。

18世紀，ブラクストンは，大権という言葉を，国王のみが享受する権利だけを指すものとしていた[6]。基本的には，これらは君主の伝統的な権限であり，宣戦布告，講和，栄典の授与，法律案の国王裁可を含み，土地の譲渡のように臣下と共通して有するものは含まれない。つまり，それらは私人とは著しく異なる国王の法的特質であったし，現在でもそうである。もちろん，18世紀には，ハノーバー家の王位継承で政府の日常的活動について大臣が直接責任を負うようになり，絶対君主制からの乖離傾向が強まり，19世紀と20世紀には議会主権の原則が確立されて終わりを迎えた。18世紀には，政府の活動範囲はずっと小さく，（財務省や外務省のような）いくつかの主要な省があったに過ぎないが，20世紀の現代行政国家の確立により，政府の役割は大きく拡大し，君主は，行政部門の中心となる活動に対して周辺的なものなっている。このような発展を踏まえると，ダイシーが，立憲君主制への移行がほぼ完成した時期に，国王大権は，君主に専属する権限よりずっと多くものを含み，「国王の手に残された裁量的又は濫用的権限の残余」と見たことは驚くべきことではない。この定義では，政府が議会の是認なしに適法に行うことができる行為を含むようになった[7]。

今日でも，国王大権は，現代行政国家の作用において非常な重要な意味を持ち続けている。例えば，2009年に公表された議院報告書によれば，「国王大権上の権限の包括的なカタログを示すことは難しい」が，国王大権上の権限が働く領域には，立法府，司法制度に関する諸事項，外交に関する権限，軍に関する権限，任命と叙勲，免責と特権，緊急事態における権限，そして，金属，貨幣，埋蔵物，印刷などに関する種々の権限を含んでいるとされる[8]。このこと

---

6) W Blackstone, *Commentaries on the Laws of England*, Vol 1 (London: Sweet and Maxwell, 1836), 239.

7) A Dicey, *An Introduction to the Study of the Law of the Constitution*, 10th edn (Basinstoke: Macmillan, 1959), 425.

が明らかにしているのは，国王大権上の権限の使用は，国家の主権的存在に関心を持つ者にとっては，比較的些末な事柄を対象としているということである。また，この権限は不変のものではない。2009 年の議院報告書は，期待されていた国王大権の改革に先立ち作成されたものであった。その後，2010 年の憲法改革及び統治法は，公務員の管理に関する国王大権上の権限と国際条約の批准に関する国王大権上の権限に制定法上の根拠を与えた。

　また，強調されるべきは，国王大権には 2 つの重要な制限が存在するということである。一つは議会によるもので，例えば，議会での質問や議会の委員会の活動を通じて，大臣に国王大権により行った決定についての責任を負わせることができる[9]。議会は，2010 年法がそうであったように，法律を制定することもできる。法律の制定は，制定法が規律する領域と重なる限りで[10]，国王大権上の権限を消滅させる効果を持つ。ウエストミンスターの議会に法的主権があるという理解と一致するものである。

　もう 1 つの制限は，司法審査を通して裁判所によって課される制限である。この制限については第 9 章で本格的に扱うが，ここでは，裁判所が，国王大権上の権限が本質的に反民主主義的な方法で用いられる可能性をますます危惧していることだけを指摘しておく[11]。この危険に対するために，裁判所は，一層多くの国王大権上の権限を司法のコントロールに服するものとし，権限の濫用があった場合には，救済手段が発出されるべきであるとしてきた[12]。他方で，裁判所は，いくつかの国王大権上の権限が司法審査適合的ではないこと，そして，「高度な政治」の領域でなされた決定を裁判所が監督することは憲法上不適切なものとなるということを認めてきた[13]。また，裁判所は，たとえ，決定

---

8)　L Maer and O Gay, 'The Royal Prerogative', SN/PC/03861, s 2, referring to A Bradley, K Ewing, and C Knight, *Constitutional and Administrative Law*, 16th edn (Harlow: Longmans, 2014), 250-67.

9)　See ch 2.

10)　*A-G v De Keyser's Royal Hotel Ltd* [1920] AC 508. ch 9 で検討される。

11)　*R v Home Secretary, ex p Fire Brigade's Union* [1995] 2 AC 513.

12)　Ibid.

の内容が司法審査適合的なものであっても，問題の決定が，裁判所が自制すべき状況（例えば，国家安全保障が問題となっていた場合）においてなされたものである可能性があることも認める[14]。

5. 2. 2 立　　　法

　様々な種類の立法と，それらを取り扱うための様々な所定の手続が存在する。

5.2.2.1 議会の立法

　中央政府はイギリスにおける権力の中心である。ごく最近まで，地方政府機関に対して課された制限と，政府への権力の集中のために，我々の憲法のこの特徴は著しく強まってきたといえる。これは，議会が，少なくとも理論的には制約のない主権の原理のもとで，法律を作成，廃止する巨大な能力を有していることによる。議会は，議会の法律，すなわち「制定法」を可決することによってこれを行う。中央政府の立法は，主として政策の履行に関係するが，その政策は，しばしば，マニフェストや各省の要望に由来し，内閣により承認されたものである。多くの場合，議会は，政府により支配されており，一部の例外を除けば，（いつもではないが）通常は協議を行い，多数派を自らの立法提案の成立を保証する方向に持って行くことができる。この立法提案は，法律案の形で提出され，議会両院での議論を経ることになる。法律案が適切に成立した場合，EU 法に反しない限り[15]，裁判所において議会の立法権を争うことはできない[16]。

　行政法の文脈では，こうした立法権限を認識することだけでなく，その権限

---

13)　*R v Secretary of State for Foreign and Commonwealth Affairs, ex p Everett* [1989] 1 All ER 655, 668.

14)　*Council of Civil Service Unions v Minister for the Civil Service* [1985] AC 374.

15)　See *Pickin v British Railways Board* [1974] AC 765.

16)　See *R v Secretary of State for Transport, ex p Factortame Ltd (No 2)* [1991] 1 AC 603.

第 5 章　現代行政国家　*151*

の行使の方法にも関心が寄せられる。多くの場合，議会の法律は，委任立法の規定を設けることにより大臣に裁量権を与えている。過去 35 年間でこの傾向は質的にも量的にも非常に強くなってきた。これらの規定はしばしば国務大臣が施行命令を出してはじめて効力を発することになる（5.2.3 参照）。

5. 2. 2. 2　私 法 律 案

　議会は，他の団体により要求された法律を正当化するための仕組みも提供する。私法律案〔Private Bills〕は，政府ではなく，地方政府機関，国有化産業，個人により提出される。その好例は，英仏海峡トンネルの鉄道接続の完成を可能にした 1996 年英仏海峡トンネル鉄道法である。野心的な事業の実現のために，例えば，土地の取得や大規模建築工事の執行に関する様々な追加的な権限が必要とされていた。より最近では，2013 年ハンバー橋法は，ハンバー橋の運営を担当する委員会に対して，通行料の設定と財務管理に関する修正された権限を与えた。私法律案は，議会で可決されると他の法律と同じ法的効力を持つが，国王裁可を受ける前に異なる経過をたどって議会で可決される。これは当該提案の一般的なメリットを確立するためのものである。この点は手続的には委員会段階で最も顕著に現れる。法律案が委員会で反対された場合，委員会において準司法手続がとられ，そこで，推進派と反対派は，弁護士を代理人として，自らの意見を表明することができる。反対派は当事者適格，すなわち，その法律案によって影響を受ける利益を有しなくてはならない。委員会段階のハードルを越えると，法律案は通常の方法で法律となる。

　1988 年，議会両院の特別合同委員会において私法律の作成手続について検討された。その審議を経て出された勧告は概ね履行された。加えて，1992 年交通工事法は，鉄道，トラム，港湾についての建設，開発プロジェクトを承認する議会外のシステムを導入した。現在，国務大臣は，当該プロジェクトが両院の承認が必要な「国家的重要性」を有するものを除き，議会の承認なしに命令を出すことができる。その結果，1999 年までに私法律の数はごく少数になった（以前は 1 年に 30 から 40 であったところ，3 から 4 程度である）。

5. 2. 2. 3　議員提出法律案

　議員提出法律案〔Private Member's Bills〕が議会に提出されることもある。しかし，議員は立法の提案をすることができるが，その法律案の重要性は限定的である。これは，議会の時間が限られているだけでなく，その提案について議会の過半数を確保することが非常に難しいためである。法律案が，政府の立法計画や優先事項と抵触する場合には特に難しい。注意すべきは，国民に人気のある立法でさえ，政府の支援なしに，議員が支持を得る余地はほとんどないということである。他方で，いったん立法されると，その施策のいくつかは社会的に大きな意味を持つ可能性がある。例えば，1960 年代の，妊娠中絶に関する立法，死刑廃止に関する立法，離婚と同性愛に関する立法はその後数十年にわたって大きな影響を与えた。

5. 2. 2. 4　スコットランド，北アイルランド，ウェールズ

　スコットランド議会，北アイルランド議会，ウェールズ議会は，1998 年スコットランド法，1998 年北アイルランド法，2006 年ウェールズ政府法によって，それぞれ定められた制限の範囲内で主位立法を可決する権限を与えられている（1998 年人権法 21 条においては従位立法になることに注意）。例えば，「スコットランド議会の法律は，その法律の条項がスコットランド議会の立法権の外にある限り法ではない」と規定するスコットランド法 29 条 1 項と附則 5 を参照。1998 年北アイルランド法 5 条は，議会は，法律〔Acts〕として知られる法を作成することができると規定するが，他方で 6 条は「法律の条項は議会の立法権を超える場合には法ではない」と定めている。

5. 2. 3　委任立法

　20 世紀の初め，Hewart 首席裁判官は，その著書 The New Despotism（1929年）において，従位（又は「委任」）立法の広がりを，議会がその主たる憲法上の役割である立法の役割を放棄するものと見なした。しかし，委任の拡大傾向は，国家の行政機関への権限の大きなシフトがあったことを確認するもののよ

うに見えるが，同時に，20世紀において，政府活動の役割が大幅に拡大したこと，この拡大が議会の審議時間に明らかな制約をもたらしたことから，多くの場合に委任が正当化できるということが認識されるべきであろう。実際，議会が全ての法を作成することができず，制定法を可決するときでさえ，その詳細さには明らかな限界があることから，委任立法〔delegated legislation〕は不可欠なものである。行政上のルールの作成は，それが複雑で詳細なものであるため，主位立法は，とりわけ緊急時において，より高い柔軟性を持つ委任された権限により補われる必要がある。イギリスにおける立法は，通常，詳細かつ緻密に起草され，残余の権限のみが行政部門に委ねられる。これは，制定法が，政策の広範な表明であり，委任立法によって行政部門にその履行が委ねられていることが一般的な大陸法の伝統と対照的である（もっとも，政府行政の領域における立法は，しばしばより骨子的なものである。例えば，1991年養育費法は骨子的な形を取っていた。これは，その後，同法のもとで設立された養育費庁が，規則を作成してこれを補うということを意味していた）。

　加えて，委任立法は議会が権限を他の機関に付与することを認めている。これは，大臣の命令，条例，省の通知文書，ガイドライン，行動準則など様々な手段で実現される[17]。

5.2.3.1 制定法的文書

　制定法的文書〔statutory instruments〕とは，1946年制定法的文書法1条1項で定義されている大臣により制定されたルールや命令である。実際，「制定法的文書」という言葉は，同法が含むあらゆる形式の立法をカバーする幅広い表現である。

　1946年制定法的文書法1条は次のように規定している。

　　命令，ルール，規則，その他の従位立法を作成，確認，承認する権限が，

17）　e.g., the Highway Code discussed later.

この法律又はこの法律の施行後に制定された法律により，枢密院における国王又は大臣に与えられている場合において，当該権限が，

（a）　国王に与えられている権限の場合に，枢密院令により行使されるものと，

（b）　大臣に与えられている権限の場合に，制定法的文書により行使されるものと

表明されている場合には，その権限が行使されるいかなる文書も『制定法的文書』となり，この法律の条項がそれに応じて適用されるものとする。

制定法的文書は，一般に，承認を受けるために議会に提出される。制定法的文書は，通常，公示を経て，大臣の署名により発効する。しかし，公示前に協議をすることが要件とされていることがある。例えば，1980年社会保障法9条と10条は，社会保障規則は，草案の形で社会保障諮問委員会に提出されなくてはならないと規定する。委員会の報告書は当該規則とともに議会に提出されなくてはならない。

公示の要件は重要である。長年議論のある基本的な問題として，制定法的文書が，それによって影響を受ける者への告知なしに有効となりうるのかという問題がある[18]。

1946年法のもとでは，

（a）　授権する法律は，その制定法的文書を事前に公表する際に用いられるべき手続を定めることができる。又は，

（b）　当該授権法律は，1946年法に規定された手続に従うものと規定することができる。

この手続は，政府刊行物出版所への制定法的文書の送付に関するもので，印

---

18)　See *Johnson v Sargant & Sons Ltd* [1918] 1 KB 101.

第5章 現代行政国家 *155*

刷日が制定法的文書の発出日の確定的証拠となる。

　文書の中には，1946 年法と 1948 年制定法的文書規則による公示について適用除外となっているものがある[19]。枢密院令の中には国王大権のもとで制定できるものがある[20]。

　2015 年 10 月，貴族院は，二次的立法に対する拒否権を用いて，政府が税額控除に関する主要政策を変更することを阻止し，議論を巻き起こした。貴族院は，憲法上の慣例では下院の領域と通常見なされている財政管理の問題についてこれを行い，そしてそれは 2015 年 5 月の選挙から数か月で行われたものであった[21]。それに対して，Strathclyde Review を経て，政府は，制定法的文書に対するこの絶対的な拒否権を，例えば，貴族院に，制定法的文書を再検討のために庶民院に差し戻す選択肢を付与するような，より弱いものに置き換える立法を計画していることを発表した[22]。そうした変更は，選挙で選ばれた庶民院優位に議会のバランスを変更するものというだけでなく，しばしば政策変更の手段として委任立法を用いる政府の立場を強化するものでもあるだろう[23]。

5.2.3.2　条　　例

　条例〔by-laws〕は，他のタイプの委任立法と同じく，制定法によって付与された権限のもとで，地方政府機関や他の行政上の組織により制定される。例えば，これには，地域に存在し，又は地域で生じる特定の状況における規制のために必要とされる地域的法を含む。しかし，例えば，地区，財産，事業の規制や管理のための鉄道事業機関のような機関により，又はその機関に代わって制

---

19)　SI 1948/1.

20)　See *Council of Civil Service Unions v Minister for the Civil Service* [1985] AC 374.

21)　See M Russel, 'The Lords, Politics and Finance' UK Const L Blog, 2 November 2015; and 1.5.2.

22)　Hansard, col 1740, 17 December 2015.

23)　A Tucker, 'Tax Credits, Delegated Legislation, and Executive Power' UK Const L Blog, 5 November 2015.

定されたルールも含む。1972年地方政府法235条は，地方政府機関が，歩道における犬のふん害，公共の場所でのゴミ，歩道への自転車の乗り入れ，避妊薬の販売のような広い範囲の事項をカバーする条例を制定することを認めている。また，地方政府機関が採用することができ，しばしば採用されるモデル条例もある。中央政府が準備した条例は，特定の目的で修正することができ，かなりの柔軟性がある。

　他の形式の委任立法と同様，条例の有効性は裁判所で争うことができる。これは，権限踰越を理由に直接的に，又は，条例のもとで刑事訴追があった場合に間接的な形で争われる。Boddington判決においては，条例が無効であるため有罪判決は無効であると主張された。貴族院は，議会が主位立法で明示的に別段の定めをしている場合を除いて，条例の有効性の抗弁は許されるとした[24]。

5.2.3.3　収 用 命 令

　地方政府機関は，一般的に，1981年土地収用法により，開発の目的で土地を取得するために収用命令を出すことができる。この命令は，一般的な見解によれば，委任立法の一形式である。

5.2.3.4　行政上のルール

　実施規程〔codes of practice〕，通知文書〔circulars〕，ガイドラインは，政府の運営において重要な役割を果たす。すなわち，都市農村計画，保健，労働安全，人種関係，動物福祉，規制権限行使，汚染防止といった広範囲にわたる政策作成において，これら様々な形式の「準立法」と呼ばれるものが用いられる傾向が近年強まっている。そうしたルールの採用には明らかな利点が存在する。例えば，そうしたルールは，より柔軟性があり，ルールの適用における裁量がどのように行使されるのかをよく示すものである可能性がある。また，そ

---

24)　See *Boddington v British Transport Police* [1999] 2 AC 143 (HL).

うしたルールは，比較的厳密ではない法律用語で記述されている。多くの場合，公的な機関が実施規程を出すことは情報伝達機能の履行という面では非常に望ましいのであるが，その条項の法的執行可能性の問題が検討されなくてはならない。

多くの市民にとって馴染みのある道路規程を例として取り上げる。この規程は，道路交通法上の施策のいくつかを説明するものであるが，同時にそれを超えて，道路利用者に対する「指導のための指示」も規定し，様々な状況において道路利用者がどのように行動すべきかを示している。道路規程の条項の不遵守それ自体は刑事責任を生じさせるものではない。しかし，道路規程に従わないことが同時に道路交通法上の他の違反となる場合には，道路利用者は刑事訴追される可能性がある。同様に，1984年警察及び刑事証拠法上の実施規程は厳密には執行可能ではない。しかし，容疑者を逮捕するときに警察が実施規程に従わない場合，常にそうなるとは限らないが，裁判所が不遵守を理由に当該逮捕を違法と考える可能性がある。さらに，実施規程の不遵守のみを理由として，公務員に対して刑事，民事の訴訟手続を執ることはできないが，公務員が実施規程に違反していた場合には，それを理由に懲戒手続に附される可能性がある。関係する法律が国務大臣が発出するルールによって補われている場合もある。

5.3 中 央 政 府

「中央政府〔central government〕」という言葉は，様々な権限を付与されている様々なタイプの公的，準公的組織を指す。このリストには，省〔government departments〕，エージェンシー〔governemental agencies〕，公共企業体〔public corporations〕，クワンゴ〔quangos〕(quasi-autonomous non-governmental bodies)が含まれる。

5. 3. 1　中央政府の省

中央政府の省〔central government departments〕は，政府の中核的職務の遂行について責任を負う。省の機能と権限の大部分は制定法によって定められている。しかし，一定の権限は依然として大臣が行使する大権のもとにある。各省は，大臣〔minister〕又は国務大臣〔Secretary of State〕を長としており，財務省によって直接に財源が手当てされる。上級の公務員は，政策の形成と運営において大臣を助けるパーマネントの職員である。一方，大臣は，個別大臣責任に関する慣例により，少なくとも理論的には，その省と職員の行為について議会に対して政治的な責任を負う（第2章参照）。同時にPO（議会オンブズマン〔Parliamentary Ombudsman〕）は，庶民院議員による省内の不正に関する不服申立てを調査することができる（第6章参照）。前連立政権は，公共支出を削減する戦略の一部として，公務員改革計画のもとで[25]，23%の公務員を削減する取組みを強力に推し進め，2014年までにその総数を41万人にまで減らした[26]。

1960年代以降，フルタイムの公務員と並んで，様々なタイプの特別アドバイザー（報道担当官，学術的テーマに関する専門家，エコノミスト，政策アドバイザーなど）の大臣による任命が増えている。これは猟官制と共通する要素を持つ。それは，これらのアドバイザーが首相官邸，内閣，その他の省において，大きな権力を行使することができるからである。その役職の任期は政権の存続次第であるが，「特別アドバイザー」は政府機構の相対的に小さな部分を構成し，全体として，有用な機能を果たしているといえる。こうしたアドバイザーがその行為について憲法上責任を負うとされたのは，2010年憲法改革及び統治法においてであり，ごく最近のことに過ぎない。

政府の中核にある，財務省や大法官府のようないくつかの省は，中世の国家部署から発展してきた。外務省，内務省などは19世紀に現在のように認識さ

---

25)　G Freeguard, 'Counting Down: The Latest Civil Service Staff Numbers', *Institute for Government*, 11 June 2014.

26)　Office for National Statistics: Statistical Bulletin, Civil Service Statistics 2014.

れるようになった。実際，内務省は，刑務所，警察，入国管理，放送のような国内の政策立案に関して，多くの様々な責務を着実に取得してきた。しかし，20世紀，特に1945年以降，戦後大きく拡大した政府の役割に対応するために重要な省が設立されてきた。1975年国王の大臣に関する法律は，枢密院令（委任立法の一形式，5.2.3参照）によって省の責務を再編，移譲することを認めている。これらの省のうちのいくつかは，離合集散プロセスと呼ばれるものを通して，政策動向の変化に対応するために何度も再編されてきた。一例をあげると，保健省は，第2次世界大戦後，巨大で扱いにくい省と考えられ，その機能のいくつかは，住宅及び地方政府省と社会保障省に分けられた。その後，1970年の再編で，保健と社会保障は，この領域の政策立案を調整する責務を有する1つの巨大な省に統合された。内閣のテーブルには1つの席しかなかったが，1988年に保健と社会保障が再び別の省に分けられると，それぞれが閣僚を有することになった。社会保障省の主たる機能は，2001年に新しい労働年金省に移された。同様に，通商と産業は，数度の分割と統合がなされ，現在ではビジネス・革新・技能省と呼ばれている。しかし，これらの変化にもかかわらず，各省の厳密な境界線を超える政策取組みが，避けられないものとして存在してきたし，それは機能の重複や根深い省の間の対立につながってきた。環境問題に対する責務の区分について考えてみると，それは，交通省と環境省（1997年に統合されて環境・交通・地域省となった）の間の継続的な対立につながっていた。2002年5月には，内閣改造に伴って同省は廃止され，交通はいったん独立した省となり，地方政府と地域に関する責務は副首相府に移された。もう1つの変化は，国家遺産省の名称変更であり，文化・メディア・スポーツ省となった。憲法問題省は，以前は内務省にあった刑務所運営に関する責務を引き継ぎ，法務省（2007）に名前が変わった。教育技能省は，子供・学校・家族省と，革新・大学・技能省（2007）に分割された。大学と継続教育に関する責務はビジネス・革新・技能省に移され，他方で19歳までの教育は教育省にとどまった。

　政府の立法が，通常，省によって開始されるという事実からすれば，大臣と

公務員に対して付与される権限の性質と範囲，裁量の程度が，起草段階での政策的考慮により決定されることが非常に多いのは当然である。さらに，制定法が，法作成機能と裁決機能を同じ法律の一部として組み合わせていることが珍しくないことにも触れておきたい。例えば，1990年都市農村計画法は，ほとんどの土地利用を地方政府機関と環境大臣が監督できるようにしたが，両者の関係がこの文脈においては重要である。関連する地方政府機関は，その地域について，計画政策を有しなくてはならず，基本計画を作成しなくてはならない。基本計画は，地方計画機関に提出され，承認を受けなくてはならない。加えて，同法は，開発や土地の用途変更をしようとする者は，計画の許可を申請しなくてはならないとしている。不許可の場合には，大臣に対して上訴する制定法上の権利がある。

5. 3. 2　ネクストステップスエージェンシー――形成と範囲――

　本章の冒頭（5.1.2）で，過去20年間，より効率的，競争的に，そしてより低いコストで，納税者に対して公的サービスを提供する手段として，公的サービスの提供に関する新たな構想が採用されてきたことを指摘した。いくつかの事例において，契約と市場原理へのシフトは，完全な民営化や私的セクターの組織への機能移転の形をとってきた（5.9参照）。大まかにいうと，この戦略は，中央の政策立案権を少数の大臣や上級の公務員に残しつつ，日常的な詳細な政策の実施をエージェンシーに担当させることであった。ネクストステップスエージェンシー〔Next Steps agencies〕は，1988年に首相の効率性向上ユニットが公表した報告書であるImproving Management in Government: The Next Stepsに起源を有している。この構想が政府と公務員の関係の再定義という点で非常に重要な意義を持ったことが明らかになるだろう。実際，新しいタイプの公的サービスのための組織を作り出すものと見ることができるかもしれない。このことは公務員組織に対して非常に大きなインパクトを持った。1999年までに，全46万6千人の公務員中36万2千人が138のネクストステップスエージェンシーに配属された。内務省のケースでは，イギリス国境局は元の名

第5章 現代行政国家 *161*

前のままであったが，当初のネクストステップスエージェンシーの多くは，それ以降，新しい名前で再編され，責務を再度割り当てられた。

報告書のいくつかの重要な要素はスウェーデンのエージェンシーモデルから取られていた。しかし，イギリスでの実績とは対照的に，スウェーデンの執行エージェンシーは政府から独立している。スウェーデンの執行エージェンシーは，直接に議会の報告を行い，外部監査の対象とされているだけでなく，情報自由法が全ての公的機関に適用される国において設立されてきたものである。

制定法によって設立される多くのクワンゴと異なり，ネクストステップスエージェンシーは，基本協定によって組織されてきたのであり，完全なコーポレートアイデンティティを持たない。エージェンシーは，サービスの提供がより効率的に達成されるか確認するために，サービスを特定し，ビジネスプランの形で入札を受けるなど，市場化テストを行うことを期待されている。そのような情報は「エージェンシーの機能と達成目標」を定めるために用いられる基本協定書〔framework document〕（FD）の草案に盛り込まれる。FD は，地位，目標，目的，省と当該エージェンシーの関係，業績目標，会計を設定する。FD はまた，当該エージェンシーの業績の定期的検査についても定める。ネクストステップスは，執行エージェンシーに，企業責任とコーポレートアイデンティティを導入したが，法人格は与えなかった。1990 年政府取引法と 1992 年公務（管理機能）法は，これらの変化を推し進めるために制定された。前者は資金の問題を取り扱い，後者はエージェンシー内の雇用管理を取り扱うものである。FD に加えて，エージェンシーは年次の業績協定を結ぶ。しかし，これは私法上の契約と完全に同じものというわけではない。むしろ，その契約は「目的を定め，目標を設定し，業績を監視すること」により，提供されるべきサービスの詳細を特定するものと位置付けられるものである。

その本質的な特徴は次のとおりであった。

各エージェンシーは，大臣が承認した基本協定書において，責務，明確な目標と目的を定めた。各エージェンシーは，大臣が定めた政策の中で，それ

を実施するために働く。各エージェンシーは大臣が承認した年次業績目標を設定される。各エージェンシーの長は，その目的と目標に関するエージェンシーの業績について個人責任を負う。エージェンシーの業績は省によるチェックを受け，エージェンシーが与えられた任務の詳細とそれらに関する業績は年次事業報告書で公表される[27]。

この説明が，アカウンタビリティの主要な尺度として，財務的効率性を強調するものであることは明らかである。実際，この変更された制度の１つの問題点は，エージェンシーの職員が，目標を設定し，標準化と新しい管理の仕組みを考案するという非常に官僚的な行為に大量の時間と資源を費やしているところにある。

ネクストステップスエージェンシーのさらなる特徴は，職員配置と管理に対する修正されたアプローチにさらされてきたことである。FD は大臣とエージェンシーの長の間の契約関係に近いものを作るが，ニューパブリックマネジメント（NPM）の理論は，公的セクターにおいて，より専門的な管理スタイルの精神を促進し，職員募集や労使関係をエージェンシーの長の管理下に置く。一般的に，職員は公務員のままであるが，エージェンシー内部の変化は，「エージェンシーに対して非常に多様な任務を実施するのに必要な特定の手段や施設を与えるために」，公務の均一性に影響を与えるかもしれない[28]。

エージェンシーという地位を与えたことは，決定に関するアカウンタビリティについての重要な問題を生じさせた。大臣と公務員の古典的関係では，制定法のもとでの裁量は「放棄してはならず，命令に服したり，過度に厳格なルールによって自らに足かせをはめることで，有意義な裁量権の行使を先取りすることは許されない」[29]。他方で，「カルトナ原則〔Carltona principle〕」は，委

---

27) Next Steps Agencies in Government, Review 1993, Cm 2430.

28) P Kemp, House of Commons, Treasury and Civil Service, *Progress in the Next Steps Initiative*, 8th Report, HC 481 (1989-90).

29) M Freedland, 'The Rule Against Delegation and the Carltona Doctrine in

任に対してそのルールを限定し,「権限や裁量が,良き行政慣行の命じるところに従って行使されること」を認める[30]。この原則は全ての執行エージェンシーで働いている公務員に及ぶ。同時に,1992年公務管理機能法は,中央政府の省から執行エージェンシーへの管理機能の委任を認めている。そのため,ネクストステップスエージェンシーは,しばしば,主たる決定機能を果たし,その長からは公務員の匿名性のマントが取り外された。

5.3.2.1　ネクストステップス:より広い含意

　新しいエージェンシーについて多くの問題が発生している。執行「ネクストステップス」エージェンシーとしてのプリズンサービス〔Prison Service〕と内務省(プリズンサービスに関する責務は2007年に設立された法務省に移っている)の間の関係を簡単に検討することでこの問題について示すことにする。時がたつにつれ,「ネクストステップス」の取組みが,公務労働者の公平性と一般的アカウンタビリティに関する問題を生じさせていることが一層明らかになってきた。一部には,これは,すでに述べたように,大臣と公務員の間の確立された指揮系統が疑問視されたためである。プリズンサービスは,エージェンシーへの転換後,公務員と大臣の相対的な義務と責任を明らかにしようとすることが難しいことを示すのに有用な重要分野である。

　Parkhurst刑務所とWhitemoor刑務所で脱獄事件が発生した後,内務大臣により付託されたLearmont報告書は[31],プリズンサービスに対して広範囲にわたる批判を行った。確かに,最も劇的な脱獄が起きた後でも内務大臣らの辞職は当然というわけではなかったが,本件において,大臣らは,Learmont報告書で確認された多くの失敗について最終的な責任をとることを拒否するだけでなく,プリズンサービスの長官を解任するという前例のない措置をとった。懲戒の理由は示されておらず,この行為は公務管理規程に明らかに違反してい

　　Agency Context' [1996] *Public Law* 19, 22-3.

30)　See *Carltona v Commissioner of Works* [1943] 2 All ER 560.

31)　1995, London, HMSO, Cm 3020.

た。不当解任訴訟は裁判外で和解に至り，内務省は請求された補償金を全額支払った（その地位にあった者は，よりビジネスライクに事業を運営するために前内務大臣が実業界から連れてきた公務の世界とっての部外者であったというのは皮肉なことである）。

　この大臣の行為はどこまで擁護できるのか。Learmont 報告書で確認された失敗が全て運営レベルのものであったなら，その事業における長官の地位が変更されたことを理由に，長官の解任はおそらく正当化できたであろう。エージェンシーの長として彼は有期契約で雇用され，その契約には，業績給を含むインセンティブが含まれていた。その目的は，厳格で効率的な財務的一般的組織管理のために，私的セクターを経験した者に同等の競争的圧力を導入することであった。明らかに目標を達成できず，自らの責任を果たせなかったエージェンシーの長が，少なくとも報酬の減額，最悪の場合，即時解任となることを予期するのは，合理的であるように思われる。しかし，その後，解任を争う際，その前長官は，内務大臣が頻繁に当該事業の日常的運営に属する事柄に介入してきた証拠を示した[32]。この争いは重要である。なぜなら，役割分担があいまいであったという問題が存在したことを明らかにするものであったからである。実際，ある識者は，「政策の問題と運営の問題の明確な区別を欠いているため，大臣，本省，そして比較的程度は低いがエージェンシーにあわせて『政策』が都合よく漸進的に定められることにつながりうる。……それゆえに，監視役が排除又は遠ざけられなければ柔軟性は高まらない」という危険を予期していた[33]。

　すでに述べた脱獄事件は，責任の所在に関する論争を引き起こしたが，そこで非常に重要な問題は，公衆全体がプリズンサービスの運営を信頼できるよう

---

32)　'Minutes of Evidence Taken Before the Public Services Committee', 22 May 1996, HC 313.

33)　P Greer, 'The Next Steps Initiative: An Examination of the Agency Framework Documents' in D Galligan (ed), *A Reader in Administrative Law* (Oxford: Oxford University Press, 1996), 127.

に，アカウンタビリティがはっきりと確立されることである。それは，投獄が，個人の自由を奪い，その者の生活に大きな影響を与えるルールや手続に服させるものであるからという理由だけではない。安全面での問題が地方の地域社会に影響を与えるからでもある。さらに，1990 年に Strangeways や他の刑務所で起こった暴動や，1994 年の Whitemoor 刑務所，1995 年の Parkhurst 刑務所で起きた脱獄のように，事態が悪化した場合，政府や担当大臣の将来のキャリアに悪い影響を与えるだろう。この点を考慮すると，明敏な政治家であれば，それが大きな影響を与える可能性がある場合に，日常的問題に介入することを控えるということはほとんど考えられない。Whitemoor の問題で分かったことは，批判が全てエージェンシーの長のところにいくことはありえないということである。そして，大臣が介入していたということに照らすと，Derek Lewis 氏の即時解任は，大臣が，自らの失敗について個人的に責任を負うのではなく，エージェンシーの長や他の職員を非常に簡単に犠牲にすることがあることを示す悪しき先例となった。野党労働党は内務大臣の即時辞任を要求したが，内務大臣は党と首相の支持を維持してさらなる批判から守られた。

　基本的に，ネクストステップスは大臣責任を弱めているように見える。この変化が示したのは，日常的監督の問題は，現在ではエージェンシーの長に属し，他方で，国務大臣や本省には一般的な政策や予算に関する責任が残されているということである[34]。政府の中心で行われる権限の行使についての民主的コントロールが失われるという犠牲を払って，効率性の向上が得られているのである。その状況は，1997 年に労働党政権のもとで，ネクストステップスに関する大臣責任が再確認されることで一部改善されたが，政府から距離のある公的機関はまだ大量にあり，その機関に対するアカウンタビリティは，政府とその機関の間の境界と責任があいまいであるため，混乱し，重複し，無視されている。そのような機関に対するより明確な分類法を採用することにより，国家の構造を単純化，合理化し，同時にアカウンタビリティのチャンネルを改善

34）　C Harlow and R Rawlings, *Law and Administration*, 3rd edn（Cambridge: Cambridge University Press, 2009）, 65.

166

できるかもしれない[35]。

5. 3. 3　中央政府のサービスの民営化

　中央政府の各機関は，その機能の多くを制定法の根拠なしに自由に民営化してきた。それは，主として，私的契約をする根拠となる残余の権限には性質上制約がないためである。私的契約をする上で生じるさらなる問題は，契約に必要な商業上の秘密保持を理由に，（契約に係る財務上の詳細を含めて）情報が隠されるという状況につながってきたことである。サッチャー政権・メージャー政権の公式の立場は，議会に対する大臣責任を通した，確立されたアカウンタビリティのラインは不変であり，そのメカニズムは機能しているように見えるというものであった。すなわち，基本協定書の公表，エージェンシーの長の特別委員会への定期出席，公会計委員会と議会オンブズマンによるエージェンシーの調査により，多くの情報がエージェンシーの公的監視のために利用可能である。問題は，これにより一般的な公的利益がどれだけ達成されてきたかである。公共政策に関するより広い問題の決定と，アカウンタビリティについての民主的メカニズムの導入という重要な問題が未解決であるからである。以上のニューパブリックマネジメントの発展に照らして，議会と，オンブズマン，会計検査院，司法審査のような議会以外のコントロール手段との適切な協力関係を構築することが，十分に取り組まれるべき重要な憲法上の問題であると主張されてきた[36]。

5. 3. 4　バリューフォーマネーと公職における規範

　近年，中央政府においても地方政府においても，バリューフォーマネー

---

35)　'Who's Accountable? Relationships between Government and Arm's Length Bodies' *Public Administration Select Committee*, First Report of Session 2014-15, HC 110, 10.

36)　See, e.g., P Barberis, 'The New Public Management and A New Accountability' (1998) 76 *Public Administation*, 451-70, 462ff.

〔value for money〕の実現への関心が、供給者間の競争性改善への希求と結びついて、各部門の業務遂行方法に大きな影響を与えてきた。入札の問題に関していえば、特定の会社が特権的地位を得た場合、明らかに濫用の可能性があるため、私的セクターは一定の距離を保たなくてはならない。しかし、防衛のような特定の分野では、国内の製造業者、供給者が少数であるため、機密性の高い大規模プロジェクトが長年続く中で、密接な、ほとんど共生的な関係ができあがることがある。1960年代の公会計委員会の批判的な報告書は、公衆の犠牲において特定の企業が過剰な利益を得ていることを明らかにした。議会は、まず、1969年に、公的セクターにおける過剰利益を調査するために、財務省と英国産業連盟（CBI）の間にアドバイザリー委員会を設置することで対応した。しかし、公会計委員会の報告書はこの種の契約における過剰支出を確認し続けている。その一例が、RAFのための早期警戒レーダー開発のためのNimrodプロジェクトであった[37]。より最近では、公会計委員会はPFIプロジェクトのバリューフォーマネーについて批判的である。委員会の報告書は、他の資金調達方法とのより透明性の高い比較をすることを勧告し、そのようなプロジェクトのバリューフォーマネーを評価するため、財務省がより厳しい手法に関する新たな指針を出すべきであると勧告している[38]。一般的に、政府契約のプロセスは、公会計委員会が、会計検査長官と監査委員会と緊密に連携して、監視している。

　大物政治家は、職を退いた後、直接に大企業の取締役になる傾向があり、批判されてきた[39]。例えば、Tebbit氏は、ブリティッシュテレコムの民営化を主に担当していたが、通商産業大臣を退いた後、新しく民営化されたブリティッシュテレコムの非常勤取締役となった。Lawson氏は、1989年に財務大臣を辞

37）　PAC 16th Report, 'MoD Major Projects Statement 1983-84', HC 273, 1984/85; NAO Production Costs of Defence Equipment in Non-competitive Contracts, HC 505 1984/85.

38）　44th report - Lessons from PFI and other projects, HC 1201, 19 August 2011.

39）　The Committee on Standards in Public Life (the 'Nolan Report') Cm 2859.

した後，1990年2月に，バークレイズ銀行の非常勤取締役に任命された。Walker氏は，通商産業大臣を含む多くの閣僚を務めたが，ブリティッシュガスの非常勤取締役となった。ブリティッシュガスは1991年に新しく民営化された公益企業である。同様に，上級の公務員も，その公職を大企業の名誉ある役職と交換してきた。例えば，1991年に外交部の長を退いた後，Wright氏は，ブリティッシュペトロリアム，バークレイズ銀行，ブリティッシュエアポートオーソリティの役員への任命を受諾した。この問題について，近年，人々は眉をひそめてきた。その種の人々が，以前の同僚や所属した政府組織に影響力を持ち続ける可能性があったからである。もし，それらの会社が，中央政府との契約の入札に参加したり，競争委員会にかかる可能性のある買収を提案する場合，利益の二重性が生じる可能性がある。同様に，1997年の選挙後にBernie Ecclestone氏からの，その後，Hinduja兄弟とLakshmi Mittal氏からの労働党への寄附が発覚し，多額の金銭的支援が政府の政策決定の修正と関係しているのではないかという深刻な懸念を生じさせた。上級の公務員は政治的利益相反を確認する責任を負うべきである[40]。

5.3.4.1 EUと競争入札

EU法はこの領域に重要な影響を及ぼしてきた。それは，主として，1986年以後，単一市場を創設する規定が公的セクターにおける契約に対して影響を与えているためである。例えば，定められた金額（一般的に20万ユーロ）以上の公的物品供給と公共工事に関する政府調達契約は所定の手続に従わなくてはならない。これは，共同体内のいかなる場所に所在する国民に対しても，契約と役務の提供に関する入札に参加する平等な機会を保障するためである。しかし，EU指令の力点は，純粋な競争入札を可能にする共通広告と共通落札基準を要求するところにあった。契約は，最低入札又は「最も経済的に有利な入札」に対して与えられるべきである。さらに，政府機関はその決定の理由を示

---

40) See Cabinet Office Guidance of Civil Servants: Contact with Lobbyists, May 2010.

さなくてはならない。そのため，公共調達に関する EU 指令は国内の委任立法の一部として取り入れられている（第 19 章参照）[41]。

　欧州委員会は EU 運営条約（TFEU）258 条のもとで構成国に対して訴訟を提起することによって，この指令を執行する責任を負う（ただし，第 3 章で議論した国家責任の原理も参照。これにより個人も指令の実施の不作為について政府を訴えることができる）。一例として，構成国が契約の入札に関して他の構成国の市民を差別する事件がある。Commission v Ireland において[42]，水道会社が，アイルランドの企業一社だけが満たすことができるアイルランドのパイプに関する基準を設定した場合に，条約に違反しているとされた[43]。契約により外注される役務について競争の道を開くことは，一般的な法的要件となっている。そして，これらの施策は，国王の大臣，中央政府の組織，地方政府機関，消防，警察監督機関に適用される[44]。

5. 4　国民医療サービス

　NHS は，病院施設，看護サービスを含む，包括的な医療サービスを提供する義務を大臣に課している 1946 年医療サービス法によって設立されたものである。そのサービスは，政府支出のかなりの部分を占めており，アカウンタビ

---

41)　See, e.g., Public Contracts Regulations 2006 (SI 2006/5) and Utilities Contracts Regulations 2006 (SI 2006/6); Directive 2014/24/EU of the European Parliament and of the Council of 26 February 2014 on public procurement and repealing Directive 2004/18/EC; Directive 2014/25/EU of the European Parliament and the Council of 26 February 2014 on procurement by entities operating in the water, energy, transport and postal services sectors repealing Directive 2004/17/EC; Directive 2014/23/EU of the European Parliament and of the Council of 26 February 2014 on the award of concession contracts.

42)　Case 45/87, [1988] ECR 4929.

43)　P Craig, *Administrative Law*, 7th edn (London: Sweet and Maxwell, 2012), 128.

44)　I Harden, *The Contracting State* (Buckingham: Open University Press, 1992), 55ff.

170

リティの問題を重要なものとしている。保健機関は国王〔crown〕の組織であり，病院は国王の財産である。医療に費やされる支出総額の増加に照らし，医療費の高騰を抑えるために政府は多くの取組みをしてきた。

　2000年以来，医療サービスは概ね3層構造で運営されている。国務大臣は，その頂点にあり，次の層に指示を与える。次の層は，戦略的保健機関〔Strategic Health Authorities〕（SHAs）であり，全てのNHSの運営を監督する責務を負う。NHSのプライマリケアトラスト〔Primary Care Trusts〕が主たる資金提供者であり，病院と一般医に医療を委託する。資金は保健省が設定したガイドラインに従って提供されてきた。NHSは公的資金による団体であるが，1980年以来，内部市場を創設するために，「擬似的契約」が購入者と提供者の間で内部的に用いられてきた。このシステムは強く批判され，その後，基本的構造は修正された[45]。医療提供者間の競争を促進することによってコストを減らす以前のアプローチは，パートナーシップを促すことへと変更された。改正されたシステムは，過去の業績に関する支払いについて定め，目標を達成し，医療改善計画への適合性の点で向上を示した効率的な医療機関とプライマリケアトラストに報いようとするものだった。このアプローチは，ニューパブリックマネジメント（NPM）的手法を維持するもので，無駄を排除しようとするとともに効率性を促進するものであった。しかし，品質に関する新しい義務は，そのサービスを通して要求される診療に関する全体的な基準によって評価され，医療改善委員会は業績を監視する責任を議会に対して負う（1999年医療法17条）。NHSプライマリケアトラストの数は，2006年10月1日以降，303から152に削減された。

　より最近のNHSの組織再編として，2012年医療及び社会的介護法は，戦略的保健機関とプライマリケアトラストを廃止した。全国，地域の専門医サービスは，戦略的保健機関の機能の多くを引き継いだ新しいNHSの運営団体によって委託されている。この新しい法律はボトムアップを重視しているため，

---

45)　See White Paper in 1997, *The New NHS*, Cm 3807 and Health Act 1999.

病院サービスに使われる NHS の予算の大部分を一般医の団体が入札している。一般医の団体は，NHS の予算の 80％をコントロールし，公的セクター，私的セクター，慈善セクターのサービス提供者からサービスを購入する。民間の医療提供者と家庭医は，治療を選択できる患者をめぐって競争する。同時に，NHS の病院は，自費診療の患者に治療を提供する。2013 年から一般医は，患者の医療を買い入れる責任を負い，そのプロセスを新しい NHS の運営委員会が監視している[46]。

　公的資金によるサービスに関する重要な問題が残っている。診療に基づくサービスの提供において効率性はどのように計測されうるのか。私的セクターの管理戦略は公的セクターの組織にとって適切なものか。近年，政府によって導入された改革は，より価値があり，より品質の高い臨床サービスを実現するために，官僚的枠組みを再構築しようとするものであった。しかし，NHS の順番待ちリストの長さを示す全体的な数字は，資源配分とサービスの割当てに関する真の基本的な問題を覆い隠してしまう傾向にある。治療にはお金がかかり，資源は，中央政府によって設定される資金供出基準によって制限され，そしてそれらは政治的影響を受けるのである。

5. 4. 1　PFI と NHS

　Private Finance Initiative（PFI）は，公私のパートナーシップの一形式であり，歴代の政権はこれを公共サービスの品質と費用対効果を改善するための重要な手法と見てきた。PFI は公共サービスと施設を提供するために私的セクターの技術と専門性を求める。NHS についていえば，その PFI のスキームは，典型的には新しい大きな病院を建設するような資本の投資が必要な状況において，相互に有益なパートナーシップを構築しようとするものである。その施設は NHS が指定した要件に基づいてデザインされる。私的セクターは，期限ま

---

46)　A Davies, 'Beyond New Public Management: Problems of Accountability in the Modern Administrative State' in N Bamforth and P Leyland (eds), *Accountability in the Contemporary Constituion* (Oxford: Oxford University Press, 2013), 341ff.

でに定められたコストで病院を建設し，その施設と支援サービスを管理する。私的セクターは，資本コストを負担するが，NHS の要件を満たすよう，この施設を利用可能とし続けることによって，数年かけてこの支出を回収する。保健省の数字によれば，総計 20 億ポンド以上のパートナーシップが 2001 年末までに交渉された。そのようなスキームは，バリューフォーマネー（VFM）を示す必要があり，また，政府が巨額の支払いをする必要がないという明らかな利点がある。しかし，この仕組みについては，特に，財務省の全体的な財政負担，ひいては納税者のより長期的な利益に資するかという点で批判がある[47]。

5. 5 非省庁型の公的組織

5. 5. 1 公共企業体と国有化産業

公共企業体〔public corporations〕は，産業，事業を運営するために，制定法によって設立された非省庁型の公的組織〔non-departmental public bodies〕である。公共企業体は，半独立的地位を持つハイブリッド型の組織の一形式であるが，国王免責や国王特権を有する国王〔Crown〕の一部ではないし，その被用者は国王の公務員ではない。多くの場合，政府は，規制と予算面の権限を維持しているが，その組織の日常的な管理，運営は，役員会が担当し，責任を負う。

ITC（Independent Television Commission）は，2003 年に情報通信庁〔Office of Communications〕（Ofcom）に置き換えられる前に存在した組織で，公共企業体の好例であった。ITC は，私的セクター内でテレビ放送を規制するために，この役割を担っていた独立放送協会を置き換える形で設立された。ITC は，独立テレビ会社が，1990 年放送法，1996 年放送法の規定に従って業務を行うものとすることをその責務としていた。ITC の役員会は政府により任命された。この法律のもとで，放送に対するコントロールは緩和されたが，テレビ会

---

47) See Harlow and Rawlings, n 34, 422.

社が国内における番組に関する基準と割当てを満たさない場合，ITC によって制裁金が科せられた。他方で，BBC は異なる立場にあることに注意する必要がある。BBC は国王大権のもと勅許によって設立された。現在の勅許は2006 年のものである。BBC の主たる資金源は内務大臣とのライセンス契約によって設定されるライセンス料である。内務大臣は BBC の理事会の構成員を任命する責務を負っている。理事会は，BBC の日常的な指針だけでなく，長期的な戦略も決定する。放送における編集のコントロールは議論のある問題であり，（メディアに対する全体的な指示のみならず）何件かの任命の政治的性質が，ときに，その主要な放送組織の独立性と地位に関する問題を提起してきた。通信産業に対する政府の政策については 2003 年通信法を参照されたい。

　国有化産業〔nationalised industries〕（現在ではごく少数しか残っていない）は公共企業体の一形式である。もっとも，このカテゴリーは，主として 1945 年以降に政治的経済的な理由で公的所有とされた，石炭，ガス，電力供給，鉄道のような，多くの団体や事業を特に指す。国有化産業は公共企業体と同じく準独立的地位を有する。そして，それぞれ制定法によって設立されてきた。従って，これらの国有化産業の性質を決定するためには，その地位を与え，活動，義務，権限について定めた法律にそれぞれ立ち戻る必要がある。全ての例において，日常的運営は，私的セクターの会社の取締役会と似た役割を持つ役員会により行われているが，役員会は大臣により任命される。大臣と役員会の間での機能の分割が意味しているのは，大臣が，その国有化産業の日常的な運営について議会に対して責任を負うと考えられていないということである。しかし，大臣は，授権する法律のもとで，長期戦略を設定する指示の発出権を持ち，そして，助成金の配分，価格と賃金のコントロール，財務的目標の設定，商業的拡大の制限によって，これらの国有化産業の商業面の成長可能性に大きな影響を与える。1992 年のブリティッシュコールによる炭鉱閉鎖提案の公表後の石炭産業の将来に関する論争と，1994 年石炭業法のもとでの石炭産業の民営化とその後の一連の出来事がこのことを明らかにしている。ポストオフィス社による 1994 年以降の民間商業セクターでの競争に関する要望に係る議論

もその種の例である。1998年，政府はポストオフィス社を公的セクターにとどめることを決定した。しかし，国有の枠組みの中で，独立した公開有限責任会社として，従来よりずっと大きな商業的自由を持つものとされた。また，2000年交通法は，安全性への影響が懸念されたものの，航空管制サービスの一部民営化をもたらした。2007年の金融危機は，イギリスの銀行の脆弱性を露呈し，ノーザンロック銀行の国有化について定める2008年銀行業（特例）法の成立につながった。

大きさを問わず，2008年における国有化産業及び事業は，事実上，残りの公的セクターのエネルギー供給業者（原子力産業），ポストオフィス社，ロンドン旅客運送（現在は一部民営化）に過ぎない。これは，民営化，すなわち，これらの企業の株式を商業投資家，個人投資家に対して売り出した結果，国有化産業の数が1980年代に劇的に減ったためである。しかし，多くの新しく民営化された国有化産業においては，事業を規制する権限を残し，同時に，制定法上の規制の手段による消費者の利益保護が試みられた（5.8参照）。

5.5.2　クワンゴと「クワンゴの焼却」

中央政府の組織の一部ではないが，重要な行政的，規制的，助言的役割を果たしている制定法により設立された多くの組織が存在する。そのような組織は，しばしば，「クワンゴ〔quangos〕」又は「非省庁型の公的組織」と呼ばれる。これらに共通する特徴は，それらが，制定法によって設立され，少なくとも政府が一部資金を出しているということである。政府はしばしば役員会の任命権を維持している。しかし，同時に，これらの（少なくとも理論的には）準公的な組織の活動は，政治的議論の主流から外れている。これらの組織の被用者は公務員ではなく，一般に，国王免責による保護を受けない。

重要なクワンゴのリストには次のものが含まれる。

・Arts Council England
・Atomic Energy Authority
・British Library

第 5 章　現代行政国家　*175*

- Civil Aviation Authority
- Competition Commission
- English Tourist Board
- Equality and Human Rights Commission
- Food Standards Agency
- Health and Safety Executive
- Homes and Communities Agency
- Natural England
- Parole Board
- Research Councils UK.

　2011 年公的組織法は，大臣が，命令により，リストにあげられた公的組織の機能を廃止，統合，移譲することを認めることで，クワンゴの数を大幅に減少させることを企図していた。この構想は，単なるコストカットではなく，市民へのサービスのレベルを維持しつつ，公的セクターの効率性を改善することを企図するものとして，連立政権により提示された。2010 年 10 月に報じられたところでは，901 ある中の 192 が廃止されるということであった。しかし，より詳細な調査が示すところによると，多くの場合，その機能は他のクワンゴや中央政府の組織に移されているとのことである[48]。第 7 章で明らかにされるように，行政的正義及び審判所評議会〔Administrative Justice and Tribunals Council〕は，苦情解決の水準の改善という点で有益な役割を果たしてきたが，この組織再編の一環として廃止された組織の一つとなった。

---

48)　R Rawlings, 'A Coalition Government in Westminster' in J Jowell, D Oliver, and C O'Cinneide (eds), *The Changing Constitution*, 8th edn (Oxford: Oxford University Press, 2015), 208ff.

5. 6 権限移譲と地方政府

スコットランド, ウェールズ, 北アイルランドでの選挙の後, 1999 年に施行された権限移譲〔devolution〕により, 1998 年スコットランド法, 1998 年ウェールズ政府法, 1998 年北アイルランド法に含まれる条項のもとでの権限の大規模な再分配が生じた。加えて, ロンドンにおいて新しい層の地方政府が公選の市長と議会とともに導入された。

しかし, イギリス全土において, 地方政府機関は, 制定法が規定した枠組みの中で中央政府のもと動いており, 履行することを要求される広い範囲の制定法上の義務を有する。また, それらの地方政府機関は, さらに広範な裁量権を有しており, 望む場合に一定の活動をすることができる。

5. 6. 1 権限移譲：スコットランド, ウェールズ, 北アイルランド

現在, イギリスは, 分権政府のシステムを有しているが, スコットランド, ウェールズ, 北アイルランドの個別の必要に適合するように仕立てられており, その内容は同一ではない。スコットランドは, 4 年ごとに追加議員制度によって選出された 129 人の議員からなる議会を有する。有権者はそれぞれ 2 票の投票権を持ち, 1 票は選挙区に, もう 1 票は選択した政党に投票する。「追加議員」は, 現在の欧州議会選挙区ごとに作成された政党のリストから選出される。スコットランド議会は, 主位立法を可決する権限とは別に, 連合王国議会における, 立法を監視する常任委員会と行政部門の業務を監督する特別委員会の機能を組み合わせた主題委員会を有する。スコットランド法の第 2 編は, 首相や他の大臣を含むスコットランド行政府について定めている。スコットランド行政府は, 以前は, スコットランド大臣やスコットランド省のもとにあった権限に係る責務の多くを引き継いでいる[49]。スコットランド議会が立法権を

---

49) Scotland Act, ss 44-63.

有する主要な政策領域として，教育，法，裁判所，刑務所，裁判官の任命，経済発展，農業，漁業，地方政府，環境，住宅，旅客，道路交通，森林，芸術がある。権限移譲の資金は，主として，バーネットフォーミュラ〔Barnett Formula〕と呼ばれるイングランドの同様の政策領域での支出レベルに従って算出された，連合王国議会からの定額交付金によりまかなわれている。しかし，1998年スコットランド法は，1ポンドあたり3ペンスまで所得税を引き上げる権限をスコットランド議会に与えた。ただし，この仕組みは改められることになっている。2014年のスコットランド独立に関するレファレンダムの後，Smith委員会は，地方で課されるスコットランド所得税の導入と，スコットランド行政府が一定割合の地方付加価値税を受領することの維持を勧告し，その内容は2016年スコットランド法に含められた[50]。バーネットフォーミュラのもとでのスコットランドへの配分は，スコットランドでの歳入を考慮するよう調整される。加えて，多くの他の重要な機能がスコットランド行政府の手に委ねられており，それには福祉手当，雇用支援，放送規制が含まれる[51]。

　1998年ウェールズ政府法は，現在，2006年ウェールズ政府法により概ね置き換えられているが，60人の議員からなるウェールズ議会を設置し，1999年に第1回議会が開催された。当初は，ウェールズ議会は非常に限られた法制定権しか持たなかった。ただし，ウェールズ大臣は，必要な立法措置が連合王国議会でなされるよう，連合王国議会の立法プログラムについてウェールズ議会と協議する義務を負っていた。しかし，現在では，ウェールズ議会は，その管轄領域内において自身の法制定権を有している[52]。2006年ウェールズ政府法は，ウェールズ議会の3分の2以上の議員の賛成投票によって立法権限の付与に関するレファレンダムがウェールズで行われることを規定していた。2011

---

50)　それ以前に，The Calman Commission Report（Serving Scotland Better: Scotland and the United Kingdom in the 21st century: Final Report, 2009）は，2012年スコットランド法に含まれていた地方課税所得税を含む，財政改革に関するより穏健な提案を勧告していた。

51)　See the Scotland Act 2016, Parts II and III.

52)　See further 2.2.

年3月に行われたレファレンダムによる承認を経て，2011年5月の選挙で選出されたウェールズ議会は，初めて，自らの立法プログラムを持った。Silk委員会の勧告を受けて，ウェールズに関するさらなる改革が見込まれている。この改革は，権限移譲に関する現在の付与された権限モデルから留保された権限モデルへの変更に基づくもので，スコットランドで採用されたものと同様の地方税課税権をウェールズに導入するものとなりそうである[53]。

　1998年北アイルランド法は，直接公選による北アイルランド議会について規定している。同法によれば，北アイルランド議会は，立法権を有し，4年ごとの選挙で選ばれる108人の議員からなる。議員は，定数6の18選挙区から，単記移譲式投票（STV）により選ばれる。北アイルランド議会は，自らに「移された」事柄に関して立法権を付与されている。対応する政策領域には，農業，文化，芸術，経済発展，教育，環境，金融，医療・社会サービス，裁判が含まれる。行政権は，行政委員会の手に委ねられている。行政委員会は，首相，副首相の共同職をトップとしている。この「内閣スタイル」の仕組みは，スコットランドやウェールズで採用されたものと少し似ているが，ユニオニストとナショナリストの間での権限の共有が保障されるように，組織方法に安全装置が組み込まれている。ナショナリストのアイルランド統一への願望に対応するための仕組み（政府のシステムが，南北大臣評議会を通してアイルランド共和国のシステムと結びつけられている），そして，連合が同意なく断ち切られてしまうことへのユニオニストの恐れを和らげるための仕組み（同法はまた，ブリティッシュカウンシルを通じた連合王国とのつながりを確認している）が導入されている。北アイルランドにおける権限移譲は問題が多く，北アイルランド議会や行政府の運営は何度も停止してきた。しかし，その制度が定着し，安定した政府システムとなる明らかな兆しがある。これは，主として，2006年のセントアンドリュース合意，2010年のヒルズバラ合意，2014年のストーモントハウス合意の成果である。

---

53) See 'Powers for a Purpose: Towards a Lasting Revolution Settlement for Wales', Cm 9020, February 2015; and the Wales Act 2014.

第5章 現代行政国家 *179*

最後に，権限移譲は，主として，スコットランド，北アイルランド，ウェールズに関係するものであることを指摘しておく。しかし，同時に，強化された地方政府の新しい形の導入や，地方へのより大きな権限移譲を行うことによる，イングランドにおける権限移譲の必要性に関する議論もなされている。

5.6.2 地方政府

地方政府機関は，重要な日常的政府機能の大半を履行する公選の機関であるため，その地方政府としての立場を強調することが重要である。例えば，教育の提供は，ゴミ収集，社会的住宅の提供・管理と同じく，大部分が地方政府の手による。すでに明らかなように，連合王国議会は，欧州法に関係する例外を除き，絶対的な立法権を持つと考えられている。地方政府機関は，公選であるという点で連合王国議会と同じ特質を有しており，その意味で，地方政府機関は，自らがサービスを運営している地域社会の代表機関である。しかし，その一方で，地方政府の権限は，連合王国議会の制定法（主位立法）により定められている。地方政府という組織の性質は制定法によって大きく変わりうる。例として，2000年地方政府法を参照のこと（5.6.2.3で扱う）。例えば，グレーターロンドンカウンシルや大都市の政府機関を含む地方政府の1つの層は1985年地方政府法により廃止された。地方政府機関は選挙で選ばれた議員のカウンシルにより構成されている。その構成は選挙で変わる。しかし，1972年地方政府法は，それぞれが永続的に存在する法人であると規定している。このことが意味するのは，地方政府機関が，財産を取得し，契約を結び，私的な法的手続の当事者となることができる独立した法主体であるということである。

5.6.2.1 地方政府の枠組み

地方政府の枠組みは1974年に施行された1972年地方政府法によって定められている。その内容のいくつかは5.6.2.4で扱う2011年地域主義法によって改正されている。この枠組みは1977年以来常に見直されており，ロンドンにおける公選市長と議会の導入はその例である。

180

(1) 田園地域においては，1972 年法は，主要な権限をカウンティカウンシル〔county council〕とディストリクトカウンシル〔district council〕とに分ける二層制を定めている。パリッシュカウンシル〔parish council〕は細かな事柄について責任を負う。

(2) 1972 年法は，当初，教育，戦略的都市計画，対人社会サービス，主要幹線道路，公共交通，消費者保護，消防，警察（消防と警察は，複数の機関にまたがることがある）について責任を負う 39 のカウンティカウンシルを創設した。カウンティの地域は，住宅，環境衛生，公衆衛生及び衛生管理，ゴミ収集について責任を負う 296 の非大都市ディストリクトカウンシルに分けられた。都市農村計画の責任はディストリクトカウンシルと共有されている。

(3) ロンドンと主要都市は少し状況が異なっていた。1985 年地方政府法によってロンドンについては大きく変更され，グレーターロンドンカウンシルと 6 つの大都市圏カウンシルが廃止され，32 のロンドンバラ〔London boroughs〕と 36 の大都市ディストカウンシルが都市地域における一層制地方政府として残された。これらのカウンシルは，現在，典型的には，教育（オプトアウトしている学校を除く），対人社会サービス，道路，交通，ゴミ収集，都市農村計画，消費者保護，公園，余暇，図書館について責任を負っている。

5. 6. 2. 2 ロンドンの市長と議会

グレーターロンドンカウンシルが廃止された後，ロンドンには，多くの識者が必要と考える，民主的なアカウンタビリティを提供し，インナーロンドンバラとアウターロンドンバラの役割を横断する行政の戦略的な側面を調整するための政府の階層を欠くことになった。1999 年グレーターロンドン政府機関法は，ロンドンに市長と議会を導入した。これは，その方針を承認するレファレンダムがなされ，その後の追加議員制度による選挙の後であった。市長と議会は，毎年，約 130 億ポンドの支出について責任を負う。管轄する主要な分野としては，交通（ロンドン統合戦略と交通の管理と規制），経済開発（ロンドン開発機関についての責任)，警察，消防，救急サービス（同法は，新しいロンドン警視庁監

督機関を設立している），計画（ロンドンの土地利用戦略を策定する義務），環境（大気質と廃棄物管理），文化（博物館，図書館，芸術）。市長は，行政部門の長として置かれ，グレーターロンドン議会が目的の実現のために採用する戦略と提供するサービスの品質と有効性に対して直接に責任を負う。他方で，権力分立を確保するため，議会は，市長とそのスタッフに対して質問することにより，そして，重要な問題について公聴会を開催することにより，市長の責任を問う責務を有する。

5.6.2.3　大都市地域と市長

　イングランド地域を活性化する試みは，すでに述べたスコットランド，北アイルランド，ウェールズにおける権限移譲の強化によって生じた組織上の不均衡に対する政府の対応の1つである。前の連立政権は，グレーターマンチェスターに直接公選市長を導入することによってこれを開始した[54]。その職の保有者は，いくつかの点でロンドン市長と比較できる戦略的な役割を持ち，主として，権限移譲された統合交通予算について責任を負っている。追加的権限としては，権限移譲された支援予算と見習い期間助成金に関する責務がある。一度選挙で選ばれると，政治的監督は，3分の2の多数による支出計画拒否権を付与された合同機関の監視委員会によりなされる。マンチェスター大都市地域〔city region〕の市長選挙は2017年始めに行われる予定である[55]。授権する法律により，国務大臣はイングランドの他の大都市地域での直接公選の市長を承認することが認められている[56]。

---

54)　Bolton, Bury, Manchester, Oldham, Rochdale, Salford, Tameside, Trafford, Wigan からなる。

55)　'Devo Manc: What Powers Will the New Greater Manchester Mayor Have?' *The Guardian*, 3 November 2014.

56)　See the Cities and Local Government Devolution Act 2015.

5. 6. 2. 4　地方政府の役割の見直し

2011 年地域主義法は，地方政府機関，地域社会，第 3 セクターの組織により大きな権限を移譲する「ビッグソサエティ〔Big Society〕」構想の一部として設計されている。ある論者は，「ビッグソサエティ構想は，貧しい人々に対する公的義務と裕福な人々の社会的責任についてのトーリー的伝統を示すものである。その構想は，国家よりもむしろ有機的な市民社会によって提供される福祉の思想の中にある……」と見ている[57]。政府によると，これは，より多くの市民参加の機会を作り，公的サービスの提供を多様化することにより実現されることになる。議会で法律を通している間に，地域社会により近いところで決定がなされることは望ましいことかもしれないが，こうした地域社会の関与の強化が現実になにを意味するかは，まだはっきりしていない[58]。

ここ 20 年ほど，この国の多くの地域で投票率が 30％を大きく下回っている。この有権者の無関心を背景に，中央政府は熱意をもって地方政府の見直しに注力してきた[59]。2011 年地域主義法はその好例である。そこで述べられている目的は，連立政権が地方の活動に対する障害と見なしている，官僚的形式主義のコストと規制を取り除き，同時に，地方の事柄への市民参加を進めて市民に力を与えることによって，官僚主義的硬直性の負担を軽減するというものである。

公選型の地方政府機関について，2000 年地方政府法は 3 つの選択肢を規定しており，地域主義法はそれに続くものであった[60]。そこでは，カウンシルは，「直接公選の市長と内閣」，「直接公選の執行部」，「間接公選のリーダーと内閣」とすることができた。2011 年法のもとでの執行体制は，「直接公選の市長と，

---

57)　M Smith, 'From Big Government to Big Society: Changing the State-Society Balance' (2010) 63(4) *Parliamentary Affairs*, 818, 830.

58)　Communities and Local Government Committee, *Localism*, Third Report 2010-12, HC 547, at paras 22, 23.

59)　See, e.g., White Paper, *Modern Local Government: In Touch with the People* 1998 (Cm 4014).

60)　Local Government Act 2000, s 21.

市長によって執行部に任命された2人以上の議員」,「カウンシルによって執行部のリーダーとして選ばれた議員と,カウンシルのリーダーによって執行部に任命された2名以上のカウンシルの議員」という構成のいずれかでなくてはならない[61]。その意図は,いずれかの形式に集中させて,分立がなされた新しい決定作成の枠組みを作ることであった。執行部の決定は,決定を審査し,報告と勧告の権限を有する監督監視委員会に付されなくてはならない[62]。執行部は委員会に応答する制定法上の義務を負う。

　以上のような地域社会に権限を移譲する意図にもかかわらず,2011年地域主義法は,連合王国政府に強力な新しい権限を付与するという点で,中央集権的施策である[63]。第1に,国務大臣はいかなる活動が地方政府機関の責務となるべきかを決定することができる。第2に,積極的な意味では,国務大臣は,地方政府機関による権限の行使を妨げ,または制限する制定法上の条項を無効とする広い裁量を有しているが,消極的な意味でも,国務大臣は,命令により,地方政府機関による一般的権限の行使を妨げることができる[64]。第3に,国務大臣は,地方政府機関に対して,例えば,カウンシルのリーダーから直接公選の市長に変更するような統治体制の変更を行う際にレファレンダムを行うよう命じることができる。これにより,政府は,12の大都市に対して公選市長の導入についてのレファレンダムを行うよう要求できることになる[65]。第4に,地域主義法は,大臣に対して,地方選挙民の5%の請願を受けた上で,過剰と考えられる支出が抑制されるべきかを問うレファレンダムを行うよう地方政府機関に命じる権限を与えている[66]。

---

61)　Localism Act 2011, Sch 2, 9C.
62)　Localism Act 2011, Sch 2, 9F.
63)　〈http://blogs.lse.ac.uk/politicsandpolicy/2011/03/11/localism-bill-and-centralism/〉.
64)　Localism Act 2011, s 5 and Sch 2.
65)　Localism Act 2011, Sch 2, 9ME.
66)　Localism Act 2011, Sch 2, 9MC.

5.6.2.5 地方政府機関の権限

すでに述べたように，地方政府機関の主たる権限は法律によって定められている。1972年地方政府法101条は，地方政府機関が，委員会，小委員会，その職員に多くの決定権限を委任できると定めている。しかし，委員会の委員長を含めて，個々の議員に委任することは違法である。これらの委員会の名称はそれぞれが責任を負っている活動の性質に対応している。これらの委員会は，かつては，より詳細な政策策定に関する問題を取り上げて議論し，その勧告は，通常，承認を受けるためにカウンシル本体に対してなされていた。しかし，現在では，決定は，リーダーないし市長と内閣の手に委ねられている。いったん政策が策定されると，地方のレベルでカウンシルの職員がそれを実施する権限は，通常，直接的手段によるのではなく，条例や収用命令を含む他の形式の制定法の条項による。

ある制定法は，政策を推進する際に契約を用いる広範な権限を地方政府機関に与えている。例えば，これは，1971年都市農村計画法の都市計画分野にあてはまる。地方政府機関は開発を規制するために計画権限のもとで合意をすることができる。地方政府機関が土地の開発と使用について条件を付すことは珍しいことではない。条件は計画を許可する代償〔quid pro quo〕として付けられることがある。さらに，もし，地方政府機関がその権限の範囲を超えた場合，コントロールの手段として司法審査が利用可能であることが強調されなくてはならない。その例として，Hazell v Hammersmith and Fulham London Borough Council がある[67]。この事件では，地方政府機関による一連の金利スワップ取引が違法とされた[68]。その後，そうした合意の効果は，1997年地方政府（契約）法により弱められた。

---

67) [1992] 2 AC 1.

68) See also *Credit Suisse v Allerdale Borough Council* [1997] QB 306; Craig, n 43, 143ff.

5. 6. 2. 6　地方政府の入札：CCTからベストバリューへ

すでに見てきたように，バリューフォーマネーを得ることは，全てのレベルの業務において，中央政府の基本的な関心事であった。同じく市場指向の政策につながる，より高い効率性を得ることへの関心は地方政府にもあり，1980年代にその始まりを見ることができる。1979年から97年までの保守党政権により導入された地方政府に関する法律のもとで[69]，地方政府機関は，最低入札者か，最も経済的に有利な入札者に対して契約を申し込むよう要求された。このことは，地方政府機関が契約権限の行使方法について非常に制限されることを意味していた。さらに，下請け業者の雇用慣行に関する考え方を理由に契約を拒否する権利はなかった。これには，契約者が支払う賃金が低いことや，組合に所属しない労働者を優遇することが含まれる。1988年法は，契約者が，地方政府機関が定めた基準を充足していたが，契約を与えられず，不公正に取り扱われたと考える場合に，契約者に対して特別の救済手段を与えている。

労働党政権もまた，公的セクターにおける市場主導型の政策を強く支持していたが，地方政府機関における強制競争入札（CCT）を廃止し，新しいシステムを導入した。1999年地方政府法は，地方政府機関に対し，その役割を果たす上で「ベストバリュー」のための体制を整えることを要求している。同法3条は，「経済性，効率性，有効性の組み合わせに配慮して，制定法上のものかどうかにかかわらず，地方政府機関の全ての役割を実行する上で継続的な改善を確保すること」と定めている。多くの業務評価指標が適用されることになっており，国務大臣は，監査委員会の勧告を考慮して関連する基準を設定することができる。さらに，6条は，地方政府機関に，それぞれの会計年度の「ベストバリュー」の業績計画を定めることを義務付けている。新しい法律は，資源の使用における効率性と有効性を改善することだけでなく，サービスの品質を大幅に改善することも企図していた。このことは，契約されたサービスについて，地方政府機関が，そのサービスの契約の適切性を検討することができ，異

---

69)　例えば，強制競争入札（CCT）を導入した，Local Government Act 1988, s 2.

186

なる形式の契約や契約関係の交渉において，より柔軟に行動できることを意味している。同時に，この法律は，新しい業務評価指標と基準を参照することによって，地方財政に関するアカウンタビリティを向上させることも企図している。

5. 6. 2. 7　中央政府との関係

議会——実際には中央政府であるが——は，憲法理論上は，地方政府を完全に廃止する権限を有している。もちろん，そのようなことは実際には起こりそうにはないが，議会は地方政府機関に対して重要な制定法上の義務と制限を課してきた。例えば，1944年教育法は，関係する地方政府機関に対して，その地域に十分な学校を確保することを要求している。1985年住宅法は，地方政府機関に対して，その地域における公営住宅を維持する義務を課し，同法第3編は，特定の限定されたカテゴリーの住宅困窮者を収容する義務を課している。

地方政府機関の財政は中央政府の関与する重要な領域である。コミュニティチャージ（すなわち「人頭税」）は，1988年地方政府財政法により導入されたものであるが，これは，全ての地域住民に，古い評価システムのように，資産に基づく税の代わりに，均一の税を課すことによって地方政府の財政を改革しようとする試みであり，不評であった（コミュニティチャージに代わってカウンシル税が1992年地方政府財政法により導入されている）。同様に，1980年代初めから，地方政府の支出に「上限を設ける」ことによって，厳格な支出制限を課す努力が繰り返されてきた。財務省は，地方レベルで課された税でまかなえなかった地方政府機関の必要額について，一定割合を補填することでカウンシルの予算を補ってきた。現在では，これが地方政府機関の収入のより大きな割合を占めており，2002年までに地方税（カウンシル税）の額は全体の20％にまで低下している。残りの額は中央政府からまかなわれており，このことはカウンシルの政治的行政的独立性に対して大きな意味を持っていることは明らかである（この状況をヨーロッパの多くの国々の現状と比較するべきである。例えば，ドイツでは，

地方の収入における地方課税の割合がずっと高い）。上限規制は，1980年代に初めて導入された新たな試みで，政府によって設定された制限を超えた場合，カウンシルに対して財政的ペナルティが科せられるというものであった。1984 – 1985年の支出指針について，それに従うことは，制定法上の義務を遵守する地方政府機関の能力と抵触することになり，1980年地方政府及び計画法59条について権限踰越となるとして争われたが，失敗に終わった[70]。その後，中央政府は，そのような上限規制条項（1987年地方政府財政法4条1項参照）に関して，地方政府機関が裁判所に司法審査請求をすることを排除しようとした。こうした施策は，1980年代の（しばしば異なる政党の手にあった）中央政府と地方政府機関の間の激しい政治的紛争の産物であった。識者の間で広く認識されてきたのは，そのような厳格な財政的制約を課すことは，地方の選挙民に対する直接的なアカウンタビリティを損なってきたということである。なぜなら，多くのカウンシルは，図書館サービス，社会サービス，スポーツ施設といったサービスを維持，拡大するという選挙公約に関係なく，政府の財政目標を達成するためにサービスをカットする必要があったからである。現在，中央政府は，1999年地方政府法第2編のもとでカウンシル税の増税を規制することができる。これは，以前の「上限規制」の政策をやめ，いくぶん柔軟なシステムに変えたものといえるが，厳しい財政的コントロールは，支出や収入に関する権限について維持されている。

5.6.2.8　アカウンタビリティの仕組み

　地方政府と議員についての人々のイメージ向上のために，2000年地方政府法第3編は新しい倫理的枠組みを定めている。この新しい倫理的枠組みには，制定法上の行動準則の導入が含まれ，全てのカウンシルに対し，公選の議員と職員の行為をカバーする準則を採用することを義務付けている。また，それぞれに規範委員会を設置することも含まれている。このアプローチは，議会規範

---

70)　See *R v Secretary of State for the Environment, ex p Hackney London Borough Council* [1984] 1 All ER 956.

188

に関する連合王国議会の体制と多くの共通する特徴を持っている。倫理規範と透明性の改善もまた，2011 年地域主義法の大きなテーマである。これには，高度な行動規範を促進する義務，役職者の個人的利益の開示に関するより明確な指針，地方政府機関に雇用されている部局の長や他の職員の報酬の公開が含まれている[71]。しかし，行動規範を維持する責任を負う外部規範委員会は同法によって廃止される[72]。

　加えて，1972 年地方政府法 151 条は，カウンシルは適切な財政運営を確保しなくてはならないと定めている。1982 年地方政府財政法は，イングランドとウェールズの地方政府機関に対する監査委員会による外部監査の仕組みについて定めている。これにより，地方政府セクターに商業会計の手法が導入された（会計監査人の現在の権限について，1998 年監査委員会法を参照）。地方監査人は公金が法に従って支出されていることを調査する義務を負う。公的義務の履行の際に地方政府機関による違法な支出があったと認められる場合には，会計監査人は名前をあげられた議員や職員に対する金銭罰を執行する権限を有する。近年の最も悪名高い事件は，ウエストミンスターバラカウンシルに対してなされた，それが行った「票のための住宅」政策に関する申立てであった。その結果，監査人は，カウンシルのリーダーを含む多数の議員に対して，多額の課徴金を課した。Porter v Magill において[73]，貴族院は，控訴院の決定を覆し，Porter 氏，David Weeks 氏，そしてウエストミンスターカウンシルが，1980 年代半ばに，僅差の選挙区において，カウンシルの財産という形で土地を処分していたという監査人の原決定と合議法廷の決定を是認した。これは，その政策が，僅差の選挙区における購入者が与党保守党を支持することを期待して，意図的に腐敗的に行われたためである。その後，3100 万ポンドの課徴金が再度課された。最後に，1974 年地方政府法第 3 編は，地方政府オンブズマンが，地方行政の不正の問題に関する不服申立てを調査することを認めている。案件

---

71)　Localism Act 2011, ss 27, 28, and 38.

72)　Localism Act 2011, Sch 4.

73)　[2001] UKHL 67, [2002] 1 All ER 465.

は，直接に，あるいは議員を通して，オンブズマンに付託される（第6章オンブズマンを参照）。

5.6.2.9　権限踰越，一般的権能，司法によるコントロール

　一般的に，司法によるコントロールは権限踰越原理又は権限濫用原理のもとでなされる。すなわち，地方政府機関は，明示，黙示の制定法上の権限の限界を超えていると見える場合，または，裁量権を適切に行使していない場合に，争われる可能性がある[74]。しかし，2011年地域主義法1条は，次のように規定して，地方政府機関の決定の法的基礎の性質を変更した。「地方政府機関は，個人が一般的にすることができるあらゆることをする権限を有する」。この権能の強化は，概ね，地方政府機関による決定の範囲を広げるものである。その例外として，徴税権，地方政府機関が提供を義務付けられていないサービスの提供権のような同法上の例外，1998年人権法のような他の法律上の例外がある[75]。司法審査の基礎を形成する権限踰越原理に対して影響を与えるものであるので，この変化の性質については第8章で再び触れる[76]。

　権限踰越原理を厳格に適用することが1972年地方政府法111条に適合しているかはすでに裁判上争われてきた。この111条は，地方政府機関に，「（金銭の支出，貸借，財産や権利の取得，譲渡に関係するかどうかにかかわらず）その業務の遂行を容易にすると考えられること，又はその業務の遂行に資する若しくは附随することを行うこと」を授権している。例えば，McCarthy & Stone (Developments) Ltd v Richmond upon Thames London Borough Council において[77]，貴族院は，同条は，明示的にも，必然的に含意されているものとしても，投機的開発提案の取扱いに25ポンドの手数料を課すことを認めるもので

---

74)　See further 8.1.

75)　P Craig, *Administrative Law*, 7th edn (London: Sweet and Maxwell, 2012), 154.

76)　See further I Leigh, 'The Changing Nature of Local Government' in Jowell, Oliver, and O'Cinneide, n 48, 288ff.

77)　[1991] 4 All ER 897.

はないとした。カウンシルは権限踰越の契約をすることはできず，それによって拘束されないという基本的ルールはそのままである。Richmond upon Thames London Borough Council 判決よりもずっと広い政治的含意を有する Hazell v Hammersmith and Fulham London Borough Council において[78]，貴族院は，金利スワップ取引は，当該地方政府機関の権限を踰越しており，111条に照らして有効となりえないとした。

　もし，法の問題が争われているなら，地方政府機関は，その権利，義務，権限の範囲を定めるために宣言的判決を高等法院から得ることができる。そして，カウンシルの決定によって不利益を受けた者は特定の制定法上の救済手段と上訴を利用することができる。例えば，そのような手続は除却命令に対して利用できる。

5. 7　警察監督機関

　現在，43 の警察監督機関〔police authorities〕があり，「十分かつ効率的な」警察を維持する任務を担っている。新しい体制は，政府がより有効な警察活動を模索する中で，1994 年警察及び治安判事裁判所法において組織された。これは 1964 年警察法を置き換えた 1996 年警察法に統合された。ロンドン警視庁とロンドン市警察に加えて，41 の警察地区があり，それぞれの地区に 1 つの警察がある。警察監督機関は 17 人の任命された委員からなり，それには 8 人の「独立委員〔independents〕」と地方カウンシルからの 9 人が含まれる。独立委員の少なくとも 1 人は地方治安判事でなくてはならない。その長は委員の中から任命される。警察監督機関の職務は，その地区の「効率的で効果的な」警察活動を実現することである。内務大臣と警察長もまた役割を有する。例えば，内務大臣は一般委員の選抜に関与することができる。内務大臣は，警察監督機関の目的を設定し，当該機関にその目的を達成するための業績目標を達成

---

78)　[1992] 2 AC 1.

するよう命じる権限を有する。ロンドン警視庁は内務大臣に対して直接に責任を負うが，内務大臣はロンドン警視庁総監の任命も行う。総監は警察の日常業務について責任を負っていた。近年の喫緊の問題は，特にロンドンにおける警察のアカウンタビリティの問題である。この問題に対応するため，ロンドン警視庁監督機関〔Metropolitan Police Authority〕（MPA）が2007年7月に設立され，ロンドンの警察活動に対して以前よりもずっと強い民主的コントロールを及ぼしている。MPAは23人の委員からなる。グレーターロンドン議会から12人，治安判事4人，独立委員7人である。ロンドン市長は，ロンドンにおける警察活動と犯罪の減少について責任を負う。2011年警察改革及び社会的責任法のもとで，ロンドン市長は，年間予算の決定，優先事項の設定，ロンドン警視庁の全体的な業績に対して責任を負う。運営上の問題は依然としてロンドン警察庁総監にコントロールされているという点が重要である。市長はMPAに置きかわることになる新しい諮問機関の支援を受け，警察及び犯罪委員会と呼ばれる委員会を通してロンドン議会に対して責任を負う。

　2002年警察改革法のもとで，警察に対する重大な不正行為に関する申立てを調査するため，2004年に独立警察苦情処理委員会〔Independent Police Complaints Commission〕（IPCC）が設立されたことにも注意が必要である。以前は，苦情の申立てがなされたときに警察が調査を行う責任を負っていたのであるが，それに対する長年の不満に対応する形で，現在，IPCCは，自らの調査官を用いて独立調査を行うことができる。また，警察職業規範部は，適切な場合において，IPCCの指示とコントロールのもとで調査を実施することができる[79]。警察のアカウンタビリティを高めるための最近の試みとして，警察及び犯罪コミッショナーの導入がある[80]。こうした新しいポストと組織は，警察の運営を監督し，地方の社会に対して警察が責任を負うようにすることが企図されている[81]。

---

79)　〈https://www.ipcc.gov.uk〉.

80)　See the Police Reform and Social Responsibility Act 2011, s 157(1).

81)　2012年11月に行われたイングランドとウェールズでの41のポストについての最

192

2000 年の人種関係（改正）法は，もう 1 つの重要な改革であり，あらゆる公的機関の活動において，人種に関する理由で差別をすることを違法とするものである。以前の 1976 年人種関係法においてはこれらの活動はカバーされていなかった。「公的機関」は現在ではこの目的のために広く定義されている。このことは，それが警察，地方政府機関，税務調査官のいずれによるものかにかかわらず，法執行を「初めて」人種差別禁止に関する法の対象とすることを意味している。同法は，違法な差別の排除に取り組み，機会の平等と，異なる人種グループ間の良好な関係を促進する義務を公的機関に課している[82]。

5. 8　民営化と規制

公法と私法の区別があいまいになってきたもう 1 つの重要な場面は，1980 年代と 1990 年代における民営化の試みを通して生じた。1945 年から 1951 年までの戦後労働党政権の政策は，公益事業を含め，戦略的に重要で，しばしば独占的な一連の事業を国有化してきたことを思い出すべきである。国有とした後，これらの事業は，財務面で国家の規制と補助金を受けつつも，少なくとも理論的には政府のコントロールから距離をとって活動することを認める制定法上の枠組みのもとで運営された。大まかな財務的パラメーターが政府により毎年設定され，他方で，理事長と理事会が日常的な組織管理上の責任を負っていた。

過去数十年の間に，サッチャー政権とメージャー政権は，国有化産業と政府活動の民営化を推進してきたが，政策を逆転させるというイデオロギー的動機に基づくものであった。変化を起こすために，多くの公益事業の株式を非常に有利な価格で一般に公開した。民営化された国有の事業には，ブリティッシュ

初の選挙においては，投票率はわずか 15％であった。

82)　これは，1993 年の Stephen Lawrence の殺害についての Macpherson 報告書の公表を受けた多くの勧告の 1 つであった。See *Stephen Lawrence Inquiry* (1999) Cm 4262.

第5章 現代行政国家 *193*

テレコム，ブリティッシュエアウェイズ，ブリティッシュエアロスペース，ブリティッシュエアポーツオーソリティ，ブリティッシュスチール，ブリティッシュレール，水道事業，電気事業，発電，ガスがあった。民営化は，少なくとも短期的には，かなりの追加的な収入源となることが判明した。広く宣伝された「売却」は，株式保有民主主義の探求の第一歩と喧伝された。その後の政権は，競争的市場圧力を導入することによって，これらの事業においてより効率的なパフォーマンスを実現することを目指した。

　いくつかの事業については民営化の理論的根拠を見つけることは難しくなかった。しかし，民営化の多くの側面が，当初より，政治的経済的論争の種となってきた。例えば，ある公益事業は独占的性格を維持し，特定の市場の支配を続ける。電話線，ガス管，発電機，線路は1つしかない。そのような状況で競争を促進することは，しばしば問題があり，公益に資するか自明ではないことが明らかになってきた。民営化支持者は，市場を自由にすることは，長期的に見て，効率性，経済性，消費者選択の点で利益をもたらすと主張した。しかし，民営化は多くの新しい問題をもたらしてきた。民営化の結果，電気，下水道，電話について価格が完全に市場に委ねられる可能性があったが，規制がなければ，辺鄙な土地に住む社会的弱者に対して不利益を与えることになった可能性がある。水道やガスのようないくつかの公益事業では，費用を節減するため，従業員が大幅に削減され，しかも，サービスの品質維持に必要なレベルの投資も行われなかった。例えば，ヨークシャーウォーターは，順調に株主に追加配当を行うことができたが，他方で，多くの顧客は，1995年の夏の干ばつの間，深刻な水不足に苦しんだ。水道規制のスキームは，1999年水道事業法によって修正された。この法律は，重点を変えて，大臣に規則を制定する権限を与えると同時に，規制者に対して詳細な指針を発出する権限を与えるアプローチを承認した。国務大臣は，課金スキームに関する規則を制定する権限を有し，水道事業長官は課金スキームを承認する権限を与えられた。この指針は，競合する考慮事項を調整して合意に達するための問題に取り組むものであり，以前の1991年水道事業法から重点を変更するものであった。他に特に議

論となっている問題として，ある上級幹部が，他の民間会社に合わせる形で自身の給与を上げていた問題や，退職やリストラの際に支払われる金銭の額の問題がある（例えば，1996年に退職したブリティッシュガスの最高経営責任者と，会社の悲惨な業績を受けて2000-2001年に辞職したレールトラックの役員たち）。

　民営化された事業において，供給の品質を確保し，消費者の利益を守るために政府が提供した仕組みは，公的セクターから私的セクターへの移行プロセスを監視する責任を負い，当面の間監督機関として働く制定法上の規制者であった。行政法の見地からは，新しい規制システムが，アカウンタビリティについての十分な枠組みをどれだけ有効に提供するものであったかを評価する必要がある。規制の主たる目的には，利益の水準をコントロールし，商品役務の価格がより広い公益を考慮しているかを監視することが含まれる[83]。政府が1980年代にこの問題の調査を付託したLittleChild報告書は，競争の促進に強く賛成し，規制については，想定される利益を有する競争が，より一般的に達成されるまでの単なる一時的な措置と考えていた。アメリカで採用された執行と規制のプロセスは，アカウンタビリティが確保される決定手続を導入するものであり，これがモデルとなった可能性がある。例えば，アメリカの例では，規制者が決定理由を示す義務を負うとともに，自らの利益に影響を受ける者に対する正式聴聞があり，参加の要素を含んでいる。イギリスでは，1992年競争及びサービス（公益事業）法1条，5条1項，6条1項，7条1項が，特定の決定について理由を提示する義務を規制者に対して課していた。しかし，アメリカの青写真は，それが，過度に形式的，複雑，法律固執主義的であるという理由で拒絶された。

　しかし，規制のプロセスはどのように管理されるべきだろうか。規制者は，非常に難しく，時に議論を呼ぶ判断をすることを要求されている。そして，常に，関連する法律のパラメーターの中で働いている。授権する法律は，価格設定の詳細な計算式を示すことで，規制者の裁量的な要素を最小化しようとして

---

83)　See the Littlechild Report (Regulation of British Telecommunications Profitability, London: HMSO, 1983).

きたが，それほど成功していない。そして価格水準の固定は，政治的にも学術的にも大きな議論となってきた（規制者は，ある種の情報（例えば，ブリティッシュガスの内部的財務情報の詳細）に不完全にしかアクセスできないという主張があるが，それは別の問題である）。しかし，元々の法律では，規制者が最も優先すべき問題は競争を促進することであった。例えば，ブリティッシュガスの場合は，規制者は，競争的圧力のある環境を創出する責任を負い，一種の「代理競争者」として働いていた。

民営化の後，規制者は「非大臣庁」(non ministerial government departments) の地位を与えられ，大臣が責任を負う範囲から「離されて」きた。その結果，規制者は議会の承認を受けるルールのもとで働くものではなく，大臣責任が民営化された事業それ自体には適用されないため，直接的民主的アカウンタビリティが存在する状態ではないということになった。しかし，大臣は，依然として，規制者の任命権を有しており，それぞれの事業の実施に必要なライセンスを少なくとも部分的に決定することができるため，競争の程度を決定する権限を有している[84]。

設立された規制機関には次のものがある。電気通信庁〔Office of Telecommunications〕(OFTEL)（1984年電気通信法による），水道庁〔Office of Water Services〕(OFWAT)（1991年水道事業法による）。これらの規制機関は，個人に権限が付与された長官を長としている。しかし，その具体的な権限の範囲は規制者により異なる。

5. 8. 1　2000年公益事業法

全体的規制は，公的所有のもとでしばしば行われていたものよりも大きな開放性を実現してきた。しかし，その一方で，それぞれの事業がそれぞれの規制者を持つことから深刻な問題が生じた。それは，この体制では，公益のために政策を促進する際に領域をまたいで戦略的に介入する余地がほとんどないとい

---

84)　さらなる批判的な議論として，see J Black, 'Calling Regulators to Account: Challenges, Capacities and Prospects' in Bamforth and Leyland, n 46, 362ff.

うことである。2000年公益事業法は，1986年ガス法のもとで設置されたガス供給庁〔Office of Gas Supply〕（OFGAS）と，1989年電力法のもとで設置された電力規制庁〔Office of Electricity Regulation〕（OFFER）を合併し，ガスと電気の単一規制者（OFGEM）とした。その結果，ガス，電気の規制についてアプローチの統一性を欠いているという問題は，イギリス，ウェールズ，スコットランドで適用される新しい法律のもとである程度対処されている。それは，それぞれの事業にそれぞれの規制者を置くのではなく，単一の規制機関を設けるものであり，効果的な競争を促進させるために，2つのセクター間で近接が進んでいることを反映することを企図するものである。このことは，ガス，電気，水道に関心を持つ公益事業会社が，様々な組み合わせで，相互浸透していることからすでに明らかである。しかし，OFGEMの役割は，純粋に経済的アジェンダを超えるところにまで至っており，公益事業法は，以前の法律と異なり，消費者と特に弱い立場にある人々のグループの利益を保護することをより強調している。例えば，同法は，低収入の者や慢性疾患を持つ者，身体障害者の利益が考慮されなくてはならないと規定している。同法は，政府の社会的環境的目標に対してガス，電気セクターが適切に貢献できるようにするための条項を持つ[85]。

　初期の規制体制に対して一般的になされた批判は，規制者の手に非常に大きな裁量権が残されていたということであった。規制者は，任務に対して，個別的かつ非常に実践的なアプローチを採用することができた。このことから，事業者と規制者の間で，価格設定や競争政策のような主要な問題について，見苦しい駆け引きがなされることがあった。Prosserは，規制に関する適切な基準を開発し，それに基づくより一貫した手続要件のシステムを提唱している[86]。開かれた市場が自ずと現れるという考えは幻想であることが証明されているため，彼はそうした実質的原則が不可欠であると見ている。同時に，登録とライ

---

85)　Utilities Act 2000, ss 67-95.

86)　T Prosser, 'Regulation and Legitimacy' in Jowell, Oliver, and O'Cinneide, n 48, 335, 347.

センスのシステムは管理に費用がかかり，競争のプロセスを妨げる傾向にある。しかし，ブリティッシュガスと電力供給市場の自由化は，いくつかの領域でより大きな競争を認める方向に進む重要な一歩であった。例えば，電気とガスの両方を提供する複合的公益事業者（ガス・電力会社）が登場し，エネルギー供給者に関する消費者の選択の幅が広がっている。また，少なくとも短期的には，競争はエネルギー価格の低下に貢献してきたことを示す証拠がある。

5. 8. 2　鉄道の民営化と規制——政府への回帰？——

　鉄道の規制について，1990 年代半ばに行われた事業の民営化後，多くの路線でサービス提供の水準が明らかに低下し，問題となっていた。鉄道に関しては，状況の変化に伴って，政府の役割が変化し，規制の強度が何度も調整されてきたことが指摘されるべきである。民営化は，全ての線路，信号機，駅，財産をブリティッシュレールから引き継いだレールトラックという独立会社を設立することにより実現された。レールトラックは，ブリティッシュレールの特定路線の運営権を引き継いだ 25 の地域鉄道運営会社〔train operating companies〕（TOCs）に対して線路を貸し出す責務を負った。免許庁長官（旅客鉄道免許庁）は，1993 年鉄道法のもとで，入札プロセスを監督する規制上の責務を与えられた。鉄道車両リース会社〔rolling stock leasing companies〕（ROSCOs）は，TOCs に貸し出す元ブリティッシュレールの車両を管理するために設立された。ROSCOs はその車両を TOCs に貸し出している。重要な点は，法律が，TOCs が入札する路線において同様のサービスの提供を続けるものとすると規定していることである。第 2 の規制者である，鉄道規制者庁〔Office of Rail Regulator〕（ORR）は，元々，1993 年鉄道法のもとで，サービス提供の水準を監視する責務を与えられ，目標を設定し，それを達成できなかった会社に対して罰金を科す権限を与えられていた。しかしながら，レールトラック，TOCs，ROSCOs に機能が分散されたため，「プレイヤー」間の複雑な相互作用が生じ，効率性，信頼性，安全性を提供するために調整が必要になった。実際，組織体制の細分化により，発生した問題に対する責任の所在が不明確とな

り，サービスの信頼性は大きく低下した。

元々の民営化スキームのもとでは，鉄道ネットワークは，事業者への線路の貸出収入，多額の政府補助金により，インフラを維持，改善するレールトラックに依存していた。しかし，鉄道ネットワークの状態は，どの規制者からも独立して監視されず，民営化の施策は，レールトラックに対して利益を株主ではなくシステムの改善にあてることを要求していなかった。2000年のHatfieldにおける死亡事故の後，状況は危機的なものとなった。この衝突事故は，線路の欠陥と不十分なメンテナンスによって起きた。鉄道全体の状態に対して重大な安全性への懸念がすぐさま持ち上がった。緊急の修理作業が実施される一方で，全ての鉄道旅客は数か月にわたって多大な不便を被った。さらに，莫大な予定外のメンテナンスプログラムの費用によりレールトラックは支払い不能に陥った。2001年10月，レールトラックは，運輸・地方政府・地域大臣によって管理手続に置かれた。その後，大臣は，鉄道インフラの運営を監督するために，非営利会社であるネットワークレールを設立し，ネットワークレールは2002年3月に管財人から鉄道の運営を引き継いだ。

業績不振が続いたことで，政府も介入し，規制枠組みを修正した。政府は，2000年交通法のもとで，旅客鉄道免許庁に代えて，戦略的鉄道機関〔Strategic Rail Authority〕(SRA) を導入した (201-222条)。この新しい機関は，交通政策全体に関わる，異なる，より戦略的な責務を担い，ORRと並行して働くよう設計されていた。SRAは，国務大臣の指示と指導を受けながら，鉄道運営会社に対して条件を課す権限を与えられた。しかし，SRAはうまく機能しなかった。それは，鉄道インフラのコントロール権を持つことなく，目標を設定し，アウトプットを決定し，その事業を全体として成長させ，リードすることを要求されたためである。2004年7月，さらに協議を重ねて，政府は，規制枠組みを一新する計画を発表した[87]。第1に，再国有化をすることなく，議会に対して財務面での保証者としての責任を負っている運輸省がより直接的に関与す

---

87) See White Paper: *The Future of Rail* 2004: and the Railways Act 2005.

ることとなった。例えば，運輸省は，鉄道の全体的な戦略の作成について責任を負い，ORR と協議して，要求される能力と信頼性のレベルを考慮して，公的資金の額を設定する。第2に，新体制のもとでは，ネットワークレールが，運輸省との合意より，鉄道ネットワークが信頼できるサービスを提供できるようにする責任を負うことが明確化された。第3に，鉄道規制庁〔Office of Rail Regulation〕が唯一の事業規制者として改組された。鉄道規制庁は，ネットワークレールが，業績目標を達成するのに必要な正確な収入額を設定し，その運営の監督を行う。そして，安全衛生庁から鉄道の安全についての責任を引き継いだ。2003 年鉄道及び運輸安全法は，個々の規制者を，消費者の正当な利益を保護する責任を負う規制委員会に置き換えることにより，鉄道産業は他の規制事業と調和することになった。第4に，SRA の機能の多く，例えば，旅客鉄道免許に関する事業などは，運輸大臣に戻された。鉄道運営における政府関与の増加は，より明確な政治的アカウンタビリティをもたらしたが，明らかに，規制上の独立性を犠牲にして達成されたものである。

5.8.3　司法審査と鉄道規制

通常，司法審査は規制のプロセスを監視する手段を提供する。しかし，R v Director of Passenger Rail Franchising, ex p Save Our Railways は[88]，規制者の行為を争う場合におけるこの救済手段の限界を説明するのに有益である。この事件は，旅客鉄道免許庁長官が 1993 年鉄道法の一部として発出された公表された大臣指針を適切に考慮しなかったことを理由に司法審査が求められたものである。この指針は免許が与えられる際の最低限のサービスレベルについて定めるものであった。裁判所には，圧力団体である Save Our Railways が鉄道利用者に代わって司法審査を請求する原告適格を有することを認める準備があった。さらに，裁判所は，多くの免許について，長官が大臣指針を適切に理解していなかったとする程度で介入した。しかし，義務付けの救済は与えな

---

88)　*The Times*, 18 December 1995.

かった。

この問題は長官の検討のために差し戻された。そこでは，彼は大臣指針を確実に遵守する（道徳上の）義務を負っていた。あるいは，元々その政策を推進する責任を有する大臣は，長官の解釈と適合するようにその指針を修正する立場にあった。そうした訴えは，それが可能であっても，必ずしも結果を変えることにはつながらない。注意すべきは，多くの場合，主なサービス条項は，規制者と民営化された事業者の間の私法上の契約に含まれることになり，そのような契約を作成する上で行使される裁量は，一般的に，司法審査の範囲を超えることになるということである[89]。もう１つの問題は，規制のプロセスの監視は，関連する情報への完全なアクセスに依拠しているということである。そして，司法審査の可能性があることから，規制者が自らの決定に関する全ての理由を明らかにすることを控えることがあると言われてきた。

5. 8. 4　金融規制の失敗

2007 年のノーザンロック銀行の破綻によりイギリスで顕在化した重大な金融危機が，銀行と金融セクターにおける規制体制の明らかな問題点を露呈した。2000 年金融サービス及び市場法は，市場の信頼維持から金融犯罪減少，消費者保護にわたる任務を持つ金融サービス機構を（民間会社として）設立していた。Harlow と Rawlings は，その問題点は明白であるとして，次のように述べている。「金融サービス機構自身の監査が数々の過誤を確認した。すなわち，詳細ではない財務分析，リスク評価の間隔が長いこと，リスク軽減プログラムがなく，市場の状況が悪化した際に再評価を行っていないこと……」[90]。2000 年に選出された連立政権は，金融サービス機構を廃止し，規制の権限を

---

89)　司法審査の方法で規制者の決定を争ったさらなる例として，*R v Director-General of Gas Supply, ex p Smith* CRO/1398/88 QBD, 31 July 1989, and *R v Director General of Telecommunications, ex p Let's Talk (UK) Ltd* CO/77/92 QBD, 6 April 1992. 司法審査の申請は両方の事件において認められたが，裁判所は，広い裁量が与えられていることを理由に規制者の決定を取り消すことに消極的であった。

90)　Harlow and Rawlings, n 34, 275.

イングランド銀行に一部戻すことを決定した。2013年より，健全性規制機構が，イングランド銀行の附属機関として，金融システムの安定的で堅実な運営を促進する責務を担ってきた。他方で，金融行為規制機構が消費者保護の責務を引き継ぐために設立された[91]。

5. 8. 5　規 制 緩 和

　近年，イギリス商業会議所，中小企業連盟とCBIの支持を得て，歴代の政権は，国家規制により商工業に課されている「官僚的形式主義」の負担を軽減することに関心を寄せてきた。現政権のもとでは，規制削減の課題は，内閣府に規制インパクトユニットを設置し，政策形成の最高レベルにおいて取り組まれている。規制インパクトユニットは，独立ベターレギュレーションタスクフォースと協力して，規制のインパクトについて継続的に評価する。加えて，規制を削減する制定法上の仕組みが大幅に改められた。保守党政権は，1994年規制緩和及び契約による委託法を導入した。これは，中央政府と地方政府のサービスについて，可能な場合に，私人の契約者による履行を認めるとともに，規制を削減する重要な権限を大臣に付与した。これを実現するためには，起こりうるあらゆるケースにおいて主位立法が必要となることを避ける必要があると考えられた。このことは，元の法律が，非常に広範な委任権限を大臣に与え，包括的な「ヘンリー8世条項」（議会の追加的承認を受けることなく，大臣が既存の主位立法を廃止又は変更することを可能とする条項）として機能することを意味していた。限定的な予防策は設けられたものの，同法が大臣に委ねた委任権限は議会主権を大きく損なうものと考えられた[92]。

　現在，1994年法は，2001年規制改革法と2006年立法及び規制改革法によって大幅に置き換えられている。2006年法は，大臣が規制の負担を軽減するた

---

91)　See the Financial Services Act 2012.

92)　G Ganz, 'Delegated Legislation: A Necessary Evil or A Constitutional Outrage' in P Leyland and T Woods (eds), *Administrative Law Facing the Future* (London: Blackstone Press, 1997), 65ff.

めに，より多くの状況で，制定法的文書を使うことを認めている。この目的の
ため，規制改革命令は次のことを行うことができる。制定法の条項を制定し，
改正すること，他の負担を軽減することを条件に見合った追加的な負担を課す
こと，矛盾した部分や変則的な部分を取り除くこと，制定法の条項を欠くこと
から生じる面倒な状況を変えること，その者たちだけが利益を得ることになる
場合を除いて，大臣や中央政府の組織を含め，あらゆるの者から負担を取り除
くこと，管理上の軽微で細かな事柄について委任立法でさらに修正することを
認めること。

　1994年法の主たる目的は，中央政府と地方政府の活動の契約による委託を
より広い範囲で押し進めることであった。59条1項は，大臣，官職保有者，
地方政府機関の機能を，特定の条件を付して，通常は10年を限度に，契約に
より委託できると規定していた。注目すべき点は，アカウンタビリティの連鎖
は原則としてこの新しい法律による影響を受けないまま残されたということで
ある。例えば，72条は，契約により委託されたサービスは大臣によりなされ
たものと扱われると規定していた。そのため，大臣責任が引き続き適用され，
契約により委託された活動は，議会オンブズマンの調査範囲内にとどまること
になる。しかし，実際には，大臣にそうした活動に関する責任を問うのは非常
に難しい。なぜなら，同法は，契約により委託されることになる特定の活動の
実施に関して情報開示を妨げる規定を置いたためである。このような取扱いは
財務情報が企業の機密となる可能性から正当化されたものである。連立政権
は，個人や中小企業に対する規制を最小化するための最近の取組みにおいて，
比例的で，リスクに基づいた，一貫した方法で，重要な公的保護が提供される
ようにすることで，成長と事業を支援すると宣言している[93]。この法律は，規
制の必要性が継続的にチェックされ，公衆がもはや必要ではないと考える規制
を撤廃できるように設計されている。この法律は，規制の遵守に関する保証さ
れた助言の提供を通して，地方政府機関による執行をより一貫したものとする

93）　See the Enterprise and Regulatory Reform Act 2013 and the Deregulation Act
　　　2015.

ことも目的としている[94]。

5. 9　シティズンズチャーターから
カスタマーサービスエクセレンス

　1990 年代初めに保守党政権によって導入されたシティズンズチャーター
〔Citizen's Charter〕は，ネクストステップスエージェンシーと並んで発展して
きた。この新しい試みは，公的セクターのサービスにおいて，顧客の満足を優
先させることを企図したものであった。それ以来，品質と業績の重視がサービ
ス提供の特徴となってきた。シティズンズチャーターは，救済と不服申立ての
仕組みとともに，業績に関する客観的な基準というアイデアを導入した。主た
る関心は，サービスの提供について計測のための基準を設定し，その基準に照
らして毎年の実際の業績を評価することである。実際，消費者は，一定程度の
公開性と，協議の機会，可能な場合には，サービス自体についての選択権を与
えられるのであるが，加えて，もしサービスが合意された許容範囲を下回る場
合には，なんらかの救済手段を用いることができる。

　市民に対して期待と救済手段を設定することにより，公的サービスの品質を
改善しようとする試みは，大きな可能性を持ち，そのアイデアは，中央政府
（2002 年までに 200 のナショナルチャーター）と地方政府（10000 のローカルチャー
ター）だけでなく，民営化された公益事業にまで広がった。例えば，チャー
ターは，NHS の患者，小中高校の生徒と大学の学生，公共交通の旅客，納税
者，給付を受けている市民，裁判所における訴訟当事者，警察，刑務所に対し
て導入された。公共住宅賃借人チャーターのようないくつかのチャーターは，
権利と責任についてかなり詳細に定めており，契約と類似している。他方で，
ロンドンバス旅客チャーターのように非常に一般的なものもある。（例えば，医
療と教育における）業績表の公表により，より一般的にサービス提供の水準が意

---

94)　Enterprise and Regulatory Reform Act 2013, Policy Paper, Department for
Business, Innovation and Skills, June 2013.

識されるようになっている。

1999 年の白書「政府の現代化」の公表の後，労働党政権は，消費者サービスの提供を一層重視し，それを「世界に通用する公的サービスへの戦い」という言葉で表現した。すぐれた取組みを公的セクター全体に広げるために，内閣の中に特別のユニットが作られた。このような持続的な改善の試みの結果は，「サービスファースト：新しいチャータープログラム」として，シティズンズチャーターを再スタート，イメージチェンジすることであった。この取組みは，パートナーシップを通して市民の関与を増やすことと，ベンチマーキングを通してサービス提供の品質を監査することによって，より高い品質を持ち，より応答的な公的サービスを実現することにより重点を置くものであった。その目的は公的サービスの提供に関する 9 つの原則を完全に統合することであった。従って，それぞれの公的サービスは，サービスの基準を設定し，公開的であり十分な情報を提供し，協議と関与を行い，アクセスと選択を促進し，全てを公正に扱い，誤っているときにはそれを正し，資源を有効に使い，革新と改善を行い，そして，他の提供者とともに働くべきである。2001 年の総選挙の後，「サービスファースト」ユニットは，公共サービス改革室という名前に代わり，ダウニングストリート 10 番地の首相官邸の一部となった。新しい 4 つの原則である，「基準，委任，柔軟性，選択の拡大」を促進することによって，この取組みは現代化を続けた。しかし，それは，政府の中核である首相自身の組織において進められている[95]。

公的セクターの現代化プログラムは，「サービスファースト」，「公的サービス改革」，「チャーターマーク」，「カスタマーサービスエクレンス」として再スタートした。これらの取組みにより生じた顧客志向が，全てではないが多くのサービスの提供の改善に貢献してきた。市民の期待が高まっても，約束が十分に履行されないことにより，失望することがある。そして，顧客の実際の経験と異なるように思われる業績を示す統計の集計と発表の方法に関して疑問が呈

---

95) See *Reforming Public Services: Principles into Practice*, March 2002.

されてきた。さらに，利用できる救済手段はチャーターが提供するものに限定される傾向がある。これは多くの場合十分ではない。例えば，患者が所定の時間内に診察を受けることができるという約束は，もしそれが不可能でも補償の規定はなく，列車が1時間以上遅れても，一律に数ポンド又はチケットバウチャーが払い戻されるに過ぎない。その結果，これらのチャーターは，サービスの提供において限定的な効果しか持たない。さらに，これまで導入されたものは，サービス提供の失敗により発生した不便や損失の完全な補償を提供できる真の法的救済手段を代替するものではないことを認識すべきである。

5.10 情報の自由

政府機構のアカウンタビリティはその透明性と関係する。市民は，多くの異なる文脈で，公的組織の活動に関する情報にアクセスする必要がある。例えば，どのようにして決定がなされたか，決定の理由，そして，どのくらいの金銭が費やされたか。しかし，イギリスの公務の秘密性は有名であり，広範囲にわたる国家秘密に関する法律に依拠することができた（例えば，1989年国家秘密情報法）。Matrix Churchill 問題に関する Scott 報告書における重要な批判の1つは，不必要な政府秘密に関係するものであった[96]。2000年情報自由法〔Freedom of Information Act 2000〕（FOI）は，そのような批判に対して導入されたものであり，非常に大きな変化をもたらした[97]。しかし，同法は，その前に出された白書が提案したレベルにまでは至らなかった[98]。

同法の第1編は，2005年に完全に施行され，書面による請求に対して情報を提供する義務を公的機関〔public authorities〕に課した。それは，開示除外を

---

96)   *Report of the Inquiry into the Export of Defence Equipment and Dual-Use Goods to Iraq and Related Prosecutions* HC (1995-96), 115.

97)   See P Birkinshaw, *Freedom of Information*, 4th edn (Cambridge: Cambridge University Press, 2010).

98)   *Your Right to Know*, 1997, Cm 3818.

主張する公益が開示する公益を上回る場合を除き，開示除外情報を開示する一般的な義務を公的機関が負うことを意味している。しかし，第2編は，開示が除外される分野の長大なリストを定めている。そうしたものとして，例えば，治安維持組織の全ての業務，防衛，王室とのやりとり，全ての政治的助言，国際関係，連合王国議会，スコットランド議会，ウェールズ議会，北アイルランドの議会間の関係，経済，警察・関税・消費税委員会による調査，裁判所の記録，商業上の情報，安全衛生，全ての個人情報，秘密を条件に政府に対して提供された情報が含まれる。これらのカテゴリーは，なんらかの危害に関する現実の証拠を要することなく情報開示の拒否を認める，包括的な開示除外を定めるものである。政府に「不利益」をもたらしうる情報は，ホワイトホールの組織や他の公的機関が裁量権限のもとでそれを公表することを決定しない限り，公衆に対して通常開示されない。開示拒否の正当化のために，1997年の白書が勧告していた「実質的な危害」テストではなく，「不利益をもたらす」又は「不利益をもたらす可能性がある」ことを示すことのみが要件とされている。実質的危害テストが採用されていた場合，行政部は，開示除外の主張に関して，ずっと大きな負担を負っていただろう。情報自由法について評価されているもう1つの点は，多くの公的組織に，情報コミッショナーの監督を受ける公表スキームを採用することを要求している点である。

　情報コミッショナーは，政府の各組織が情報を公表する裁量を持っている領域において公益を理由とする開示を勧告する権限を持っている。ただし，大臣又は法務総裁は情報コミッショナーの判断を覆すことができる。このことが意味しているのは，実際にいかなる情報を公開するかの決定について，大臣と職員に大きな裁量があるということである。最近出されたEvans判決は，その事案が第二層審判所においてすでに十分に検討されている場合には，この大臣の裁量は実際上制限される可能性があることを示している。この事件は，ガーディアン紙の記者がチャールズ皇太子と様々な政府の組織の間でやりとりされた手紙について行った情報公開請求に関するものであった。そこでは，チャールズ皇太子が，それを公表することなく，環境やその他の問題に関する手紙を

書き，個人の資格で秘密裏に政府の政策に影響を及ぼそうとしてきたことが強く推測されていた。第二層審判所は，情報コミッショナーの決定を取り消し，手紙の開示を命じたが，その後，法務総裁は開示を妨げる拒否権を発動した。法務総裁は，この拒否権を行使することにより，権力分立の点で問題となる方法で事実上司法の決定を取り消したことに注意すべきである。この法務総裁の拒否は，まず，司法審査の方法で争われたが失敗に終わった。しかし，最高裁判所は，最終的に，法務総裁が第二層審判所の決定を取り消したことは違法であるとした。Neuberger 裁判官は，多数意見において，法務総裁は，異なる見解を有するという理由だけで審判所の決定を取り消す権利を持つものではないとした。憲法的観点からすれば，裁判所の決定は拘束力を有し，簡単には取り消すことはできない。Mance 裁判官の反対意見は，もし，法務総裁が同意しないのであれば，証明書を出すことは可能であるが，可能な限り明確な正当性をもってそれを行う場合に限られるとしている[99]。

　不開示と大臣の拒否権は，公開性，アカウンタビリティ，参加，民主主義という公法の基本的価値に対する政府の姿勢に重大な疑問を投げかけた。しかし，そうした批判にもかかわらず，同法は，2005 年 1 月 1 日に完全施行され，中央政府，地方政府機関，広い範囲の公的組織の保有する情報の提供を受ける一般的な権利を市民に付与している[100]。さらに，法律により政府や公的組織の実務にも変化が生じている。以前よりもずっと多くの情報が公表されるようになっている。例えば，2009 年に庶民院議員の経費支出の詳細が開示されたことは，おそらく，情報公開請求により明らかにされた最も有名な問題である。この開示から生じた国家的スキャンダルは数名の議員の刑事訴追や辞任につながり，議員の経費支出請求システムの見直しにもつながった[101]。そうした情報

---

99) *Evans v Attorney-General* [2015] UKSC 21, [2015] AC 1787. See A Young, 'R (Evans) v Attorney-General - The Anisminic of the 21st Century?' UK Const L Blog, 31 March 2015.

100) 同法のいくつかの限界について，see *Kennedy v Information Commissioner* [2014] UKSC 20, [2015] AC 455.

101) P Leyland, 'Freedom of Information and the 2009 Parliamentary Expenses

へのアクセスは責任ある政府にとって不可欠であり，こうした情報公開の流れ
は歓迎すべきものである。

5. 11　結　　論

　本章では，政府の権限について概観し，現代の行政国家を構成する多種多様
な公的組織，ハイブリッドな組織，私的組織についての見取り図を提示した。
中心となるテーマは，多くのサービス提供について，市場主導型の解決方法を
導入することにより，「選択」，「有効性」，「効率性」を促進することであった。
民営化，ネクストステップスの発展，公的機関によるサービスについて契約に
よる委託に向かう傾向は，1980 年代と 1990 年代に勢いを増し，21 世紀に入
り，労働党政権，保守党・自由民主党連立政権のもとでも続いた。アカウンタ
ビリティとコントロールのための公法上の仕組み（議会，規制者，裁判所）は，
こうした制度上の急速な変化に対応しようとしてきた。特に，我々は，大臣責
任原則がさらに損なわれてきたことを示してきた。民営化された公益事業に対
する規制者による制定法上の義務の履行に関して，その業績が不安定で，効果
が限定的であったことも大きな問題であった。他方で，裁判所の監視的役割の
範囲については解決することは困難であった。なぜなら，公法の領域と私法の
領域の明確な区別が常に問題となってきたからである。

　1997 年の選挙での労働党の勝利は，政治的レベルでの変化だけでなく，多
くの新しい立法につながった。これには，分権政府，新しいロンドン市長と議
会の導入，そして，医療サービス，地方政府，規制レジームのさらなる改革が
含まれる。経済危機の広がりに対し，2010 年に生まれた保守党と自由民主党
の連立政権にとっての優先的課題は，公的支出をカットすることにより赤字問
題に取り組むことであった。中央政府，地方政府のスリム化やクワンゴの廃止
によって行政国家のサイズを小さくするとともに，その言葉も，ブレア政権の

　Scandal' [2009] *Public Law* 675.

もとでの「政府の現代化」から，キャメロン政権のもとでの「ビッグソサエティ」に変わった。2014 年にスコットランドで行われたレファレンダム後のスコットランドとウェールズにおける権限移譲の著しい進展に対して，2015年 5 月に誕生した保守党政権のもとで，市長や財政面での自治の強化という形でのイングランドの地方政府に対するさらなる権限移譲が政策的革新として浮上している[102]。2016 年都市及び地方政府権限移譲法と 2011 年地域主義法は，この政策を進めるための手段として機能している。より中央集権的ではない国家，決定への地域社会のより大きな関与，自発的活動のより大きな役割へと，重点が移りつつある。それでもやはり，公的セクターによるサービス提供に関して市場主導型の取組みの優位は続いている。より包括的な言葉と追加的なアカウンタビリティの仕組み（例えば，新しい議会，地方政府改革）にもかかわらず，地方政府や他の公的組織の裁量を大幅に減らして，（おそらく，権限移譲を例外として）トップに集中していた権限が下位の組織に実質的に再配分されてきたという証拠は限られている。

FURTHER READING

General

Bamforth, N and Leyland, P (2013) 'Introduction: Accountability in the Contemporary Constitution' in Bamforth, N and Leyland, P (eds), *Accountability in the Contemporary Constitution* (Oxford: Oxford University Press).

Foster, C (2005) *British Government in Crisis* (Oxford: Hart Publishing).

Painter, C (1999) 'Public Service Reform from Thatcher to Blair: A Third Way' 52 (1) *Parliamentary Affairs* 94-112.

Pattie, C and Johnston, R (2011) 'How Big is the Big Society' 64 (3)

---

102) Devolution in England: The Case for Local Government, Communities and Local Government Committee, First Report of Session 2014-15, HC 503, 3.

Parliamentary Affairs, 403-424.

Smith, MJ (2010) 'From Big Government to Big Society: Changing the State-Society Balance' 63 (4) *Parliamentary Affairs*, 818-833.

Central government and civil service

Barberis, P (1998) 'The New Public Management and a New Accountability' 76 *Public Administration* 451-70.

Davies, A (2013) 'Beyond New Public Management: Problems of Accountability in the Modern Adminstrative State' in Bamforth, N and Leyland, P (eds), *Accountability in the Contemporary Constitution* (Oxford: Oxford University Press).

Drewry, G [2002] 'Whatever Happened to the Citizen's Charter' *Public Law* 9.

Drewry, G (2011) 'The Executive: Towards Accountable Government and Effective Governance' in Jowell, J and Oliver, D (eds), *The Changing Constitution*, 7th edn (Oxford: Clarendon Press).

Freedland, M (1999) 'The Crown and the Changing Nature of Government' in Sunkin, M and Payne, S, *The Nature of the Crown* (Oxford: Oxford University Press).

Harden, I (1992) *The Contracting State* (Buckingham: Open University Press), chapter 3 'The Contractual Approach to Public Services: Three Examples'. Also in Galligan, DJ (ed), *A Reader on Administrative Law* (Oxford: Oxford University Press, 1996).

Rawlings, R (2015) 'A Coalition Government at Westminster' in Jowell, J, Oliver, D, and O'Cinneide, C (eds), *The Changing Constitution*, 8th edn (Oxford: Oxford University Press).

Local government and devolution

Brooks, J (2000) 'Labour's Modernization of Local Government' 78 (3) *Public*

第 5 章 現代行政国家 *211*

Administration, 593-612.

Hazell, R and Rawlings, R (2005) *Devolution, Law-Making and the Constitution* (Exeter: Imprint Academic).

Leigh, I (2015) 'The Changing Nature of the Local State' in Jowell, J, Oliver, D, and O'Cinneide C (eds), *The Changing Constitution*, 8th edn (Oxford: Oxford University Press).

Leyland, P (2011) 'The Multifaceted Constitutional Dynamics of UK Devolution' 9 (1) *ICON*, 252-273.

Rawlings, R (2003) *Delineating Wales: Constitutional, Legal and Administrative Aspects of National Devolution* (Cardiff: Cardiff University Press).

Regulation and deregulation

Black, J (2013) 'Calling Regulators to Account: Challenges, Capacities and Prospects' in Bamforth, N and Leyland, P (eds), *Accountability in the Contemporary Constitution* (Oxford: Oxford University Press).

Graham, C (2000) *Regulating Public Utilities: A Constitutional Approach* (Oxford: Hart Publishing).

Leyland, P (2003) 'UK Utility Regulation in an Age of Governance' in Bamforth, N and Leyland, P, *Public Law in a Multi-Layered Constitution* (Oxford: Hart Publishing).

Oliver, D, Prosser, T, and Rawlings R (eds) (2010) *The Regulatory State: Constitutional Implications* (Oxford: Oxford University Press).

Prosser, T (2015) 'Regulation and Legitimacy' in Jowell, J, Oliver, D, and O'Cinneide, C (eds), *The Changing Constitution*, 8th edn (Oxford: Oxford University Press).

Freedom of information

Birkinshaw, P (2015) 'Regulating Information' in Jowell, J, Oliver, D, and O'Cinneide, C (eds), *The Changing Constitution*, 8th edn (Oxford: Oxford University Press).

Birkinshaw, P (2010) *Freedom of Information*, 4th edn (Cambridge: Cambridge University Press).

Coppel, P (2014) *Information Rights: Law and Practice*, 4th edn (Oxford: Hart Publishing).

Hazell, R, Worthy, B, and Glover, M (2010) *The Impact of the Freedom of Information Act on Central Government in the UK: Does FOI Work?* (Basingstoke: Palgrave Macmillan).

Palmer, S (2003) 'Freedom of Information: A New Constitutional Landscape' in Bamforth, N and Leyland, P, *Public Law in a Multi-Layered Constitution* (Oxford: Hart Publishing).

第 6 章

オンブズマンの原則

6. 1　序

　オンブズマンのコンセプトは，市民は統治者の特定の行為に対して苦情を申し立てる権利を有するべきであり，その苦情は独立機関により調査されるべきであるという考えに基づいている[1]。

　本章では，主に議会及び医療サービスオンブズマン〔Parliamentary and Health Service Ombudsman〕（以下，PO という）の役割について説明するが，多様な行政活動を監督するために設置された他の特殊オンブズマンの概要も示すことにする。現在，公的部門において多数のオンブズマンが存在し，それぞれが固有の管轄権を有する。苦情処理に関するオンブズマンの有効性は，議会における議員の役割，審判所の利用可能性及び裁判所による司法審査とともに考慮されなければならない。実際のところ，議会オンブズマンは，議会の監視メカニズムの欠点に対処するために，1967 年の議会コミッショナー法〔Parliamentary Commissioner Act〕（以下，PCA という）に基づいて初めて導入された。しかし，PO の経験者は以下の指摘をしている。

　執行部門を憲法的に精査するために議会を支援するという本来の目的は，この間の行政法の高度化とともに進展してきた。その官職は，海外に見られるような「国民の擁護者」としての役割を明確に主張することはないもの

---

1)　M Seneviratne, *Ombudsmen: Public Services and Administrative Justice* (London: Butterworths, 2002), 2.

の，確かに紛争解決の拠り所として，良き行政の番人として，そして行政各部の有効性に係る体系的な監査機関として，司法的領域の中で独特の仕事を切り開いてきた[2]。

　庶民院の官吏である PO の主な役割は，中央政府及び非省庁型の政府機関の活動に関連し，庶民院議員から報告された苦情を徹底して調査することである。苦情調査官としてのオンブズマンは，職員に証拠の提出や文書の提出を求めるなど，部局内部の業務を精査するための強大な調査権限を与えられているが，審判所や裁判所とは異なり，PO は直接是正措置をとることはできない。PO は，調査完了の後に報告するのである。過誤行政に関する苦情に理由がある場合，通常，適切と判断されれば補償金の支払いを含む勧告が行われる。一般的には PO の勧告は遵守される。ただし，政府機関やその他の公的機関には，当該勧告に従う法的義務はない。勧告が無視された場合，議会に報告書を提出するという唯一最後の選択肢があるだけである。そうすることで世間に知られることになり，閣僚や官吏に対して，遵守へのさらなる圧力がかかる。以下の議論で提起される問題の1つは，PO に追加的な権限を与えるべきかどうかということである。

　オンブズマンの貢献が近年大きく変貌を遂げていることは，まもなく明らかになるだろう。一方では，公的セクターに私法的価値観が導入され，顧客満足が重視されるようになったからである。現在では，良き行政や制度上の欠点の除去に対する認識が高まっている。他方で，様々なオンブズマン官職の保持者は，アクセシビリティの向上に取り組んできた。現代の環境では，インターネットへの非常に広範なアクセスにより，市民は自宅から苦情処理担当者のWeb サイトにアクセスし，多くの場合，オンラインで苦情を申し立てることができる。本章の主要部分は中央政府の業務に関連した PO の役割に関するものであるが，オンブズマンは，官民両部門にまたがる苦情処理機関として，い

---

2)　Ann Abraham, Preface to R Kirkham, *Parliamentary Ombudsman: Withstanding the Test of Time*, 4th Report Session 2006-2007, HC 421, Stationery Office, 2007.

たるところに存在していることを強調しておきたい。

　最後に，用語に関し注記すると，1967年議会コミッショナー法により，行政のための議会コミッショナーが正式に導入された。その後，正式名称は議会及び医療サービスオンブズマンに変更されたが，本章では，議会オンブズマンを単にPOと呼ぶことにする。

6.2　憲法上のコンテクスト

　1954年のCrichel Down事件は，その当時利用可能な苦情処理メカニズムに明らかな欠陥があることを示した。特に，それは現在，私たちが行政の過誤と呼ぶものの結果に対し，政治的にも法的にも対処するための適切な手続がないことを示した。事実としては次のようなものであった。Dorsetの農地が1938年，爆撃場として使用するため，土地収用命令に基づいて航空省に取得された。戦後，その土地は農業省に移管されたが，農業省はその土地を必要とはしていなかった。前の所有者であったMarten少佐の家族は，土地の返還を望んでいた。1941年，首相であったウィンストン・チャーチルは議会で土地を返還すると述べた。その後，家族に誤解を招くような返答がなされ，さらに誤った保証が与えられ，土地の買戻しの要求は拒否された。少し遅れて，若い官吏によって不正確な報告書が作成され，その結果，それに基づいて土地を1人の賃借人に貸し出す案が作られた。保守党の議員は，庶民院においてMarten家のためにこの問題を取り上げた。その結果，公審問が行われ，個々の官吏及び公務を担う組織全体に対して非常に批判的な報告書が公表された。この報告書に関する議会での議論は，大臣が辞任するきっかけとなった。しかし，報告書で名前の挙がった官吏への批判があったにもかかわらず，かかわった官吏がその行為を理由に解雇されず，重い懲戒処分が科されなかったことは重大なことである。この政府にとって問題であったことは，事件発生から約10年後に広範囲に及ぶ官吏の無能さが明らかになったことによるものだったが，その時点で，当時の大臣やかかわった多くの上級官吏は退職していた。

このことを直接の契機として得られた成果の1つが，行政審判所と審問に関する Franks 報告書であった[3]。また，当時利用可能であった議会手続を通じて大臣の責任を追及する議員の役割に不備があることが明らかになったため，非法的な，効果的で安価な救済手段を新たに設ける必要性も明確となった。例えば，1979 年の総選挙後に導入された省別特別委員会制度がなければ，議員は各省にアクセスし，調査する手段を容易に手に入れることができなかった。他方で，不服申立ての連鎖の最終段階では，公的団体による不法な（権限踰越）行為を是正する手段としての裁判所での司法審査は，費用，時間及び手続上の諸要件によって制限されていた[4]。いずれにせよ，この手続は，新たな特別委員会に見られるような，そして議会オンブズマンや他のオンブズマン制度において強固に確立しているより職権主義的で調査的なアプローチではなく，当事者対抗的な紛争解決を強調する傾向がある。

　不服申立ての連鎖のこうした欠陥を埋めるためのオンブズマンに基礎を置くアプローチは，1967 年議会コミッショナー法の可決により議会により承認された。この法律は，JUSTICE という組織が 1961 年に発表した 'The Citizen and the Administration: the Redress of Grievances' と題する，いわゆる Whyatt 報告書を受けたものである。この報告書は，苦情処理コミッショナーを任命することを推奨した。このタイプの官職は全く新しいものというわけではなかった。スウェーデンは，1809 年に最初の議会オンブズマン（Justitieombudsmannen）を任命し，潜在的に圧倒的な国家権力と個々の市民が正義を確保する上で認識する弱さとを均衡させた。1954 年にはデンマークが続き，そのメカニズムが明らかに有効に機能しているように見えたことが，他の国々における模倣を促進することとなった。1962 年にはニュージーランドがオンブズマンを導入し（コモンローの国で最初のオンブズマン），1967 年にはイギリスの行政に関する議会コミッショナー（ここでは PO という）が続いた。フランスは 1973 年に，これに相当する調停官〔médiateur〕を創設した[5]（はるかに広い管轄権を有するが，

---

3)　See ch 7.

4)　See chs 8-18.

間接的な方法で苦情を受け付けるタイプの唯一の他のコミッショナー）[6]。フランスの
オンブズマンは権利擁護官〔défenseur des droits〕に改名され，その職は 1981
年に設立されたスペインの護民官〔defensor del pueblo〕を部分的につくりかえ
たものである[7]。比較的最近追加された 2 つのオンブズマンは，1996 年憲法
14 条に基づき「護民官〔Public Protector〕」と呼ばれる南アフリカのオンブズ
マンと，1995 年に導入された EU 機関に関するオンブズマンである。オンブ
ズマンは，公的部門と民間部門の両部門で世界中で急速に広まり，現在 90 ヶ
国以上で設置されている。

　オンブズマン（「苦情処理担当者」）の基本的な考え方を簡単に述べると，次の
ようになる。すなわち，関係者からの行政の過誤に関する苦情は，精査の対象
となる行政機関から明らかに独立した，適切な権限を有する官吏によって調査
されるということである。この原則は，1967 年議会コミッショナー法及びそ
の後の制定法に取り入れられている。庶民院の官吏として，PO は首相の助言
に基づいて国王によって正式に任命されるが，任命は野党党首の承認を得て，
行政特別委員会委員長と協議した後に行われる。任命，任期，給与，職務の管
理に関する規定を定めるにあたり，更新可能又は固定任期で任命され，給与が
統合基金から支給される独立した官吏を設けることに重点が置かれた（同法 1
条から 3 条）。裁判官の場合と同様に，その職を解かれるのは両院の決議又は医
学的な理由で就労不能な場合に限られる。新任の Julie Mellor は，2012 年 1 月
に議会及び医療サービスオンブズマンに就任し，最近 7 年間の任期が定められ
た。

---

5)　N Brown and J Bell, *French Administrative Law* (Oxford: Oxford University
Press, 1998), 34.

6)　S Boyron, *The Constitution of France : A Contextual Analyisis* (Oxford: Hart
Publishing, 2013), 203ff.

7)　V Comella, *The Constitution of Spain : A Contextual Analysis* (Oxford: Hart
Publishing, 2013), 152ff.

6. 3　議会オンブズマン
──「議員フィルター」又は直接アクセス──

　制度形成の後，PO へのあらゆる苦情は議員を経由する必要があった。オンブズマンという独立した官職が，議員の伝統的な役割や個々の大臣責任の慣行下で議会に対して負うべき大臣の説明責任に及ぼす影響は，議会で表明された当初の懸念であったが，実際には裏付けられていない。オンブズマンのプロセスへの国会議員の関与は，苦情処理におけるイギリスの議員の役割がほとんどの大陸の議会制度とは異なること，つまり，議員は選挙区と個別に結びついており，国会議員は（事実上）自らの選挙区のオンブズマンとなっているとの指摘により一部の筋から擁護された。一般公衆に開かれたアクセスを認めることは，苦情の調査官としての議員の中心的な役割を潜在的に奪うか，少なくとも弱体化させるであろう。苦情処理は議員が常に実行してきた職務であり，オンブズマンよりもはるかに大量の事案を処理してきたと主張された。競争相手として行動するのではなく，PO は既存のシステムを支援するものであり，異なるレベルで異なる方法で救済を提供する必要があることは明らかであろう[8]。

　当該官職が作業負荷に対処できなくなるという恐れが，直接アクセスに対するもう1つの懸念であった。当初は，人口の多さゆえの申立ての多さ（例えばスウェーデン，デンマーク，ニュージーランドと比較して）が PO を圧倒すると考えられていた。そのため相当なスタッフが必要となり，納税者に追加の費用を負担させることになる。これは，より多くの付託が官職の権威と知名度を高めるという一部の方面からの提案にもかかわらず，より限定されたイギリスの制度の論理的根拠となった。したがって，法案の起草に関しては，多くの議員が調査の役割を維持したいと主張した。そして実際，これは必然的に制定法上の規定が適用されない多くの苦情を初期段階でふるいにかけるという偶然の利点を

---

8)　H Wade and C Forsyth, *Administraive Law*, 11th edn（Oxford: Oxford University Press, 2009）, 68ff.

もたらし、それゆえ司法審査の申請における原告適格の要件に類するものとなっている。しかし、現状では、すでに専門の管轄権を持つ公的オンブズマンが急増しており、直接アクセスを許しても PO に苦情が殺到する可能性はほとんどない。

　次に、この制度の利用状況について検討すると、実際のところ、議員が PO に問題を付託する記録は不均一で、議員の多くは PO を全く利用していない。ある調査では、議員のわずか19％が PO を非常に有用と感じており、67％が PO は自らの活動にほとんど関係がないと考え、11％が PO は自分にとって役に立たないと考えている[9]。このような調査は、有権者が PO にアクセスできるかは、各議員の PO に対する見方によって決まる可能性があることを示唆している。議員を通じた間接的な付託の問題に部分的に対処するため、1978 年以来、PO は「裏口からの直接アクセス」という形式を受け入れてきた[10]。直接申し立てられた苦情で調査に値すると判断されたものは議員に伝えられ、議員はその調査を承認することができる。議員の心情は変化し、最近の調査では議員の大多数が直接アクセスを支持していることが示されている（行政特別委員会 2004）。さらに、この議論から、オンブズマンの対象を地方政府や地方分権政府その他の公共機関や民間機関にまで拡大することで、直接アクセスを求める議論が優勢になっていることが明らかになる。

　インターネットの登場と、被害を受けた市民を対象としたユーザーフレンドリーな WEB サイトの設計により、PO の役割を周知させるうえで大きな進歩が遂げられた。一般に、今日の市民は、電話ホットライン又はオンラインで入手可能なフォームを使用して、苦情制度に直接アクセスできることを期待している。医療サービスの苦情に関して議員フィルターの廃止がすでに導入されているが、議会内で廃止が広く提案され[11]、最近ではすべての PO が廃止を支持

---

9)　See G Drewry and C Harlow, 'A "Cutting Edge"? The Parliamentary Commissioner and MPs' (1990) 53 *Modern Law Review* 745, 761.

10)　Report of PO for 1978, HC 205, 1978-79.

11)　See 'Time for a People's Ombudsman Service' *Public Administration Select*

しているにもかかわらず，議員フィルターは他の苦情に関しては依然として障壁となっている[12]。問題は，そのような変更が必要な法案を可決するための議会の時間配分に依存する点にある。事実上すべての評者は，議員フィルター制度が当該官職の活用不足の一因であり，苦情が他の苦情解決手段に流れたことで，少なくともある程度で市民の擁護者としての PO の発展が妨げられたことに同意している[13]。

6. 4　行政の過誤とは何か

　PO が行政の過誤に関する事案を調査する責任があることを考えると，何が「行政の過誤」をもたらすものかを理解することは非常に重要である。この単語は，PCA 1967 の 5 条 1 項（a）及び 10 条 3 項で用いられているが，制定法上の定義はない。当時の政府は，定義することがこの用語に内在する発展の可能性を制限することになるため，この概念の意味を詳しく説明するのは不適切だと考えた。しかし，1967 年の法案の可決を確かなものとするために尽力した住宅・地方政府大臣の Richard Crossman は，法案に関する第 2 回読会で定義を試みた。これは一般的に，「Crossman カタログ」と呼ばれる。彼は，「偏見，不作為，不注意，遅延，無能力，不適当，邪悪，卑劣，恣意性など」[14] が含まれていると述べた。これは，通常，発生してはならない不正な取扱いや苦難を意味すると理解されており，法的に救済可能な損害よりも広いものである。「不正な取扱い〔injustice〕」という用語も定義されていないが，特定の過誤行政の事案から生じうる怒りや落胆として理解され，PO の調査結果におい

Committee, Fourteenth Report of Session 2013-14, 28 April 2014, HC 655.

12)　A Abraham, 'The Parliamentary Ombudsman and Administrative Justice : Shaping the Next 50 Years', Tom Sargant memorial lecture (London : Justice, 2011), 28.

13)　この問題に関するさらなる議論については see, e.g., M Elliott, 'Asymmetric Devolution and Ombudsman Reform in England' [2006] *Public Law* 84, 90ff.

14)　734 HC Deb (5th Series), col 51.

て考慮される。

「行政の過誤」は，1993年にPOによってさらに詳しく練り上げられ，更新された[15]。行政の過誤を構成する15の行為リストが初めて作成された。これには以下のものが含まれる。すなわち，行政の過誤には，無礼な態度，苦情申立人を権利者として扱わないこと，合理的な質問への回答拒否，苦情申立人の権利又は資格に関する情報提供の懈怠，誤解を招く又は不適切なアドバイスを故意に与えること，決定権者にとって有効な助言を無視したり不都合な結果をもたらす考えを覆すこと，救済手段の不提示，偏見の表明，上訴権の喪失につながる通知の懈怠，上訴権に関する適切な通知の拒否，手続の誤り，管理部門による適切な手続遵守の監視の失敗，サービス利用者の平等な取扱いを目的とした指針に対する考慮の欠如，不公平，そして，明らかに不平等な扱いとなる場合に法律の文言に固執する影響を軽減しないことが含まれる。

Donaldson裁判官（記録長官）は，R v Local Commissioner, ex P Eastleigh Borough Councilにおいて[16]，行政の過誤を「決定自体の性質，質又は合理性とは何の関係もないこと」と定義したが，元POのAlan Marreは，1973年の特別委員会に対する報告で，行政の過誤には「あらゆる行政上の欠点」が含まれる可能性があると述べた。これは簡潔さという利点を有するが，法令自体に定義がないものについての単なる提案にすぎない。現POは，最近，不十分な管理又はルールの誤った適用のことであると説明している。実のところ，この官職が時間の経過とともに発展するにつれて，「行政の過誤」と「不正な取扱い」の両方がPOの実務の中で解決されてきたのであり，これらの定義はいずれも他のほとんどの諸権限上の定義よりもかなり制限的である。例えば，R v Local Commissioner for Administration in the North and North East England, ex p Liverpool City Counsilでは[17]，カウンシル議員が計画決定の確定に参加する際に財政上の利点を明示するという要件を遵守しなかった場合，控訴院は過

---

15) See Annual Report, 1993, para 7.
16) [1988] QB 855.
17) *The Times*, 3 March 2000.

誤ある行政に相当すると宣言した。JUSTICE（1977）は，ニュージーランドや
デンマークのように，政府部門による「不合理，不当又は抑圧的な行動」を調
査する権限を含むよう「行政の過誤」という用語を拡張することを推奨し
た[18]。現オンブズマンによる行政の過誤のさらなる定義への関心よりも，良き
行政の積極的な原則を発展させることに重点が移っている（6.11 を参照）。

　重要な判決として知られる R（on the application of Bradley）v Secretary of
State for Work and Pensions は[19]，大臣が過誤行政の認定を簡単に拒否するこ
とはできないことを確認した（これも以下で説明する）。PO は，非常に批判的な
報告書「年金の約束への信頼：政府機関と確定給付型職域年金の安全性」を公
表したが[20]，そこには，（明確性，完全性，一貫性又は常に正確性に欠ける）誤解を
招く情報提供及び年金のための最低資金要件〔minimum funding requirements〕
（MFR）の変更に関して，労働年金省が過誤ある行政を行っていたという内容
が含まれていた。この行政の過誤から不正と損失が生じていた。主導的意見を
述べた John Chadwick 裁判官は，次のように主張した。「国務大臣が合理的な
根拠に基づいて自らの見解に達しただけでは十分ではない。国務大臣がオンブ
ズマンの調査結果を拒否して自らの見解を支持する決定自体が，1967 年法の
根底にある立法趣旨に鑑みて不合理ではないことが必要である。国務大臣に
は，オンブズマンが同法によって与えられた権限に基づいて行った調査の結果
を拒否する理由（単に自らの見解を優先する以外の理由）がなければならない。」
と。取消命令が行政専門部で出され，PO による過誤ある行政の認定の受け入
れを大臣が拒否したことを無効にした[21]。それにもかかわらず，控訴院は，R v
Local Commissioner for Administration, ex p Eastleigh Borough Council[22] が，
司法審査手続で取り消されない限り大臣は PO の調査結果に拘束される，とい

---

18)　D Widdicombe, *Our Fettered Ombudsman: A Report* (London : Justice, 1977).

19)　[2008] EWCA 36.

20)　(HC 984), 15 March 2006.

21)　[2007] EWHC 242.

22)　[1988] 1 QB 855.

う見解の根拠となるという主張を明確に拒否した。国務大臣は，正当な理由がある場合には，行政の過誤の認定を拒否することを妨げられない。年金のMFR の基準を変更する決定に関連する過誤行政の3つ目の認定を拒否するにあたり，John Chadwick 裁判官は，PO がこの件に関して結論を出す権利がなかったとされているのではなく，PO の認定を拒否した国務大臣の行動が不合理であると判断されたわけではないと強調した。

6. 4. 1　手続的かつ実体的な行政の過誤：「実体的当否」又は「質」の問題

「行政の過誤」を定義しないという政府の目的が何であれ，PO が実体的な（実体的当否及び政策）問題ではなく，PCA を起草した者たちが主に手続上の問題に関心を寄せていたことは明らかである。例えば，12 条 3 項の文言を見てみよう。

> 　この法律のいかなる規定も，政府の各部又はその他の機関が自らに与えられた裁量権を行使して行政の過誤無く行った決定の実体的当否について，コミッショナーが疑問を呈することを認めたり，要求したりするものではない……

苦情申立人は，（当然のことながら）この不正な取扱いにつながった行政の過誤の実際の原因よりも，自分たちが受けたと信じている不正な取扱いに重点を置く傾向がある。しかし，PO の管轄権が及ぶためには，被った不正な取扱いが行政の過誤に関連している必要がある。12 条 3 項は，裁量による決定がなされ，その決定に至る行政手続に誤りがあった場合，PO は行政の過誤を確実に認定できると解釈できる。言い換えれば，行政の過誤を伴う決定がなされた場合，PO は法的にその決定の実体的当否を検討できるという含意がある[23]。
　この時点で，手続的な行政の過誤と実体的な行政の過誤の区別をさらに明確

---

23)　R Kirkham, *Parliamentary Ombudsman: Withstanding the Test of Time*, 4th Report Session 2006‒2007, HC 421, Stationery Office, 2007, 7.

にする必要がある。そこで手続上の行政の過誤の例を取り上げることにする。PO によって報告された最近の事案では，庇護請求者は，入国管理局〔Immigration and Nationality Directorate〕(IND) から滞在のための例外的な許可を与えられていた。その庇護請求は，イギリスに残るための永住許可申請の進捗状況に関する調査と面接を経て，同日に拒否された。理由を付記した通知は，全く IND から送付されなかった。彼のファイルは局内のある事務所から別の事務所に移されたが，請求者のソリシタと議員からの書簡にもかかわらず，請求自体に関しては何の措置も取られなかった。請求者は後に就労許可を取り消す旨の通知を受け取り，その後，その許可は取り消された。調査の結果，PO は，理由を記した通知を送付しなかったことや，申請とその後の問い合わせの処理が容認できないほど遅れたことなど，明らかに能力不足を示す事案処理に関連して，いわゆる手続上の行政の過誤を認定した。PO の介入を受けて，IND は請求者と再び面談を行い，粗雑な扱いに対する謝罪と，引き起こした苦痛に対する補償として 250 ポンドの支払いを行うことに同意した。しかし，PO の介入は，請求者がイギリスに滞在するための永住許可を与えられるかどうかという実体的な問題に関してではなかった。言い換えれば，実体的な決定は IND の手の内に残されたわけである[24]。

　実体的な過誤行政をより詳細に検討し，12 条 3 項に基づくその状況を考慮すると，複数の側面があるように見える。まず 1 つには，PO は問題となっているルールや規制自体の質について調査すべきではないということが示唆されている。2 つ目は，PO が「行政の過誤なく行われた決定の実体的当否」を問うべきではないということである（再度の強調）。これらは，それぞれ「悪いルール」と「悪い決定」として知られている。説明のために，懲戒審理に召喚された学生に関するわかりやすい事例を取り上げよう。理事会の規則において，学生は審理の通知を受けてから 48 時間以内に自らの主張を準備しなければならないと規定されているとする。学生はこの規則を遵守しているが，準備

---

24)　Parliamentary and Health Service Ombudsman, Annual Report 2006-07, p 15.

第6章 オンブズマンの原則　*225*

時間が不十分だったため，自らの弁護で不十分な主張を提出した。理事会は，当該学生を大学で履修しているコースから除籍する決定をした。このような決定は，実体的な行政の過誤の両側面を示す一例といえるだろう。48時間以内に告発に関して資料を準備することを学生に期待することは明らかに不合理であるから，これは「悪いルール」である。この決定から，当該学生に対する影響が非常に不公平かつ不均衡であることが推測されるため，その決定自体の質が疑わしく，それは「悪い決定」である。換言すれば，この悪いルールの適用により，意思決定プロセスにおいて行政の過誤が生じたともいえる。

6.5　1967年議会コミッショナー法に基づく調査手続と権限

当初の規定は，PO の調査対象となる苦情は議員を介する必要があるとする議員フィルターシステムを確立している[25]（本ルールは NHS の苦情又は他のオンブズマンには適用されない）。さらに履践される手続は，当事者対抗主義的ではなく，職権主義的な調査である。調査手続は証拠の調査のために設計されており，苦情申立人に代わり PO によって実施される。事案が PO に報告されると，PO は事案をさらに調査するかどうかを決定するが，その際には幅広い裁量権を持つ。手続を合理化するために，苦情処理は3つの段階で検討される。まず事案が PO の権限内にあるかどうかを確認するための初期評価がある。権限外の場合は，利用可能な代替の救済手段又は行動方針について助言が与えられる。第2段階では，調査を行うべきかどうかを検討するための苦情の審査が行われ，第3段階では，調査の完了後の決定と報告が予定されている。

PO は，苦情申立人が，いまだ利用可能な救済手段を利用し尽くしていない場合には調査を行うことができない（例えば，審判所への上訴又は付託の権利）[26]。ただし，苦情申立人に既存の救済手段に訴えることを合理的に期待できなかった場合，調査は可能である[27]。当該規定は，審判所及び裁判所の権限との重複

25）　PCA, s 5（1）.
26）　PCA, s 5（2）.

を避けることを趣旨としている[28]。さらに，PCA は苦情の申立期限を設定した[29]。特別な事情がある場合を除き，苦情申立人が申立対象である事項の通知を受け取った時点から 12 か月以内に当該苦情は議員に提出されなければならない。オンブズマンが苦情を受けつけた際，（ⅰ）オンブズマンの権限内の機関や事柄に関する苦情か，（ⅱ）行政上の過誤の証拠はあるか，（ⅲ）当該過誤は是正されることなく個人に対して不正な取扱いをもたらしたか，（ⅳ）オンブズマンの介入が有益な救済手段となる可能性はあるか，という 4 点が問題となる。

PO は，苦情を調査するかどうか及び調査の主要な問題の選択について，権限の範囲内で幅広い裁量権を有することがすでに観察されている。PO が調査を拒否した場合，PO に対して調査を強制する法的手段はない[30]。これは，Re Fletcher の申立てに関し，貴族院によって確認された[31]。さらに，PO は，調査開始後の調査の実施方法について幅広い裁量権を持つ[32]。調査が認められた場合と認められなかった場合を厳密に区別することはできない。むしろ，公正な解決策に到達するために必要な限り，個別に判断して事案に取り組むアプローチが増える傾向にある。その結果，現在でははるかに多くの事件（年間数百件）が非公式の調査により解決されており，調査員は行政の過誤を見つけることではなく，個々人の紛争を解決することに集中している。これらは，旧来の意味での完全な調査を意味するものではない。PCA では，苦情の名宛人は，苦情申立人の主張について意見陳述の機会を有するべきであると規定されている[33]。調査は非公開で行われ，調査に関連する公表は一切行われない。

---

27) PCA, s 5 (3).
28) See *R v Commissioner for Local Administration, ex p Croydon London Borough Council* [1989] 1 All ER 1033.
29) PCA, s 6 (3).
30) PCA, s 5 (5).
31) [1970] 2 All ER 527.
32) PCA, s 7 (2).
33) PCA, s 7 (1).

いったんPOが事案の調査実施を決定すると，裁判所はPOが裁量権をどのように行使したかを評価したり，その調査結果を覆したりすることに消極的になる。例えば，R v Parliamentary Commissioner for Administration, ex p Dyer[34] では，社会保障省への苦情に関し，POの決定を覆すことを求める申請があった。Simon Brown裁判官は，次のように述べている。「当裁判所がPOの裁量権の行使を妨げるように安易に説得されることはない。大いに反対である。これらの裁量の意図された幅は，立法府により著しく明らかにされている。」と。事実は，Dyer夫人が，疾病給付，生活扶助及び所得補助のために行った多くの請求に関して，社会保障省の行政の過誤を主張したというものであった。POはその苦情が正当であると判断し，同省は彼女が請求を行う際に発生した費用を補塡するために500ポンドの恩恵的補償金を支払った。さらに彼女は不正な取扱いにより苦しんだことについて謝罪を受けた。しかし，Dyer夫人は，POが彼女のすべての苦情を調査しなかったことが誤りであり，その結果，彼女にとって結果が本来ならば得られたはずのものよりも満足のいかないものになったと考えていた。彼女の司法審査の請求は却下されたが，Simon Brown裁判官が認めたように，POには広範な裁量権が与えられているため，裁判所がPOの判断を覆すには非常に特殊な状況が必要である。

まさにそうしたケースが，R v Parliamentary Commissioner for Administration, ex p Balchinであり[35]，本件は裁判所によりPOの決定が覆された稀有な例である。運輸省は，Balchin家の財産に悪影響を及ぼすような道路命令を発出し，計画による地価の下落を引き起こしていた。この件が調査のためにPOに付託された際，当局が計画による地価下落に直面している物件を購入する裁量権について，正しい助言を提供しなかったと主張された。POは不正が行われた事実はないと判断し，無価値となった物件の購入を頑なな地方政府機関に求めることはしなかった。しかし，Sedley裁判官は，POが地方政府機関の不備のある指導・助言を認識していなかったと判断した。この助言は行政の過誤につな

---

34) ［1994］1 All ER375
35) ［1998］1 PLR 1.

がる重要な考慮事項であり，その結果，PO は適切にその権限を行使しなかったとされた。この問題は，行政の過誤があったかどうかを事実に基づいて判断させるために再び PO に付託された。前例はなかったが，1997 年の裁判所の判決に続いて，Balchin 事件に関する PO の新たな（2度目の）判断も，Dyson 裁判官によって高等法院で覆された。R v Parliamentary Commissioner for Administration, ex p Balchin（No 2）[36] において，PO の判断に至る理由づけに欠陥があるとされたのである。この問題は，後に円満解決に至り，Balchin 夫妻に支払われた 20 万ポンドの補償金について，運輸省と Norfolk カウンティカウンシルがそれぞれ半額を負担した。

　実際には，PO は，従うべき手続を決定するだけでなく，調査の進行にも自ら関与する場合がある。PO を代理する職員又は場合によっては PO 自身が苦情に関連する資料にアクセスし，必要に応じて関係者と面談を行う。特別委員会制度を通じて個別に又は集団的に活動する議員と比較して，PO は，政府各部内の「裏側をのぞく」ことにおいて，はるかに効果的に活動できる。このアプローチは職権主義的であり，しばしば関係する部門や行政当局の運営慣行を調査することを含む。これら強化された調査力は重要な意味合いを持つ。それは，アカウンタビリティが拡大されることを意味する。なぜなら，通常，議員が国会質問を行う場合や特別委員会の質問に証人が回答を拒否する場合に，大臣に代わって官吏が提供する回答に PO が満足しないことがあるからである。ただし，8 条に基づく書面及び口頭での証拠要求や事件に関連する行政各部のファイルを調査する権能は，特別委員会制度とある程度類似している。実際，PO は，自らの目的の 1 つを組織の外部監査に類似したものと見なしている。さらに，PO の活動への故意の妨害は法廷侮辱罪の手続と同等の方法で罰せられ[37]，PO の報告書は絶対的な特権によって保護されている[38]。大臣は調査を拒否する立場になく，大臣や官吏は公益上の理由による免責の背後に隠れること

---

36)　［2000］2 LGLR 87.

37)　PCA, s 9（1）.

38)　PCA, s 10（5）.

もできない。実際，PO は，首相の承認を得て内閣官房長官〔Secretary of the Cabinet〕が認定した内閣やその委員会の手続に関連する場合を除いて，大臣を含む誰に対しても情報や文書を求める権限を有している[39]。

　苦情が調査された後，報告書は，通常，議員及び中央省庁や行政機関の長に対してコメントを求めるために送付される[40]。ほとんどの場合，苦情申立人は事案に関し満足のいく解決策に到達できるので，これで事件は終了する。税金や社会保障に関する最も一般的な問題では，単純な払戻し，給付の未払分の支払い，請求者の費用の返済，場合によっては補償が行われる。しかし，報告書の提出後に，PO が行政の過誤によって引き起こされた不正が是正されていない又は是正されないと考えた場合，PO はその事案に関する特別報告書を両院に提出し，検討を求める権限を有している[41]。これは，年次報告書や議員に提出される個別報告書とは異なる（後述する Court Line 事件，Channel Tunnel 事件及び Pensions Promise 事件を参照）。

　PO は，行政の過誤を発見し，金銭的補償の支払いを含む勧告を行うことがある。ただし，PO には当該勧告に従って行動するよう公的機関に強制する直接的な法的権限はない。PO が作成した報告書は，個別の苦情を超えて是正措置を促すのに非常に効果的であることがある。例えば，農水省の官吏が，家禽の強制殺処分を受けた農家からの多数の補償請求を誤って処理していたことが判明した[42]。他の事案では，ある夫婦が国民保険料の払戻しを受けたが，利息がついていなかった。保険料徴収エージェンシーは，払い戻された金額について 12 か月分の利息を支払うこと，同様の状況にある他の人々にも同じ対応をするためにさらに 6,500 件のケースを調査することに同意した[43]。別の有名な調査では，PO は，社会保障省と社会保障給付エージェンシーにおいて，寡婦

---

39)　PCA, s 8 (4).

40)　PCA, s 10 (1) and (2).

41)　PCA, s 10 (3).

42)　Fourth Report: Compensation to Farmers for Slaughtered Poultry, HC 519, 1992-93.

43)　Annual Report, 5th Report, HC 845, 1997-98.

及び寡夫の権利に関する不完全で誤解を招く情報提供に重大な行政の過誤があったことを発見した。これは国の所得連動年金制度の将来的な変更に関連していた。その後，政府は影響を受けた人々を支援するための制度を設立し，一部の人々はこれらの変更の影響を全く受けないことを発表した[44]。この件では，PO は，過去の行政の過誤に対する救済を提供するための「包括的な解決策」として政府の提案を歓迎するさらなる報告書を発表した[45]。重傷を負うに至った深刻な強盗に係る事案で，犯罪被害補償機関は，申立人が再び働くことができず，特別な看護を要するという証拠に基づいて措置をとるのに 5 年以上かかった。この遅延が苦痛，フラストレーション，そして不便をもたらしたことが判明した。PO の勧告に基づいて，50 万ポンドの補償金の支払いに加えて，当該機関は謝罪し，苦情処理の不手際に対してさらに 8 万ポンドが支払われた[46]。

　PO の役割の進化について議論する際，役割のもともとの構想が「消防士」であるのに対し，「火災監視」へと移行しているという違いが意識されている。当初考えられていたように，「消防士」としての PO は，議会の補助として個々の苦情に対処する権能を有している[47]。比較的軽微な調査及び詳細な調査は，舞台裏を探る権限を有する経験豊かな調査員によって行われる。行政の過誤が特定された場合に法的救済を提供する権限はないものの，PO は勧告を行うことができる。確かに，この官職の効果は，そのような勧告が政治的な影響を持つ可能性が高く，相当な道徳的力を伴うことによる[48]。実際，官吏が大きな注

---

44)　Annual Report to Parliament, HC 305, 1999-2000.

45)　State earnings-related pension scheme (SERPS) inheritance provisions: redress for maladministration, 2nd report 2000-2001, HC 271.

46)　Annual Report 2010-11, HC 1404, p 19.

47)　C Harlow and R Rawlings, *Law and Administraiotn* (Cambridge: Cambridge University Press, 2009), ch 12.

48)　M Elliott 'Omhudsmen, Tribunals, Inquiries: Re-fashioning Accountability beyond the Courts' in N Bamforth and P Leyland (eds), *Accountability in the Contemporary Constitution* (Oxford: Oxford University Press, 2013), 246ff.

目を浴びて批判にさらされるのを避けるために，PO の調査結果に基づいて是正措置を講じることは確立した慣行である[49]。対照的に，「火災監視」の役割はさらに踏み込み，自発的な調査に重点を置くという決定的な変化を示唆する。これにより，PO が公的団体を監視し，広範な影響を及ぼす可能性のある差し迫った制度的問題を特定することが可能になる[50]。

6.10 で議論された例は，行政の過誤による不正を是正するための PO の役割だけでなく，高い行政水準を確保するためのオンブズマンの役割も示している。現在，2013 〜 14 年から 2017 〜 18 年までの 5 年間の戦略計画の下で，改善されたより「連携した」苦情処理システムに向けた新たな取り組みが進められているが，システム上の失敗を発見するために，より広範な役割を担うことに関して明確な言及はない[51]。

6. 6　議会オンブズマンの管轄権の限界

すでに述べたように，PO（及び他の多くのオンブズマン）は，既存の救済メカニズムが利用し尽くされない限り，事案を調査しない。PCA は，裁判所や審判所での救済手段が存在する場合，コミッショナーは事件を調査してはならないと規定していることは前述した。例外として，PO が，苦情申立人に法的救済手段に訴えることを期待することが不合理であると判断した場合がある。ex p Croydon London Borough Council[52] において，裁判所は，地方コミッショナーによる問題の調査について権限を超えて行動したものと判断した。なぜな

---

49)　ただし，例外として，後述する *R (on the application of Bradley) v Secretary of State for Works and Pensions* [2008] EWCA 36 を見よ。

50)　もう 1 つの可能性は，スコットランドで見られるように，苦情処理を一元化するための窓口を設ける傾向である。See C Gill, 'The Evolving Role of the Ombudsman: A Conceptual and Constitutional Analysis of the "Scottish Solution" to Administrative Justice' [2014] *Public Law* 662.

51)　Annual Report and Accounts 2014-15, 6, 7.

52)　[1989] 1 All ER 1033.

ら，苦情申立人は当該状況のもとでは適切な関連審判所に不服を申し立てるべきだったからである。さらに，地方コミッショナーは，裁判所によって既に決定された問題を調査することはできなかった。司法審査を受けた当事者は，別途，オンブズマンに対する苦情申立ての権利を利用すべきではない[53]。しかし，法令で定められているにもかかわらず，Congreve v Home Office[54]の事案は，そうした重複の好例である。PO が問題を調査し，特別報告書でその行動を非難した後，苦情申立人は司法的救済に頼ることにした。R v Secretary of State for the Environment, ex p Ostler[55]は，その逆のシナリオを示している。この事件では，原告が法定期限を過ぎたために裁判で敗訴したが，後に PO からある程度の補償金を得ることができた。

6. 6. 1 附 則 2

PCA は，附則 2[56]及び附則 3 において，コミッショナーの管轄に含まれる事項と除外される事項を規定する。リストは更新可能であり，これは政府の部門が頻繁に新設されたり廃止されたりするためである[57]。これら附則は，以下に列挙されているとおり，ほとんどの政府及び準政府機関を対象としている。注目に値するのは，この管轄権限は，大臣責任の慣例を通じて，行政機能に関して大臣に説明責任を負わせるという点で，議員の権限に類似したものとなることである。

附則 2 は，もともと調査対象として，主要な政府の各部と他の諸機関を含むものであった。しかし，1987 年の法律，附則 1 は，オンブズマンの管轄を修正し，50 未満から 100 を超える中央官庁及び非省庁型の政府機関へと対象を広げた。すべての非省庁型の政府機関やしばしば言及されるクワンゴは対象で

---

53) See *R v Commissioner for Local Administration, ex p H (a Minor), The Times*, 8 January, 1999.

54) ［1976］1 All ER 697. この事案のさらなる議論については，see 11.3.

55) ［1977］QB 122.

56) See also Sch I to the Parliamentay and Health Service Commissioners Act 1987.

57) 附則 2 のリストは，PCA 4 条に基づき枢密院令により改正されうる。

はなかったが（例えば，審判所審議会の管理下にあるもの——第7章を参照）。1999年にはオンブズマンの権限の範囲内に含まれる執行を担う非省庁型の政府機関と助言的役割を担う非省庁型の政府機関の数がさらに大幅に拡大した[58]。2010年には，400近くの政府の各部及びその他の政府団体がオンブズマンの管轄下に置かれたが，2010年から2012年にかけてクワンゴの廃止と合併が行われ，管轄区分が変更されている。

　リストアップされている準政府機関には，例えば，王立造幣局，芸術審議会，慈善事業監督委員会，王室所有地事務所，競馬掛金徴収委員会，人工受精・胎生監視機関，大英図書館，平等及び人権委員会，犯罪被害補償委員会，産業訓練委員会，鉄道規制局，英国観光委員会，水道監督総局などがある。さらに，生物工学及び生物科学研究審議会と食品基準エージェンシーが追加された。PCAは，政府の各部，王室のために活動する団体，特権により設立された団体，あるいは議会から少なくとも50％の資金が提供されている団体に対象を限定する。

　1993年医療サービスコミッショナー法及び1994年規制緩和・契約解除法もまたPO及び地方オンブズマンの管轄権を，外部委託されてきた中央及び地方政府の機能に拡大した。医療オンブズマンは，NHSにおける内部市場の導入の結果として生み出されたサービスを調査することができる[59]。この役割は，NHSをさらに改革する労働党政府の措置により継続された。また，政府機能の外部委託は公法原理の適用範囲を明らかに制限するものであるとはいえ，裁判所は公法領域に類する役割を果たしていることにも注目すべきである（第8章以下の司法審査を参照）。

6.6.2　附　則　3

POは，PCAにより，特定の分野の調査から除外されている[60]。例えば，他

---

58)　The Parliamentary Commissioner Order 1999 (SI 1999/277).

59)　See the National Health Service and Community Care Act 1990, s 7 (2).

60)　PCA, s 5 (3) and Sch 3.

国の政府や国際機関とイギリスとの外交関係や取引に関連する問題，国外での官吏の活動，王室の自治領の一部を形成する海外領土に関連する活動，犯罪捜査，イギリスの裁判所における刑事訴訟又は民事訴訟の開始や指揮，恩赦大権の行使である。これらの除外の中には予想されるものもあるが，中央政府と民間部門の間の商業契約に関する除外，官吏の任命・解任といった人事問題に関する除外は，PO，学者及び他の組織によって繰り返し批判されている[61]。政府の各部は，本質的に政治的（政策）目標の達成に向けて契約上の権限を頻繁に使用するが，当該権限がPOの管轄外に置かれてしまうことが懸念の原因である。1967年法4条に基づく当該制限を解除する権限を有するにもかかわらず，政府は当該分野の変化に抵抗し続けている。

6.7 オープンガバメントと情報の自由

2000年情報自由法が制定される前は，職務情報の開示は，政府情報の入手に関する制定法としての性格を持たない実施規程に依拠していた。当該規程は法律として施行できなかったが，POは当該規程の監督に責任を負い，議員からの付託により，実施規程の不遵守に関する苦情の調査を行った。実際に，1994年にPOは，イギリス政府がオープンガバメント規程に違反していることを発見した。POの2003～04年報告書は，次のように述べている。

我々の目的は，自らが権利を有すると考える情報開示を拒否された者が，適切な機関によって苦情が審議される機会を拒否されないようにすることである。我々は2005年1月まで，（職務情報の開示に関し定めた）覚書の要件遵守を監視し続けるであろう。

---

61) See, e.g., the Annual Report for 1988, HC 301, the Select Committee (Fourth Report for 1979/80, 'The Jurisdiction of the Parliamentary Commissioner', HC 593).

第6章　オンブズマンの原則　*235*

2005年1月1日に発効した2000年情報公開法（FOI）の施行は，この分野においてPOに新たな時代を開いた。特に，POの管轄内にある機関はこの法律（及びその除外規定）の適用を受けることになり，オンブズマンは職務情報へのアクセスに関する苦情が全体的に又は主に対象となる場合，その調査を中止した。この任務は，当該法律（第18条）に基づいて設立された情報コミッショナーに引き継がれた。情報コミッショナーは，当局が法律を遵守していないという苦情を調査する権限を持つ[62]。POに関しては，WEBサイトで利用可能なFOI公開スキームがあるが，当該官職にとって新たな問題は，一般市民や苦情申立人からの年間250件以上の情報公開請求に対応する負担である。

6. 8　議会オンブズマンの仕事量

2015年の苦情に関する統計（POのWEBサイトで入手可能）は，全体の件数の内訳を提供しており，事案の全体的な処理状況を示している[63]。

2014 ～ 2015年において，POは29,000件の事案を処理し，そのうち6,815件は手続の第2段階として調査され，5,058件はさらなる調査を必要とせずに解決された[64]。綿密な調査の要否を判断するため審査されたもののうち，5,531件はイギリスのNHSに関連し，1,271件は政府部門及びその他の公的機関に関係していた。換言すれば，苦情の約80％は，議員フィルターが適用されない医療サービスに関するものであったが，それ以外の政府の各部及び組織に関するものは，調査された事案の約20％にすぎなかった。全般的に，POに申し立てられた苦情の総数は年々着実に増加している。第1段階の調査数を調べると，少数の部門が高い割合で苦情を生み出す傾向があるという事実が浮き彫りになるが，しかし，手続の第2段階で調査実施のために審査されたケースは，

---

62)　See also Pts IV and V of the FOI Act 2000.

63)　Complaints about UK government departments and agencies, and some UK public organisations 2014-15, 31.

64)　Annual Report and Accounts 2014-15.

括弧内の数字で示されているように，非常に少なくなることが明らかである。
2014〜15年に政府部門（NHSを除く）に関して問い合わせの数は次のとおり
である。労働年金省2,162（201），法務省1,450（467），歳入関税庁1,000（163），
内務省851（145），ビジネス・革新・技能省403（38）及び運輸省383（57）で
ある。2014年から2015年にかけて，NHSを含むイギリス政府全体で第3段
階に達し，完全な調査に進んだ事案の総数は4,280件であった。これは，苦情
が認められる可能性が高いかどうかではなく，問題が是正されていない兆候を
示す苦情も含めるように基準を引き下げたことを反映している。このアプロー
チの変更により，2011〜12年には421件しか調査されていなかったものが，
大幅に増加した。2014〜15年に完了した調査では，苦情のうち1,521件（37%）
が部分的又は全面的に認容され，2,279件（55%）は認容されなかった。さらに
8%は調査前に解決したか，後に取り下げられている。

　例年と同様に，多くの苦情が「適切な申立てではない」として却下された。
苦情が却下される最も一般的な理由は，既存の手続が利用されていない，苦情
を解決しようとする試みがなされていない，苦情が議員フィルターを通じて付
託されていない又は何らかの救済が既に提供されているというものである。

　POの管轄は，権限移譲後のスコットランド，ウェールズ，北アイルランド
においても，他の専門オンブズマンによって部分的に引き継がれているため，
調査のために受けつけた事案の数が最近まで減少する傾向があったことは全く
驚くべきことではない（実際，北アイルランドには1969年以来独自のPOに相当す
るものがある。さらに6.10を参照せよ）。例えば，2002〜03年には2,567件であっ
たが，2003〜04年には2,319件の事案が処理されている。また，世界中の他
のオンブズマンがはるかに多くを処理しているように見えることは注目に値す
る。フランスの権利擁護官と子どもの権利，平等の権利，セキュリティ倫理を
専門とするその補佐官は，合計で85,000件の案件を受理し，そのうち72,000
件の苦情が2014年に調査された[65]。苦情はオンラインで申し出ることができる

---

65)　Rapport annuel d'activité 2014, published 27 January 2014.

が，権利擁護官は，フランスとその海外の保護領に広がる 397 人の代理人を通じて間接的にアクセスする形がとられている。権利擁護官は PO よりも広い管轄権を有するため，数を厳密に比較することはできない[66]。それにもかかわらず，この条件を念頭に置いても，PO に関して任意の年の統計をとると，完了した事案の処理量は比較的小さくなる。

　この控えめな事案処理が地域的なものであるもう 1 つの明らかな理由は，PO が議員の苦情処理の役割に付随して，より詳細な調査を実行することにある。日常的な苦情の受理に慣れている多くの議員にとって，オンブズマンの有用性は限られていると認識されている。これは政治情勢の中で活動する議員が，問題が提起された時点で迅速に結果を出したいと考えることが多いためである。PO によって調査された事案の平均処理時間は 1 年未満に短縮されたとはいえ，例えば選挙前など政治的な出来事が急速に進展する中では，結果を得るまでの遅延は依然として長すぎると見なされるかもしれない。さらに，議員は国会質問，閣僚への書簡又は非公式な働きかけを通じて，大多数の苦情を直接解決することができる。このような問題を個人的に解決することから得られる明らかな名声に加えて，大多数の無役職の議員は，苦情処理をおそらく自らの仕事の中心的なものと考えている。報告書は，中央官庁が混乱を招く指導や不十分な情報を提供した場合，遅延が不正な取扱いをもたらした場合及び繰り返される過誤と不適切な苦情処理が行われた場合に特に注意を向けている。

6. 9　議会オンブズマンの調査

　市民がオンブズマンを利用することに関して，PO は顧客サービス基準にますます重きを置いている。すべての申立てに対して，1 〜 2 業務日以内に受理確認が送付され，苦情申立人には 5 業務日以内に最初の応答が行われるが，調査にはより長い時間がかかる傾向がある。平均して完了まで数か月，時には 1

---

66)　〈http://www.defenseurdesdroits.fr/en〉

年かかることもある。この処理速度は，平均4か月で対応が完了するフランス
の権利擁護官のはるかに迅速な対応と対照的である。「ロールスロイス方式」
という用語は，調査が徹底的かつ専門的に行われることを示すために使われて
いる。しかし，前述のとおり，一部の議員が事案をPOに付託することをためら
らう主な理由は，調査完了までに要する時間であった。というのは，議員ら
は，大臣に直接書簡を送るか，非公式なアプローチによって可能となる迅速な
応答を求めるからである。1996〜97年に，新たに苦情に対する迅速な処理手
続が導入された。2003〜04年の年次報告書では，POの管轄内の苦情につい
ては，5週間以内に関係機関に苦情申立書を提出することが目標であると述べ
られている。この目標は53％のケースでしか達成されていなかったが，96％
のケースでは13週間以内に苦情の申立書が提出されていた。目標は41週間以
内に結論を出すことであったが，開始から最終解決までの平均時間は48週間
であった。

　作業負荷に対処するために，POは200人のスタッフによって支援されてお
り，その半数は調査員である。かなりの数が官吏から選ばれている。苦情が管
轄範囲内であるかどうかを確認するための最初の精査の後，苦情の審査と調査
に多くの時間が費やされる。法定調査が完了すると，事案の担当者は報告書を
作成する。報告書には基本的に2種類ある。1つは，調査の終了時に紹介議員
及び関係機関に送られるもので，他の1つは毎年の業務終了時にPOが議会に
提出する年次報告書である（行政及び憲法問題に関する特別委員会に提出される別
種の報告書も作成されるが，ここでは取り上げない。）。すでに述べたように，議員
と比較して，POは調査を行う際に付加的な要素を備えている。元POのAnn
Abrahamsの言葉を借りると，「結局のところ，オンブズマン制度のユニーク
なセールスポイントの1つは，裁判所とは異なり，個別のケースを超えて欠陥
のパターンを見つけ出し，国家機関と個人の不幸な遭遇の失敗の是正よりも更
に先の体系的な変革のための勧告を行うという固有の権能を有していることに
ある。」[67]

　次の問いは，この付加的な要素は実際には何に相当するのかということであ

る。この問いに答えるためには，いくつかの事例研究を参照して，PO の影響を評価する必要がある。その中には，手続上の行政の過誤と政策問題の区別を曖昧にするものもある。これらの事例は，PO がどのように任務を果たしているかだけでなく，報告書に含まれる調査結果が，議員，調査対象機関，そして大臣を含む関係当局によってどのように受け取られるのかを明らかにしている。再度指摘しておくべきことは，PO が行政の過誤を発見しても，中央官庁にその決定を取り消すよう命じたり，決定を撤回又は変更したり，行為の停止・延期・促進や補償を命じたりすることはできない，ということである。表面上は，報告書が PO の権限の限界のように見える。しかし，これらの明らかな制約にもかかわらず，政府の各部が決定を変更したり，補償金を支払ったりすることによって，合理的な修正を自発的に行ってきたことは一般的に事実であるといえる。

6.9.1 完了した調査の例

6.9.1.1 The Fleet Street Casuals 事件 1982

この事例は，苦情調査における PO の裁量をよく表している。本件は脱税に関するものであった。PO の Cecil Clothier は，政治的論争に巻き込まれる可能性があることを理由に手続を進めることを拒否した。さらに，彼は，税制の管理における不正の申立ては，すべての納税者，ある意味では国全体に影響を及ぼすと考えた。これにより，個別のケースの調査に限定されている彼の権限の範囲を超える問題となった（訴訟が提起されている：Inland Revenue Commissioners v National Federation of Self-Employed and Small Businesses Ltd. を参照）[68]。事案の調査を拒否する当該権利は理由の説明なく行使できることを記憶にとどめる価値はある。この裁量は疑問視されている。

---

67) Abraham, n 12.

68) [1982] AC 617. 8.10.1 における原告適格の議論を参照。

6. 9. 1. 2 The Sachsenhausen 事件 1967

運営初年度の The Sachsenhausen 事件は，PO が深刻な性質の中央官庁の過誤を発見した最初の機会となった。それは，第二次世界大戦中にナチスの迫害を受け，外務省から補償を拒否された 12 人の被害者に関するものであった。彼らは，1964 年に前任の外務大臣によって策定された関連資金の分配規則の対象外であった。議員による議会での圧力が決定を覆すことに失敗した後，この問題は PO に委ねられた。PO は報告書（HC 54）の中で，外務省が重大な誤りを犯していたことを明らかにした。特に，外務省が決定に至った方法及び後に当該決定を擁護する方法に影響を及ぼす行政手続上の多くの欠陥があった。その結果，請求者らの評判が損なわれた。外務大臣は部下を強く擁護するだけでなく，この過程で個別の大臣責任の原則が損なわれていると主張した。それにもかかわらず，PO の報告書の発表後，被害者に対して補償金が支払われた。

過誤を否定した後に政府が補償金を支払うことは，次に述べる事案からもわかるように，ほぼ憲法慣習の地位を得ている。この調査に対する特別委員会の議員の反応は極めて大きかった。1967 ～ 68 年の報告書（HC 258, paras13-16）において，議員らは外務省から受け取った証拠に不満を表明し，大臣が審査と潜在的な批判の対象にされるべきであると強調した。特別委員会が検討した最終的な問題は，補償が拒否された根拠となる規則の「実体的当否」を検討することに対する PO の消極姿勢に関するものであった。議員らは，この問題に関して PO が自らの権限をあまりに狭く解釈していると考えた。この点については 6.4.1 の参照を乞う。

6. 9. 1. 3 The Barlow Clowes 事件 1989

背　　景

この事案は特に考察する価値がある。なぜなら，当時 PO であった Anthony Barrowclough がいうに，PO により，「これまでで最も長く，最も詳細な［報告書］」[69] が作成されたからである。この調査の過程で，彼は 5 つの重要な分野で重大な行政の過誤を認定した。これらの認定は，その後，PO の歴史の中

で単一の報告書としては最大の注目を集めた。事柄の規模は，Barlow Clowes
社の崩壊により影響を受けた 18,000 人の預金者から苦情を受けた庶民院の議
員がその総数の約 4 分の 1 に達していたことに示されている。最終的に，この
問題は 12 人の議員によって正式に PO に付託された。特に興味深いのは，そ
の結果である。この調査は，多くの被害者に救済を提供するものであった。政
府が貿易産業省〔Department of Trade and Industry〕（DTI）の行為に対する PO
の最も重大な批判を断固として全否定したにもかかわらず，投資家に対して約
1 億 5 千万ポンドの恩恵的補償金を支払い，彼らの損失の 90 パーセントを補
填したのである。救済計画が発表される前に投資家の 60 〜 70 人が死亡し，中
には貧困状態にある者もいたという事情はあるが，これまでで投資家が調査か
ら得ることができた最大の金銭的な救済である。

事　　実

　Barlow Clowes 社は，1988 年に破綻し，その結果，多くの不正な取扱い，
特に退職後の生活資金を投資ファンドに依存していた高齢の預金者を含む多く
の人々にかなりの金銭的損失をもたらした。多くの人々は，それが政府の債券
であり，安全かつ税効率の良い投資形態であると考えて魅力を感じていた。な
ぜこのような事態を引き起こしたのか。当局の過誤なのだろうか。

　Barlow Clowes 社は 1970 年代半ばに設立された。DTI は，1958 年不正（投
資）防止法により，企業に関する監視と免許の付与といった規制機能を果たす
ことが義務付けられていた。それにもかかわらず，DTI は裁量権の下で，
Barlow Clowes 社に当該免許なしで 10 年間運営を許していた。DTI が把握し
ていなかった Barlow Clowes 社とは別組織である Jersey 商会の存在は，その
後の 10 年間にわたる詐欺行為において大きな役割を果たしていた。

　1984 年，Barlow Clowes 社は免許を申請し，その時点で DTI は 1958 年法
によって提供される規制の枠組みの中に会社の運営を組み込もうとした。これ

　69）　Annual Report for 1989, HC 353, para 64.

242

により，同社は 1985 年に免許を取得し，その後の 2 年間にわたって更新された。1987 年以降，詐欺疑惑を含む金融上の不正行為について大きな懸念が表明されたことを受けて，1986 年金融サービス法で与えられた権限に基づき，1987 年後半に検査官が任命され，会社の業務を調査することになった。Barlow Clowes 社は最終的に 1988 年に強制清算に入り，1986 年法によって制定されたロンドン市の新しい規制システムの下で閉鎖された。Barlow Clowes 社の破綻後にさらに広がった怒りは，国務大臣の発意に基づき，Godfray Le Quesne 勅撰弁護士が主導する事実確認のための調査につながった。調査報告書は 1988 年 10 月に公表された。一方，投資家たちは，彼らの損失が少なくとも一部は DTI の行政の過誤によるものであると主張していた。彼らは，DTI が監督機能を適切に果たしていれば，政府株に投資しようとは思わなかったはずだと主張した。多くの投資家はそもそも関与しなかっただろうし，他の投資家も早い段階でリスクに気づき，最終的に発生した規模の損失を被ることはなかったであろう。

Le Quesne 報告書の公表後，この問題は PO に付託され，正式な調査を行うことになった。この調査は 1988 年 11 月に開始され，13 か月後の 1989 年 12 月に調査結果が報告された。Anthony Barrowclough は，DTI と Barlow Clowes 社との取引において 5 つの主要な分野で明らかに行政の過誤が引き起こされていたとコメントした。

報告書の結論

以下に要約されている PO の調査結果は，12 万語に及ぶ[70]。

(a) 1975 年から 76 年にかけて DTI は Barlow Clowes 社に対して誤った助言を与え，これは行政の過誤に相当するものであった。

(b) 1984 年末に DTI は，すでに保有している情報を Barlow Clowes 社から提供された情報と照合すべきであった。そうしていれば不正行為が明

---

70) First Report——Session 1989-90 HC 76 and at para 64 of the Annual Report for 1989/1990, HC 353.

らかになり，Jersey 商会の存在も発覚していたであろう。これは，1978
年から Jersey 商会を拠点とする別の運営のもとで金融不正や詐欺の大き
な余地が残されることとなり，極めて重要な過誤となった。

(c)　DTI は 1985 年 3 月に免許を付与したが，これは主にそれ以前の無免
許の運営を許していたことを自己弁護するためであった。しかし，この
決定により Barlow Clowes 社の運営を合法化する際に，投資家の利益に
十分な注意が払われなかった。

(d)　PO は，DTI に代わってグループの会計について実施された監査作業
が不十分であると批判した。この監査作業では，提起された正当な懸念
に対して必要な安心感を与えることができなかった。

(e)　最後に，1987 年 7 月から 10 月にかけての不正への対処に遅れが生じ
たことに言及した。会社に関する懸念情報への DTI の対応，そして DTI
に開かれている選択肢を正確に特定する際の過誤に対する当局の対応は
満足のいくものではなかった。この段階で Barlow Clowes 社が提供する
スキームの実現可能性が十分に検討されていれば，免許は付与されず，
同社は解散となり，損失は 3,100 万ポンドに抑えられていた可能性が高い。

Barlow Clowes 事件の影響

　行政の過誤を発見した PO は，広範囲にわたる報告書の公開前に，通常の方
法で調査結果を DTI に提出した。政府はその結論に強く反発し，後に報告書
の発表と同時に政府の見解を提示した（これは，行政の過誤と実体的当否を区別す
る際に生じうる問題を示している）。それにもかかわらず，大臣は，投資家が受け
た甚大な不利益を考慮して，投資家への恩恵的補償金の支払いを認めた。PO
の調査結果に同意しなかったにもかかわらず，政府が行政の過誤による不正に
関し救済を与える準備を整えたと認め，PO はある程度満足した。1995 年には，
PO の調査結果を支持する旨の DTI の詳細な調査結果が公開された。

　Barlow Clowes 事件の報告書は，PO の可能性を示しているといえる。PO
は，その利用可能なリソースを十分に活用し，詳細な精査と人及び書類へのア

クセスを必要とした。Barlow Clowes 事件の報告書は，PO の潜在能力を示すものといえる。この調査は，詳細な精査，関係者や書類へのアクセスといったPO が利用可能なリソースが十分に活用されている。確かに，これは，議員やメディアが単独で行うことのできる調査よりもはるかに手ごわい調査活動であった。そして前記のとおり，これにより苦情申立人に対して金銭的に実質的な救済がもたらされた。しかし，主要な疑問は残る。将来に向けて価値のある先例が生み出されたのだろうか。必ずしもそうではない。なぜなら，Barlow Clowes 事件が 1967 年以来の PO の業績の最高水準にあると見なされるとしても，将来のいかなる事案においても同様の解決を保証するものではないからである。要するに，この事件の顛末は個別の苦情に対する個別の救済にすぎない。

6. 9. 1. 4　1996 年英仏海峡トンネル鉄道事件

　1993 年に，PO は，ケント州に選挙区を持つ 3 人の議員から特別な困難を訴える最初の苦情を受け取った。英仏海峡トンネル鉄道の計画経路の近隣に居住する住宅所有者は，計画による不動産価値の下落のために自己の財産を売却できなかった。PO は，調査に値すると判断した 5 件の苦情を受理したが，これらを運輸省によるプロジェクト全体の運営過程における代表的な事例として扱った。この事実は，William Reid が在任中に行った最大の調査であり，膨大な時間と数千に及ぶ文書の調査を要した。

　運輸省が既存の補償制度ではカバーされない重大な（又は極端な）困難を被っている人々に対して救済措置を講じなかったために行政の過誤が認定されたが，運輸省はこの認定を拒否した[71]。その後，PO は 1967 年法 10 条 3 項に基づき，その歴史上 2 度目となる特別報告書を議会に提出した。この強力で断固とした対応は，特別委員会により支持されたが，運輸省は依然として柔軟性に欠けていた。最終的に，運輸省は計画によって最も深刻な影響を受けた人々に対する補償の可能性を検討したが，過失や責任を直接認めることはなかった。

---

71)　See the Twelfth Report of the PO, HC 193, 1994-1995.

1997年の総選挙後，労働党政府は最大1万ポンドの補償金を提示した。この補償制度は公示され，補償の申請が勧奨された[72]。

6. 9. 1. 5 職業年金事件と名誉の負債に関する報告書

　多くの年金受給者が，労働年金省からの不正確で誤解を招く情報提供により，年金の権利を失ったと主張した。同省が配布したパンフレットには，政府が年金制度のために定めた最低積立要件により，年金制度が終了した際にまだ退職していない者が満額の年金を受け取れる可能性は50％しかないことが労働者に伝えられていなかった。1997年から2005年の間に退職した者の多くは，期待した年金の半分未満しか受け取れず，中には全く受け取れなかった者もいた。7万5千人から12万5千人の人々が補償を受ける権利があると認識されており，その金額は少なくとも37億ポンドに達する可能性があった。この事例では，詳細な報告書が中央官庁の誤りを詳述し，その結果として生じた重大な不正を指摘していたにもかかわらず，大臣は行政の過誤に関するPOの認定を断固として拒否し，政府の規程書である『政府会計』に反して行動した。同規程（付録18.1の第5）では，「事案の調査を踏まえて，POは，苦情申立人が行政の過誤によって不正な取扱いを受けたかどうか，またその不正が解消されたか，あるいは解消されるかどうかを判断する。POの行政の過誤に関する認定は最終的なものであり，不服申立の手段は設けられていない。」と記されている。

　政府によるこの前例のない行動は，POに1967年法10条3項の権限を初めて行使させ，報告書を議会に提出し，憲法上大きな影響力が与えられている行政特別委員会で問題を提起させるに至った[73]。次に，この問題をさらに追求す

---

72)　この調査に関する優れた概観と分析については，see D Longley and R James, *Administrative Justice: Central Issue in UK and European Administrative Law* (London: Cavendish, 1999), 51ff.

73)　See Parliamentary and Health Service Ombudsman Annual Report 2005-2006, HC 1363, p 12.

るために裁判所が利用された。年金受給者グループは，PO の認定を拒否するという大臣の決定について，その行為の違法性を理由として争った。R (on the application of Bradley) v Secretary of State for Works and Pensions では[74]，大臣は理由がある場合に PO の調査結果の受入れを拒否できるとされたが，PO による行政の過誤の認定を拒否する決定を無効にする取消命令が控訴院によって支持された。これは，年金制度の加入者は如何なる場合であっても年金は安全であるとの明確な印象を与えた同省のパンフレットに記載された不正確な情報に関するものであった。補償を得るための闘争は，訴訟の後も続いた。PO は再び 2010 年に「我々は，当時の（労働党）政府の恩恵的補償制度の提案が，以前に指摘された不正を是正する救済手段として不十分であることを強調するために，特別報告書を議会に提出するという異例の措置を講じた。」[75] と報告した。労働党政府はさらなる行政の過誤の認定を受け入れたが，限定的な補償制度のみを提案した。その後，連立政権は，Equitable 生命の保険契約者に公正かつ公平な支払いを求める PO の勧告に則り行動することに合意した。2010年の Equitable 生命（補償）法は，補償金の支払いを目的として 15 億ポンドを確保した。この制度は政府のこれまでの対応に比べれば改善されたものの，補償請求を全額満たすには至らなかった[76]。

6.10　苦情処理の業界
——オンブズマン制度の激増——

1967 年の PO 導入以来，行政国家は複雑さを増し続けただけでなく，憲法の領域に大きな変化をもたらし，それは憲法の改革にまで至っている。PO は苦情処理過程における有用な追加手段として直ちに受け入れられたが，もともと法律は，行政の過誤に相当する問題により公衆の関心事とるような重要な領

---

74)　[2008] EWCA 36.

75)　Annual Report 'Making an Impact' 2009-2010, HC 274, p 25.

76)　Annual Report 'A service for everyone' 2010-2011, HC 1404, p 23.

域に関し PO の調査を許していなかった。対応策は，PO の権限を拡大し，さらに追加してオンブズマンを導入することであった。1972 年及び 1973 年の国民医療サービス再編法（1993 年医療サービスコミッショナー法に統合）により，医療サービスは既存のオンブズマン制度（スコットランドに関しては別の規定が設けられた）の対象となり，その権限は医療専門家の臨床判断を含むかたちで拡大された。PO はこれらのすべての官職を担うが，医療サービスに関する苦情については議員フィルターを省略する異なる手続があり，その苦情は別個の領域として国会に報告される。1974 年地方政府法により，地方政府オンブズマン〔Local Government Ombudsman〕（LGO）が設けられた。公的オンブズマンに最近追加されたのは，裁判所及び法務オンブズマン（1990），年金オンブズマン（1991），刑務所及び保護観察サービスオンブズマン（1994），1999 年金融業務及び市場法に基づいて活動する金融オンブズマンサービス（2001），そして 2005 年憲法改革法 61 条及び附則 13 に基づいて作成された裁判官選任オンブズマンである。最後に，EU 内には，EU 機関の行政の過誤の苦情に対処するための EU オンブズマンが存在する[77]。オンブズマンの原則が多くの異なる管轄に広がることにより，救済を求める市民は単一のシステムに依存することができず，困惑するほど複雑な救済システムに直面することになる。ある公的オンブズマンは，単独のメカニズムとしてではなく，救済を確保し，良き行政を促進するためのより広範なシステムの一部として機能することが提案されている。

　これらのすべてのオンブズマンは苦情処理の担い手として機能し，PO と同様に苦情申立人が直接アクセスできる無料のサービスを提供している。しかし，その他内部の苦情処理メカニズムが利用し尽くされた後に調査員が活動するという基本的な特徴を共有するにとどまり，それ以外の側面をみると権限や運営スタイルは著しく異なる。金融オンブズマンサービス〔Finantial Ombusman Service〕（FOS）は，1990 年代に銀行，保険，年金部門が製品の誤販売で強く批判されたことを受けて，これらの部門を規制するための法定制度の一部とし

---

77)　See Art 228 TFEU and C Harlow and R Rawlings, *Process and Procedure in EU Administration*, （Oxford ; Hart Publishing, 2014), ch 3.

て構想された。当該サービスにより 2013 ～ 14 年には 518,778 件の事案が処理され[78]，その多くは非公式に解決されているが，FOS は，2000 年金融サービス及び市場法 229 条に基づき苦情申立人の金銭的損失又は損害に関し，最大 15 万ポンドまで民間企業に対し義務的な補償命令を行う権限が与えられている。さらに，当該オンブズマンの決定が紛争の当事者によって受け入れられた場合，それは法的拘束力を持つ。

　同じく勧告権限を有する LGO は，正式な権限という点では，比較的弱い立場にあるかもしれない。イギリスの LGO は，ロンドン，コベントリー，ヨークを拠点とする。168 人の職員が当該業務に携わる。調査対象となったほとんどの地方機関は LGO の勧告に従っているが，従わない機関のコンプライアンス違反は依然として中核的問題である[79]。LGO サービスの権限が PO よりも幾分弱いもう 1 つの理由は，議会の特別委員会により支援される議会への直接的なリンクが制度上欠けているためである。LGO の事案の性質は，遵守が常に容易でない理由を示している。例えば，調査のかなりの割合が公営住宅の割当ての資格に関するものである。地方機関の公営住宅のストックは限られている。苦情申立人が居住資格を証明できたとしても，当局は適当な住宅ストックを利用できない可能性がある。補償額についても論争があり，限られた予算ゆえに厳しい状況にある公的機関にとっては特に問題となる。苦情申立人への補償の提供により，他の人々から特定のサービスを奪う結果を招く可能性がある。同様の事例が多発するシステム上の欠陥に対する調査は，地方機関の機能に最も有益な影響を与えうることから，近年では PO との共同調査を実施する傾向が強まっている。LGO への直接アクセスと市民に苦情申立プロセスを案内する Web サイトの利用増加により，事案数は 2013 ～ 14 年の 11,725 件と比較すると，2014 ～ 15 年は 11,094 件と近年では安定しており，後者のうち 4,780

---

78)　Financial Ombudsman Service: Annual report and account for the year ended 31 March 2014, HC 477.

79)　M Seneviratne, Ombudsman : *Public Service and Administrative Justice* (London: Butterworths, 2002), 217ff.

件はより詳細な検討のための調査に移行した[80]。

　刑務所及び保護観察サービスオンブズマン〔Prison and Probation Service Ombudsman〕(PPO) は，各オンブズマンの職務の性質や調査及び報告のスタイルがそれぞれ異なることを大いに示している。PPO は，囚人からの苦情を処理する独立した調査官を設置するという Woolf 報告書の勧告に基づいて設立された[81]。内部の苦情処理メカニズムの改善を求める声は，Strangeways 刑務所で生じた壊滅的な一連の暴動がきっかけとなった。ただし，PPO は法定機関として設置されてはいない。現職者は内務大臣に直接責任を負い，その管轄範囲を内務大臣が制限できるようになっていた。1997 年に付託事項が拡大され，2001 年にはその職務が保護観察サービスにも拡大された。しかし，政府決定の実体的当否と政府政策の問題は，依然として PPO の権限の範囲外にある。PPO は，年間予算が 550 万ポンドであり，2014 〜 15 年には 4,964 件の苦情を受けつけ，その 92% が刑務所サービスに関するものであった[82]。苦情に対応する際，修復的司法の戦略の一環として問題を非公式に解決することが可能な場合もある。あるいは PPO は苦情を支持又は拒否し，コンプライアンスを促進するために，その事務所により追跡調査されることとなる正式な勧告事項を作成することができる。2007 年の部門再編に伴い，刑務所及び保護観察サービスは内務省から法務省に移管され，法務大臣でもある大法官がこれを統括することになった。

6. 10. 1　オンブズマンと権限委譲

　1998 年の権限移譲により，スコットランド議会，北アイルランド議会，ウエールズ議会という新しい政府機関が設立され，各機関は異なる程度の立法権

---

80)　Local Government Ombudsman: Annual Report and Accounts 2014-15, Quality Counts, Commission for Local Administration in England, 2015.

81)　Prison disturbances April 1990: report of an inquiry by the Lord Justice Woolf, (HMSO), 1991.

82)　Prisons and Probation Ombudsman, Annual Report 2014-15, Cm 9127, September 2015.

250

を持つことになった。さらに，スコットランドとウエールズの職員の大多数が新たに設立されたスコットランドとウエールズの官庁に配置され，権限移譲された機能を反映することになった（北アイルランドの状況は多少異なり，職員の多くはすでに現地に基盤を置いていた。）。上記変化は，権限移譲によって引き起こされた機能の再配分を反映するために紛争解決に関する再編を必要とした。現在，スコットランドには，2002年のスコットランド公共サービスオンブズマン法の附則2及び3に基づいて設置されたスコットランド公共サービスオンブズマンがある。2005年の公共サービスオンブズマン（ウエールズ）法により，ウエールズでは複数の権限が統合されたオンブズマンサービスが設立された（ウエールズの行政は，権限委譲前にイングランドと非常に緊密に統合されていた）。1969年に北アイルランドオンブズマンが初めて設立された。この官職は現在，議会オンブズマンと北アイルランド苦情処理コミッショナーの役割を兼ねており，北アイルランドの医療や地方機関を含む政府各部及びその他の公的機関による行政の過誤に対処している[83]。これらの各管轄区域では，Collcutt の勧告に従い「ワンストップショップ」方式の苦情処理が行われている[84]。当該勧告の主な内容は統一システムの導入の提言であり，イングランドにおいては，医療サービスと地方政府オンブズマンを統合することになった。つまり，すべての政策分野にわたる単一の公的オンブズマンが存在することになる。スコットランド，ウエールズ，北アイルランドと同等のシステムをイングランドで提供するためには，積極的な権限を持ち，医療サービスと地方政府オンブズマンの役割を統合するだけでなく，イングランドの国内政策の他の分野に関する苦情にも責任を負う，ワンストップのイングランド地方オンブズマンが必要であると提案されている[85]。さらなる問題は，PO をそのような改革の一環として統合すべきか，それとも，税制や年金，防衛，移民など，引き続き国家レベルで

---

83) See the Ombudsman (Northern Ireland) I996 and the Commissioner for Complaints (Amendment) (Northern Ireland) Order 1997.

84) See *Review of Public Sector Ombudsmen in England* (2000).

85) Gill, n 50, 680.

扱われる政策事項に対する管轄権を維持したまま存続させるべきか，という点である[86]。

6. 10. 2 民 間 部 門

一般的には本書が扱う範囲を超えるが，最も革新的な原則の拡張のいくつかが民間セクターで生じたことは指摘する価値がある。これらのオンブズマンは通常，法律ではなく業界自体によって導入され，保険 (1981)，銀行 (1986)，住宅金融組合 (1986)，投資 (1989) ——これらは現在 FOS に統合されている——及び法人不動産業者 (1990 年) に関するオンブズマン制度がある。R v Insurance Ombudsman Bureau, ex p Aegon Life Assurance Ltd[87] は，司法審査が公的部門にのみ適用されるため，保険オンブズマンによる決定は行政専門部で審査できないことを確認した (「排他性原則」については第 8 章を参照)。

6. 11　シティズンズチャーター，カスタマーサービスエクセレンス，そして「良き行政」の探求

近年，公的サービスの提供において，かなりの程度で顧客志向のアプローチが顕著になっている。関連する変化の一端として，市民は顧客としてサービス水準の向上を期待する権利があるだけでなく，サービス水準が許容範囲を下回った場合には何らかの救済手段を利用できる権利も持つようになったことが挙げられる（例えば，関係機関からの説明や謝罪が最低限求められるほか，特定の状況では補償を受ける権利も含まれる）。公的サービスの概念に対するこの改訂されたアプローチは「シティズンズチャーター」として知られ，1990 年代のジョン・メージャー政権から始まったが，その後 1997 年以降に政権が何度か再導入し，名称が変更されてきた。例えば，当初はダウニング街 10 番地の首相官

---

86)　M Elliot, 'Asymmetric Devolution and Ombudsman Reform in England' [2006] *Public Law* 84, 101.

87)　[1994] CLC 88.

邸内にある公務員改革室により運用された「サービス・ファースト：新しい憲章プログラム（1998年）」は，後には内閣府によって運用される「カスタマー・サービス・エクセレンス」として新たにブランド化された。公的サービスにおける全国的な優秀基準の導入という目標は，POによって引き続き追求されている。

6. 11. 1　良き行政の原則

　公共サービスは期待される高いパフォーマンス基準を事前に設定し，当該基準の達成に努めるべきであるという考えは，公共部門全体に広く導入されている。現在のオンブズマンは，「管轄内の公的機関が良き行政と顧客サービスを提供するために行うべきことについての広範な声明」を作成することにより，本アプローチをさらに一歩進めた。公的機関が市民と取引する際のひな型として，良き行政の原則，適切な苦情処理の原則及び救済の原則が開発された。良き行政の原則は下記のとおり発展している。このリストは，様々な文脈で政策実施の実務に関連する包括的な積極的価値観や原則であり，一般的に適用されるべきものである[88]。

　公的機関による良き行政とは，次のことを意味する。

1.　正しさの確保

　法に従い，関係者の権利を十分に考慮する。

　公的機関の政策及び指針（公開されているものも内部的なものも）に従う。

　確立された良き実務を適切に考慮する。

　適切な訓練を受けた能力のある職員により効果的なサービスを提供する。

　すべての重要な考慮事項に基づいて合理的な決定を行う。

---

88)　See〈http://www.ombudsman.org.uk/_data/assets/pdf_file/0013/1039/0188-Principles-of-Good-Administration-bookletweb.pdf〉

第6章　オンブズマンの原則　*253*

2.　顧客志向であること

　　人々がサービスに容易にアクセスできるようにする。

　　顧客に対して何を期待できるか，また公的機関が彼らに何を期待するかを知らせる。

　　公開されているサービス基準を含む約束を守る。

　　個々の状況を考慮しながら，親切に，迅速に，そして思慮深く対応する。

　　必要に応じて，他のサービス提供者と連携して対応を調整することを含め，顧客のニーズに柔軟に対応する。

3.　透明性と説明責任

　　方針や手続きを公開し，明確にし，提供する情報やアドバイスが明確で，正確かつ完全であることを保証する。

　　意思決定の基準を明示し，その決定の理由を説明する。

　　情報を適正かつ適切に取り扱う。

　　適正かつ適切に記録を保持する。

　　自らの行動に責任を持つ。

4.　公正かつ比例的な行動

　　敬意をもって，礼儀正しく，人々を公平に扱う。

　　不法な差別や偏見にとらわれずに人々を扱い，利益相反がないことを確保する。

　　客観的かつ一貫性のある態度で人々や問題に対応する。

　　決定や行動が比例的であり，適切で公正であることを確保する。

5.　問題の是正

　　誤りを認め，必要に応じて謝罪する。

　　誤りを迅速かつ効果的に是正する。

　　苦情申立ての方法とタイミングについて，明確かつ適時に情報を提供する。

効果的な苦情処理手続を運用し，苦情に理由がある場合には，公正で適切な救済手段を提供する。

6. 継続的な改善の追求

方針と手続を定期的に見直し，その効果を確かめる。

フィードバックによってサービスや業績を向上させる。

公的機関が苦情から教訓を学び，サービスや業績の向上に役立てることを確保する。

この取り組みの背後には，上記パフォーマンス基準に達しないことが行政の過誤を構成する可能性があり，その結果生じる不十分なサービスや不公平を解決するために適切なレベルで救済措置が取られる可能性があるという明確な含意がある。

いくつかの分野で一般市民の審査員〔adjudicator〕を導入することも，救済措置の迅速な提供を目的とした新たな取り組みの一環として PO と並行して導入された。例えば，1993 年の税務審査員の任命に続いて，関税・消費税局や保険料徴収エージェンシーの審査員及び養育費庁のケース調査官が任命された（1997 年）。審査員は，納税者のための運用上の自律的な苦情処理手続の代表例であるが，立法により導入されたのではなく，（少数のスタッフにより）行政各部の措置によって導入されたものである。ここでは，迅速さ，低コスト，非公式性，不満の解消と顧客サービス基準の改善に重点が置かれている。税務審査員には救済手段を強制する権限はないが，その職を設置してから最初の 2 年間は，審査員の判断に対する遵守率は 100％であった。全体として，毎年審理される苦情の約半数が審査員によって理由があるとされている。

6. 12 　結　　論

最初のオンブズマンとして，PO は，行政の欠陥に対処するために特別に設

計された新しい形の救済手段を開拓した。おそらく，当該業務の最も強力な特徴は，独立した公務員が舞台裏を覗き込み，苦情申立人に費用を負担させることなく，行政の過誤を徹底的に調査する権能であった。救済を強制する権限は与えられなかったものの，一般的に PO の調査結果は前向きに受け止められており，苦情申立人は少なくとも謝罪を受け，しばしば補償も得ている。公共部門においては，苦情が頻繁に発生する領域をカバーする専門のオンブズマンが設置される傾向が顕著である。しかし，多様な管轄への細分化は，苦情の効果的な救済のために適切な方法を見出す際に，苦情申立人に困難をもたらすという新たな見方がある。提案された解決策は，イングランドのすべての中央及び地方政府（NHS，住宅，教育，地方カウンシル，裁判所，刑務所などを含む）を包括する単一の公共サービスオンブズマンを設立し，全国に支部を展開することであった[89]。同時に，長い間懸案であった議員フィルターの廃止は，オンライン又は電話でアクセス可能な合理化された手続への道を開くであろう。多層的な憲法枠組みの一環としての権限移譲の到来により，権限の細分化は一層顕著になった。それにもかかわらず，スコットランドでの協力的な取り組みは，スコットランド公共サービスオンブズマンが苦情処理におけるワンストップショップアプローチのモデルとなりうることを示唆している[90]。

　もう 1 つの重要な効果は，PO の介入が批判対象となる行政慣行の是正や改革をもたらしうるということである。ここでは，制度的欠陥を根絶するテストケース戦略を開発する傾向がある（上記 Equitable 生命と英仏海峡トンネル鉄道の事案を参照せよ）。スカンジナビアのモデルと同様に，PO や他のオンブズマンが苦情の付託を待つのではなく，自らのイニシアチブで管轄区域を巡回し，行政上の欠陥を探し出す任務を追加するべきだという議論がありうる。むしろ今日の重点は，良き行政の肯定的な価値を促進する方向にシフトしている。主要なオンブズマン職の調査権限を調整する試みが行われてきた。2007 年 8 月

---

89)　Time for a People's Ombudsman Service' Public Administration Select Committee, Fourteenth Report of Session 2013-14, HC 655, April 2014, para 29.

90)　Gill, n 50, 681ff.

に施行された規制改革（オンブズマン協同）命令により，初めて議会及び医療サービスオンブズマンと地方政府オンブズマンが情報を共有し，共同調査を実施し，複数の関連する事案について共同報告書を公表することが可能になった。

　強制的な補償を認める権能及び行政慣行の変更を求める権能があれば，国民の目から見て当該官職の信頼性が大幅に高まることが示唆されてきた。すでに，2000年（改正）金融サービス及び市場法に基づいて活動する金融サービスオンブズマンは補償を与えることができる。しかし，POにそのような権限が与えられた場合，審査又は提訴の可能性が不可欠となり，これによりオンブズマン，裁判所及び審判所の分担が曖昧になる可能性がある。それは結果を恐れて調査への協力を躊躇するという意図しない影響をもたらすかもしれない。またその試みは調査の実施に相当程度の不満をもたらし，最終的には，POの遵守率がほぼ100%という状況ではPOの役割に対する信頼をかえって損なう可能性がある（地方政府の場合はそれほどではないが）。中央政府機関の憲法枠組みの中で議会オンブズマンは，主に市民からの苦情に対応して一般的な行政行動の基準を維持・改善することを目的とした「消防士」として認識されている。これは，より積極的なオンブズマンモデルである「火災監視」を想定し，独自のイニシアチブで行政の欠陥を体系的な調査を通じて管理するために介入するものではない[91]。いささか別の言い方をすると，指名された官吏が公務の領域を巡回し，民主的に選ばれた政府の決定を覆したり，行政機関の正当な意思決定権に過度に干渉したりするべきであろうか。おそらく，一般的なオンブズマンの最大の強みは，費用のかかる法的救済手段に頼ることなく，紛争当事者間の解決手段を提供する権能にあるといえるだろう。

FURTHER READING

Abraham, A [2008] 'The Ombudsman and "Paths to Justice": A Just

---

91）　Harlow and Rawlings, n 47, 537ff; Abraham, n 12, 28.

Alternative or Just an Alternative?' *Public Law* 1.

Abraham, A (2008) 'The Ombudsman as part of the UK Constitution: A Contested Role?'61 (1) *Parliamentary Affairs*, 206-15.

Abraham, A (2008) 'The Ombudsman and Individual Rights' 61 (2) *Parliamentary Affairs*, 370-9.

Abraham, A (2011) 'The Parliamentary Ombudsman and Administrative Justice: Shaping the Next 50 Years' (Tom Sargant memorial lecture, Justice). ⟨http://www.justice.org.uk/resources.php/304/the-parliamentary-ombudsman-and-administrative-justice⟩.

Buck, T, Kirkham, R, and Thompson, B (2011) *The Ombudsman Enterprise and Administrative Justice* (Farnham: Ashgate).

Drewry, G (1997) 'The Ombudsman: Parochial Stopgap or Global Panacea'in Leyland, P and Woods, T (eds), *Administrative Law Facing the Future: Old Constraints and New Horizons* (London: Blackstone Press).

Drewry, G [2002] 'Whatever Happened to the Citizen's Charter?' *Public Law* 9.

Elliot, M [2006] 'Asymmetric Devolution and Ombudsman Reform in England' *Public Law* 84.

Elliott, M (2013) 'Ombudsmen, Tribunals, Inquiries: Re-fashioning Accountability Beyond the Courts' in Bamforth, N and Leyland, P (eds), *Accountability in the Contemporary Constitution* (Oxford: Oxford University Press).

Giddings, P [2000] 'Ex p Baldwin: Finding of Maladministration and Injustice' *Public Law* 201

Gill, C [2014] 'The Evolving Role of the Ombudsman: A Conceptual and Constitutional Analysis of the "Scottish Solution"to Administrative Justice' *Public Law* 662.

Gregory, R and Drewry, G [1991] 'Barlow Clowes and the Ombudsman'

Public Law 192 and 408.

Harlow, C (1978) 'Ombudsmen in Search of a Role' 41 *Modern Law Review* 446.

Harlow, C and Rawlings, R (2009) *Law and Administration*, 3rd edn (Cambridge: Cambridge University Press), chapter 12.

Harlow, C and Rawlings, R (2014) *Process and Procedure in EU Administration* (Oxford: Hart Publishing).

James, R and Longley, D [1996] 'The Channel Tunnel Rail Link, the Ombudsman and the Select Committee' *Public Law* 38.

James, R and Morris, P [2002] 'The Financial Ombudsman Service: A Brave New World in "Ombudsmanry"?' *Public Law* 640.

Kirkham, R *Parliamentary Ombudsman: Withstanding the Test of Time*, 4th Report Session 2006-2007, HC 421, Stationery Office, 2007.

Kirkham, R, Thompson, B, and Buck, T [2008] 'When Putting Things Rights Goes Wrong: Enforcing the Recommendations of the Ombudsman' *Public Law* 510-30.

Kirkham, R (2009) 'Putting the Ombudsman into Constitutional Context' 62 *Parliamentary Affairs* 600.

Nobles, R [2001] 'Keeping Ombudsmen in their Place—The Courts and the Pensions Ombudsman' *Public Law* 308.

Nobles, R (2003) 'Rules, Principles and Ombudsmen' 66 *Modern Law Review* 781.

Scott, C [1999] 'Regulation inside Government: Re-badging the Citizen's Charter' *Public Law* 595.

Seneviratne, M (2002) *Ombudsmen: Public Services and Administrative Justice* (London: Butterworths).

Thompson, B (2001) 'Integrated Ombudsmanry: Joined-up to a Point'64 *Modern Law Review* 459.

Websites

British and Irish Ombudsman Association: 〈http://www.bioa.org.uk/〉

Cabinet Office (2000) 'Review of Public Sector Ombudsmen in England':

〈http://webarchive.nationalarchives.gov.uk/+/http://www.cabinetoffice.gov.

uk/media/cabinetoffice/propriety_and_ethics/assets/ombudsmenreview.

pdf〉

〈http://www.ombudsman.org.uk/〉

〈http://www.lgo.org.uk/〉

〈http://www.policeombudsman.org/〉

〈http://www.spso.org.uk/〉

〈http://www.mediateur-republique.fr/〉

第7章

紛 争 解 決

——審判所及び審問——

7.1 序

　審判所は，行政救済〔administrative justice〕に対する青信号／機能主義的ア
プローチの典型的なあらわれと見なされるかもしれない[1]。実際，London School
of Economics の行政法の有力な教授であった William Robson（1926 〜 80）は，
特に産業分野における審判所の急増を行政法の主要な成果と見なしていた。青
信号論の支持者にとって，法律は，肯定的な意味で，現代の社会民主主義の目
的の実現を可能にするメカニズムであり，政策の実現を促進するものとして利
用される手段になる。社会保障，住宅，年金，税制，移民，精神衛生，そして
特別な教育ニーズのために法定制度が導入され，これにより意思決定が私法の
枠外に置かれ，政策の実施のために特別に設計されたメカニズムが作り出され
る。審判所の導入は，コンセイユデタの行政法に匹敵する規模で，行政救済の
一貫したシステムの発展と密接に関連しているといえる。2006 年に国民審判
所サービス〔National Tribunal Service〕（NTS）が導入されたことで，イギリス
は，ある意味では大陸諸国の裁判所と同等の規模を持つ紛争解決システムを確
立した。本章では，審判所と審問について論じるにあたり，行政法と行政救済
の基本的な問題，すなわち，市民参加，上訴制度，行政法上の権利，決定の理
由及び効果的な救済手段の利用可能性の多くを取り上げる。重要なテーマは，
多くの場合，行政手続自体の一部として，安価で迅速，公平かつ比較的非公式

---

1)　See ch 1.

262

な紛争解決手段が利用できるということである。多くの審判所の背後にあるももともとの考え方は，紛争を裁判所から遠ざけることであったが，多くの審判所が裁判所に非常に似ているという点が，この議論の中で取り上げられる論争の的となる問題の1つである。

まず注意すべき点として，一部では審判所に対して強い抵抗があったことも挙げられる。ダイシーの弟子である Hewart は，この傾向を The New Despotism[2] の中で否定的な発展と見なしていた。彼にとって，法は，裁判所に持ち込まれた事件において個人の権利を保護するためのものであった。通常の裁判所の外で結論の決定を可能にする法定制度の導入は，法の支配という基本的な概念を脅かした。審判所の導入により，機関が法律をどのように解釈するかについて論争が起こった場合を除き，官僚機構の日常的な意思決定は司法の監視の及ばないところに置かれた。当然の結果として，彼の「官僚的陰謀」に関する様々な主張を調査するために委員会が設立された。1932年，大臣の権限に関する Donoughmore 委員会[3] は，審判所が我々の法制度の一部として，20世紀の行政国家において必要不可欠な要素として定着するものであると判断した。しかし，実際には，この報告書はほとんど前向きな提言を行わなかった。

25年後に Crichel Down 事件の結果として Franks 委員会が設立され，1957年に重要な報告が行われた（皮肉なことに，第6章で説明した Crichel Down 事件は，審判所や審問とはほとんど又は全く関係がなかった。）。この報告書の重要性は，初めてこの全領域を体系的に検討し，審判所や審問が行政法の枠組みの一部としてどのような位置を占めるべきかを明確にしようと試みた点にあった（Franks の提言の多くが採用された）[4]。いくつかの提言は1958年審判所及び審問法（1971年と1992年に関連法律が統合）により制度化され，またいくつかは行政上のルー

---

2)　G Hewart, *The New Despotism* (New York: Cosmopolitan Books, 1929).

3)　Cmd 4060.

4)　Report of the Committee on Administrative Tribunals and Enquiries, Cm 218 (1957).

ルの変更によって実施された。審判所は，純粋に行政的な理由から必要とされるようになった。審判所の決定を中央官庁から確実に独立させることが重要であった。審判所は，政策実施の重要な手段として引き続き活用されている。審判所の多様性を示す例をいくつか挙げると，1998年学校基準及び枠組法は学校入学に関する紛争を扱う審判官を擁する入学及び退学に関する上訴委員会を設立した。1998年国民最低賃金法では記録の未提出に関する苦情を雇用審判所に付託することが認められた。2000年金融サービス及び市場法は金融サービス及び市場審判所を設立した。2004年のジェンダー認定法は性転換者を評価及び認定するジェンダー認定審判所を導入した。

　本章ではまず，審判所の主な特徴について議論し，その後，2006年4月にLeggatt報告書に続く広範な改革の一環として活動を開始したNTSの概要を紹介する。本章の後半では，法定権限に基づく公法分野における意思決定への貢献という観点と，政府によって設置され，通常は上級裁判官が主宰者を務める重要事項に関する臨時審問という観点の両面から，審問の役割と基本ルールを検討する。

7.2　裁判所と審判所の比較

　裁判所と比較した際の審判所の特別な特徴は，以下の見出しの下で簡潔に検討される。
(a)　申立人の支援：迅速さ，経済性，形式，代理制度の活用
(b)　アプローチの柔軟性
(c)　当事者対抗的手続ではなく職権主義的手続
(d)　専門的な管轄権

7.2.1　申立人の支援

　アクセスしやすく迅速な救済は，審判所の主要な目的の1つであり続けている。しかし，一部の分野での案件数の増加により，審判所の処理に遅れが生

じ，その結果として案件の迅速な処理は，審判所審議会の年次報告書で表明された主要な懸念事項の1つであり続けた。最近開始された審判所サービスは，その管轄下にある様々な審判所における遅延を回避する手段として目標を設定することにしている。

　同様に，比較的低コストの行政救済は，裁判所と比較した場合，常に審判所の大きな利点の1つとされてきた。多くの審判所では，各当事者が自らの費用を負担する。審判所への申立ては通常費用がかからず（高額になる可能性がある令状の発行や司法審査の請求とは異なる）[5]，敗れた当事者に対して費用が請求されることは一般的にはない。ただし，申立人や上訴人が軽率な又は嫌がらせにあたる不合理な行動をとった場合は別である。審判所においては，申立人が代理人を必要とせずに自力で案件を進める立場にあるべきだとされている。しかし，実際には，たいていの審判所の手続は簡単ではなく，利用者に優しいものではない。正式な審理は，多くの申立人にとって気が重いものとなる可能性がある。

　審判所に適用される形式性の程度は，取り扱う事案の内容によって異なる場合がある。審判所が公正な判断を下すためには，正式な手続規則が必要になることもある。Franks 委員会がすべての審判所に対して1つの統一規則を適用できるかどうかを検討した際，結論として「審判所が設立される目的が非常に多様であるため，1つの統一規程や少数の規程に頼ることは適切ではないと考える。」[6] と述べられている。それにもかかわらず，Franks 委員会の公開性，公平性，公正性という基準は，手続ルールを再構築する際に大きな影響を与え，その一貫性を高めるために審判所審議会が重要な役割を果たした。1992年審判所及び審問法8条1項では，手続ルールが策定される際には，必ず審判所審議会に諮問しなければならないと規定されている[7]。審判所をより利用者

---

　5)　例えば，雇用審判所に適用されるルールについては，Employment Tribunals (Constitution and Rules of Procedure) Regulations 2004 (SI 2004/1861) を参照。

　6)　Report of the Franks Committee on Tribunals and Enquiries, 1957, Cmnd 218, para 63.

　7)　Section 8 (1).

にとって使いやすくするために，手続ルールは裁判所に適用されるものほど厳格ではない場合がある。しかし，1998年人権法の制定後，ほぼすべての審判所に適用されるルールが改訂され，申立人が欧州人権条約〔European Convention on Human Rights〕(ECHR) に基づく完全な保護を享受できるようになった。上記のように，手続ルールは審判所の性質によって異なるが，条約上の権利を保護するために形式の厳格さは縮減するよりもむしろ増大する傾向にある。多くの研究プロジェクトは，代理（必ずしも法的代理に限らない）が成功の可能性を大幅に高める価値に注目している。Free Representation Unit（FRU）は，特に雇用審判所において無料の法的代理と助言を提供することに特化した慈善団体である。これらは通常，法律実務の研修生や法学生によって提供される。他にも，労働組合，Child Poverty Action Group，Shelter などの団体が，それぞれの関心分野について特別な専門知識を有する場合がある。しかし，ほぼすべての審判所において引き続き適用される法律扶助の利用に関する厳しい制約は，依然として議論の余地がある。

7.2.2　柔軟なアプローチ 対 拘束力のある先例

審判所を設置することには，裁判所に典型的な厳格な法的アプローチ（例えば，訴訟行為，証拠ルール，制定法の解釈，拘束力のある先例などに関して）を避けるという十分な理由がある。例えば，先例のルールは適切でないと見なされることがあり，各案件をその実体に即してより柔軟に考慮することが求められる場合がある。他方で，一貫性も同様に重要である。つまり，多くの審判所は，法的形式主義と非公式性の間で綱渡りをしなければならない。言い換えれば，審判所は明確な一連のルールに従う必要がある一方で，可能であれば，個々のケースにおいて救済が一貫性よりも優先されるよう，決定において高い柔軟性を維持することが求められる。Franks 報告書以降の傾向は，審判所の司法化であった。2007年法以降，ほとんどの審判所は統一された上訴手続を持つようになり，第二層審判所の決定は現在第一層の審判所を拘束するようになった。二層システムは，「これらの［第一層］審判所及び政府の各部の元決定者

に対して権威のある指針を提供する」[8]ように設計されている。もちろん、形式性を回避する最善の方法は、審理が行われる前に当事者に紛争解決を促すことである。以下で論じる Leggatt の提案に応えて、比例的紛争解決を推進することが強調されており、特定の類型の審判所における正式な審理は最後の手段と見なされている。しかし、移民や精神衛生の分野では、正義実現の外観を確保するためにほぼ常に審理が必要になる。審判所が過度に司法化され、法的形式主義が重視されていることに対して、多くの批判が寄せられている[9]。

7.2.3 当事者対抗的手続ではなく職権主義的手続

従来の当事者対抗的手続は、審判所の文脈において議論の的となっている。一部の論者は、特定の審判所が直面する問題は必ずしも二当事者間の紛争としてとらえるべきではないという[10]。例えば、社会保障、年金、精神衛生の領域では、市民は国家に対して権利を主張しており、それは二当事者間の争いと見なされるべきではない。より多くの審判所が、欧州大陸の多くの法制度で一般的な職権主義的アプローチを採用することができるであろう。事件の審問として構成された手続の利点は、救済がより確実に実現される可能性が高いという点にある。審査機関は単に対立する当事者間の争いを傍観するのではなく積極的に関与する。この問題は、審判所においてよく見られる代理人を持たない申立人の扱いと関連している。これらの申立人は、裁定を行う責任を持つ審査機関からの支援や指導を必要とする可能性が高い。対照的に、より伝統的な見解では、当事者対抗的な原則が、行政救済を含むいかなる形式の裁定においても、手続の公正性を確保するために不可欠であると常に主張されてきた[11]。

---

8) C Radcliffe, 'The Tribunals Revolution' [2007] *Judicial Review* 197, 203.

9) See C Harlow and R Rawlings, *Law and Administraiton* (Camburidge: Cambridge University Press, 2009), 490ff.

10) P Cane, *Administrative Law*, 5th edn (Oxford: Oxford University Press, 2011), 393.

11) W Wade and C Forsyth, *Administrative Law*, 11th edn (Oxford: Oxford University Press, 2014), ch 23.

7. 2. 4 専門的な(したがって専門家の)管轄

専門的な管轄の明らかな利点の1つは,審判所において,通常,専門家が裁定者となることにある。専門家は,特定の分野の専門的な知識を理由に選ばれるか,類似の事件を審理することで関連する問題に精通しているという理由で選ばれる。審査機関に法律家がいることも重要である。すべての決定は関連する法定制度に基づいて行われるからである。NTS の一環として専門的に訓練された審判所裁判官の組織を設置する決定により,システムに柔軟性がもたらされた。審判所裁判官はもはや1種類の審判所に限定されなくなったからである。審査機関の他のメンバーの専門知識も非常に重要である。彼らは審判所の一部として重要な助言役を果たすことがあり,時には異なる役割,つまり決定者としての役割を担うこともある。場合によっては,これらの機能が同時に担われることもある。例えば,精神衛生審判所の医療メンバーは,審理前に検査を行い,審理後に患者の拘束についての決定に関与することが求められる。他の審判所では,専門家が審判所に証人として参加することもある。

7. 3 審判所の手続と 1998 年人権法

人権法6条により,法定の審判所は公的機関と見なされるため,ECHR と整合性のある行動が求められる。特に,ECHR 6条1項に基づく「公正な裁判を受ける権利」が関係し,一定の明白な意味を持つ。これは公正な手続への終わりなき義務に等しいが,共通理解となっている特定の保護手段がいくつかあり,審判所のガイドラインとして機能するモデルルールは,以下の点を強調する形で変更された。

(a) 公平な公的審理を受ける権利があり,それは合理的な期間内に行われなければならない。この期間は,案件の複雑さや申立人にとっての利害関係の重要性に応じて異なる。

(b)　判決は理由を明示して公開されなければならない。

(c)　当事者は審理に直接出席する権利を有する。

(d)　武器平等の原則を遵守し，各当事者が自らの主張を提示する合理的な機会を与えられなければならない。

(e)　証拠に関するルールは公正である必要があり，例えば，当事者が相手側の証拠にアクセスでき，証人の召喚及び交互尋問を可能にしなければならない。

　特定のカテゴリーの審判所は，基本的な権利にかかわる決定を行う。例えば，精神保健審査審判所は拘束や強制治療に関する権限を持っている。人権法が施行された後，審判所審議会は，公正な聴聞の権利は単なる一定の要件の集合ではなく，その周囲の法理が常に発展していることを明確にした（例えば，ある案件では，口頭審理による独立した裁定だけでなく，適切な代理人も必要とされる場合がある）。ECHR 基準に基づく司法的なモデルの救済が奨励されているが，口頭審理に焦点を当てることが常により効率的な行政への最良の手段であるかどうかは議論の余地がある。意思決定過程のある段階で十分な口頭審理が提供される場合には完全な口頭審理を受ける権利が放棄される可能性があること，そして口頭審理は独立した公正な審判所で行われなければならないことが指摘されている[12]。それにもかかわらず，意思決定過程の公的な精査は，特定の状況では非常に重要である。口頭審理は，隠蔽される可能性のある証拠を明らかにするだけでなく，知識が十分でない申立人に当該事件を説明するより多くの機会を提供することができる。

　いずれにせよ，採用される手続は常に ECHR 6 条の公正な裁判の要件と一致していなければならない[13]。コモンローの下では決定理由を提示する一般的な義務はないが，審判所に関連する制定法上の規定に反映されているように，

---

12)　G Richardson and H Genn, 'Tribunals in Transition: Resolution or Adjudication?' [2007] *Public Law* 116, 127.

13)　これについては，see chs 16 and 17.

第7章 紛争解決 *269*

理由を提示する傾向が強くなっている。行政の意思決定の影響を受ける当事者が，勝敗の理由を理解することは，制度に対する国民の信頼を促進する上で不可欠な要素である。審判所審議会は，ルール草案作成ガイド（2003）で，理由説明書は原則として各当事者に送付されるべきであると強調した（いくつかの例外が認められている）。

1998年人権法3条により，審判所は主位立法及び二次的立法を，可能な限りECHRの権利と整合するように解釈することが求められている。しかし，第二層審判所及び第一層審判所は，法律が条約と整合しないと考える場合に不適合宣言を発する権限を与えられておらず，人権法4条5項に記された裁判所のみが不適合宣言を発することができる[14]。

7.4 Leggatt 報告書及び統一的で，独立した審判所サービスの確立

Andrew Leggatt は，政府の委託を受けて審判所の包括的な評価を行い，その報告書は2001年8月に発表された[15]。この報告書は，審判所の全体的なパフォーマンスを向上させるための重要な提言を数多く行い，その結果，根本的な変革がもたらされた。最も顕著な革新は，その後導入された地方組織を備えたNTSであった。これにより，それまで多くの異なる政府部門に属していた重要な審判所が根本的に再編成され，第一層と上訴を扱う第二層の審判所からなる構造的に一貫性のある単一のシステムが構築された。市民は，改革の対象となったすべての審判所を包括する単一の包括的な制度にアクセスできるようになった。

NTS の導入により，政府の行政部門と司法部門の間の権力分立が強化された。確かに，Franks 報告以来，元決定を担当した行政機関からの審判所の独立性が引き続き強調されてきた。Leggatt は，審判所により政策と決定が検証

---

14) See 4.4.3.

15) See Tribunals for Users One System, One Service: Report of the Review of Tribunals, The Stationery Office, 2001.

される大臣その他の機関と，審判所の人事を決定し，支援する大臣との間の明確な分離を主張した。この目的を達成するために，法務省（以前の憲法問題省）が統一された審判所サービスの一部として，すべての審判所の運営管理を担当することになり，運営に関しては議会に対して大法官兼法務大臣が責任を負うことになった。法務省は，これら変革により独立性が強化されたにもかかわらず，すべての裁判所及び審判所の運営，刑務所の管理及び民事事件や刑事事件における法律扶助の利用可能性に関する基本ルールの決定において中心的な役割を担うため，物議をかもす立場にある[16]。

　日常的な業務管理は事務管理部門の長が担当し，他方で大法官によって指名された審判所長官が審判所司法府を統括する。審判所長官は多面的な役割を担っており，第一層及び第二層の審判所を統括するだけでなく，大法官とともに，担当部について様々な管轄に関連してどのように編成するかを決定する。審判所長官は，審判所の構成員に関する重要な事項について国会に対して説明書面を作成し，国会，大法官及びその他の大臣に対して審判所の構成員の見解を代弁するといった連絡役を担っている[17]。さらに，審判所長官は，主席裁判官と協力して，審判所裁判官の研修，指導及び福利に取り組んでいる。

　中央集権化の動きにより，各審判所と各政策分野を管轄する中央官庁との間の意思疎通のルートは断たれてしまった。その結果，政策実施に関連する争点に関して，審判所と政府の部門との間でのコミュニケーションがますます重要な課題として浮上している。

　NTS（2006年4月に発足）は，法務省の管轄下にある25の審判所を担当する執行エージェンシーである。この Leggatt 改革以降の再編成の規模は，その再現図7.1から伝わってくる。

---

16)　See A Le Sueur, 'The Foundations of Justice' in J Jowell, D Oliver, and C O'Cinneide (eds): *The Changing Constitution*, 8th edn (Oxford: Oxford University Press), esp. 237; and the Legal Aid, Sentencing and Punishment of Offenders Act 2012.

17)　See Tribunals, Courts and Enforcement Act 2007, Sch 1.

第7章 紛争解決　*271*

　雇用審判所は統合されておらず，そして NTS の一部ではない他の審判所には，農地審判所，家族医療サービス上訴機関，全国駐車違反審判サービス，駐車及び交通上訴サービス，住宅財産審判所，評価審判所サービスがある。

　この大規模な構造改革の主要な目的は，すべての審判所に対して統一された上訴ルートを創設し，法律上の論点に関しては第一層から第二層の審判所，そして控訴院へと続く単一の上訴ルートを設けることであった。それゆえ，個人は関連する法律に基づいて効果的な代替的救済手段を持つため，審判所の決定に対する司法審査は必要ないことがしばしばである。先例を生み出すのは各上訴審判所の各部門の長であって，下位審判所ではない。

7.4.1　審判所の統計

　公表された統計には，主要な審判所における案件の付託と処理の内訳が示されており，案件の処理状況の指標が提供されている。2013 〜 14 年に受理された案件の総数は 699,838 件で，2010 〜 11 年の総数 848,990 件と比較すると，150,000 件の減少を示している。この期間で最も大きな減少が見られたのは，出入国管理及び庇護に関する案件で，172,649 件から 104,996 件に減少した。しかし，2013 〜 14 年に処理された案件の総数は 876,775 件であった。

　主要なカテゴリーに簡単に目を向けると，401,896 件の社会保障及び養育費案件が付託され，年間を通じて 543,609 件が処理された。審理により解決された 453,555 件のうち，40％の請求が認容されている。雇用審判所には 105,803 件の請求が行われ，前年と比較して 85,000 件の減少となった。2013 〜 14 年には 148,387 件の処理が行われ，そのうち 48％が申立ての取下げ，21％が助言斡旋仲裁局（ACAS）による調停，7％が審理に基づく認容であった。出入国管理及び庇護審判所では 104,996 件の案件が受理され，100,122 件が処理された。そのうち 67％が決定され，20％が取下げであった。審理での全体的な成功率は 44％で，審理なしに書面で決定された案件の 56％がしりぞけられた。このカテゴリーで第二層審判所によって決定された案件数は 7,407 件で，審理での成功率は 37％，書面審査による決定の 63％がしりぞけられた。

272

図 7.1

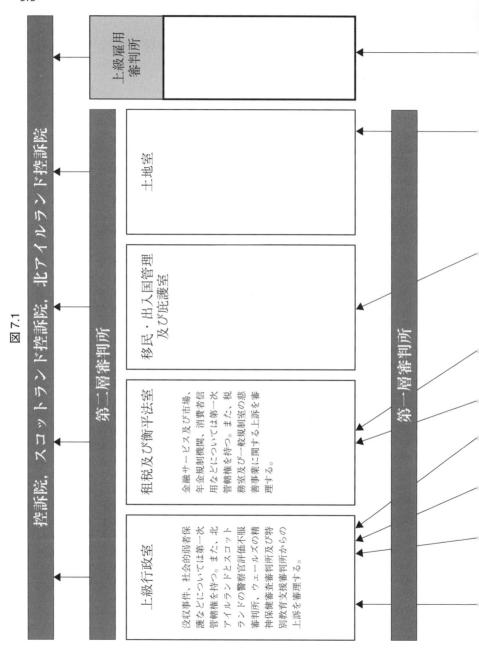

図 7.1 第一層及び第二層審判所の室 (A Guide to Civil and Administrative Justice Statistics, Ministry of Justice, Last updated 23rd September 2016, p 23)

戦争年金及び軍隊補償

社会的資格室
管轄：
社会保障及び養育費
庇護支援**
犯罪被害者補償

＊スコットランドにおける NHS 負担金を除く
＊＊更なる上訴権はない

医療、教育及び社会ケア室
管轄：
精神保健
特別教育支援及び障害
ケア基準
一次医療リスト

一般規制室
管轄：
慈善団体
不動産産業者
交通（運転基準庁の決定に対する上訴を含む）
情報に関する権利
賠償請求等
サービス規制
ギャンブル規制
移民規制
地方自治体の基準
環境
コミュニティの入札権
著作権許諾
個人選挙人名簿
年金規制
職業規制

租税室
管轄：
直接税及び間接税
国会議員の経費

移民・出入国管理及び庇護室

財産室
管轄：
住宅不動産
土地登記
農地・排水

雇用審判所
スコットランド雇用審判所

イギリス (United Kingdom)
北アイルランド以外 (Great Britain)
イングランド及びウェールズ
イングランドのみ
スコットランドのみ

274

強調すべき重要な点は，審判所へのアクセスには常に公費が投入されていることであり，政府は最近，その費用の一部を制限しようとしていることである。この試みは R（Unison）v Lord Chancellor[18] の事案で争われたが，この事件は特に雇用審判所での請求に係る手数料制度の変更の合法性に関するものであった[19]。新たな制度では，審判所での請求や上訴を行う前に手数料を支払うことが求められたが，申立人である公共部門の労働組合は，この制度について以下の点を主張した。(a) 多数の人々が訴訟を起こすことができなくなるため，EU 法における実効性の原則に違反し，そして，(b) 労働案件における申立人の大多数が女性であるため，女性に対する間接的な差別が生じている。高等法院は，司法審査の申請を棄却するにあたり，EU 法における実効性の原則が裁判所へのアクセス権と重複しており，その権利は，訴訟の提起を事実上不可能にしない限り，手数料によって制限されうることを指摘した。裁判所は，新しい制度の導入以降，審判所への請求件数が減少したことを認めたが，その理由が個人が単に争訟を提起しない選択をしたためではなく，単に請求をできなかったためであることを申立人が示したわけではない，と考えた。さらに，裁判所は，差別の問題について申立人の主張を退け，証拠に基づき，手数料の構造が間接的に差別的であるとは認められないと判断した。したがって，導入された制度は合法であるとされた。この制度は，審判所の利用者に費用を転嫁し，審判所をより効率化するという正当な目的を追求しており，その目的に適った比例的な手段が用いられているというのである。この判決は，控訴院によって支持された[20]。

7.4.2 行政の意思決定

Leggatt 報告書とそれに続く白書の中心的なテーマは，行政上の意思決定の

---

18) [2014] EWHC 4198 (Admin), [2015] 2 CMLR 4, 111.

19) The regime was contained in the Courts and Tribunals Fees Remission Order, SI 2013/2302.

20) [2015] EWCA Civ 935.

質をどのように改善するかであった[21]。審判所の役割は，元決定の検証であることが非常に多いため，業務を最小限に抑えるためには常に当初から正しい決定をすることを重視すべきである。

　審判所の役割について議論する際，口頭審理の実施にどの程度重点を置くべきかについては意見の相違がある。最近の改革では，他の方法で解決できない場合を除いて，完全な口頭審理を回避することを目指した比例的紛争解決〔Proportional Dispute Resolution〕(PDR) を推奨するアプローチが支持されている。できるだけ早い段階で和解に達することには明らかな費用上の利点があるが，それには欠点もある。しかし，アンケート調査で意見を求められた利用者の大半は，たとえ最終的に成功しなくても，自らの主張を述べ，結果に影響を与える機会を得られる口頭審理を望んでいる。審理を経た後には，決定の理由を理解する可能性が高まる。この認識は，口頭審理が実際により高い成功率をもたらしているという証拠によって裏付けられている[22]。

　より利用者本位の審判制度を実現するため，手続上の障害を取り除くことでベストプラクティスを確立することに重点が置かれている。この取り組みは，事案を効果的に処理するために必要な情報をすべて提供し，特別なニーズに配慮することで進められてきた。この目的のために，サービスをより利用者に寄り添ったものにするための措置が講じられている。同時に，「正しい判断」が「良き行政」の主要な原則の1つとして広く認識されるようになったことを背景に，多くの政府機関による元決定の一般的な水準に関して懸念が示されている。審判所に対する申立ての成功率が高いこと（例えば，社会保障では40％）は，元決定の水準が十分でないことを証明している。ここでの提案は，この問題に対処し，多くの審判所の負担を軽減するためには，政府機関の実務において文化的な変革が必要であるということである[23]。

---

21)　See Transforming Public Services: Complaints, Redress and Tribunals, Cm 6243, The Stationery Office, London 2004.

22)　G Richardson and H Genn, 'Tribunals in Transition: Resolution or Adjudication?' [2007] *Public Law* 116, 122.

NTS は，独自の審判所裁判官に依存している。2005 年憲法改革法の規定に基づき，審判所裁判官の任命は司法任命委員会の手に委ねられており，公開競争が行われた後に委員会からの推薦を大法官／司法大臣が正式に承認する形となっている[24]。Leggatt 報告書後のもう 1 つの重要な変更は，改訂された研修制度の導入である。これは，通常，司法研究委員会〔Judicial Studies Board〕の能力フレームワークをモデルにし，審判所向けに修正された能力ベースの研修アプローチに基づいており，また，評価制度及び新任研修制度の普及を背景としている。重要な目標は，様々な種類の審判所に配属できる一団の審判所裁判官を育成することで，より柔軟性を高めることであった（この改革以前は審判官が 1 つのタイプの審判所に限定されるのが一般的であった）。

Leggatt 報告書では，審判所に対する法律扶助制度の導入について一般的な勧告は行われなかったが，無償相談制度の拡充が奨励されていた。また，法的代理人に係る資金提供は，コミュニティ法務サービスを通じて，助言を行う団体に対する助成金として行われるべきだと提案された。こうした助言は，事前に設定された基準に従って提供され，成功の見通しが考慮されることになる。Leggatt にとって，審判所に関するアプローチは，当事者が参加する自信を持てるようにし，また，審判所がスキルや知識の不足を補える能力を持つことを可能にするものでなければならない。審判所のすべての構成員は，市民の視点と案件を理解するために全力を尽くすべきである。しかし，Leggatt は，効率的なサービスを支えるためには十分な資金が必要であり，政府各部からの拠出金は，各審判所の案件数に応じて決定されるべきだと認識していた。

7. 4. 3 行政救済及び審判所審議会

Leggatt 報告書では，審判所審議会に相当する監視機関の設置も推奨された。2007 年審判所・裁判所・執行法により，その後継組織として行政救済及び審

---

23) R Thomas 'Administrative Justice, Better Decisions, and Organizational Learning' [2015] *Public Law* 111,115, 131.

24) See s 14.

判所審議会〔Administrative Justice and Tribunals Council〕（AJTC）が設立された。審判所審議会は，Franks報告書に基づき議会に報告する機関として設立され，調整の役割を担うとともに手続ルールの作成を監督することで，ほとんどの法定の審判所における良好な実務を促進した。その後継機関として，ほぼ同じメンバーで構成されたAJTCの明示的な目的は，行政救済のシステム全体を「アクセス可能で，公平かつ効率的なものにすることを目指して」見直し続けることである。AJTCは，市民に適切な救済を提供するために，裁判所，審判所及びオンブズマンという多様な救済手段を統合することに熱心に取り組んできた。2010年の総選挙後の支出見直しにおいて，AJTCはコスト削減策として廃止されたクワンゴの1つであった[25]。

7.5 上訴，司法審査，そしてCartケース

　Franks委員会は，第一審の審判所から裁判所への上訴ではなく，上訴審判所への一般的な上訴権を提唱したが，このモデルは特定のカテゴリーの審判所についてのみ採用された。1992年審判所及び審問法は，同法の適用がある審判所について，法的問題を審査するために高等法院への上訴を認めた[26]。上述のように，単一の上訴層を設ける形での上訴制度の標準化は，Leggatt報告書の最も重要な勧告の1つであった。これらの提案は現在すでに実施されている。例えば，雇用審判所の場合，法的な問題に関する上訴は上級雇用審判所に対して行われる。上級審判所は法的な理由付けについて検討するが，通常は事件の事実を改めて検討しない。上訴機関としての第二層審判所は，明確かつ一貫した意思決定を促進するために先例を形成することができ，上訴段階には巡回裁判官や高等法院の裁判官が配置されている。2007年審判所・裁判所・執行法に基づき，第二層審判所からの法的問題に関する上訴は，以前は高等法院になされていたが，現在では控訴院になされる[27]。

---

25) See Public Bodies Act 2011, Sch 1; and see 21.1.
26) See s 11.

もう1つの新機軸は，2007年審判所・裁判所・執行法が，第二層審判所に対して一定の条件の下で限定的な司法審査権限を付与していることである。その条件の1つが，高等法院又は控訴院の裁判官が第二層審判所の審理を担当することである[28]。この変更により，審判所の下で裁量権の行使を審査する余地が拡大した。特定の審判所の決定については，司法審査の請求によって争うこともできる。ただし，実際には（司法審査が手続の一部をなす出入国管理の案件を除いて）それは比較的稀である。なぜなら，別の救済手段（例えば，審判所への上訴）が利用できる場合，司法審査は認められないからである。

R (Cart) v Upper Tribunal では[29]，最高裁判所は，上訴する権利が尽くされた場合における第二層審判所の決定に対する司法審査の範囲を検討することが求められた。これには，第二層審判所が最終上訴機関である場合に上訴を審理する許可を第二層審判所が拒否した場合も含まれる。上位の記録裁判所と同様に第二層審判所は審査から免除されるべきであるという政府の主張は断固として拒否された。第二層審判所の決定は，日常的な司法の監視対象とするべきではないが，原則として，それは審査を受ける可能性があるものとされた。司法審査は，事件が原則又は実務の重要なポイントを扱うものであり，あるいは司法審査を必要とする他に説得力のある理由がある場合，といった条件に服する。この結論に至る際，最高裁判所は，管轄に関する過誤とそれ以外の過誤の間の技術的な区別を再び導入することを排除した。結果として，教義的な介入の根拠を設定するのではなく，管轄権が「比例的紛争解決」[30]という実際的な関心によって決定されることになる。実際的な理由から審判所制度における司法審査の利用可能性を事実上制限する決定は，明らかに司法資源の限界という

---

27) See ss 13 and 14.

28) Sec ss 15-21.

29) [2011] UKSC 28.

30) See M Elliott and R Thomas, 'Cart and Eba—The New Tribunals System and the Courts' Constitutional Law Group website 2011, at ⟨http://ukconstitutionallaw. org/2011/10/05/ mark-elliott-and-robert-thomas-cart-and-eba—the-new-tribunals-system-and-the-courts/⟩.

認識の影響を受けたものである。

　近年，政府は司法審査手続の下での裁判所の監督権限を制限しようと試みてきたが，この動きは議会内外で激しく抵抗されてきた。2004 年庇護及び移民（請求人取扱等）法案に，庇護及び移民に関する審判所の裁決に対する不服申立てを排除する排除条項を含めることに政府は最終的に失敗し，政府はその後当該条項の導入を断念した。個人の権利が危機に瀕している場合（出入国管理の事案），司法審査の可能性は重要な保護手段と見なされている。それにもかかわらず，庇護請求者に対してさらに厳しい政策を強化するためのいくつかの施策が講じられてきた[31]。

　同様に，審判所に申立てを行う前に，既存の苦情申立手続を通じて非公式な解決を試みることを求める強い傾向がある。例えば，社会保障及び養育費審判所に申し立てる前に，給付申請者はまず，申請を拒否した部署に対して，その決定の再考を求める書簡を送る必要がある。この手続を経た後に初めて，裁判官は，双方から主張を聴取したうえで裁断することになる[32]。同様に，雇用審判所が関与する場合には，まず代替的紛争解決〔alternative dispute resolution〕（ADR）を試みる必要がある。雇用審判所への申立てに先立ち，申立人は助言斡旋仲裁局〔Conciliation and Arbitration Service〕（ACAS）に連絡しなければならず，ACAS は調停を通じて非公式に紛争を解決する可能性を提供する[33]。

7. 6　審　判　所
—— 結　論 ——

　2007 年審判所・裁判所・執行法により法的基盤を備えた審判所の新しい枠組みは，審判所の独立性を強調し，統一された包括的システムを提供してい

---

31)　See, e.g., R Rawlings, 'Review, Revenge and Retreat' (2005) 68 (3) *Modern Law Review* 378-410.

32)　〈https://www.gov.uk/social-security-child-support-tribunal/overview〉.

33)　See Making a claim to an Employment Tribunal, T420.

る。その結果，今日のイギリスでは，実質的に独立した審判所サービスが存在しており，これは大陸法系の行政裁判所制度とよく似たものとなっている[34]。ケースマネジメントアプローチと連携した比例的紛争解決の試みは，案件を正式な審理から調停や和解に導く傾向の一端と見なされるだろう。利用者からのフィードバックによれば，殊に特定の政策分野では，この審理からの転回が必ずしも歓迎されていないことが示唆されている。審理が行われる場合，手続上の保護の程度は，審判所による裁決の性質に関連付けられる必要がある。庇護及び出入国管理審判所や精神保健審査審判所は，その決定が人権に影響を与えるため特に注目されるかもしれない。これらの分野では，口頭審理，完全な代理及び上訴の権利といった強力な手続上の保護手段を提供することが不可欠である。これらの改革により，特定の分野に必ずしも精通しているわけではない一般の審判所裁判官によって裁定プロセスが進められるため，一部の審判所の専門性が弱まる危険性がある。前章から明らかなように，PO は，個別の行政の過誤の是正にとどまらず，良き行政の原則を根付かせることに重点を置き，システム全体の変革を達成することに取り組んでいる。行政の改善の必要性は広く認識されているが，利用可能なすべての行政法上の救済手段を最大限に活用するためには連携の強化を必要とする。実際，最近の報告では，より現代的なアクセスチャネルを備えた透明性の高い司法制度に基づいて，利用者に対してより良いサービスを提供することの重要性が強調されている[35]。そのような手続の改正は，特に重要度の低い苦情や請求に適したオンライン紛争解決の先駆的な導入と組み合わせる可能性がますます高まっている[36]。

---

34) S Boyron, *The Constitution of France: A Contextual Analysis* (Oxford: Hart Publishing, 2013), 147ff.

35) HM Courts and Tribunal Service, Annual Report and Accounts 2014-15, HC 9, SG/2015/57, 12, 20.

36) 'Online dispute resolution for Low Value Civil Claims', *Online Dispute Resolution Advisory Group, Civil Justice Council*, February 2015.

第7章 紛争解決 *281*

7.7 審 問

7.7.1 はじめに：審判所と審問の区別

　審判所と審問は，通常，行政過程においてそれぞれ異なる機能を担っている。審判所は主に裁決を行い，決定に対する不服申立てを審理することにより裁判所に代替するものとして活動する。さらに，一般的には，審判所は事実認定や，法令及び規制から導かれる法的ルールを適用する上で重要な役割を果たす。しかし，通常の裁判所とは異なり，審判所には，拘束力のある先例の原則は厳密には適用されない。対照的に，審問はしばしば元の意思決定プロセスの一部であり，初期の政府決定に対して不服申立てがなされた後に行われることが多い。特定の種類の審問（例えば，土地や計画に関する問題）では，審問官が証人を聴取し，事実を認定する。この種の審問の結果は，通常，担当大臣への勧告となり，大臣は最終決定の前により広範な政策的事項を考慮に入れることになる。

　しかしながら，行政法には多くの異なる形式の審問がある。審問は，最終的な結果が個人，時にはコミュニティ全体に深刻な影響を与えることが避けられないため，特定の種類の行政による意思決定の前にしばしば実施される。特に計画分野では，原子力発電所，新空港の滑走路，高速道路などの主要なインフラプロジェクトを進める提案により，しばしば民衆の間で大きな論争が生じる。Newbury バイパスとヒースロー空港の第3滑走路の2つは，代表的な例である。この規模の計画を実現する唯一の方法は，多数の市民を移転させ，何千もの人々に混乱をもたらすことである。政府，あるいは提案する行政機関は通常，公審問を行うことにより，当該計画に対する異議の妥当性を判断する。例えば，2004年計画及び収用法44条によれば，国務大臣が主要な開発のどの申請を主要なインフラ計画として指定するかを決定することができる。

7. 7. 2 計画に関する審問

　計画策定は，審問が意思決定プロセスの一部であることを明確に示す例である。審問は，申請者の当初の計画に対して不服が申し立てられた場合にのみ開始され，不服申立ての後，事実上関係者との協議を含む明確な手続が進められる[37]。審問官が任命され，提案に賛成する意見や，個人・圧力団体からの反対意見を聞くために一連の公聴会が開催される。このような審問は，時には数か月，あるいは数年に及ぶことがある。その結果は，大臣への勧告にすぎないこともあり，必ずしも受け入れられるとは限らない。この場合，審問は，大げさな広報活動と見なされる危険がある。それにもかかわらず，反対派は自分たちの意見を聞いてもらえたと感じることでしばしば懐柔され，一方で政府は国民に相談する姿勢を示すことができる。結果として，審問官が計画提案を実施するよう勧めた場合，政府は独立した審問の支持を得ることができる。同様に，審問官が計画提案の却下を勧めた場合，政府は圧力にさらされ，計画を継続すると政治的困難に苛まれる可能性がある。これは一般的に「参加民主主義モデル」と呼ばれ，一般市民が意思決定に関与する役割を与えられるものである。しかし，審問がはるかに限定された問題にかかわる場合もあることを忘れてはならない。例えば，1つの通り，1つの住宅団地，さらには1つの家屋といった非常に小さな地理的区域が関係することもある。このような場合，審問は単に政府やその他の決定機関が，すべての関連事項を考慮に入れた上で，適正な決定を行うために必要な事実をすべて把握するためのものにすぎない。

7. 7. 2. 1　審問官の役割

　審問官は，国務大臣（コミュニティ・地方政府省）によって任命され，特別に訓練された官吏グループであり，国務大臣に代わって審理を主宰する。特定の審問では，最終決定権限が審問官に委任されることがあり，計画に関する審問

---

37)　See the Town and Country Planning（Appeals）（Written Representation Procedure）（England）Regulations 2000, SI 2000/1628.

でしばしば実際に行われている。計画に関する不服申立ての約95％がこの方法で処理される。伝統的に，審問の概念は，Greene裁判官（記録長官）が述べたように，「行政上の決定に至る過程の一段階にすぎない」[38]。

決定は，十分な協議プロセスを経て国務大臣によって行われる。しかし，現在ではほとんど最終決定が審問官に委任されており，近年ではその割合が全体の95％を超えている。特定地域に関する公審問は，実際には論争の的となる問題を抱えた事案でのみ行われるため，公開で長期にわたる高額なプロセスが正当化される。大多数の審問は日常的に行われ，比較的単純な決定にかかわるものであり，特に計画の分野では（前述のとおり）その傾向がある。さらに，あまり議論を呼ばないケースでは，公審問が全く行われない可能性が高い。計画審問庁が扱う不服申立てのうち，50％以上が書面による意見表明の方法で処理されており，これにより，不服申立人，反対者及び納税者等の時間と費用が節約される[39]。

主要なインフラプロジェクトに関する計画システムを効率化するための法改正が，2008年計画法により導入された。この改正は，複数の同意を得る制度がしばしば計画プロセスにもたらす遅延の問題に対処するために，計画主導のシステムを採用し，全国的に重要なインフラプロジェクトに関する申請を審査する独立機関として，インフラ計画委員会（IPC）を設立することを目的とした。HarlowとRawlingsは，「司法化へのシーソーのような進展が，政府による『非司法化』の試みによって定期的に中断される」と指摘している[40]。確かに，2008年法の背景にある考え方は，そのようなプロジェクトに対する長期的な国家戦略に係る政策声明の公表を通じて，より明確で予測可能なシステムを目指すことであった。2011年地域主義法の下で，IPCは計画審問庁の一部門として組み込まれ，名称が重要インフラ計画ユニットに変更された。当該ユニットは同じ機能を保持しているが，最終決定は議会に対して責任を負う国務

---

38) *B Johnson & Co (Builders) Ltd v Minister of Health* [1947] 2 All ER 395.

39) See Planning Inspectorate: Annual Report and Accounts 2006/07.

40) Harlow and Rawlings, n 9, 588.

大臣が行うことになる。

7. 7. 3 決定の理由

多くの種類の審問において，大臣は到達した決定の理由を提示することが求められる。上訴する際には，これらの理由が入手可能であることが重要である。しかし，実際に提示される理由の妥当性については，判例においていくつか議論がなされている。South Buckinghamshire District Council v Porter においてSimon Brown 裁判官は，計画策定に関する文脈で要点をまとめている。

決定の理由は理解可能でなければならず，かつ十分でなければならない。これにより読み手が，なぜそのように決定されたのか，そして「主要な重要かつ論争のある問題」についてどのような結論が導かれたのかを理解できるようにし，法的又は事実的な問題がどのように解決されたかを明らかにする必要がある。理由は簡潔に述べてよいが，要求される詳細さの程度は，決定の対象となる問題の性質に完全に依存する。理由付けは，意思決定者が法を誤解したかどうかについて重大な疑念を生じさせてはならない……理由付けは争点となる主要な問題にのみ言及すればよく，すべての重要な考慮事項に言及する必要はない。これにより許可を得られなかった開発業者が，代替の許可を得る可能性を評価できるようにするか，場合によっては，許可の付与の根底にある政策やアプローチが将来の申請にどのように影響するかを理解できるようにすべきである。[41]

要するに，決定が取り消されるのは，理由の提示の不十分さが請求人の利益を「実質的に損なった」場合に限られる。ただし，理由が不十分であったこと，その結果として不利益を被ったことを証明する責任は請求人にある。

---

41) ［2004］1 WLR 1953, 1964.

7. 8 特殊な目的のための公審問

　意思決定過程の一部であることを除いて，審問は様々な形態をとり，その機能や目的も非常に多岐にわたる。政府は，公共的な重要問題について調査するために審問を設定することがある。このような審問は，批判をそらし，問題が上級裁判官によって公正に調査されているという印象を与えることで，潜在的な危機を回避する手段となる場合がある。しかし，少なくとも一時的には，審問を付託する際の条件を設定し，資金を提供する権限を持つ行政府の手から，問題が引き離されるという意味がある。なぜなら，審問は裁判官が主宰者を務め，正式なプロセスの完了後にその審議は公にされる運命にあるからである[42]。例えば，Hutton 審問は，国防省の科学者 David Kelly 氏が自殺したとされる事件を受け，2003 年 7 月に首相によって設置された。Kelly 氏の死は，物議をかもしたイラク侵攻という政府の決定の背景を調査していた議会の外交特別委員会による尋問の直後のことであった。この審問を担う Hutton に付託された事項は，Kelly 氏の死に至る状況を調査することであった。安全保障上の問題や情報機関の関与があったにもかかわらず，政府は最大限の協力を約束し，明らかに機密性の高い情報を除くすべてが，一般市民や報道機関に情報を提供するために特別に設けられた Web サイトに掲載された[43]。政治の中枢にかかわる審問のもう 1 つの優れた例は，1993 年に Matrix Churchill 社をめぐる司法への信頼が崩壊した後に行われた，Scott 裁判官による審問である。これは，イラクへの武器輸出に関する調査であり，審問の任務の要旨にあるとおり，「R v Henderson[44]」や審問に関連すると考えられるその他の類似事件にお

---

42)　M Elliott, 'Ombudsmen, Tribunals, Inquiries: Refashioning Accountability Beyond the Courts' in N Bamforth and P Leyland (eds), *Accountability in Contemporary Constitution* (Oxford: Oxford University Press, 2013), 252.

43)　Lord Hutton, 'The Media Reaction to the Hutton Report' [2006] *Public Law* 807.

44)　(1992) unreported, 5 October.

いて，検察当局及び公益上の理由による免責に関する証書に署名した者が下した決定を調査し，報告すること[45]」を目的としていた。報告書は 1996 年 2 月に至ってようやく公表された。

2011 年 7 月に発覚した電話盗聴事件及び News of the World 紙に関する一連の事件を受けて，首相は 2005 年審問法に基づく二部構成の審問を発表した（詳細は後述）。この審問は，Leveson 裁判官を主宰者とし，「報道の文化，実務及び倫理」に関するものであった。審理は一般市民に公開され，WEB サイトからテレビで生中継された[46]。包括的な報告書では，報道の自由の維持及び報道における最も高度な倫理的・専門的基準の確保と一致する報道の規制及びガバナンスに関する一連の勧告が行われた[47]。報告書では，とりわけ当時の自主規制体制の廃止と新たな独立した自主規制体制の整備が求められた[48]。

影響力という点では，公審問は影響を及ぼす可能性があるものの，その勧告が政府によって実行されるか又は議会で法律が成立するまでは何の効果も持たない。結果として，その助言は政治家によって単に無視されるかもしれない。Leveson 報告書の勧告に関して首相が示唆したこととは裏腹に，大衆紙の観点から明らかに論争の的となるような側面については，政府は取り組んでいない。特に注目すべきは，規制機関が独立しているだけでなく，国民に効果的な救済手段を提供することを保証する法定の新たな報道規制機関を設置すべきであるという勧告について政府が行動を起こしていないことである[49]。

本章で取り上げた上記の審問やその他の例は，裁判官が公正であると思われ

---

45) 公益上の理由による免責及び Scott 審問に関するさらなる議論については第 10 章を，また，大臣の議会に対するアカウンタビリティに関しては第 2 章を参照。

46) 〈http://www.levesoninquiry.org.uk/〉

47) An Inquiry into the Culture, Practices and Ethics of the Press: Report (Leveson) vols I, II, III, IV, HC 780-1-IV, November 2012.

48) Leveson vol IV, ch 7, 'Conclusions and recommendations for future regulation of the press', para 7.4

49) 'One year on, UK press regulator criticised for lack of bite' *Financial Times*, 10 September 2015.

がちであるが，彼らの存在が論争的問題の根底にある政治的要素を中和するわけではないことを示している。実際，そのような審問に裁判官が関与することで，司法全体の独立性が疑問視される可能性があるとさえいえるだろう。さらに，当事者対抗的な法的手続の管理によって，専門的な公審問における調査事項を扱う際に適切な経験と専門知識が裁判官に提供されるかどうかは全く明らかではない[50]。

　すでに明らかなように，国王大権や法律に基づいて設置される臨時審問の対象は非常に多岐にわたっている。別の例を挙げると，10代の黒人 Stephan Lawrence 氏が残忍な殺害事件の後に受けた不適切な捜査について，William Macpherson が行った公審問では，17年前に Scarman が Brixton の騒乱に関する調査で指摘した制度的な人種差別の問題の一部が取り上げられた[51]。Scarman による警察の取締手法，訓練，規律，採用に関する勧告は，当時の保守党政府によって概ね受け入れられたものの，実際に変革を起こすための措置は限定的なものにとどまった。Macpherson 審問の後の政治的な状況下では，報告書で提示された70の勧告の多くを実施に移すという強い意志が示された。例えば，1999年2月には，内務大臣が警察における民族系採用に関する目標を発表した。臨時審問の他の例としては，1987年の Kings Cross 地下鉄火災や1985年の Bradford City フットボール・スタジアム火災に関する審問がある。Harold Shipman が15人の患者を殺害した罪で有罪判決を受けた後，高等法院裁判官である Janet Smith を主宰者とする審問が設置され，彼の違法行為の規模（他に何人の患者を殺害した可能性があるか）を調査し，今後患者を保護するためにどのような措置が取られるべきかを検討することとなった。Shipman 審問の最終報告書は，2005年1月27日に発表された。さらに別の文脈では，

---

50) J Beatson, 'Should Judges Chair Public Inquiries?' (2005) *Law Quarterly Review* 221, 235.

51) See W Macpherson, 'The Stephen Lawrence Inquiry', Cm 4262, February 1999; Lord Scarman 'Report to the Rt Hon William Whitelaw, Sec of State for the Home Dept on the Brixton Disorders of 10-12 April 1981', Cm 8427, November 1981.

1999年10月5日に発生した致命的なLadbroke Grove列車事故を受けて，公審問が安全衛生委員会事務局によって設置された。この審問は，1974年労働衛生安全法14条2項（b）に基づき，国務大臣の同意を得て，Cullenが主宰者を務めた。この審問の任務は，事故の直接的な原因を考慮した上で，現行の規制体制や鉄道の安全管理に影響を与える要因を踏まえ，将来の鉄道の安全性を確保するための勧告を行うことであった。

　上述のような審問を踏まえた勧告は，立法の制定や法改正につながることがある。審問のより正式なものは，1921年調査審問機関（証拠）法を廃止して制定された2005年審問法に基づいて設置されることがある。これらは特定の政治的問題を引き起こした出来事や，災害が国民の不安を招き，事実の徹底的な調査が適切とされる場合など，ごくまれにしか活用されない。例として，1936年の財務大臣による予算の機密事項の漏洩や，1967年のAberfan炭鉱崩落事故がある。この種の審問は非常に例外的であることを強調する必要がある。

7.8.1　審問手続

　手続上の観点から，こうした審問は多くの場合，刑事，審問担当官，弁護人，裁判官の役割を兼ねており（DenningがProfumo事件の審問で述べたように）いわゆる職権主義的な性質を持つ傾向があることを認識することが重要である。審問は，証拠を収集し，手続の進捗や方向性を決定する責任を負う。審問を効果的に行うために，証人を召喚し，書類を徴収し，宣誓を行わせるなど，高等法院と同等の権限が与えられることがある。もちろん，多くの場合，こうした審問がそもそも設置された理由は，明らかに問題が発生していることに対して責任の所在を明らかにするためである。

　1966年に，Salmon裁判官を主宰者とする王立委員会が，この種の審問において証言を求められる人々の立場を保護する目的で設立された。Salmon報告書は，以下に示す6つの重要な勧告を行った。

　（1）　いかなる者も審問に関与する前に，審問機関は，その者に影響を及ぼ

第7章　紛争解決　*289*

す状況が存在し，かつ，その状況を審問機関が調査する意向であること
を確認しなければならない。

(2)　審問に関与するいかなる者も証人として召喚される前に，その者に対
してなされた申立て及びそれを裏付ける証拠の要旨について，通知され
るべきである。

(3)　証言を求められた者には十分な準備の機会が与えられ，法的助言者の
支援を受けるべきである。その法定の費用は公費から支出されるべきで
ある。

(4)　召喚された者には，自身のソリシタ又はバリスタによる吟味の機会が
与えられ，さらに審問において公に自らの意見を述べる機会が与えられ
るべきである。

(5)　審問において本人が召喚を望む重要な証人は，合理的に可能であれば
聴取されるべきである。

(6)　証人は，自身のソリシタ又はバリスタによる反対尋問によって，自身
に影響を及ぼす可能性のある証拠を検証する機会が与えられるべきであ
る。

7.8.1.1　Scott 審問，Hutton 審問，そして Saville 審問の手続

　Richard Scott は，Matrix Churchill 事件に関する審問において，公正さを
達成する必要性とスピード，効率及び費用とを均衡させる必要があると考え
た[52]。そこで彼は Salmon 原則（上記）から実質的に逸脱し，その結果として今
後の審問の実施方法に関して問題を提起した。Salmon の保護策は，あらゆる
証人の利益を十分に保護することを目的としているが，同時に，手続におい
て，例えば証人を召喚し，反対尋問を行う権利など，かなり「当事者対抗的」
要素を取り入れていることが明らかである。事実認定のための審問において，
Richard Scott は，事前の告発が存在しないため，証人には調査の過程で浮上

---

52)　See Report of the Inquiry into the Export of Defence Equipment and Dual-Use
Goods to Iraq and Related Prosecutions, HC (1995-96) 115.

した潜在的に不利な証拠のみ通知されるべきであり，また，証人自身の証拠を準備するための支援や手続から生じる批判に対応するための支援が与えられるべきであると論じた。官吏である David Kelly 博士の死に関する状況を調査する際の方針を決定するにあたり，審問を主宰した Hutton は，審問の付託条件に含まれる緊急性の要件を満たすことに配慮した[53]。このため，第 1 段階として，証人を召喚し，バリスタによる中立的な方法での尋問を行い，事実に関する証人の知識と理解を引き出すことが試みられた。この段階では，証人を代理するバリスタによる尋問や，他の当事者を代理するバリスタによる反対尋問は許可されていなかった。休会期間中，審問に関与したソリシタは，証言から批判が生じる可能性のある証人に対し，書面で通知を行い，これらの批判に異議を申し立てたい場合には，審理の第 2 段階の調査で書面による意見提出や口頭での意見陳述の機会が与えられることを通知した。また，他の利害関係者の代理人や審問に関与するバリスタによる反対尋問を受ける可能性があることも通知された。すでに述べたように，Hutton 審問における特筆すべき革新の 1 つは，審問に提出されたほぼすべての証拠を公開するために Web サイトが活用されたことである。

Hutton 審問の迅速さは，長期にわたった「血の日曜日」審問と対照的である。後者の審問は，1972 年 1 月 30 日に Londonderry で行われた公民権運動の示威行進の後，兵士が群衆に対して警告なしに発砲し，民間人 14 人が死亡した事件を調査するために，1998 年に Saville の下で設置された。「血の日曜日」は大きな論争を呼んだ出来事であり，この審問は北アイルランドの和平プロセスにおいて重要な時期に設立され，1998 年聖金曜日の合意，北アイルランド法の制定及びコミュニティ間の権力分担の再構築を目指す取組みと同時期であった。特に重要な課題は，事件に関与したすべての者が，十分かつ率直に証拠を提示できると感じられるようにし，それぞれが適切に代理されることを確保することであった。また，兵士や元兵士たちは報復の可能性を懸念し，審

---

53) Sec Report of the Inquiry into the Circumstances Surrounding the Death of Dr David Kelly by Lord Hutton, 2004 HC 247.

問の主要な開催地である Londonderry の外で秘密裏に証拠を提示しようとした[54]。11 年以上にわたる「血の日曜日」審問は，2 億ポンドの費用をかけて 2,500 人以上の証人（そのうち 900 人は口頭で）から証言を聞き取り，その日に何が起こったのかを明らかにするために膨大な証拠を検討した。Louis Blom-Cooper は，この審問の不必要な費用と遅延を批判し，過度に法的形式にこだわる手法の採用に疑問を呈して，以下のように述べている。

　　公審問の過程にあまりにも法的形式主義が持ち込まれてしまった。これは，独立した審問を通じて「真実」を追求するために根付いた専門的慣行の必然的な結果である。一方で，システムやサービスの欠点に焦点を当てるという公審問の最優先の目的には，あまりにも少ない注意しか払われていない。公的な災害やスキャンダルの審問において，個々の当事者の責任を問うことは，多くの場合不要であり，審問の主旨から注意を逸らすことがある。[55]

　2010 年 6 月に公表された Saville 報告書は，イギリス軍に対して厳しい批判を行い，空挺部隊が群衆に対して警告なしに発砲し，制御を失っただけでなく，兵士たちが自らの行動を隠蔽するために虚偽の説明をしたことを明らかにした[56]。報告書の公表に際し，首相はイギリス政府を代表して，関与したイギリス兵士たちの「不当な，正当化できない」行動について深い謝罪を庶民院において表明した。この審問は象徴的な意味においては精神浄化的な効果をもたらしたが，より短い期間で報告が行われていたならば，その効果はさらに大きかったのではないかという疑問が残る。報告を行う前に証拠収集に多くの年数を費やした別の法定外の審問の例として，2009 年に Gordon Brown 首相によっ

---

54)　See, e.g., *R v Lord Saville of Newdigate, ex p A* [1999] 4 All ER 860.

55)　Blom-Cooper Sir L, 'What Went Wrong on Bloody Sunday: A Critique of the Saville Inquiry' [2010] *Public Law* 61, 78.

56)　〈http://webarchive.nationalarchives.gov.uk/20101103103930/http://bloody-sunday-inquiry.org/〉.

て設置されたイラクに関する Chilcott 審問がある。この審問の目的は、イラク紛争に至る経緯、軍事行動、その後の展開を検討し、その経験から学べる教訓を特定することであった。介入政策の失敗に対する責任を追及する可能性がこのような審問には付きまとうため、手続において参加者が公正に扱われているという印象を与えることが重要であった。その結果、多くの政治家や官吏から証言を得た後も、Chilcott 審問は主要な関係者によって承認される結論に至らず、2015 年末までに報告書は提出されていなかった[57]。審問の遅延のほか、この審問の費用は再び非常に高額になった。無期限の審問が今後繰り返されるのを防ぐために、Thomas 主席裁判官は、最近、特別な要因がない限り、審問には時間制限を設けるべきだと提案した。また、Saville や Chilcott の審問とは対照的に、Leveson 裁判官は厳格なスケジュールを自ら設定し、それを守ることができたことも指摘した[58]。

7. 9   2005 年審問法

上述の 2005 年審問法は、政府による審問の法的枠組みを提供することで、従来の法律を統合することを目指している。この法律により、大臣は公共の関心を引く出来事について正式な独立した審問を設立し、審問における調査範囲を設定することができるようになる。また、大臣には主催者や委員を任命する権限も与えられている[59]。直接的な利害関係者の関与を防ぐために公平性の要件はあるが[60]、特別な専門知を備えた者を任命することができる[61]。この法律により審問が一旦設置されると、法定審問の主宰者には、証人の出頭や証拠の提出を強制する権限が与えられる。重要なのは、手続を決定するのは主宰者であ

---

57)　〈http://www.iraqinquiry.org.uk.〉.

58)　R Thomas, 'The Future of Public Inquiries' [2015] *Public Law* 225,237.

59)　Sections 1-6.

60)　Section 9.

61)　Section 8.

るが，主宰者は，手続に関する決定を行う際に公平に行動し，不必要な費用の回避に配慮しなければならないということである[62]。さらに，主宰者には調査結果を大臣に報告する義務が課されており，大臣はその報告書を議会（又は分権政府の議会）に提出する[63]。この法律では，特定の理由に基づいて制限が正当化される場合を除き，審問は公開で行われなければならないと定められている[64]。

7. 10　結　　論

　政府は，2005年法が最善の実務を成文化するものであり，大臣と審問の主宰者の役割が明確化されたと主張した。一方で，この法律は，法定審問に対する大臣の管理を強化し，その結果，審問の独立性が損なわれ，全体のプロセスに対する国民の信頼が失われる可能性があるように見える。例えば，大臣は審問の付託事項を設定することができ，報告書が公表される前に審問を終了させる権限を有している。さらに，同法は，大臣に対して出席者の制限や証拠の開示及び公表を制限する権限を与えている。2005年審問法の背景には，公審問の費用が膨れ上がっているという問題がある。この法律の下で，審問の主宰者には財政的な影響を考慮する義務が課されており，支払われる報酬に関して，大臣の財政的な管理権限が一部強化されていることが見てとれる[65]。1989年にBelfastのソリシタPatrick Finucane氏が殺害された事件調査に関して，アムネスティや著名な裁判官らは，新法の下での大臣の役割，特に大臣が公衆のアクセスを管理し，審問の付託事項を設定する権限に関して強い不満を表明している[66]。

---

62)　Section 17 (3).

63)　Sections 24 and 25.

64)　Section 18.

65)　Section 39 (1).

66)　On the Finucane case see, most recently, *Re Finucane's Application* [2015] NIQB 57.

FURTHER READING

Adler, M (2006) 'Tribunal Reform: Proportionate Dispute Resolution and the Pursuit of Administrative Justice' 69 (6) *Modern Law Review* 958-85.

Adler, M (2010) *Administrative Justice in Context* (Oxford: Hart Publishing).

Beatson, Sir J (2005) 'Should Judges Conduct Public Inquiries?' 121 *Law Quarterly Review* 221.

Blom-Cooper, Sir L [2010] 'What Went Wrong on Bloody Sunday: A Critique of the Saville Inquiry' *Public Law* 61.

Cane, P (2009) *Administrative Tribunals and Adjudication* (Oxford: Hart Publishing).

Carnwath, R [2009] 'Tribunal Justice—A New Start' *Public Law* 48.

Elliott, M (2012) 'Tribunal Justice and Proportionate Dispute Resolution' *Cambridge Law Journal* 297-324.

Elliott, M (2013) 'Ombudsmen, Tribunals, Inquiries: Refashioning Accountability Beyond the Courts' in Bamforth, N and Leyland, P (eds), *Accountability in the Contemporary Constitution* (Oxford: Oxford University Press).

Harlow, C and Rawlings, R (2009) *Law and Administration*, 3rd edn (Cambridge: Cambridge University Press).

Hutton, Lord, [2006] 'The Media Reaction to the Hutton Report' *Public Law* 807.

Laurie, R [2012] 'Assessing the Upper Tribunal's Potential to Deliver Administrative Justice' *Public Law* 288.

Radcliffe, C [2007] 'The Tribunals Revolution' *Judicial Review* 197.

Richardson, G (2004) 'Tribunals' in Feldman, F (ed), *English Public Law* (Oxford: Oxford University Press).

Richardson, G and Genn, H [2007] 'Tribunals in Transition: Resolution or

Adjudication?' *Public Law* 116.

Thomas, (Lord) J [2015] 'The Future of Public Inquiries' *Public Law* 225.

Thomas, R (2011) *Administrative Justice and Asylum Appeals* (Oxford: Hart Publishing).

Thomas, R [2015] 'Administrative Justice, Better Decisions, and Organizational Learning' *Public Law* 111.

第 8 章

司法審査序論

8.1 序

　本書ではここまで主としてアカウンタビリティに焦点を当ててきた。すなわち，これまでの章では，議会主権，権力分立，法の支配といった，我々の憲法を基礎付ける概念や原理における理論的基礎の見地からこれを検討してきた。また，庶民院議員の役割や特別委員会，議会オンブズマンに焦点を当て，日々の政治における実践的な原理としても検討してきた[1]。加えて，審判所が全体の中で非常に重要な役割を果たしていることも見てきた[2]。行政に対して不服を抱く市民にとって，裁判所での請求は通常は最終手段と考えられるものであり，かなりの費用と時間，労力を伴うことに留意しなくてはならない。しかし，その事実にもかかわらず，行政上の行為についての司法審査が大きな役割を果たしているということは多くの行政法専門の法律家にとっておそらく否定できないところである。

　裁判所によって適用される基本的な原理である権限踰越原理は，本質的には，とても容易に説明することができる。すなわち，ある機関は，その権限の外で行為することはできず，その権限を濫用することはできない。そして，また，制定法によって課せられた全ての公的義務を適法に履行しなくてはならない。もし，ある機関が，その権限外で行為し，又はそれを濫用し，公的義務を履行しないなら，与えられた権限と義務に対して権限を踰越する方法で行為していることになり，裁判所は，不利益を受けた市民に対して救済を与えること

---

1)　Chs 2 and 6.

2)　Ch 7.

ができる（ただし，司法審査請求において利用できる救済は裁量的である点に注意する必要がある）[3]。他方で，もし当該機関が，その権限や義務について権限内の方法で行為するなら，裁判所は，司法審査請求において介入を行わない（個人が行為や決定に対して上訴する権利を有している場合には，立場は異なるかもしれない）。これは，議会が，決定をする権限を，裁判所ではなく，当該公的機関に委ねているからである。そのため，もし裁判所が，原決定者の決定を自らの決定で代置するなら，それは権力分立原理に反することになる。後で見るように，裁判所は，争われている決定の実体的当否〔merit〕（すなわち，決定が「良い」か「悪い」か）ではなく，その合法性に関心を持っているという意味（いわゆる，「上訴ではなく，審査」の区別）において，裁判所は司法審査請求において「監視的」管轄権を行使しているとしばしばいわれている。

　もちろん，司法審査の性質は，権限踰越原理についてのこの簡潔な説明が示すものよりもずっと複雑である。そして，その複雑な内容が，司法審査の根拠と救済手段を扱う次章以降を読むことで明らかになっていくだろう。しかしながら，この段階で，司法審査のより一般的な特徴とその憲法上の意義だけは紹介しておく必要がある。そこで本章は次の5つの問題に分けて構成される。

(a)　政府の「権限」は何に由来するものか

(b)　なぜ司法審査は「上訴的」というよりも「監視的」であるのか

(c)　制定法上の権限，制定法上の義務，裁量の関係

(d)　司法審査はイギリスの公法（行政法が法の一部門として認識されるようになったのはごく最近である）においてどのように発展してきたのか

(e)　司法審査手続の性質

　これらの問題に移る前に，本章以降の「権限踰越原理」という言葉の使い方について，その定義に関して3つの指摘をしておきたい。第1に，本質的に，

---

3)　See ch 18.

この言葉は，少なくとも，問題となっている決定やその他の施策が制定法の枠組みの中でなされる場合（非制定法上の権限については次章で検討する）における，様々な形をとる全ての違法性を記述する包括的な表現であるということである。後で明らかになるように，公的機関は，就中，関係しない考慮事項を考慮し，その裁量を拘束し，公正性の要件を遵守せず，いかなる合理的な決定者もしえないであろう決定をし，比例性を欠く行為をし，そして，個人の正当な期待を損なう場合に，その行為は違法となる。これらの根拠は，通常，それぞれ，「違法性」，「不条理性」，「手続的不適正」といったGCHQ判決においてDiplock裁判官が用いた[4]，より広い項目の1つ以上に分類されてきたが，これらの項目が相互に重なり合い，同時に，違法で，不条理で，手続的に瑕疵があるとして決定を争うことがあるかもしれないという点に注意する必要がある[5]。また，裁判所は審査の根拠を引き続き発展させており（それらはコモンロー上の創造物である）[6]，権限踰越原理の内容は静的なものではないということも強調しておかなくてはならない。

第2に，以上の意味での違法性を示すためだけに権限踰越原理という言葉を使い，司法審査の憲法上の基礎に関する，より一般的な公法上の論争と関わる理論的な意味においては使わない。この論争は権限踰越論争と呼ばれることもあるが，主として，司法審査の発展は最終的に議会の意思であるのか，審査の根拠の発展はコモンローのみを参照して行われるのかという問題と関わるものである[7]。この論争は重要であるが，競合している司法審査の発展に関する正当化根拠が多くの共通点を有するように見えるという意味では，論争は現在ほ

---

4) *Council of Civil Service Unions v Minister for the Civil Service* [1985] 1 AC 374, 410-11, Lord Diplock.

5) *Boddington v British Transport Police* [1999] 2 AC 143, 152, Lord Irvine LC.

6) See Sir John Laws, 'Law and Democracy' [1995] *Public Law* 72.

7) See generally CF Forsyth (ed), *Judicial Review and the Constitution* (Oxford: Hart Publishing, 2000). See also the discussion in P Craig, *UK, EU and Global Administrative Law: Foundations and Challenges* (Cambridge: Cambridge University Press, 2015), 125-53.

ぼ膠着している。そのため、ここでは、その一般的な論争に対してなにか付け加えたり、批判したりすることはしない[8]。

第3に、権限踰越という言葉が判例法上目立つようになったのは比較的最近のことであり、以前の判例法は、（例えば、下位裁判所、審判所、その他の準司法的機関の決定に関する紛争を裁判所が審理する事件において）決定者の側の管轄権に関する過誤という考え方をしばしば使ってきた。この司法審査に関する管轄権理論は、決定者の（審査可能な）管轄権に関わる法についての過誤と、（記録に表れた法の過誤を除いては、一般的に審査できない）管轄権の中でなされた法についての過誤の区別に基づくものであった。しかし、Anisminic v Foreign Compensation Commission[9] という重要な判例を皮切りに、裁判所はいかなる法についての過誤も管轄権に関わるものであり、裁判所は、立法機関の法の支配優先の推定を守るために介入すべきであるという理解を着実に発展させてきた。こうして、権限踰越原理という言葉が前面に現れ、しばしば不十分なものと見られてきた古い区別を置き換えたのである。

8.2 政府の権限

第5章ですでに見たように、中央政府と地方政府は、一般的に、その決定の権限を議会制定法から得ており。憲法的にいえば、財産の収用の決定、庇護請求者が国内にとどまることを許すこと、教育助成金を支給すること、低所得者に対して支援を行うこと、住宅困窮者に対して住居を提供することなど、いずれも、政府によって行われる行為を制定法が正当化している。加えて、制定法は、例えば、行為の目的、考慮しなくてはならない事項、その行為の事前手続を定めることによって、その行為をする権限の範囲を規定している。同時に、裁判所は、制定法の解釈を通して、（合理的な含意によって）制定法上の権限を読み取り、個人により主張されるコモンローによる憲法的権利に対して制限を

---

8)　いくつかの関係する説明として、see chs 1, 2, and, particularly, 21.

9)　[1969] 2 AC 147. 10.2.2 で検討する。

課すことができる。いずれにせよ，制定法の文言は必ずしも文言通りに読むことはできず，法律の持つ意味は文脈により広くも狭くもなる可能性がある[10]。

　制定法に加えて，中央政府は国王大権に基づいて行為する権限も有する。国王大権の性質については第5章ですでに触れた。ここでは，この国王大権が，歴史的には，イングランド内戦と1688〜89年の憲法上の解決以前の時代のイギリス憲法における国王〔Crown〕の包括的な権限に由来しているとだけ述べておく。その後，議会は，以前は国王大権事項と見られていた領域に立ち入る制定法を制定し，国王大権を置き換えていくことで，国王大権上の権限は削られていった[11]。それでも，政府はいくつかの重要な領域において，依然として，制定法ではなく国王大権に基づいて活動している。その結果，中央政府は，その決定について，必ずしも議会の支持を得る必要はないということになる。そのため，裁判所が，国王大権を司法審査の方法によってどこまでコントロールすべきかが重要な問題となっており，判例法が発展し，重要な憲法的指標を定め続けている。司法審査の範囲の拡大については次章においてその判例法を見ることにする。

　中央政府は，ある論者が権限の「第3の淵源」と呼ぶ[12]ものに基づいて行為する権限も有している。これは「実定法」（ここでは，国家によって採用され，支持されている法的ルールといえるもの）によらない決定権限のことを指す。Harrisは，契約法，寡夫年金の支給，見舞金の支給，地域社会で入手できる情報冊子の作成などの分野において，「毎日，数千もの政府行為が第3の権限に基づいて行われている」という。憲法的見地からすると，この権限の淵源について問

---

10)　See further ch 11.

11)　See *Attorney-General v De Keyser's Hotel Ltd* [1920] AC 508; and, e.g., *R (Munir) v Secretary of State for the Home Department* [2012] 1 WLR 2192, 2203, para 33, Lord Dyson.

12)　BV Harris, 'The Third Source of Authority for Government Action Revisited' (2007) 123 *Law Quarterly Review* 225; and, e.g., *R (Shrewsbury & Atcham Borough Council) v Secretary of State for Communities and Local Government* [2008] EWCA Civ 148.

題であるのは，それが制定法上の権限の正当性を享受していないことである。なぜなら，特定の決定がなされるべきかを決定する際に議会が何の役割も果たしていないからである（もっとも，例えば，委員会の作業を通じた，事後的な議会によるコントロールはあるかもしれない）。ここで，そうした権限をもっとも適切に規制する方法が問題となる。しかし，この問題へのアプローチについては合意はない。このようにアプローチに関する合意がないため，司法審査がコントロール手段を提供する領域であるように見えるのであろう。

　地方政府の位置づけはもっと複雑であり，かつそれは最近変化してきている。歴史的には，そのような機関は純粋に制定法の創造物であり，それらは議会が認めたことのみすることができると位置づけられてきた。対応する法律のいくつかは広範な内容の条項を含んでいる。例えば，1972 年地方政府法 111 条は，地方政府機関は，「その役割の遂行を容易にし，それに資するものであり，附随する全てのことを行う」ことができると規定している[13]。その出発点は，（明示的に述べられているか，合理的な含意によって制定法から読みとることができるかにかかわらず）地方政府機関の権限は，授権する法律の中に含まれるものに限定されているというものであった。しかし，2011 年地域主義法 1 条は，「地方政府機関は，個人が一般的にすることができる全てのことをする権限を有する」と規定している。この点については，地方政府機関の権限についての 2011 年地域主義法自体の制限と[14]，1998 年人権法に代表される他の制定法による制限を踏まえて読まなければならないが，地方政府機関は，現在，決定できる範囲を広げているように見える[15]。すなわち，そうした決定は，様々な司法審査の根拠に適合しなくてはならず，文脈により，地方政府機関の決定は，特

---

13)　その権限の限界について，see, e.g., *Crédit Suisse v Allerdale Borough Council* [1997] QB 306; although see, too, the Local Government (Contracts) Act 1997. See further 19.5.

14)　例えば，地方政府機関は，税を課したり，すでに提供を義務付けられているサービスにおいて取引をすることは許されない。See Localism Act 2011, s 5(1).

15)　But compare A Bowes and J Stanton, 'The Localism Act 2011 and the General Power of Competence' [2014] *Public Law* 392.

に，不均衡，不合理，不公正，あるいは正当な期待に反してなされてはならない。地方政府機関の決定の範囲が広がる中で，決定が司法審査の方法により争われる機会が増加する可能性もある。

　以上が政府機関が行為する際の様々な権限である。次に，裁判所がそれらの権限をコントロールする際に指針となる基本的な原理及び原則の検討に移りたい。

8.3　監視的・上訴的の区別

　第2章で述べたように，ダイシーの法の支配の原理は，政府が法のもとにあること，いかなる者も濫用的権力に服さないこと，全ての者が法の前で平等であること，という3つの前提のもとで機能している。このことの明らかな帰結として，裁判所は，政府の行為の合法性について裁断を行う管轄権を持つべきということになる。もっとも，裁判所は，主位立法の合憲性を審査することはできない（ただし，EU法及び，「不適合宣言」という限定された範囲で欧州人権条約に服するという例外がある）[16]。すなわち，権力分立原理は，国家の3つの主たる機関のそれぞれが，分配された役割を果たすことが許されているべきであるということを意味している。すなわち，政府は統治をすることを許され，裁判所は，政府が議会により分配された権限外で行為し，又はそれを濫用したときに（そしてその場合のみ），裁断をするべきであるということである。言い換えると，そして，すでに示してきたように，このことが意味しているのは，政府と公的機関に対してより適切に分配されている決定について，裁判所がそれをすることは許されないということである。すなわち，裁判所は，行政的行為に対して自制すべきであるということである。一例として，個人に対して裁量的な助成金を与える場面の問題を取り上げる。助成をする団体が法的範囲内で最終的な決定をしている場合，それは，つまり，根拠となる制定法の範囲内で，正しい

---

16)　Chs 3 and 4.

手続に従い，不条理に行為していないことを意味しているのであるが，その場合には，特定の者がどれほど助成金を与えるに値するように見えたとしても，裁判所はその者が助成金を与えるに値するということはできない。法の上では，そうした決定に対する上訴手段は存在しないかもしれない。すなわち，議会は，助成金を与える機関が一次的決定権限を持つべきと決定している場合がある。当該機関は全体の予算を自身の優先順位に従って適切に分配しなくてはならない。その優先順位は，内部的に形成された政策，課せられた支出制限に基づく場合もあれば，通知文書により表明された中央政府省庁の影響による場合もある[17]。

　他方で，議会は，事実，法，実体的当否（又はそれらの組み合わせで，制定法に依拠するもの）の問題について，行政決定に対する上訴を定めていることがある。第7章で見たように，そうした上訴の多くは審判所によって審理される。制定法は，しばしば，例えば，控訴院に対してさらに上訴する権利も付与している。この上訴の権利は，明らかに，固有の権利ではなく，関連する制定法がそうした権利を与えたかどうかだけによるものである。そのため，例えば，出入国管理の文脈において，決定に対して不服がある者は，2014年出入国管理法と合わせて読まれる，2002年国籍・出入国管理・庇護法のもとで上訴の権利を有する。しかし，制定法が上訴について定めていない場合には，理論上も裁判上も，不利益を受けた市民が何らかの救済手段を利用可能であるべきとはされない。こうして，数世紀にわたって，裁判所は，監視的管轄権を発展させ，公的機関を付与された法的権限の中で行為するようにさせることによって政府の権限をコントロールすることが適切であると考えてきた。このことにより，裁判所は，必要な場合には，違法性と権限の濫用的使用に対して個人を保護することが認められていたのである。

　必然的に，監視的管轄権のもとで利用できる救済手段の種類は限定されたものとなる。機関によってなされた原決定は，当該決定をする法的権限がないこ

---

17)　利用可能な資源が決定者にとっての関連する考慮事項になる場合に関する問題について，see 11.5.1.

とを理由に無効とされるかもしれない。しかし，その問題について最終的な決定をするのは裁判所ではない。議会は上訴の手段を提供してこなかった。それゆえに，監視的裁判所がすることができることは，原決定が権限内か権限外かを決定することだけである。もし，権限外であれば，最初から無効なもの，すなわち，当該決定をする権限はなく，それゆえに，法的には，当該決定は存在せず，存在しなかったものとして取り消されるかもしれない。他方で，もし，決定が権限外かを争う者がいなければ，その決定は，無効である可能性があるにもかかわらず，実施され，完全に有効な決定として効力を有することになる。加えて，第18章で説明するように，この法の領域における様々な救済手段は裁量的である。それゆえに，裁判所は，たとえ決定が違法であっても救済を与えない決定をすることができる。さらに，裁判所の救済を求めるための期間は極めて短い。一般的に，「迅速に，いかなる場合でも3か月以内に」というものであり，そのために，また他の理由により，無効の可能性のある決定の多くが実際には争われていない[18]。

　関連する問題として，違法な決定が，無効かどうか，取り消しうるに過ぎないのかという問題がある。これは，法についての過誤が決定者の管轄権に関わるものか，そうではなく，管轄権の中でなされたものであるかを区別するもので，すでに述べた司法審査に関する（時代遅れとなった）管轄権理論としばしば結びつけられる区別である。決定者の管轄権と関係している法についての過誤が決定を無効にするということは自明である。そうでなければ，決定者は，決定権限の法的根拠について誤解することにより，制定法が規定した範囲を超えて自らの権限を拡大することができることになるだろう。また，管轄権内の法についての過誤は取消し可能であるといわれていた。しかし，この区別は，ここ数十年で，ますます緊張にさらされてきている。裁判所が，法の支配の理想に触れ，一層厳しい権限踰越原理を発展させてきたからである。Irvine 裁判官は次のように述べる。

---

18)　期間制限について，see 8.11.

（Anisminic 判決[19] に始まる判例法は）記録に表れた法についての過誤と他の法についての過誤の区別という歴史的な区別を廃れさせた。判例法は，権限踰越原理を拡大することによってそれを行ったのであり，法におけるいかなる間違いも，関係する決定を，権限を踰越するものであり，無効なものとすることになるだろう。こうして，今日では，無効な行為と取り消しうる行為という古い区別はもはや適用されるものではない[20]。

それゆえに，司法審査は全ての政府機関の決定の合法性を争う手段として利用することができる。ただし，上訴の権利のような他の救済手段を持たない場合（これは全ての司法審査請求人が満たすべき手続上の要件となる）にのみ使われるべき最終手段と見なされるべきである。さらに，不利益を受けた市民は，上訴が利用可能な場合には，通常，その選択肢を使うことが望ましい。なぜなら，上訴機関は，原決定を自らの判断で代置し，救済を与えることができるからである。上訴は，事件の合法性だけでなく，実体的当否の再考にも関わることになる。しかし，これは，授権している制定法の文言次第であり，上訴が法の問題に限定されていることもある。他方で，司法審査請求の認容は，常に合法性に限定されているため，最終的に望ましい結果となる現実的可能性がない場合には，単に失望を先送りし，費用をかさませることになるだけかもしれない[21]。原決定は無効とされるかもしれないが，例えば，新たな助成金の申請がなされたとして，望ましい結果となる保障はない。行政機関は，その申請について再考しなくてはならず，再考の際には，適切な手続を含む全ての法的要件に拘束されるのであるが，依然として，助成金を与えることを拒否することができる。二度目の拒絶が権限内であるとすると，失望した申請人にはもはや法

---

19) *Anisminic Ltd v Foreign Compensation Commission* [1969] 2 AC 147. 第 10 章で検討する。

20) *Boddington v British Transport Police* [1999] 2 AC 143, 154.

21) 決定の合法性についての司法審査と比較しての，法の見地での上訴の司法による検討として，see *E v Secretary of State for the Home Department* [2004] 2 WLR 1351.

的救済手段はないことになる。しかし，理論上も実際上も，司法審査が政府による権限の濫用と戦うための非常に有効な手段となりうることは疑いない。法は，行政機関が，合法的に，合理的に，比例的に，公正に行為するよう求めている。そして，ある機関が，いったん決定過程の法的限界を十分に理解したなら，説得されて考えを変えるかもしれない。

　以上で取り上げた点のうちいくつかを要約する。強調されなくてはならないのは，司法審査請求について検討する際に，裁判官が，司法審査事件において介入すべきか広い裁量を有しているということである。審査の根拠と原則は，議会から大きな介入を受けることなく，裁判所が，ほぼコモンローのもとで創造してきたものである。司法審査の根拠と原則は，広く捉えられ，相当に重なり合い，そして常に発展を続けている。加えて，全ての救済は裁量的である。このことが意味するのは，ある決定が権限を踰越しており，権限の濫用であるような場合でも，裁判所の裁量により救済が拒絶されることがあるということである。同様に注意する必要があるのは，司法は，行政法の事件において，個人と国家，又は，ときには，国家の2つの部門（例えば，地方政府と中央政府）の間の「政治的」決定に関わることが避けられないということである。その結果，行政部門と司法部門の間に緊張が生じることになる。しかし，少なくとも理論的には，裁判所の役割の中核は，法の「全ての」領域に適用される制定法解釈に関する基本原則を用いて，議会から発せられた法を適用し，解釈することであることを覚えておく必要がある[22]。

8.4　制定法上の権限，制定法上の義務，そして裁量

　司法審査手続の性質に関する詳細な検討に移る前に，制定法上の権限，制定法上の義務，公的決定における裁量（ここでは，裁量という言葉は1つ以上の帰結の中から適法に選択する能力を意味するものとする）の関係の問題に取り組む必要

---

22)　これらの問題に関する議論については，see *R v Secretary of State for the Home Department, ex p Fire Brigades Union* [1995] 2 AC 513; and 9.3.2.3.

がある。すでに述べたように，公的決定者は，多くの場合，それを行う権限を
委ねる，あるいは行為する義務を課す制定法の枠組みの中で決定をする。しか
し，このことは，それ自体，制定法上の権限と制定法上の義務の性質，そして
両者をどこで線引きをするべきかを説明するものではない。例えば，制定法上
の権限は常に裁量と同義なのか。制定法上の義務は裁量を有しないことと同義
なのか。また，裁判所は，法律の文言から明らかであり，又は明らかではない
裁量の要素を修正するために，制定法の文言をどこまで読むことができ，実際
に読むのか。

8.4.1 権限と義務

　まず，通常，法律は，何かを行い，何かを行わないという制定法上の権限を
決定者に与えているように読める。そこでは，法律は，「できる」や「（決定者
が）適切と考える場合」といった許容的文言を用いている（それは，「するもの
とする」や「しなくてはならない」という義務的文言とは対照的である）。許容的文言
が決定者に裁量を与えるものと解される場合，このことは，裁判所は権力分立
原理を理由に自制すべきであるという意味において，裁判所の役割に関連する
影響を与えることになる。すでに述べたところであるが，権力分立原理によれ
ば，議会がある特定の機関に決定の権限を委ねている場合，一次的決定機能を
担うのは，裁判所ではなく，その機関であるということになる。それゆえに，
広い裁量が存在する場合，裁判所は，自らが決定の中身を密接に検討すること
が憲法上禁じられていることを一般的に強調する[23]。このことは，紛争に明確
な「政治的」背景が存在する場合に一層当てはまる。そこでは裁判所は自制の
必要が一層高まると考えるかもしれない。そのような例として，R v Secretary
of State for the Environment, ex p Nottinghamshire County Council があげら
れる[24]。そこでは，裁判所は，経済に関する中央政府の指示に関する争いとい
う文脈で自制の必要性を強調した。

---

23)　Wednesbury 判決の不合理性について，See ch 13.
24)　[1986] AC 240.

第8章 司法審査序論 *309*

　しかし，許容的文言はより狭く読まれることもありうる。例えば，裁判所は，権限が合理的に行使されること，そして，全ての関連する考慮事項が考慮に入れられることを要求することができる[25]。さらに，基本的権利が問題となっている場合に，裁判所は，権限の行使について，「厳格な審査」テストや比例性テストを用いることがある[26]。異なる状況において，裁判所は，許容的文言について，裁量を与えるものではなく，それを行う義務を課すものと読むことがある。しかし，許容的文言がこのように読まれるかは，その文脈，特に，当該「権限」が特定の個人の利益のために行使されるものか，より広い公衆のために行使されるものかにより左右される。Julius v Bishop of Oxford において，Cairns 裁判官は次のように述べている。

　　権限と義務を結びつけるか，権限を保有する者に対して，その行使を求められた場合に権限を行使する義務を負わせるかは，授権の性質，それが行われる対象，条件，権限の行使が目的とする利益の帰属する者の属性に関わる事項により決まるかもしれない[27]。

　裁判所は，最終的に，制定法上の権限を授権された者が，裁量の行使について，多数のコモンロー上の義務（これらの義務は，独立して，又は欧州人権条約に照らして発展を続けている）に服すると述べるかもしれない。こうして，制定法上の権限を授権された者は，引き続き裁量を有するが，コモンローと欧州人権条約上の義務に照らしてそれを行使しなければならない。その義務には文脈により次のものが含まれる。

　(a)　当該権限を行使するかどうかを考慮する義務[28]

---

25)　See ch 11.

26)　See chs 4 and 13.

27)　(1880) 5 App Cas 214, 222; considered in, e.g., *M v Scottish Ministers* [2012] UKSC 58, [2012] 1 WLR 3386.

310

(b) 合理的に行為する義務[29]

(c) 誠実に行為する義務[30]

(d) 公正に行為する義務[31]

(e) 公益のために行為する義務[32]

(f) 決定において不適切な遅滞を避ける義務[33]

(g) 決定を伝達する義務[34]

(h) 理由を提示する義務[35]

(i) 法律の目的に沿った方法で行為する義務[36]

8. 4. 2 義務と裁量

　制定法上の義務が存在することは，通常，制定法上義務的文言が使われることによって示される。例えば，「するものとする」という言葉がそうである。制定法上の権限と制定法上の義務の基本的な違いは，それが執行可能かという点にある。つまり，制定法上の権限は，当該権限を保有する者が，(その性質や文脈については議論があるが) それを行使しないと決めれば，行使する必要はない。他方で，制定法上の義務は履行されなければならない。もし公的機関が，明示的にその義務の履行を拒絶し，あるいは，その義務に従わないこと示唆する方法で行為するなら，請求人は，通常，決定者の義務履行確保のためにもっ

---

28)　*R v Secretary of State for the Home Department, ex p Fire Brigades Union* [1995] 2 AC 513.

29)　*Secretary of State for Education and Science v Tameside Metropolitan Borough Council* [1977] AC 1014, 1047, Lord Wilberforce.

30)　*Board of Education v Rice* [1911] AC 179.

31)　Ibid.

32)　*R v Tower Hamlets London Borough Council, ex p Chetnik Developments* [1988] AC 858, 872, Lord Bridge.

33)　*R v Home Secretary, ex p Phansopkar* [1976] QB 606.

34)　*R (Anufrijeva) v Secretary of State for the Home Department* [2004] 1 AC 604.

35)　*R v Secretary of State for the Home Department, ex p Doody* [1994] 1 AC 531.

36)　*Padfield v Minister for Agriculture, Fisheries and Food* [1968] AC 997.

とも適切な救済手段として，職務執行命令を求めるべきである[37]。文脈により，請求人は，当該義務の不履行の結果として被った損害に対して損害賠償を求めることもできる[38]。

しかしながら，法律は義務の履行方法に関する裁量を含むものと読むこともでき，裁判所がなにをすべきかという問題を複雑にする。そのような解釈は，警察，医療，住宅供給，児童保護，交通安全といった公共サービスの提供に関して，いわゆる達成目標に対する義務を課している法律についてもっとも頻繁になされる[39]。そのような法律で義務的な文言を使うことは，社会の構成員に対してサービスを提供する社会的義務を示すものであるが，ここで裁判所は，公的機関が目標の達成方法について価値判断をしなくてはならないことと，専門性の点で相対的に劣るために，裁判所が決定過程に介入することに慎重であるべきであるということを認識している。このことは，支出の優先順位に関係する決定について特に当てはまる。なぜなら，裁判所は，制定法上の義務を履行するにあたって，資金が限られていることから難しい裁量的選択を迫られることになるということを理解しているからである。とはいえ，全ては文脈によるのであり，支出の優先順位に関係するということは必ずしも決定的ではない可能性がある（ただし，リーディングケースはそうなることが多いということを示している）[40]。

---

37) See 18.3.3.

38) 損害賠償請求訴訟について，see ch 20.

39) 教育提供の文脈での「達成目標に対する義務」に言及するものとして，例えば，*R v Inner London Education Authority, ex p Ali* (1990) 2 Admin LR 822.

40) See ch 11; see also *R* (*McDonald*) *v Kensington and Chelsea RLBC* [2011] 4 All ER 881 (as read in the light of *McDonald v UK* (2015) 60 EHRR 1) and *R v Gloucestershire County Council, ex p Barry* [1997] AC 584. Compare *R v East Sussex County Council, ex p Tandy* [1998] AC 714.

8.5 司法審査の出現

　行政法がいかにしてイギリスにおいて独立した法の領域として存在するように
なったのかについては，第1章ですでに検討した。その議論を詳細に見直す
ことはしないが，現在の司法審査手続がどのように現れたのか，そしてなぜそ
れが重要なのかを理解する一助とすべく次の3点を検討する。その3点とは，
(a) 裁判所と議会の歴史的役割，(b) 行政法の性質についての誤解，(c) 福
祉国家体制の課題である。その上で，現代の司法審査とその手続の出現につい
て述べる。

8.5.1　裁判所と議会の歴史的役割

　公的決定者のコントロールにおいて裁判所と議会が果たしてきた役割を理解
するために，イングランドにおける権力のバランスが数世紀にわたってどのよ
うに変化してきたかを検討する必要がある。確かに，17世紀のイングランド
内戦以前の中世やテューダー朝の時代においては，政府は君主の手にあった。
今日でも，政府の権限としての国王大権に君主の権力の名残を見ることができ
る[41]。しかし，その後のイングランドの歴史は，議会権力の着実な増大と，法
的主権者としてのウエストミンスターの議会の出現の物語である。かくして，
議会は，行政部のコントロールにおいて，重要な役割を果たすようになった。
そして，首相質問制度や議会の委員会の働きにこうした議会の役割を見出すこ
とができる[42]。言い換えると，議会は最高の法的政治的フォーラムと見なされ
たのであり，行政部がそこで責任を問われるべきであるのは当然のことであっ
た[43]。

---

41)　Chs 5 and 9.

42)　See further P Leyland, *The Constitution of the United Kingdom: A Contextual
Analysis*, 3rd edn (Oxford: Hart Publishing, 2016), ch 5.

43)　論争誘発的であるが，すぐれた説明として，see A Tomkins, *English Public Law*

第8章　司法審査序論　*313*

　同時に，裁判所は，治安判事や地方公務員といった下位の決定者のコント
ロールにおいても，重要な役割を果たすようになった。しかし，この公的決定
者のコントロールは，専門的裁判所ではなく，通常裁判所より行われた。ここ
に，行政法というものが歴史的に存在しないことをもっとも明確に見て取るこ
とができる。すなわち，行政法は，公的決定者に関する紛争を解決する専門的
審判所を想定しているのであるが，通常のコモンロー裁判所が（エクイティ裁
判所によって補完はされるものの）全ての当事者間の司法の運営について疑いの
ない優越権を有することになった。このようにコモンロー裁判所に依拠するよ
うになったのは，1640年に廃止されたが，それまで権力の集権化のために機
能した星室裁判所の歴史と慣行に対する反動であったとされる。その結果，通
常裁判所が，しばしば私法から採られた古い原則に基づき，公的機関に関する
紛争を解決し，（当時の）行政国家の需要に対応するようになった。区別するこ
とができるのは救済手段の点のみであり，そこには裁判所と国王以外の決定者
に対してのみ発出可能な様々な大権命令が存在した。

　裁判所と議会の歴史的役割に関する最後の論点は，裁判所と議会の関係に関
するものである。つまり，議会が憲法上最高の地位にあることは，他に行政権
力をコントロールする者は不要であるという理解を生じさせた。そのため，裁
判所はときにアカウンタビリティの毀損に加担することがあった。行政上の行
為についての議会のコントロールは，今も昔も完全な神話ではないが，機関が
明らかに違法に行為した場合において，裁判所の介入を拒絶する口実として使
われるようになった。もっとも有名な例は，Liversidge v Anderson である[44]。
この判決は，内務大臣が第2次世界大戦中に行った原告を「敵組織の人間」と
して身柄を拘束する決定（その権限は1939年防衛（一般）規則18B条に含まれる）
を争ったところ，認められなかったものである。この事件が第2次世界大戦中
の緊急権の使用と関係するものであるという事実は，必然的に裁判所に自制さ
せる要因となったのであるが，そうした事件でさえ，貴族院の決定が正しかっ

　　（Oxford: Clarendon Press, 2003）.
　44）　[1942] AC 206; and see 17.2.6.

たどうか法的見解は分かれた。Diplock 裁判官は，後日，次のように貴族院の決定は正しいものではなかったとしている。

　　私は，Liversidge v Anderson における貴族院の多数意見は，便宜上，そして，当時，おそらく，やむを得ず，間違ったものと率直に認識するときがきたと考えている[45]。

8. 5. 2　行政法の性質についての誤解

　ここでの出発点は，ダイシーが著書『憲法序説』で示した法の支配の原則である[46]。同書において，ダイシーは，法の支配が，恣意的な裁量を排除し，全ての公人，私人がその土地の通常法に平等に服すべきことを要請するものであることを強調した。同時に，ダイシーはフランスの行政法システムに対して一般的に否定的であった。ダイシーによれば，フランス行政裁判所，すなわちコンセイユ・デタは，行政部の一部であるため，必要な「独立した」チェックを政府に対してすることができなかったとされる。ダイシーが力点を置いていたのは，通常裁判所において，通常法が適用され，執行されるという通常法の優位であった。

　彼の主張には真実が含まれていた。フランスの哲学者モンテスキューは，多大な影響力を持った著書『法の精神』において，有名な権力分立原理を主張したのであるが，そのモンテスキューの影響により，フランスの司法は，政府の行政の領域に対して，いかなる形であれ，介入，介在をすることは許されないということになり，「内部」の機関だけが行政活動を監督できるということになった。そのため，厳密にいえば，コンセイユ・デタは司法部ではなく行政部の一部である。ただし，今日では，その真の独立性を疑う者はいない。しか

---

45)　*R v Inland Revenue Commissioners, ex p Rossminster Ltd* [1980] AC 952, 1011.

46)　AV Dicey, *Introduction to the Law of the Constitution*, 10th edn (London: Macmillan, 1959). And see ch 2.

し，ダイシーの批判の結果，不幸なことに，*droit administratif*（行政法〔administrative law〕）は避けられるべきものというのが一般的な前提となり，その考えがほぼ一世紀の間支配的であった。例えば，Hewart 裁判官が，1930年に著書において，行政法を「大陸の専門用語」と述べたのは有名である[47]。また，Salmon 裁判官は，Re Grosvenor Hotel, London（No 2）において次のように述べている。「私は，大臣が，ただ行政部の構成員であるというだけで，裁判所が *ipse dixit*（つまり，論証されない主張）を受け入れることを義務付けられることになるとは考えていない。イングランドには *droit administratif* はないのである」[48]。これは，行政法の概念とその目的について明らかに誤解したものであった。しかし，その誤解は，行政部に対する監督，規制，コントロールのための適切な手続の発展に対して築かれてきた偏見を説明するのに役立つものである。

8. 5. 3　福祉国家体制の課題

行政法の発展という点で，2つの世界大戦，特に第2次世界大戦（1939～45年）により，2つの問題がさらに引き起こされた。例えば，すでに，Liversidge v Anderson について触れたが，非常事態に対応するために行政部に対して例外的な権限を付与されること，そして，その権限の行使に対する監督を求められたときには，裁判所が相当に寛容な立場に立つであろうことはおそらく避けがたいものであった。司法審査に係る決定の主題は，しばしば，裁判所の介入の積極性に影響する。このことは国家安全保障の問題に関する場合に一層明確になる。なぜなら，国家安全保障の問題は，利用可能な証拠と，その問題に対して裁判所が果たすべき適切な役割に関する裁判所の考え方という2つの点において，常に問題をはらんできたからである。このような裁判所の自制が1950年代に入っても続き，不介入の文化が形成されたのは明らかに不幸なことであった。

---

47)　Lord Hewart, *Not Without Prejudice* (London: Hutchinson, 1937), 96.
48)　[1965] Ch 1210, 1261.

しかし，第2次世界大戦後すぐの時期はイギリスにおいては大きな変化の時期であった。その時期には，福祉国家体制が，特に1942年のBeveridge報告書により固められた。20世紀の初頭（そしてそれ以前の時期）においても，国家の介入と給付はある程度存在していたが，第2次世界大戦後の時代は規模，責務の両面で国家を再定義した。政府は拡大し，より広い社会に対する行政上の試みもまた拡大した。そして，1950年代と1960年代は，行政法における大きな変化の時期となった。1957年のFranks報告書と1958年審判所及び審問法により，審判所システムに対して大きな変更が加えられた[49]。そして，大きな影響力をもった1961年のJUSTICEの報告書 The Citizen and the Administration: the Redress of Grievances を含む様々な圧力が，1967年の行政に関する議会コミッショナー（議会オンブズマン）の創設につながった（様々な公私の分野における，広範囲にわたる他のコミッショナーがこれに続いた）[50]。同じ時期に，議会両院によって特別委員会の役割が徐々に広げられ，それが1979年の改正された省別委員会システムの導入につながった[51]。

この動きは一連の画期的な貴族院判決において維持された。一連の判決は，行政法に対する態度を変え，20世紀後半における政府権力をコントロールするという課題により適合的なものとなる司法審査の礎を築いた。後の章で検討される1960年代の4つの判決は，非常に重要な判決と考えられている。

(a)　Ridge v Baldwin は，自然的正義，公正性の範囲を拡大した[52]。

(b)　Padfield v Minister for Agriculture, Fisheries and Food は，主観的な文言の条項における大臣の裁量権の行使について検討した[53]。

(c)　Conway v Rimmer は，文書開示と公益上の理由による免責の主張に

---

49)　See ch 7.

50)　See ch 6.

51)　議会による監督について，see ch 2.

52)　[1964] AC 40. 17.2.3 で検討する。

53)　[1968] AC 997. 11.4.1 で検討する。

第8章 司法審査序論　*317*

関する新しい限界を設定した[54]。

(d)　Anisminic v Foreign Compensation Commission は,「管轄権排除条項」
　　　と司法審査に関する管轄権理論の射程の問題に取り組んだ[55]。

8.5.4　司法審査の件数と重要性

1960 年代以来, 司法審査申請は劇的に増加してきた。しかし, これを純粋
に統計的に表現することは難しい。なぜなら, 1970 年代, 1980 年代初めの手
続改革以前は, 大権上の救済手段が求められた事件だけが女王座部合議法廷に
あげられたからである。さらに, その全てが司法審査申請に関するものという
わけではなく, 女王座部による下位裁判所に対する監視的管轄権の行使に関す
るものもあった（私法上の請求であるインジャンクションと宣言的判決に関する事件
は大法官部で審理された）。しかしながら, 当初の数字は驚くほど小さいもので
あった。例えば, 1968 年の大権命令の申請は 95 件であった。1978 年までにこ
の数字は 364 件にまで増加した。

　次の数字はここ数十年間のイングランドとウェールズにおける司法審査事件
の大幅な増加を（表面上は）示している。

司法審査申請（現在は「請求」）許可申請件数
　　1982 年　　685
　　1992 年　　2439
　　1994 年　　3208
　　1996 年　　3901
　　2001 年　　5298
　　2004 年　　5498
　　2006 年　　6456
　　2010 年　　10600[56]

---

54)　[1968] AC 910. 10.5.3.3 で検討する。
55)　[1969] 2 AC 147. 10.2.2 で検討する。

318

事実，1981年から現在までの間に大幅に増加している。すなわち，現在で
は，多くの出入国管理事件が，司法審査ではなく第二層審判所により審理され
ているにもかかわらず，請求件数は着実に増加している。しかし，これらの生
の数字は誤解を招きかねないものである。なぜなら，最終決定の段階にまで至
る請求の数は少数に過ぎないからである。許可申請段階の検討で50％以上が
拒否され，残りの多くも，請求者が取り下げたり，問題が解決するなどして，
正式審理にまで至らない。加えて，申請の多くは，刑務所，警察，住宅供給と
住宅困窮者といった特定領域の政府活動に関するものである。もう1つの神話
は，司法審査は中央政府の省庁に集中しているということである。実際には，
地方政府機関も頻繁に司法審査事件の被告となっている[57]。

　請求件数の統計にはこのような限界があるため，司法審査へのアクセスや，
司法審査が政府の行政全体に対する影響において中心的な地位を占めることに
ついて疑問が投げかけられなくてはならない。それでも，そして，司法審査は
最終の救済手段であるかもしれないにもかかわらず，より多くの不利益を受け
た市民がそれに目を向けるようになっていることはやはり確かであるといえる。

8.6　司法審査手続

　司法審査請求に対応する手続の起源は比較的最近である。歴史的には，（例
えば）フランスのような別個の行政裁判所のシステムは存在してこなかった
し[58]，高等法院女王座部において，多くの行政法事件を審理するための正式な
手続が使われるようになったのは1977年以降に過ぎない（2000年に民事手続規
則が施行されて以来，イングランドとウェールズにおける司法審査請求は，「行政専門

---

56) Judicial and Court Statistics 2010, available at ⟨https:// www.gov.uk/
government/organisations/ministry-of-justice/about/statistics⟩.

57) See further M Sunkin, 'Mapping the Use of Judicial Review to Challenge Local
Authorities in England and Wales' [2007] *Public Law* 545.

58) See JWF Allison, *A Continental Distinction in the Common Law* (Oxford:
Oxford University Press, 1996).

部〔Administrative Court〕」により審理されてきた。北アイルランドにおける「申請」
は，高等法院女王座部で引き続き審理されている。他方で，スコットランドにおける
「請願」は，民事上級裁判所〔Court of Session〕に対してなされる）[59]。しかし，1977
年の手続の重要性を十分に理解するためには[60]，改革以前の手続と実務の詳細
のうちいくつかのポイントを知っておくことが重要である。そこで，まずは，
1977年以前の公的機関に対する手続における救済手段の利用可能性について
コメントをすることから分析を始めたい。

8.6.1 旧手続

改革以前は，司法審査は，移送命令〔certiorari〕，職務執行命令〔mandamus〕，
禁止命令〔prohibition〕（現在では，それぞれ，取消命令〔quashing order〕，職務執行
命令〔mandatory order〕，禁止命令〔prohibiting order〕）という大権上の救済手段
を用いて女王座部合議法廷から，あるいは，インジャンクションや宣言的判決
というエクイティ上の救済手段を用いて大法官部から，得られるものであっ
た。これらの救済手段は第18章で詳しく扱うこととし，ここではその多様な
用途の概要のみ触れておく。すなわち，移送命令は，権限を踰越した決定や他
の措置を取り消す効果を有するものであった。職務執行命令は，制定法上の権
限を行使するかという問題を適切に検討するコモンロー上の義務を含めて，機
関に制定法上の義務を履行するように命令（義務付け）をするものであった。
そして，禁止命令は，機関が将来違法な行為をすることを防止する働きをする
ものであった。この3つの古くからの救済手段は，歴史的には「大権」令状と
して知られており，公的機関をコントロールする伝統的な手段であった。もと
もと国王〔Cworn〕のみが利用可能であった（「大権」という言葉はここから来てい

---

59) 北アイルランドについて，see G Anthony, *Judicial Review in Northern Ireland*,
2nd edn (Oxford: Hart Publishing, 2014)。スコットランドについて，see C Himsworth,
'Judicial Review in Scotland' in M Supperstone, J Goudie, and P Waker (eds),
Judicial Review, 5th edn (London: Butterworths, LexisNexis, 2014), ch 22.

60) Rules of the Supreme Court (Amendment No 3) (SI 1977/1955). この改革は
1978年1月11日施行された。

る）が，16世紀までに，少なくとも原則として，不利益を受けた全ての者が利用可能となった。

これらの救済手段の主たる機能は，19世紀に入るまでは，司法の機能だけでなく行政の機能も広く担っていた地方の治安判事の活動を監督することであった。しかし，その後，行政機能の多くが，救貧法委員，公衆衛生委員会などの様々な特別目的委員会に移され，一方で，地方政府機関が1888年地方政府法に至る一連の制定法によって創設された。これらの機関は，さらに増加する人々の生活への政府の介入（19世紀後半の行政国家）の多くの面を管理する役割を与えられた。裁判所は，地方政府の活動のコントロールという問題に直面して，確立していた大権令状の手続を利用した。それは，これらの拡大する権限を抑える新しい仕組みを議会が提供していなかったためである。

大権命令の手続は，名目上は，国王の名前で出されていた。そのため，行政法の事件は，例えば，R v Secretary of State for the Environment, ex p Ostler のように引用されることがある[61]。しかし，司法審査の申請人がエクイティ上の救済手段を求めている場合には，手続は通常の方法によるため，例えば，Boyce v Paddington Borough Council のように記述される[62]。今日のイングランドとウェールズの事件は，民事手続規則54部のもとで，R（請求人の申請に基づき）v 訴訟を提起された公的機関（すなわち，被告）のように記述される。

なお，令状の名前のまま残されている人身保護令状〔habeas corpus〕という第4の大権上の救済手段がある。人身保護令状は，例えば，警察，出入国管理機関，精神病院等によりなされる身体の拘束の合法性を審査するものである。しかし，人身保護令状は，通常，緊急の状況を認識して，特別の手続により規律されており，その利用については司法審査領域における手続改革の影響を受けていない。

最後に，インジャンクションと宣言的判決というエクイティ上の救済手段は，公法の文脈においては比較的最近のものであるという点に注意する必要が

---

61)　[1976] 3 All ER 90.
62)　[1903] 1 Ch 109.

ある。インジャンクションと宣言的判決が公的機関に対する手続において有用なものと評価されるようになったのは，19世紀後半に大権上の救済手段が十分に確立された後である。インジャンクションは，主として，禁止令状の代わりとして使われた。なぜなら，インジャンクションは，手続上の技術的事項からより自由であり，そのため，いくつかの事件ではより容易に得ることができたためである。次に，公法事件における宣言的判決は，Dyson v Attorney General に遡る[63]。議会は様々な制定法において推進していたのであるが，大法官裁判所は，この事件以前は，別の救済手段に附随させることなく宣言的判決を単独で与えることに消極的であった。しかし，この事件において積極的に内国歳入庁に対する宣言を行ったことがその後の道を開き，それ以来，宣言的判決は公法におけるもっとも有用な救済手段の1つであることが明らかになってきた。そのすぐれた点は柔軟性を有することであると一般に理解されている。なぜなら，その宣言的性格は，当事者間の法的位置づけを変更するのではなく，単に，個々の権利や責任を確認したり，特定の施策が権限内か権限外かを述べるものであるからである。そのため，例えば，裁判所は，広範囲の行政決定の根拠となっている二次的立法に関する紛争において，権限を踰越しているとして，当該二次的立法を取り消すことを拒絶し，その代わりに違法であると宣言することができる[64]。これは，取消命令をしたならば当該二次的立法に依拠する決定の法的根拠を除去することになるからである（そしてそれは行政の運営を非常に複雑なものとしうる）。そのため，裁判所は，当該二次的立法が違法であると宣言するにとどめ，裁判所の判断に照らして，政府が自発的に必要な修正をすることを認める場合がある。とはいえ，宣言的判決は非強制的な救済手段であり，宣言的命令に従わないことは法廷侮辱とはならないという点に注意する必要がある。ただし，従わない場合，その後，強制的な命令が裁判所により出される可能性がある[65]。

---

63) [1911] 1 KB 410.

64) But compare *HM Treasury v Ahmed* [2010] 2 AC 534. 18.3.1 で検討する。

65) See, e.g., *Webster v Southwark London Borough Council* [1983] QB 698.

8. 6. 2　1977 年以降の手続

　以上のような事情で，1977 年までは不利益を受けた者は様々な救済手段を利用することができた。しかし，難しい点は，大権上の救済手段を合議法廷に求めるか，エクイティ上の救済手段を大法官府裁判所に求めるかを決めることは全く簡単ではなかったということである。全く異なる手続，期間制限，適用される原告適格のルール，そして，実際の審理も異なりえた。1969 年，法律委員会は，審査の根拠と利用可能な救済手段の両方を含め，行政法に関する広範囲にわたる検討を行うために王立委員会を設置することを大法官に対して勧告した。しかし，大法官は，より簡素で効果的な手続を発展させるという視点で救済手段について検討することのみ法律委員会に命じた。

　法律委員会の勧告の結果は，当初，1977 年の最高法院規則（当時の名称）53 号における変更であり，その後，（当時の）1981 年最高法院法（現在は 1981 年上級法院法）31 条が制定され，それと並行するようになった。この改革の本質は，司法審査申請として知られることになる，行政法事件についての単一の手続を定めるべきであるということであった。しかしながら，申請人は，依然として，求める特定の救済手段を古い救済手段のリストにある 5 つから選ばなくてはならなかった。新しい点は，例えば不法行為や契約における通常の損害賠償請求が認められる場合に限定して，損害賠償請求を 5 つのうちの 1 つに付け加える可能性であった。しかし，損害賠償という新しい項目は導入されなかった。そのため，この点での改革の主な利点は，ある裁判所に司法審査を求め，別の裁判所に損害賠償を求める場合に，手続の重複を避けることであった。

　かくして，王立委員会の勧告の結果は，古い大権上の救済手段の手続に基本的に基づく手続であった。その手続は 1977 年にイングランドとウェールズで導入され，その後，民事手続規則 54 部により修正されたが，その主たる特徴は変わっておらず，その意味で 1977 年以来連続性がある[66]。この手続には 2 つ

---

66)　1977 年の手続と民事手続規則 54 部について，see T Griffiths, 'The Procedural Impact of Bowman and Part 54 of the CPR' [2000] 5 *Judicial Review* 209.

の段階がある。1つ目は，許可〔permission〕（以前は，許可〔leave〕」）申請の段階である。この一段階目は，特に，求められている救済手段について司法審査手続が適切な手続かどうか，請求人にとって他の有効な救済手段がないか，請求人の主張が議論に値するものか，請求人が原告適格を有するか，請求が遅滞していないかという点について裁判所が検討することを認めるもので，「フィルター」として働く。許可を与えられた場合にのみ，事件は二段階目に進むことになる。二段階目は正式審理である。常にそうではないが，通常は，この段階において，裁判所は法原理や司法審査の根拠についての詳細な主張を受けつける。

　審査の根拠については第11章から第17章で触れることとし，この章の以下の部分では，裁判所が許可の段階で検討する問題について，より詳細に検討することにしたい。事件を実質的審理の段階へと進めるかを決定する際にそれらの問題がどのように働くのか，また，裁判所はそのような問題に対して厳格にアプローチしてきたのか，判例法は柔軟性を特徴としてきたか。

8.7　公法上の救済手段と私法上の救済手段：どちらの手続か？

　いかなる請求人にとっても重要な問題となるのは，裁判所から得たいと考える救済命令の性質と，その際に従わなくてはならない手続である。もちろん，多くの場合，発生する問題が「公法」の問題であること，すなわち，個人が1つ以上の大権命令を救済手段として求め，司法審査手続に従う必要があることは明らかであろう（「公法」の概念と範囲については第9章で検討する）。しかし，個人の「私法」上の権利にも影響を与える場合や，個人が裁判所から宣言的判決やインジャンクションだけを得たいと考える場合はどのように位置づけられるのか。そうした場合でも司法審査手続を常に用いなくてはならないのか，それとも，（歴史上）私法上のものであった救済手段は司法審査手続の外でも求めることができるのだろうか。

　現在，この問題についての法はかなり明らかになっている。しかし，以前は

必ずしもそうであったわけではなく，1977 年に新しい手続が導入された当初
は間違いなくそうではなかった。問題の一因は関連する裁判所の規則の文言に
ある。そこでは，大権上の救済手段の 1 つを申請する場合，「司法審査申請の
方法によりなされなくてはならない」とされていた。しかし，同様に，裁判所
が一定の条件を満たすと考える場合，すなわち，救済が与えられる問題，救済
が与えられる個人と団体の性格，事件の全ての状況に照らして，当該救済手段
を認めることが公正で便宜であると認める場合に，宣言的判決又はインジャン
クションの申請は司法審査申請の方法により行うことができると規定してい
た[67]。この点，インジャンクション又は宣言的判決が求められる場合に，依然
として手続について選択の余地があることを意味するものか不明確なままであ
り，1978 年から 1982 年の間に相反する司法判断がなされることになった。そ
の結果，個人に対して明らかに不利益に働く可能性がある法の不確実性が生じ
ていたのである。

8. 7. 1 O'Reilly v Mackman の意義

貴族院は，O'Reilly v Mackman において[68]，この混乱を解決しようとしたが，
手続に関するさらなる問題を引き起こすことになった。この事件においては，
数人の受刑者が，刑務所査察委員会が懲戒権限を超えて行為を行ったと主張し
たが，特に，刑務所の暴動に関係した受刑者に対して懲罰（刑の減免資格の剥奪）
を科す決定を行う際に自然的正義のルールの違反があったと主張したものであ
る。4 人の受刑者全員が宣言的判決を求めたが，新しい司法審査手続を用いな
かった。貴族院は全員一致で，新しい司法審査手続を用いなかったことは訴訟
手続の濫用であるとした。司法審査手続の申請は，当時，最高裁判所規則 53
号に基づいていたが，公法の問題を処理するために特に作られたものであり，
「公法の領域で公的機関によってなされた決定の有効性に対する，根拠がなく，
価値がなく，時機に遅れた攻撃」から公益を保護するための安全装置として作

---

67) See, too, the wording of s 31 of the Supreme Court (now Senior Courts) Act 1981.
68) [1983] 2 AC 237.

られたものであった[69]。それゆえに，公益は，私人（受刑者）の利益に優越し，今後は，通常は53号の方法によることになり，この一般的ルールに対する例外は限定されるとした。その例外とは，第1に，個人の私法上の権利に関係する手続における附随的な問題として決定の無効性の問題が登場する場合，第2に，司法審査手続以外の手続で救済が求められることについて当事者全員が反対していない場合，第3に，個々の事件の事実に照らしてさらに例外が認められる場合である。刑の減免は権利ではなく「恩恵」であるので，いずれの受刑者も，求めることができる私法上の権利を持たなかったという点にも注意すべきである。受刑者が有していたのは，刑務所査察委員会の決定が適法になされるであろうという正当な期待に過ぎなかった。それゆえに，私法上の救済手段を求めることによって，受刑者は，議会が制定法上の機関に対して付与した特別の保護，特に，許可が必要であることや短期の期間制限（後述）を回避することを試みたのである。さらに，Diplock 裁判官は，以前は存在した合議法廷の手続を用いる手続上の不便は，古い証拠開示手続が宣誓供述書の使用によって置き換えられているなど，少なくとも理論上は取り除かれていると述べた。

　O'Reilly v Mackman は「手続的排他性」のルールの先駆けとなったといわれている。そして，過度に厳格であり，さらに大きな手続的不確実性を発生させたものとして批判されてきた[70]。例えば，私法上の手続がカウンティコートにおいて提起された，Cocks v Thanet District Council においてはその不確実性は明らかであった[71]。この事件の問題は，1977年住宅（住宅困窮者）法が地方政府機関に対して課した義務の性質であった。貴族院は義務を2つに分けた。第1の義務は，正しい手続に従い，調査を行い，全ての関連する考慮事項を考慮するなどして，適法に行為し，関連する制定法の条項を個々の事案に適用す

---

69)　Ibid, 282, Lord Diplock.

70)　See, e.g., C Harlow, '"Public" and "Private" Law: Definition without Distinction' (1980) *Modern Law Review* 241 and S Fredman and G Morris, 'The Cost of Exclusivity: Public-Private Re-examined' [1994] *Public Law* 69.

71)　[1983] 2 AC 286.

る公法上の義務である。地方政府機関が一度これを行い，個人に住宅を提供する制定法上の義務があることを決定すると，第2の義務が発生し，その義務は私法上の手続によって執行されることになる。そして，申請人は，第1の義務に関する決定を争おうとするときには，司法審査手続をとるべきであったとされた。問題を私法の方法により取り上げることを許すことは，公の政策に反し，訴訟手続の濫用となるだろう[72]。

それに対して，Davy v Spelthorne Borough Council は，この排他性原則の例外として登場した[73]。この事件は，1979 年に，カウンシルは3年の間は執行しないという条件のもとで，原告が，土地建物を使用する権利を終了させる是正通知に反対しない旨カウンシルと合意したところ，その後，カウンシルが原告の建物の除却を要求する通知を出したので，その通知の履行を差し止めるインジャンクション，それを取り消す命令，カウンシルの過失のある助言に対する損害賠償を求める私法上の訴訟を提起したものである。地方政府機関は，これらは公法のもとで排他的に保護されるべき権利であることを理由に全ての請求を退けることを求め，前の2つの請求はそのように処理された。しかし，貴族院への上訴において，損害賠償の請求は公法の領域に入るものではなく（カウンシルのいかなる決定も非難されていない），むしろ，不法行為の法の通常の原則の範囲内にあるとされた。Fraser 裁判官は，その訴訟原因は，原告がカウンシルの過失のある助言に従い，そのため，その通知を争う機会を失ったという事実を中心とするものであったと指摘した。損害賠償は，カウンシルによる過失のある助言の結果としての損害に対して求められたものであり，公法上の権利の執行を主として求めるものではなかった。従って，この判決は，契約や不法行為に基づく公的機関に対する訴訟であって，「生きた」公法上の問題に関わらないものは，司法審査手続のもとで行われる必要がないことを示すもの

---

72) See, too, *Mohram Ali v Tower Hamlets London Borough Council* [1993] QB 407 and *O'Rouke v Camden London Borough Council* [1998] AC 188.

73) [1984] AC 262. See, too, *Wandsworth London Borough Council v Winder* [1985] AC 461.

のように思われる。言い換えると、公法的要素はここでは重要ではなかったのであり、Wilberforce 裁判官は、イギリス法は、「法原則ではなく救済手段に注目している」ことを強調し、「硬直性や原告の手続上の困難」を避けるために、そうした問題を決定するための現実的で柔軟なアプローチを求めているとした。言い換えれば、Wilberforce 裁判官は、「公」法と「私」法の厳格な区別の限界を補う、事案ごとの、コモンロー的アプローチを望んでいたのであった[74]。

　複雑さを増すこの領域においてもっとも重要な判決の1つが、Roy v Kensington and Chelsea and Westminster Family Practitioner Committee であった[75]。Roy 医師は一般医であり、関係する規則のもとでは、地方家庭医委員会からの手当を満額受給する資格を得るためには相当の時間 NHS に従事しなくてはならなかった。しかし、委員会は、彼がこの要件を充足しなかったとして手当を 20%減額したので、Roy 医師は大法官部に宣言的判決を求めた。1審裁判官は、委員会の決定は公法的性質を有するとして、訴訟手続の濫用として請求を退けた。しかし、控訴院と貴族院は、Roy 医師は私法上の権利（行った業務に対して支払いを受ける権利）を有しており、その権利は民事の訴訟において主張できるとした。公法上の問題がこの事件に関係していることは明らかであるけれども、貴族院は、原告はいくつかの手続上の選択肢を持つべきであると認識しているようであった。例えば、Lowry 裁判官は、次の2つのアプローチを区別することによって O'Reilly 判決の排他性原則の過度な適用から撤退することを示している。第1のアプローチは、彼が「広範なアプローチ」と呼ぶアプローチで、私法上の権利が全く問題となっていないときにのみ公的機関の行為又は決定を争うために司法審査を使用することを求めるものである。第2の「限定的アプローチ」は、O'Reilly v Mackman における Diplock 裁判官のそれであるが、公法上の問題に対する争いは、いくつかの限られた例外を除いて、全て司法審査申請の方法によることを求めるものである。Lowry 裁

---

74)　［1984］AC 262, 276.

75)　［1992］1 AC 624.

判官は，（「限定的アプローチ」を使って本件問題をどうにか判断したものの）自らは
広範なアプローチを好むとし，その少なからぬ理由として，O'Reilly判決と排
他性原則の導入以来生じてきた手続に関する論争の解消に有用であるという感
覚があることを強調した。Lowry裁判官は，次のように述べている。「たとえ
私がそれ（O'Reilly判決の原則）を一般的なルールとして扱うとしても，Diplock
裁判官が考えていたが詳しくは示さなかった例外に対するリベラルな態度を支
持する多くの暗示がある」[76]。

8. 7. 2　手続論争の終焉？

　Roy判決以降の判例法はO'Reilly判決の手続的問題をさらに解決しようとし
た。例えば，Trustees of the Dennis Rye Pension Fund v Sheffield City Council
において[77]，Woolf裁判官は，手続的問題を解決する方法として3つの「現実
的提案」をした。この事件は，原告が，不動産について修理通知の送達を受け
たが，その後，行われた作業についての改良補助金を拒絶されたことにより発
生した。拒絶の理由は，カウンシルが，その作業が十分になされていなかった
と判断したためであった（補助金は，1989年地方政府及び住宅法117条3項に基づ
いて申請され，交付された）。原告は，支払われるべき金銭の回復を求める私法
上の訴訟を提起した。それに対して，カウンシルは，第1に，当該訴訟に根拠
がなく，第2に，根拠があるとしても，当該訴訟は司法審査の方法で提起され
るべきであったとして，当該訴訟は訴訟手続の濫用として却下されるべきであ
ると主張した。しかし，Woolf裁判官（記録長官）は，原告の訴訟は訴訟手続
の濫用にあたらないとした。そして，一度補助金の申請が承認され，申請者が
制定法上の条件を満たしているなら，その者は発生している金銭支払い義務を
私法上の手続により実現することができるとした。Woolf裁判官は，Roy判決
を適用して，手続に関する「ほぼ戦術上のものである問題」が，再び，訴訟

---

76)　Ibid, 654. 広範なアプローチの展開について，see *Mercury Communications Ltd v*
　　Director-General of Telecommunications [1996] 1 WLR 48.
77)　[1998] 1 WLR 840.

上，費やした費用と時間が「目的にほぼ見合わないか全く見合わない」状況を
もたらしていると述べた。O'Reilly v Mackman で生じ，現在も続いているこ
の問題に対して，裁判所は，公法上の権利と私法上の権利の技術的区別に注力
するよりも，異なる訴訟手続を要求することによる「現実の」結果に焦点を当
てるべきであると述べた。言い換えると，裁判所は，手続的厳格性に関する推
定に拘束されるよりも，それぞれの事件において判断すべきである。

　プラグマティズムの必要に目を向けた Woolf 裁判官の主張は次の通りであっ
た。

　(1)　司法審査と通常の訴訟のどちらが正しい手続であるか不明確な場合は，
通常の訴訟を開始するよりも司法審査の申請をする方が安全であろう。なぜな
ら，司法審査によって提供される保護を回避したとして訴訟手続の濫用として
扱われる問題がないからである。

　(2)　事件が通常の訴訟として提起され，その事件を却下することを求める
申立てがなされた場合，裁判所は，少なくともその事件が司法審査によるべき
であったことが不明確な場合には，その訴訟が司法審査として提起されていた
なら許可が与えられたか自問すべきである。もしそれが与えられたと考える場
合には，そのことは，少なくとも司法審査が保護することを目的とした利益に
対する害悪はないことを示すことになる。

　(3)　最後に，手続が通常の訴訟により正しく提起されたか不明確な場合に
は，クラウンオフィスに意見を求めた後，却下する代わりにクラウンオフィス
リストに事件を常に移送することができることを覚えておくべきである
（[1998] 1 WLR 840, 848-9 参照）。

　柔軟な（広範な）アプローチを発展させたもう 1 つの事件は，Steed v
Secretary of State for the Home Department であった[78]。そこでの問題は，拳
銃の引渡しに関する原告への補償金の支払遅滞に関するものであった。Steed

---

　78)　[2000] 1 WLR 1169.

氏は，カウンティコートにおいて召喚状の方法により請求を行った。しかし，内務省は，本件訴えは司法審査申請の方法により決定されるべきであったと主張した。Slynn 裁判官は，以上で見た判例法を検討し，その訴えが補償制度全体の効力に関するものであるなら，司法審査申請が適切なルートであると判示した。しかし，ここでは，通常の召喚状によって開始し，その事件の実体に即して特定の請求を処理することが便宜であった。

　判例法における重点の変化に加えて，現在のイングランドとウェールズの司法審査手続に関するルールは，民事手続規則 54 部に含まれているのであるが，それは同様に柔軟性を促進しようとするものである。ルールがそうした効果を有することは，Clark v University of Lincolnshire and Humberside[79] における控訴院の判断から明らかであった。この事件は，ある学生が，大学から剽窃の疑いを受け，授業の履修科目を落とし，大学の不服申立手続によりそれを争った後，大学に対して契約上の訴えを提起したというものである。しかし，大学は，当該機関が査察官（内部的紛争解決の仕組みの一形式）を持たないことを理由に，当該学生は司法審査請求の方法で手続を追行すべきであったと主張した。この事案は司法審査に開かれていたけれども，裁判所は，当該学生が契約上の私法上の請求の方法によって手続を追行することを認めた。これは，裁判所が，他の事件においては，そうした理由で介入できるとしても，本件においては，当該請求を訴訟手続の濫用であるとして妨げることは誤りであると考えたためであった。Woolf 裁判官は次のように述べた。

　　本件のように，学生が契約上の請求をしている場合，裁判所は，（司法審査の方法によって）より適切に請求がなされうる請求について，採用された手続のみを理由として退けるものではない。しかし，もし，手続開始の遅滞を含めて，全ての状況に照らして，民事手続規則のもとで訴訟手続の濫用があったということになるなら，裁判所は請求を退ける可能性がある。……重

---

79) ［2000］1 WLR 1988.

視される可能性が高いのは，正しい手続が採用されたかではなくて，民事手続規則1部における一般原則に従って手続が正当に行われていない状況において，53号による保護が損なわれたかである[80]。

柔軟性が必要であることはその後の判例法においても強調されてきた。そして，現在では，形式に関する議論が純粋な紛争の解決を損なうべきではないということが受け入れられている[81]。Michael Fordham 勅選弁護士は，以前の排他性に関する先例は，現在では，「民事手続規則とその十分に成熟したバージョンの原則により克服され，無関係なものとなっているのであり，そこでは，公法の問題を民事手続規則54部第1章の外で取り上げることが許されないのは訴訟手続の濫用の場合のみである」とまで述べている[82]。それゆえに，以上の判例法の本当の価値は，それが現在の実務を明らかにしているという点ではなく，裁判所による理由付けが，その法システムの中で，いかに問題を作り，同時にいかに救済することができるかを明らかにすることにあるといえるかもしれない[83]。

8.8　有効な他の救済手段

しかしながら，公法上の訴訟が司法審査の方法により提起されるべき場合に関する以上の分析には，1つの重要な前提条件がある。簡単にいうと，司法審査手続を用いるためには，請求人が他の有効な救済手段をすでに尽くしている

---

80)　Ibid, 1998. 2004 年高等教育法により，現在では，学生の不服申立ては，独立裁定官事務所により審理されている。

81)　先例として，*R (Cowl) v Plymouth City Council* [2001] EWCA Civ 193, [2002] 1 WLR 803, CA and *R (On the application of Heather) v Leonard Cheshire Foundation* [2002] 2 All ER 936.

82)　*Judicial Review Handbook*, 4th edn (Oxford: Hart Publishing, 2004), 571.

83)　柔軟性の必要の認識について，see also *Ruddy v Chief Constable of Strathclyde Police* [2012] UKSC 57, 2013 SC (UKSC) 126.

か，それにアクセスすることができないという要件を満たすことが常に求められるということである。この要件にはしっかりとした論理がある。第1に，司法審査請求により，問題がいきなり裁判所に行った場合，上訴機能と審査機能の区別があいまいになる明らかな危険がある。第2に，どのような機関であれ，最終的に当該紛争を解決できる機関に請求人，訴訟当事者を向けることにより，裁判所は，これらの他の機関や審判所が当該問題に関する管轄権を有することを規定する制定法の条項を実施することができる。同時に，（司法審査以外の）他のルートは，より安価で迅速な手続という点で有利であり，高等法院をその事件の処理から解放するという附随的なメリットもある。

　上訴や他の救済手段が利用できることを理由に司法審査が否定された多くの例がある。例えば，R v Peterkin, ex p Soni は[84]，出入国管理裁決官から出入国管理上訴審判所に上訴する制度があることを理由に移送命令が拒絶された出入国管理事件である。同様に，R v Hillingdon London Borough Council, ex p Royco Homes Ltd は[85]，制定法上，国務大臣への上訴手続が利用可能であった都市計画事件である。Widgery 裁判官は次のように述べた。利用可能な上訴制度がある場合，それは移送命令よりもより有効で適切であると考えられることになるだろう。なぜなら，大臣はその審理で「（全ての問題を）処理する管轄権を有するが，移送命令の申請の場合には，争点が法に関する問題である事件に限定されるからである」[86]。

　とはいえ，まず他の救済手段が尽くされなくてはならないという要件は絶対的なものではない。例えば，R v Chief Constable of Merseyside Police, ex p Calveley においては[87]，上訴手続自体が自然的正義違反を含む場合には，裁判所は，司法審査を認める裁量を行使するだろうと判示した（ただし，続けて，これが認められるのは非常に例外的な場合に限られるであろうとも述べている）。さらに，

84）　[1972] Imm AR 253.

85）　[1974] QB 720.

86）　Ibid, 729.

87）　[1986] 1 QB 424.

第8章　司法審査序論　*333*

R v Leeds City Council, ex p Hendry において[88]，Latham 裁判官は，決定を争うための制定法上の上訴手続が存在することは，そのルートの利用の強制を直ちに意味するものではないと述べた。問題は，制定法上の上訴という他のルートが存在するかではなく，その手続の文脈において，本当の問題がその手段により裁定可能であるかである。実際，申請人は，司法審査に訴える前に他の救済手段を尽くさなくてはならないというのが出発点であることに変わりはないが，明らかにプラグマティックな要素が存在し，それは判例法において見て取ることができるように見える。

8. 9　議論に値する事件

この問題については簡単に触れる。基本的には，違法性に関する一応の証明がある事件を除いて[89]，司法審査手続を通じて，証明責任は申請人の側にある。そこでは，申請人は，許可の段階において「議論に値する事件」であることを示さなくてはならない。このことは，「勝訴の現実的な見込み」がある議論に値する事件と定式化されることもある[90]。もっとも，全ては，事件の文脈や，裁判官がその裁量でその事件を進めるべきと考えるかによる。この点，Diplock 裁判官は，R v Inland Revenue Commissioners, ex p National Federation of Self-employed and Small Businesses Ltd において次のように述べている。

仮に，裁判所が，許可の段階でその事案にある程度深く入り込むことになるとすれば，司法審査申請について，まず［許可を］得ることを要求する全体的目的は損なわれることになるだろう。もし，裁判所が，その段階で利用可能な資料に簡単に目を通し，さらに検討すれば，申請人が主張する救済の付与につき議論に値する事件であることが判明する可能性があると考えるな

---

88)　(1994) 6 Admin LR 439.

89)　*R v Home Secretary, ex p Khawaja* [1984] AC 74.

90)　*Sharma v Brown-Antoine* [2007] 1 WLR 780, 787.

ら，裁判所は，司法裁量を行使して，申請人に対してその救済の申請を［許可］しなくてはならない[91]。

　ある事件が議論に値するかを個々の裁判官が決定しなくてはならないという事実が必然的に意味するのは，特定の事件が処理されるべきか見解の相違が生じうるということである。例えば，Re Morrow and Campbell's Application for Leave において[92]，北アイルランド議会執行委員会の会議開催前に，首相と副首相が，ある委員会文書を，2人の民主統一党〔Democratic Unionist Party〕（DUP）の大臣に対して非公開とした決定（DUP が委員会の審議に関する秘密保持義務を拒否したことから非公開決定がなされた）について，Kerr 裁判官は，彼らが議論に値する事件であることを示していないと判断した。しかし，控訴院は，この結論に反対し，実質的問題が審理されるべきであるとした。高等法院においては，実質的問題が検討され，Coghlin 裁判官は，問題の文書のいくつかについて，その提供に関する申請人の正当な期待を違法に損なったとして司法審査の申請を認めた[93]。

8.10　原 告 適 格

　原告適格に関するルールとは，請求人が裁判所に対して，自らが司法審査の方法によって決定や他の措置を争う資格がある理由を示すことを要求するものである。そのようなルールは，一見，不真面目又は濫用的な請求人が，すでに

91）　[1982] AC 617, 643-4. But see now also s 31(3C)-(3F) of the Senior Courts Act 1981. これらの規定によれば，裁判所は，訴えられた行為がなかったとしても申請人にとっての結果に「実質的な差異」がなかった「可能性が非常に高い」と見る場合，「例外的な公益」が存在する場合を除き，許可を与えることを拒絶しなくてはならない。

92）　[2001] NI 261.

93）　*Re Morrow and Campbell's Application* [2002] NIQB 4. 正当な期待については，see ch 15.

業務過多の裁判所を煩わせたり，過度に行政過程を妨げたりすることを防ぐために必要なものであると思われるかもしれない。しかし，そのようなルールが過度に厳格に解釈されることもまた望ましくない。それは，救済を得るための別の障害となり，もっとも直接的に影響を受けている者以外の申請人を救済から排除する効果を持つからである。例えば，病院を閉鎖する決定を取り上げると，この決定は，多くの人々に対して多大な影響を与えるものである。しかし，その政策に反対する一般の市民は，その決定に反対する公法上の訴訟を提起することができるのだろうか。その権利は，例えば，医療施設管理者，医師，看護師，補助的労働者，患者，組合員が影響を受ける労働組合のようないくつかの利益集団に限定されるべきか。訴えを提起する原告適格について，これらのうちどの利益集団に認められるのかをどのように決定するのか。公的機関による権限踰越の行為があった状況においては，地域社会の中で不利益な影響を受けた集団は，それに対する擁護者を必要としているだろう。

　1977 年の司法審査手続改革以前は，それぞれの救済手段はそれぞれの原告適格要件を持っており，求められる救済手段によって内容が異なった（移送命令と禁止命令については，関係する者がなんらかの方法で直接的な影響を受けていなくてはならなかった。職務執行命令については，そのルールはより狭く，申請人は，さらに権利の侵害も示さなければならなかった）。原告適格のテストは，現在では 1981 年上級法院法 31 条 3 項に規定されている。そこでは次のように規定されている。

　　裁判所の規則に従って高等法院の［許可］がなされない限り，司法審査申請を行うことはできないものとする。そして，裁判所は，当該申請に係る事案について，［請求人が］十分な利益を有すると裁判所が考える場合でなければ，そのような申請をする［許可］を与えないものとする。

8. 10. 1　The Fleet Street Casuals 判決

R v Inland Revenue Commissioners, ex parte National Federation of Self-Employed and Small Businesses Ltd は[94]，一般に，Fleet Street Casuals 判決と呼ばれ，新しい原告適格のルールに関して最初の幅広い議論を提供した判決である。簡単に説明すると，この事件の事案は，新聞業界において労働者により長年にわたって不正行為が行われてきたというものである。多くの従業員は，常習的に，偽名（例えば，「ミッキーマウス」）で臨時雇用について不正請求を行っていた。このような慣行に対して警告がなされた後，内国歳入庁は，将来の税の徴収と，過去の未払い分については請求をしないことについて合意に至った。この決定は，本件において通常の納税者としての利益を有する自営業者や小規模事業者を広く代表する団体である全国連盟を怒らせることになった。全国連盟は，この合意が違法であることの宣言的判決，納められるべき税金の徴収を内国歳入庁に対して義務付ける職務執行命令を申請した。

　貴族院は，まず，原告適格の問題が，手続上，どの段階で解決されるべきかを検討した。1981 年最高法院法 31 条のもとでは，司法審査申請〔application〕（現在では，請求〔claim〕）は，すでに見た 2 つの段階からなる。すなわち，許可〔leave〕（現在では permission）の申請があり，その事件についての正式審理が続く。解決方法として，見解が一致しているのは，原告適格は，先決問題として詳細に検討されるべきではないこと，そして，許可手続によるフィルターは，全く根拠がないか，又はおせっかい焼きによりなされた，不真面目な申請を排除するためだけに使われるべきであるということであった[95]。そのような認定をする際に，原告適格は，申請の実体と切り離すことはできず，利益が十分かどうかは，法的事実的状況に十分照らして初めて適切に判断可能であると貴族院は強調した（Roskill 裁判官は，例えば，原告適格は，「抽象的に，又は仮定的事実に基づいて決せられる単純な法的論点ではなく，当事者が示した証拠により明らかにさ

---

94)　[1982] AC 617.

95)　See also, e.g., *R v Somerset County Council, ex p Dixon* [1997] COD 323.

れた，そのほとんどが他のものと完全に切り離すことはできない多くの多様な要素の適切な評価によるものである」と述べている）[96]。このようなより緩やかなアプローチの結果，たとえ正式審理の段階で勝訴の可能性が低いことがすぐに明らかになるかもしれないとしても，当該申請について，原告適格の欠如を理由に，許可の段階で退けられる事件は非常に少ない。

　続いて，判決は，申請人が救済を得るのに十分な利益を持つかを決定するための基準の問題の検討を行った。そこで採用されたアプローチは，原告適格のルールの大幅な緩和を示すものであった。貴族院は，本件において，申請をしている小規模事業者の団体は原告適格を持たないとしつつも，文脈により，利益が十分といえる場合には，いかなる政府の決定もいかなる個人や集団による訴えの対象となる可能性があるというアプローチを構想した。この点はDiplock 裁判官がもっとも強調している。

　　もし，原告適格に関する時代遅れの技術的なルールのために，連盟のような圧力団体や個々の公共心を持った納税者が，法の支配を実現し，違法な行為を止めさせるために，裁判所に事件を持ち込むことができないということになるなら，それは……我々の公法システムの重大な欠陥であろう[97]。

　この意見は，公法の領域において違法性をコントロールすることが必要であること，また，個人の利益が直接に影響を受ける場合にその利益を保護する必要があることが，その法において重視されていることを明らかにするものであった。そうすると，権利が影響を受ける場合，又は直接に影響を受ける当事者がいなくとも，裁判所が政府の行為が審査されるべきと考える場合には利益の十分性が生じることになる。Diplock 裁判官ほど強い言葉を用いていないものの，他の裁判官もこのアプローチを受け入れている。

　この事件において，裁判官たちは，原告適格に関する法的テストについて，

96）　［1982］AC 617, 656.

97）　Ibid, 644.

1人の納税者が単独で行動する場合に満たすことができないのであれば，納税者の集団となっても満たすことができないとした。すなわち，納税者は，通常，他の納税者の税務事項に関して利益を有するものではなく，そのため，そのテストを充足しない個々の利益を単に合わせても，要求される利益の十分性を充足することにはならない。しかし，仮に，内国歳入庁が，不適切な圧力に屈していたり，重大な義務違反があることが示されたなら，申請人の原告適格が認められた可能性があると考えられている。実際，その後，異なる状況のもとで，納税者の原告適格が認められている。例えば，R v HM Treasury, ex p Smedley においては[98]，納税者は，統合基金から欧州共同体（当時）に支出することを認める枢密院令を争う十分な原告適格を有すると考えられた。これは枢密院令が違法である可能性があったためであった[99]。さらに，R v Attorney General, ex p Imperial Chemical Industries plc において[100]，申請人はエタンの評価に係る歳入庁の決定を争うことが認められた。申請人は他の会社と競争関係にあり，単に納税者としてそれを取り上げているのではないことを理由に原告適格を有すると考えられた。この事件は，裁判所によって採用されたアプローチが文脈に依拠するという性質を有すること，そして，この新しい原告適格ルールが本質的な柔軟性を有することを明確に示している。

Inland Revenue Commissioners 判決から得られるもう1つの重要なポイントは，原告適格のテストが，現在では，（改革以前のように）求められている救済手段によって変化するものではなく，その事件における請求人の利益の性質に関係するものであるということである。貴族院の意見には若干の違いがあったが，それ以降，当該テストが救済手段にかかわらず（すなわち，大権命令か，宣言的判決か，インジャンクションかにかかわらず）同じであることは当然のこととなっている。この点は R v Felixstowe Justices, ex p Leigh において説明さ

---

98) [1985] QB 657.
99) 歴史的比較対象として，*Prescott v Birgmingham Corporation* [1955] ch 210 における納税者の地位を参照。
100) [1987] 1 CMLR 72.

れている[101]。この事件は，治安判事裁判所の事実審理に出席せず，またその手続にも直接関わっていなかった記者により提起されたものである。その記者は，治安判事が行った自身の身元を開示すべきではないとの決定が権限踰越であることの宣言的判決を求めるとともに，その事件を審理した治安判事の氏名の開示を義務付ける職務執行命令を求めた。法的，事実的文脈に照らして，その事案において公益が存在するとして宣言的判決が与えられた。しかし，記者の調査の目的は宣言的判決により果たされるという理由で，この事件における記者の利益は職務執行命令が与えられるべきものではないとされた。ここで，裁判所のアプローチは，救済手段よりむしろ申請人の利益の性質を見ていたといえる。言い換えると，以前は，救済手段のうちのいくつかは特定の申請人だけが利用可能なものであったが，現在では，その利用可能性は，事案，文脈により決定されているのである[102]。

　司法審査の請求人の利益と救済手段の関係の性質は，最近，Walton v Scottish Ministers においても検討された[103]。この事件は，大臣が行ったアバディーン郊外の道路ネットワーク建設に関する承認の適法性が争われたものであり，EU 法（特に，戦略的環境アセスメント（SEA）指令）上の協議要件に違反して承認がなされたと主張された[104]。最高裁に上訴された段階での主たる争点は，（ⅰ）申請人がこの訴訟を提起する原告適格を有するか，（ⅱ）SEA 指令が本件に適用されるか，（ⅲ）SEA 指令が適用される場合でも申請人は救済を否定されるべきかであった。最高裁は，申請人は原告適格を有するが，SEA 指令はその事実に適用されないとして，公法上利用可能な救済手段は裁量的であり，例えば，手続上の過誤があったが申請人について実質的な予断を持たな

101）　[1987] QB 582.

102）　この点について，*Gillick v West Norfolk and Wisbech Area Health Authority* [1986] AC 112 も参照。この判決は Gillick 夫人が本質的には親としての自身の私法上の権利を保護するために行動していたことを理由に原告適格を欠いていたとして批判されてきた。

103）　[2012] UKSC 44, [2013] 1 CMLR 28.

104）　Directive 2001/42/EC.

340

かった場合や，救済を与えることにより，より広い公益やいくらかの私益が損なわれるような場合においては，裁判所は救済を拒絶することができることを強調した。そうした状況において，最高裁は，個人のEU法上の利益が問題となっていると主張される場合でも，裁判所の裁量で救済を与えないことができるという立場を採っている。この点に関する裁判所の判断は，EU法の優越の原理から，全てのEU法事件について救済が与えられることが期待されるという以前の立場から離れるものとして重要である[105]。

8. 10. 2　集団の利益と公益：「オープン」と「クローズド」

Inland Revenue Commissioners 判決で登場した原告適格に関するよりリベラルなアプローチは，イギリスにおける公法のモデルに関する研究者，裁判官の間での議論を活性化させた。すなわち，Inland Revenue Commissioners 判決において，公法上の誤りをコントロールすることに力点が置かれたことは，裁判所へのアクセスについて「クローズド」なものであるよりも「オープン」なものと見るべきかという問題を提起した。アクセスに対してオープンなアプローチというのは，Diplock 裁判官の Inland Revenue Commissioners 判決における判断と同義になるだろう。すなわち，政府の違法を防止することがより重要であり，その問題が裁判所に対して提起される限り，誰が請求人であるかは問題にはならないというものである。しかし，オープンなアクセスへと向かう傾向が有する潜在的な問題は，政治の領域に残されることが望ましい政治的問題について，司法積極主義と裁判所の関与を促進する可能性があるということである。そのような司法積極主義の可能性は，代表による司法審査申請に関して特に示されてきた[106]。いくつかの代表訴訟は，例えば，労働組合が直接に

---

105)　以前の立場については，see *Berkeley v Secretary of State for the Environment* [2000] UKHL 36, [2001] 2 AC 603, 616, Lord Hoffmann. Walton 判決後の司法審査申請について, see, e.g., *R (Champion) v North Norfolk DC* [2015] UKSC 52, [2015] 1 WLR 3710. EU法上の救済手段について，see 3.2.4.

106)　See P Cane, 'Open Standing and the Role of Courts in a Democratic Society' (1999) *Singapore Law Review* 23.

影響を受ける個々の組合員の側で訴訟を提起するような形式をとるが[107]，「公益」（又はその一部）を代表することを主張する集団により提起される訴訟もある。そうした集団は，しばしば政治的な動機を有し，訴訟をより広い活動のほんの一部としてしか見ていないことがある[108]。十分な資金力のある集団であれば，たとえ，当該事件について勝訴の見込みが薄くても，正式審理が行われることが世間に知られることによって大きなものが得られることを計算している場合がある。もっとも，そのような申請人の立場は，注91)で示した，1981年上級法院法31条3C項から3F項によって現在では複雑なものとなっているかもしれない。この条項は，「例外的な公益」が存在する場合を除き，訴えられた行為がなかったとしても，申請人にとっての結果に「実質的な差異」がなかったであろう「可能性が非常に高い」と裁判所が考える場合に，裁判所に許可を拒否することを要求するものである。ここで，特に，政府の選択を覆すことができる討論の場へのアクセスを許すことが，より広い民主的プロセスへの参加を促進する場合，裁判所はそのような請求を積極的に許すべきか。それとも，アクセスに対して「クローズド」なアプローチを採用して，本質的に政治的な紛争に関与することになる可能性を回避すべきか。

　Inland Revenue Comissioners 判決の直後の判例は，以上の両方の方向性を示した。極めて明らかにオープンなアプローチを指向する多くの判決があり，コベントガーデンの住人，計画スキームに対する地元の反対者，Child Poverty Action Group などに原告適格が与えられている[109]。しかし，他方で，R v Secretary of State for the Environment, ex p Rose Theatre Trust Co に

---

107)　See, e.g., *R v Secretary of State for the Home Department, ex p Fire Brigade's Union* [1995] 2 AC 513.

108)　See G Anthony, 'Public Interest and the Three Dimensions of Judicial Review' (2013) 64 *Northern Ireland Legal Quarterly* 125.

109)　それぞれ，*Covent Garden Community Association Ltd v GLC* [1981] JPL 183; *R v Hammersmith and Fulham London Borough Council, ex p People Before Profit* (1982) 80 LGR 322; and *R v Secretary of State for Social Services, ex p Child Poverty Action Group* [1990] 2 QB 540.

おいては，よりクローズドなアプローチが指向された[110]。この事件の事案は，ローズシアターの跡地に関するセントラルロンドンでの不動産開発において，エリザベス女王時代にシェークスピアによって使われた劇場のオリジナルの建造物に関する考古学的遺構がいくつか発掘されたというものであった。その跡地を保護する目的で設立された信託会社が，その歴史的建造物が1979年古代遺跡考古学地区法1条のもとでリストに入れることを求めて国務大臣に対して申請を行った。その遺跡は国家的重要性を有するものと認識されていたが，国務大臣は，補償が必要となる可能性があり，その跡地について差し迫った危険はないことを理由に，それらをリストに入れることを拒否した。ローズシアタートラストは当該決定に対して司法審査を申請した。その司法審査申請に対して許可は与えられたが，司法審査申請自体は申請人が原告適格を欠くことを理由に退けられた。第1に，Schiemann裁判官は，共通する利益を持った人々が単に集まっても，原告適格を得ることはないと考えた。原告適格を持たない2人の者が，会社や信託として法人化したという事実だけで原告適格を得ることができるならば，それは驚くべきことであると論じた。第2に，本件は，通常の私人が当該決定を争うのに十分な利益を持たない政府決定に関する事件であることが強調された。司法審査申請は退けられた。

　しかし，ローズシアタートラスト判決は，新しいルールに対する例外のようなものを示すものであった（ただし，クローズドなアプローチの論理が影響しなかったわけではない）[111]。1990年代には，裁判所が議論のある代表による司法審査申請を認めた注目すべき判決が多数現れた。申請人が原告適格を認められた理由は様々であった。例えば，R v HM Inspectorate of Pollution, ex p Greenpeace Ltd（No 2）では[112]，（敗訴したものの）グリーンピースがセラフィールドにある

---

110)　[1990] 1 QB 504.

111)　See, e.g., *R v Secretary of State for Defence, ex p Sancto* [1993] COD 144; *R v Darlington Borough Council, ex p Association of Darlington Taxi Owners* [1994] COD 424; and *R v Secretary of State for the Home Department, ex p Bulger* [2001] EWHC Admin 119, [2001] 3 All ER 449.

112)　[1994] 4 All ER 329.

核燃料処理場についての既存の許可の変更を争うのに必要な原告適格を持つとされた。そこでの理由は，その地域の構成員であること，専門的情報にアクセスできること，グリーンピースに原告適格を与えなければ，「十分な情報がない訴訟となり，（そのため）裁判所のリソースを不必要に消耗させ，当事者間の公正の実現のために必要な支援を裁判所に与えないことになる」可能性が高いというものであった[113]。そして，R v Secretary of State for Employment, ex p Equal Opportunities Commission においては[114]，貴族院は，機会均等委員会が，制定法上の権限を有することを理由に，1978 年雇用保護統合法の EU 法との適合性を争うための原告適格を有するとした。Keith 裁判官は，次のように強調して，ルールの発展を明確に示した。

　私の意見では，機会均等委員会が，公的重要性を持ち，大部分の人々に影響する性差別に関する問題について，司法審査手続において争う原告適格を持たないとすることは，大きな後退になるであろう[115]。

　圧力団体による司法審査申請で，成功すると同時に議論を呼んだ有名な例として現在でもあげられるのは，R v Secretary of State for Foreign and Commonwealth Affairs, ex p World Development Movement Ltd である[116]。この事件の申請人は，設立 20 年以上になる政党色のない圧力団体で，価値ある海外プロジェクトへの援助予算の適正な支出に関心を持っていた。問題の申請は，マレーシアのダム建設への国務大臣の助成決定を争うものであった。申請人は，問題のプロジェクトは経済的に実現可能ではなく，1980 年海外開発

---

113)　Ibid, 350.

114)　[1995] 1 AC 1.

115)　[1995] 1 AC 1, 26. See also, e.g., *R v Traffic Commissioner for the North West Traffic Area, ex p Brake* [1996] COD 248. そこでは，公道における貨物自動車使用の安全を推進する目的を持つ法人化されていない圧力団体である 'Brake' の申請に対して許可が与えられた。

116)　[1995] 1 WLR 386.

協力法は，受給者の経済発展に資する場合にのみ，国務大臣が助成をすること
を認めていると主張した。当該団体のどの会員もこの事案に個人的な利益を直
接には有していなかったが，裁判所は，その申請を認め，その問題を決するた
めの多くの考慮事項を示した。Rose 裁判官は，特に，法の支配を実現する必
要性を指摘した。そして，申請を行う者がいなければ，この問題が司法の目に
触れない可能性が高いとした。当該申請はこうして認められ，問題の助成決定
は権限を踰越しているとされた[117]。

　原告適格拡大の動きはイングランドとウェールズに限られたものではない。
北アイルランドの裁判所は長らくオープンなアプローチを採用してきた。そし
て，スコットランドの法は，請願者は歴史的に「権原と利益」を有する必要が
あるとしてきたが，最近，イギリスの他の地域に合わせた[118]。しかし，代表訴
訟は，有益で民主的に正当化できるものであろうか。確かに，司法積極主義の
拡大の理由の1つは，議会が行政的行為への対抗者としては相対的に弱いと認
識されてきたことがある。そして，World Development Movement 判決のよ
うな判決は，明らかに，裁判所が，アカウンタビリティの欠落を部分的に埋め
ることを認めている。しかし，憲法裁判所がない状況において，原告適格に対
するリベラルなアプローチは，多数の単一争点を扱う圧力団体に対して裁判所
へのアクセス権を与えてきたが，それが代表政治における民主的過程を損なっ
ているのではないかという疑問が投げかけられてきた。注意深く論じられた評
論の中で，Harlow は，その組織が構成員と協議したかどうかを考慮すること
なく，広範囲の組織に対して許可を常に与えることで，司法審査は政治的な戦
術となってきたと指摘している。このことは，そうした集団が，自身の権利，
あるいは公益についての自身の理解を根拠に，選挙で選ばれた公的機関の決定

---

117)　圧力団体による申請が成功した最近の例として，see *R（Child Poverty Action Group）v Secretary of State for Work and Pensions* [2012] EWHC 2579（Admin）.

118)　北アイルランドについて，see *Re D's Application* [2003] NI 295. スコットランド
法について，see *Axa General Insurance v Lord Advocate* [2011] UKSC 46, [2012]
1 AC 868.

を争う正当な利益や正当化根拠を有するのかという問題を提示する。Harlow
は，原告適格についての緩和されたアプローチは，司法審査が全く自由に参加
できるものとならないように修正されるべきであり，裁判所は，World
Development Movement 判決よりもむしろ，ローズシアター判決のアプロー
チに向かうべきであると主張している。そのようなシフトが生じるかどうかは
依然不透明なままである。

8. 10. 3　人権法のもとでの原告適格

　Harlow の指摘に照らすと，興味深いのは，1998 年人権法のもとでの原告適
格のルールは，人権に関する事件において，公益的司法審査申請の範囲を制限
する効果を明らかに有していることである[119]。1998 年人権法 7 条 1 項は，欧州
人権裁判所で採られているアプローチに従って，欧州人権条約 34 条を取り入
れる「被害者〔victim〕」テストを採用している[120]。このテストはずっと狭い基
準として企図され，1998 年人権法が 2000 年 10 月に施行されて以来，被害者
要件について厳しい判断がなされてきた[121]。他方で，人権法から公益訴訟が
「排除されている」とまではいえない。なぜなら，同法にいう被害者に該当す
る個人に対し，団体が経済的支援をすることができる場合があるからである。
また，法律の個別規定の中には，ある団体が 7 条の被害者の定義にあてはまら
ない場合でも，1998 年人権法のもとで訴訟を提起できるようにしているもの
があることにも注意する必要がある[122]。最後に，公益団体が人権事件において

---

119)　See further 4.4.5.

120)　欧州人権条約 34 条は，「（欧州人権裁判所は）……違反による被害者であることを
　　　主張する個人，非政府組織，団体からの申請を受けることができる」としている。

121)　See, e.g., *Re CAJ's Application* [2005] NIQB 25. 人権 NGO が，そのメンバーの 1
　　　人が殺害された事件について継続中の警察による捜査に関する情報を求める際に，
　　　欧州人権条約 2 条に依拠することが許されなかったもの。

122)　例えば，北アイルランド人権委員会の権限に関する 1988 年北アイルランド法 71
　　　条。And see *Re Northern Ireland Human Rights Commission's Application* [2014]
　　　NI 263.

第三者訴訟参加人として裁判所にアクセスすることは可能である。ただし，この選択肢は，被害者がすでに訴訟を開始している場合のみ可能である[123]。

7条から次の話に移る前に2点指摘しておきたい。1つ目は，イギリスを相手方とする欧州人権裁判所の訴訟で勝訴した個人が，さらに国内裁判所で司法審査請求を開始し，損害賠償を含む救済を求める場合についてである。その者は，欧州人権裁判所ですでに救済を与えられているという理由で，もはや被害者ではないということになるのか。この点に関する In Re McKerr 判決における貴族院の回答は，その者は依然として被害者である可能性があり，それはその事件の状況次第であるというものであった[124]。例えば，当該判決の事案は，1982年におとり捜査をしていた警察官に殺害された男の息子が，欧州人権裁判所により欧州人権条約2条の生命に対する権利についての違反が認められた後，さらに北アイルランドの裁判所に救済を求めたものであった[125]。貴族院は，人権法は遡及的効果を持たないとしており（この点は，その後，条約2条の事件で，Re McCaughey 判決において最高裁により覆されている）[126]，原告適格についての指摘は2次的になされたものであるが，そこでは，司法審査の申請人が7条の意味での被害者であったであろうことが強調された。これは，欧州人権裁判所の判決が，欧州人権条約2条に関する全ての問題，特に，警察が用いた実力の比例性に関する問題について解決していなかったことを理由とする。それを基礎として，この判決は，個人の利益が国家による国際法上の義務の不履行により影響を受けている限り，その個人は依然として被害者であるということを示している。

---

123) そうした参加の例として，4.4.3で検討した *R (Nicklinson) v Ministry of Justice* [2014] UKSC 38, [2015] AC 657. そこでは 'Care Not Killing' が参加している。

124) [2004] 1 WLR 807. 20.5で検討される，*Rabone v Pennine Care NHS Trust* [2012] 2 WLR 381 におけるような，ネグリジェンスと欧州人権条約2条の請求が並行して行われた場合が示す異なる状況も参照。

125) See *McKerr v UK* (2002) 34 EHRR 20.

126) [2011] 2 WLR 1279. But see also *Keyu v Secretary of State for Foreign and Commonwealth Affairs* [2015] UKSC 69, [2015] 3 WLR 1665 and 4.4.6.

２つ目の指摘は，公的機関と関係する。すでに述べたように，欧州人権条約34条は，「個人，非政府組織，集団」により提起された訴訟としており，この表現は，国家やその意思により提起された訴訟を排除するものとして長く理解されてきた。しかし，1998年人権法6条における「中核的」公的機関は，7条にいう被害者となりえない一方で，「混合活動的」公的機関の扱いは十分に確立していない（混合活動的公的機関とは，「それが行う活動のうち特定のものが公的性質を有する」ものであり，公的活動を行う場合には1998年人権法による拘束を受けるが，私的行為を行う場合にはその拘束を受けないものである）[127]。識者の中には，慈善団体，民営化された公益事業，会社のような団体を，6条の混合活動的機関と認めるには時間がかかるであろうと主張する者がいる。なぜなら，そのことは，当該団体が，「非政府組織」等として存在するものではなくなるため，他の事件において欧州人権条約に依拠できなくなることを意味しているからである[128]。同時に，貴族院は，この議論の論理を疑問視してきた。すなわち，ある団体が，ある事件では，混合活動的機関と分類されるが，その団体が私的な立場で行為している別の事件においては，欧州人権条約上の人権を依然として享受できる可能性があることが示唆されていた[129]。ただし，その意見は傍論であり，6条と7条の関係に関する決定的な見解はいまだ示されていない。

8. 11　期間制限と遅滞

手続について注意すべき最後の点は，訴訟手続の開始に係る期間制限に関するものである。イングランドとウェールズのルールでは，司法審査の請求は，一般的に，「(a) 迅速に，(b) 請求を行う根拠が発生したときから，いかなる場合でも3か月以内に」なされなくてはならない（都市計画法の事件や2015年公

---

127) See 4.4.4 and 9.2.3.

128) D Oliver, 'The Frontiers of the State: Public Authorities and Public Functions Under the Human Rights Act' [2000] *Public Law* 476.

129) *Aston Cantlow v Wallbank* [2003] 3 WLR 283, 288, para 11, Lord Nicholls.

共契約規則の事件では、期間はより短く、それぞれ 6 週間、30 日である）[130]。これは、公法上の問題においては時間が非常に重要であることが多いため。裁判所は、3 か月の期間制限内であっても、司法審査申請の「不適切な遅滞」を、訴訟遂行の許可を与えない理由として正当に使うことができる（又は、許可が与えられた場合でも、正式審理の最後で救済を拒絶する理由として使うことができる）[131]。Diplock 裁判官は、O'Reilly v Mackman において、その基礎をなす論理を要約して次のように述べた。

　　良き行政に関する公的利益が要求しているのは、公的機関が決定権限を行使して至った決定の法的有効性について、当該決定による影響を受ける者に対する公正性の面で絶対的に必要な期間よりも長い期間、当該公的機関と第三者が不安定な状態に置かれるべきではないということである[132]。

こうしたスピードの必要性を念頭に置くと、「迅速に」と「3 か月の期間」という要件は、一見、完全に妥当なものであるように見えるかもしれない。特に、例えば、他の救済手段を利用していたり、法律扶助の取得が遅れているような例外的な場合においては、裁判所は期間を延長することができるからである。他方で、期間を限定することは、紛争当事者に事案解決の時間を与えるよりも、誤解に基づいた申請を助長する効果を持つとほのめかされるかもしれない。

裁判所は期間制限の遵守の必要にどのように対応してきたのか。多くの判例法が存在し、遅滞した請求に対して厳しい態度がとられたものもある。これは特に都市計画事件にあてはまる。そこでは制定法上の争訟方法も存在する場合もあり、裁判所はそのルールを厳格に適用する傾向にあった。例えば、R v

---

130)　CPR Part 54.5. 期間制限に関する裁判所による検討として、see *R (Burkett) v Hammersmith and Fulham London Borough Council* [2002] 1 WLR 1593.

131)　*R v Criminal Injuries Compensation Board, ex p A* [1999] 2 WLR 974.

132)　[1983] 2 AC 237, 280-1.

Cotswold District Council, ex p Barrington は，1996 年 11 月 7 日に承認された計画許可に対する訴えであった[133]。申請人は，1996 年 12 月 10 日にそれを知り，司法審査手続は，1996 年 12 月 31 日，すなわち，告知から 3 週間以内に開始された。しかし，これは許可がなされてから 8 週間後であり，高等法院の手続を開始するための制定法上の期間である 6 週間を徒過していた。Keene 裁判官は，期間の起算点は，決定の告知時ではなく決定時であるとし，司法審査申請を退けた。この保護手段は，都市計画の場面では，期間経過後の訴えが認められた場合に不利益を被る可能性がある第三者の利益を保護するために重要であった。さらに，R v Newbury District Council, ex p Chievely Parish Council では，控訴院が，都市計画事件における厳格なアプローチを支持した[134]。Pill 裁判官は，重要な決定が都市計画上の決定の効力を基づいて行われており，いくつもの事柄が連鎖していると指摘した。そこで明確に含意されているのは，遅滞した請求が，その連鎖する事柄に対して負の影響を与え，O'Reilly 判決において Diplock 裁判官が述べた考慮事項に対して不利に働く可能性があるということである[135]。

　他方で，裁判所は，期間を延長する裁量を有しており，遅滞した請求を審理することができる点に注意が必要である。例えば，以上で見た，R v Secretary of State for Foreign and Commonwealth Affairs, ex p World Develpment Movement Ltd においては[136]，問題の重大性と，いくつかの関係する証拠が後日はじめて現れたことを理由として，最初の決定の約 3 年後に当該訴訟が認められた。R v Director of Passenger Rail Franchising, ex p Save Our Railways においては[137]，裁判所は，この事件の文脈において，移送命令や職務執行命令を与えることは良き行政にとって有害であると述べた。対照的に，R v

---

133)　(1998) 75 P & CR 375.

134)　(1998) 10 Admin LR 676.

135)　See also, e.g., *Re Doyle's Application* [2014] NIQB 82.

136)　[1995] 1 WLR 386.

137)　[1996] CLC 596.

Customs & Excise Commissioners, ex p Eurotunnel plc においては[138]，ユーロ
トンネル社が，フェリーや飛行機における特定の免税品の販売が EC（現 EU）
指令に違反するとして司法審査を申請したが，救済は拒絶された。それは，本
件において期間を延長することが，（例えば，フェリーや飛行機の運航者のような）
第三者に対して不利益な効果を有する可能性があるからであった。

　まとめると，以上の例が示しているのは，手続において柔軟性の要素がある
こと，そして，裁判所はその事件において認識される公的利益に従ってこの要
素を使うことができるということである。しかし，柔軟性は法における不確実
性を生み出す可能性があり，不確実性に対する危惧のために，欧州連合司法裁
判所（CJEU）は「迅速に」という要件が EU 法の一般原則と矛盾すると判示し
た。これは Uniplex 判決において示された[139]。この事件は，公共調達法の関連
分野で起きたもので，「迅速に，そして，いかなる場合でも訴訟提起の根拠が
最初に発生してから 3 か月以内に」決定に対して訴えがなされなくてはならな
いという制定法上の要件に関するものであった[140]。イングランド・ウェールズ
高等法院は多くの問題を CJEU に付託しており，それには，この要件が EU 法
上の一般原則と一致するものかという点も含まれていた。CJEU は，法的確実
性の原則に焦点を当て，「権限ある裁判所の裁量でなされる期間の延長はその
影響の点で予見することができない」とし，「当該条項が，国内裁判所に対し
て，3 か月の期間を徒過する前でさえ，期間を徒過したものとして訴えを退け
る権限を付与している可能性を排除することはできない」と述べ，EU 法上の
一般原則と整合しないとした[141]。そして，CJEU は，EU 法の公共調達制度内
での確実性の必要を理由として，国内法の条項が「迅速に」という文言を含む
ことを排除するとした。

---

138)　[1995] COD 291.

139)　Case C-406/08, *Uniplex (UK) Ltd v NHS Business Services Authority* [2010] 2
　　　CMLR 47. See, too, Case 456/08, *Commission v Ireland* [2010] 2 CMLR 42.

140)　*Per* Regualtion 47(7)(b) of the Public Contracts Regulations 2006.

141)　[2010] 2 CMLR 47, paras 41-42.

第 8 章 司法審査序論 *351*

　その後，Uniplex 判決については活発に議論され，裁判所は，公共調達の分野に限らず，いかなる EU 法事件においても，「迅速に」という文言は使われるべきではないことを明らかにしてきている[142]。しかし，裁判所が，Uniplex 判決を EU 法以外の事件にまで「溢出」し，より一般的に司法審査手続において「迅速に」という要件の使用を除外することを認めるべきかという問題はそれほど簡単ではない[143]。確かに，一部の裁判官は，Uniplex 判決における CJEU の判示以前に，迅速にという要件が EU 法上の法的確実性の概念と矛盾する可能性があることを指摘していたのであり[144]，その意見は，コモンローのアプローチを改変するための橋渡しとなる可能性がある。しかし，EU 行政法とコモンローは異なる前提で動いており，現在の司法審査手続に備わる柔軟性の要素を捨て去ることについて，イギリスの裁判所が消極的である可能性があることもまた事実である[145]。そうだとすると，裁判所は，Uniplex 判決を EU 法の領域に止めることを選択することになろう[146]。

8. 12　結　　論

　本章では司法審査手続の主要な機能と特徴を紹介してきた。その作業は，政府の権限の性質と，裁判所がその政府の権限に関して司法審査をどのように位置づけているかを検討することによって行われた。そこでは，司法審査が理論的にも統計的にも重要性を増してきたこと，他方で，司法審査手続がいつ用い

---

142)　See, most notably, *R (Berky) v Newport County Council* [2012] EWCA Civ 378 and *R (Buglife) v Medway Council* [2011] EWHC 746.

143)　「溢出」については，see 3.3.4.

144)　*R (Burkett) v Hammersmith and Fulham LBC* [2002] 3 All ER 97, 114, Lord Steyn.

145)　EU 法の性質について，see P Craig, *EU Administrative Law*, 2nd edn (Oxford: Oxford University Press, 2012).

146)　非 EU 法判例における「迅速に」という要件の適用について，see *Re Quinn's Application for leave* [2010] NIQB 100, para 14.

352

られるべきかという点について裁判所がいくつかの問題を抱えていたことも明らかにした。また，最後に，裁判所が，司法審査手続の様々な要素（原告適格，遅滞等）と判例法において現れてきた理論上の問題についてどのようにアプローチしてきたのかも明らかにした。

次章以降（第10章から第17章）では，以上の分析に基づいて，司法審査の範囲と，公的機関の決定や他の措置を争う根拠について検討する。後で述べるように，これらの分野の発展の多くは裁判官によって主導され，コモンローに基づき，あるいはEU法と欧州人権条約に照らして，法原則を刷新してきた。特に審査の根拠は形の上で発展的なものと見られており，このことは，研究者及び実務家の文献における，それらの審査の根拠についての現在の分類方法に見ることができる。つまり，審査の根拠はGCHQ判決におけるDiplock裁判官が用いた3区分のもとで伝統的に検討されてきた。すなわち，「違法性」，「不条理性」，そして「手続的不適正」である[147]。しかし，Diplock裁判官の分類では複雑な審査の根拠をもはや捉えることはできないと一般的に認識されている。同時に，Diplock裁判官自身，その法に関する自らの要約が決定的なものであり続けるとは考えていなかったこと，その後，十分に予想されていた比例性や正当な期待の発展があったことを指摘しておかなくてはならない。

本章を終える前に，司法審査に関する本章の分析について権力分立原理が重要な意味を持つことを指摘しておきたい。権力分立原理を考慮すると，司法審査は，裁判所は，議会が特定の決定権限を付託した公的機関に代わって決定を行うべきではないという理解に基づいて構築されているといえる。裁判所は司法抑制の必要をしばしば強調するが，現在進行中の司法審査における発展は，裁判所の憲法上の役割に対して鋭い問題を投げかけていると見ることができる。これは，裁判所は，司法審査を発展させるとき，国家内部の憲法上のバランスを尊重したいと考えているが，同時に，その範囲内で，公的決定者による権限の濫用から個人を保護したいとも考えているためである。このように，司

---

147) *Council of Civil Service Unions v Minister for Civil Service* [1985] AC 374, 410-11.

法審査には本来的緊張関係が存在し，それが裁判所の役割についての議論を規定するだけでなく，判例法上の大きな論争を生じさせているのである。

FURTHER READING

Anthony, G (2013) 'Public Interest and the Three Dimensions of Judicial Review' 64 *Northern Ireland Legal Quarterly* 125.

Anthony, G (2014) *Judicial Review in Northern Ireland*, 2nd edn (Oxford: Hart Publishing).

Bondy, V and Sunkin, M [2008] 'Accessing Judicial Review' *Public Law* 647.

Bowes, A and Stanton, J [2014] 'The Localism Act 2011 and the General Power of Competence' *Public Law* 392.

Cane, P (2003) 'Accountability and the Public-Private Law Distinction' in Bamforth, N and Leyland, P (eds), *Public Law in a Multi-Layered Constitution* (Oxford: Hart Publishing).

Craig, P (2015) *UK, EU and Global Administrative Law: Foundations and Challenges* (Cambridge: Cambridge University Press).

Elliott, M (1999) 'The *Ultra Vires* Doctrine in a Constitutional Setting: Still the Central Principle of Administrative Law' *Cambridge Law Journal* 129.

Fordham, M (2012) *Judicial Review Handbook*, 7th edn (Oxford: Hart Publishing).

Forsyth, C (1996) 'Of Fig-Leaves and Fairy Tales: the *Ultra Vires* Doctrine. The Sovereignty of Parliament and Judicial Review' 55 *Cambridge Law Journal* 122.

Forsyth, C [1998] 'Collateral Challenge and the Foundations of Judicial Review: Orthodoxy Vindicated and Procedural Exclusivity Rejected' *Public Law* 364.

Forsyth, C (ed) (2000) *Judicial Review and the Constitution* (Oxford: Hart Publishing).

Griffiths, T [2000] 'The Procedural Impact of Bowman and Part 54 of the CPR' *Judicial Review* 209.

Halliday, S [2000] 'The Influence of Judicial Review on Bureaucratic Decision-Making' *Public Law* 110.

Harris, BV (2007) 'The "Third Source" of Authority for Government Action Revisited' 123 *Law Quarterly Review* 225.

Himsworth, CMG (1997) 'No Standing Still on Standing' in Leyland, P and Woods, T (eds), *Administrative Law Facing the Future: Old Constraints and New Horizons* (London: Blackstone Press).

Jowell, J (1997) 'Restraining the State: Politics, Principle and Judicial Review' in *Current Legal Problems*, vol 50 (Oxford: Oxford University Press), 189-212.

Laws, Sir John [1995] 'Law and Democracy' *Public Law* 72.

Miles, J (2003) 'Standing in a Multi-Layered Constitution' in Bamforth, N and Leyland, P (eds), *Public Law in a Multi-Layered Constitution* (Oxford: Hart Publishing).

Nason, S and Sunkin, M (2013) 'The Regionalisation of Judicial Review: Constitutional Authority, Access to Justice and Specialisation of Legal Services in Public Law' *Modern Law Review* 76(2), 223-53.

Oliver, D [2000] 'The Frontiers of the State: Public Authorities and Public Functions Under the Human Rights Act' *Public Law* 496.

Oliver, D [2002] 'Public Law Procedures and Remedies.Do — We Need Them?' *Public Law* 91.

Woolf, Lord [1995] *'Droit Public* — English style' *Public Law* 57.

第9章

司法審査の範囲の拡大

——公私の区別と国王大権——

9.1 序

　前章では，行政上の決定者は，ほとんどの場合において，決定権限を制定法から得ていることを見た。これは，歴史的には，司法審査は決定者に委ねられた制定法上の権限と義務の範囲を遵守させる救済手段として存在するという権限踰越原理と重なるものである。しかし，このことが，権限と義務が主権を有する立法機関にその起源を常に有するということを示唆している限りで[1]，全ての公法上の権限と義務を制定法において見出すことができるというならばそれは誤解を招くものであるということもまた第5章で見た内容である。第5章ですでに説明したように，地方政府機関のレベルでも，分権政府，中央政府のレベルでも，非制定法上の権限は，現代行政国家の作用に様々な方法で浸透している。そうした方法には，政府活動の民営化と契約による委託によるものがある。そこでは，「私的」セクターの決定者が，多くの者が「公的」と見る領域で決定をすることができる。また，歴史的経緯によるものとして，国王大権を根拠とする決定がある。もちろん，国王大権上の権限は，形式上は非制定法的なものであるが，政府の大臣は，それらを用いて，決定により，個人に対して直接間接の影響を及ぼすことができる。さらに，スポーツや商業のような人間の活動領域において，しばしば歴史的偶然の結果として，非制定法上の団体が影響力を有する独自の地位を得ている場合もある。

---

1)　その重要性については，See ch 2.

そうした様々な決定形式は，権限踰越原理に対して明白な問題を提示する。もし，司法審査が制定法上の権限の行使と義務の履行をチェックするものとして存在するなら，非制定法上の権限と義務は，裁判所の監視的管轄権に服し得ないことになる。このことが実質的に意味しているのは，特定の決定が決定者に対する司法上のコントロールの可能性がない形でなされる可能性があるということである。そして，裁判所は，司法審査の範囲を拡大するとき，ずっと以前から権限踰越原理を乗り越えてきたことを知ることになるだろう[2]。しかし，その際，裁判所は，監視的管轄権が有する明白な概念的限界に直面してきたし，それは，契約による政府活動の委託の場面で（明らかに例外的な）困難を引き起こし続けている。このことは，前章で見た公私の区別がもたらしたものであるが，ここでは，裁判所が，司法審査手続によって争うことができる「公法上の決定」をどのような方法で識別しようとしているのかを説明する。さらに，国王大権上の権限に基づく決定に対する裁判所のアプローチと，裁判所がどのような方法で司法のコントロールに適した決定と議会の監督対象となる事柄を識別してきたのかについても検討する。

　本章では，まず，決定が公法の問題かを決定する際に裁判所が現在用いているテストについて検討する。この検討においては，影響力という点で独自の立場を有する非制定法上の団体の決定，民営化された公益事業会社の決定，契約により委託された政府活動を行う私的団体の決定に特に焦点を当てる。その後，国王大権上の権限の審査に関するリーディングケースの判例法を，多くの国王大権上の権限に制定法上の根拠を与えた 2010 年憲法改革及び統治法の意義とともに検討する。

　最後に，司法審査の範囲を左右する他の要因，特に，公益上の理由による免責に関する証書といわゆる「管轄権剥奪条項」について触れておく。これらは，ある証拠が裁判手続の中で開示されることを防ぐため（公益免責），または，裁判所が決定の適法性を調査することを防ぐため（管轄権剥奪条項）に使われる

---

2)　この点に関する重要な論文として D Oliver 'Is the *Ultra Vires* the Basis of Judicial Review' [1987] *Public Law* 543.

第9章　司法審査の範囲の拡大　*357*

仕組みである。これらは司法審査の範囲の限界を理解するためにも重要であるが，多くの複雑な問題を生じさせており，本章の分析を複雑なものとしてしまうであろう。そこで，読者の便宜のため，公益上の理由による免責と管轄権剥奪条項は第10章で別に検討することにした。

9.2　公法上の決定の識別：公私の区別

　前章の内容から思い出されるのは，公私の区別に関する基本的な問題は，法的紛争が司法審査手続により争われるべきか（争われなくてはならないか）を決定することであるということである。そこでの議論では，私法上の問題が公法上の決定に附随する場合に生じる手続上の難問に主に焦点を当て，裁判所が，手続的形式主義のために紛争が退けられないようにするために，より柔軟な立場をとるようになってきたことを強調した。ここで検討したい問題は，ある意味，そうした手続上の難問に先行するものである。なぜなら，その司法審査手続と結びつく公法上の決定が存在するかを問題とするからである。もし，そうした決定がなければ，このことが意味するのは，どうあっても，司法審査手続を用いることができないということである。しかし，すでに示したように，公的権限の性質は近年変化してきたのであり，このことは，さらに，特に私法が救済手段を提供していない場合には，司法の創造性がなければいくつかの決定はコントロールを免れることになることを意味している。それでは，裁判所が現在用いているテストはいかなるもので，その限界はどのようなものであろうか。

9.2.1　「権限の淵源」テスト

　出発点とすべきは権限の淵源テストである。それは，ほとんどの判例において，このテストが，公法上の問題が生じているかという問題に対して答えを提供し続けているからである。権限の淵源テストは，権限踰越原理と制定法が，歴史上，中心的な役割を果たしてきたという点に我々を立ち戻らせる。なぜなら，憲法上の通説的見解によれば，全ての公法上の権限は主権者たる議会に由

来し，議会が，立法を通じて，決定の権限を委任し，行為する義務を課している
とされるからである。このことは，全ての制定法が形式の上で公法と見なされるということを意味するものではないが[3]，司法の役割の中心が，立法において表明された議会の意思を遵守しているかという点での決定等の審査であるということを意味している。もちろん，このことの当然の帰結として，非制定法上の権限は司法審査に服さないことになる。なぜなら，議会が決定者に対して問題となる権限を委任していないからである。それゆえに，例えば，紛争が契約の枠組みで生じた場合，この紛争は私法のルールに服する紛争と見なされることになるだろう。そうした状況では，司法審査は関連性を持ち得ないというのが通説的見解である。

　司法審査からの契約関係の排除に関するリーディングケースは，R v Disciplinary Committee of the Jockey Club, ex p Aga Khan である[4]。申請人は，所有馬の一頭を失格処分とするジョッキークラブの懲戒委員会の決定を司法審査により争おうとした。申請人は，競馬をコントロール，規制する組織としてのジョッキークラブが管理するレース規則に契約上拘束されることに同意していた。しかし，主要な国家的産業（競馬）の規制は，性質上，本質的に政府的であり，そのため司法審査に服するという主張が申請人の代理人によりなされた。ジョッキークラブが規制を独占していることは控訴院によって認められ，控訴院は，将来の事件においては裁判所にとって異なる考慮事項が生じる可能性があるとも述べた。しかし，この事件においては，Bingham 裁判官（記録長官）は，司法審査は利用できないとした。

　ジョッキークラブは，その起源，歴史，構成，構成員の点で公的団体ではない。ジョッキークラブは，競馬に関する政府のコントロールのシステムに織り込まれてこなかった。なぜなら，ジョッキークラブが，非常にうまく競

---

3)　*YL v Birmingham City Council* [2008] 1 AC 95, 131, para 101, Lord Mance.

4)　[1993] 2 All ER 853. See, too, e.g., *R v Football Association, ex p Football League* [1993] 2 All ER 833 and *R（West）v Lloyd's of London* [2004] 3 All ER 251.

馬をコントロールしていたので，そうした政府のシステムは必要なく，それゆえに存在しなかったからである。そのため，ジョッキークラブの権限は多くの点で公的なものと表現されるかもしれないが，いかなる意味でも政府的ではないということになる[5]。

契約上の権限と政府的権限の違いに固執したことが，この事件において，司法審査の範囲を大きく狭めたのは明らかである。さらに，この事件は，そうすることで，権限の淵源についての「二者択一的」性質を厳格な形で明らかにし，後で見るように，契約の存在は，判例法が権限踰越原理を乗り越えて発展しても，司法審査にとって難問であり続けている。もっとも，司法審査が利用できないことは，影響を受けた個人が何らの救済手段も持たないということを意味するものではないということも付け加えられるべきである。言い換えると，契約が存在する場合，その個人は契約上の救済手段を用いることができるのであり，そこでは，私的懲戒手続の文脈において公法上の原則に相当するものを裁判所が適用する可能性があるのである[6]。それゆえに，この段階で指摘されるべき点は主として規範的なものである。すなわち，公的権限が様々な形をとり，司法審査がその監視のための想定される手段であるなら，契約が存在するというだけで司法審査が利用できないとされるのは直感的におかしくはないだろうか。

9. 2. 2 「公的活動」テスト

司法審査が権限踰越原理から乖離していることを連想させるテストが「公的活動」テストである。このテストは，R v Panel on Take-overs and Mergers, ex p Datafin において登場した[7]。この事件において，控訴院は，上場公開会社

---

5) [1993] 2 All ER 853, 867.

6) See, e.g., *Lee v Showmen's Guild of Great Britain* [1952] 2 QB 329. See further D Oliver, *Common Values and the Public-Private Divide* (London: Butterworths, 1999).

7) [1987] QB 815.

の買収を監督する法人化されていない自主規制団体の決定について，当該団体が，直接の制定法上，国王大権上，コモンロー上の権限を持たなかったにもかかわらず，司法審査の対象となりうるとした（もっとも，制定法は，当該団体であるパネルの規則違反に対する制裁について間接的な役割を果たしていた）。控訴院は，団体の権限の淵源のみを考慮することはもはや適切ではなく，その性質も考慮することが適切であるとした。そして，控訴院は，ある団体が「公法的活動を行っている場合，あるいは，その活動を行うことが公法的結果を有する場合には，そのことは，当該団体を司法審査の範囲内のものとするのに十分であるかもしれない」とした[8]。これは，開放型のテストであり，「多くの異なる形をとりうる，公的要素」を認識することが必要であることを前提とする[9]。そして，これは多くの関連するテスト及び問題を生じさせることになった。そうしたテストと問題には次のものがある。「（当該団体が）公法的特徴を持つシステムの不可欠な部分として働き，公法によって支えられ，……そして公法的活動として特徴付けられる可能性があるか」[10]，決定者の活動に対して制定法が十分に浸透しているか[11]，当該団体がその任務の履行について明示又は黙示の公法上の義務を負っているか[12]，当該非制定法上の団体の存在が「なければ〔but for〕」，政府が問題の領域を監督するために制定法上の団体を創設することになるか[13]。

---

8) Ibid, 847, Lloyd LJ.

9) Ibid, 838, Sir John Donaldson MR.

10) Ibid, 836, Sir John Donaldson MR; and see, e.g., *R (Beer) v Hampshire Farmers Market Ltd* [2004] 1 WLR 233 and *R (Al Veg Ltd) v Hounslow London Borough Council* [2004] LGR 536.

11) *R v Governors of Haberdashers' Aske's Hatcham College Trust, ex p T* [1995] ELR 350 and *R v Cobham Hall School, ex p S* [1998] ELR 389. Cf *R v Muntham House School, ex p R* [2000] LGR 255 and *R v Servite Houses, ex p Goldsmith* [2001] LGR 55.

12) *R v Panel on Take-overs and Mergers, ex p Datafin* [1987] QB 815, 852, Nicholls LJ.

13) Ibid, 835, Sir John Donaldson MR. And see, e.g., *R v Advertising Standards*

第9章 司法審査の範囲の拡大　*361*

　データフィン判決は当然のことながら重要かつ影響力のある判決と考えられている。この判決は，司法審査の範囲に関する問題に関して待ち望まれていた柔軟性の要素をもたらすものであった。例えば，R（Beer t/a Hammer Trout Farm）v Hampshire Farmers Markets Ltd において[14]，請求人は，民間会社が行った当該会社の運営する市場への参加ライセンス拒絶を争おうとしたのであるが，訴訟は司法審査の方法で提起された。なぜなら，当該民間会社は，ハンプシャーカウンティカウンシルが産地直売市場の運営を屋台所有者たちに譲渡したとき，カウンシルが設立したものであったからである（カウンシルは当該民間会社に対して物流面での支援も行った）。控訴院は当該民間会社の決定は司法審査に服するとし，当該市場の本質的な特徴は，公衆がアクセスする公有地において行われていることにあり，ここに，司法審査へのドアを開く，公法に関する必要な要素が存在すると述べた。控訴院は，当該民間会社は，その存在をそのカウンシルに依拠しており，実質的にそのカウンシルに代わるものであって，「以前（カウンシルによって）履行されていたのと同じ活動を，同じ目的で，実質的に同じ方法で履行」しているとも述べた[15]。それゆえに司法審査は利用可能であった[16]。

　他方で，このテストが監視的管轄権が契約関係の領域まで拡大することを認

Authority Ltd, ex p The Insurance Service Plc（1990）2 Admin LR 77, 86（政府は必ず介入するであろう）; *R v Chief Rabbi of the United Hebrew Congregations of Great Britain and the Commonwealth, ex p Wachmann*［1992］1 WLR 1036, 1041（政府は介入しないだろう）; and *R v Football Association, ex p Football League Ltd*［1993］2 All ER 833, 848（政府が介入するであろう証拠はない）.

14)　［2004］1 WLR 233.

15)　Ibid, 248.

16)　See also, e.g., *R (Agnello) v Hownslow London Borough Council*［2004］LGR 536（新しい，より小さな市場の中に，市場区画の前の借り手を含めないとする決定は司法審査に服する）. Compare, e.g., *R (Boyle) v Haverhill Pub Watch*［2010］LLR 93（地域パブウォッチスキームが行った，参加するライセンスを受けた全ての店舗からある個人を排除する決定は，それが必要な公法的要素を持たないので，司法審査に服さない）.

めるほど柔軟なものであるかは明らかではなかった。データフィン判決の後に
出された Aga Kahn 判決で控訴院が採用したアプローチについてはすでに述
べたが，さらに明確な説明は，R v Servite Houses, ex p Goldsmith において
なされた[17]。Wandsworth カウンシルは，Servite と契約関係に入り，そのもと
でカウンシルは，自らが制定法上の介護義務を負う高齢者に対して居住介護を
提供していた（1948 年国民扶助法 21 条は，資格のある市民に対して適切な居住介護
を提供する義務を課していた。他方で，同法 26 条は，カウンシルがそのサービスを契
約により委託することを認めていた）。この事件の司法審査申請人は，Servite が
閉鎖を決定した施設に居住していた 2 人の高齢女性であった。裁判官は申請人
に同情したものの，契約の条項に従ってなされた Servite の決定は審査に服さ
ないと考えた。申請人は次のように主張した。(a) より広い制定法の文脈が当
該決定に必要な公法的特質を与えている，(b) 必要な者に介護を提供するこ
とは「政府事業のまさに根幹」であり，当該決定はいかなる場合でも公法上の
ものである[18]。しかし，これらの主張はともに退けられた。制定法の根拠とい
う点において，Moses 裁判官は，本件において制定法上の根拠は十分に広範
囲にわたるものではないとし，その理由として，当該法律は，Servite の既存
の私的活動に公的活動を付け加えるものではなく，公法上の義務を果たす目的
で契約関係に入ることを地方政府機関に授権したに過ぎないからである（その
ため Servite の権限は純粋に契約上のものであった）と述べた。そして，Servite が
伝統的な政府活動を行っているという主張については，「裁判所は，権限の淵
源が契約上のものであり，制定法が十分に行きわたっていない団体に対して，
公法上の基準を課すことはできない」という確立された従来の判例により拘束
されていると述べた[19]。Moses 裁判官は，契約化に直面して柔軟性を増加させ
る必要があるとの主張は説得力があると認識しつつも（Moses 裁判官は，申請人
が他の救済手段を持たないという事実についても言及していた），次のように司法審

---

17) [2001] LGR 55.

18) Ibid, 78.

19) Ibid, 81.

査は利用できないとした。

　　私は，何らの立法上の根拠も発見することができず，ただ，地域社会にお
　ける介護の提供に関する私的な仕組みに地方政府機関が入ることを認めるよ
　うに見える制定法と接しているに過ぎない。……そうした状況において，裁
　判所が過去に依拠してきた特徴のいずれも有しないにもかかわらず，一審裁
　判所が Servite の活動を公的活動と認識したのは誤りであるように私には思
　われる。それは，従来公法上の活動であったものの民営化が進行する中，裁
　判所が公衆の必要に応えられるような新鮮なアプローチが採用されるべきで
　はないといっているわけではない。しかし，そうした発展は，過去の先例に
　示された以前のアプローチを拒絶する権限を有する裁判所にしかできないと
　いうのが私の判断である[20]。

9.2.3　人権法と「公的活動」

　1998 年人権法は，司法審査の範囲の問題を解決するどころか，一層複雑な
ものとした。すでに第 4 章で見たように，人権法 6 条 3 項(b)は，公的機関
について，「その活動が公的性質を持った活動である者」を含むとしている。
この言い回しは，国家と公共サービスの提供の性質の変化に対して，人権法が
政府活動に関してより広い射程を有するようにするために含められたものであ
る。そのため，人権法においては，公的機関について 2 つのカテゴリーが存在
する。警察，中央政府の省庁，地方政府機関のような「中核的」機関，そし
て，他の公的ではない活動に加えて公的活動をすることもある「混合活動的」
機関である。この区別の意義は，中核的公的機関が，（公法的性質を有するか私
法的性質を有するかにかかわらず）行うこと全てについて欧州人権条約の内容に
従わなくてはならないのに対して，混合活動的機関は，公的活動をするときに

---

　20)　Ibid, 81.

のみ欧州人権条約に従わなくてはならないという点にある[21]。この区別は，当初より，人権保護の範囲を制限する可能性を有するものとして批判されてきた[22]。しかし，公的活動をする場合における混合活動的機関を人権法の範囲に入れることは，司法審査の範囲をより明確に定めるために有用であるという見解もあった[23]。すなわち，人権法において「公的活動」という言葉を使用することは，契約により委託された政府活動の履行を人権法がカバーすることを認め，これが司法審査における類似の発展につながると考えられたのである[24]。

失敗の主たる理由は裁判所が6条を制限的に解釈する傾向にあったという点にある。裁判所が混合活動的機関について広く解すべきであるとする趣旨の裁判官意見もあったが[25]，裁判所は，行われた「活動」の性質よりもむしろ，例えば契約により委託されたサービスの提供者と政府の関係の性質に焦点を当ててきた[26]。制限的なアプローチを明らかにした最初の判例は，R（Heather）v Leonard Cheshire Foundation であった[27]。この事件においては，請求人は，Leonard Cheshire Foundation が所有，運営していた居住型介護ホームの長期滞在患者であった。患者の多くをそこに入居させていたのは，地方政府機関の

---

21) Section 6(5).

22) GS Morris, 'The Human Rights Act and the Public-Private Divide in Employment Law' (1998) 27 *Industrial Law Journal* 293.

23) N Bamforth, 'The Application of the Human Rights Act 1998 to Public Authorities and Private Bodies' (1999) 58 *Cambridge Law Journal* 159.

24) ただし，裁判所は，6条3項(b) の範囲と司法審査の範囲についての問題が一致するということを自動的には受け入れていない可能性があることに注意しなくてはならない。See, e.g., *R (Weaver) v London and Quadrant Housing trust* [2010] 1 WLR 363, 374, para 37, Elias LJ.

25) eg., *Aston Cantlow and Wilcote with Billesley Parochial Church Council v Wallbank* [2004] 1 AC 546, 554-5, Lord Nicholls.

26) See further the Joint Committee on Human Rights Report, *The Meaning of Public Authority under the Human Rights Act*, Seventh Report of Session 2003-04, HL 39, HC 382; see, too, the Ninth Report of Session 2006-2007, *The Meaning of Public Authority Under the Human Rights Act*, HL 787, HC 410.

27) [2002] 2 All ER 936.

社会サービス部局，または，制定法上の権限と義務のもとで行為するその保健機関であった。Leonard Cheshire Foundation は，老人や障害者に対する介護サービスのボランティア分野における主要な提供者の１つであったが，当該施設を閉鎖し，入居者を周辺地域のより小さなユニットに移す決定をした。控訴院は，Leonard Cheshire Foundation は，人権法の目的で公的活動をしているものではないとし，活動に公的資金が入っていることは重要な考慮事項であるけれども，人権法の範囲の問題は，最終的には，当該サービス提供者が実質的に「地方政府機関の立場に立っている」かという問題と関係する多数の変動的要素によるとした。控訴院は，Poplar Housing v Donoghue における判断を引用して，次のように述べた。

　　そうでなければ私的であったある行為を公的なものとするものは，当該行為に対して公的性格を与え，刻みつける特徴，あるいは特徴の組み合わせである。行われることに関する制定法上の権限は，少なくとも当該行為を公的なものとして特徴付けることに寄与しうる。公的機関にあたる別の団体による当該活動に対するコントロールの程度も同様でありうる。私的性質を持ちうる行為が公的団体の活動に密接に組み込まれているほど，当該行為は公的なものとなる可能性が高い。しかし，公的な規制機関により当該行為が監督されているという事実は，必ずしもそれらの行為が公的性質を有することを意味するものではない。これは司法審査における状況と類似している。そこでは，規制機関は公的であると考えられるかもしれないが，規制されている団体の活動は私的なものと分類されるかもしれない[28]。

裁判所は，これらの考慮事項を事件の事実に適用して，Leonard Cheshire Foundation は公的活動をしていないとし，そして，地方政府機関は国内法及び欧州人権条約上の責任を免れていないとした（そのため，当該個人の救済手続

---

28)　Ibid, 942. Donoghue 判決は［2002］QB 48 に掲載されている。

は地方政府機関を相手取ってなされた）[29]。このアプローチは Donoghue 判決と対照的である。Donoghue 判決では，地方政府機関と関係する住宅供給協会が，財産の占有回復を求めるときには，人権法 6 条の目的で公的活動をしているとされていた。Tower Hamlets London バラカウンシルが，自らの住宅在庫を管理する目的で協会を創設していたこと，カウンシルと協会の構成員が重なっていたこと，協会が地方カウンシルの命令に服していたことを理由にこのように判断された。そのため，その位置付けは Leonard Cheshire 判決のそれとは異なるものであった。Leonard Cheshire 判決では，問題の慈善団体はその存在について地方政府機関に依拠しておらず，むしろ，自発的に契約関係に入った独立した組織であったのである[30]。

この制限的なアプローチの基礎にある論理は，リーディングケースである YL v Birmingham City Council における貴族院の多数意見によって確認された[31]。この事件は，居住施設を手配する制定法上の義務を負う地方政府機関と介護ホームとの間の契約のもとで当該介護ホームに入居した者が，当該介護ホームの行った施設退去決定を欧州人権条約に基づいて争ったものである。上訴における主たる争点は，この民間の介護ホームが人権法 6 条 3 項(b) に含まれるかであった。貴族院の多数意見は，含まれないとして，地方政府機関が

---

29) 批判的なコメントとして，see P Craig, 'Contracting Out, the Human Rights Act, and the Scope of Judicial Review' (2002) 118 *Law Quarterly Review* 551.

30) 6 条に関する他のいくつかの初期の判例法として，*R (A) v Partnerships in Care Ltd* [2002] 1 WLR 2610 （民間の精神病院の管理者が，精神病患者が入院する病棟の主目的について決定するとき公的活動を行っているとされた）。*Aston Cantlow and Wilcote with Billesley Parochial Church Council v Wallbank* [2004] 1 AC 546 （イングランド教会は中央政府と特別のつながりを持ち，一定の公的活動を行っているけれども，財産権に関する紛争の文脈においては，中核的公的機関としても混合活動的公的機関としても行為するものではなかった），*R (West) v Lloyd's of London* [2004] 3 All ER 251 （ロイズの事業活動委員会は 6 条 3 項(b) に含まれず，司法審査にも服さないとした）。

31) [2008] 1 AC 95; followed in, e.g., *R (Weaver) v London and Quadrant Housing Trust* [2010] 1 WLR 363.

個人に対して居住施設を手配する行為（人権法のもとでの公的活動の履行にあたる）と，その後，介護ホームが契約のもとで居住施設を提供する行為（商業ベースのものであり，そのため人権法6条3項(b)に含まれない）の間には引かれるべき重要な区別があることを強調した。この判断は，介護ホームの活動を明らかに公私の区別の私法の側に置くものであり，公法において従来有力であった権限の淵源テストを思わせるやり方でそのようにしたものであった。こうして，貴族院の少数意見は，介護サービスの提供について，公的資金の支出があることや，より広い公的利益が存在することが，介護ホームが公的活動をしていることを意味していると考えたものの，多数意見は人権法は問題の介護ホームには及ぶものではないとの立場を採った。そこでは，個人に対するそれ以上の保護は，裁判所ではなく，立法機関の扱う事柄であるとされた。

　本書第4章では，この判断が6条3項(b)に関する明確な議会の立法意図に適合していないとして批判した。また，この判決の効果を覆すための立法がなされたことについても触れた[32]。もちろん，司法審査に関して，現代行政における公法原則の範囲についてのより広範で微妙な理解を発展させるという意味で，この判断は「機会の損失」であるとして批判することもできる。すなわち，この判決は，契約が存在することが自動的に公法原則と公法上の手続に訴えることを問題のあるものとし，救済手段は私法において見つけられるべきであることを再び示すものであった。すでに述べたように，多くの場合，契約は，影響を受ける個人が救済手段にアクセスできるようにする。しかし，YL判決のような事件は，立法が介入しない限り，民間会社と公的機関の間の契約を前にして，個人が有効な救済手段を持たない可能性があるケースがまだ存在

---

32)　すなわち，2008年医療及び社会介護法145条。*R (Broadway Care Centre) v Caerphilly CBC* [2012] EWHC 37において検討された（介護ホームが，介護施設提供契約を終了する地方カウンシルの決定を司法審査の方法で争おうとしたもの。145条は介護ホーム内部の個人に対して公法上の保護を与えるものであり，地方政府機関と契約関係にある民間会社に対して保護を与えるものではないとした）。145条は，その後，SI 2015/914の附則1第90条により廃止されたが，2014年介護法73条により実質的に同じ条項が定められた。

することを明らかにしている（もっとも，YL 判決における個人は，介護の費用を一部負担していたため，限定的な契約関係にあった）。そうすると，規範的理由と現実的理由の両方の理由から，裁判所が公法の境界線を引き直すことは望ましいことではないだろうか。

9. 2. 4 「国家の流出」テスト

裁判所は，私的団体を公的機関と見なせるか検討するとき，公的活動テストに加えて，EU 法上の「国家の流出（emanation of the state）」の法理を借用してきた。これは，民営化された公益事業の決定を扱うときに特に有効なアプローチであることが明らかになってきた。例えば，北アイルランドの判例である，Re Sherlock and Morris' Application がある[33]。そこでの問題は，北アイルランド電力（NIE）が行った 2 人の住民に対する常時電力供給を打ち切る決定を争うために司法審査を利用できるかであった。Kerr 裁判官は，当該決定は公的活動テストに基づいて司法審査に服するとしたが，「国家の流出」の法理もまた，この問題に対して積極的な回答を示すものであるとした。この法理のもとで，個人は，国家や「国家によって採用された基準に従い，国家のコントロールのもとで公共サービスを提供する責任を負い，その目的で個人間関係に適用される通常のルールから生じるものを超える特別な権限を持つ」団体に対する手続において，直接効のある指令の条項を援用することができる[34]。この法理と照らし合わせて，Kerr 裁判官は，イングランドにおける民営化された水道事業は，すでに，EU 法の目的で国家の流出であるとされてきたと述べた[35]。Kerr 裁判官は，NIE が当該水道供給機関と類似の義務を果たすと考えられることを前提に，「もし NIE が……国家の機関と見なされるが，司法審査は免れると考えられるなら，異常であろう」と論じた[36]。こうして，EU 法は，Sherlock

---

33)　[1996] NIJB 80.

34)　Case C-188/89, *Foster v British Gas* [1990] ECR I-3313, 3348-9, para 20.

35)　*Griffin v South West Water Services Ltd* [1995] IRLR 15.

36)　[1996] NIJB 80, 87.

and Morris 判決において「溢出した〔spilled-over〕」のであり，純粋に国内法上の紛争における裁判所の判断に影響したのであった[37]。

しかし，国家の流出テストは，裁判所が用いることができる「公的活動テスト」と一部区別されるべきである。これは，ある団体が国家の流出かという問題は，当該団体の決定が公法上意味を持つかという問題に対して，ある意味，論理的に先行するものであるからである。言い換えると，国家の流出テストは，ある団体が実質的に公的権限の保有者かを決定するのに資する可能性があるが，当該団体は依然として様々な公法上，私法上の決定をすることになろう（例えば，電力供給の打切り，個々の従業員の懲戒）。かくして，例えば，民間会社が行った個別の決定について，当該決定が，公法上の決定の性質を有するか，公的活動テストの条件を満たすかは重要な問題のままでありそうである。さらに，重要なのは，裁判所は，そうした団体の「公法的」決定を審査するときに，裁判上の注意の必要性を強調してきたということである[38]。すなわち，準商業的な文脈での決定について，司法審査による監督が訴訟当事者以外に予期しない影響を与える可能性があることから，裁判所は，司法審査が可能でも，過剰な監督を避けたいと考えているのである。

9.2.5 北アイルランドとスコットランド

公私の区別に関して最後に指摘しておきたいのは，Sherlock and Morris 判決を除いて，以上の全ての判例はイングランドとウェールズのものであったということである。ここまで，契約が存在することが司法審査のさらなる発展に対する概念的な障壁となってきたことを見てきたが，北アイルランドとスコットランドの法は，権限の淵源テストにそれほど縛られてこなかったというのは興味深い。司法審査に関する法は，特に審査の根拠のレベルでは[39]，連合王国

---

37) 「溢出」について，see 3.3.4.

38) See, e.g., *R v Panel on Take-overs and Mergers, ex p Datafin* [1987] QB 815, 842.

39) See generally G Anthony, *Judicial Review in Nothern Ireland*, 2nd edn (Oxford: Hart Publishing, 2014) and C Himsworth, 'Judicial Review in Scotland' in M

370

全体で概ね似通っているが，公私の区別に対するアプローチには若干の違いがある。そのため，イングランドとウェールズの法は特にスコットランドの法から大いに学ぶことができると主張する識者もいる[40]。

北アイルランドでは，裁判所は，問題となる決定が「公法の要素を持ち込むような特徴を持っている」場合に，私的団体は審査に服するとすでに判断している[41][42]。その問題が，公法の要素を持ち込むか，そしてそれによって公私の区別の「公法」の側に入るかという問題は，潜在的に非常に広い範囲を有する「公的利益」テストを用いて回答される。もともと，このテストは高等法院が形成してきたものであり，次のようなものである。

　単にある個人や集団に対してではなく，公衆一般に対して影響を有するという意味において公的利益の問題と関わる場合には，問題は公法の問題である。それは，単に公衆の心に利益や関心を生じさせるという理由で問題が公法の問題となるというのではない。公法の問題となるためには，単に公衆の関心を引きつけるというのではなく，公衆に対して影響を与えるものでなくてはならない。問題が，個人の立場にある個人に対して具体的影響を与える一方で，公法の問題となる可能性があることも同様に明らかであるように思われる[43]。

以来，北アイルランド控訴裁判所は，このテストを承認，引用しており[44]，このテストが司法審査において中心となってきた。こうして，ウナギ漁の商業

Supperstone, J Goudie, and P Walker (eds), *Judicial Review*, 5th edn (London: Butterworths, LexisNexis, 2014), ch 22.

40) Oliver, n6.

41) *Re Patrick Wylie's application* [2005] NI 359 (Lough Neagh Fisherman's Co-operative Society の決定).

42) *Re Phillips' Application* [1995] NI 322, 334.

43) *Re McBride's Application* [1999] NI 299, 310, Kerr J.

44) *Re McBride's Application (No 2)* [2003] NI 319, 336, Carswell LCJ.

免許を与える歴史的，独占的権利を有する協同組合が申請者への免許の付与を拒否した場合[45]，北アイルランド鉄道会社がベルファスト中央駅の指定タクシー乗り場からタクシー運転手を排除した場合[46]，社会開発省が保有する土地の開発の見積もりを巡って，不動産会社と社会開発省の間に紛争が生じた場合に[47]，司法審査手続の利用が認められている。

　スコットランドにおけるアプローチも大きく異なるものである。なぜなら，スコットランド法は，司法審査の目的での実質的な公私の区別すら知らないからである[48]。個人が，制定法や契約法等において，他の救済手段を有する場合には，司法審査は一般的に利用できないのであるが[49]，スコットランド民事上級裁判所の司法審査請願の審理権限は基本的に「公法上の」要素の存在に依拠していない。司法審査の請願は，(1) 権限が付与されていること，(2) それが決定権限を付託されている者に対してであること，(3) その者の決定が他の者の権利と義務に影響を与えることという3つの関係が存在する場合に提起できる[50]。このテストは不明確であるとして批判されてきたし[51]，このテストを常に充足しなくてはならないかについては疑問視されてきたが[52]，イングランドとウェールズの司法審査の範囲に関する判例法よりも範囲が広いことは疑いない。結果として，民間のスポーツ団体の懲戒決定が司法審査の対象となると考

---

45)　*Re Alan Kirkpatrick's Application* [2004] NIJB 15. See also *Re Mulholland's Application* [2010] NIQB 118.

46)　*Re Ronald Wadsworth's Application* [2004] NIQB 8.

47)　*Re City Hotel (Derry) Ltd's Application* [2004] NIQB 38.

48)　*Axa General Insurance v Lord Advocate* [2011] UKSC 46, [2012] 1 AC 868, 915, para 56, citing *West v Secretary of State for Scotland* 1992 SC 385.

49)　制定法について，See, e.g., *McCue v Glasgow City Council* 2014 SLT 891. 契約について，see, e.g., *Ronald McIntosh v Aberdeenshire Council* 1999 SLT 93.

50)　*West v Secretary of State for Scotland* 1992 SC 385, 413.

51)　See, e.g., C Himsworth, 'Judicial Review in Scotland' in B Hadfield (ed), *Judicial Review: A Thematic Approach* (Dublin: Gill & Mcmillan, 1995), 288, 290ff.

52)　See, e.g., *Naik v University of Stirling* 1994 SLT 449 and *Crocket v Tantallon Golf Club* 2005 SLT 663.

えられた判例が存在する（スポーツ団体，その懲戒委員会，影響を受ける個人の間に先ほどの３つの関係が存在する）[53]。そして，判例法では，民間家主が建設作業中に立ち退きをした賃借人に対して制定法上の支払いを拒絶したことについて審査可能であるとされている[54]。他方で，例えば，公的セクターの被用者が，使用者と自分の関係の上に立法機関を置くことによって３者関係を満たすと主張した場合に，このテストの適用を制限した判例がある[55]。

公私の区別に対する異なるアプローチの重要性については本章の結論のところで触れる。しかし，この段階で指摘しておきたいことがある。スコットランドにおいては公私の区別が存在しないが，そうしたスコットランドのシステムが，それが存在するイングランドとウェールズのシステム，そして，問題がより少ないもののやはり存在する北アイルランドのシステムよりも望ましいという主張についてである。公私の区別のメリットについて，学術的，法的意見は分かれてきた。公私の区別はイギリスの歴史的経験と調和しないとする識者がいる一方で，別の識者は，公私の区別に対応する司法審査手続は，より広い公的利益のために行為する公的機関を保護するものであり，公私の区別は必要であるとする[56]。ここではこれらの見解にさらに付け加えることはしないが，今一度指摘しておきたいのは，政府活動の契約による委託が問題を生じさせているということと，個人が例外的な状況において救済手段を有しない状態に置かれる可能性があるということである。この点からすれば，スコットランドモデルはそうした可能性を排除するもののようであり，司法審査の請願が利用可能

---

53) e.g., *St Johnstone Football Club Ltd v Scottish Football Association* 1965 SLT 171 and *Irvine v Royal Burgess Golfing Society of Edinburgh* 2004 SCLR 386. Compare, in England and Wales, e.g., *Law v National Greyhound Racing Club* [1983] 1 WLR 1302 and *ex p Aga Khan* [1993] 1 WLR 909, n4.

54) *Boyle v Castlemilk Housing Association* [1998] SLT 56.

55) *Blair v Lochaber District Council* [1995] IRLR 135.

56) Compare and contrast JWF Allison, *A Continental Distinction in the Common Law* (Oxford: Oxford University Press, 1996) and Lord Woolf, *Protection of the Public—A New Challenge* (London: Steven and Sons, 1990).

第9章 司法審査の範囲の拡大 *373*

となるといえる。これは，間違いなく，連合王国のそれぞれの法域において達成することが望まれている結果である。

9.3 司法審査と国王大権上の権限

国王大権上の権限に関する同様の法の発展は2つの考慮事項間の緊張によって動かされてきた。裁判所は，公的決定者（ここでは政府の大臣）が個人の権利や利益に影響する決定をする場合において責任を負うべきであるという基本的な民主主義原則に関心を寄せていた。第5章で示したように，そうした決定は，制定法ではない国王大権上の権限に基づいて広く行われており，裁判所は，そうした権限の行使が少なくとも一定程度司法のコントロールに服するようにしてきた。しかし，他方で，このことは，裁判所が，国王大権上の権限の監督をどこで止め，議会による大臣の決定の監督に委ねるべきかという問題を引き起こした。第5章で示したように，国王大権上の権限のうちいくつかのものは，「高度な政治」と呼ばれてきた政治的問題に関わるものであり[57]，裁判所がその領域に立ち入ることは明らかに不適切である。ここで裁判所を導いてきた「司法判断適合性」という言葉を見ることになる。すなわち，裁判所の前にある問題が司法過程を通じてコントロールされるのに適切なものであるのか[58]。

この領域の法の分析は，大権の地位に関する歴史上のリーディングケースである A-G v De Keyser's Royal Hotel Ltd を検討するところから始めたい[59]。そして，前記の2つの考慮事項間の緊張に照らして，現在までに法がどのように発展してきたかを考察する。最後に，多くの重要な国王大権上の権限に対して制定法の根拠を与えた2010年憲法改革及び統治法の意義について述べること

---

57)　*R v Secretary of State for Foreign and Commonwealth Affairs, ex p Everett* [1989] 1 All ER 655, 660.

58)　*Council of Civil Service Unions v Minister for the Civil Service* [1985] 1 AC 374.

59)　[1920] AC 508.

374

にする。

9. 3. 1　制定法と国王大権上の権限

　議会が，制定法の立法を通して，国王大権上の権限を修正，制限し，又は置き換える（廃止する）権限を明確に有していることは，裁判所に長く認識されてきた[60]。しかし，歴史的に，より難しい問題は，国王大権上の権限が制定法に含まれる権限と競合するように見える場合に裁判所がなにをすべきかということであった。この点が De Keyser's 判決における主たる問題であった。1916年，政府は，国土防衛規則のもとで国王〔Crown〕の名において，陸軍航空隊の本部を置くためのホテルを管理していた。その後，政府は，1842年防衛法の条項上明らかに利用可能であったコモンロー上の所有者の補償を受ける権利を否定した。国王側は，ホテルの接収に対する補償は自らの裁量の範囲内であり，戦時大権のもとで行為したと主張した。しかし，裁判所は，接収と補償については現在では制定法により規定されており，両者が矛盾する場合には，制定法がこれらの問題に関する大権によるコントロールに優越するとした。その限りで，制定法上の権限の行使が優越し，国王大権上の権限は効力を停止することになる。Atkinson 裁判官は次のように述べた。

　　それまで大権により行われていた事柄について，制定法が可決され，国王〔Crown〕に授権されると，その大権は制定法に吸収されるということが主張された。私は，「吸収された」という言葉が適切に選ばれたとは考えていないことを認める。私は次のように述べたい。すなわち，王〔King〕と王国の三身分の意思と意図を表明する制定法が可決されると，制定法が有効である間，制定法はその限りで国王大権を縮減させることになる。すなわち，国王

---

60)　See *R (Munir) v Secretary of State for the Home Department* [2012] 1 WLR 2192, 2203, para 33, Lord Dyson. 廃止の例として，大権のもとで設立されたが，それぞれ Security Service Act 1989 と Intelligence Service Act 1994 により制定法上の根拠が与えられた MI5 と MI6 がある。

は，制定法の条項のもとでそれに従う場合のみ，その特定の事項を行うことができ，制定法が可決された後は，……それを行う大権的権力は停止する。そして，制定法が有効である間，制定法が国王に授権している事柄は，制定法により，そしてそのもとでのみ行うことができ，以前の国王大権についてどれほど制限，制約がなかったとしても，制定法が課す，全ての制限，制約，条件に服することになる[61]。

このアプローチは，議会主権原則と完全に一貫するもので，法律が，国王大権上の権限を，維持し，あるいは部分的に維持するという留保を含むものである可能性がある限りで認められるものであった。もちろん，De Keyser's 判決においてはその問題の解決は比較的容易であった。なぜなら，問題の領域において，制定法と大権の間に矛盾があり，裁判所が制定法の条項が優越するとしたからである。しかし，制定法と大権の関係に関するその後の判例法は必ずしもそれほど単純なものではなく，議論を呼ぶものがいくつかあった。その一例が，R v Secretary of State for the Home Department, ex p Northumbria Police Authority である[62]。この事件において，内務大臣は，大臣が暴動鎮圧用装備の中央貯蔵庫を管理するものであり，警察監督機関の承認の有無にかかわらず，警察官がそこから当該装備を入手することができるという内容の通知を全ての警察の長に対して発出した。警察監督機関は，1964 年警察法 4 条 4 項は，内務大臣に対して中央貯蔵庫を管理する権限を与えておらず，警察監督機関が警察装備等の管理に関する責務を有するとしているとして，当該通知を争った。控訴院の段階での主たる争点は，戦争及び講和を行う権限の根拠となる権限に相当する大権的権限，すなわち，「王国における女王の平和」を執行する権限があるかであった。申請人である警察監督機関は，1829 年の Peel による改革の時代にはそのような大権は存在せず，従って，警察組織が行使する全ての権限と内務大臣が行使する全ての権限は制定法に由来すると主張した。

---

61) *A-G v De Keyser's Royal Hotel Ltd* [1920] AC 508, 539-40.

62) [1988] 1 All ER 556.

Croom-Johnson 裁判官はこの主張を受け入れなかった。「……私は，国王が治安を維持する国王大権上の権限を持っており，そして，それが，犯罪が防止され，正義が執行されるようにする疑いのない権利と密接に結びつくものであるということに疑いを持っていない」[63]。この結論の重要な点は，警察法4条4項は，地方警察監督機関に対して装備の供給についての明確な独占権を付与するものではなかったということ，すなわち，警察法4条4項は大権を置き換えるものではなかったということである。

Northumbia Police Authority 判決について2つの点を指摘できる。第1に，De Keyser's 判決によれば，国王大権上の権限と同じ領域をカバーする制定法の条項が定められた場合において，国王大権上の権限は消滅するわけでなく，効力が停止しているに過ぎない。そうすると，問題の制定法の条項が廃止された場合には，国王大権上の権限は将来のある段階で再び使われうるように思われる。以下で見るように，そうした権限を裁判所が審査可能かという問題が残るが，それは特定の事案の事実と問題となる国王大権上の権限に照らして答えられることになる。

第2に，Northumbria Police Authority 判決は，制定法があいまいな場合において，裁判所が，国王大権を，どれだけ広く，あるいは狭く見るかという重要な問題を提起している。1964年警察法は，あらゆる状況において明示的に大権を制限するものではないところ，内務省は，治安維持のための古い大権に依拠して，自らが問題の領域で行為する権限を有することを明らかに信じていた。ここで，裁判所は，このアプローチに同意し，また，制定法があいまいな場合に大権が優越するように読むことによって，De Keyser's 判決で示された憲法原則が，一般的に考えられていたよりもずっと狭いことを暗に示しているように思われる。そうすると，国家安全保障や治安維持が問題となるあいまいな状況のほとんどで大権の使用が許されていることになるのだろうか。その後の判例法はこの問題に対して決定的な答えをいまだ与えていない。

---

63) Ibid, 598-601.

9. 3. 2 大権と裁判所の監視的役割

すでに述べたように，大権は，外交政策，防衛，国家安全保障，恩赦大権のような重要分野における行政上の行為の中心となる権限行使に関係していることが多い。歴史的にみると，裁判所は，これらの領域における国王大権上の権限行使を審査する権限を自らが有することを否定していた。それは，多くの場合，なされている実質的な選択が政治的な性質を有するためである。しかし，確かに，裁判所は，現在でも，いくつかの政治的領域を司法過程に適さない（すなわち「司法判断に適合しない」）ものと現在でも見ているのであるが，近年のアプローチが監視の役割の漸進的増加という特徴を有しているのも事実である。すなわち，最近の判例法の中には，裁判所が，「高度な政治」の問題と見なされるものの縁辺にまで至っているものがある。

9. 3. 2. 1 伝統的アプローチ

伝統的アプローチの本質については以下のように述べられてきた。

　　裁判所は，特定の国王大権上の権限が存在するかどうか，そして存在する場合にその範囲について問うてきた。しかし，権限の存在と範囲が裁判所が十分と考える程度まで確定されると，裁判所はその行使が適切かは問うことはできないのである[64]。

そのため，De Keyser's 判決で示されたように，裁判所は国王大権上の権限の存在と範囲についてはそれを明らかにするために積極的に介入し，そこでは，コモンローは国王大権上の権限のいかなる拡張も許すものではないといわれることがあった[65]。しかし，通説的な見解によれば，裁判所は，国王大権上

---

64)　*Council of Civil Service Unions v Minister for the Civil Service* [1985] 1 AC 374, 398, Lord Fraser.

65)　*BBC v Johns* [1965] Ch 32, 79, Diplock LJ.

の権限について，範囲の確定を超えて，その行使について審査することはできないとされていた。その代わり，国王大権上の権限のコントロールは，議会の過程か，議会による法律制定を通じた介入を通して達成されることになっていた。

この通説的見解は，多くの事件において，裁判上の問題の解決の手掛かりとされた。例えば，Blackburn v A-G は[66]，Blackburn 氏が，ローマ条約に署名する政府決定の合法性を争ったところ，条約締結権は「これらの裁判所において争われ，問題とされることはできない」として退けられた[67]。同様に，Hanratty v Lord Butler においては，在任中，恩赦大権に関して行った決定について過失があったとして前内務大臣を訴えることが試みられたが，恩赦大権は「国王の高度な大権の1つ」であるとして認められなかった[68]。そして，Gouriet v Union of Post Office Workers においては[69]，裁判所が法務総裁の決定を審査することができるか，そして，関係人訴訟の手続において同意を拒否することができたかが問題となった。控訴院の Denning 裁判官（記録長官）は，この決定は審査に服するとしたが，貴族院は，この事件において，法務総裁の裁量は大権の一部であり，審査できないとした。法務総裁が自らの行為について議会に対して責任を負っていること，すなわち，政治的コントロールの仕組みがあることが貴族院をこの結論に導いた1つの要素であった。

他方で，通説的見解から離れることをほのめかす判例もあった。1つの例が，Burmah Oil v Lord Advocate である[70]。この事件は，イギリス軍が戦時大権のもとでビルマで行った行為に対して補償が求められたものである。貴族院は，

---

66) [1971] 2 All ER 1380.

67) Ibid, 1382, Lord Denning MR. See, too, e.g., *R v Secretary of State for Foreign and Commonwealth Affairs, ex p Rees-Mogg* [1994] QB 552 は，欧州連合条約の批准に関する紛争において，条約締結権限の有する本質的に司法判断不適合な性質を再確認している。

68) (1971) 115 SJ 386.

69) [1978] AC 435.

70) [1965] AC 75.

破壊され、差し押さえられた財産について、当然の権利として補償が支払われるべきであると決定し、その根拠となる大権の行使が適法かどうかは検討しなかった。この判決は当時の一般常識に反するものであり、その後、議会が1965年戦災法を通し、貴族院の決定を遡及的に覆している。通説的法理に従って決定されたものの、Chandler v DPP 判決[71] における傍論も、アプローチの変化の兆しであった。この事件は、核軍縮キャンペーンの抗議者たちが軍基地への侵入を企て、1911年国家秘密法のもとで有罪とされたところ、彼らに当該行為が国家の安全に不利益を与えるものかを争う権利があるか問題とされたものである。貴族院は、彼らはこの抗弁をすることができない（この事件は、軍の配置と武装に関するもので、数世紀の間、国王の独占的裁量のもとにあったものである）としつつ、Devlin 裁判官、Reid 裁判官は、国王大権上の権限に関するいくつかの点については将来審査可能となる可能性があることを示唆した。Laker Airways Ltd v Department of Trade では[72]、傍論において、Denning 裁判官も同様に、大権の行使が審査可能となる可能性を示唆した（この事件自体は、条約の枠組みの中でなされた航空路線の許可を取り消す決定に関するものであった）。そこでは次のように述べられた。

　法は当該状況における行政部による裁量の適切な行使を妨げるものではない。しかし、法は、活動の範囲を定義することによって限界を設定することができる。そして、裁量が不適切に、又は誤って行使されるなら、法は介入することができる。それが我々の憲法の基本原則である。……大権が、公共善のために行使されるべき裁量的権限であるとするなら、裁判所は、行政部に付与されている他の裁量的権限と同様に、その行使について審査することができることになる[73]。

71）　[1964] AC 763.

72）　[1977] QB 643.

73）　Ibid. 705.

380

法が国王大権上の権限の審査を最終的に認めるにあたって特に影響力があったのは，R v Criminal Injuries Compensation Board, ex p Lain であった[74]。この事件は，死亡した警察官の妻が，職務中に負傷し，その後自殺した夫の死について，彼女への補償額をゼロとする決定を争ったものである。そこでは，犯罪被害補償委員会は大権のもとで設立されたもので，委員会は裁判所の監視的管轄権に服さないという理由で移送令状を求めることはできないと主張された。しかし，裁判所は，大権を根拠とする委員会を設立する決定と，その後委員会によってなされた決定を区別し，後者については，大権を根拠として行われた決定ではなく，司法審査に服すべきであるとした。これは，司法審査がすでに審判所や他のそうした団体にまで広げられてきたこと，そして，委員会は公衆個人個人に影響を与える準司法的決定をしていたことを理由とする。結局，裁判所は国王大権上の権限が果たしていた本来の役割によって説得されなかった。

9.3.2.2　GCHQ：法の現代的視点へ

一般に，国王大権上の権限に関するもっとも重要な判決と考えられているのは，Council of Civil Service Unions v Minister for the Civil Service（GCHQ 判決）である[75]。この事件は，Cheltenham にある政府通信本部において多数のストライキが起こされたところ，政府が，大権に基づく枢密院令のもとでの権限を用いて[76]，本部で働く公務員の労働組合権を制限したものである（そのため，この事件は，大権の直接的行使に関するものではなく，大権を基礎として委任された権限の行使に関するものであった）。この制限は労働組合との事前協議なしに課されたものであり，労働組合は事前協議に関する正当な期待に違反するものであると主張した[77]。ここで，貴族院は，国王大権上の権限の範囲と当該状況で司法

---

74)　[1967] 2 All ER 770.

75)　[1985] AC 374.

76)　Civil Service Order in Council 1982.

77)　この事件の当該側面については，see 15.3.1.

審査が利用可能かを判断する必要があった。結果的に労働組合は敗訴したものの，裁判官は全員一致で，行政上の行為が，制定法の淵源に基づくのではなくコモンローや大権に由来する権限により行われているという理由だけで，司法審査を免れるものではないとした。重要なのは淵源ではなく内容であり，仮に政府が国家安全保障上の考慮を強調することができていなかったなら，労働組合は協議に関して実現可能な正当な期待を有していただろう。しかし，貴族院は，そうした国家安全保障上の考慮を理由に，政府は公正性に関するコモンロー上のルールを切り捨てることが許されていたとした[78]。

　この判決の中で示された裁判官の意見はかなり多様なものであった。Fraser裁判官は，枢密院令を通した公務員の規制を国王大権上の権限の間接的な行使とみており，権限の行使の形式は審査を免れるべき明確な理由とはならないものの，審査の道を開くことは受け入れられている先例に反することになると認識した（彼は，国家安全保障上の考慮が判決の結果を決定していたことを前提に，その問題に関するそれ以上の検討も拒んだ）。Brightman裁判官は，Fraser裁判官の意見に加わり，慎重な姿勢を示した。他方で，Roskill裁判官は，傍論において，恩赦大権の行使，条約の締結，栄典の授与，国土の防衛のような国王大権上の権限は，その性質や内容から司法審査に適さないという見解をとった。しかし，Roskill裁判官は，国王大権上の権限に基づいてなされた他の決定について裁判所の審査に服すべきと考える多数意見に加わった。Scarman裁判官は，Chandler判決とLain判決を含む判例法を引用し，司法審査に関する法の発展は，通説的見解によって課せられていた制限の多くを克服してきたと強調し，次のように述べた。

　　現在，司法審査に関する法は，国王大権上の権限の行使に係る内容が司法判断に適合したものであるなら，すなわち，それが裁判所が裁くことができる問題（すなわち，内容）であるなら，その権限の行使は，制定法上の権限の

---

78)　ルールについて，see ch 17. GCHQ判決の申請人の労働組合に加入する権利は1997年5月に政府によって回復された。

行使の審査に関して発展してきた原則に従った審査に服すると確信をもって
いえる段階に至っている。今日，……国王大権上の権限の行使が司法審査に
服するかを決する際の支配的な要因は，その淵源ではなく，その内容なので
ある[79]。

もちろん，これはかなり大きな発展であった。なぜなら，かつては，少なく
とも理論的には審査できないと考えられていた多くの領域が，現在では潜在的
には裁判所の審査に開かれているからである。しかし，GCHQ の後に続いた
いくつかの判決はコモンローの立場をそれほど発展させるものではなかった。
例えば，R v Secretary of State for the Home Department, ex p Harrison が
ある[80]。この事件では，申請人は，詐欺の共謀で有罪とされ，禁錮３年をいい
渡されたのであるが，本来，公判において完全な法律扶助を与えられるべきで
あったことを理由として上訴し，認められた。その後，彼は，内務省に補償を
申請したが，理由を提示されることなく拒否されたので，司法審査を求め，内
務大臣による補償の拒否が不公正であったと主張した。本件における恩恵的支
払いは，大権のもとでなされたものであり，この種類の決定については，内務
大臣の側の予断や欺罔がない場合には，裁判所は疑問を差し挟むことはでき
ず，申請人はその決定に対して理由の提示を受ける権利を有しないとした[81]。
新しく発展している法に対する保守的なアプローチは，すでに見た
Northumbria Police Authority 判決においても明らかに採用されていた[82]。

　対照的に，GCHQ における方向性の変化に依拠しようとしたのが，R v
Secretary of State for Foreign and Commonwealth Affairs, ex p Everett で
あった[83]。この事件は，外務省と在スペイン・イギリス大使館が，イギリスで

---

79)　[1985] AC 374, 407.

80)　[1988] 3 All ER 86.

81)　コモンロー上の理由提示義務について，see 17.3.5.

82)　See also Lord Keith's opinion in *Lord Advocate v Dumbarton District Council*
　　[1990] 2 AC 580.

83)　[1989] 1 All ER 655.

Everett 氏に逮捕状が出ていたことを理由にパスポートの更新を拒否したものであった。O'Connor 裁判官は，GCHQ 判決における Scarman 裁判官，Roskill 裁判官，Diplock 裁判官の意見を引用して，高等法院はこの行政上の決定を審査する管轄権を有し，政府の政策は合理的であるけれども，Everett 氏は拒否について詳細な理由を提示されるべきであったとした[84]。Taylor 裁判官もまた，GCHQ 判決で述べられていた司法判断適合性の概念をより一貫させようとした。司法判断に適合しない「高度な政治の問題」に関する国王大権上の権限と，パスポートの発給のような司法判断に適合的な他の問題に関する国王大権上の権限を区別して，次のように述べた。

　パスポートの付与，更新に関する取消し，拒否を審査する権限を裁判所が有するということには疑問の余地はない。GCHQ 判決における貴族院は，……単に「大権」という言葉を出すだけで裁判所の権限を排除することはできないということを明らかにした。同判決の多数意見は，国王大権上の権限の行使に対して司法審査が開かれているかどうか，特に，それが司法判断に適合するかは，その内容によることを示した。大権のもとでの行政上の活動の最上位に位置するのは高度な政治の問題である。その例として，判決は，条約の締結，法の制定，議会の解散，軍隊の動員をあげている。それらの問題は明らかに司法判断に適合せず，また多くの他の問題も司法判断に適合しないことは疑いない。しかし，パスポートの付与，拒否は，全く異なるカテゴリーに入る。それは個人の権利に影響を与える行政上の決定に関する問題である[85]。

Bentley 判決もまた重要な判決である。この事件は恩赦大権の行使に関するものであった[86]。この事件は，Iris Bentley 氏が，事件当時 11 歳の知的能力で

---

84)　Compare *Secretary of State for the Home Department v Lakdawalla* [1972] Imm AR 26.

85)　[1989] 1 All ER 655, 660.

あったにもかかわらず警察官殺人の罪で1953年に絞首刑となった弟に対し，内務大臣が死後恩赦を与えることを拒否したことは法に関する過誤であることの宣言的判決を求めたものだが，ここでは司法審査が認められた。これは，裁判所が，恩赦大権は刑事司法システムの重要な内容であり，このことは，法に関して誤っている可能性のある内務大臣の決定は，原則として争えるべきであるということを意味しているとしたためであった。さらに，このような認定をするにあたり，裁判所は，司法判断適合的な決定のカテゴリーは閉じられているとみるべきではないと強調した。すでに見たように，Roskill裁判官は，GCHQ判決において，恩赦大権は司法審査の範囲を超えるという立場をとっていた。しかし，裁判所は，Bentley判決では，その事実において異なる考え方を採用した。そして，そこでは，監視的管轄権が有する流動的で状況適応的な性質を次のように強調している。

　それゆえに，我々は，国王大権に係るいくつかの点については司法審査過程に適したものであると結論付ける。我々は，この事件においてこれ以上のことをいう必要があるとは考えていない。問題となっている事柄が審査可能かどうかは他の裁判所が事件ごとに決定するものであるだろう[87]。

　この文脈で議論される可能性のあるもう1つの判決は，R (Sandiford) v Secretary of State for Foreign and Commonwealth Affairsである[88]。この事件は，イギリス人女性がバリ島で犯した薬物犯罪のためにインドネシアで死刑の宣告を受けたというもので，世間を騒がせた事件である。彼女は，インドネシアの制度で上訴するための金銭的援助をイギリス政府に求めた。しかし，死刑

---

86)　[1993] 4 All ER 442. And see, e.g., *R (Shields) v Secretary of State for Justice* [2010] QB 150 and *McGeough v Secretary of State for Northern Ireland* [2013] NI 143.

87)　[1993] 4 All ER 442, 453, Watkins LJ. See, to like effect, *Re McBride's Application (No 2)* [2003] NI 319, 334.

88)　[2014] UKSC 44, [2014] 1 WLR 2697.

事件を含めて海外の刑事裁判に対して援助をしないという政府の政策に基づいて彼女の要求は拒否された。問題の政策は大権に基づいて採用されており，請求人は，その政策は国務大臣の裁量を拘束するものであり，人権法に違反すると主張した。最高裁は，請求人に対して明らかに同情していたが，本件の事実において救済を与えることはできないとした。その理由は，裁量拘束に関する法は，制定法上の権限に関して発展してきたものであり，制定法ではない国王大権上の権限の領域にまで広げることはできないというものであった[89]。裁判所はまた，請求人の人権に関する主張は，当該事実において国務大臣は領土外の義務を負わないことを理由に認められないとした。

9.3.2.3 Fire Brigade's Union と Bancoult

残る GCHQ 判決以降の判決のうち，もっとも重要な2つの判決は，疑いなく，R vSecretary of State for the Home Department, ex p Fire Brigades Union と R (Bancoult) v Secretary of State for Foreign and Commonwealth Affairs (No 2) である[90]。両者ともに最終的な判断は貴族院によってなされ，前者の判決は，司法による大権のコントロールに関する最高到達点のようなものと見られているのに対して，後者の判決は「大権に対する現代の司法の態度について失望させるような内容を示すもの」とされてきた[91]。これらはそれぞれ国王大権上の権限の拘束についての現在の限界を示している。

Fire Brigades Union 判決の事案は，政府が犯罪被害補償制度に変更を加え

---

89) 裁量の拘束について，see ch 12.

90) それぞれ，[1995] 2 AC 513 と [2009] 1 AC 453. 他の著名な判例として *R v British Coal Corporation and the Secretary of State for Trade and Industry, ex p Vardy* [1993] ICR 720（多数の炭鉱の閉鎖の合法性に関するもの），*R v Ministry of Defence, ex p Smith* [1996] QB 517（ゲイ，レズビアンが軍で働くことを禁止する政策の合法性に関するもの。しかし，特に，私生活及び家族生活を尊重する欧州人権条約8条違反を認定した，*Smith & Grady v UK* (2000) 29 EHRR 493 も参照）。

91) M Elliott and A Perreau-Saussine, 'Pyrrhic Public Law: Bancoult and the Sources, Status and Content of Common Law Limitations on Prerogative Power' [2009] *Public Law* 697.

るために，1988 年刑事裁判法の条項を改正しようとしたときに起きた。その制度は，当初，国王大権上の権限のもとでイギリスに導入され，1988 年まで大権のみを根拠として存在していた（犯罪被害補償委員会の決定の審査可能性については，すでに触れた Lain 判決を参照）。しかし，1988 年，議会は，法律を制定してその制度に制定法の根拠を与えた。そして，関連する条項は内務大臣の命令により施行されるものとされた。1993 年，内務大臣は，そうした命令を出す代わりに，この制定法上の制度が施行されないこと，そして国王大権上の権限に基づいて，既存の制定法によらない制度を，やはり制定法によらない，そしてより金銭的に十分ではない，補償表制度で置き換えることを示した。この決定は，多くの人々がかなり減額された補償パッケージしか受けとれなくなることを意味していた。そこで，内務大臣が，自らが作動させる制定法上の義務を負っている未施行の制定法の条項について，国王大権上の権限を用いることで無視したことは違法であるとして，多くの労働組合が司法審査を申請した。

　貴族院は 3 対 2 に分かれた。多数意見は，この新しい制度は権限踰越であり，内務大臣が権限を濫用したものであるとした。多数意見は，内務大臣は関連する制定法上の条項を特定の時点で作動させる法的に執行可能な義務を負うという申請人の主張は容れなかったが，内務大臣はその制定法上の制度を有効にするかを検討する継続的な義務を負っているとした。判決を主導した Browne-Wilkinson 裁判官は，De Keyser's 判決に注意を払い，「もし，……制定法で示された議会の意思を阻み，当該制定法上の制度の継続に関する議会の決定をある程度先取りするように，国王大権上の権限を有効に行使することができるのであれば，それは非常に驚くべきこと」であろうとした[92]。この点に関する彼の意見は反対意見による強い反対を受けた。Mustill 裁判官は，述べられた意見のいくつかは，1689 年の権利章典において確立され，認識されてきた，裁判所と議会の区分のまさにその境界まで裁判所を押しやるものであろう」とした[93]。しかし，貴族院の多数意見は，行政部が議会に適切に属してい

---

92)　[1995] 2 AC 513, 552.

93)　Ibid, 568.

る法制定機能を奪うために国王大権上の権限を用いないようにする必要性があるとした。そのため，「制定法の条項と大臣の権限が……制定法典に載っている場合に，補償表制度を導入する決定をすることは違法であり，権限の濫用であった」[94]。

この事件が重要な憲法上の問題を取り上げ，そして，さらに，それが裁判官の間での鋭い意見対立につながったことは明らかである。例えば，Lloyd 裁判官と Nicholls 裁判官は，権限の濫用が存在したとする Browne-Wilkinson 裁判官の理由付けに同意したが，Keith 裁判官と Mustill 裁判官は，強い反対意見を述べ，内務大臣の決定に裁判所が介入をすることは，司法部と，行政部及び議会の権限の境界を乗り越えることになるとした。Ganz は次のように述べている。

その意見の基本的な相違点は，多数意見が，内務大臣の決定が司法審査の対象となる法的問題を生じさせていると見ているのに対して，反対意見は，それを，裁判所ではなく議会が回答可能な政治的決定と見なしているという点にある[95]。

ここで，多数意見は，明らかに，法と政策の間のまさに限界点に自身を置いていたのであった[96]。

Bancoult 判決で生じた憲法上の問題も，それを発生させた事実と同様に議論になった。大まかに説明すると，この事件は，1970 年代以来，強制的にその故郷の島から退去させられていたチャゴス諸島の島民が島に戻るのを妨げるために（その諸島の中心となる島であるディエゴガルシア島がアメリカの軍事基地とし

---

94) Ibid, 554, Lord Browne-Wilkinson.

95) G Ganz, 'Criminal Injuries Compensation: The Constitutional Issues' (1996) 59 *Modern Law Review* 95, 97.

96) See, too, e.g., *R (Abassi) v Secretary of State for Foreign and Commonwealth Affairs* [2003] UKHRR 76.

て用いられることになったため，島民は退去させられた），政府が大権に基づく枢密院令（大権立法である）を使うことを試みたことが合法であるかという問題に関するものであった。立退きの法的根拠は 2001 年に違法であるとされ，取り消された[97]。そして，政府は当初，裁判所の判決に従い，島民が島（ディエゴガルシア島は例外）に戻ることを許すと述べたが，その後，考えを変え，島民と協議することなしに，島に戻るのを妨げる効果を有する 2 つの枢密院令を女王に提出した。それに対する司法審査請求は多くの重要な問題を提起した。それには，（a）貴族院が大権立法を審査することができるか，そして，審査できる場合，（b）本件枢密院令は違法かという問題が含まれていた。

　貴族院は，（a）に関して，GCHQ 判決を参照し，原則として，他の大権上の行為と同じく，裁判所が大権立法を審査できるべきではないとする理由はないとした。これは重要な決定であった。なぜなら，以前は審査を免れると考えられていた領域にまで監視的管轄権を拡張するものであったからである。しかし，この判決の（b）についての判断は批判されている。（b）に関して，貴族院は当該大権立法は違法ではないとした。貴族院の理由付けは，植民地法の性質や地位，そして重要なことに，当該大権立法が，不合理性，権限の濫用，正当な期待に関するコモンロー原則に違反するかという複雑な問題に及んでいた[98]。貴族院は当該大権立法はそれらの原則に違反しないとした。貴族院は，再定住の可能性，公費支出の必要性，国家の安全や外交上の利益への影響といった要素に照らして，当該大権立法を制定する決定がなされていたことを強調した。貴族院は，これらは行政部の権限内に「特有なものとして存在する」問題であるとして，当該大権立法が不合理であるか，権限の濫用となるものとすることはできないと結論付けた。また，この事件の文脈では，請求人は再定住についての正当な期待を持つことはできないとされた。なぜなら，2001 年判決に照らした政府の声明は明らかなものではなく，あいまいなものであった

---

97)　*R (Bancoult) v Secretary of State for Foreign and Commonwealth Affairs* [2001]
　　2 WLR 1219.

98)　この点について，see chs 13 and 15.

からである。

Bancoult 判決は批判に値するか。確かに，GCHQ 判決の論理の発展は歓迎されるべきである。なぜなら，それは，（少なくとも 1998 年人権法では主位立法の形式である）法を制定する文脈でも，行政部の行き過ぎに対するさらなる安全装置を提供するからである[99]。他方で，Elliott と Perreau-Saussine は，政府が当該大権立法に関して主張する正当化理由について裁判所が綿密な検討をすることを拒んだことについて，「行政部の権限を法の支配により拘束されるものと見る者にとっては，それはピュロスの勝利であった」としている[100]。Elliott らは，貴族院が大権立法を審査の対象とした上で，次に生じる合法性の問題において自制することは，それを審査の対象とした価値を明らかに損なうことになると指摘している。司法審査における理論的に重要な発展が限られた実用性しか持たないことを示す例ではないか。

9. 3. 3　2010 年憲法改革及び統治法

最後に（そして簡潔に），多くの国王大権上の権限に対して制定法上の根拠を与えた 2010 年憲法改革及び統治法の重要性について検討したい。すでに第 5 章で検討したように，問題の国王大権上の権限は公務員の管理と条約の批准に関係するものである[101]。これらの領域における大権の行使はすでに議会の監督に服してきたが，この法律は議会のコントロールとの関係を強固なものとした。条約の批准の例でいえば，20 条において，以前「ポンソンビー〔Ponsonby〕ルール」として知られていたものの中核部分が規定された。同条は特に次のように規定している。

　（a）大臣が議会に条約の写しを提示し，（b）大臣が適切と考える方法で当該条約が公表され，（c）いずれかの議院が［21 日以内に］当該条約が批

---

99)　Section 21.

100)　Elliott and Perreau-Saussine, n 91, 717.

101)　それぞれ，Parts I と II.

准されるべきではないとの議決を行うことなく，［21日が］経過した場合を
除き，条約は批准されないものとする。

　これらの国王大権上の権限に対して制定法上の根拠を与えるという決定は，
大権に対する民主的コントロールのレベルを引き上げようという関心によるも
のであった[102]。もちろん，この文脈における「民主的コントロール」とは，裁
判所が司法審査という手段を通して行ってきた何らかのコントロールではな
く，「議会によるコントロール」と等しいものである。ここまで，国王大権上
の権限に関してアカウンタビリティを確保するために裁判所が重要な歩みをど
のように進めてきたかを見てきたが，判例法は条約の批准に関わる「高度な政
治」の問題に裁判所を関与させてこなかった。その意味で，この法律は，長ら
く，裁判所の憲法上の役割を超えるものと認識されてきたレベルの民主的コン
トロールを追求するものといえる。

9.4　結　　　論

　本章では，司法審査が，歴史的に，制定法上の権限と義務のコントロール，
そしてそれに関連する権限の淵源テストの重要性に重点を置いてきたことを最
初に述べ，その上で，そうしたコントロールが及ばない領域の公的権限に対し
て，裁判所のコントロールを一定程度及ぼすために，裁判所がどのように権限
の淵源テストを乗り越えようとしてきたかを説明した。その中で，司法審査の
範囲が依然として多くの要素により制限されていることを強調してきた。それ
らの要素には望ましいものもあればそうではないものもある。そして，より広
い権力分立への配慮と議会が果たす役割との関係からして，審査管轄権を国王
大権にまで拡大することは，依然として慎重に扱われるべき問題であることを
見た。政府活動の契約による委託に対する裁判所のアプローチは，少なくとも

---

102)　See the *Governance of Britain White Paper*, Cm 7170, available at 〈http://www.
　official-documents.gov.uk/document/cm71/7170/7170.pdf〉.

イングランドとウェールズにおいては，権限の淵源テストの残滓に縛られていること，それは，（特にスコットランド法の状況と比べると）個人の利益の保護にとって明らかに不必要な障害であることも見た。

　ここで注意すべき点として付け加えておきたいのは，近年の司法審査の拡大は注目すべきものであるが，ときに，その意義が誇張され過ぎる傾向にあるということである。ここで指摘したいのは，権限の淵源テストから離れることは審査に服する決定の範囲を広げてきたが，それは，裁判所が常にある決定を違法であると認定することにはならないということである。ある決定が違法かどうかは，例えば，裁量の性質と範囲，権利が決定により行使されるか，決定が公的支出を伴うものかといった，裁判所を導く様々な考慮事項による。結局，これが Bancoult 判決における貴族院の最終的なアプローチを決定した。Elliott と Perreau-Saussine による批判はその現実を明確に示したに過ぎない。そのため，決定は司法審査に服するかもしれないが，そのまま維持することが認められる可能性があることに常に留意する必要がある。

FURTHER READING

On the public-private divide

Anthony, G (2008) 'Human Rights and the Public-Private Divide in the UK's Multilevel Constitution' in Pavlopoulos, P and Flogaitis, S (eds), *Multilevel Governance and Administrative Reform in the 21st Century* (London: Esperia Publications), 237.

Anthony, G (2014) *Judicial Review in Northern Ireland*, 2nd edn (Oxford: Hart Publishing).

Bamforth, N (1997) 'The Public-Private Law Distinction: A Comparative and Philosophical Approach', in Leyland, P and Woods, T (eds), *Administrative Law Facing the Future: Old Constraints and New Horizons* (London: Blackstone Press).

Bamforth, N (1999) 'The Application of the Human Rights Act 1998 to Public Authorities and Private Bodies' 58 *Cambridge Law Journal* 159.

Craig, P (1997) 'Public Law and Control Over Private Power' in Taggart, M (ed), *The Province of Administrative Law* (Oxford: Hart Publishing).

Elliott, M (1999) 'The *Ultra Vires* Doctrine in a Constitutional Setting: Still the Central Principle of Administrative Law' *Cambridge Law Journal* 129.

Harlow, C (1980) '"Public" or "Private" Law: Definition Without Distinction' 43 *Modern Law Review* 241.

Meisel, F [2004] 'The Aston Cantlow Case: Blots on English Jurisprudence and the Public/Private Law Divide' *Public Law* 2.

Oliver, D [1987] 'Is the *Ultra Vires* Rule the Basis of Judicial Review' *Public Law* 543.

Oliver, D [1997] 'Common Values in Public and Private Law and the Public-Private Divide' *Public Law* 630.

Oliver, D [2000] 'The Frontiers of the State: Public Authorities and Public Functions under the Human Rights Act' *Public Law* 476.

On the prerogative

Billings, P and Pontin, B [2001] 'Prerogative Powers and the Human Rights Act: Elevating the Status of Orders in Council' *Public Law* 21.

Craig, P (1998) 'Prerogative, Precedent and Power' in Forsyth, C and Hare, I (eds), *The Golden Metwand and the Crooked Cord* (Oxford: Clarendon Press).

Elliott, M and Perreau-Saussine, A [2009] 'Pyrrhic Public Law: *Bancoult* and the Sources, Status and Content of Common Law Limitations on Prerogative Power' *Public Law* 697.

Ganz, G (1996) 'Criminal Injuries Compensation: The Constitutional Issues' 59 *Modern Law Review* 95.

Hadfield, B (1999) 'Judicial Review and the Prerogative Powers of the Crown' in Sunkin, M and Payne, S (eds), *The Nature of the Crown: A Legal and Political Analysis* (Oxford: Oxford University Press), chapter 8.

Leigh, I (1995) 'The Prerogative, Legislative Power and the Democratic Deficit: the *Fire Brigades Union* case' 3 *Web Journal of Current Legal Issues*.

Loughlin, M (1999) 'The State, the Crown and the Law' in Sunkin, M and Payne, S (eds), *The Nature of the Crown* (Oxford: Oxford University Press).

Pollard, D (1997) 'Judicial Review of Prerogative Powers in the United Kingdom and France' in Leyland, P and Woods, T (eds), *Administrative Law Facing the Future: Old Constraints and New Horizons* (London: Blackstone Press).

Sunkin, M and Payne, S (eds) (1999) *The Nature of the Crown: A Legal and Political Analysis* (Oxford: Oxford University Press).

Tomkins, A [2001] 'Magna Carta, Crown and Colonies' *Public Law* 571.

第 10 章

司法審査の制限

──管轄権排除条項と公益上の理由による免責──

10. 1　序

　司法審査の拡大がわが行政法のこの数十年間の1つの顕著な特徴であること
は，既に見た。しかし，本章の焦点は，いつ司法審査が制限に服しうるかとい
う問題を検討する点で，やや異なるものである。第1に，本章は，裁判所の管
轄権を，客観的な言葉で表現された制定法に基づく管轄権排除条項〔ouster
provisions〕の慎重な起草によって，また，相当の裁量を意思決定者に容認する
主観的な用語の使用によって，排除することがどこまでできるかを検討する。
第2に，本章は，明示的ではなく黙示的な制限が法にとって中心となる領域に
焦点を当てる。すなわち，政府やその他の機関による公益上の理由による免責
〔public interest immunity〕の使用である。このことが重要であるのは，何らか
の活動に先立ち，裁判所の排除が成し遂げられたことが認められると，これ
は，意思決定者にとって，裁判所による事後の介入のおそれなしに活動してよ
いとの明確な合図になるためである。しかし，裁判官は，自己の憲法上の地位
と特に法の支配の原則を意識している。その結果，裁判官は，いかなる下位の
機関に対しても，公的機関やその他の機関が裁判所の管轄権を免れることにな
る制御不能な権限を獲得することを許そうとはしてこなかった。というのも，
こうすると，理論的には，潜在的な独裁的権力への扉を開くことと等しいため
であった。例えば，2004年庇護及び出入国管理法案に管轄権排除条項を挿入
し，それによって立法が裁判所の管轄権を庇護及び出入国管理審判所の活動に
関して完全に排除しようとする当時の政府の提案に対し，政界，法曹界及び学

界において強力な反対が表明された[1]。その措置は，確立した司法審査の根拠を排除するよう意図されたものであり，そうすることで，重要な憲法的安全装置を持ち去ってしまうものであった。政府は，特に貴族院において強力な抵抗に直面して態度を軟化させ，その条項は，2004 年庇護及び出入国管理（請求者等の取扱い）法となるものから外された。さらに，裁判所は，1960 年代以降，法の支配に違反して権力濫用になると自らが考える権力の領域の創設に対して，反対する強力な立場を，時には反抗的な立場さえ取ってきた。Wade と Forsyth の教科書において次のように述べられているとおりである。

　政府の省側の法律家は，ある法律が自由な裁量を付与していると主張することがあるが，彼らは憲法の冒瀆の罪を犯している。というのも，自由な裁量は，法の支配が行き渡った場所では存しえないからである。同じ真実は，すべての権力が濫用されることがあり，それゆえ濫用を阻止するための権限が実効的な司法審査の試金石であると主張することによって表明することができる[2]。

　このことは，権力分立という憲法習律によって定められた範囲内で活動する司法府の役割に関する１つの確固たる見方と明らかに調和するものである。もっとも，歴史上，何人かの裁判官は，いかに物議を醸すものであっても，議会の意思や大臣の決定に裁判所は常に従うべきであるとの見解に同意してきたように見えたけれども[3]。しかし，様々な司法の意見が示すとおり，政府やその他の行政機関によって行われた決定がどこまで裁判所による統制に服すべきかという問題は，議論の余地のない問題では全くない。例えば，管轄権排除条

---

1)　e.g., Lord Woolf Squire Centenary Lecture (2004) 63 *Cambridge Law Journal* 310.

2)　W Wade and C Forsyth, *Administrative Law*, 11th edn (Oxford: Oxford University Press 2014), 27.

3)　See, e.g., Viscount Simonds in *Smith v East Elloe Rural District Council* [1956] 1 All ER 855.

項は，保守的な傾向のある裁判所を寄せ付けないための有用な装置として考えることが十分にできるものである。本質的に「青信号」の見解[4]を表明するGriffith は，特定の行政領域では特別の機関が裁定者として行為する必要性を認識し，そのように奨励した。この観点から考えると，まさしく同じ種類の管轄権排除条項による限定は，大きな留保を伴うが，政策決定の実施における首尾一貫性と終局性を求める行政職員の願望を満たすことができる[5]。

　本章を通して学習するにつれて，これは，主には過去に裁判所がしてきた歴史的区別のため，法の言葉遣いが極めて複雑になりうる1つの領域であることが明らかとなる。後に，対応する定義の問題のいくつかに立ち戻るが[6]，本章の分析を始める前に，「管轄権」という用語の使用に関する1つの要点を明らかにすべきである。要するに，司法審査は，かつては「管轄権の」法理論と呼ぶことのできるものに固執するものであったのであり，これによって，裁判所は，ある問題に関する意思決定者の「管轄権」を，現在であれば「法的権限」と呼ぶであろうものの同義語として語っていた。これに基づき，裁判所は，「管轄権に関わる法についての過誤」（本質的に，意思決定者が有すると称した権限を有したか否かに関する過誤）と「管轄権内で犯された法についての過誤」（すなわち，意思決定者をその権限の四隅の外に出さない過誤）を区別した。管轄権に関わる法についての過誤は常に司法的統制に服した——その他のアプローチをとると，意思決定者が議会によって委任された範囲を超える権限をわが物にすることを許すことになった——一方で，裁判所は，管轄権内の過誤に関してはさして介入しようとしなかった。しかし，管轄権理論が審査の範囲を限定するかぎりにおいて，裁判所は，かつての区別にもはや依拠しておらず，現在では全ての法についての過誤を審査可能と考えていることに注意すべきである。以下でみるように，これは，権限踰越原則の出現に功績があるとしばしば考えられるAnisminic 判決の結果であると広く考えられている[7]。

---

4)　See 1.4.

5)　J Griffith, *The Politics of the Judiciary*, 5th edn (London: Fontana, 1997), 340ff.

6)　See 10.4.

10. 2　管轄権排除条項と期間制限条項

10. 2. 1　終　局　性

　特定の意思決定者，例えば審判所の決定が裁判所では争うことができないことを示すため，終局性条項〔finality clauses〕が時々制定法に挿入される。しかし，現在では，そのような終局性条項が裁判所によって司法審査を排除するものとは認められないことを示唆する膨大な判例法が存する。R v Medical Appeal Tribunal, ex p Gillmore[8] がこの点に関する指導的判決であると考えられる。本件では，1946 年国民保険（労働災害）法 36 条 3 項が，「……請求又は問題に関する全ての決定は，終局的なものとする」と規定していた。原告は，記録に表れた法についての過誤が存した場合の移送命令（取消命令）の救済を求めた[9]。当該救済は女王座部合議法廷では拒否されたが，控訴院では認容された。Denning 裁判官は，これらの文言は上訴を排除するためには十分であろうが，司法審査を阻止するものではない――「移送命令による救済は，最も明白かつ明示的な文言による場合を除き，いかなる制定法によっても奪うことができないことは，十分に確立していると考える」――と判示し，「終局的なものとする」といった定式はこの目的を達成するために十分ではないことを疑わなかった。「移送命令排除」条項に関して，容易には排除を認めない論拠は，以下のことを確立した過去の制定法と判例を参照して説明された。すなわち，「……裁判所は，それらの制定法を司法的機関〔tribunal〕による非行の隠れ蓑として使用することを決して認めない。仮に司法的機関が自己の管轄権を裁判所による抑制なしに自由に踰越することができるとすれば，法の支配は終わるであろう」[10]。したがって，明示の文言が移送命令を奪っているにもかかわら

---

7)　See discussion of grounds of review in chs 11-17 and *Boddington v British Transport Police* [1999] 2 AC 143.

8)　[1957] 1 QB 574.

9)　See 10.4.

ず，（これらの過去の判決では）移送命令が法の支配を擁護するために必要であれば依然として存在しうると判示されたのである。

同様に，終局性条項は，管轄権に関わる過誤が存するときには，効力を有しないことを示唆する十分に確立した先例が存する。例えば，Pearlman v Harrow School[11] では，争点に関するカウンティ裁判所裁判官の判決が「終局的かつ確定的な〔final and conclusive〕」ものであった。加えて，1959 年カウンティ裁判所法 107 条は，移送命令排除条項を含むものであったが，しかしこれは適用されず，高等法院の監視的管轄権に影響を及ぼさなかった。さらに，より物議を醸すことに，本件における Denning 裁判官の傍論において，終局性条項はより一般的な法律問題に関する上訴さえ排除することができないことが示唆された。Ex p Gilmore 判決及び Pearlman v Harrow School は，移送命令の救済を求める申請に関するものであるが，いかなる救済が求められているにせよ，過誤が意思決定者の管轄権に関わるものと考えられるときには，終局性条項が司法審査を排除しないことに留意すべきである。

10. 2. 2　完全な管轄権排除条項と Anisminic 判決

Smith v East Elloe Rural District Council[12] における判決が期間制限条項に関する 1 つの見方を例証するものであり，それが一般に認められた司法静観主義期の末頃に到達した見方であったことは，後に見る[13]。本件において，貴族院は，土地収用命令を審査する裁判所の管轄権を制限する制定法の条項を極めて緩やかに解釈したため，公務員による詐欺があっても，所有者が移送命令による救済を受ける資格を有しなくなるほどであった。これとはっきりと対照させて，Anisminic Ltd v Foreign Compensation Commission[14] における貴族院

---

10)　[1957] 1 QB 574, at 586.

11)　[1979] QB 56.

12)　[1956] 1 All ER 855.

13)　10.2.3.

14)　[1969] 2 AC 147.

の画期的判決を次に検討することができる。本件は，司法による介入の見せ場の1つと考えられる。提起されたより詳細な論点に関わる前に，本章の目的にとって2つの中心的な論点は次のものであったことに留意しておくのが有益である。すなわち，

(a)　1950年在外資産補償法に含まれた制定法上の管轄権排除条項の適用可能性

(b)　司法審査が意思決定者の管轄権に関わる過誤に限定される程度

　最終的には貴族院判決に至ることになる請求を浮き彫りにするため，事件の背景を簡単に概説しておく必要がある。Anisminic社は，エジプトで財産を所有していたイギリスの鉱業会社であったが，1956年のスエズ危機の間にその財産はイスラエル軍に接収され，50万ポンド相当の損害が生じた。その財産は，その後1956年11月にエジプト政府に接収された。1957年にエジプト政府は，相当量のマンガン鉱石を含むその財産について，実際の価格未満でTEDO——エジプト政府との協定に基づきAnisminic社の資産を取得していたエジプトの法人——に売却することを認可した。その協定の一部として，Anisminic社もエジプト政府から50万ポンドの補償を受け取ったものの，その取決めは，他所からの補償の問題を意図的に未解決のままとした。1959年にUAR（エジプト）とイギリス政府との間で条約の締結交渉がされ，その条約は，1956年にエジプトで没取された財産について，2750万ポンドの補償金がイギリスに支払われることを規定していた。これらの基金を分配する責務は，在外資産補償委員会に付与された。Anisminic社は補償請求を適時に提出した。

　同委員会は，1962年在外資産補償（エジプト）（請求の決定及び登録）規則に基づき活動した。同規則に基づき，以下の条件を満たすときに，資格が証明された。

(a)　申請者が，同規則の別表Eの関係部分において，財産の所有者又はそ

の承継人として表記された人であること。

(b) 別表 E の関係部分において表記された人及び 1959 年 2 月 28 日以降に
その人の承継人になった人が，1956 年 10 月 31 日及び 1959 年 2 月 28 日
においてイギリス国籍であること。

　同委員会は，同規則（貴族院裁判官らは非常に拙く起草されたと批判した）を，
申請者がイギリス国籍でなければならないだけではなく，その承継人もイギリ
ス国籍でなければならないことを意味するものと解釈した。そのような規定の
解釈は，承継人がイギリス国籍になることはほぼありえなかったから，ほぼ全
ての請求を斥けるように見えた。また，いずれにせよ，そのような取引（非イ
ギリス国籍の企業への売却）に Anisminic 社（やその他の企業）が至っていれば，
それに関して何を行っても無力であった。（これらの条項の目的とは，元々の所有
者であれ，その承継人であれ，イギリス国籍の人だけが補償を受ける資格を有すること
になるよう確保することであったという事実は見失うべきではない。）同委員会は，
Anisminic 社につき，その承継人である TEDO がイギリス国籍ではないとの
理由のみで，補償を求める資格を欠くと認めた。Anisminic 社は，同規則が同
委員会によって誤って解釈されたとの宣言的判決を求めた。
　克服すべき 1 つの大きな障害は，制定法上の管轄権排除条項が裁判所の介入
を阻止することができるか否かであった。貴族院は，明白な文言で「この法律
に基づき行われた申請に係る同委員会の決定は，裁判所において争うことが許
されない」と規定する 1950 年在外資産補償法 4 条 4 項の意味を検討した。額
面どおりに解すると，この条項は，裁判所における全ての考慮がその条項に
よって排除されるのであり，その中には，決定がそれ自体無効であることを証
明する訴えも含まれることを示すように見えるであろう。このことの論理的帰
結は十分に明らかであり，すなわち，ある決定が無効であった可能性は十分に
あるが，制定法上の管轄権排除条項によって裁判所がその問題を審査すること
を妨げられるため，そのことを知る方法が存しなかったということである。し
かし，Reid 裁判官は，彼の意見において，以下のことを問うた。

そのような条項は，その命令を有効な命令として取り扱うよう裁判所に要求するか。裁判所の通常の管轄権を排除する条項は厳格に解釈されなければならないということが，十分に確立した原則である——思うに，このことは，そのような条項が然るべく2つの意味を有しうるときには，裁判所の通常の管轄権を維持する意味を取るべきであることを意味する。……裁判所の管轄権を制限するその他の形式の文言が無効を保護すると判示された判決は引用されなかった。(See [1969] 2 AC 147, 170)．

したがって，管轄権排除は有効な決定のみに関連するものであった。同委員会は権限を踰越して行為していたのであるから，本件におけるその決定は最初から無効であり，したがって，司法による介入がそのような条項によって排除されることはないと判示された。

本件は，誰が承継人であるかを同委員会が決定しようとする際に，不適当に起草された枢密院令を解釈した方法にかかるものであった。このこと自体が，意思決定者の管轄権に関する問題を生じさせた。Reid 裁判官は，「彼ら［同委員会］が，自らの決定を，自らの裁定に関して定められていない事項に基礎付けるときには，行う権利を有しないことを行っていることになり，……その決定は無効である」（[1969] 2 AC 147, 174）と述べた。同委員会は，実質的に，決定する管轄権を付与された問題を，全く関連しない考慮事項に依拠して検討したのであった。Reid 裁判官は次のように付け加えた。すなわち，

「承継人」という言葉自体……この規則の状況では，元々の所有者が依然として存している間は，誰を指すにも不適切であり，思うに，その言葉がそのような誰かを指すよう意図されていたことは，ほとんどありそうにない。その言葉をそのような人に適用されるよう拡大解釈する必要性は存しない。したがって，4条1項（b）（ⅱ）における「及び上記の人の承継人となった全ての人」という言葉は，申請者が元々の所有者である事案には適用されないと考える。それゆえ，同委員会は，上訴人の請求を，考慮する権利を有し

ない理由に基づいて斥けたのであり，その決定は無効であった。（[1969] 2 AC 147, 175）．

権限踰越の決定はおよそ決定ではないと考えられたため，その決定は，いかなる効果も有しえない無効なものであった。貴族院は，そのような管轄権排除条項が権限内の決定しか保護しないと全員一致で判示した。しかし，本件における決定は，関連する規則の範囲に関する誤った解釈に基づくものであったため，権限踰越であった。換言すれば，意思決定者は，自らの管轄権の基礎に関わる過誤を犯したのであった[15]。（Reid 裁判官の上記の第一の声明から含意されるように）たとえ司法審査を排除しようとするそのような条項（完全な管轄権排除条項）が存するときでも，決定が有効であるか否かの判断は，必然的に司法審査申請に基づき裁判官によって行われることは，覚えておく価値がある。この意味において，裁判所は排除されないのである。

ほぼ即時の反応は，関連する立法が 1969 年在外資産補償法の成立によって修正されたことであったのであり，枢密院令の解釈に関する法律問題について控訴院への上訴が規定された。次に，このことは，制限条項〔limitation clauses〕が裁判所の管轄権を排除する効果を有するものと解釈されることがそもそもあるのかという問題を生じさせる。

10.2.2.1 Anisminic 判決のインパクト

初見では，Anisminic 判決は，行政機関によって誤って行われた事実上全ての活動が，当該過誤は管轄権に関わるものであり，それゆえ結果として生じる決定やその他の行政活動がその機関の権限を踰越したものになるという意味において根本的なものであると見なされるであろうことを意味するものと考えられるように見える。しかし，同判決は，裁判官が過去に取り扱うことを躊躇していた多くの状況において，裁判所による介入のための門戸を開くも同然にし

---

15) 管轄権に関わる過誤については，see further 10.4.

たことによって，度を超したものであったか否かを検討することは重要である（例えば，Anisminic 判決における Morris 裁判官の反対意見を参照）。実際にその後，簡単に先述した Pearlman v Governors of Harrow School[16] において，過度に熱心な司法の関与の危険性が問題となった。カウンティ裁判所は，ある問題を決定する権利を付与されており，1974 年住宅法附則 8 第 2 条 2 項は，同裁判所による全ての決定が「終局的かつ確定的であるものとする」と規定していた。さらに，1959 年カウンティ裁判所法 107 条は，「カウンティ裁判所の全ての裁判官の判決又は命令……は，上訴，申立て又は移送命令等によってその他の裁判所に移送することが許されない」と規定していた。Denning 裁判官は，たとえ 107 条が適用されるとしても，記録に表れた法についての過誤を根拠とした移送命令を排除するだけであり，管轄権の欠如を根拠として移送命令を発給する高等法院の権限を制限することはないと判示した。同裁判官は，カウンティ裁判所の裁判官が制定法の文言を誤って解釈したことによって，管轄権に関わる法についての過誤を犯したと思料した。しかし，Lane 裁判官は多数意見に強く反対した。すなわち，

　　カウンティ裁判所の裁判官は，自らが検討すべき［附則中の］文言を検討している。彼は，授権されていない任務や無関係な任務や関連しない任務に手を出しているわけではない。彼が行った全てのことは，困難な問題に関する誤った結論であると当裁判所には見えるものということになる。この裁判官が自らの管轄権外で行為しているとすれば，法律問題について誤った決定に至る全ての裁判官も同様であると思われる[17]。

　このことは，Denning 裁判官の解決策が，本書が第 12 章で検討する区別である法と事実の区別を曖昧にするものか否かという問題を生じさせる。

　Pearlman 判決における Lane 裁判官の反対意見は，最終的に Re Racal

---

16)　[1979] QB 56.

17)　Ibid, 76.

Communications 事件において貴族院によって支持された[18]。本件における制定法上の排除は，1948 年会社法 441 条 3 項に基づいて定められていた。これは，申請に基づく高等法院裁判官による決定が「上訴可能ではないものとする」と定めていた。それにもかかわらず，控訴院は，その条が高等法院裁判官によって誤って解釈されたのであるから，Anisminic 判決と同様に，この過誤は管轄権に関するものであるとの理由に基づき，上訴を審理した。それに応じて，控訴院は高等法院の決定を破棄した。しかし，最終の上訴に基づき，貴族院は，このアプローチをいくつかの理由に基づき斥けた。第 1 に，貴族院は，控訴院の管轄権自体が完全に上訴審管轄権であり，それゆえ，控訴院が司法審査を求める最初の申請を処理する権限を有しなかったが，そうなってしまったと判示した。(同裁判所が自らの権限を踰越して行為していた！)。第 2 に，Diplock 裁判官の説明によれば，司法審査は，裁判所の決定に関する救済手段としては，下位の裁判所及び司法的機関が犯した法についての過誤のみに関して利用可能であるが，これらの機関による法についての過誤は管轄権に関わるものとなり，それゆえ審査可能となることが認められた。換言すれば，いかなる公的機関もダイシーの法理に基づき違法に行為する権利を有しないのであり，法についての過誤が存する場合には，当該公的機関は，たとえ管轄権排除条項が存するとしても，ある意味でその機関の管轄権を踰越して行為しているのである（ここでの要点は，最終決定が意思決定者次第となることが許される事実についての過誤を区別することである——「事実」とは，例えば，年金又は給付の水準，計画許可の許否等，下位機関が決定するよう意図されている問題を意味する）。さらに，前掲 Pearlman 事件のようないくつかの事件においては，（上訴審の機関ではなく）下位の司法的機関によって完全に決定されるべきと議会が意図していた事実問題を分離することが依然として可能になることが指摘された。第 3 に，Diplock 裁判官は，上訴を排除する条項が，額面どおりに管轄権を排除するものとして考えられるべきであることを認めた。最後に，同裁判官は，高等法院における

---

18) [1981] AC 374.

法についての過誤の是正が（審査ではなく）上訴によってのみ実現されるべきであると思料した。この制定法のように制定法が上訴を排除するときには，是正が全く存しないことがありうる。Diplock 裁判官のこの意見は，Anisminic 判決のインパクトに対して限界を画したものと考えることができる[19]。

　注目すべきもう 1 つの判決は，R v Secretary of State for the Home Department, ex p Fayed[20] であり，同事件では，Fayed 兄弟が，彼らの帰化を拒否した内務大臣による決定に対して上訴した。裁判所は，救済を付与するため，「国務大臣……は，この法律に基づく申請……の拒否の理由を提示するよう要求されず，そのような申請に基づく国務大臣……の決定は，全ての裁判所への上訴又は全ての裁判所における審査に服しないものとする」と規定する 1981 年イギリス国籍法 44 条 2 項を乗り越えなければならなかった。この条項は管轄権を排除するものではなく，裁判所が決定を手続的な根拠に基づき審査することを妨げるものではないと判示された。公正性の要求に従わない決定を審査から除外するよう議会が意図していなかったとの推論を支えるための先例として，Attorney General v Ryan[21] が引用された。

　他方で，表現上はより弱い「確定的証拠〔conclusive evidence〕」条項が審査を排除するものとして認められてきた。R v Registrar of Companies, ex p Central Bank of India[22] において，控訴院は，1948 年会社法に基づき活動していた会社登記官が法についての過誤を犯したとの意見であった。しかし，控訴院は，引き続き，これを証明するための証拠は，「当該証明書がこの法律の〔第 3 部〕の登記に関する要件が遵守されたことの確定的証拠であるものとする」との言葉を含む 98 条 2 項の規定のため，裁判所に提出することができないと判示した。会社登記官の決定をこれらの根拠に基づき争って，その争いが

---

19)　See also, e.g., *South East Asia Fire Bricks Sdn Bhd v Non-Metallic Mineral Products Manufacturing Employees Union* [1981] AC 363.
20)　[1997] 1 All ER 228.
21)　[1980] AC 718.
22)　[1986] 1 All ER 105.

認められると，会社登記官が法と事実の混合問題について決定を行うことを特別に認めた制定法上の規制の体系によって与えられる安定性を明らかに損なうことになるであろう。

10.2.2.2　Cart判決と2007年審判所・裁判所・執行法

2007年審判所・裁判所・執行法は，審判所に関するLeggatt報告書の改革を承認し，重要な制定法上の審判所の大部分を単一の制度に再編し，それとともに上訴構造を改正するものである[23]。11条は，第一層審判所（FTT）から第二層審判所（UT）への上訴権を定め，過去には高等法院で審理されていた事件の進行方向を変えることになる一方で，同法13条1項は，控訴院への上訴権を認めている。そのような上訴は，一般的に重要な法律問題に限定される。19条のさらなる新制度は，（高等法院裁判官によって主宰される）UTに対し，以前であれば行政専門部に割り当てられていたであろう司法審査を審理するための制限的管轄権を付与することである。同法は管轄権排除条項を含むものでなかったが，上位記録裁判所としてのUTの判決が司法審査に服するよう意図されているか否かは，明らかではなかった。これは，限られた司法資源を背景として解決する必要のある問題であった。

R（Cart）v The Upper Tribunal[24]は，FTTへの上訴が棄却されたことから生じたもので，その事件では，後にUTへの上訴許可がFTTとUTの両方によって拒否された[25]。最高裁判所にとっての問題とは，この拒否が司法審査によって争うことのできるものか否かであった。控訴院は，上訴が許されない決定は司法審査に服するが，それは，管轄権についての過誤又は重大な手続違背が存したときに限られると思料した。このアプローチは，アクセスを制限する一方で，Anisminic判決によって除去されていた，法についての過誤と管轄権の踰越との間の極めて技術的な区別を復権させる危険を冒すものであった。裁

---

23)　See further ch 7.

24)　[2011] UKSC 28, [2012] 1 AC 663.

25)　See 7.5.

判官が決定を見直す回数を制限するが，司法審査に対する不当な制約を課さないようバランスを取る必要があった。Hale 裁判官が最高裁判所において主導的意見を述べる際に説明したとおり，「……真の問題は，審判所機構の外部でどの程度の独立の審査が法の支配によって要求されるかである」[26]。UT は，大抵は極めて技術的で変化の激しい法領域において，下級審判所のために先例を創るよう授権されており，議会の意向に反して法の最終的な仲裁人となるかもしれない。最高裁判所の意見におけるこの問題に対する答えは，「原理に基づく，しかし比例的なアプローチでなければならない」。司法審査は，第二段階の上訴をする許可がされる根拠，すなわち，(a) 提案された上訴が原理又は慣行に関する重要な問題を生じさせること，又は，(b) 適当な上訴審裁判所が上訴を審理するその他のやむにやまれぬ理由が存することに限定されると判示された。このアプローチは，原理又は慣行に関する重要な問題についての過誤が，Dyson 裁判官の言葉によれば，「UT 制度の内部で化石化しない」[27] よう確保すると最高裁判所は思料した。

10. 2. 3　期間制限条項（部分的な管轄権排除条項）

　終局性条項が一般には裁判所を締め出すことに成功しなかったのに対し，部分的な管轄権排除条項は，この目的を遙かにより実効的に達成してきた。介入を制限するために頻繁に用いられる方法は，限定された期間を明示し，その後は全ての救済を利用できなくすることである。例えば，このことは，計画及び公用収用に関する制定法において特によく見られる。1981 年土地取得法が現在では公用収用命令を取り扱っており，同法は，当該命令について 6 ヶ月以内に取消しを申請することができ，この期間は当該命令がされた日から走り出すことを定めている。

　指定された期間制限が遵守されなかった事案の司法判断適合性に関する重要な判決は，10.2.2 で言及した Smith v East Elloe Rural District Council[28] であっ

---

26)　[2012] 1 AC 663, 687, para 51.

27)　[2012] 1 AC 663, 708, para 130.

た。本件は，1946年土地取得（授権手続）法に基づく公用収用命令に対する異議に関するものであった。同法は，命令について，当該命令が授権法律自体の権限を踰越するものであった場合において，又は，当該命令が同法に含まれる手続要件から外れるものであった場合には，原告に実質的な不利益が生じていたかぎりにおいて，裁判所が取り消すことを許容するものであった。しかし，同法は，すべての訴えは当該命令が行われてから6週間以内に提起すべきものであり，さもなければ，公用収用命令は「全ての法的手続において争うことが許されない」と規定していた。この指定された期間内に訴えは提起されなかった。実際に，原告であるSmith夫人が当該命令は誤って承認されたものであると主張するまでに約5年半が経過していたが，重要なのは，彼女が当該命令は不誠実に行われたと主張したことであった。したがって，これらの状況，すなわち不誠実が存していた場合には，期間制限条項が適用されないと主張された。貴族院は，多数により，当該命令に疑いを差し挟むことはできないと結論付けた。というのも，Simmonds裁判官によると，詐欺の主張にもかかわらず，「明白な文言にはその明白な意味を与えなければならない」（[1956] 1 All ER 855, 859）からであった。そのようなアプローチの結果は，Reid裁判官による反対意見（おそらくは後の展開の指標となった）において認められたが，その中で彼は，そうした汚職や詐欺的手段によって獲得された命令を，全ての裁判所において争われることや攻撃されることから保護することができるか疑問とした。彼は自身の意見の中で次のように述べた。すなわち，「私が考えることのできる全ての種類の事案において，裁判所は，常に，一般的な言葉は故意の背徳者が自らの不誠実を利用することを可能にするものと解されるべきではないと判示してきた。」（See [1956] 1 All ER 855, 868）．これらの意見にもかかわらず，当該命令の有効性は影響を受けないことが認められた。（ちなみに，被告カウンシルの職員に対するSmith夫人の関連請求は，不誠実等を根拠として審理できることが貴族院によって全員一致で判示された。）後に見るように，この種の領域でそのよ

---

28)　[1956] 1 All ER 855.

410

うな制約を設けることには明らかな実際上の利点があり，このことは，かなり後の判決である R v Secretary of State for the Environment, ex p Ostler における控訴院判決[29]を説明するのに少し役立つであろう。

　Ex p Ostler 事件を登場させることで，Anisminic 判決と同判決に従った特定のその他の先例は，完全な管轄権排除条項が法についての過誤に対する安全装置にならないことを示唆するように見えたことに改めて気付くであろう。しかし，ex p Ostler 事件の控訴院判決は，期間制限条項が立法中に含まれるときには，全く異なるアプローチが存しうることを確認した。Ex p Ostler 事件では，ボストンにおける環状道路事業計画案に関する審問と告示が行われていたが，原告は，補足計画の告示があって初めて，最初の案が街の中心部における自身の店舗にも影響を及ぼす可能性があることを認識した。1959 年道路法附則 2 第 2 条は，高等法院への申請について 6 週間の期間制限を定めており，さらに，同法は（附則 2 第 4 条によって）命令がいったん承認されると，全ての法的手続において争うことが許されないと規定していた。原告は，当該事業計画が取り消されるよう移送命令を求めた。最初の案に関する期間制限が終局的と考えられたため，いかなる異議も認められなかった。注目すべきは，原告には内緒で事業者に秘密の言質が与えられたと主張されたため，不誠実と自然的正義違反を根拠として異議が唱えられたことである。

　Ex p Ostler 事件の事実は，Anisminic 事件とはいくつかの根拠に基づき区別されるものであったが，そのうちには完全には説得的でないものがあった。第 1 に，Smith v East Elloe Rural District Council という疑問のある先例に従うことができると判断されたが，それは，本件が完全な管轄権排除条項ではなく期間制限に近く，訴えを提起するための 6 週間の期間が制定法に基づき利用できる可能性があったからであった（もっとも，もちろん，Ostler 氏は，6 週間を大きく経過するまで瑕疵を知らなかったため，実際には救済を得ることができなかった）。第 2 に，Anisminic 事件における決定が司法的であるのに対し，本件の

---

29) ［1976］3 All ER 90.

問題はより一層行政的決定の性質を有すると考えられるという現在では信用されていない根拠に基づいて区別がされた[30]。最後に，控訴院は，本件の問題が，Anisminic 事件とは異なり，管轄権に関わるものではないため，区別をすることができると思料した。当該決定は制定法上の管轄権内で行われたと同裁判所は述べた。

　本件は，厳格なルールが依然として効力を有することを示すものであるが，本判決，特にこの点について Anisminic 判決と区別した理由付けは，多くの批判の対象となり，とりわけ Denning 裁判官は（法廷外において）同判決における自身の理由付けのいくつかを撤回した[31]。要点は，期間制限条項が公益のために考案されたことであり，期間制限が経過した後に（すなわち，遡及的に）原告が救済を求めてくることを裁判所が許容するとすれば，財産が収用され，取り壊されていたであろうという点で，公共の福祉に対する大きな混乱をもたらすであろうことであった。Ostler 氏の事案は，行政に関する議会コミッショナーに最終的に付託され，同コミッショナーは，当該問題が環境省によって処理された方法に深刻な欠陥があると認定したことに注意することが重要である。結果として，Ostler 氏は，環境省から任意の補償金の支払を最終的に受けた。

　このように裁判所が都市計画の事案に一般に介入したがらないことは，その他の判決により鮮明に例証される。R v Secretary of State for the Environment, ex p Kent[32] では，Ostler 判決に従い，同判決が適用された。本件では Racal Vodafone 社が無線電信基地と送信機を建設するため計画許可を申請していた。K 氏は，この申請に関して当該カウンシルから然るべく告知されなかった。計画許可はこの段階では拒否され，同社が国務大臣に上訴した。上訴手続に基づ

---

30)　現在では信用されていない司法的・行政的の区別については，see further ch 17 on natural justice.

31)　See the discussion in M Beloff, 'Time, Time, Time It's On My Side, Yes it is' in C Forsyth and I Hare（eds）, *The Golden Metwand and the Crooked Cord*（Oxford: Clarendon Press, 1998）, 286.

32)　[1990] COD 78.

き，審問が設定され，国務大臣は当該カウンシルに文書を送り，地域の住民に告知するよう依頼した。再度，当該カウンシルが地域住民に接触し情報提供する際に能率が悪かったため，原告Ｋ氏は上訴に関して告知を受けなかった。約２ヶ月後に彼は計画について知り，自然的正義を根拠として計画許可の付与を争うことに取りかかった。これは，制定法上の６週間の期間が経過した後のことであった。司法審査申請は，先例としてAnisminic判決に依拠した。この過誤は管轄権に関わるものであると主張された。しかし，Anisminic判決は完全な管轄権排除条項に関するものであったのに対し，本件で議会は訴えを特定の期間内に提起することを許容しているという根拠に基づき，Anisminic判決と再び区別された。その結果とは，公的機関の無能ぶりにもかかわらず，部分的な管轄権排除条項のため，落ち度のない原告に救済が与えられないということであった。

　もう１つの例であるR v Cornwall County Council, ex p Huntington[33] において，原告の農場は，1981年野生生物及び田園地域法53条２項（b）に基づく公衆通行権によって影響を受けていた。同法附則15第12条３項によって，訴えは42日以内に提起しなければならず，その後において，命令の有効性は「全ての法的手続において争うことが許されない」と規定されていた。移送命令が制定法上の期間外に申請されたが，申請の根拠は，被告カウンシルが議会によって付与された制定法の権限を踰越して行為していたことであった。再び，このことから，Anisminic事件の貴族院において提出された根本的な無効を支持する主張を裁判所が検討することになった。原告側は，申請の根拠が正しい，つまり被告カウンシルが準司法的な地位において権限を踰越して行為していると仮定し，当該決定が無効であり，それゆえ全ての制定法上の管轄権排除が効力を有しないと主張した。Mann裁判官は，意思決定機関によって遂行されている職務と関連する無効の程度に関する提案を全て斥けたのであり，彼の意見は，控訴院で支持された。議会は，立法を起草する際に標準的な定式に

　33）　[1992] 3 All ER 566 (Divisional Court); [1994] 1 All ER 694 (Court of Appeal).

倣い，指定された根拠に基づき争う機会を付与したのであり，このことが，許される期間を制限する管轄権排除条項と結びついていた。そのような事案では，全ての訴えは，法律において定められた期間内に提起しなければならない。審査を行う管轄権は上記の条項によって排除されたと判示され，司法審査申請は認容されなかった。Mann 裁判官は，Smith v East Elloe Rural District Council の原理が多くのその他の判決で拘束力を持つ先例として支持されてきたと指摘した。さらに Mann 裁判官は，女王座部合議法廷において以下のように述べた。すなわち，

　Anisminic 事件の条項を使用するときの議会の意思とは，有効性に関する問題が排除されないということである……。Ex p Ostler 判決で検討されたような条文が使用されるときに，立法者意思とは，有効性に関する問題が，指定された根拠に基づき，規定された期間内に，規定された方法で提起することができるが，それ以外には，裁判所の管轄権が安定性のために排除されるということである[34]。

　しかし，Huntington 判決の理由付けが常に遵守されてきたわけではないことに留意することが重要である。例えば，R v Wiltshire County Council, ex p Nettlecombe Ltd[35] において，当該事件は「先行の処置」に対する，純然たる法についての過誤を根拠とした異議であることから区別された。期間を制限する管轄権排除条項は，欧州人権条約（ECHR）6 条（公正な裁判を受ける権利）に基づく攻撃を受ける可能性があることにも気付くであろう。すなわち，そのような条項は自動的に ECHR 6 条に違反するわけではないが，諸般の事情に照らして比例的でなければならず，個人の裁判を受ける権利に対して不当に干渉してはならない。

---

34)　*R v Cornwall CC, ex p Huntington* [1992] 3 All ER 566, 575.
35)　[1998] 96 LGR 386.

414

10. 2. 4 管轄権排除条項と期間制限条項についての最終コメント

部分的な管轄権排除条項と期間制限条項に関して解消すべき重要な問題は，Anisminic 事件における画期的判決に従って，裁判所は，救済を原告に認めるため，厳格な制定法の条項を乗り越えようとするか否かであった。Ex p Ostler 判決及び ex p Kent 判決において採用された立場は，Smith v East Elloe Rural District Council への少なくとも限定的な回帰を表すものであったように見える。しかし，これらの条項を受け入れる根本的な理由は，違法を遡及的に認定することによって生じるであろう困難な状況にあることを想起すべきである。言い換えれば，厳格な期間制限を裁判所に固守させる良き政策上の理由が存在しうるのである。例えば，将来の異議の見込みによって，公共の開発事業計画が長期間停止し，又は遅滞すれば，明らかに満足がいかないであろう。結局のところ，裁判所がこれらの状況に介入したがらないのは，議会の定めた条項に対する司法の敬譲によるものだけではなく，介入した場合に生じるであろう行政の意思決定に広範に及ぶ混乱の可能性にもよるものであった。

10. 3 主観的な文言

裁判所による審査を制限する他の1つの方法は，制定法の言葉を主観的な形式で定めることであった。例えば，以下の文言で裁量が大臣，地方政府機関又はその他の行政機関に付与されていると認めることは，相当に標準的な起草の実務であった。すなわち，「いかなる場合でも大臣が命じるときは」[36] 又は「［カウンシル］が適当と思料することができる……賃金」[37] である。これは，裁量が大臣，地方政府機関又は行政機関に完全に委ねられていると示唆するように思われるであろう。したがって，問題は，ある法律に含まれた裁量を行使しないことが，審査の根拠と考えられるか否かになる。裁判所は一般に明白な

---

36) See *Padfield v Minister of Agriculture* [1968] AC 997.

37) *Roberts v Hopwood* [1925] AC 578, discussed at 11.5.2.

権限不行使を審査しようとするが，ひとたび当該権限を行使する決定がされると，その権限をどのように行使したかを評価したがらないことがあることについて，これから見る。

最も有名な判例の1つが，Padfield v Minister of Agriculture[38] である。1958年農業市場法 19 条は，牛乳市場取引計画に対する不服は，「いかなる場合でも大臣が命じるときは」審査することができると規定していた。被告大臣が不服を関係する調査委員会に付託することを拒否した後に，農業経営者が不服を申し立てた。大臣は絶対的な裁量を主張し，この委員会に付託すると，それらの調査がより広範な問題を提起するため，その答申に従わざるをえなくなり，制定法によって自らに付与された裁量を制約する，と示唆した。貴族院はこの主張を斥け，制定法を全体として解釈すると，大臣が行為しないことによって，制定法の意図を実質的に損なっていると判示した。この画期的判決は，司法審査の範囲を，制定法上の権限が極めて大雑把な文言で大臣や行政の活動の限界を定義している領域にまで拡大したものと考えられてきた[39]。

主観的な権限の行使についての規準は，別の判決でも論じられた。R v Secretary of State for Trade and Industry, ex p Lonrho plc[40] において，異議の基礎になっていたのは，被告大臣が，第 1 に，1985 年会社法 437 条の権限に従って検査役の報告書を公開しなかったことによって（上記権限は，大臣に対し「彼が適当と思料するときに」報告書を公表する権限を付与していた），また，第 2 に，ハロッズ百貨店の買収を 1973 年公正取引法 64 条 4 項（b）の権限に従って独占・合併委員会に付託しなかったことによって（上記権限によれば，国務大臣は，「合併に関する新たな重要な事実が存すると見えるときは」付託をすることができた），違法に行為していたか否かであった。貴族院において，Keith 裁判官は，大臣がこれらの制定法によって許された裁量の範囲内で行為したことを認めた時に，女王座部合議法廷のアプローチを斥けたのであり，彼は，そのアプ

---

38)　[1968] AC 997.

39)　See further ch 11.

40)　[1989] 2 All ER 609.

ローチによって女王座部合議法廷が単なる法的効力の問題ではなく実体的当否の問題を検討することになったと思料した。彼は，問題は，大臣が正しい解決に達し，又は正当な決定を行ったか否かではなく，単に裁量が適正に行使されるか否かであると説明した。換言すると，意思決定過程が制定法の手続に従って進められたか。立法に基づく裁量は，行為する義務に転換することができなかった。

R v Secretary of State for the Environment, ex p Hammersmith and Fulham London Borough Council[41] において，極めて類似した意見が裁判所の判決の中で表明された。本件での異議が生じたのは，1988 年地方政府財政法に基づき，地方の予算が過剰であるか否かを，コミュニティチャージ（地方課税）の水準の決定の一部として決定するよう大臣が授権されていたためであった。同法は，「国務大臣が，彼の意見によれば……であるときは，地方税徴収団体を指定することができる」と定めていた。Reid 裁判官は，Padfield 判決における彼の先導的意見では，制定法に含まれる主観的な文言を額面どおりに受け取ろうとしなかったが，貴族院による本判決は，政策的な影響が存する場合には，裁判所は介入したがらないことがあることをさらに確認するものである。このことが特に妥当するのは，裁判所が，事実上，制定法に基づく大臣の主観的な権限の特定の行使を強制するよう求められる場合である。原告カウンシルによる上訴は認容されなかった。さらに，Bridge 裁判官は，大臣の活動が国家経済政策を取り扱う制定法の諸要件に違反していないことがひとたび証明されれば，不誠実，動機の不正又は明らかに非常識な結果という極端な根拠（いわゆる「超 Wednesbury 原則」の根拠）を除き，不条理性を理由とする異議の対象にならないと判示した[42]。

---

41) [1990] 3 All ER 589.

42) See also *Secretary of State for Education and Science v Tameside Metropolitan Borough Council* [1977] AC 1015; and ch 13.

10. 4　記録に表れた法についての過誤

10. 4. 1　歴史的背景

　次に，「記録に表れた法についての過誤」という用語の（歴史的）重要性を検討する。手短にいえば，これは，たとえある機関がその管轄権内で行為しているとしても，その決定を移送命令によって取り消すための昔の装置であった。法（事実ではない）についての過誤が，法的手続の記録の精査によって明らかになった。そのような過誤——おそらくは反直観的に，権限内の過誤と考えることができた——は，通常は制定法の明らかに誤った解釈に関連したのであり，限られた状況において，裁判所は当該過誤ある決定を是正するために介入することができた。記録に表れた過誤は，ほとんど使用されなかった時期を経て，決定の理由が裁判所の記録の一部を構成しうると判示された後，1950年代初めに再登場した[43]。

　Anisminic判決——先に論じた——は，意思決定者の管轄権「内」にあった法についての過誤を裁判所がどこまで審査できるかに関する重要な問題を引き起こした。Anisminic判決自体は，意思決定者が争われている決定を行う管轄権を有するか否かという問題に関わるものであったが，貴族院で述べられた様々な意見は，司法審査が（「管轄権に関わる」ものであれ，管轄権「内」のものであれ）法についての過誤のために存する可能性を指摘するものであった。もはや司法審査は全ての法についての過誤に関して利用可能であったのか，それとも，裁判所は管轄権内の過誤については記録に表れた法についての過誤に基づき審査することに限定されたのか。この問題への解答に関する不確実性は，Anisminic判決において，裁判所が特定の管轄権内の過誤を是正するために介入する範囲に関して，司法の意見が大きく分かれたことに反映された。しかし，重要な判決であるR v Lord President of the Privy Council, ex p Page[44]

---

43)　See *R v Northumberland Compensation Appeal Tribunal, ex p Shaw* [1952] 1 All ER 122.

において，貴族院はもう一度この問題に注意を向け，最終的に解決するように
見えた。当該事件の事実は，1966年以降大学に勤務してきた後に余剰となっ
た大学講師に関するものであった。大学の査察官（大学内部における大学自身の
内部規則に関する紛争を審理するために任命された個人）の決定は，査察官がその
管轄権を司法的な地位において行使する際に行うことができる事実又は法律上
の判断に関して，司法審査に服しないと判示された[45]。それにもかかわらず，
Browne-Wilkinson 裁判官は，以下の理由から，記録に表れた法についての過
誤とその他の法についての過誤を区別することは，もはやできないことを
Anisminic 判決が意味することを確認した。すなわち，

　　議会は，意思決定権限を，もっぱら正しい法的根拠に基づいて行使すべき
　であるという前提で付与したのであり，したがって，決定を行う際の法律上
　誤った指図は，当該決定を権限踰越たらしめた。それゆえ，一般に行政上の
　司法的機関又は下位裁判所がその決定に達する際に犯した全ての法について
　の過誤は，法についての過誤を理由として取り消すことができる……[46]。

　もう1つの問題点は，Anisminic 判決に従うと，行政機関については状況が
明らかになったが，下位裁判所の決定を是正するために介入する資格に関して
はある程度の疑問が存続したことである。Pearlman v Harrow School におけ
る Lane 裁判官の反対意見によって，いくつかの問題が明らかになってい
た[47]。とりわけ，既に見たように，Lane 裁判官は，Denning 裁判官が Pearlman
判決における自らの意見の中で行った裁判所の管轄権内の問題と管轄権外の問
題との区別に伴う難点を指摘した。法についての過誤は，高等法院と下位の司
法的機関のいずれが犯したかによって，同じ方法でアプローチすべきものであ

---

44)　[1993] AC 682.
45)　See *Re Racal* at 10.2.2.1.
46)　[1993] AC 682, 701-702.
47)　[1979] QB 56 and see 10.2.2.1.

るか否かに関しても困難な問題が生じた[48]。

しかし，Re Racal Communications 判決[49] において，貴族院は，その法について相当な明確性と安定性をもたらした。特に Diplock 裁判官は，議会がある問題について下位の司法的機関によって決定されるよう意図していた状況と，いかなる状況においても司法審査に服しない高等法院の決定に委ねるよう意図していた状況とを区別することができると判示した。Ex p Page 判決において，Browne-Wilkinson 裁判官は，特に Diplock 裁判官の理由付けを参照して以下のことに言及した。

　　したがって，私の判断では，公益団体の内部紛争に適用されるべき法に関する査察官の決定が『終局的かつ確定的で』あるものとするとの制定法の条項が存するときには，裁判所は，査察官の決定を，当該査察官が自らの（狭い意味での）管轄権内で犯した法についての過誤を根拠として審査する管轄権を有しないであろう。私としては，制定法がそのような終局的かつ確定的な管轄権を付与した事案と，事実問題と法律問題に関する査察官の決定が終局的かつ確定的であり，裁判所によって審査されるべきではないことをコモンローが300年間にわたり承認してきた事案との間で適切な区別を考えることができない。結局のところ，当院が長期間にわたり確立されてきた法を一掃しようとしないかぎり，査察官の決定を，管轄権内で犯された法についての過誤を理由として審査する裁判所の管轄権は存しない[50]。

このことに基づき，Page 判決では，査察官による管轄権内の決定は，当該機関の内部法を適用するものに過ぎず，したがって，広い意味で（すなわち国法に関して）不法になることはありえず，かくして司法審査を免れると判示さ

---

48)　For discussion, see, e.g., *South East Asia Fire Bricks Sdn Bhd v Non-Metallic Mineral Products Manufacturing Union* [1981] AC 363.

49)　[1981] AC 374.

50)　[1993] AC 682, 703.

れた。査察官の決定が1998年人権法に基づく異議に服することに注意すべきである一方で[51]，Page判決は依然として査察官に対してその意思決定に関して大きな自由の余地を与えている。とはいえ，その後，査察官の権限が，少なくとも学生と関係するときには，2004年高等教育法に基づき独立裁定官事務所を紛争解決の手段として利用することを通じて限定されてきたことに注意すべきである。

要するに，司法的機関と下位裁判所による全ての法についての過誤は潜在的な管轄権踰越であるというDenning裁判官とDiplock裁判官が取ったAnisminic判決の解釈がひとたび認められると，管轄権に関わると考えられた法についての過誤と考えられなかったその他の法についての過誤との間の技術的な区別は，取り除かれる。現在では，ex p Page判決におけるBrowne-Wilkinson裁判官による無条件の主張によって，その問題が解決し，管轄権に関する過誤と記録に表れた法についての過誤との区別が廃れたことが明らかである。したがって，記録に表れた法についての過誤は，今後は歴史的関心の的であるに過ぎず，全ての法についての過誤は（機関や組織の「内部」法に関する決定という例外はあるが）審査可能であると結論付けることができる。

10.5　司法審査に対する黙示の制限：公益上の理由による免責

10.5.1　公益上の理由による免責とは何か？

証拠法に関する一原則である（以前は国王特権として知られた）公益上の理由による免責（PII）の重要性を十分に正しく理解するためには，まずは，事実審理手続の一部としての文書の開示の機能を認識することが必要である。民事訴訟において，この手続は，訴訟当事者が他方当事者からの情報及び文書を調べることを可能にするものである。通常は，裁判所が，自発的に提出されない文書の開示を命じることになり，この文書の交換は，ある者が自身に対抗して提

51）　See, e.g., *Re CS' Application* [2015] NIQB 36.

出される主張の性質を知ることを許容することによって，事実審理の手続を迅速化するのに資するものである。これは，主張が事前に十分に準備されることを許容し，一般に一方当事者が予期しない証拠の提出によって驚いたり不意打ちを受けたりする可能性を減少させるものでもある。刑事訴訟では，潔白な人に無罪を宣告する要請ゆえに，訴追者の主張を事前に告知される一層強力な権利が存する。

　民事訴訟において，公法上の開示に対応することが生じるのは，特定の情報源が明かされることを阻止する限定的免責事由によって証拠が保護されるときである。それに応じて，ある当事者が文書の開示を拒否するときには，承認される根拠について紛争が生じて，裁判官が当該文書の提出を命じることがある。しかし，国王が特別の地位を有することが長い間承認されてきたのであり，より近時においては，これが特定の他の公的機関に及ぶことが承認されている。そのような機関は，文書を公開することが，例えば安全保障に損害を与え，又は警察の情報提供者の氏名を明らかにするといった特定の根拠に基づき公益に反すると思料されるときには，PII を発動することができる。本章の主たる関心事となるのは，これらの根拠等である。

　1947 年国王訴訟手続法の 1 つの特徴は，28 条が，裁判所は国王に対して文書の開示を命じることができると規定していることであることに注意すべきである。しかし 28 条は，広範な公益が要求するときには証拠をなお留保することができるという原則に影響を及ぼさないという大きな制限に服する。この直後に見るように，裁判所は，実際には，一方ではこの公益の意味を明らかにすることと，他方では情報を留保する権限が，利益を侵害された公衆からの正当な請求に対して自らを守るため，公的機関によって濫用されることのないよう確保することとを比較検討するよう要求されるのである。

　この法領域が妥当する憲法的背景は過去 20 年ほどにわたって変容してきた。第 1 に，1998 年人権法は，イギリスの国内裁判所に対し，ECHR 6 条 1 項の公正な裁判を受ける権利を含めて，ECHR に基づく権利を擁護するよう要求している。第 2 に，2000 年情報自由法（FOI）は，2005 年 1 月 1 日から施行さ

れ，「一般的な知る権利」を導入している。同法は，その諸制限にもかかわらず，公的機関が情報を取り扱う方法に多大な影響を及ぼしている。裁判所，公訴局及び警察を含めて，公的機関は，市民に対し，自らが保有する情報を請求があり次第提供するよう要求される（現物の文書ではなく文書に含まれる情報である）。FOIの第2部は数多くの免責類型を規定し，この権利に対して多くの制限を課しているが，この制度は，公開される公的情報の種類に大きな相違をもたらす。また，開示制度は，公的機関に対する日常的な要求物となった。情報コミッショナー及び職員は，同法の運用を監視し，その主たる要件の遵守を確保する。FOIは，市民が情報を要求することを，当該資料の公開を望む理由を述べる必要なしに許容するのであり，これは，事実審理における開示の原則に基づき要求される標的アプローチとは根本的に異なるものである。より幅広い基盤の上で公的機関から情報を入手できることは，情報を要求するこの新たな権利と相俟って，当事者が文書をより広範に，特に民事訴訟に直接関与していない公的機関から，さらには，公的機関を相手取って司法審査請求をするときにも，獲得することを許容することによって，公的機関を相手取った訴訟を促進することができる[52]。

10. 5. 2 なぜ公益上の理由による免責が重要か？

本書の目的にとって，PIIは，政府及び公的機関の一般的なアカウンタビリティ（又はその欠如）という文脈において考察されなければならない。成文憲法が存しないため（もっとも，1998年人権法及び2000年情報自由法を有するが），免責の範囲を明らかにすることがいくつかの根本的な問題に関係することは，以下で見る。例えば，公的機関は，諸問題が公開の裁判所において争われているときに情報の公開を妨げることによって，自らの活動を秘密のベールで覆い隠すことを許されるべきか。高度な政府及び内閣の文書は，公的機関の日常の通信とは別異に考えられるべきか。おそらくはより具体的にいえば，政府の省

---

52) 情報自由法については，see further 5.10.

を含む公的機関による日常の通信は，およそ免責を認められるべきか。開示の原則は，民事の問題と刑事の問題で異なるべきか。

どの問題が裁判所の考慮の枠外に留まることができるのかを決定するよう要求されるのはしばしば裁判官である——裁判官はこの職務を遂行するのにあまり適していないとか，さらに十分に国家から独立していないという示唆をする者がいるにもかかわらず——ことが明らかになる。これらの議論の当否がどうであれ，先に進む前に，特定の種類の文書が公開されないときには，潜在的に広範な影響が存することを強調することが重要である。というのも，政府や公務員は，自らのルールを内々に制定する相当な自由を（時には不意に，また時には意識的に）わが物としているからであり，また，免責に関する決定は，ひとたび達すると，不利益を受けた市民や公判における被告人が，突き通せない秘密の障壁と見えるものに直面することを意味しうるからでもある。全てのうちで最も厄介なのは，そのような秘密の結果として，ある人が救済を拒否されることがあり，結局は裁判を拒否されることがあると分かることである。実際に，この議論の終盤で，1992年11月のMatrix Churchill社の公判の頓挫の後に，どうしてそのような一般的な懸念が存したかが明らかになる。大臣が免責証書に署名すれば，その結果，被告人らが国家保安部局と共謀して行為していたとの情報を裁判所に与えないことになり，被告人の投獄をもたらしたかもしれなかった。この問題に関する公衆の懸念は，Scott調査委員会が設置されることにつながったのであり，その後の報告書については後により詳細に論じることにする[53]。

10.5.3　現代法の発展

10.5.3.1　Duncan v Cammell Laird

この主題に関する司法の基準は，Duncan v Cammell Laird and Co Ltd[54]において貴族院によって設定された。貴族院は，国王が公益の保護を主張すれば

---

53) See 10.5.5.1.

54) [1942] AC 624.

いつでも，裁判所は文書の開示の一般的な免責を国王に認めようとすることを示す判決に達した。本件訴訟は，1939 年に潜水艦 Thetis がリバプール湾で海上公試中に沈没し，乗組員全員が死亡した後に提起された。犠牲者の 1 人の未亡人が，潜水艦を建造した造船所である Cammell Laird 社をネグリジェンスで訴えようとし，設計自体に瑕疵があったと主張した。このことを証明するためには，潜水艦の計画が公開の裁判所に提出されなければならなくなった。悲劇から生じた訴訟が，第二次世界大戦中に提起されたことが想起されるべきであり，海軍司令長官職務執行委員長が，計画を開示しないことが公益のためであると主張する宣誓供述書を提出した。貴族院は，このことに留意して，開示を許すことを拒否し，当該文書が（当時知られていた）国王特権によって保護されることを認めた。

戦時の状況下における本件の結論は，おそらく避けられないものであった。これらの計画は，外国のスパイの熟練した目にとって価値ある情報を与えるであろうものであり，したがって，明らかに保護されるべきであることが認められた。しかし貴族院は，より一般的に，国王特権を主張する 2 つの択一的な根拠が存すると思料した。すなわち，

(a) 特定の文書の内容が公益を侵害するという根拠である。これは，内容的請求として知られるようになった（Duncan v Cammell Laird において，潜水艦の計画はこの類型に該当する）。

(b) 当該文書が「公務の適正な遂行」にとって有害である類型に属するというものである。これは，類型的請求として知られるようになった。より重要なことに，類型的請求は，公的機関の日常的な通信の大部分が原則的に当てはまる遙かに広範な類型を承認した（後述）。

貴族院は，いかなる事案でも，特定の文書を入手可能とすべきか否かに関する決定を行うのは裁判官であると思料したものの，いかなる類型の公的文書についても，不開示を請求する，適正に作成された大臣の宣誓供述書は，終局的

かつ確定的と考えられるべきであるとも判示した。これは，注目すべき，物議を醸したアプローチであったが，Duncan v Cammell Laird は民事訴訟であることが想起されるべきであり，Simon 裁判官（大法官）は，公判では状況が異なるであろうことを示した[55]。

10.5.3.2　Duncan v Cammell Laird 以後

　同判決は 25 年間にわたり，大臣の証書が額面どおりに受け取られ，裁判所によって疑問の余地なく受け入れられるべきであることを意味するものとして解釈されたのであり，その結果，公益は政府の情報を秘匿するものとして堅く考えられた。このアプローチは，Ellis v Home Office[56] の判決によって非常に良く例証される。本件において，ある囚人が内務省を相手取って訴訟を提起しようとし，自らが傷害を負ったのは，精神障害のある別の囚人が危険で暴力的であると知られていたにもかかわらず，監視が不十分であったためであると主張した。しかし，彼のネグリジェンスの請求は認められなかったのであり，なぜならば，内務省側の注意の欠如を証明したであろう文書が PII によって保護されていると裁判所によって認められたからであった。これは，それらの文書を公開したとすれば，監獄の業務の適正な遂行にとって有害であろうという根拠に基づくものであった。Duncan v Cammell Laird and Co Ltd[57] の原則が厳格に適用されたのである。Wade と Forsyth は，「国王は，白地式小切手を与えられていたのであるから，過振をする誘惑に負けたのは，驚くべきことではない」[58] と論評している。本判決は，そのような状況における犠牲者にとって正義を達成することに対してあまりにも注意が払われていないとの理由で，厳しく批判された。他方で，スコットランドの裁判所は，この過度に制限的な解

55）　See 10.5.5.

56）　[1953] 2 QB 135.

57）　[1942] AC 624.

58）　W Wade and C Forsyth, *Administrative Law*, 11th edn (Oxford: Oxford University Press, 2014), 713.

釈から離れる徴候を既に示していた[59]。しかし、あまりにも広範な証拠排除法則に向けられた批判に対する最も重大な譲歩は、大法官であった Kilmuir から1956 年にもたらされた。彼は、政府の代表として行為し、多くの類型の情報がもはや国王特権によって保護されないと宣言し、その中には刑事訴訟における防御によって必要とされる文書が含まれた[60]。

10.5.3.3 Conway v Rimmer

より一層の司法積極主義への移行を記した重要な判決の1つである Conway v Rimmer[61] において、貴族院は、Duncan v Cammell Laird における自己の以前の立場から離脱した。本件は、試用中の巡査が窃盗で告発されたが無罪となった後に発生した。後に、彼は、元々彼を告発する責務を有していた警視を相手取って、悪意訴追を理由として訴訟を提起しようとした。彼は、試用期間中に作成された4つの報告書と、当該犯罪調査の対象に関して警視から警察長宛に作成された報告書の開示を求めた。最初の4つの報告書は、警察官から長である警察官への、自己の指揮下にある個別の警察官の雇用に必要な能力、能率性及び適性に関する秘密の報告書から成る文書の類型に該当するものであった。残りの報告書は、警察官から上司への、犯罪の遂行についての調査に関する報告書から成る文書の類型に該当するものであった。両当事者はこれらの文書の開示に賛成であったが、内務省は、当該文書が公益を侵害するものであると主張して、反対した。秘匿を正当化するため、提出された主張は、率直さの望ましさであった。文書が後の段階で明かされる可能性は、報告書がどの程度率直に起案されるかに影響を及ぼすのであり、このことは次に、この種の真剣な調査の質に影響を与え、公益を侵害するのではないかと主張された。(この議論は情報の不開示を正当化するために長年にわたって繰り返し使用されてきたことが読者にはすぐに明らかになる。)

---

59) See *Glasgow Corporation v Central Land Board* 1956 SC 1.
60) 刑事訴訟における PII については、see 10.5.5.
61) [1968] AC 910.

Conway v Rimmer において貴族院は，先例を捨て，率直さの議論の無限定な使用を受け入れようとはせず，裁判所が争われている文書を閲覧する権限を有すると判示した。貴族院は，文書を非公開で閲覧した後に，当該文書を原告が利用できるようにすべきであると宣言した。Reid 裁判官は，この結論に達する際に，秘密を維持する政府の利益を，開示する公益上の要求と衡量することが必要であると認めた。彼は，免責を求める大臣の請求をより重視しなければならないことを承認したものの，Duncan v Cammell Laird and Co Ltd における Simon 裁判官の意見から離脱して，日常の報告書と安全保障にとって本当に有害な問題を明確に区別した。既に確立していた国王特権の広範な例外は，刑事訴訟手続における防御に関連する文書に関するものであった。これは，1956 年の Kilmuir の声明に従って認められたものであった。ところが，本件では，やはり後の民事手続では秘匿が正当化されると主張されていた。しかし，Reid 裁判官によれば，適用されるべきテストは，それが本当に「公務の適正な遂行にとって必要で」あるか否かを問うことであった。大臣は，不開示の理由を明らかにするよう要求されるべきである。疑わしいときには，裁判官は，第 1 に，当該文書が要求されるか否かを確定するため，また，第 2 に，開示が公益に及ぼす影響を評価するため，文書を当事者がいないところで閲覧することによって，重要な役割を果たすべきである。しかし，裁判官が当該文書を閲覧するためには，それらの文書について関連性の最低基準を設定することが必要であった。さらに，開示が裁判官によって命じられたとしても，大臣は上訴の権利を有すべきである。Reid 裁判官は，いくつかの重要な例外が，裁判所による閲覧と後の開示の可能性を許容する遙かに一般的な原則に対して存すると思料した。例えば，閣議の議事録を含めて，いくつかの類型の文書は開示されるべきではない。要するに，それは，国王特権という言葉によってもはや考えられるべきではなく，公益が訴訟当事者の通常の権利に優先するか否かによって考えられるべきであった。

428

10. 5. 3. 4 「国王特権」から「公益上の理由による免責」へ

Rogers v Home Secretary[62] において，貴族院は，Conway v Rimmer にお いてとられたアプローチに概ね従った。重要なことに，Reid 裁判官は，国王 特権という専門用語がミスリーディングであるという理由から止めて，「公益 上の理由による免責」という用語を使用するようになった。この免責の範囲 は，D v National Society for the Prevention of Cruelty to Children[63] において， 政府機関から非政府機関へと拡大された。特に，特定の情報源が（刑事裁判制 度を擁護するために）保護されることが必要であるとの原則は，貴族院によって， 1969 年児童及び青少年法に基づき認可された（政府機関以外の）認可機関を含 むよう拡張された。本件では，児童虐待の罪で誤って告発された者は，全国児 童虐待防止協会を訴えるために文書へのアクセスを許可されなかった。同協会 が将来における児童虐待の申立てを調査するときに十分な協力を期待できるよ う，情報提供者の身元を匿名のままにしておくことが，より広範な公益に資す ることになると判示された。

これまで，Conway v Rimmer 判決が，ある類型の文書の一律の排除をもは や認めないことによって，PII 原則を制限し，裁判に関する諸要求を表明した ことを見てきた。このことは，秘匿よりも開示の方がより広範な公益に資する であろう状況が承認されたからであった。それにもかかわらず，さらなる重要 な問題が未解決のままであった。第 1 に，閣議の文書のような高度な政府文書 は，事実審理において提出することができたのか。Reid 裁判官は，かつて Conway v Rimmer において，それらの文書は最も例外的な状況を除いて保護 されることを示していた。第 2 に，そのような文書が明かされるか否かを決定 する機構はいかにあるべきであったか。これらの問題は，Burmah Oil v Bank of England[64] において検討された。Burmah Oil 社は，イングランド銀行に対 する訴訟を追行するため，入手することを望む 62 もの文書のリストを提出し

---

62) ［1973］AC 388.

63) ［1978］AC 171.

64) ［1980］AC 1090.

た。同銀行は，これらの文書を提出しないよう政府から指示された。というのも，大臣から発付された証書で述べられたところでは，これらの文書が公益にとって有害になるためであった。2セットの文書が関係していた。グループAは，大臣間，大臣と省の幹部職員との間の通信を含むものであり，最上級の政府政策の形成に関するものであった。もう1セットの文書であるグループBは，実業家からイングランド銀行に出された助言に関するものであった。貴族院は，多数によって，当該文書が原告の主張にとって役立つという合理的な蓋然性が存するときには，当該文書を閲覧することが必要であると判示した。この閲覧は，開示しないことが公益のためになるか否かに関する最終的な決定がされる前に実施されるべきものであった。Burmah Oil 事件において，閲覧は行われたが，最終的に開示に対する異議が，当該文書が有すると主張された証拠としての価値よりも強力であったため，開示はされなかった。Keith 裁判官が以下のように述べて，率直さの議論に対して強力な反対を表明したことにも注目すべきである。すなわち，「能力があり，良心的な公務員が，自らの文書の率直さの点で，ひょっとすると当該書類を訴訟で提出しなければならないかもしれないと考えることによって，よもや妨げられるなどという考えは，私の意見によれば，馬鹿げている。……」（[1980] AC 1090, 1133. 率直さの議論については，Wilberforce 裁判官の反対意見も参照。）

　Burmah Oil 判決は，免責が請求されたときにとるべき手続を論じた点で，Conway v Rimmer よりもさらに進んだものであったが，ある文書が実際に自身の主張にとって利益になることを証明しようとする原告にとって明らかな難点が存する。それは典型的な「板挟み」のディレンマである。すなわち，当該資料が保護されることから，まず調べないとすると，当該資料が必要であることを訴訟当事者はどうして確信できるのか。しかし同時に，原則を緩和すると，思い付き程度の文書探索の可能性を持ち込む危険性があった。貴族院は，関連性の最低基準に達しなければならないと判示した。しかし，同判決の多数派が認めたように，これは「合理的な蓋然性」であるべきか。それとも，少数派が指摘したように，これでさえ，文書開示の前に「強い積極的確信」を要求

430

するものであり，強力に過ぎたのか。

Air Canada v Secretary of State for Trade[65) では，大臣のメモや閣議の文書を含む文書の類型が PII 証書の対象となるときに生じる難点がさらに検討された。ヒースロー空港を所有し運営する制定法上の機関であるイギリス空港公団（BAA）は，同空港を拡張することを望んだが，国務大臣は，この目的のための借入によって資金を調達することを許すことを拒否し，1975 年航空法に基づき，資金は BAA 自身が得るべき歳入から調達すべきとの指示を与えた。結局のところ，着陸料金の 35％の実質的な引き上げが課された。しかし，18 の航空会社の集団が，新たな料金を 1975 年航空法の権限を踰越しているとして争おうとした。当該権限行使の主たる動機は，公共部門の借入需要を減少させることであると主張された。当該航空会社らは，訴訟を追行する中で，国務大臣と BAA との間で交わされた一群の文書の開示を獲得することに成功した。しかし，当該航空会社らは，閣議レベルでの大臣間の討議に関するもう一群の文書も入手しようとした。大臣の文書に関しては PII が請求された。

貴族院において，裁判所によるこれらの文書の閲覧を支持する論拠は証明されなかったと判示された。Fraser 裁判官は，閣議の議事録でさえ——例えば，閣僚による深刻な非行に関する事案では——開示を完全に免れるわけではないが，この種類の文書は，一般的に高度の保護を受ける資格を有すると述べた。当該文書が争点に関連し，当該事件の公正な処理のために必要であることを証明することは，十分でなかった。PII が請求されていたため，当該文書が裁判所による非公開の閲覧のために提出されるべきである理由を証明する責任は，原告側にあった。当該文書が原告ら自身の主張をどのように援助するかを証明することが必要であったのであり，そのテストは以下のとおりであった。

　　……公益上の理由による免責が請求されている文書でさえ閲覧するよう裁判所を説得するためには，開示を求める当事者は，少なくとも，当該文書が

65）　[1983] 2 AC 394.

当該訴訟において生じている争点に関する自らの主張を実質的に支えるであ
ろう資料を含んでいる可能性が極めて高く，当該文書がなければ，自らの主
張の「……適切な提出の手段を奪われるであろう」ことを裁判所に納得させ
るべきである……[66]。

さらに，裁判所が提出を命じる可能性が存しないかぎり，閲覧は行われるべ
きではないことが示唆された。同様に，Wilberforce 裁判官は，当該訴訟の当
事者同士の関係では裁判所が正当な取扱いを行い，また，行うように見えるこ
とを相当に重視したものの，彼は，可能性が，原告の主張にとっての利益との
関係では，単なる「証拠漁り」を超えることを意味しなければならないことも
強調した（裁判所による当該文書の非公開の閲覧を支持した Scarman 裁判官と
Templeman 裁判官のアプローチの相違にも注意されたい）。

10. 5. 4　公益とは何か？　率直さの議論

機密情報を含む類型の文書を保護し続けることが，本当に「公務の適正な遂
行のために必要で」あるか否かを検討するよう裁判所に要求した多くの注目す
べき判決が存してきた。基本的に，それは，情報源の匿名性を保持することが
公益に資することになるか否かを決定するという問題である。これまで見てき
たように，不開示を支える率直さの議論は，部分的には，情報を自発的に提供
する者が，自分の身元が明らかにされる見込みに直面すると，警察のような公
的機関が当てにする重要な情報を入手できなくなるという仮定に基づくもので
ある。Alfred Crompton Amusement Machines Ltd v Customs and Excise
Commissioners[67] において，ある企業は，購買税の査定が高すぎると考えた。
関税・消費税委員会は，査定をする際に，同社の機械の価値に関して，同社の
顧客やその他の情報源から情報を取得していた。同社は，この情報を，同社の
税の査定を仲裁人の前で争うため，要求した。貴族院では，諸考慮事項を衡量

---

66)　[1983] 2 AC 394, 435.
67)　*(No 2)* [1974] AC 405.

432

した後に，開示が議会制定法の能率的な作用にとって有害になると判示された。そのような情報源は，匿名性が維持されなければ，進んで申し出て関税・消費税委員会に協力しようとしなくなり，同委員会の職務遂行の実効性の低下に至るであろう。しかし，この判決は，Burmah Oil 判決及び Air Canada 判決より前に出されたのであり，これらの後の判決と併せて理解されるべきものである。

Williams v Home Office（No 1）[68] によって，裁判官が関連する文書を閲覧した後に，率直さの議論が覆され，開示が公益に最も良く資すると思料されたもう 1 つの重要な判決を参照することができる。同判決は，長期受刑者に関わるものであり，彼は，Wakefield 刑務所の試験的矯正施設で過ごした後に，内務省を相手取って訴訟を提起することを望んだ。大量の文書が提出されたが，内務省は，特に大臣との通信及び大臣と職員との間の通信に関わる 23 の文書の提出に反対した。これらの文書は，政策形成に関する類型に含まれるものであり，ここでは公務の適正な遂行のために免責が必要とされると主張された。それにもかかわらず，原告の権利が侵害されたであろうと見えるのであり，これらの文書が，そのような政策の存在を証明するために必要不可欠な関係資料を含むという合理的な蓋然性が存すると判示された。McNeill 裁判官は，当該文書を調べ，その後，それらのうちの 6 つを事実審理において開示するよう命じた。本件では，受刑者のニーズが，内務省が無分別で不公正な論評に晒されるであろう可能性に勝ったことは明らかである。

10.5.5 刑事訴訟における公益上の理由による免責

Duncan v Cammell Laird and Co Ltd において，Simon 裁判官（大法官）は以下のように述べた。

本件における当院の判決は，民事訴訟に限定されるのであり，個人の生命

68）［1981］1 All ER 1151.

又は自由が危険に晒されることがある公判で妥当する訴訟実務は，必ずしも同一ではない[69]。

　これまで議論されてきた原則は，民事訴訟手続で発展し，かつ，民事訴訟手続に限定されてきたのであり，民事訴訟手続が，大多数の行政法の問題が生じることになる文脈である。しかし，刑事法におけるアプローチに言及しないとすれば，PII の不完全な絵を描くことになるであろう。なぜならば，人権に関する重要な問題が，刑事訴訟手続において生じることがあるからである。そのような訴訟手続において，PII に関する中心的な問題は極めて簡単に述べることができるものである。すなわち，文書の不開示の公益が，公判において正当な取扱いが行われ，かつ，行われるように見えるよう確保する公益に勝る状況をそもそも予想することができるのか。刑事訴訟が，PII の請求が付着するかもしれない文書に関係することは，それほど異例なことではない。例えば，国家が，警察や保安機関の活動において，特に情報提供者を利用し，当該個人の身元が明らかにされるかもしれない場合には，秘匿しようとする証拠が生じるであろう。Taylor 首席裁判官が R v Keane において述べたとおり，「もし争われている資料が被告人の無罪を証明するか，誤審を回避することができるものであれば，天秤は，当該資料を開示することに有利になるよう音を響かせて傾く。」[70]公益が開示を保留すべきことを要求する状況では，訴追が進行できない結果になることがある。というのも，証拠が開示されなければ，誤審の見込みがあるからである。そのような事案では，裁判官が，文書を，その機密性及び関連性を確定するために調べる役割を通常は有することになる。当該文書を調べて，被告人の無罪を証明するために重要であると認定されると，訴追者は選択——当該文書を開示するか，訴追を中止するか，いずれかをすることができる——に直面することになる[71]。しかし，安全保障の理由から免責が請求さ

---

69) [1942] AC 624, 633.

70) (1994) 99 Cr App R 1, 6.

71) See *R v H, R v C* [2004] UKHL 3, [2004] 1 All ER 1269（当該判決で貴族院はこ

れるときには，もう 1 つの追加の要素が存することになる。分かりやすい例である Matrix Churchill 事件は，後に検討する刑事訴追であるが，公判において PII の請求から生じることのある多くの危険を例証する。

　R v H, R v C[72]において，貴族院は，訴追者が公判において PII を請求する場合の立場を，ECHR 6 条の諸要求及び欧州人権裁判所の判例をも考慮しつつ，明らかにした。本件において，被告人は，ヘロインを供給する共同謀議の罪で起訴されていた。被告人は，警察による証拠の仕込みと報告の偽造を基礎とした防御を証明するため，捜査に関係する秘密の人的情報源に関する資料を含めて，広範な開示の請求を行った。事実審裁判官は，証拠をまず十分に検討することなく，この証拠を検討するための特別弁護人を任命しようとした。貴族院は，「訴追者が留保しようとしている資料が……事実についての争点と関連し，又は関連するであろう場合において，裁判官が PII の請求について被告人のための対審式の弁論なしに判断を下すことは，[今や] ECHR 6 条に不適合である」[73]との一般的な主張を斥けた。むしろ，貴族院は，全部開示という黄金律からの離脱が正当化できる状況が存することを承認し，比例性という言葉を採用して，「そのような離脱は，常に，当該公益を保護するために必要な最小限度の離脱でなければならないし，公判の全体的な公正性を決して危険に晒してはならない」と述べた（[2004] 2 AC 134, 148——また稀に，問題の証拠の機密性が高いため，その存在すら開示することが許されないことがあることも承認された）。判決の第 36 段落では，PII が訴追者によって請求された場合に被告人側にもたらされる可能性のある深刻な不利益の危険性を裁判所が決定するのを援助するため，一連の関連する問題が述べられた。被告人側にとって深刻な不利益が生じるであろうとともに，裁判所が保護されるべき公益も明らかにしたという例

　の問題に取り組んだ）．

72)　[2004] UKHL 3, [2004] 2 AC 134.

73)　[2004] 2 AC 134, 154 (*Edwards and Lewis v United Kingdom*, 22 July 2003, unreported, Application Nos 39647/98 and 40461/98 を中心とした主張を検討している)．

外的に困難な場合において，貴族院は，争われている証拠を開示することなく
被告人側の利益を代表するための特別弁護人を任命する必要性を承認した。

10.5.5.1 Matrix Churchill 事件，Scott 調査委員会報告書，そして公益上の理由による免責

PII は，先に言及した Matrix Churchill 事件の公判にとって中心的であったのであり，その公判の挫折が，議会に関する PII の使用と大臣及び公務員の行動について Richard Scott が主宰する広範な公審問を計画するよう政府に促した[74]。当初の事件は，軍事利用が可能な工作機械と部品をイラクに輸出したことについて責任のあった工作機械製造会社の取締役の公判に関するものであった。そのような軍需品の貿易は，政府によって公表された輸出ガイドラインに明白に違反するものであった。（「スーパーガン」のための）特定の部品が税関職員によって押収された後に，Matrix Churchill 社の 3 名の取締役がこれらの違法な輸出に関与したことを理由として関税・消費税委員会によって訴追された。当該問題は 1990 年の湾岸戦争と偶然にもほぼ同時に表面化したため，さらに一層注目された。しかし，被告人側の主張は，政府と情報機関がイラクへの売却に関して最初から知っていたとの主張を基礎とするものであった。公判は，政府の省相互間の相矛盾する関与の複雑な状況を明らかにするおそれがあり，結局明らかにした。外務省は公平の外観を見せていた。貿易省は，イギリスの商取引，製造及び輸出を精力的に推進していた。防衛省は，戦略と情報に関する状況を考えていた。被告人側の主張が，貿易省の特定の大臣が政府自身の政策ガイドラインを破っていたことを明らかにするものであったことから，当該公判は政治的に慎重な取扱いを要することが表明された。その舞台裏では，防衛装備を供給する企業は，イラクと貿易をするよう奨励されていただけではなく，同時に，関係する企業の幹部は，情報機関に重要な情報を提供することによって，有用な存在であった。関係文書が公開されたとすれば，この共

---

74) *Report of the Inquiry into the Export of Defence Equipment and Dual-Use Goods to Iraq and Related Prosecutions*, HC (1995-96) 115.

謀の程度が明らかになるものであった。カテゴリーＡの文書は，秘密の情報提供者からのいくつかの書類を構成するものであった。カテゴリーＢは，大臣及び省の文書であり，外務大臣代理の閣外大臣が署名した免責証書の対象とされていた。この免責証書は，これらの文書が高度の政策形成に関するものであり，大臣に与えられた助言を含んでいると主張するものであった。この情報を明かすことは，誠実かつ率直な助言の付与にとって有害であるため，公益に反することになると強く主張された。カテゴリーＣの文書は，安全保障と秘密情報の問題に関するものであり，情報機関の構成員とその配置を明らかにすることになると主張されたため，３名の大臣によって署名された。

　Matrix Churchill 事件の公判は，ＲｖＨよりも数年前のものであったため，同公判の指針となる刑事訴訟における PII に関する直接的な先例が驚くほど欠けていた。公判を主宰した Smedley 裁判官は，R v Governor of Brixton Prison, ex p Osman (No 1)[75] に目を向け，類型的免責が大臣によって正当に請求されたとの意見であった。文書の免責認証の後に，同裁判官は，被告人の保護が適切な司法の精査の責務であると考えた。Ex p Osman 判決において，Mann 裁判官は，司法の運営において競合する利益を衡量し，文書を使用することができるか否かを決定しなければならないのは，裁判官であると述べていた。さらに彼は，「自由……に触れ，関わる刑事訴訟において正義の利益が生じる場合，正義の利益に認められるべき重要性が実に極めて大きいことは明らかである」[76] と述べていた。この意見からは，刑事訴訟において，類型的請求が司法による諸利益の衡量に耐えられる可能性は極めて低くなることが不可避である[77]。Smedley 裁判官の開示に対する断固たるアプローチは，少なくとも訴訟手続に関する１つの見方に基づくものであり，Matrix Churchill 事件の公判の頓挫をもたらした。

75）　［1991］1 WLR 281.

76）　［1991］1 WLR 281, 288.

77）　*R v Horseferry Road Magistrates' Court, ex p Bennett (No 2)* ［1994］1 All ER 289 において，Simon-Brown 裁判官は類型的請求に関して同じ点を強調した。

その後，ある類型の文書は，大臣に課される義務を理由として，自動的に免責認証がされなければならないか否かが，大きな物議を醸す問題となった。ある保守党の大臣経験者らは，自らがPII証書に署名した理由とは，明確な疑いにもかかわらず，保護された類型に該当するPII証書については，大臣は内容を問わずに署名する義務を負う旨の法務総裁の助言（誤りであると判明したもの）に従った結果に過ぎないと公言した。彼らはその問題について選択の余地がないと法務総裁から告げられていた。

この立場が認められるとすれば，この義務がいつ生じるかが大臣によってどのように決定されるかを問うことが依然として必要不可欠である。この問題を取り扱う機構が全く存していないという事実は，免責を本当に主張することができる根拠を定義する点で広範な裁量が存することを示唆するものである。このことを考慮すると，手続の濫用という批判が勢いを得たことは驚くべきことではない。例えば，大臣らは，Matrix Churchill 事件の公判に関する情報を，自らは法務総裁の助言に盲目的に従っているからという理由で隠匿しようとしたことを，1993 年7月に，同じ政府が，Michael Mates 代議士と実業家 Asil Nadir 氏との交際関係における同代議士の問題行動に関して法務総裁（その助言は常に秘密と考えられる）によって書かれた手紙の開示を認可した時と，どうすれば調和させることができただろうか。おそらくは，開示が便宜であると見なされて，類型的請求は常に行われるべきであるという一見厳格な原則が都合よく見過ごされたのであろう。（大臣が免責証書に署名すべきか否かについて裁量を行使するという事実は，Kenneth Clarke 代議士によって，Scott 調査委員会への証拠の中で認められた。）さらに，政府がPIIを公判では発動しないという Kilmuir の1956 年の声明が想起されるべきである。この声明は，法務総裁が助言を申し出た時に彼の注意から漏れていたのか。Richard Scott は，自らの結論において，公正な裁判を提供することを極めて重視した。裁判所は，被告人の基本的権利を保護する役割を有していたのであり，その権利の中には，被告人側に有利となるであろう訴追者の証拠の開示の主張が含まれた。このことは，法の支配を擁護するために必要な基本的な安全装置と考えられたが，Scott 調査委員

会報告書自身は，この原則を法典化する徹底的な改革を導くであろう立法的措置を勧告しなかった。

実際に，公判における PII 請求に関して，「公務の能率的遂行」（Conway v Rimmer で示されたテスト。10.5.3.3 を参照）が被告人側に必要な文書を明かすことを拒否するための十分な正当化事由をそもそも与えることができるか否かは，疑わしい。もし正義に関する考慮事項が刑事訴訟では圧倒的であると事実審裁判官によって考えられるであろうことを認めると，そのような請求が大臣によって行われることはそもそも無意味であるように思われる。

Matrix Churchill 事件の公判の頓挫の後に，R v Ward[78] において，控訴院は，刑事訴訟の訴追者が，収集した証拠を全て一般的に開示する義務を有することを承認した。このことは，保有されている資料の類型を被告人側に告知すること，そして，被告人側が裁判所に意見陳述を行うことを許容することを伴うものである。訴追者が自らの事件において裁判官になることを回避するため，開示に関する最終的な決定を行うのは，裁判所であった。しかし，Taylor 首席裁判官は，これらの指針を限定することを選択し，ある類型の資料の存在を開示することすら行き過ぎになるであろう状況に言及した[79]。

Scott 調査委員会報告書の勧告に従い，1996 年 12 月に，イングランド及びウエールズの中央政府に関して，類型的請求と内容的請求との区別が廃止された[80]。結果的に，類型的請求に基づく一律の免責はもはや妥当せず，大臣は，特定の文書（又は複数文書）の内容が公益にとっての「真の損害又は被害」を生じさせると思料するときにのみ，PII を請求することができる。「公益への真の損害」の定義は与えられていないが，この中には，個人（情報提供者）の被害を防止することや，規制過程，国際関係又は経済的利益に損害を与えることが含まれる。ここでは，欧州人権裁判所（ECtHR）が，ECHR 6 条に基づく

---

78)　[1993] 1 WLR 619.

79)　See *R v Davis* [1993] 1 WLR 613 and *R v Keane* (1994) 99 Cr App Rep 1.

80)　See Hansard HL, Deb, vol 576, col 1507 and HC Deb, vol 287, col 949, 18 December 1996.

第10章 司法審査の制限 **439**

公正な裁判を受ける権利を含む，権利を制限するための許される正当化事由と捉える考慮事項の種類と明らかに重複することに気付くであろう。

10. 5. 6　公益上の理由による免責：現行法

民事訴訟手続に戻ると，PII に係る原則は，警察に関係する別の事件である R v Chief Constable of West Midlands Police, ex p Wiley[81] において，貴族院によってもう一度改正された。裁判所にとって警察の事件の困難さは，警察が明らかに特殊な地位を占めているという事実にある。警察は重大犯罪の捜査を行わなければならず，一般的に，警察の作戦と戦術が厳格に秘密を保たれることを支持する強力な主張をすることができる。しかし，ex p Wiley 判決より前は，場合によって，裁判所がおそらくあまりにも容易に免責を与えようとした。例えば，Gill and Goodwin v Chief Constable of Lancashire[82] は，警察官らが自らの地方警察を相手取ってネグリジェンスを理由として提起した民事訴訟であった。原告らは，暴動に対する訓練課程中に，ガソリン溜まりに教官が点火した時に火傷をしたことによって傷害を負った。原告らは，自らの主張を証明するため，警察によって使用された公安マニュアルの開示を求めたが，警察長は，PII を根拠として，これが明らかにされることに異議を述べた。事実審裁判官は開示を命じたが，この決定は，当該マニュアルが（その当時は）PII によって保護することができる文書の類型に属していたことから，控訴院によって破棄された。デモと公安を取り扱う際の警察の戦略の秘密性は，たとえ当該マニュアル中の情報の多くが既に広く入手可能であると見えるとしても，最上級の重要性を有するものと思料された。対照的に，Peach v Commissioner of Police of the Metropolis[83] は，警察活動にはデモ参加者を不法に殺害した責任があると主張された民事訴訟であった。本件において，控訴院は，当該事件に関する文書が明かされるべきであると決定した。これは，死因を公開の調査

---

81)　[1995] 1 AC 274.

82)　*The Times*, 3 November 1992.

83)　[1986] QB 1064.

において決定する公益が秘密の維持の必要性に勝るという理由によるもので
あった。Neilson v Laugharne[84] では，控訴院によって，1964 年警察法 49 条に
基づいて行われた調査の一部としてされた供述は，後の民事訴訟において使用
することができないと判示された。また，Makanjuola v Commissioner of
Police of the Metropolis[85] において，控訴院は，警視総監の上訴を認容した際
に，Neilson v Laugharne と同様の理由付けを採用した（率直さの議論を認めた）。
Bingham 裁判官は，後に Scott 調査委員会報告書において批判的に参照された
判決の中で，次のように，PII は政府〔Crown〕やその他の当事者によって放
棄されることが許される特権ではないため，警視総監は免責を請求する義務を
負うと述べた。

　公益上の理由による免責は，望むときに望む方法で使うよう特定の特権的
な競技者に与えられた切り札ではない。それは，たとえ訴訟において自らの
不利になろうと，特定の状況で当事者に課された証拠排除法則なのである[86]。

Ex p Wiley[87] 判決において，貴族院は，Neilson v Laugharne, Makanjuola
v Commissioner of Police of the Metropolis 及びこれらの先例に基づくその他
の判例を覆した。貴族院は，警察に関する不服申立手続の間に出現した文書
が，PII が妥当する類型に当てはまらないと判示した（本判決もまた Matrix
Churchill 事件後の類型に基づく請求からの離脱に先行するものであった）。さらに，
当該上訴の驚くべき特徴は，警察長自身が，この類型の文書には PII が付着し
ないと主張したことであった。Woolf 裁判官は，自らの意見において，公益の
均衡が変化したとの主張を斥け，類型的請求は例外的な状況でしか正当化する
ことができないため，斥けられるべきであると述べ，これによって，過去の判

---

84)　[1981] QB 736.

85)　[1992] 3 All ER 617.

86)　[1992] 3 All ER 617, 623.

87)　[1995] 1 AC 274.

決の理由付けは過誤があることを示した（もっとも，警察の懲戒の調査に関して，内容的請求は依然として行うことができた）。Woolf 裁判官によって論じられたもう１つの要点は，PII の請求がされた事案における「公平な競争の場」という前提であった。換言すると，文書が一方当事者にとって入手不可能であるときには，他方当事者にとっても入手不可能になるのが平等であろう。

　さらに注目すべき判決は，Al-Rawi v The Security Service[88] であり，これは，保安機関がグアンタナモ湾での受刑者の違法な取扱いについて共謀していたであろうとの主張に関わるものであった。当該問題が最高裁判所の下に来た時，主な争点は，コモンローが不開示資料手続を形成することができるか否かであったのであり，さもなければ，長く，非常に時間のかかる PII の行使になることがその前提であった[89]。この点について，最高裁判所は，裁判の公開の原則のため，コモンローがそのような手続を促進することはなく，そのような手続は全て議会が定めるべき事項であると判示した（その後議会はこの趣旨の立法を行った）[90]。しかし，その判決は，Clarke 裁判官が，ex p Wiley 判決において確立された PII に関する現行法を以下のように要約した点でも興味深いものであった。

（ⅰ）　PII の請求は，通常は，個別の当該文書に関係する適切な大臣によって署名された証書によって支持されなければならない。

（ⅱ）　本来は民事手続規則第 31 部に基づき開示されるべき文書の開示は，証拠が留保されることを要求する公益が，司法の運営に関する公益に勝ると裁判所が結論付けるときにかぎり，拒否することができる。

（ⅲ）　裁判所は，その決定をするときに，文書を閲覧することができる。このことは必然的に一方当事者のための手続において行われなければならず，開示を求める当事者はその手続から適切に排除することができる。

---

88)　[2011] UKSC 34; [2012] 1 AC 531.

89)　不開示資料手続については，see 17.3.2.

90)　2013 年裁判及び安全保障法。

さもなければ，PII の申請の目的そのものが損なわれるであろう。

（iv）　裁判所は，決定を行うときに，資料の開示を許容するため，どのような安全装置を講じることができるかを検討すべきである。これらには，例えば，審理の全て又は一部を非公開で開催すること，文書の開示を受ける者からの守秘の明示的な約束を要求すること，取ることのできる文書のコピーの部数や文書を閲覧できる状況を限定すること（例えば，機密性資料を読むために特定の場所に出席するよう請求者とその弁護団に要求すること），又は機密性文書の全てのコピーに特殊なナンバリングを要求することが含まれるであろう。

（v）　たとえ全部の文書が開示できない場合でも，当該資料の関連する抄本を提出し，又は当該資料の関連する趣旨を要約することが可能であることがある。

（vi）　証拠を留保する公益が，司法の運営に関する公益に勝らないときには，当該文書を保有する当事者が，当該文書が関係する争点について反対当事者の主張を認めないかぎり，文書は開示しなければならない[91]。

10. 5. 7　公益上の理由による免責についての結論

中央政府による PII の請求において生じることのある行政府と司法府との間の衝突は，1970 年代のウォーターゲート事件とある類似点を有している。民主党本部への不法侵入に続いて起きた暴露の後は，大統領が執行府の文書とテープ録音の開示を阻止することによって自己の地位を犯罪の告発から守るための請求に注目が移った。Nixon v United States[92] は，依然として，Burger 合衆国最高裁判所首席裁判官の言葉によれば，「諸般の事情の下で裁判手続を免れる無制限な大統領特権」は存しないという見解を支持して参照することができる歴史上重要な判決と考えることができる。これらの言葉に注意すべきであるとともに，わが政治家と公務員からの率直さを要求すべきである。2000

---

91)　[2012] 1 AC 531, 607, para 145.

92)　418 US 683 (1974).

年情報自由法の導入は，これらの要求の実現に少し役立ってきた。さらに同法は，情報を開示すべきであるという決定を行政府が破棄できることを定めることによって，明らかな限界を含む一方で，重要な判決である Evans 判決が，その権限は，第二層審判所の判決に対して容易に行使することができないことを明らかにしている[93]。したがって，この複雑な領域において，わが裁判所は，権力分立を，行政法の根本にある法の支配の観念を補足する法理として保護することを堅く決意している。

PII の問題を決定するときに，裁判官は，行政国家の行政機関と市民との間で決定をするよう要求されるため，難しい立場に立つことが明らかであった。過去には，政府とその他の行政機関が，自らの活動において機密性を維持することに公益を見出すよう圧力を裁判所にかける多くの状況が存してきた。どのような事情の下で，このことは本当に正当化されるか。明らかなことに，安全保障や他のそのような考慮事項が生じるときであって，情報の機密性が，結局は，裁判所で救済を求める者から情報を留保することに公益があることを意味するときが存する。それらの状況において，諸利益が裁判官によって相互に衡量された後に免責が与えられることに対して，何らかの異議が本当に存することがあるだろうか。

FURTHER READING

Birkinshaw, P (2010) *Freedom of Information: The Law, the Practice and the Ideal*, 4th edn (Cambridge: Cambridge University Press).

Hare, I (1998) 'Separation of Powers and Judicial Review for Error of Law' in Forsyth, C and Hare, I (eds), *The Golden Metwand and the Crooked Cord* (Oxford: Oxford University Press).

Tomkins, A (1998) *The Constitution after Scott: Government Unwrapped*

---

93) *Evans v Attorney General* [2015] UKSC 21, [2015] AC 1787; and 5.10.

(Oxford: Clarendon Press), chapter 5.

Wade, HWR (1969) 'Constitutional and Administrative Aspects of the Anisminic Case' 85 *Law Quarterly Review* 198.

第11章

違 法 性 I

11.1 序

　本章は，司法審査の1つの根拠としての違法性〔illegality〕を取り扱う2つの章の最初のものである。GCHQ判決におけるDiplock裁判官の手による三方向の分類に立ち返ると，この根拠は，「意思決定者は，自己の意思決定権限を規律する法を正しく理解し，執行しなければならないこと」[1]を意味するものとして定義される。このように違法性は，最も明白な状態では，決定やその他の措置が法的基礎を全く欠く場合，例えば，意思決定者が有すると称した権限を有しなかった場合において，決定やその他の措置を争うことを許容するものである。しかし，そのような分かりやすい事案――以下では「純然たる権限踰越〔simple *ultra vires*〕」の事案という――のほかにも，当該根拠は，裁量が行使される方法について，又は事情によっては，公的機関の不作為について異議を唱えることも許容するものである。さらに，当該根拠は，司法審査のより一般的な発展に従い，EU法と欧州人権条約（ECHR）の両方又は一方に違反しているとの理由から決定等に対する異議を許容するものである[2]。

　本書の分析は，しばしば審査の根拠との関係で重要となる制定法の解釈について手短に述べることから始まる。その後で，本章は，「純然たる権限踰越」，「不正な目的〔improper purpose〕」，「関連考慮事項及び関連しない考慮事項〔relevant and irrelevant considerations〕」，「不誠実〔bad faith〕」のうちの1つ又は

---

1) *Council of Civil Service Unions v Minister for the Civil Service* [1985] AC 374, 410-11.

2) See chs 3 and 4.

複数の主張に基づく司法審査請求に焦点を当てる。分析的に，本書がこれらの
小項目を本章で一まとめにするのは，これらが通常は所与の事案において裁量
の行使——又は少なくとも行使と称されるもの——を伴うからである。他方
で，ある機関は，当該公的機関が個別の事情に照らして裁量を行使することを
阻止する効果を有することを過去に行ったという意味において，「裁量を拘束
した」と主張される事案がありうる。憲法的に，これが不法〔unlawful〕にな
るのは，議会から裁量を委ねられた機関は，その裁量を事案ごとに行使すると
いう選択を自ら保持しなければならないためである。本書は，違法性のこの側
面——及びその他の側面のいくつか——を第12章において検討する。

　この段階で指摘すべき最後の点は，違法性という項目の下にある判例法は，
ほぼ常に制定法の枠組みの中で行われる決定等に関するものであるということ
である（この点は審査のその他の根拠に関する判例法にも妥当する）。このことは，
現代行政国家における意思決定者の公法上の権利及び義務の大部分が，ウエス
トミンスターにおいて制定されたものであれ，権限移譲を受けた機関のレベル
で制定されたものであれ，制定法に相変わらず由来することを再び想起させ
る[3]。同時に，今や司法審査は，国王大権に基づいて行われるであろう範囲の
決定並びに制定法に基づかない機関及び私的機関の決定に関しても利用可能で
あることに留意すべきである[4]。

11. 2　制定法の解釈の重要性

　司法審査請求の大部分は，制定法の枠組みの中で行われる決定及びその他の
措置の合法性を中心としたものであるため，関連する制定法に施される解釈が
極めて重要であることがある。伝統的に，裁判所は，ある法律の「文理」解釈
（これによると，裁判所は，問題となっている言葉の辞書的な意味の先を読まない）と
「合目的的」解釈（これによると，裁判所は当該立法の根本にあるより広範な目的に

---

3)　See 5.6 and 9.2.

4)　See 5.6 and ch 9.

第11章 違 法 性 I **447**

目を向ける) を選択するといわれてきた。しかし現実には, 解釈に対する司法
のアプローチは, 大抵はこの「二者択一」よりも遙かに複雑であり, 所与の紛
争において裁判所が利用できる技術には一定の幅がある。それゆえ, 裁判所
は, 制定法の条を当該立法中の対応する見出しを部分的に参照して解釈するこ
とがあるし[5), 立法の目的が何かを決めるときに, 先に存在するコモンローの
状況に目を向けるため, 大昔からの「弊害準則〔mischief rule〕」を使用するこ
とがあるし[6), 特定の条項を制定した際の議会の意思を確定しようとするとき
に, ハンサード議会議事録を参照することがあるし[7), 立法をその歴史的背景
に照らして読むことがあるし[8), 2人の意思決定者がそれぞれの権限を, 当該立
法の意思と首尾一貫する相補的な方法で行使することが可能になる場合には,
文言により一層広い意味を与えることがあるし[9), コモンロー上の基本的権利
を, それらの権利に対する制定法に基づく干渉は明示の文言又は必然的推論の
いずれかによってしか認められないよう要求することによって, 保護すること
がある[10)。さらに, ある事案が1972年欧州共同体に関する法律に該当する場合
において, 裁判所は, EU法の優位を確保するために必要である場合には, 立
法を創造的に解釈しなければならないが, 例えば, それは, 国内の立法が, 国
内法上施行されていないEU指令によって占められた領域に存する場合であ
る[11)。同様に, 1998年人権法3条によって解釈的義務が課されており, 同条は,
裁判所に対し, 「できるかぎり」, 「いつ制定されたものであろうと」立法を,
人権法の下で効力を有するECHR上の権利に適合する方法で解釈するよう要

---

5) See *DPP v Schildkamp* [1971] AC 1.

6) *Heydon's Case* (1584) 3 Co Rep 7b.

7) *Pepper v Hart* [1993] AC 593 – but see, too, *R v Secretary of State for the Environment, Transport and the Regions, ex p Spath Holme Ltd* [2001] 2 AC 349.

8) *R (Quintavalle) v Secretary of State for Health* [2003] 2 AC 687, 695, para 8, Lord Bingham.

9) *Re Shield's Application* [2003] NI 161.

10) See, e.g., *R v Lord Chancellor, ex p Witham* [1998] QB 975; see also 4.2.2.

11) *Webb v EMO Air Cargo (UK) Ltd (No 2)* [1995] 4 All ER 577.

448

求するものである[12]。

審査の1つの根拠としての違法性——特に下記の純然たる権限踰越——に関して，特に関連することがあるさらなる解釈技法は，「合理的付随〔reasonably incidental〕」準則である。この準則に基づき，裁判所は，制定法によって明示的に授権された任務だけではなく，本来の任務に「合理的に付随する」と考えられる任務も機関が引き受けることを許容することになる（ただし，例えば，1972年地方政府法111条のように，黙示の権限の必要性を既に承認している制定法があることに注意されたい）。ここで有名な例は，Attorney General v Crayford Urban District Council[13] である。本件は，地方政府機関によって供給される住宅の「一般管理」の権限を付与する1957年住宅法111条1項に施されるべき解釈に関わるものであった。Crayfordアーバンディストリクトカウンシルは，この権限を使用して，賃借人に対してMunicipal Mutual Insurance社と保険契約をするよう勧告することに同意した（これは同カウンシルと同社との協定に続くものであった）。競合する保険会社が同カウンシルを相手取って訴訟を提起し，当該事業計画が制定法の権限を踰越すると主張した。しかし，裁判所は，当該計画が同カウンシルの一般管理権限の範囲内にあると決定した。賃借人が保険に加入せず，無保険の損失を被ったときには，家賃の支払を履行しそうになかった。用心深い機関は，このことを考慮して，賃借人に保険に加入させることによって，家賃の受領を保護しようしたのであった[14]。

11.3 純然たる権限踰越

ここで，公的機関の決定及び活動を争うために使用でき，かつ，GCHQ判

---

12) See 4.4.2.

13) [1962] 2 All ER 147.

14) さらなる例として，see *Re Northern Ireland Human Rights Commission* [2002] NI 236——とりわけ「北アイルランドにおける人権の重要性の理解と意識」を促進する責務を有する制定法に基づく機関は，係属中の訴訟への参加を申請する黙示の権限を有した——and see now Northern Ireland Act 1998, s 71.

決において Diplock 裁判官によって突き止められた違法性という包括物に該当する様々な審査の根拠の種別をより詳しく検討することに移る。これらの種別のうちの最初のものは、「純然たる権限踰越」と呼ぶことができるものである。上述のとおり、この小項目は、意思決定者が有すると称した権限を有しなかったため、争われている活動について法律上基礎を全く欠いたと考えられるときに使用できるものである。もちろん、ここでの「純然」という考えは、おそらくはいささかミスリーディングである。というのも、既に見たとおり、意思決定者が特定の権限を有するか否かという問題に対する答えは、とりわけ裁判所が「合理的付随」準則に訴えること次第になることがあるからである[15]。しかし、裁判所が、決定又はその他の措置を行う明示的権限も黙示的権限も存しないと決定する場合には、違法性の認定が続くはずである。これらの状況下では、裁判所にとって残る問題は、発給されるべき救済の性質になる。

Attorney General v Fulham Corporation[16] は、純然たる権限踰越原則の性質を明らかにした重要な初期の判決である。制定法に基づく団体であるFulham 都市法人は、浴場・洗濯場法（1846 年から 1878 年まで）に基づき、当該バラの住民が衣服を十分に洗濯する設備を有するため、洗濯場及び浴場を設置するよう授権されていた。しかし、当該都市法人は新たな事業計画を導入することを決定し、それによると、クリーニング店事業が当該都市法人によって共同体のために運営されることになった。この全てが生じたのは、商務への不介入に関するレッセフェールの仮定が普及していた時期であり、そこで、裁判所は、このことは「完全に異なる事業」（see [1921] 1 Ch 440, 453）であると判示した。制定法は、クリーニング屋の設備に支出するよう当該都市団体に授権していなかった。というのも、同法の目的は、自己の洗濯設備を有しておらず、その余裕がない住民が当該都市法人によって提供された設備で洗濯することを可能にすることであったからである。したがって、同カウンシルは、公営のクリーニング屋を設置する権限を有しなかったため、そうしようとした際に権限

---

15) See 11.2.
16) [1921] 1 Ch 440.

を踰越して行為していたのであった。

　純然たる違法性に関する——権限濫用に至った——もう1つの著名な判例は，Congreve v Home Office[17] である。本件において，内務大臣は，カラーテレビ使用許可料金を1975年4月1日に12ポンドから18ポンドに値上げすると宣言し，1949年無線電信法2条1項に基づきその旨の規則を制定した。内務省は，その行政実務に従い，その後，郵便局の窓口職員を含む代理人向けの特別の訓令を用意し，1975年3月31日までに満了しない使用許可の「更新」を事前に申請する者は，1975年4月1日以降に再申請するよう要求されるべきであることを代理人に命じた。しかし，原告が自己の使用許可の更新を1975年3月に申請した時に，郵便局の窓口職員は，内務省の訓令に従わず，1976年2月29日まで有効な12ポンドの使用許可を原告に発付した（約2万4,500人の使用許可保有者が同様に期間の重複する使用許可をより低価格で発付された）。内務省は，原告に対し，追加の6ポンドが支払われなければ，1975年3月に取得した使用許可は取り消されることを通知した。使用許可が取り消されれば12ポンドの一部を返金するとの申出はされず，宣言的判決を求める原告の訴えに基づき，裁判所は，これが内務大臣による裁量的な取消権限の不正な行使であると判示した。というのも，租税は，明示の制定法に基づく権限なしに徴収されるべきではなかったからであり，また，当該権限を行使するとの脅しが，金銭徴収の手段として使用されたからでもあった。控訴院は，取消しが違法であり，無効であり，したがって効力を有しないとの宣言的判決を発給したのであり，その要点は，「事実上，内務省は，自己の使用許可権限を，自らに付与されていなかった課税権限を獲得するために使用しようとした」[18] ことであった。

---

17)　[1976] 1 All ER 697.

18)　W Wade and C Forsyth, *Administrative Law*, 11th edn (Oxford: Oxford University Press, 2014), 301.

11. 4 「不正な」目的

　ここで裁判所によって適用される基本原理は，説明するのが極めて容易である。すなわち，制定法がある権限を目的（a）のために付与している場合，意思決定者が当該権限を目的（b）のために行使することは不法である。もちろん，実際には多くは，基の制定法に施される司法の解釈次第になる。というのも，目的は，当該制定法の明示の文言に見出されるか，又は当該制定法全体の体系に潜在するものとして解釈されることになるからである。しかし，ひとたび目的が裁判所によって明らかにされると，意思決定者がその権限を当該法律の権限内の方法で行使したか，当該法律の権限を踰越する方法で行使したかを決定することが任務となる。裁判所が決定をするときに，自身にとっての問題を「違法性」という言葉で表現し，争われている決定がその言葉の上記の意味において権限踰越か否かを評価することがある[19]。他方で，司法審査の根拠は相互に重複するのであり，したがって裁判所が，代わりに，決定者による「権限濫用」ないし「不合理な」権限行使が存したか否かを問うことがあることも知られている[20]。状況次第では，目的に基づく主張が，関連考慮事項及び関連しない考慮事項に関してされる主張と重複することもある[21]。

　判例法の中には目的に基づく異議の多くの例が存するのであり，以下では典型的な先例のいくつかを検討する。しかし，そうする前に，この領域における専門用語の重複に関してさらに明らかにしておくことが重要である。手短にいうと，本書は一般的な項目において「不正な目的」を使用したが，より広範な判例法の体系は，その代わりに，当該制定法にとって「間接の〔collateral〕」目的，「外来の〔extraneous〕」目的，「隠れた〔ulterior〕」目的のうちの１つ又は複

---

19)　See 11.1.

20)　不合理性の意味については，see ch 13.

21)　See *Hanks v Minister of Housing and Local Government* [1963] 1 QB 999, 1020. 関連考慮事項及び関連しない考慮事項については，see 11.5.

数に言及することがある。ある段階では，そのような異なる専門用語の使用は重要ではなく，なぜならば，全ての判例は，突き詰めると，意思決定者によって追求された目的が制定法によって許容された範囲外にあるか否かという問題に関係するものであるからである。しかし，識者によっては，「不正な」という文言が道徳的な不適正と権限を不法に使用する意思を暗示するかぎりにおいて，「不正な」という文言は「間接の」等とは異なると考えるべきであるとも示唆されてきた[22]。同時に，実際に裁判所が「不正な」という文言をこの理由についてどこまで使用するのかは，この点に関する決定的な司法の声明が存しないように見えるため，不明確である[23]。そこで，さしあたり，「不正な」という文言は，裁判所が主張された権限濫用を特に重大なものとして考えることを含意するものであることに留意すれば，おそらく十分であろう。

11. 4. 1 判 例 法

おそらく最も有名な「目的」に関する判例は，Padfield v Minister of Agriculture[24]である。事実は以下のとおりであった。1958年農業市場法19条3項に基づき，牛乳市場取引計画に対する不服は，「いかなる場合でも大臣が命じるときは」審査することができた。南東部の生産者らが，固定価格計画によって自らが不公正に取り扱われる結果となると不服を申し立てたが，大臣は，当該不服を調査委員会に付託することを拒否した。大臣がそうした際に，当該制定法はもっぱら不服を公正に検討するよう自らに要求しており，その他の点では自由な（主観的な）裁量に等しいものを自らに付与していると主張した。さらに大臣は，この委員会に付託すると，その答申に従うことが必要となり，自らが同法に基づき有すると主張する自由な裁量が潜在的に損なわれるであろうと主張した。しかし貴族院は，このことが法的に有効な理由ではなく，

---

22) See H Woolf et al, *De Smith's Judicial Review*, 7th edn (London: Thomson/ Sweet & Maxwell, 2013), 290.

23) ただし，不適正の観念の考察について，see *Porter v Magill* [2002] 2 AC 357.

24) [1968] AC 997, HL.

したがって，大臣の当該権限の行使は当該権限を大臣に付与した目的の誤解に基づくものであるため，大臣は当該制定法の目的を実質的に阻んでいると判示した。制定法の条項の意味は，全体としての当該立法の文脈において考察しなければならず，大臣は，これを基礎として，裁判所によって示された法律の正しい理解に従って不服を検討するよう命じられたのである。このことは大臣が適切に行ったけれども，後に大臣は当該委員会の勧告を無視したことに注意すべきである。このように Padfield 判決は，不正な目的の原則の必要不可欠の要素だけではなく，司法審査の救済のいくつかの限界をも例証するものである。

R v Secretary of State for Foreign Affairs, ex p World Development Movement[25] における女王座部合議法廷の判決は，制定法に基づく大臣の意思決定権限に厳格な制限を課すことによって，おそらく当該原則をさらに一層発展させたものである。1980 年海外開発協力法 1 条に基づき，外務大臣は，「国の発展を促進し，又は経済を維持するため」，財政援助を付与することができた。本件において政府は，マレーシアの Pergau ダムを建設する事業計画に大きな財政支援を与えることを決定していたが，経済報告書の中には，そのような金の使い方をしても，マレーシア国民の貧困層の利益にならないことを示すものがあった。当該決定は，発展途上世界の貧困に関する意識を向上させようとする圧力団体によって争われ，裁判所は，政府の決定が不法であるとの宣言的判決を発給した。外務大臣の意図が何であれ，裁判所は，当該補助金が大臣の制定法に基づく権限の範囲内のものであるか否かを決定しなければならないと判示された。裁判所は，当該制定法の文言に目を向けて，もっぱら経済的に「健全」である開発事業に関して援助を与えることができることを議会が意図していたと判示した。これは非常に物議を醸す判決であったのであり，なぜならば，政府がマレーシアのこの事業計画に資金を配分した本当の理由とは，海外援助を促進することではなく，イギリスが自国の防衛産業のために利益の上がる多くの軍備契約を取るよう確保することであるというのが当時の主張で

25）　[1995] 1 WLR 386; and 8.10.2.

454

あったからである。Rose 裁判官は次のように述べた。すなわち，

　　国務大臣の意図や目的がいかなるものであったであろうにせよ，思うに，
　裁判所の下にある証拠に基づき，特定の行動が当該制定法の目的の範囲内の
　ものであったか否かを決定するのは，裁判所が行うべき事項であり，国務大
　臣が行うべき事項ではない。

　本件において，大臣は自らの裁量を不正な外交上の目的で行使し，関連しな
い考慮事項を考慮していた。イギリスとマレーシアの関係というより広範な問
題は，真の開発の目的が当該補助金を支えるときに限って，関連考慮事項とし
て考慮することができると判示された。別の観点からは，裁判所が，外交政策
という重要な領域における大臣の裁量に危うく干渉するところであったと主張
されるであろう。当該事業計画の健全性が（制定法の）目的に該当したか否か，
あるいは，当該事業計画の健全性は単なる１つの関連考慮事項として考えられ
るべきであったか否かは，依然として議論の的である（ここで，不正な目的と関
連考慮事項又は関連しない考慮事項との重複を書き留めることができるよう間を置く）。
結果的に，政府は当該事業計画を支援し続けたが，財源を変えた。
　World Development Movement 判決と Padfield 判決に加え，法原則の中核
を例証するために利用することができる，一層多くの目的に関する判決が存す
る[26]。しかし，特に興味深いのは，「政治的」意思決定，人種関係及び計画に関
するいくつかの判決である。いわゆる「混合目的」の判決も興味深く，「法の
支配」と「行政の便宜」との関係に関する困難な問題を生じさせることがある。

11. 4. 1. 1　政治的目的に関する判決

　公的機関に課された制定法上の義務が政治的な出来事によって影響を受けて
もなお裁量の範囲内にどの程度留まることができるかは，一定の文脈において

---

26)　See, e.g., *R v Greenwich London Borough Council, ex p Lovelace* [1990] 1 All
　ER 353.

議論を引き起こす問題であった。ここでの指導的判決は，Meade v Haringey London Borough Council[27] である。同カウンシルは，その作業員と補助職員によるストライキの間に，ストライキの日から全ての学校を閉鎖する旨の，また，何人も学校を開けようと試みるべきではない旨の訓令を発した。ストライキが4週間続いた後に，児童の親の何人かが1944年教育法99条1項に基づき大臣に不服を申し立て，当該教育行政機関に対し同法8条に基づく制定法上の義務を履行させるよう大臣に要求した。大臣はそうすることを拒否したため，ある親が自身のため，そして，当該地域の他の親及び地方税納税者に代わって，当該機関に対し義務を履行するよう強制するための宣言的判決及び作為命令的インジャンクションを求める訴訟を提起した。当該訴訟手続は最終的には第一審と控訴院の両方において斥けられたが，原則のいくつかの要点が詳述された。すなわち，ある機関が，学校の閉鎖を回避することができたにもかかわらず，労働組合の主張に同調して学校を閉鎖した決定は，当該決定が教育領域とは関連しない考慮事項により影響され，不正な目的による当該機関の権限の積極的濫用であるときには，権限踰越になった。他方で，当該機関は学校を運営する任務を課されており，それゆえ，その義務を履行するためには学校を閉鎖した方がよいという考えに本当に至ったときや，学校を開け続けることを断念する，やむにやまれない合理的な理由を有するときには，義務違反にはならなかった。原告は，事実に基づき，自らが主張した当該機関の権限踰越の活動に基づく義務違反について，明白に一応有利な事件〔*prima facie* case〕であることを証明したが，当該争点が激しく争われており，便宜の衡量によると執行することが困難になるため，求められたインジャンクションの発給を拒否することが正当であった。さらに控訴院は，本件は，裁判所がインジャンクションを発給することによって労働争議に介入すべき事案ではないと判示した。

R v Somerset County Council, ex p Fewings[28] は，物議を醸した判決であり，この領域における公法原理の作用をさらに例証するものである。同判決は，カ

---

27) [1979] 2 All ER 1016.
28) [1995] 1 WLR 1037.

ウンシル所有の土地における雄ジカ狩りの禁止に関するものであった。第一審
において，Laws 裁判官は，当該カウンシル議員の多数がその活動を道徳的に
悪であると考えたというだけで，当該禁止を導入できるものではなく，むし
ろ，「（当該）地域の利益，改善又は発展」（1972 年地方政府法 120 条 1 項（b））の
ために必要である場合にかぎり，当該禁止を導入できると判示した。このよう
に Laws 裁判官は，当該地方政府機関の役割を極めて限定的に，指定された義
務に関してのみ存在するのであり，独自の道徳の認識に基づく決定を行う法的
資格は含まないと解釈した。上訴に基づき，Thomas Bingham 裁判官（記録長
官）は，第一審裁判官によって「当該地域の利益」という言葉にあまりにも狭
い解釈が施されたことを認め，当該禁止を適法になすことができたであろうこ
とを示した。しかし同裁判官が上訴を棄却した際に，同カウンシルが決定を
行った時に主要な制定法の条項を明らかに考慮しなかったため，当該禁止は不
法であると結論付けた。本件の議論は，多くの感情的な倫理的問題に及び，そ
の際には，何が当該制定法によって要求されるような当該地域にとっての利益
になるかを見失っていた。Simon Brown 裁判官が，反対意見において，カウ
ンシル議員が決定を行うときには，倫理的問題を決定的と考えることができる
との見解を表明したことは，注目すべきことである。これは，裁判所がそのよ
うな論争を招きそうな問題に取り組むときに有することのある障害のいくつか
を例証するものである[29]。

11. 4. 1. 2 人 種 関 係

Wheeler v Leicester City Council[30] は，人種関係に関して後に強い影響を及
ぼす判決であり，また，学説上，様々な審査の根拠，例えば Wednesbury 判

---

29) Compare and contrast *R v Sefton Metropolitan Borough Council, ex p British
   Association of Shooting and Conservation* [2000] LGR 628（同判決において，裁判
   所は，当該カウンシルが，1972 年地方政府法 120 条 1 項（b）に基づき，当該地域
   の利益，改善又は発展のためとの理由から，自然保護区における銃猟権の更新を拒
   否する資格を有すると判示した).

30) [1985] AC 1054.

第11章 違法性 I *457*

決の不合理性，不正な目的及び関連考慮事項を分離することの難しさを例証するものでもある。地方政府機関が，裁量権限を1906年オープンスペース法10条，1907年公衆衛生改正法76条並びに1925年公衆衛生法52条2項及び56条に従って行使し，ラグビークラブが運動場を使用することを禁じていた。当該禁止が導入されたのは，同クラブが同カウンシルによって強く求められた要求のいくつかを無視したためであり，特に，同クラブは，そのメンバーが南アフリカ（当時アパルトヘイト政策をとっていた）を訪問することを阻止しようとしなかった。同カウンシルは，とりわけ1976年人種関係法71条に基づき，多数の外国人を有する地域における「様々な人種又は民族に属する人々の間の良好な関係を促進する」必要性を適切に考慮して行為していると主張した。貴族院は，同カウンシルの禁止が権限踰越であると認めた際に，地方政府機関は自らの権限を行使するときに人種関係の問題を考慮する資格を有するが，同カウンシルが自らの好みに反して行為した者に対する処罰に等しいものを科すことは，「不公正」かつ確かに不合理であると判示した。Templeman裁判官は，同カウンシルが，その制定法上の権限を，何も非行をしなかった同クラブを処罰する目的で誤用したことによって不正に行為したことを確信した[31]。

11.4.1.3 計画に関する判決

計画は，担当機関が相当な裁量権限を有する領域であり，例えば，担当機関は，計画許可の付与を検討するときに「（当該機関が）適当と思料する条件」を課すことが時々できる。同時にそのような権限は，計画過程に影響を及ぼす一定範囲の他の制定法によって制約されることがあり，全ての権限行使は，当該立法及びその目的と一致しなければならない。例えば，Hanks v Minister of Housing and Local Government[32] において，裁判所は，公用収用命令の支配的な目的が1957年住宅法の条件に該当するか否かを検討しなければならな

---

31) この点につき，see also *R v Lewisham London Borough Council, ex p Shell UK Ltd* [1988] 1 All ER 938.

32) [1963] 1 QB 999.

かった[33]。原告は，当該命令の真のかつ支配的な目的が，一般的な開発及び公道の改善と関係するものであり，それは 1957 年法 97 条の意味に含まれる住宅の供給と関連する考慮事項ではなく，計画に関する考慮事項であるため，不正であると主張した。判決において，住宅供給に関する問題及び動機と計画に関する問題及び動機とを区別する際の難点に関する多くの詳細な議論が行われ，Megaw 裁判官は，これらの状況において厳密な区別をすることができるか否かを疑問とした。それにもかかわらず，事実に基づき，この種の事業計画のために 1957 年住宅法に基づく正しい手続がとられていたのであり，いずれにせよ，そのような事業計画は必然的に計画に関する考慮事項を伴うことになると判示された。そこで，当該機関は，事業計画の目的に付随する道路を建設する資格を有すると判示された[34]。

R v Hillingdon London Borough Council, ex p Royce Homes Ltd[35] は，原告である Royce Homes 社が住宅を建設する許可を被告カウンシルに申請したという状況における，隠れた目的のための計画許可の利用を例証するものである。当該地方政府機関は，この計画許可を付与したが，条件，とりわけ，建設される住宅が最初の 10 年間は同カウンシルの住宅待ちリストに登録された者によって占有されるべきであることを明示する条件を課した。当該計画許可は，付された条件が当該計画機関の権限を踰越するとの根拠で争われた。同カウンシルが，事実上，計画許可に関する自らの権限を，その住宅不足を克服する手段として行使しているため，移送命令が発給された。

Hall & Co Ltd v Shoreham-by-Sea Urban District Council[36] は，裁量権限の濫用のさらなる例を与えてくれる。原告会社が工業用地を開発する計画許可を申請したところ，1947 年都市農村計画法 14 条に基づき許可が付与された。し

---

33) 支配的な目的については，see 11.4.1.4.

34) Compare *Meravale Builder Ltd v Secretary of State for the Environment* (1978) 77 LGR 365.

35) [1974] 2 All ER 643.

36) [1964] 1 All ER 1.

かし同法は，計画許可の付与が行われた土地の開発又は利用を規制する条件を被告カウンシルが課すことを許容しているように見えたため，同カウンシルは，条件として，同社が当該土地全体に渡る付属道路を自らの負担で建設すべきことを要求しただけではなく，さらに，この道路が隣接地に建設されるであろう付属道路からの通行権を付与すべきことも定めた。同カウンシルが，当該条件を本法に基づいて課し，1959年道路法に基づく自らの権限を行使しないことによって，道路建設のための費用を支出しなければならないことを避けていることは明らかであった。上訴に基づき，これらの条件は過度に負担的かつ不合理であり，したがって権限踰越であると認められた[37]。

11. 4. 1. 4　混合目的に関する判決

さて，ここで，権限が「混合」目的（又は動機）のために行使された状況を検討することが必要である。明らかなことには，既に考察したとおり，ある権限がある目的のために付与されたときには，別の目的のために使用することができない。しかし，ある決定が複数の目的を追求するものであり，そのうちのいくつかだけが適法であるときに，裁判所にとって問題が生じる。そのような状況下では，裁判所は，当該不法な目的が権限行使にとって付随的なものか否か，換言すれば，支配的な目的が適法か否かを決定しなければならない。

もちろん，現実には，どの目的が支配的であるかを評価する簡単な方法はなく，証拠を目にした司法の選択の問題になることがある。この点は，Westminster Corporation v London and North Western Railway Co[38] を参照することで例証できる。1891年公衆衛生（ロンドン）法44条に基づき，ウエストミンスター都市法人は，トイレを設置する権限を有していたところ，同都市法人は，トイレを，繁華街を横断する手段の役目も果たす地下道から利用さ

---

37)　国務大臣による計画政策指針の誤った適用の主張に関する判決については，see also *Virgin Cinema Properties Ltd v Secretary of State for the Environment* [1998] 2 PLR 24, DC.

38)　[1905] AC 426.

れるよう設計した。当該事業の真の理由は，横断の手段を与えることであり，トイレの設置ではないとの根拠から，当該工事の進行を阻止するための訴訟が提起された。不正な目的が支配的であることを立証するためには，当該機関が当該地下道を「本当は望まれていない公衆便所を設置するという口実で」（［1905］AC 426, 432）建設したことを証明しなければならないと判示された。換言すると，公衆が当該地下道を，当該街路を横断するために利用するであろうことを同都市法人が企図していると証明することは，十分ではなかった。かくて，トイレが第一の目的であったか否かという問題については，適法な目的が最も重要であると判示された。地下道は「単なる付随的な利点」であり，事業計画が進行することが許容された。

R v Minister of Health, ex p Davis[39] においては，異なる結論に達した。ダービーの中心街にある敷地に関する改良事業計画が，不衛生な地域の購入及び浄化を規定する 1925 年住宅法の条項に基づき策定されようとした。当該事業計画が制定法の権限を踰越すると判示されたのは，当該土地のいくつかが再販売の目的で収用されることになっていたためであり，同法は，浄化された地域を売却し又は賃貸する自由な権限を含むが，開発案の詳細を含まない改良事業計画を授権していなかった。大臣は当該事業計画をそもそも検討する管轄権を有しないと判示された。

Webb v Minister of Housing and Local Government[40] は，公用収用権限の誤用の一例を提供するものである。沿岸保全機関は，必要な工事を実施しようとして，1949 年沿岸保全法 6 条に基づき事業計画を準備した。後に，当該事業計画は，舗装されたアクセス道路の建設のため，さらなる細長い土地の取得を含むよう修正された。そして，必要な土地を取得するため，公用収用命令が同法に従って作成され，大臣は当該事業計画と収用命令を承認した。しかし，当該土地の所有者によって唱えられた異議に基づき，当該機関は，同法に基づく自らの権限を行使するために当該事業計画が必要であることを証明できな

---

39)　［1929］1 KB 619.

40)　［1965］1 WLR 755.

かったことから，当該事業計画と命令が取り消された。当該土地の取得は，同法によって付与された権限の範囲に含まれない目的のためであったのであり，実際に混合動機と裁量の濫用を伴うものであった。結局のところ，本件は，不正な目的の明白な事案であった。

11.5 関連考慮事項と関連しない考慮事項

　次に，引き続いて，決定やその他の措置が，当該意思決定者が全ての関連考慮事項を考慮しなかったという理由と当該意思決定者が関連しない考慮事項を無視しなかったという理由の両方又は一方から争われる事案において，裁判所が適用する諸原則を検討する。これらの目的のための考慮事項は，通常は，当該決定の根拠となる制定法において明示的又は黙示的に明らかにされることになるが，もっとも，Scarman 裁判官が説明したように，裁判所は，「特定の事業計画の決定にあまりにも明白に関連するため，……直接考慮するに至らなければ，当該法律の意図に従わないことになるであろう事項」[41] が存する場合においても，介入することがある。この項目に基づき提起された訴訟において，目的という言葉との重複が時々存することがあり（逆も同様である），というのも，ある特定の考慮事項に照らして決定をすることが，ある不正の目的のために決定をすることと一致することがあるためである。さらに，その重複は，目的という言葉が関連考慮事項及び関連しない考慮事項という言葉とともに包摂されるべきであると過去に示唆されたほど，顕著になることがある[42]。しかし，このことは判例法では正式には生じておらず，2つの小項目は互いに別個に存在し続けている。

　この項目の下での裁判所の基本的なアプローチは，全ての関連考慮事項が意思決定者によって考慮され，関連しない考慮事項が無視されたか否かを審査

---

41)　*Re Findlay* [1985] AC 318, 334.

42)　See, e.g., Megaw J in *Hanks v Minister of Housing and Local Government* [1963] 1 QB 999, 1020.

462

し，もしそうであれば，不合理性，邪悪等の主張は別として，当該決定が存続することを許容するというものである[43]。このアプローチは，司法審査を支える「監視的・上訴的」の区別と一致する[44]。というのも，裁判所は，決定の実体的当否ではなく，もっぱら，決定が法律に一致し（違法性），合理的な意思決定に関する一般的に容認された基準（不条理性又は Wednesbury 判決の不合理性）に違反していないか否かに関わるからである。同時に，以下では，関連考慮事項に関する判例法が，裁判所を難しい社会的，経済的選択の周辺部に時々連れて行くことがあり，（おそらく）裁判所は，自制的な立場を常にとってきたわけではないことを見る。他方で，第13章では，資源に関する考慮事項に直面してされた決定に異議が唱えられるときと当該決定が基本的に政治的なものである場合の両方又は一方においては，自制の義務が強まることを裁判所が強調することもあることを見る。例えば，ex p B 判決では，裁判所は，小児ガン患者へのさらなる治療を拒否する公共医療実施機関の決定につき，当該決定が医療上の，資源と関連する理由からされたものである場合に介入しなかった[45]。こうした状況の下で――そして，個人の基本的権利が問題となることがあるにもかかわらず――裁判所は，司法府が干渉すべきではない「裁量的な判断領域」を意思決定者がどうして有するかを強調することがある[46]。

11. 5. 1 「達成目標」に関する義務――資源は関連考慮事項か？

この項目の下での問題は，公的機関が「達成目標」に係る義務の履行に関して裁量的な選択を行うときに，自身が利用可能な資源をどこまで考慮することができるかということである。そのような義務は，公共サービスの提供の領域において立法により課されるものであり，有限な予算の枠組みの中で活動する間に法律の要求にどのように応じるべきかに関する裁量を公的機関に付与する

---

43)　See ch 13.

44)　See 8.3.

45)　*R v Cambridge Health Authority, ex p B* [1995] 1 WLR 898.

46)　See, e.g., *R (Pro-life Alliance) v BBC* [2004] 1 AC 185.

第11章 違法性 I　*463*

ものと大抵は解釈される。もっとも，資源と公共サービスの提供との繋がりは実際的な意味では自明であろうが，だからといって，資源が，法的に，常に意思決定者が裁量を行使するときに考慮すべき関連考慮事項であることにはならない。そうではなく，多くは，サービスの提供の義務を公的機関に課す立法体系全体を裁判所がどのように解釈するかに依存するであろう。したがって，資源は1つの関連考慮事項になることがあるし，同様にならないこともある。

　資源が関連考慮事項であると判示された1つの判決が，R v Gloucestershire County Council, ex p Barry[47] であった。被告地方カウンシルは，原告に対し，250万ポンドの予算削減を受けて優先順位を見直さなければならず，原告が資格を有すると査定されてきた介護をもはや提供することができないと通告した。Barry 氏は82歳で，慢性疾患を有し，部分的にしか目が見えず，腰を骨折した後は歩行器がなければ移動することができなかった。控訴院は，1970年慢性疾患・障害者法2条を，地方政府機関が同法に基づき障害者のニーズに応じるべきか否かを決定するときに，資源の利用可能性を考慮する資格を有しない——というのも，当該機関はそのようなサービスを提供する義務を負うからである——ということを意味するものと解釈した。同時に，ひとたびニーズの査定がされれば，当該機関は，そのニーズに応じるために資源をどのように動員するか，例えば，在宅介護と居住介護のいずれを提供することによるかを決定する点で裁量を行使することができると判示された。しかし，貴族院への上訴において，多数の意見は，サービスについてのニーズは，まずはサービスを提供する費用を斟酌しなければ，うまく査定することができないと判示した。採用される査定の規準は，何が一応満足できる生活水準に当たるかであろうし，サービスについての資格の規準は，資金の利用可能性に合わせて調整することができた。かくして，費用は関連考慮事項であった。

　どちらの方法で判断されたにせよ，ex p Barry 判決は，大きな含意を有する判決であった。控訴院は，主たる関連考慮事項を，法律に基づく達成目標に

---

47)　[1996] 4 All ER 421 (CA), [1997] AC 584 (HL).

464

係る義務と認定した。他方で，もう1つの考慮事項が，当該機関に課された資金全般に係る制約であった。意思決定者に裁量が存したのは，査定したニーズに応じる制定法に基づく義務を履行した後だけであり，その後の裁量的要素は，当該義務を履行するための資源の動員の方法に影響を及ぼした。このように，裁判所は，意思決定機関が明らかな資源の限界に直面したときに制定法中に厳格な義務を見出すことにより，基本的なセーフティーネットの供給を維持しようとした。しかし，この種のアプローチによると，特定の種類の障害者のニーズは，おそらくは同様に優先的なニーズを有する別の集団への資金提供を犠牲にして保護されたことが判明するであろう。したがって，控訴院のアプローチは，司法の意思決定が，たとえ意図していないかもしれない場合でも，いかに政治的影響を有することがあるかという一例である。

　別の観点からではあるが，貴族院のアプローチの賢明さも疑うことができるものである。手短にいえば，貴族院のアプローチは，民主的な選挙に基づく公的機関に対し，保護に値するニーズを有する集団の間で資源を配分するときにどのように裁量を行使すべきかを決定する，より大きな自由を与えるものであった。このことは，中央政府により資金に課された制限が，争う余地のないものであるとの仮定に基づくものであったように思われる。しかしこの判決の問題は，地方政府機関に供給される資源の減少を背景とすると，公共サービスの提供者に対し，優先的ニーズは，惜しみなく応じたことがなかったものであるから，（不合理性又はECHRに基づく権利が問題になるときは比例性のテストが残ることを条件として）絶えず削減することができるものであるという合図を送るように見えるであろうことである。したがって，公的機関が中央政府により財政的手段を奪われたときに，そのような制定法に基づく義務は，どうすれば十分に履行することができるかという問題が残るのである。Lloyd裁判官が反対意見で指摘したように，「議会が目標を命じたのであれば，手段を提供するよう求められなければならない」（[1997] AC 584, 604）。

　Ex p Barry判決は，R v East Sussex County Council, ex p Tandy[48]の判決と対比することができる。1995年7月以降，Tandy氏は，筋痛性脳脊髄炎

〔ME〕を患っていたため，1993 年教育法 298 条（後に 1996 年教育法 19 条に引き継がれた）に基づき，週当たり 5 時間の家庭授業を同カウンシルから提供されていた。このことは，特別のニーズを有する児童のために手配をするよう地方教育行政機関（LEA）に要求する制定法に基づく義務であった。しかし 1996 年 10 月に，当該 LEA は，Tandy 氏の両親に対し，支出の見直し及び家庭授業サービスの見直しの結果，（Tandy 氏の状況が変化していなかったにもかかわらず）提供する家庭授業の最長時間を 5 時間から 3 時間に減らすことを通告した。司法審査申請に基づき，高等法院において，同カウンシルが関連しない要素，すなわち，その財政資源を考慮したと判示された。この判決は控訴院で破棄され，その後貴族院に上訴された。貴族院は，高等法院の判決が正しかったと判示し，地方政府機関が，適切な教育を就学年齢の児童に提供する制定法に基づく義務を履行するときに，財政資源の利用可能性を考慮することはできないと述べた。これにはいくつかの理由があり，その中には当該制定法に施されるべき解釈が含まれていた。関連して，貴族院は，当該機関が，制定法に基づく義務を裁量権限の地位にまで弱めることが事実上できることになることを懸念していた。Browne-Wilkinson 裁判官が述べたとおり，「議会は，権限と対比されるものとしての制定法に基づく義務を課し，特定のことを行うよう地方政府機関に要求することを選択したのである。思うに，裁判所は，義務を，裁判所が真の統制をほとんど有しないであろう単なる裁量に事実上過ぎないものに降格させることに慎重であるべきである。」[49]

R v Birmingham City Council, ex p Mohammed[50] において，高等法院は，ex p Tandy 判決に従うとともに，ex p Barry 判決と区別した。さらに，そのような義務は，コミュニティケアのニーズ[51]，住宅困窮者に提供される住宅[52]

---

48)　[1998] AC 714.

49)　[1998] AC 714, 749.

50)　[1999] 1 WLR 33.

51)　*R v Bristol City Council, ex p Penfold* [1998] 1 CCLR 315, DC.

52)　*R v Lambeth London Borough Council, ex p Ekpo-Wedderman* [1998] 3 FCR 532.

を含むいくつかの関連する文脈において，また，特殊教育のニーズに関する審判所〔special educational needs tribunal〕が児童のための教育を決定するときに自宅のある地方の機関の資源は考慮するが隣接する地方の機関の資源を考慮しないことに関して[53]，論じられてきた。

しかし，最高裁判所は，それ以降，病人及び障害者への介護及び援助の提供に関する2つの重要な判決において，Barry判決の含意を検討した——又は確かに指摘した。第1の判決であるR (McDonald) v Royal Borough of Kensington and Chelsea[54]において，最高裁判所は，移動に不自由のある原告が，被告地方政府機関により提供される介護のパッケージを争うことができるか否かを判断するよう求められた。本件において，失禁パッドを，実際に失禁しない患者向けの夜間用の室内用便器を使用するための人的援助に代置することは，介護費用を年間約2万2,000ポンド削減する効果を有した。主導的意見を述べたBrown裁判官は，ex p Barry判決に従うと，サービスを提供する費用を考慮しなければ，サービスについてのニーズをうまく評価することができないことを強調した。裁判官の多数は，パッドの代置を許容する指針を，実際的かつ適切な解決策と考えることができることを認めた。Hale裁判官は，反対意見を述べ，原告が実際に有するのとは異なるニーズを有すると当該地方政府機関が主張することは不条理であるとの見解をとった[55]。

第2の判決は，R (KM) (by his mother and litigation friend JM) v Cambridgeshire CC[56]であった。本件の原告は，一定範囲の身体的，精神的困難に苦しむ重度の障害者であり，食事の補助と介護を必要としていた。1970年慢性疾患・障害者法2条1項に基づき，被告カウンシルは，原告に対する特定のサービスの

---

53) *B v London Borough of Harrow* [2000] 1 WLR 223.

54) [2011] UKSC 33, [2011] 4 All ER 881.

55) Ibid, paras 61-79. See also *McDonald v UK* (2015) 60 EHRR 1 (ECHR 8条が意思決定過程の特定の段階で侵害されていたが，国家は資源の配分に関する決定をするときに広範な評価の余地を享受しており，したがってその他の点でのECtHRへの申立ては明らかに確かな根拠に欠けていた).

56) [2012] UKSC 23, [2012] 3 All ER 1218.

提供を含め，彼の介護のための手配をする義務を有した。彼の介護のニーズのためにされるべき直接支払の金額についての同カウンシルの査定に対する原告の異議に基づき，Wilson 裁判官は，公的機関が援助の水準に関して決定をするときに，資源の利用可能性が関連考慮事項たりうることを再度承認した。しかし，これを除くと，同裁判官は，貴族院が，そもそも意思決定過程の中でいつ資源を考慮することができるかという問題について過誤に陥ったかもしれないと指摘したように[57]，Barry 判決を全面的に支持しようとはしなかった。Hale 裁判官も同様に，Barry 判決は再検討する必要があるであろうと警告したのであり，したがって，Barry 判決，Tandy 判決及び McDonald 判決と続く判例法の系統は，その終点にまだ達していないように思われるであろう。とはいえ，この点は，最終的に KM 事件の解決には無関係であった。なぜならば，本件において，資源の限界は当該地方政府機関の決定の特徴ではなく，当該異議は，直接支払の水準を決定するために使用されていた仕組み（いわゆる「資源配分制度〔resource allocation system〕」及び「上方区分計算表〔upper banding calculator〕」）を中心としたものであることが明らかになったためである。最高裁判所は，原告の異議が斥けられるべきと判示し，被告機関により使用された計算法が，他のいくつかの地方政府機関により使用されている方法と完全には一致しないとしても，不条理と分類することはできないと結論付けた。たとえ「まったく同じ水準の示されているニーズが，ある地域ではサービスの対象となり，またある地域ではならないというのは，容認できない結果である」としても，当該機関の決定は存続すべきであり，「現在のところは，それが法なのである」[58]。

11. 5. 2　信認義務と選挙に基づく委任に関する判決

「資源」に係る判例法と「信認義務〔fiduciary duty〕」としばしば呼ばれるものに係る判例法との間でも有益な比較をすることができる。これは，地方政府

---

57)　Ibid, paras 5-7.
58)　Ibid, para 47, Baroness Hale.

機関が（a）あるサービス又は一定範囲のサービスを当該地域社会に対して提供する義務を有するが，しかし，（b）当該地域に居住する納税者又はカウンシル税納税者の利益をも考慮しなければならない状況における地方政府の職務の遂行に関連して，裁判所により使用されてきた用語である。実際には，納税者に対して負う「信認義務」の概念は，例えば，意思決定者がより実効的な地域サービスを提供するよう歳入を増加させることを望む場合に，意思決定者の制定法に基づく権限に対する（潜在的な）制約として働く。したがって，（a）と（b）との間で明らかな対立が生じる場合，裁判所は，両者の間の一致点を見出さなければならず，少なくとも歴史的には，時として政治的な含みのある判決を行ってきたように見えた。

Roberts v Hopwood[59] が，この点に関する指導的判例であると考えられる。Poplar バラカウンシルによって，その被用者に対し，インフレ率よりも相当に高額で，かつ，被用者の性別や行われている仕事の性格とは無関係の，均一の賃上げを実施する決定がされた。当該機関は，自らが適切と思料する俸給及び賃金を被用者に支払う広範な制定法に基づく権限を有した。地方監査人による異議の結果，この行為は法的に誤っていると判示された。第1に，同カウンシルは，模範的な使用者を名乗ろうとした点において，他事考慮に基づき行為していた。Atkinson 裁判官によれば，同カウンシルは，自身が「社会主義的博愛の常軌を逸した原理や，労働の世界における賃金の問題について両性の平等を確保する女性解放論者の野心により誘導されること」（[1925] AC 578, 594）を許容していた。第2に，賃金が実質的に低下している時期に，同カウンシルは地方税納税者の利益を不十分にしか考慮していなかった[60]。

しかし，支出が合理的であると考えられる場合には，裁判所は介入しないで

59）　［1925］AC 578.

60）　たとえ時代背景を考慮に入れるとしても，司法府の少なくともいくつかの要素に関する政治的偏向がこの判決により明らかに示されていることが，数多くの機会に指摘されてきた。See, e.g., J Griffith, *Judicial Politics since 1920: A Chronicle* (Oxford: Blackwell, 1993), 1-11.

あろう。Pickwell v Camden Council[61) は，Roberts v Hopwood と明らかに対
比することができる。全国公務員組合を含む全国ストライキの間，Camden カ
ウンシルは，当該ストライキの間に開始された交渉から達せられていた全国的
な合意よりも有利な地方の賃金の協定を取り決めた。このことが地方監査人に
より争われ，地方監査人は，当該協定が追加の支出を招いたのであり，支出の
費目が権限踰越であるときには，その支出についてカウンシル議員が追徴金を
課されるべき法的責任を負うと思料した。このように裁判所は，事実上，2つ
の裁量の行使の合法性を検討し，調和させなければならなかった。一方では，
同カウンシルが存したのであり，同カウンシルは，信認義務を地方税納税者に
対して負うが，しかし，組合と地方の交渉も開始し，独自の協定に達してい
た。他方では，同監査人による裁量の行使が存したのであり，同監査人は，こ
の協定にあまりにも安易に加わり，追加の不必要な支出をもたらしたことにつ
いて，同カウンシルに対する追徴金を申し立てた。裁判所は，同カウンシルが
違法に行為しなかったと判示した——同カウンシルとストライキ労働者の間で
通謀が存していなかったのであり，したがって，同カウンシルが関連する資料
を無視し，又は不正な動機により導かれたと推論することはできなかった。

Bromley London Borough Council v Greater London Council[62) は，最も有
名なこの種の判例の1つであり，そのような事件において裁判所にとって生じ
うる極めて明らかな困難を示すものである。グレーターロンドンカウンシル
（GLC）は，1969年交通（ロンドン）法1条に基づき行為し，公共交通機関の料
金を25％引き下げるという明確なマニフェストの公約を実現するため，補足
的な地方税を実施しようとした（1条は，GLC に対し，「グレーターロンドンのため
の統合的，能率的かつ経済的な交通機関及びサービスの提供を促進する政策を展開する
よう」要求していた）。このことは，裁判所において Bromley ロンドンバラカウ
ンシルによって争われ，GLC は権限を踰越したと宣言された。貴族院は，と
りわけ，GLC が地方税納税者に対してサービスと費用の均衡を維持する「信

---

61) [1983] 1 All ER 602.
62) [1983] 1 AC 768.

470

認義務」を負っているが，履行しなかったと判示した。したがって，GLC は関連考慮事項を考慮しなかったため，そのような政策を追求する GLC の決定は不法であった。Diplock 裁判官は，「地方政府機関は，自らの制定法に基づく職務を遂行するために必要とされる金銭を徴収する対象である地方税納税者に対し信認義務を負っているのであり，これには，それらの金銭を浪費して支出しない義務だけではなく，利用可能な全ての財政資源を最も有利に動員する義務も含む」[63] と判示した。再び，政治的政策の問題が，裁判所が越えるおそれのある境界線として現れる。例えば，本件において論じられた様々な共同体の諸利益は，どうすれば道徳的及び政治的考慮を惹起することなく衡量することができるか。それらの境界線はどのように引かれるべきか。また，どの点において，支出が過剰と考えられ，不法となるか。John Griffith は，そのような諸問題に取り組み，裁判所が自らの価値判断を正当な意思決定者の判断に代置しており，このことがそのような司法の意思決定の正統性に関して根本的な問題を生じさせていると主張した[64]。そうすると，裁判所はそのような政治的紛争には介入すべきでないのか。あるいは，裁判所は，権限を委任した立法府の意思が遵守されるよう確保するため介入しなければならないのか。あるいは，次にこのことは，裁判所に対し，立法府の意思に関して仮定し，その段階で紛争を解決するため信認義務のような構成概念に頼るよう仕向けるのか。

さらに，選挙に基づく委任に係る判例は，中央政府と地方政府との紛争にしばしば関係し，裁判所がそのような紛争に首尾一貫してアプローチしているかに関する疑問を惹起した判決がある。例えば，Secretary of State for Education and Science v Tameside Metropolitan Borough Council[65] は，Bromley London Borough Council 判決においてとられたマニフェストのコミットメントへのアプローチと対立するように見える有名な判決である。同判決は，保守党支配の地方政府機関が，総合教育に関する労働党政権の政策を受け入れるこ

---

63) Ibid, 829.

64) J Griffith, *The Politics of the Judiciary*, 5th edn (London, Fontana, 1997), 126-33.

65) [1977] AC 1014.

とを拒否したことに関わるものであった。同カウンシルが労働党の支配下にあった時に政策転換に備えるための準備が既にされていたが、保守党が選挙で選ばれた後に、同地方政府機関は、総合教育を優先して選抜教育を廃止する自らの計画を、5つの選抜制のグラマースクールを維持する決定をすることにより修正した。保守党は地方選挙のマニフェストにおいて状況を見直すことを約束していたが、政策の変更は大きな混乱を伴う可能性があった。原告大臣は、過去に承認された総合教育計画を押しつけようと試みる際に、1944年教育法68条に基づき行為したのであり、同条は、地方政府機関が不合理に行為していると思料するときに、「便宜であると見える指示」を付与する権限を当該大臣に与えていた。しかし貴族院はカウンシルに有利に判決し、職務執行命令を国務大臣のために発給することを拒否した。貴族院はそうする際に、「不合理に」を、いかなる合理的な機関も行動しないであろう方法で行動すること、言い換えれば、Wednesbury 判決のいう不合理な方法で行動すること[66]を意味するものと解釈した。「不合理に」とは、原理の問題について単に不一致であることではなく、むしろ、国務大臣が同条に基づき裁量を行使する前に（この強い意味において）不合理である何らかの客観的な行動を指摘しなければならないことを意味するものであった。特に Wilberforce 裁判官により、同カウンシルは、政治的考慮及び信念に基づき、この種の政策変更を行う資格を有することが承認された。地方選挙において勝利した保守党のマニフェストの政策に対する有権者の承認によって創り出された委任の重要性は、政策変更を裏書きするものであることから、注目すべきものであった。Bromley London Borough Council v GLC における Wilberforce 裁判官の意見の中に認められる全く異なる所感——すなわち、そこでは、信認義務が労働党の地方選挙に基づく委任に優先すべきであることが事実上判示された——を前提にすると、これらの2つの判決は、調和できるとすれば、どのようにすべきかと思われるであろう[67]。

---

66) See ch 13.

67) 信認義務に関するその後の判決については、see *R (on the application of Structadene Ltd v Hackney London Borough Council* [2001] 2 All ER 225. 選挙に基づく約束

11. 5. 3 関連考慮事項としての EU 法？

上記の判例法は，議会制定法により定められた枠組みにおける裁量の行使に対する異議に主として関わるものであった。もちろん，判決によっては，EU 法の規定も意思決定過程に直接的又は間接的に関係し，それにより当該意思決定者が EU 法を関連考慮事項として考慮すべきか否かという問題が生じることがある[68]。たしかに，EU 法の優越性の原則は，EU 法上の権利が直接的に問題となっている場合には，EU 法が考慮されるべきことを示唆するであろう。というのも，意思決定過程全体においてそれらの権利を優先しなければ，EU の一員であることの中核的な義務に反するであろうためである。他方で，最終的な決定自体が超国家的規範を偶然受け入れている場合には，意思決定者は EU 法上の権利を明示的に考慮する必要はないとも主張されるであろう。この点は，おそらく，EU 法上の権利が意思決定者の下にある問題にとって皮相的なものに過ぎないときには，説得力を増すであろう。

EU 法が考慮されるべきことを示唆する 1 つの判例が，R v Human Fertilisation and Embryology Authority, ex p Blood[69] である。本件は，1990 年ヒト受精・胎生法に施されるべき解釈に関するものであり，Diane Blood 氏の夫が彼の精液を妻の人工受精のために使用することにつき書面の同意を与える機会を有する前に，髄膜炎で突然死亡した時に発生した[70]。控訴院は，ヒト受精・胎生監視機関がイギリスにおいて受精の免許を拒否した際に権限内に

に認められるべき，法的重要性と対比されるところの道義的重要性を検討した判決について，see *R v Department for Education and Science, ex p Begbie* [2000] 1 WLR 1115.

68) ここでは，枠組みが議会制定法，すなわち，1972 年欧州共同体に関する法律の文言により設定されることに注意されたい。See 3.3.1.

69) [1997] 2 All ER 687, CA.

70) 1990 年法については，see further *R (Quintavalle) v Secretary of State for Health* [2003] 2 AC 687; *Evans v Amicus Healthcare* [2004] 3 WLR 681; and *Evans v UK* (2008) 46 EHRR 34.

あったと認定した点において，高等法院家事部の判決を維持した。控訴院は，精液を同意なしに採取し保存することが不法であるとも判決したが，このことは控訴院の下にある事件が独特のものであり，再発しそうにないことを意味した。控訴院は，書面の同意が1990年ヒト受精・胎生法に基づく絶対的要件であることを承認したにもかかわらず，引き続き，自身の下にある事件において，（当時の）EC条約59条及び60条に基づき国境を越えて医療を受ける原告の権利が同機関の決定により侵害されたか否かを検討した[71]。そのような権利はEU法の一部として直接的に実現可能であり，したがって他の構成国（ベルギーがその事件で主張された例であった）において医療を適法に受けることができた。それゆえ，夫の精液の輸出を許可することを拒否すると，事実上，原告が，そのような医療のために海外旅行をすることを妨げることになった。そこで控訴院は，同機関が自らの決定に達するときにはEC条約を考慮するよう要求されるのであり，同機関がそうしなかったのであるから，Blood夫人の上訴が認容されると判示した（後に同機関は，彼女が夫の精液をベルギーでの診察に持って行くことができると決定し（1997年2月27日），1998年にBlood夫人が妊娠したことに留意すること）。

　ここでされるべきもう1つの指摘が，EU法は，諸機関に対して，厳密に定義された状況においてEU法上の権利に国家が制約を課すことを許容する条約の規定に基づいて，義務をどのように履行すべきかを決定するときに資源を考慮することを明らかに許容していることである。この指摘は，おそらくR v Chief Constable of Sussex, ex p International Traders' Ferry Ltd[72]を参照することにより，最もうまくすることができるものであり，この事件は，動物の権利の主張者が生きた子牛をイングランドから欧州大陸に輸出することを阻止しようとした時に発生した。被告警察長は，予算の制限を口実として，港湾ターミナルとの間を往復するトラックを護衛するための警備を週当たり2日に限定

---

71)　対応する規定は，現在では，EUの機能に関する条約（TFEU）56条及び57条である。

72)　[1998] QB 477 (CA), [1999] 2 AC 418 (HL).

する決定をした。この決定は，女王座部合議法廷において，International Traders' Ferry 社により，EU 法に基づく物の自由な移動に違反するものとして争われ，認容された。原告らは自らの主張の基礎を，一方では同警察長の裁量の問題である警察資源の動員，他方では治安を維持し法を擁護する同警察長の義務という区別に置いた。しかし，この区別は，控訴院では認められず，Kenney 裁判官は，利用可能な人力と財政資源が有限であるという事実を否定できないものとして承認した。このことを念頭に置くと，警備を限定する同警察長の決定は，彼が決定に達する際に，競合する利益を衡量し，比例的に行為したことが証明できるかぎり，不合理なものと考えることはできなかった。さらに，本件の事実に基づき，同警察長は，いかに資源を使用するのが最善かに関する決定について「評価の余地」を有すると主張された。貴族院は同意し，Slynn 裁判官は，同警察長の決定がイギリス法と EU 法の両方に基づき合理的なものであると指摘した。

11. 5. 4　関連考慮事項としての人権？

EU 法に基づく（見かけの）立場とは対照的に，意思決定者は，1998 年人権法に基づいて生じる権利を関連考慮事項として考慮するよう要求されない（類推により，その点は，コモンロー上の基本的権利にも当てはまることが想定されるであろう）。このことは，R (on the application of SB) v Headteacher and Governors of Denbigh High School[73] の貴族院判決の結果である。本件の争点は，イスラム教の女子生徒である Shabina Begum (SB) 氏がジルバブ〔jilbab〕を着ることを妨げる学校制服に係る方針が ECHR 9 条に基づく彼女の信仰（9 条は，信仰を有する権利と信仰を表明する権利の両方を保護しており，前者が絶対的であるのに対

---

73)　[2007] 1 AC 100. See, too, *Belfast City Council v Miss Behavin' Ltd* [2007] 1 WLR 1420; and 4.4.4. But compare *Manchester City Council v Pinnock (Nos 1 & 2)* [2011] 2 AC 104, 134（同判決において Neuberger 裁判官は，住宅当局が 1996 年住宅法「に基づき占有回復訴訟を提起するときに下位の賃借人〔demoted tenancy〕の 8 条の権利を考慮しなければならない」ことは「一致して」いると指摘した）．

し，後者は制限された）の侵害であるか否かであった。Luton の学校は，約80%
がイスラム教の生徒であり，自らの制服に係る方針を当該管理機関との協議の
後に採用していた。この方針の下では，女子は，スカート，ズボン又はサル
ワーズ・カミーズ〔shalwar kameez〕を着ることを許容されていたように，文
化的及び宗教的多様性が相当程度承認されていた。SB 氏は，同校への入学後
に自身の信仰を変え，その後正規の制服を着用しないことから放校となった。
彼女の最初の請求は認められなかったが，控訴院は，彼女の信仰を表明する自
由が制限されたのであり，意思決定過程には瑕疵があったと認めた。Brooke
裁判官は，原告の宗教上の自由に対する制約が適法か否かを決定するときに，
同校は，第1に，原告が関連する人権条約上の権利を有するか否かを証明し，
有するのであれば，当該権利の侵害が正当化されるか否かを証明するために当
該権利への干渉を正当な目的と衡量することにより，裁判所の仕方で決定を行
うべきであったことを示唆し，そうすることによって，事実上，同校が比例性
のテストを適用するよう要求されると判示したのであった。しかし，このアプ
ローチは権利を意思決定過程の中心に置くものであり，貴族院において斥けら
れた。Bingham 裁判官は，主導的意見を述べ，1998 年人権法の目的がイギリ
スにいる人の権利や救済手段を拡張することではなく，権利と救済手段をイギ
リスの国内裁判所において行使し実現することを可能なものにすることであっ
たと説明した。彼は，欧州人権裁判所の判例法を参照し，国際的な判例法の中
には，意思決定過程の公正性を中心としたもの以外に，意思決定過程の瑕疵の
主張に基づく異議を支えるものは存しないと述べた[74]。その代わりに問題に
なったのは，意思決定過程の実際の結論であり，その結論が個人の権利に適合
していたときには，その権利に関して判断を行う義務は先行しなかった。言い

---

74) この点について，T Poole, 'Of Headscarves and Heresies: The Denbigh High School
Case and Public Authority Decision Making under the Human Rights Act' [2005]
Public Law 685 による分析が，Lord Bingham により第 28 段落及び第 29 段落にお
いて賛意をもって引用された。手続的不適正及び不公正については，see chs 16 and
17.

換えると，個人の権利は，意思決定者が評価すべき関連考慮事項ではなく，裁判所が保護すべき最低限の要件であった。

このアプローチの正しさについて様々な意見があることが留意されるべきである。例えば，既に第4章でみたように，1998年人権法は，とりわけ，公的機関がECHRに適合する仕方で行為すべきという6条を通じて，イギリス公法の文化の変化の先触れをするよう意図されていた。その基準点を前提とすると，諸機関が遵守するはずの権利そのものに関して判断を行う必要はないと貴族院が判示したことは誤りであったと主張できるであろう。他方で，Bingham裁判官は，そのようなアプローチをとると，比例原則のような技術的な法原理を意思決定者が考慮するよう要求されることになるため，「新たな形式主義」を招き，「空前の規模での司法化の原因となる」であろうことを正当にも懸念した（see［2007］1 AC 100, 116）。したがって，最高裁はこの問題を将来において再検討しなければならなくなるであろう[75]。

11. 5. 5 平等の義務

関連考慮事項に関して取り組むべき最後の問題は，意思決定者が2010年平等法149条により課された公的セクターの平等の義務である[76]。本書は第14章において平等原則をより詳細に取り扱うので，さしあたりは，149条の義務が人種，宗教及び性別といった理由での差別を除去し，人種，宗教その他にかかわらず個人にとって機会の平等が存することを確保するよう公的機関に要求するものであることを指摘することで十分である。次いで，そのような義務の追求は，ある決定が有するであろう効果を理解することに資することになる平等影響評価を実施するよう公的機関に要求することがあり，そのような評価の結

---

75) M Fordham, 'Judicial Review: The Future' [2008] 13 *Judicial Review* 66. See also M Mazher Idriss, 'The House of Lords, Shabina Begum and Proportionality' [2006] *Judicial Review* 23.

76) See T Hickman, 'Too Hot, Too Cold, or Just Right? The Development of the Public Sector Equality Duties in Administrative Law' [2013] *Public Law* 325.

果は，公的機関によりされる最終決定に影響を与えることがある。しかし，このことが，当該義務及び評価が関連考慮事項であり，公的機関がそれらを考慮しないことが不法となる——1998 年人権法よりも EU 法に関する立場とより親和的な立場である——ことを示唆するならば，例えば，その義務について何らの考慮もされなかった場合や，平等影響評価に認められた重要性を個人が争う場合に，裁判所は何をすべきなのか。公的機関は，自らの平等の義務と平等影響評価の結果を優先的に考慮した場合にのみ，当該義務を十分に履行したといえるのか。あるいは，公的機関が自らの平等の義務の問題に留意し，平等影響評価を実施することがいったい必要なのか否かを検討することで十分なのか。

　これらの問題に対する答えは，公的機関が自らの平等の義務を常に「適正に考慮」しなければならないということである。というのも，その他のアプローチは，当該義務を有する価値をそもそも損なうであろうからである。しかし，その先で，実際に何が適正な考慮に当たるかは，当該決定の文脈次第になり，したがって，平等の義務——及び平等影響評価——がより関連することもあれば，さして関連しないこともある。例えば，平等の義務に係る指導的判例の 1 つ——Elias 判決——では，以下のとおり述べられた。「少し考えただけで，［義務］が作用しないか，少なくとも関連しないことが明らかになる場合があることは疑いない。差別の問題が明らかに妥当しないときに，時間を食い潜在的に費用のかかる協議や監視に入る必要はない」[77]。他方で，平等の義務が作用し，ある決定を平等法の背景及び要件に綿密に適合させなければならない場合が存することは明らかであろう。そのような場合には，平等影響評価の結果を考慮しなければ，広範な重要性を有する関連考慮事項が全く考慮されなかったと主張されるであろうから，決定に致命的な影響が及ぶと思料されるであろう。とすると，平等影響評価が考慮される状況において，残る問題は，当該事

---

77)　*R (Elias) v Secretary of State for Defence* [2005] EWHC 1435 (Admin), para 96.
　　本件で問題となった義務は，1976 年人種関係法 71 条に含まれていたものであるが，同条は後に 2010 年平等法により廃止されたことに注意されたい。

案の文脈において，平等影響評価に十分な重要性が認められたか否かであろう[78]。これは，裁判所を Wednesbury 判決の原則及び比例原則へと必然的に導く審査であり，そこでは，裁判所の制度的能力や，裁判所は公的機関の決定を後知恵で批判すべきか否かについての関連する――そして困難な――諸問題が生じることがある。本書は，第 13 章においてそれらの諸原則とそれらに関する諸問題の性質に立ち戻る。

11.6 不 誠 実

この審査の小項目は，ごく簡単に取り扱うことができる。要するに，不誠実とは，意思決定者が意図的に自らの権限を濫用し，又は濫用するか否かを気にかけなかったと思料される場合に使用することができる根拠である。したがって，不誠実は，せいぜい，意思決定者が不正直に行為したか，不適正であると知る活動をしたと証明できる場合に決定を無効にするものである。実際のところ，ここでは，不誠実，目的並びに関連考慮事項及び関連しない考慮事項の間で重複する可能性が明らかに存する一方で，不誠実を，意思決定者の故意と結び付くものであるかぎりにおいて別個のものと考えるのがおそらく最善である[79]。Cannock Chase District Council v Kelly において Megaw 裁判官が述べたように，不誠実とは「重大な非難を常に伴うものである。それは，正直に基づく過誤の同義語として取り扱われてはならない」[80]。

しかし，不誠実の主張は判例法において稀であることが留意されるべきである。これはおそらく，不正な動機が実際には存しないことの帰結であるのと同程度に，主張を維持することに伴う困難によるものであろう。それにもかかわ

---

78) See further, e.g., *R (Baker) v Secretary of State for Communities and Local Government* [2008] EWCA Civ 141 and *R (Brown) v Secretary of State for Work and Pensions* [2008] EWHC 3158. See, too, *Re JR 1's Application* [2011] NIQB 5（同判決は，類推により，1998 年北アイルランド法 75 条の性質及び射程を検討する）.

79) See, e.g., *Webb v Minister of Housing and Local Government* [1965] 1 WLR 755.

80) [1978] 1 All ER 152, 156.

らず，この小項目は，意思決定者による権限濫用に対する重要な安全装置として残るのであり，その意味において，「現実の偏向」や「公務における失当行為」（これらについては，それぞれ第17章及び第20章を参照）のようなその他のほとんど使用されない行政法上の項目と同等とみなすことができる。

11. 7　結　　論

　本章——違法性に関する2つの章の最初の章——では，元々はGCHQ判決においてDiplock裁判官により定義された審査の根拠のうちの主要な要素について紹介しようとしてきた。含まれる論題の広さを前提とすると，個別の要点を要約しようとすることは有益でも望ましいわけでもなかろうから，その代わりに，以下の章にとってより一般的な重要性を有する2つのことを強調しておく。第1は，この項目に基づく司法の介入が，審査手続における司法の役割の限界について問題を生じさせるかぎりにおいて，時々物議を醸すことがあることである。特に比例性と正当な期待に関する章において明らかになるように，このことは，個別の，そして全ての審査の根拠を貫く緊張状態である。

　第2の要点は，既に第9章と本章で記したことであるが，審査の根拠が相互に重複することであり，それは，さらに小項目が根拠の内部で重複するのと同様である。例えば，本章では，違法性と歴史的にイギリス行政法の内実となってきた合理性の基準[81]との交差について何回か言及してきたし，同様に，目的に基づきされた主張が，追加的に又は代替的に関連考慮事項及び関連しない考慮事項（この根拠はさらに「合理性」に関する主張にもなりうる）を基礎として主張されることがあることも見てきた。このように，審査の根拠に関する残りの章を読むときには，どのような事件の事実も，審査の根拠の1つ又は全てに基づいて，主張を生じさせるであろうし，また，裁判所はそれらの審査の根拠を不法な政府活動を制約するという共通の理由のために展開させるということを想

---

81)　See ch 13.

起することが重要である。この観点からみると，司法によるその目的の追求こ
そが，司法の意思決定の正統性や，監視的・上訴的の区別の重要性の存否に関
する問題をもたらしうるのである。

FURTHER READING

Allan, TRS (1985) 'Rugby, Recreation Grounds and Race Relations: Punishment for Silence' *Modern Law Review* 448.

Bennion, F (2002) Statutory Interpretation (London: Butterworths).

Dignom, T (1983) 'Policy-making, Local Authorities and the Courts: the "GLC Fares" Case' *Law Quarterly Review* 605.

Hare, I (1995) 'Judicial Review and the Pergau Dam' 54 *Cambridge Law Journal* 227.

Hickman, T [2013] 'Too Hot, Too Cold, or Just Right? The Development of the Public Sector Equality Duties in Administrative Law' *Public Law* 325.

Mazher Idriss, M [2006] 'The House of Lords, Shabina Begum and Proportionality' *Judicial Review* 23.

Mead, D [2012] 'Outcomes Aren't All: Defending Process-Based Review of Public Authority Decisions Under the Human Rights Act' *Public Law* 661.

Palmer, E (2000) 'Resource Allocation, Welfare Rights—Mapping the Boundaries of Judicial Control in Public Administrative Law' *Oxford Journal of Legal Studies* 63.

Poole, T [2005] 'Of Headscarves and Heresies: The Denbigh High School Case and Public Authority Decision Making under the Human Rights Act' *Public Law* 685.

See also further reading for chapter 12.

第12章

違 法 性 Ⅱ

12.1 序

　次に本章では，違法性〔illegality〕に関連する3つのさらなる問題を考察する。第1は，ある機関が，自らの裁量を新たな状況に照らして行使することを妨げる効果を有することを行ったため，違法に行為したと主張されるときに，裁判所がとるアプローチである。ここでの基本的な立場を述べることは，極めて容易である。すなわち，議会が制定法を通じて下位の意思決定者に裁量を付与する場合には，当該意思決定者が自らの裁量を拘束すると，当該裁量を付与した点での議会の意思に反することになるであろうから，そうすることはできない。しかし，実際には，判例法はこれよりも遥かに複雑なものになりうる。というのも，裁判所は，裁量の程度や，さらにはある機関が自らの権限を拘束したか否かを決定しなければならないからである。このことは，個人と意思決定者のそれぞれのニーズ（及びそれらをどのように調和させるべきか）に関してだけではなく，決定権限を付与する立法の意味に関しても重要な仮定をするよう裁判所に要求することがある[1]。前章で既に見たように，それらの任務の一方又は両方の遂行は，審査手続における司法の役割に関して困難な問題を生じさせることがある。

　この第1の問題──いわゆる裁量拘束禁止原則〔rule against fettering discretion〕──を考察するに当たり，本章は，政策と裁量との関係を検討する節から分析を始める（本書は，後に「政策」という用語の意味に戻る）。その後，本章は，私法

---

1)　制定法の解釈については，see 11.2.

上の禁反言の法理が過去に行政法において果たした役割を考察し（その法理は後に正当な期待〔legitimate expectation〕の法理に取って代わられた），さらに「契約と裁量の拘束」及び「委任禁止〔non-delegation〕の法理」に関する判例法を検討する。例を挙げると，契約は，違法性の主張がどのように生じうるかの特に明確な例を与えるものである。というのも，ある機関が締結した契約の条件は，当該機関が自らの制定法上の義務を履行することと，自らの制定法上の権限を行使することの両方又は一方を妨げる将来的な効果を有することになると時々主張されるからである。かくして本章では，裁判所が，諸機関が契約を締結できることの実際的ニーズを，それらの諸機関が自らの制定法上の権限の限界を遵守することのニーズとどのように調和させようとするかを見る[2]。本章は，同様に「委任禁止」の節において，そこでも現実の実用性が判例法をいかに形作ることがあるかを見る。

　これから論じられる違法性に関する2つの残りの側面は，(1)「法についての過誤」と「事実についての過誤」の審査，及び，(2) 委任立法に対する異議に関するものである。後に明らかになるように，これらの問題のそれぞれは，司法「審査」が「上訴」（すなわち，法についての過誤と事実についての過誤）にならないよう確保するという点とともに，より一般的には権力分立（委任立法）の点で，大きな課題を裁判所に対して提示する。かくして本章では，判例法の中には，公法上の裁判所の役割に関する伝統的な憲法上の仮定に対応するいくつかの重要な特徴があることを見る。同時に，司法審査が違法性に係る複雑な問題に取り組むよう発展するにつれて，それらの仮定のいくつかが争われていることが明らかになる。

---

2)　See also 19.3.

12. 2　裁量の拘束
——政策の参照による決定——

　公的機関が制定法に基づき——例えば，許認可を割り当てるため，又は政府により運営される事業計画への加入を個人に認めるための——裁量を付与されている場合には，公的機関は，裁量を行使する際に自らを誘導するための政策をしばしば採用する。ここで「政策」という用語を使用することは，本来であれば司法の抑制を促すであろう「政治的」選択という言外の意味を伴うものではない。というのも，当該機関は，むしろ所与の事案において自らの決定を形成することになる主な考慮事項と優先事項の計画を立てているからである[3]。一般的にいうと，裁判所は，公的機関が「（自らの）権限の行使に法的に関連し，授権立法の目的と首尾一貫し，かつ，恣意的でも気まぐれでも不正でもない」[4]政策を定立することが正当であることを認めている。しかし，裁判所は，公的機関が引き続き個別の事案において自らの政策から自由に離脱することができなければならず，所与の事案で適用されるべきルールとなるほど厳格な政策を採用すべきではないことも，同様に強調している。そのような政策が採用されると，それに対応する当該機関の決定は，授権法律を踰越しているという根拠か，又は状況に応じて，個人がその問題について公正な聴聞の機会を与えられなかったという根拠で[5]，争うことができる。この後者の点は，当該機関が特定の政策を定めているからというだけで，意思決定者がある問題について前もって判断し，又は個別の申請に「耳を閉ざし」てはならないという要件と対応する。

---

3)　その用語のより政治的な意味での使用については，see, e.g., *R v Secretary of State for the Environment, ex p Nottinghamshire County Council* [1986] AC 240（同判決で裁判所は，経済的措置に対する異議の文脈における抑制の必要性を強調した）.

4)　Halsbury's Laws of England, Vol 1 (1) para 32.

5)　公正な聴聞の諸要件については，see ch 17.

R v Port of London Authority, ex Kynoch Ltd[6] は，おそらくこれらの原則のいくつかに関する初期の指導的先例である。Kynoch 社は，テムズ川で大型外洋船が停泊できる港湾を建設するための免許を付与しない港湾当局の決定を争っていた。というのも，当該当局は，1908年ロンドン港湾法及び1894年テムズ川管理委員会法により付与された権限に基づき，そのような工事を自ら実施するという政策を有していたためであった。Bankes 裁判官は，当該当局が本件において免許申請について適切に聴聞をし，決定をしたと認定しつつ，彼の意見の中で後の事件の理解に関連する基本原則を述べている。彼は次のように説明した。

　司法的機関〔tribunal〕……による管轄権の行使の拒否の性質を有するものが存しなければならず，それは，2つの方法のうちの1つで知らされる。すなわち，明確な絶対的拒否が存することがあり，又は拒否に等しい行動が存することがある。後者の事案において，当該司法的機関又は当局〔authority〕が考慮する資格を有する根拠に基づき聴聞と決定を誤ってした事案と，自らの管轄権の範囲を逸脱する根拠に基づき聴聞と決定をした事案との間で線引きをすることは，しばしば困難である。しかし，次の結論を過去の判決から導くことができるのであり，すなわち，当該当局が自らにされた申請に実質的に耳を閉ざし，自らにされなかった申請について決定したのではないかぎり，聴聞と決定の拒否は存しないのである[7]。

Ex p Kynoch 判決で述べられた諸原則は，British Oxygen Co Ltd v Minister of Technology[8] において検討され，発展した。British Oxygen 社は，特別のシリンダに貯蔵された医療用ガスの製造と配達に関係していた。3年にわたり，同社はこれらの容器を1個当たり平均20ポンドで400万ポンド分購入した。

---

6)　[1919] 1 KB 176.

7)　Ibid, 183.

8)　[1971] AC 610.

1966 年産業振興法に基づいて，商務委員会は，新たな工場について投資補助金を付与する裁量を有していた。同委員会は，25 ポンド未満の価格の品目については，その数にかかわらず補助金の支出を承認しないルールを採用していた。第 1 審において，同社には，これが被告に付与された裁量の廃止である旨の宣言的判決が発給された。この判決は控訴院において破棄された。貴族院において，Reid 裁判官は，「ルール」と「政策」の相違を考えることは困難であると指摘し，彼は，被告委員会の決定を支持しつつ，制定法に基づく裁量を有する者が「申請に耳を閉ざし」，そうすることにより，個別の事案における実体的当否に照らした裁量を排除してはならないとする一般原則を繰り返した。むしろ意思決定者は，新たな，申請に関連する全てのことを常に考慮しようとしなければならない。

R v Secretary of State for the Environment, ex p Brent London Borough Council[9] は，権限踰越の裁量拘束の良い例である。被告大臣は，地方政府機関が利用可能であった地方税交付金を減額する命令を発付する前に，カウンシルからの意見陳述を聴くことを拒否した。その際に彼は，原告カウンシルが主張できるものの中には，彼をして活動方針案を変更させるものはないであろうと述べた。これが権限踰越であると考えられたのは，同カウンシルによる「支出過多」に取り組むために過去に定立されていた政策を採用することにより，彼が自らの裁量を明らかに拘束していたためであった。彼が耳を傾けようとしない意思を宣言しない義務を負っており，偏見のない心を保持しなければならないことは明らかであった。裁判所が述べたように，「［同大臣は］自らの政策を考慮する資格を有している。この点において，偏見のない心を保持することへの言及は，空の心を意味するものではない。彼の心は，半開きにしておかなければならない」[10]。彼がそうしないときには，決定により影響を受ける当事者が公正な聴聞を受ける権利又は協議を受ける権利を有するべきであるとの原則違反をも見出すことができる。

---

9) [1983] 3 All ER 321.

10) [1983] 3 All ER 321, 355.

H Lavender & Son Ltd v Minister of Housing and Local Government[11] は,もう1つの重要な例である。本件において,被告大臣は,以下のように述べて,テムズ川の用地から砂,砂利及び砕石を採取する計画許可についての上訴を棄却した。

　……保留地内の土地は,農漁業食料大臣が反対しないことのないかぎり,採石作業のために開放されるべきではないというのが当大臣の現在の政策である。本件において,農業上の異議が放棄されなかったため,当大臣は,上訴に関する用地の採石作業について計画許可を付与しないことを決定したのである。

　実際に,当該申請に対する唯一の異議は農業省からのものであり,これのみが本上訴の決定原因であることが明らかに判明していた。このことから,被告大臣が自らの裁量を拘束し,自らの権限を不適正に委任していたという理由により,裁判所が当該決定を取り消すに至った。Willis 裁判官は,大臣が自らの計画政策を実施する方法に干渉する権限を裁判所は有さず,大臣が他の省からの意見を得る資格を有することを指摘したが[12],大臣は,それにもかかわらず,異議を自ら検討し,自らの裁量を行使できなくしないよう要求された。裁判所の下にある事実によれば,大臣は,これらの最低限の諸要件を遵守していなかった。

　政策に関して妥当する一般的な諸原則のうちのいくつか,特に政策が「恣意的」であるべきではないとの要件を例証するさらなる判例が,R (Rogers) v Swindon NHS Primary Care Trust[13] である。本件の上訴人は,初期の肺がんに罹患している女性であり,国立医療技術評価機構によりまだ評価されていな

---

11)　[1970] 3 All ER 871.
12)　国王とその大臣の一体の性格に関するより近時の議論については,see *R (Bapio) v Home Secretary* [2008] 1 AC 1003（後述）.
13)　[2006] 89 BMLR 211.

い未承認医薬品であったハーセプチンを使用した治療に助成することを被上訴人当局が拒否したことを争おうとした。彼女は，当該医薬品を使用した治療を既に開始しており，そのために自費で支払をしていたが，さらに，当該治療を継続するためには同トラストからの助成を必要としていた。ところが，同トラストはそのような治療のために利用可能な基金を有していたものの，個別の関係患者が例外的事情を証明できないかぎり，助成を拒否するという政策を定立していた。控訴院は，この政策が不条理であるという上訴人の主張を認め，例外的な事情を除いて治療に助成しないという政策が合理的になるのは，それらの例外的な事情とは何であろうかを予想できるときだけであると判示した。他方で，そのような事情を予想できないときには，当該政策は，事実上，助成の完全な拒否に等しくなるのであり，これが本件の結果であった。裁判所はこのことに基づき，同トラストが，患者によってはハーセプチンに助成し，費用は無関係であるとひとたび決定すれば，唯一の合理的なアプローチとは，患者の治療上のニーズに焦点を合わせて，適格者のうち内科医によりハーセプチンを適切に処方された患者に助成することであると判示した。したがって，ハーセプチンを使用した原告の治療に助成することを拒否する同トラストの決定は，取り消されなければならず，被上訴人当局は，個別の事件における将来の決定を根拠付けるための新しい適法な政策を定立すべきであった。ついでながら，厳密な法的根拠に基づき有限な医療資源の配分に係る集団の利益よりも個人の原告を優先させるそのような判決は，より広範な問題，すなわち，裁判所は健康管理の供給に関する決定に日常的に引き込まれるべきか否か，という問題を生じさせるものである[14]。

　この項目の最後に，政策は裁量を拘束できないという原則は，権限の淵源が制定法ではなく国王大権である場合には妥当しないことに留意すべきである。このことは，R (Sandiford) v Secretary of State for Foreign and Commonwealth

---

14)　K Syrett, 'Opening Eyes to the Reality of Scare Health Care Resources? (R (on the application of Rogers) v Swindon NHS Primary Care Trust and Secretary of State for Health)' [2006] *Public Law* 664, 669.

Affairs[15]における最高裁判所の判決から生じるべき要点の1つである。本件の原告は，バリ島で遂行した薬物犯罪を理由として，インドネシアにおいて死刑を言い渡されたイギリス人女性であった。彼女は，インドネシアの制度における自身の上訴を支援するためのイギリス政府からの金銭的援助を要求したが，彼女の要求は，死刑の事案を含めて，海外での公判のためには援助を与えないという政府の政策に基づき拒否された。当該政策は，国王大権に基づき採用されていたものであり，原告は，とりわけ，それが被告国務大臣の裁量を拘束していると主張した。最高裁判所はこの主張を斥け，制定法に基づき採用された政策が裁量を拘束することを許されることはありえないが，同じことは，国王大権に基づき採用される政策には妥当しないと判示した。Sumption 裁判官は，「国王大権」の代わりに「コモンローの権限」という用語を使用し，要点を以下のように説明した。

　コモンローの権限は，単なる権限である。それは，制定法の権限が裁量を与えるのと同じ意味で裁量を与えるものではない。制定法に基づく裁量権限は，当該裁量を何らかの方法で行使し，そうする際には，その範囲に関する全ての関連考慮事項を考慮する義務を伴うものである。大臣は，多くのことを行うコモンローの権限を有しており，彼らがそのような権限を行使することを選択するときには，通常の公法原則に従って，すなわち，公正に，合理的に，かつ，法の正しい評価に基づいてそうしなければならない。しかし，当該権限を行使する義務は全く存しない。公衆全体以外に，国王のコモンローの権限全般の潜在的な受益者層を突き止めることはできない。授権法律から導き出されるべき法的規準と類似した，コモンローの権限を行使すべきか否かの決定を評価することができる法的規準は存しない。コモンローの権限を行使すべきか否か，行使するとしてどの程度かを決定するのは大臣次第である。したがって，何らかのことを行うコモンローの権限の単なる存在

---

15)　[2014] UKSC 44, [2014] 1 WLR 2697.

は，それにより利益を得るであろうと仮定される何者かの側に，考慮されるべき権利を生じさせることはない。そのような権利は，たとえ生じるとしても，別の方法で，通常は，実際の当該権限の行使から生じる正当な期待により生じるはずである[16]。

この理由付けに基づき，原告は，自らの主張を提出することができず，人権を中心とした関連する主張も斥けられた[17]。

12. 2. 1 政策の参照による決定：通知文書及び指針の地位

公的機関による政策の使用を統制する基本原則以外に，判例法において困難を生じさせることがある1つの関連問題は，裁量がどのように行使されるべきかに影響を及ぼすことを意図する規程〔codes〕，通知文書〔circulars〕，指針〔guidance〕の全て又はいずれかの法的地位である。たしかに，制定法に基づいて指針が採用されるときには，当該指針が意思決定者の裁量を拘束するか否かに関する問題と同様に，当該指針やその他の措置の効力に関する問題が生じることがある。しかし，当該指針又は通知文書が明確な法的基礎を有しない場合，その地位はどうだろうか。これらは，もっぱら法的結論を有しない措置として考えられるべきか。さらに，当該指針を，上で使用された意味における「政策」として語ることは，そもそも正しいだろうか。というのも，「政策」は，そこでは制定法に基づく裁量の行使を誘導するための枠組みとして考えられるからである。

Laker Airways Ltd v Department of Trade[18] は，（通常は義務的と考えられるべき）制定法上の指示〔directions〕と（単に指標的なものと考えられる）制定法上の指針を明確に区別した典型的な判例である。Laker 判決では，当該大臣により発付された指針が1971年民間航空法の目的と矛盾する（又はその範囲を超え

---

16) [2014] UKSC 44, [2014] 1 WLR 2697, 2720, para 83.
17) See further 9.3.2.2.
18) [1977] QB 643.

る）ため，不法〔unlawful〕であると考えられた。本件の事実は，大西洋横断の航路を運営する航空会社（Laker's Skytrain）の権利に関するものであった。民間航空局（CAA）は，1971年民間航空法に基づき定期航空便の運航について権限を有していたが，3条2項に基づき，当該国務大臣は，CAAに対してその職務に関して文書での指針を与える通知文書を発付することができた。控訴院は，1946年に合衆国と締結された条約に基づく航路の指定を取り消す点で政府の行為が不法であると判示した。というのも，当該取消しは，制定法の権限に基づき過去に付与されていた免許を無効にするものだったからである。これは，1971年民間航空法の権限を踰越すると判示された。裁判所は上記の区別をし，当該大臣がCAAに対して指針を与える権限を有するが，CAAに指示することはできないと指摘した。これに基づき，裁判所は，当該指針が1971年民間航空法の目的に反するため，不法であると判示した。さらに，4条は指示を付与する権限を当該大臣に与えているが，そうする彼の法的資格は，本件では妥当しない状況に限られていた。Denning裁判官が次に述べたとおりである。

　4条の指示という言葉は，3条の「指針」という言葉と明確に対比される。……それは，たとえ当該制定法の一般的な目的及び条項に反することがあるとしても，従わなければならない命令を意味する。しかし3条の「指針」という言葉は，命令を意味しない。それは，当該制定法の一般的な目的を覆したり否定したりするように使用することはできない。それは，当該制定法の一般的な目的を説明し，敷衍し又は補足するように使用できるだけである。当該国務大臣により付与された「指針」が指針の正当な領域内に留まるかぎり，民間航空局は，彼の指針に従う義務を負う。たとえそうであっても，同局にはある程度の柔軟性が許容される。同局は，自らの職務を，「当該指針に従っていると自らが思料する方法で」遂行しなければならない[19]。

---

19)　Ibid, 699-700.

第12章 違法性Ⅱ **493**

したがって，このことは，ある当局が指針に従う義務を負う一方で，当該指針に従う方法は当該当局自身が決めるべきことであることを示唆するであろう。

制定法に基づく通知文書とは対照的に，制定法に基づかずに指針を与える通知文書は，その効力が勧告的なものに過ぎないと大抵は考えられるであろう。それにもかかわらず，現在では，そのような指針が法的効果を生じさせ，それ自体が争われることがあることも認められている。1つの例が，R (Bapio) v Home Secretary[20] により与えられる。本件において，保健省は，特別移民計画の受益者である外国人医師が，本来であれば，イギリス又は欧州経済地域（EEA）の国民のために開かれているであろう職を占めていることに懸念を有していた。当該計画は，若手の医師が不足していた時に導入されたが，その状況が後に変化したため，保健省は，関連する規則をより限定的なものにするよう内務省に求めた。内務省がそうすることを拒否した時に，保健省は，雇用に係る指針を国民医療サービスに発付し，事実上イギリスと EEA の国民の雇用の見込みを優先させるよう求めた。貴族院は当該指針が不法であると判示し，多くの外国人医師がイギリスに入国を認められた際の条件に，不文の，正式には承認されていない条件が追加されてしまうと考えた。さらに，その条件は，医師が当初の認められた期間を超えてイギリスに滞在する資格に対して含意を有していたのであり，当該指針はそのような方法で彼らの正当な期待に干渉したのであった。かくして制定法に基づかない「助言」は不法であった。

興味深いさらなる判例が Alvi[21] 判決であり，同判決も出入国管理の文脈で生じたものであり，1971 年出入国管理法に基づいて制定される出入国管理規則の改正の地位に関するものであった（同規則は，標準的な意味での二次的立法ではなく，「ハード」ローと「ソフト」ローとの間の領域のどこかに存するものである）。本件の特別の争点は，1971 年出入国管理法 3 条 2 項の意味での規則，指針及

---

20) [2008] 1 AC 1003.

21) *R (Alvi) v Secretary of State for the Home Department* [2012] UKSC 33, [2012] 1 WLR 2208.

び行政実務と，「規則の声明又は規則の改正の声明」が同条に従って議会に提出されなければならないという要件との関係であった。本件の事実によると，内務大臣は，出入国管理規則に基づき熟練職に係る最低限の資格要件を含む実施規程を導入していたのであり，それに従って，本件の原告は理学療法助手としてイギリスに滞在する許可を拒否された。本件では，関連する実施規程が議会に提出されていなかったことが認められ，したがって，問題は，実施規程——出入国管理の決定をするときに適用されるべき資格基準に関する詳細な情報を含む——が形式上3条2項に基づく「規則」であるか否かであった。最高裁判所は，控訴院判決からの国務大臣の上訴を全員一致で棄却し，それによりイギリスに滞在する本件原告の許可を拒否する原決定を取り消した。その際に最高裁判所は，本件原告が実施規程に含まれる最低限の資格要件を満たすことができない場合には，滞在許可の申請が拒否されることを意味する効果を実施規程が有したのであるから，実施規程は規則の形式をまさしくとっていると判示した。それゆえ，規則を創り出す指針は議会の監視を必要とするから，内務大臣は同法に従って当該規程を議会に提出すべきであった[22]。

12. 2. 2　正当な期待，法的安定性，通知文書及び政策

正当な期待の法理は，先に論じられた Bapio 事件の貴族院判決を部分的に形成したものであるが，政策に関する判例法にとってより一般的な重要性を有するものでもある。その法理の出現と性格については，第15章でより詳しく取り扱うので，ここでは，個人は，ある当局が特定の仕方で行為することを阻止しようとするために，正当な期待を主張することがあると指摘することで十分である。多くの事案において，個人の期待は，ある当局の過去の慣行や当該当

---

22)　Compare *R (Munir) v Secretary of State for the Home Department* [2012] UKSC 32, [2012] 1 WLR 2192（同判決では，個別の事件においてイギリスに入国し又は滞在する許可を求める者への特例の付与に関する声明は，「遵守されるべき実務」に当たらず，したがって，1971年出入国管理法3条2項の目的にとって規則ではないため，議会に当該声明を提出する要求は存しないと判示された）.

局が行った表示に基づくことがあるが，期待が政策の存在から生じることもある。このことは，R v Secretary of State for the Home Department, ex p Asif Mahmood Khan[23]においてされた主張の核心部分であり，同事件では，イギリスに居住していた夫妻がパキスタンに住んでいた甥を養子にすることを望んだ。彼らはそのように申請する前に，出入国管理規則には児童を養子縁組のためにイギリスに入国させる規定は存しないが，養子縁組をする真の意思があり，当該児童の福祉が保証される場合には，国務大臣がそのような養子縁組を例外的に許容することがあると言明する内務省の通知文書を入手した。ところが，その後原告らには異なる基準が適用され，彼らの事案には深刻な又はやむにやまれぬ家族に係る考慮事項やその他の根拠が存しないため，彼らの申請は拒否されたと告知された。Parker 裁判官は，被告国務大臣が不法に行為したと認め，当該国務大臣がコモンロー上の裁量を公正に行使する義務を有しているが，このことが本件では行なわれなかったと述べた。裁判所は，当該国務大臣が入国政策を変更できることを認めたが，その変更の証拠が存しなければならず，本件で送付された通知文書はそのような変更があったことを示していないと述べた。したがって，当該職員らは，宣言された政策に従わなかったように見えたのであり，当該文書の基準が自らに適用されるとの正当な期待を有する個人にとって不公正が存したのであった。当該決定は取り消された。

　Khan 判決における正当な期待の法理の参照は，政策に関して，そして，いつ意思決定者が政策から離脱できるかに関して，さらなる重要な問題点を生じさせるものである。一般的にいえば，個人は，自らが既に依拠した過去の政策を当局が変更しようとする場合に，正当な期待の法理に訴えることになる。ところが，当該個人はそのような状況では当該政策を明らかに意識しているが，個人が当初は政策を意識していなかったときでも，個人が政策に依拠できると裁判所が判示した事件が存した。これが，R (Rashid) v Secretary of State for the Home Department[24]の結論であり，同事件は，政府がイラクの庇護請求

---

23)　[1984] 1 WLR 1337.

24)　[2005] Imm AR 608.

者に関する自らの政策を原告に適用しなかったことに関するものであった。Rashid 氏は，当初はその政策に気付かなかった——当該政策は後に新たな政策に置き換わってもいた——が，当初の政策が，特段の十分な理由が存する場合を除き，自らに適用されるという正当な期待を有しうることが認められた。そのような理由が存しないときに，関連する政策を参照せずに決定を行うことは，権限濫用であった。

　最後に，正当な期待と裁量拘束禁止原則との間に緊張関係の可能性が存することは，容易に明らかであるはずである[25]。手短にいうと，後者の原則は，公的機関が（政策を変更することによるのであれ，個別の事案において政策から離脱することによるのであれ）自らの裁量を行使するという選択肢を保持すべきであることを含意する一方で，正当な期待の法理は，当該機関をその過去の政策に縛り付けることにより，そのような裁量の行使を抑制しようとするものである。ところが，裁量拘束禁止原則と正当な期待の法理は矛盾するように見えるであろうが，近時は，両者の相互作用をそのように考える必要はないことが示唆されてきた。むしろ Chris Hilson は，それらが容易に調和できることを示唆し，裁量拘束禁止原則と正当な期待の法理の作用を，司法審査請求について裁判所を指導する合法性，柔軟性及び法的安定性というより広範な諸価値に結び付けた[26]。それゆえ，Hilson は，裁量拘束禁止原則が合法性及び柔軟性という価値に関するものであることを指摘し，古い政策により生じた正当な期待に照らした新しい政策の柔軟な適用が，正当な期待の核心にある法的安定性という価値を補足するのに資すると主張する[27]。換言すれば，Hilson は，意思決定者が過去の政策に束縛されているか否かではなく，むしろ自らの政策を個別の事情に

---

25)　その点についての司法の承認については, see, e.g., *Findlay v Secretary of State for the Home Department* [1985] AC 318, 338.

26)　C Hilson, 'Policies, the Non-Fetter Principle of Substantive Legitimate Expectations: Between a Rock and a Hard Place' [2006] 11 (4) *Judicial Review* 289.

27)　See further 15.2; and *R (Bhatt Murphy) Independent Assessor* [2008] EWCA Civ 755.

照らして柔軟に適用するよう要求されているか否かが問題であるべきであることを示唆する。この見解によれば，Khan 判決は，裁判所が意思決定者に対して要求しているのは，自らの過去の政策を適用することではなく，むしろ個人の正当な期待が，当該意思決定者が現在採用する改正政策に対する例外を認めるに値するものか否かを検討することであるという命題についての先例を与えるものである。

12. 2. 3　人権と政策

　政策に関する最後の要点は，人権の保護に対する司法のアプローチに関するものである。意思決定者自身も，自らの政策を定立するときに権利を考慮するよう法的には要求されないが，採用されるいかなる政策も，人権の基準に適合したものでなければならない[28]。したがって，人権に関する法が妥当する領域で政策が採用される場合には，当該政策は，裁量拘束禁止原則に違反してはならないし，個人の権利に反する影響も有してはならない。同時に，ある当局が権利に関する考慮事項に自発的に関心を向けており，当該政策の適用が権利を侵害するであろうと見えるときには，当該当局は潜在的な侵害を避けるためにその裁量を行使できるであろうから，裁量拘束禁止原則が一層重要になる。

　人権法以前の，基本的権利への含意が存する文脈において，裁量拘束禁止原則に違反して政策が採用されていた1つの例が，R v Secretary of State for the Home Department, ex p Venables[29] である。本件の中心的な争点は，Jamie Bulger という名前の2歳の少年に係る未成年の殺人者について最低15年の拘禁期間を定める内務大臣の決定の合法性であった。この「量刑表」は，司法府により当初定められたものを大幅に超えており，殺人罪で有罪判決を受けた成人に言い渡される義務的終身刑を比較参照して設定されていた。貴族院は，内務大臣が不法に行為したと判示し，1933 年児童及び青少年法53条1項に基づ

---

28)　See *R (SB) v Headteacher and Governors of Denbigh High School* [2006] UKHL 15; and see 4.4.4 and 13.6.1.

29)　[1998] AC 407, HL.

いて青少年犯罪者に言い渡される，御意にかなう間の拘禁刑〔sentence of detention during Her Majesty's pleasure〕が，成人に対する義務的終身刑と同一視されるのは適切ではないと述べた。貴族院は，53条1項に基づく刑は，青少年犯罪者の拘禁の継続が正当化されるか否かを時々検討するよう当該国務大臣に要求するとも判示した。貴族院は，当該国務大臣が懲罰と抑止の問題に関して裁量を有することを認めた一方で，当該国務大臣により1993年に採用された政策は，服役されるべき期間がいかなる状況でも変更されないと述べるものであり，過度に厳格であると判示した。結果的に，当該国務大臣は自らの裁量を拘束したのであった（また，後に貴族院は，当該国務大臣が刑の宣告手続で役割を果たすことは欧州人権条約（ECHR）6条に適合しないと判示したことに注意されたい）[30]。

　対照的に，R v Chief Constable of the North Wales Police, ex p AB[31] は，ある政策が人権の基準に適合していると判示された判決である。本件の中心的な争点は，児童に対して遂行した性犯罪のために服役した後に釈放された小児性愛者らの所在に関する情報をいつ警察が開示することが適法であるかであった。当該犯罪者らは住居を転々としたが，そこで報道や公衆から攻撃を受け，最終的にトレーラーハウスを取得して北ウエールズのトレーラーハウスキャンプ場に移動した。北ウエールズ警察は，別の警察から，当該男性らが極めて危険であり，児童に対する大きな危険性を与えるという報告を受けた。同警察は，立ち去るよう彼らに依頼し，原告らがそうすることを拒否した時に，同警察は，小児性愛者により与えられる危険性に関する政策を参照し，地方紙に掲載されていた資料をトレーラーハウスの所有者に示した。このことから，トレーラーハウスの所有者は，原告らに立ち去るよう依頼することとなり，その直後に，原告らは，自らに関する情報を当該所有者に開示する同警察の決定の適法性を争った。彼らの司法審査申請は，高等法院と控訴院の両方によって斥けられた。両裁判所は，当該事実によればより広範な共同体の利益が関係し，

---

30)　*R (Anderson) v Home Secretary* [2003] 1 AC 837.

31)　[1999] QB 396.

同警察は自らの政策に従い，小児性愛者の身元を適法に開示することができることを認めた。そのような開示が許されるのは，本件のように，公益上必要な場合だけであると述べられた（ただし，控訴院は，そのような開示をする前に，同警察が当該個人らについてできるだけ多くの情報を収集すべきであり，できれば，当該情報について意見を述べる機会を当該個人らに与えるべきであることも指摘した）。本件では，同警察の当初の政策は不法ではなかったし，その政策を執行する際の同警察の行為も不法ではなかった。

　その後，政策がECHRに適合すべきであることの承認は，刑務所の文脈で生じたいくつかの事件で見ることができる。例えば，1998年人権法施行以前の事件であるR v Secretary of State for the Home Department, ex p Simms[32]において，受刑者から報道関係者へのアクセスを制限する政策は，表現の自由の権利への不正な干渉であると考えられるため，不法と宣言された。同様に，R v Governor of Frankland Prison, ex p Russell[33] において，刑務所長は，抗議中の受刑者から食物へのアクセスを規制する条件を規定する資格を有する一方で，当該政策は，当該受刑者が十分に栄養を与えられるよう確保するため，柔軟に執行しなければならないと判示された。裁判所は，その事件における政策がこれらの要件を満たしていないことを認め，明示的な制定法の授権を欠くときには，「一般的な言葉で表現された刑務所規則は，基本的人権に従うものと推定される」と判示する際にSimms判決を参照した[34]。1998年人権法に基づく初期の貴族院判決の1つであるR v Home Secretary, ex p Daly[35] において，独房の捜索に関する刑務所の政策が比例性を欠き，したがってECHR8条の通信の尊重に対する権利に違反すると判示された。

---

32)　[2000] 2 AC 115.

33)　[2000] 1 WLR 2027.

34)　[2000] 1 WLR 2027, 2034.

35)　[2001] 2 AC 532; and 13.6.1.

12. 3 禁反言と裁量の拘束

　次に，禁反言の法理の重要性について取り組むことに移る。禁反言の法理は，過去には行政法において相当な重要性を有したが，正当な期待の法理の継続的な発展のため，重要性を減じている。禁反言は，エクイティに起源を有するものであり，エクイティ上の目的のため，一方当事者（公的機関）が他方当事者（個人）にした表示を，当該個人が過去の表示を信頼した場合に取り消して，当該個人に損害を与えることを防ぐ法理として定義することができる。同法理は，この定義によると，正当な期待と多くの共通点を有するように見える一方で[36]，当該機関の権限を踰越する表示に関連するか，当該機関の権限内の表示であるが無権限の職員によりされた表示に関連するかぎりにおいて，行政法におけるその役割は異なるものであった。ある公的機関が，例えば，自らの過去の不法な表示に反する仕方で，自らの裁量を後に行使しようとした場合，当該個人は，当該機関がそうすることは公正を理由として禁反言で禁じられるべきであると主張するであろう。ところが，この種の議論は，法の支配に関する重要な問題も生じさせるものであった。というのも，当該個人に有利な決定は，議会が当該機関にそもそも委任した権限を踰越する表示に当該機関が拘束されることを意味するであろうからである。個人に有利な決定は，当該機関が権限を踰越する過去の表示に拘束され，新たな——適法な——選択をすることが許されないという意味において，当該機関の裁量を拘束する役割も果たすであろう。

　禁反言に関連した判例法体系は複雑であり，時々矛盾したものである。ところが，そこから導き出される第1の基本原則とは，禁反言に基づく主張が，公的機関による違法な行為を有効にし，又は，公的機関の権限を制定法により付与された範囲を越えて拡大させることを裁判所は許容しないであろうというこ

---

36)　See ch 15.

とである。そこで，Rhyl Urban District Council v Rhyl Amusements Ltd[37] では，当事者間の関係が1932年以降不動産賃借権により統制されてきたのであり，それゆえ，被告会社により，原告カウンシルが当該不動産賃借権の効力を否定することは禁反言で禁じられると主張された。それにもかかわらず，裁判所は，被告会社に付与されていた不動産賃借権が無効であるとの宣言的判決を発給した。というのも，関連する制定法によれば，不動産賃借権の付与は大臣の同意を必要とし，この同意が取得されていなかったためであった[38]。

　第2の基幹的な原則とは，ある団体による義務の遂行を停止させるために禁反言を用いることは，当該義務が制定法により課されていた場合には，許されないということであった。ここでの主たる先例は，Maritime Electric Company Ltd v General Dairies Ltd[39] であり，同判決は，統制価格で電力を供給する制定法上の義務を負っていた民間の電力供給会社に関するものであった。同社は，自らの過誤のため，2年以上の間，General Dairies 社に対して正しい金額の10分の1しか請求しておらず，さらに General Dairies 社は，自らの価格を設定するときに，請求された誤った金額に基づいて行為していた。同電力会社は，その誤りにもかかわらず，全額を徴収する制定法上の義務を依然として負うと判示された。Maugham 裁判官は，「したがって，禁反言は，そのような事案において原告をそのような制定法に従う義務から解放するために役立つことはないし，被告が自らのその種の制定法上の義務を免れることを可能にすることもない」（[1937] 1 All ER 748, 753）と述べた。

　より困難なのは，不利益を受けた個人が，当該機関の権限内の表示であるが，当該表示を行うよう授権されていない被用者によってされた表示を遵守さ

---

37) [1959] 1 All ER 259.

38) See also *R v Secretary of State for the Home Department, ex p Naheed Ejaz* [1994] QB 496, per Stuart-Smith LJ at 504c-e（「国務大臣は，自らの権限を誤解することにより，議会が付与したものを超えて自らの権限を拡大することはできず，したがって，自らが必要な権限を欠いていたと主張することは，それが真実であれば，禁反言で禁じられることはない。」）.

39) [1937] 1 All ER 748.

せようとする状況であった。典型例を挙げるとすれば，公衆の一員は，ある公的機関に対し，通常は当該機関の業務である問題，例えば，計画許可の必要性についての情報を求めてアプローチするであろう。その後，当該個人は当該計画機関の職員との意見交換に入り，当該職員は，計画許可が与えられるであろうことを当該個人に伝える。しかし現実には，許可に関する決定は，当該機関内の別の意思決定者が行うべき問題であり，関連する決定が後にされると，それは許可を拒否する決定である。禁反言の法理は，当該個人に何らかの保護を与えるだろうか，あるいは，当初の意見交換が無権限であったという事実が決定的だったのか。

　ここでの答えは，当該個人が公務員の行為によりミスリードされていた場合には，禁反言が何らかの保護を当該個人に与えることができるというものであった。この点に関する初期の主導的判例が，Robertson v Minister of Pensions[40]である。本件は，1939 年 12 月に負傷した陸軍将校に関する事件であった。彼の年金資格は，彼が負った障害が彼の軍役の期間中に引き起こされたものであるか否かに依存した。彼は，陸軍省に手紙を書いて年金に関する問い合わせをしたところ，「あなたの障害は軍役に因るものです」と述べる返事を受け取った。この手紙を根拠として，彼はわざわざ独自の診察を受けなかった。しばらくの後に，当時陸軍年金を取り扱っていた年金省が，その障害は1927 年に負った傷害に因るものであると決定した。Robertson 氏は，その決定に対して上訴した。彼の上訴は Denning 裁判官（当時）により認容されたのであり，同裁判官は，ある政府の省がある問題に関する権限を引き受けることを買って出るときには，人はその権限を信頼する資格を有するのであり，当該権限の限界を知ることを期待されることはありえないと述べた。さらに，同裁判官は，後の事件である Howell v Falmouth Boat Construction Co Ltd[41]において，実質的に同じ指摘をすることになったのであり，同判決において彼は次のように述べた。「政府の職員が，臣民と交渉をする際に，（当該臣民）が関係

---

40)　[1949] 1 KB 227.
41)　[1950] 2 KB 16.

する問題について権限を引き受けることを買って出る」ときには，「当該臣民は，当該職員が引き受ける権限を有することを信頼する資格を有する……のであり，（当該職員）が権限を踰越しても損害を被るべきではない。」[42]

ところが，この意見は，広範な司法の支持を受けなかったのであり，後の判例法は Denning 裁判官のアプローチを限定した。例えば，Western Fish Products Ltd v Penwith District Council[43] において，ある会社は，自らにされた表示に基づき建設工事を開始しており，その後，ある公務員から，計画許可の申請がもっぱら形だけのこととして必要であると告知された。ところが，当該許可申請が後に拒否されたため，争点は，当該機関が過去の表示と意見交換を前提として禁反言で禁じられることがあるか否かであった。Megaw 裁判官は，彼の意見において，公的機関が自己の権限行使を禁反言で禁じられることはないという原則に対する例外は 2 つしかないと述べた。第 1 は，当該機関がその職務のいくつかを職員に委任する権限を有しており，当該職員が当該機関を拘束することができると原告が信頼することを正当化する特別な状況が存する場合であった[44]。第 2 の例外は，当該機関が自らの下にある問題に関する手続的要求を放棄していた場合である。それらの状況の下で，当該機関は，形式の欠如に依拠することを禁反言で禁じられることがあった[45]。

この一層厳密なアプローチは，明らかに，合法性を行政法における典型的な価値として優先させようとする関心によって影響されたものであり，そのため，当該判例法は依然として重要である。ところが，上記のとおり，関係する司法の意見は，今日的には価値を減じてもいる。というのも，裁判所は，禁反言により取り組まれた問題が，現在では正当な期待の法理を参照して解決されるべきであると述べたからである。このことは，正当な期待の法理が，合法

---

42) Ibid, 26.
43) [1981] 2 All ER 204.
44) 同裁判官は，*Lever Finance Ltd v Westminster (City) London Borough Council* [1971] QB 222 を引用した。
45) ここで同裁判官は，*Wells v Minister of Housing and Local Government* [1967] 2 All ER 104 を引用した。

504

性，公正性及び公益という考慮事項を参照して発展してきた，純粋な公法上の法理であることによるものである[46]。その点を前提とすると，エクイティ上の法理は，公法上の問題の解決には不向きであり，そのため行政法の文脈では停止されるべきであると思料される。Hoffman 裁判官が，R v East Sussex County Council, ex p Reprotech（Pebsham）Ltd において次のように述べたとおりである。

　いずれにせよ，禁反言という私法上の概念を計画法に導入することは助けにならないと考える。……もちろん，私法上の禁反言と，公的機関により創り出された正当な期待という公法上の概念との間には類似性が存し，正当な期待を否認すると，権限濫用になることがある [see ex p Coughlan]。しかし，それは類似性に過ぎず，なぜならば，公的機関に対する救済手段は，当該機関が促進するために存在する一般公衆の利益をも考慮しなければならないためである。公法は，1998 年人権法に基づき存する個人的権利の階層制をも考慮することができる [e.g., see Coughlan] ……一方で，通常の財産権は一般的に公益の考慮によりさらに一層制限される [e.g., see R（Alconbury Developments Ltd）v Secretary of State for the Environment, Transport and the Regions [2001] 2 WLR 1389（HL）]。たしかに……初期の判例において，Denning 裁判官（記録長官）は……禁反言という言葉を使用した。その時点で，権限濫用及び正当な期待という公法上の概念は，極めて未発達であり，疑いなく禁反言の類推が有益であると思われた。Western Fish 判決において，控訴院は，禁反言のこれらの革新を，公的機関が制定法上の裁量を行使することも公的義務の履行も禁反言で禁じられることはないという一般原則と調和させるため，最善を尽くそうとした。しかし，その結果は万人に通じる満足を与えるものではなかった（Powergen 判決における Dyson 裁判官の意見（[2000] JPL 629, at 638）を参照）。この領域において，公法は，禁反

─────────────
46）　See ch 15.

言という私法上の概念の基礎にある道徳的価値から有益なものは全て既に吸収したのであり，公法は自立するときが来たのである[47]。

言い換えると，公法において，禁反言の法理は，正当な期待の発展に取って代わられたのであり，判例法は，過去であれば禁反言を参照して決定されたであろうときに，現在では正当な期待に依拠するのである[48]。

12.4 契約による裁量の拘束

次に，契約条件が適法な権限の行使と対立し，それにより裁量の行使を潜在的に拘束するであろうときに，公的機関が契約を締結することができるか否かを検討する必要がある。この領域において裁判所が答えるべきいくつかの問題が存する。例えば，公的機関は，契約やその他の約束により自らをどこまで拘束することができるか。公的機関が自らの制定法上の権限を行使する際に，自らが行った過去の契約上の約束を破るよう行為すると，契約上の責任は生じるか。公的機関が自らは契約に拘束されると信じ，結果として，この制約のため，重要な義務を履行せず，又は裁量権限を行使しない立場をとるときに，状況はどうなるか。もちろん，これらの問題に答えようとするときに，裁判所は，衡量の実施に近いことに必然的に関わるのであり，その結果として生じた判例法は，大抵は混乱し明確性を欠くものである。

契約が制定法上の権限行使に実質的に干渉するときには破ることができるという点を例証する初期の先例が，Ayr Harbour Trustees v Oswald[49] である。上訴人港管理者は，1879 年エア港法に基づき，必要が生じたときに，同港の海岸線に沿った建造物の建築のために使用すべき土地を収用する制定法上の権

---

47) [2002] UKHL 8, [2002] 4 All ER 58, 66.

48) See further W Wade and C Forsyth, Administrative Law, 10th edn (Oxford: Oxford University Press, 2009), 283-4.

49) (1883) 8 App Cas 623.

限を有していた。同港管理者は，ある1人の所有者に支払われるべき補償金の額を減らすため，収用された土地において，その者から当該水域又は港へのアクセスを奪う効果を有するであろう建造物を建築しないという契約条項に同意した。裁判所は，このことが権限踰越であると判示した際に，動機にかかわらず，同港管理者とその後継者を拘束することを意図した契約は，制定法の目的と必然的に矛盾するため，無効になると述べた。議会の意思は，同港の管理者に対し，公共善のための権限を制限なしに付与することであった。

Dowty Boulton Paul Ltd v Wolverhampton Corporation[50]は，当局が自らの契約上の義務を免れることを裁判所は容易に許容しないことを確認するものであるため，Ayr Harbour 判決と有益に比較できるものである。1936年に被告都市法人は，飛行場の不動産権を，99年間の不動産貸借契約に基づき原告らに譲渡した。当該協定の一部として，原告らは，航空機とその部品の製造のための工場を建設することを契約し，自身の事業に関連した飛行のために同飛行場を使用することも許された。加えて，当該土地の不動産貸借契約は，同土地がこの当初の目的のために使用されていないときには，同カウンシルによって取り戻されることがあることを定めていた。1957年までに，当該工場は，もはや不動産貸借契約の条件に従って航空機を製造していなかったが，同飛行場は依然として使用されていた。同カウンシルは，1933年地方政府法163条1項に基づき住宅，商店及び学校に関する地方のニーズのため，賃貸中の土地を改めて獲得しようとした。状況の変化にもかかわらず，当該地方政府機関は，その時点において，最初の不動産譲渡に関する権利を破棄することができないと判示された。当初の協定は，全体として，同カウンシルに対する不法な拘束に当たらず，したがって，簡単に破棄できるものではなかった。

Stringer v Minister of Housing and Local Government[51]は，契約が当該機関の権限を踰越すると判示された一例である。Cheshire カウンティカウンシル及び Congleton ルーラルディストリクトカウンシルは，マンチェスター大学

---

50) ［1971］2 All ER 277.

51) ［1971］1 All ER 65.

第12章 違 法 性 Ⅱ *507*

と契約を締結し，当該契約は，同カウンシルが特定の地域において開発計画を承認する立場をもはや取らないことを含むものであった。これは，Jodrell Bank 天文台の電波望遠鏡の機能を混信から保護するためであった。裁判所は，電波望遠鏡の保護は，当該機関が計画許可を付与するときに関連考慮事項として考慮する資格を有する一要素であると判示した。しかし，上記協定は，当該機関を，制定法上のその他の義務，特に計画許可を求めるその他の申請に関する自らの裁量の適切な行使を無視することに至らせるため，1962 年都市農村計画法 17 条 1 項の権限を踰越したものであると判決された。このように当該契約は，第三者に対して不利な影響を及ぼす可能性があり，したがって，1962 年都市農村計画法に基づく同カウンシルの義務と根本的に適合しないものであった。

R v Hammersmith and Fulham London Borough Council, ex p Beddowes[52] では，制限的な契約条項が地方政府機関の裁量権限に関して論じられた。政策に関する紛争の後に，被告カウンシルは，破損状態にある不動産を民間の会社に売却することを決議した。当該不動産の一部だけが売却されることになったが，当該売買は，当該開発者に対し，さらなる区画が将来同様の条件で同じ開発者に自家居住用に売却されることを示す契約条項を含むものであった。同カウンシルの政治的支配の変化の後に，当該契約条件は，住宅当局としての同カウンシルの裁量に対する拘束として，争われた。当局は自らの制定法の権限を契約条件により消滅させることはできないが，ある事業計画が現行の立法の諸目的の範囲内で住宅を提供するという立法目的と一致するときには，契約条項は権限内のものになると判示された。Kerr 裁判官は，反対意見において，政治的変化があってもこれらの政策が撤回不能で維持されることを確保するよう意図された契約条項は，まさしく権限踰越であり，不合理であると述べた。

---

52) [1987] 1 All ER 369.

12. 5 不法な委任による裁量の拘束

12. 5. 1 一般原則

　制定法が，司法的性質であれ立法的性質であれ行政的性質であれ，裁量権限を意思決定者に付与している場合には，当該意思決定者がその決定権限を別の人や団体に委任することは，当該制定法自身がそのような委任を明示的に規定していないかぎり，一般的には不法である。この考え方は，議会より権限を委任された団体や人は自ら当該権限を委任することはできないことを意味するラテン語の格言 *delegatus non potest delegare* において時々表現される。しかし，最初に，このことは，文官や地方政府の職員が大臣や地方政府機関を代理して行政決定を行うことを妨げられることを必ずしも意味するものではないことが，留意されるべきである。中央政府の権限は常に国務大臣に付与されるが，当該大臣が全ての個別の決定を行うことはできず，他者に頼ることが不可避であることは明らかである（判例法で承認された，分かりきったことである）。ところが，より困難なのは，様々な部門，委員会及び職員の間で責務を分割しなければならないであろう大規模組織に関する状況であり，ここでは裁判所は，制定法を参照して，不法な委任が行われたか否かを決定するよう要求されることになる[53]。さらに，委任された職務の性質は，当該機関がその権限を踰越して行為したか否かを決定するときに，特に関連することになるように見える。というのも，特定の行政的職務が他者により遂行されうるという点で，同じことは，個人の基本的権利に影響を及ぼす決定ともなると，妥当しないであろうからである[54]。

---

53)　警察に関して，see, e.g., *DPP v Haw* [2007] EWHC 1931, [2008] 1 WLR 379 （1996 年警察法 9C 条及び 9F 条とともに解釈される 2005 年重大組織犯罪・警察法 134 条に基づく警視総監の職務を委任する権限).

54)　この点に関する司法の検討について，see, e.g., *Re Henry's Application* [2004] NIQB 11, paras 37-9.

12. 5. 2　中央及び地方政府

　文官が大臣を代理して決定を行うことは不法ではないとの命題についての主導的な司法の先例は，Carltona Ltd v Commissioner of Works[55] である。本判決は，たとえ制定法が「大臣」という用語を使用しているときでも，議会は，当該権限が適切な職員により行使されることをもっぱら期待するという一般命題を述べたことで知られている。本件において，土木工事コミッショナーは，第二次世界大戦中に有効であった 1939 年防衛規則 51 条 1 項に基づき資産を徴用する権限を付与されていた。Carltona 社の工場は，本条項に基づき接収されたが，当該通知は大臣を代理して行為する課長代理の身分の文官により発付された。Greene 裁判官（記録長官）は，違法が存しなかったと判示した際に，委任及び大臣責任の原則に関する基本的な声明において，次のように述べた。

　　大臣に付与される（そして，大臣が憲法的に責任を有するために大臣に付与されるのが憲法上適切な）職務は，いかなる大臣もその全てを個人的に処理することはできないであろうほど雑多な職務である。……［特定の制定法の条項は］，個別の事件において，大臣本人がその問題に注意を向けるべきであることを意味するものであると考えることはできない。大臣に課された義務と大臣に付与された権限は，通常は大臣の権限に基づき，省の責任ある職員により履行されるのである。仮にそうでなければ，公務は遂行することができないであろう。憲法上，そのような職員の決定は，もちろん大臣の決定であり，大臣が責任を有する。彼の権限に基づき彼の職員が行ったあらゆることについて議会の下で弁明しなければならないのは，彼であり，重要な問題について，職務を十分に遂行することを期待できないほど下位の地位にある職員を彼が選択したときには，大臣がそのことについて議会で弁明しなければならないであろう[56]。

---

55)　［1943］2 All ER 560.

ここで Greene 裁判官は，憲法上の見地から，職員の行為は大臣の行為であると思料されるのであり，決定がこの仕方でされることを許容する説得的な実際的理由が存することを明らかにしている。これは「分身」の原則と呼ばれてきたものであり，Woolf 裁判官は，R v Secretary of State for the Home Department, ex p Oladehinde[57] において同原則の射程を検討した際に，それは，議会による明示的な反対の指示が存しなければ，制定法に含意されているものと考えられるべきであるとの意見を述べた。Donaldson 裁判官（記録長官）も，この仕方で決定を行う憲法上の権限は，明示的な制定法の条項でなければ否定し又は限定することができないものであることを示した[58]。他方で，大臣が権限を自ら行使するよう期待される状況に関して議論がされてきたのであり，検討中の問題が個人の自由の問題に関わる場合には，そうあるべきであると示唆されてきた[59]。近時の刑務所に関する事件では，1952 年刑務所法 47 条及び 1999 年刑務所規則に基づき隔離決定がされるときには，刑務所長と司法大臣の役割が混同されるべきではないとも判示された。刑務所長は独立の制定法に基づく職を保持しており，彼らが隔離決定をするときに，司法大臣は，それらの決定を審査するという点で，彼又は彼の職員のみが刑務所の内部管理から独立した人として行うことのできる別個の役割を有する[60]。

地方政府に関する事項について，1972 年地方政府法 101 条は，地方政府機関が職務を職員及び委員会に委任することを許容する。これらの事項について，裁判所は，ある程度の柔軟性の必要も認めてきた。例えば，Provident Mutual Life Assurance v Derby City Council[61] において，地方税の徴収のた

---

56)　Ibid, 563.

57)　[1991] 1 AC 254.

58)　See also *R v Secretary of State for the Home Department, ex p Doody* [1994] 1 AC 531, HL.

59)　See, e.g., *Liversidge v Anderson* [1942] AC 206（本件において，検束命令は，戦時中には大臣自身により署名された）. 分身原則については, see further D Lanham, 'Delegation and the Alter Ego Principle' (1984) *Law Quarterly Review* 587.

60)　*R (Bourgass) v Secretary of State for Justice* [2015] UKSC 54, [2015] 3 WLR 457.

第 12 章　違 法 性 II　*511*

めに必要な行政上の事項は，会計管理者の権限とされてきたが，会計管理者の
下にいる職員により遂行されうることが認められた。ところが，1972 年法 101
条に基づく委任は，権限が 1 人の議員により行使されることを許容するもので
はないことが確立されている[62]。

12.5.3　制定法に基づく機関

　次に，委任禁止に関する基本原則に戻ることができ，これは，Barnard v
National Dock Labour Board[63] を参照することにより例証することができる。
1947 年港湾労働者（規制）規則は，その執行のために国家港湾労働委員会を設
置したが，同規則に基づき，権限と関連する職務は地方委員会に委任されるべ
きものであった。これらの職務の中には，懲戒権限があった。ロンドン港湾労
働委員会は，そのような懲戒権限を港湾管理者に委任する決議を行った。後に
同港湾管理者は，労働争議の一部として数名の港湾労働者を停職とした。高等
法院において，これは，委任することができる行政的職務であると思料された
が，この見解は，控訴院において，全員一致で斥けられた。Denning 裁判官
は，それが個人の権利に影響を与えるため，司法的職務であり，いかなる司法
的機関も司法的職務を委任することはできないことが基本原則であると判示し
た。この原則は，類似の事件である Vine v National Dock Labour Board にお
いて貴族院により承認された[64]。本件では，ある港湾労働者が南海岸地方港湾
労働委員会により設置された懲戒委員会によって解雇されていた。しかし，こ

---

61)　（1981）79 LGR 297.

62)　See *R v Secretary of State for Education and Science, ex p Birmingham City
Council* (1984) 83 LGR 79. See also *R v Servite Houses and Wandsworth London
Borough Council, ex p Goldsmith* [2000] 3 CCLR 325（同カウンシルと住宅協会と
の間で締結された住宅供給の協定に関するものである——同カウンシルはその委員
会及び職員以外に委任する権限を有しないため，同住宅協会は同カウンシルの代理
人として考えることができなかった）.

63)　[1953] 1 All ER 1113.

64)　[1957] AC 488.

512

れは極めて重要なため委任することができない司法的権限であった。

　他方で，職務が行政的性質であると思料される場合には，委任は依然として権限内であることがある。例えば，R v Race Relations Board, ex p Selvarajan[65]において，人種関係委員会は，人種差別に関する請求について調査し，予備審問を行うために内部委員会を設置できることが認められた。裁判所は，人種関係委員会が自身の手続の主人であり，個別の任務を職員らに委任することができると判示した。というのも，機関全体でこれらの活動に従事することは実際的ではないであろうためであった。

　委任の問題は，R v Admiralty Board of the Defence Council, ex p Coupland[66]でも検討された。本件の原告は，被告委員会の下で不服を申し立てた際に，同委員会が調査中に収集された資料を基礎として自己の判断をすることができないと主張した。同委員会は，ある職員により準備された資料の要約集に依拠していた。Dyson 裁判官は，同委員会が調査の実施と要旨の準備についての責務を委任することはできるが，事件を公正な審理により決定する義務は委任することができないと判示した。この義務は，異論のある事実の目撃者らに係る証拠の要旨が信頼できるものか否かについて，彼らの信頼性に関して意見を形成することが必要であったのに，同委員会が慎重に検討しなかったことにより履行されていなかった。同委員会の決定は取り消された。

12. 6　法についての過誤と事実についての過誤

　検討すべき次の問題は，「法についての過誤」と「事実についての過誤」である。司法審査が第一次的には決定の合法性に関わり，決定の実体的当否に関わるものではないことは既に自明のはずである[67]。したがって，裁判所は，法についての過誤を自らの職分であり，審査により是正することが明らかにでき

---

65)　[1975] 1 WLR 1686.

66)　[1999] COD 27.

67)　「監視的・上訴的」の区別については，see further 8.3.

るものと考えることになる一方で，事実についての過誤の主張に介入すること
には，遥かに大きな躊躇をみせる（もっとも，事実問題と法律問題を区別すること
が常に容易であるわけではないであろうことに注意されたい。例えば，証明された事実
からされる推論は，法律問題，事実問題，法と事実の混合問題のいずれと考えられるべ
きか）[68]。この躊躇は，本質的には，権力分立に係る懸念と裁判所は事実状況を
評価するために必要な専門的知識を有しないであろうとの理解によって影響を
受ける[69]（ただし，裁判所は，介入すると濫訴を招くおそれがあるという理由でも介入
を躊躇することに注意されたい）。さらに，ある問題が「事実と程度」の問題とし
て述べることができるものである場合には，司法の役割の限定的な性格の強調
は，より一層明確に宣告されることがある。程度の問題とは，合理的な人々
が，同じ証拠を前提として異なる結論に到達することがあるものであり，その
ような問題についての結論には，当該領域において裁判官よりも多くの経験を
有する意思決定者によって大抵は達せられるから，裁判所は，当該意思決定者
が関連する価値判断を行うのにより適した地位にあることを認める。R v
Barnet London Borough Council, ex p Nilish Shah において Scarman 裁判官が
述べたように，「（意思決定者）が法を正しく理解し，又は法律家が述べるであ
ろうように，自身を法的に正しく指揮するのであれば，事実問題……は，裁判
所ではなく，当該機関が決定すべきものである。申請の実体的当否は，（意思
決定者）が決定すべきことであり，（意思決定者）は，当該機関が法に従って手
続をとったことを確保するよう司法審査にのみ服するのである」[70]。

　それにもかかわらず，事実についての全ての過誤が司法審査手続において裁
判所の射程を超えると示唆するのは，ミスリーディングであろう。というの
も，裁判所は，現在では（a）前提事実〔precedent fact〕の過誤，（b）関連し

---

68)　困難については，see, e.g., *R (Jones) v First Tier Tribunal (Social Entitlement Chamber)* [2013] UKSC 19, [2013] 2 AC 48.

69)　See *R v Hillingdon London Borough Council, ex p Pulhofer* [1986] 484, 518, Lord Brightman.

70)　[1983] 2 AC 309, 341.

ない考慮事項を考慮し、関連考慮事項を考慮しないこと、(c)「無証拠〔no evidence〕」、及び、(d) 重要な事実についての過誤を審査することになるからである。以下でみるように、これらの小項目の下にある判例法は、時々極めて創意に富むものであったのであり、監視的・上訴的の区別の強さを検証してきた。

12. 6. 1　前提事実についての過誤

前提事実についての過誤が犯されるのは、意思決定者が、立法に基づき決定権限を有するのに先立ち、客観的に存しなければならない事実が存しないのに決定を行うときである（そのような事実は、過去には「管轄権に関する」とも表現されたが、その用語は Anisminic 判決の後には使用されなくなった）[71]。前提事実についての過誤の審査は、それ自体、GCHQ 判決[72] において Diplock 裁判官により定義された違法性の根拠と直接的に結び付けることができるものである。というのも、ここで裁判所は、意思決定者が行うとした決定を行う権限を有するか否かを審査しているからである。言い換えると、裁判所は、当該意思決定者による事実の評価や特定の事実に認められた個々の重要性に関心を有するのではなく、むしろ、当該意思決定者が立法府により委ねられた権限を行使することを許容するために必要とされる事実が存するか否かという問題に関心を有するのである。したがって、当該事実が存しないときには、適法な権限の行使はありえないのである。

前提事実に関する主導的判例の1つが、White & Collins v Minister of Health[73] である。Ripon バラカウンシルは、White 氏及び Collins 氏により所

---

71)　*Anisminic Ltd v Foreign Compensation Commission* [1969] 2 AC 147; and 10.2. しかしより近時におけるその用語の使用については、see, e.g., *R (A) v Croydon LBC* [2009] UKSC 8, [2009] 1 WLR 2257（ある人が 1989 年児童法の目的にとって児童か否かという問題が管轄権に関する事実及び前提事実の両方か一方の問題として様々に表現された）.

72)　See *Council of Civil Service Unions v Minister for the Civil Service* [1985] AC 374, 410-11.

有されている土地 23 エーカーに及ぶ公用収用命令を発付したところ，White 氏及び Collins 氏は，当該土地が 1936 年住宅法 75 条により保護されていると主張した。同条は，「住宅の快適さ又は便宜のために必要とされる公園，庭園又は遊園地の部分」を形成する土地に対して，権限が行使されるべきではないと規定するものであった。公審問が開催された後に，被告大臣は当該公用収用命令を承認したが，これは取り消された。というのも，当該命令の発付は，事実認定に依存していたからであり，すなわち，制定法は，当該命令を行うことができるのは，当該土地が公園の部分でないか，住宅の快適さ又は便宜のために必要とされるべきものではないことが明らかであるときに限られると規定していたのである。その事件の文脈において，キーワードは「公園の部分」であったが，その語句の法的定義は存しなかったため，裁判所は，『オックスフォード英語辞典』に頼らなければならなかった。裁判所はそうした上で，当該土地は公園の部分であり，したがって同大臣の命令は取り消されるべきであると結論付けた。もしそうでなければ，同大臣は，制定法により授権されたものを超えて自己の権限を拡大することができたであろう。

　関連する行政決定が個人の基本的権利に影響を有するであろう場合には，裁判所が前提事実の問題を慎重に検討することにも注意すべきである。ここでの第 1 の先例は，依然として R v Secretary of State for the Home Department, ex p Khawaja[74] であり，同判決は，1971 年出入国管理法に基づき，「不法入国者」に指定された人を直ちに収容し，イギリスから退去させる内務大臣の権限に対する異議に関するものであった。ある個人が不法入国者であるか否かは，結果的に当該個人に及ぶ影響が極めて広範にわたるであろうため，裁判所が前提事実の問題として決定できるようすべての証拠が裁判所の下に存すべきであると判示された。換言すると，貴族院は，個人の権利が単独で行為する職員の決定により影響されるのを許すことを躊躇し，当該個人の権利を保護する点での司法の役割が非常に強調されたのであった。

---

73)　[1939] 2 KB 838.
74)　[1983] 1 All ER 765.

12. 6. 2 関連考慮事項及び関連しない考慮事項

関連考慮事項及び関連しない考慮事項については，別の場所で遥かに詳細に取り扱ったことがあり[75]，そこでは，この審査の重要な側面について判例法と意見の例を示した。しかし，さしあたっては，裁判所は，意思決定者が全ての関連考慮事項を考慮しなかったか否か，関連しない考慮事項を無視したか否かの両方又は一方を問うかぎりにおいて，実質的に，そこでは事実の過誤を審査していると述べることで十分である。これらの目的にとっての考慮事項は，通常は，当該決定を支える制定法において明示的又は黙示的に明らかにされるのであり，かくて制定法の条件に従わない意思決定者は，GCHQ 判決の定式の意味において違法に行為することになる[76]。同時に，裁判所は，「特定の事業計画の決定にあまりにも明白に関連するため，……直接考慮するに至らなければ，当該法律の意図に従わないことになるであろう事項」[77]が存する場合にも介入することができる。ここでも「違法性」について語ることができるであろう一方で，そのような考慮事項を考慮しないことを不合理と表現することもできる。言い換えると，考慮事項を考慮しないことが，いかなる合理的な機関もその仕方で行為しなかったであろうほど不合理であったか否かが問題となるであろう[78]。

関連性の議論に対する正統な裁判所のアプローチは，(a) 全ての関連考慮事項が意思決定者により考慮され，関連しない考慮事項が無視されたか否かを問い，もしそうであれば，(b) 不合理性，邪悪等の主張は別として，当該決定が存続することを許容するというものである。このアプローチの論拠は，関連考慮事項及び事実的考慮事項に対して認められる個々の重要性に関する紛争に裁判所が関与することを防ぐことであるが，もっとも，それは例外のないアプ

---

75) See 11.5.

76) [1985] AC 374, 410-11.

77) See Lord Scarman in *Re Findlay* [1985] AC 318, 334.

78) 不合理性については，see ch 13.

ローチではない。例えば，裁判所は，基本的権利に影響を及ぼす決定を，関連性の議論が生じる場合には，「厳格な審査」というコモンローのテストに服せしめようと長らくしてきたし[79]，比例原則もアプローチの修正を含意することがある。この原則は，1998年人権法の事案において妥当するが，より一般的に司法審査において重要性を増しているものであり[80]，裁判所が決定を，それにより影響を受ける利益と対比し，当該意思決定者が両者の間で適切な均衡を図ったか否かを評価することを要求するものである。第13章で見るように，これは裁判所の役割に関して困難な問題を生じさせる。というのも，裁判所は，事実上，本来であれば当該意思決定者が行うべき問題であろう事実と程度の問題に関する決定をし始めることになるからである。したがって，比例原則が，個別の事件の文脈に従って司法の自制を確保しようとする「裁量的な判断領域」の法理と連携してきたことは，おそらく驚くべきことではない[81]。

12. 6. 3 「無 証 拠」

ここでの介入の基礎は，説明するのが極めて単純なものである。すなわち，ある決定が証拠により支えられていないか，全体として把握される証拠が当該決定を合理的に支えることができないものであれば，当該決定は存続することができない。例えば，Coleen Properties Ltd v Minister of Housing and Local Government[82] において，Clark Street と Sidney Street の2列の住宅が Tower Hamlets カウンシルにより 1957 年住宅法に基づく取壊し地区であると宣言された。加えて，同カウンシルは，取壊し後の当該地区の満足な開発のために「合理的に必要」と思料される追加の地所を取得するため，同法43条2項に基づく自らの権限を使用しようとした。この追加の地所には，「1等の」Clark

---

79)　See *Bugdaycay v Secretary of State for the Home Department* [1987] AC 514; and 4.2.1.

80)　See ch 13.

81)　See 13.6.2.

82)　[1971] 1 WLR 433.

House が含まれていたが，公審問においては，この取得の必要性を支える証拠が同カウンシルによって提出されず，審問官は，取得が当該事業計画にとって合理的に必要ではないと被告大臣に報告した。それにもかかわらず，同大臣は，自身の下に審問官の報告書のみを有し，その他の証拠を全く有しなかったが（また大臣は Clark House を見たことがなかったが），当該地所が公用収用命令に含まれるべきであることを承認した。控訴院において，Denning 裁判官は，当該地所が同法 43 条 2 項に該当しうるのは，その認定を支える証拠が存する場合に限られるため，同大臣は審問官の勧告を破棄した点で誤っていると判示した。したがって，そのような証拠が審問官の下に存しなかったことと，Clark House の取得が合理的に必要ではないという審問官の明確な意見を考慮すると，同大臣が審問官の勧告を適正に破棄することができる資料は存しなかった。言い換えると，合理的な必要性の問題は，計画政策の問題ではなく，事実の推論であったのであり，事実の推論については，同大臣は，正当化する十分な資料が存しないかぎり，審問官の勧告を覆すことはできなかったのである。

12. 6. 4　重要な事実についての過誤

最後に，ある決定を，重要な事実についての過誤により損なわれているとして争うことができる。そのような過誤が犯されるのは，「証明された関連する事実についての誤解又は不知」が存する場合及び意思決定者が「誤った事実を基礎として」行為する場合の両方又は一方の場合である[83]。当初は，この小項目は関連考慮事項及び関連しない考慮事項の一側面としてのみ存在すると考えられたが，現在では，事実の過誤が個人に対する「不公正」を生じさせる場合には，これは法律問題であるといわれるため，裁判所が介入することを許容するように見える。このことは，E v Home Secretary[84] の帰結であり，本件は

---

83)　See *Secretary of State for Education and Science v Tameside Metropolitan Borough Council* [1977] AC 1014, 1030, Lord Scarman, and 1047, Lord Wilberforce; see too *R (Alconbury) v Secretary of State for the Environment, Transport and the Regions* [2003] 2 AC 295, para 53, Lord Slynn.

庇護の文脈で生じ，審判所が上訴を審理した時に新たな証拠を許容することを拒否した場合に，当該審判所の決定につき法律問題に関して上訴することができるか否かという問題に関するものであった。控訴院は，「少なくとも，当事者が正しい結果を達成するために協働するという点で利益を共有している制定法の文脈では」[85]，介入が正当化されると判示し，（本件におけるような）法律問題に関する上訴における裁判所の役割を，司法審査請求における裁判所の役割と同一視した。控訴院は，「不公正」を法律問題と考えて，事実の過誤が個人に対してその法的帰結を有する場合には，裁判所が介入することが許されると判示した。ところが控訴院は，不公正の認定をするためには，決定が上訴されている審判所が，特定の問題に関する証拠の利用可能性についての過誤を含め，争う余地がなく客観的に立証可能な証明された事実についての過誤を犯したことが立証されねばならないであろうとも述べた。さらに控訴院は，上訴人もその助言者も当該過誤について責任がなかったこと，及び，当該過誤が審判所の推論において，必ずしも決定的ではないとしても重要な役割を果たしていたことが証明されなければならないであろうと述べた。その場合にかぎり，控訴院は正当に介入し，同審判所が法についての過誤に至るほどの不公正を生じさせる事実についての過誤を犯したか否かを検討することができた[86]。

　事実についての過誤を理由とするこの種の審査の登場は，公法にとって潜在的に問題があるとともに極めて大きな意義を有するものである[87]。その潜在的に問題のある側面とは，目下存在する司法の介入の明らかな範囲に関することである。というのも，「公正性」を理由とした介入の限界がどこで見出される

---

84)　[2004] 2 WLR 1351.

85)　Ibid, para 66.

86)　評釈については，see P Craig, 'Judicial Review, Appeal and Factual Error' [2004] *Public Law* 788.

87)　E 判決の適用については，see, e.g., *Re Gracey's Application* [2014] NIQB 131; *R (Pharmacy Care Plus Ltd) v Family Health Services Appeals Unit* [2013] EWHC 824 (Admin); and *Jobson v Secretary of State for Communities and Local Government* [2010] EWHC 1602 (Admin).

べきかを安定的に解明することは，困難であるからである。これは，公正性が無限定なコモンローの構成概念であり，したがって，裁判所は主には（E判決自体のように）基本的権利が問題となっているときにE判決の論理を使用しようとするであろうが，公正性がより一層広範な事件での介入を正当化するために使用されることがあるであろうことによるものである。同時に，そのような拡大的な審査は，裁判所がECHR 6条の要求に応じることを可能にするために必要であろうし，重要な事実についての過誤が意義を有するのはここである。第17章で見るように，ECHR 6条は，「市民権」が問題となっている個人が，自らの下にある事件について「完全な管轄権」を有する独立かつ公平な裁判所へのアクセスを有すべきであることを要求する。しかし，司法審査の根拠は高等法院が自己の決定を意思決定者の決定に代置することを伝統的に許容してこなかった——すなわち，監視的・上訴的の区別である——ため，高等法院が市民権を保護するためのフォーラムであるときには，司法審査がECHR 6条の要求に応えることができないであろうと当初は考えられた。しかし，重要な事実についての過誤を理由とした審査の登場は，その後，それらの懸念に取り組むのに多少役立ってきたのであり，欧州人権裁判所（ECtHR）は司法審査がいくつかの（必ずしも全てではないものの）事件では十分になることを認めてきた。この問題については，17.4.5において戻る。

12. 7　委任（又は従位）立法

　本章で取り組むべき最後の問題は，委任立法の状況である。委任立法とは，「法律（授権法律）により付与された立法権限に基づき人又は団体（受任者）により作成された制定法的文書」のことである[88]。そのような立法は，代替的に「従位立法」と呼ぶことのできるものであり[89]，典型的には，特に規則，計画又は命令という形式をとる命令集として（ウエストミンスターにおいて）発布され

---

88)　F Bennion, *Statutory Interpretation* (London: Butterworths, 2002), 197.

89)　もっとも，1998年人権法21条に基づく後者の用語の特別の意味に注意されたい。

ることになる。当該立法は，最終の法的効力を有するのに先立ち，ある程度の
議会の統制に通常は服するのであり（1946年制定法的文書法），この点において，
主位立法に基づきとられ，又は採用されるその他の行為及び措置とは憲法的に
異なるのである。しかし，その異なる憲法上の位置付けは，委任立法の制定が
困難な問題を生じさせるものではないことを意味すると考えられるべきではな
い。というのも，議会の統制が十分かつ効率的に作用するか否かが長い間疑わ
れてきたからである[90]。そのような立法の量とそのような立法が状況によって
は（いわゆるヘンリー8世条項の使用を通じて）主位立法を改正するために使用さ
れうるという事実の両方を前提とすると，この点はより一層重要である[91]。

　違法性に関して，基本原則とは，委任立法が，適切な場合には1972年欧州
共同体に関する法律及び1998年人権法とともに解釈される授権法律の条件に
従っていないときに，権限踰越となるということである。しかし，この基本命
題——これが制定法上の権限及び義務に関してより一般的に妥当する命題と一
体となる——以外に，委任立法の審査に関していくつかの重要な相違点が存す
る。これらは，(1) 効力に対する手続的及び実体的な異議の限界，(2) 委任立
法を争うことができるフォーラム，及び，(3) 後続の行為及び決定の問題に関
係する。

12.7.1　手続的及び実体的権限踰越

　委任立法に対する手続的な異議は，当該立法が，基となる制定法で明記され
た手続に違反してされたという根拠に基づいて唱えられる一方で，実体的な異
議は，当該委任立法が法律の目的と矛盾する，決定権限を不法に再委任したも
のである，実体的に不公正である，不合理である，それにより影響を受ける人

---

90)　この問題及び関連する問題の分析については，see E Page, *Governing by Numbers:*
Delegated Legislation and Everyday Policy-making (Oxford: Hart Publishing,
2001).

91)　See C Forsyth and E Kong, 'The Constitution and Prospective Henry VIII
Clauses' [2004] *Judicial Review* 17.

の権利に比例性を欠く影響を及ぼす，と様々に唱えることができる。手続的な異議に関して，ここでの出発点は，もちろん基となる制定法に施されるべき解釈である。というのも，裁判所は，手続要件の違反が委任立法を無効にすることは，その結果が立法府の意思と矛盾する場合には，必要ではないことを認めているからである（「義務的」要件と「任意的」要件との──今や時代遅れの──区別に関する議論については，さらに第16章を参照）。ところが，特定の要件を遵守しないことが委任立法を無効にすべきであると裁判所が思料する場合には，救済が通常は発給される。このことは，Agricultural, Horticultural and Forestry Industry Training Board v Aylesbury Mushrooms[92] で発生したことであり，本件では，産業訓練規則が Mushroom Growers Association と協議することなく制定されていた。1964年産業訓練法1条4項は，大臣が規則により影響を受ける組織の代表者と協議すべきであることを規定していたため，同 Association は，同規則の適用除外と大臣が協議を行う義務に従わなかったとの宣言的判決を求めた。同 Association は，既に協議を受けていた National Farmers Union の一専門部であったが，裁判所は，同 Association も協議を受けるべきであったと判示した。協議が存しなかったため，同規則は同 Association には適用されなかった。

制定法の手続要件以外に，委任立法は，一般的にはコモンロー上の手続的公正性の要件を参照して争うことができないことに注意すべきである[93]。このアプローチの根本的な論拠は，例えば，委任立法を行うときに協議を行うというコモンロー上の要件は，ある措置により潜在的に影響を受ける人々の数を前提とすると，仮に協議を行わなかったことが司法審査手続で争われるとすれば，関係する機関と裁判所の双方にとって不当に大きな負担となるであろうということに尽きる。ところが，この命題は絶対的なものではなく，いくつかの（例外的な）状況では，裁判所は，委任立法がされる前に，個人又は組織が協議を

---

92) [1972] 1 All ER 280.

93) See *Bates v Lord Hailsham* [1972] 3 All ER 1019. コモンロー上の公正性については，see ch 17.

受け，又は意見陳述を行うことを許されるべきであるとコモンロー上の公正性の原則が要求することがあることを認めることになる。例えば，1つの明確な例外は，原告が，例えば過去に存した政府の慣行又は自己にされた声明の結果として，協議に関する正当な期待を有していたと証明できる場合である（もっとも，いつ正当な期待を適法に裏切ることができるかに関する主張は別である）[94]。もう1つの明らかな例外は，行われるべき委任立法が，現実には一当事者のみに影響を及ぼすものであり，当該立法が想定された条件の範囲内で行われると，当該当事者が重大な損害を受けることになる場合である。これが Bank Mellat 事件の最高裁判所判決の1つの結果であり，本件は，2008年反テロリズム法に基づき制定された枢密院令の適法性に関するものであった[95]。同令は，イランの核兵器研究を抑圧するよう意図されたもので，イギリスの金融部門の組織が，原告であるイラン系の銀行と取引をすることを禁止したものであり，同令は，当該銀行が同令の条件に関して意見陳述を行うことを許容されないままに制定された。最高裁判所は，同令は，原告である銀行の個別事情を参照するよりも，国際的な銀行業務上のリスクをより一般的に参照して制定されたため，比例性を欠くと判示した。多数の意見は，コモンロー上の公正性の原則の違反も存したと判示した。これは，同令がその効果において過酷であるという事実によるものだけではなく，同令が原告である銀行だけに適用されること，及び，基となる立法には協議を明示的に排除するものが存しないことによるものでもあった。これらの状況では，同令が制定されるのに先立ち，同銀行が意見陳述を行うよう許されて初めて，公正であった。

　対照的に，実体的な異議は，例えば，委任立法が法律の目的又は一般的な憲法原則と矛盾すると思料されるときに，唱えることができる。例えば，諸規則が，過去に，明示的な制定法の授権が存しないのに課税をしたという根拠に基づき，争われた——そして，認容された（1688年権利章典によると議会だけが課

---

94) See, e.g., *Re General Consumer Council's Application* [2006] NIQB 86, para 36, Weatherup J. 正当な期待については，see ch 15.

95) *Bank Mellat v Her Majesty's Treasury (No 2)* [2013] UKSC 39, [2014] AC 700.

税を授権することができる）。そのような判決の１つが，Daymond v South West Water Authority[96]であり，同判決では，自己の地所が主要下水路に接続していない個人に対してされた下水及び下水処理サービスの料金支払請求が不法であると判示された。というのも，1973年水道法30条は，主要施設に接続している人に対してだけ課金がされることを予定していたからであり，課金の範囲を拡大するよう意図した委任立法——1974年水道局（料金徴収）規則——は，その点において不法であったからである。同様に，Commissioners of Customs and Excise v Cure and Deeley Ltd[97]において，1940年財政法は，税の徴収に関する制定法の条項を執行するために必要であると見える全ての事項について定める規則を立案する権限を原告委員会に付与していた。制定された規則は，適切な納税申告書が提出されないときには，7日以内に納税者が他の金額が支払われるべきであると同委員会を納得させないかぎり，同委員会が支払われるべき税額を決定することができると規定していた。司法審査を回避しようとする試みにもかかわらず，裁判所は，納税者が実際に支払われるべき税額を裁判所で証明することを同規則が妨げているように見えるため，同規則を無効であると認めた。同委員会により恣意的に決定される金額は，事実上，議会から徴収を授権された税に取って代わるものであった。

　実体的な異議は，とりわけ，当該制定法的文書が決定権限を不法に再委任している，実体的に不公正である，不合理である，又はそれにより影響を受ける人の権利に比例性を欠く影響を及ぼすと思料される場合にも，唱えることができる。そのような文脈において，裁判所により適用される諸原則は，再度，行政決定に対する異議に関する事件で適用されるものと一致するが，もっとも，従位立法の手続により示される文脈は，問題を複雑にするであろう。その指摘は，審査の根拠として合理性を参照することで，おそらくは最もうまくすることができるのであり，なぜならば，立法を立案する際に伴う裁量の広さを前提とすると，裁判所は介入することを躊躇するであろうからである。このこと

96)　[1976] AC 609, HL.
97)　[1962] 1 QB 340.

は，例えば，社会経済政策の領域において委任立法が行われる場合に妥当するであろうし[98]，安全保障を理由として措置が採用される場合にも妥当するであろう。主導的な歴史的な例は，おそらく依然として，McEldowney v Forde[99]であり，本件で，大臣は（現在では廃止された）1922年民政機関（特別権限）法（北アイルランド）3条1項に基づき行為して，1967年3月に規則を発布し，それによれば，「いかなる名称であれ，アイルランド共和国支持者クラブ又は同様の組織」の構成員であることは犯罪であった。本規則は，あるアイルランド共和国支持者クラブの構成員であった人により争われ，その者は，本規則が曖昧であり，したがって不法であると主張した。貴族院は，当該条項が曖昧であることは認めたが，それにもかかわらず多数によりそれが有効であると判示した。かくしてこれは，裁判所が安全保障の事件の文脈においてどこまで自制する傾向にあるかを例証する1つの事件であるが，もっとも，近年ではそのような文脈における自制はより条件付けられたものになっている[100]。

　最後に，委任立法は，人権に関する基準及びEU法の両方又は一方に反するという理由で争われることがある。そこで人権保障に関しては，第4章において，コモンローを基礎としてどのように異議を唱えることができるかを既に見たのであり[101]，その章において，委任立法が，1998年人権法に基づき効力を有するECHRの何らかの条項に反する場合に，同法4条4項を条件として，どのように無効とされうるかも考察した[102]。EU法に関しては，委任立法がEU法の優位性と関係する理由により取り消されうるのは，自明のことである。例えば，後に強い影響を及ぼしたFactortame判決において，貴族院は，議会法律を適用しなかっただけではなく，関連する諸規則も破棄したのであった[103]。

98）　See, e.g., *R v Secretary of State for the Environment, ex p Hammersmith London Borough Council* [1991] 1 AC 521.

99）　[1971] AC 632, HL.

100）　See, e.g., *Secretary of State for the Home Department v Rehman* [2003] 1 AC 153, 187, para 31, Lord Steyn; and 17.2.6.

101）　e.g., *R v Lord Chancellor, ex p Witham* [1998] QB 575, at 4.2.2.

102）　See 4.4.3.

12. 7. 2 委任立法はいつ争うことができるか？

多くの事例において，委任立法の合法性に対する異議は，司法審査請求により唱えられることになり，同請求において，裁判所にとっての問題は，当該原告がもっともな主張を有しており，遅滞，原告適格等の要件を満たしたか否かを含むことになる[104]。しかし，異議は間接的に，すなわち別の訴訟手続の内部でも唱えられることがあることに注意することが重要である[105]。そのような異議は，典型的には刑事訴訟手続において唱えられることになり，その手続では，従位立法に基づく犯罪で起訴された個人が，自らの防御において，当該立法自体が不法であると主張する（ただし，起訴に先行した決定に関しても，間接的な主張，すなわち，それらの決定が不法であり，したがって当該起訴にその点で瑕疵があるという主張がされることがあることに注意されたい）。そのような異議は，被告人が当該立法やそれに基づき行われた決定を争う機会を先に有していた場合には，一般的には許されなくなる一方で[106]，個人が犯罪で訴えられて初めて当該立法に気付く場合には，状況は異なる。これらの状況の下では，刑事訴訟手続が当該立法を争う最初の機会を与えるのであり，裁判所は，議会が被告人からこうした方法で自己を防御する機会を奪うよう意図していなかったと推定する。かくして，議会の意思に関する推定を覆す明示的な言葉が制定法に存する場合を除き，異議が許されることになる。

これらの原則に関する主導的先例は，Boddington v British Transport Police[107] である。本件の事実は，鉄道会社が利用客の意見を調査した後に車両で喫煙することを禁止し，そうする決定を大々的に広告したというものであっ

---

103) See *R v Secretary of State for Transport, ex Factortame Ltd (No 2)* [1991] 1 AC 603, considered at 4.3.3; and see too, e.g., *Bourgoin SA v Ministry of Agriculture, Fisheries and Food* [1986] AB 716. 後者の判決では大臣の規則が不法と判示された。

104) See ch 8.

105) 間接的な異議の概念については，see 8.7.

106) *R v Wicks* [1998] AC 92.

107) [1999] 2 AC 143.

た。その後上訴人は，同社の車両の1つで煙草を吸い，1962年交通法67条に基づき制定された1965年鉄道規則の規則20に違反する犯罪で訴えられた時に，同規則の合法性と当該禁止を執行する行政決定の合法性の両方を間接的に争おうとした。本件を審理した有給治安判事は，被告人の間接的な異議を斥け，女王座部合議法廷は，提起された公法上の問題が刑事裁判所の管轄権に該当しないとの理由で上訴を棄却した。しかし，貴族院は，間接的な異議が，防御権に関する議会の推定される意思と一致する場合には，刑事訴訟手続の内部で可能であると判示した。争われた措置が有効であるとの理由で上訴が最終的には棄却されたが，それらの措置に対する異議は許容されていた。

12. 7. 3　後行行為及び決定の問題

委任立法に関して指摘すべき残る点は，後行行為及び決定の問題に関するものである。手短にいえば，委任立法は，一定範囲の他の行政決定のための基礎を与えることができ，それらの行政決定は自らの法的権威を基となる委任立法から獲得する。その基となる委任立法が後に不法と考えられると，このことは，当該制定法的文書を基礎としてされた決定も同様に不法と考えられるべきか否かという困難な問題を生じさせることがある。言い換えると，当該先行措置が法的効力を欠くのであれば，すべての後行措置も，相関して，効力を欠くと考えられるべきことになるように思われるであろう。当該文書を制定するとともに当該後行決定を行った仮定上の政府の省にとって，この種の認定は，もちろん，実に極めて重大な問題を創り出すであろう。

裁判所は，違法性の認定が生じさせる難点を明らかに意識しており，法の支配を常に擁護しようとしつつも[108]，混乱を最小化するよう意図された仕方で救済手段を発給するであろう。例えば，1つの選択肢は，取消命令を発給するのではなく，委任立法が権限踰越であるとの宣言的判決を行うことである。宣言的判決は，取消命令とは対照的に，判決がされる対象である立法の法的効力に

---

108)　See, e.g., *HM Treasury v Ahmed* [2010] AC 534, discussed at 18.3.1.

影響を及ぼさず，立法的及び行政的改正が裁判所の判決の後に続くことが期待されるであろう一方で，その点を執行する強制的な救済は存しないであろう（もっとも，当該意思決定者が不法に行為し続けると，後に強制的な救済が求められることがある）[109]。しかし，裁判所が，適切な救済が取消命令であると決定すると，これは，当該委任立法を当初から無効にする効果を有することになる。そのような状況では，重大な行政上の混乱が次に起こるであろう。

　もう1つの選択肢が「切り離し」である。この選択肢は，裁判所が委任立法の条項のいくつかのみに関して違法性の認定をする場合に利用可能である。そのような状況では，裁判所が違反している条項を分離して取り消しつつ，当該立法の残る部分が効力を有し続けることを許容することが可能になるであろう。これが可能であるか否かは，当該立法の構造に極めて大きく依存することになり，（いわゆる「青鉛筆」テストを通じて）「良い」部分が「悪い」部分から分離できないことがある。しかし，切り離すことができる場合には，このことは，個人を違法性から保護すると同時に，ある立法体系の重要部分が機能し続けることを許容するという二重の利益を有することができる。後行行為の問題に当てはめると，こうして「良い」条項が適法な行政活動の基礎を与え続けることになる。

　切り離しの一例は，Dunkley v Evans[110] により与えられる。本件の争点は，1967年海魚（保護）法に基づいて制定された1978年西海岸ニシン（漁獲禁止）規則が，その条件の中に，（改正された）1967年法23条1項により同法から排除されるべき北アイルランドの沿岸に接続した海域を含むことを意図していたため，無効とされるべきか否かであった。裁判所は，同規則を無効にする必要はないと判示し，委任立法の無効な部分を有効な部分から切り離すことができる場合には，裁判所は，無効な部分を除外するか無視し，無効な部分が有効な部分と密接に相互関連していないかぎり，残りをそのままにしておく資格を有すると述べた。裁判所による同規則の解釈によれば，両部分の間にそのような

---

109)　*Webster v Southwark London Borough Council* [1983] QB 698.

110)　[1981] 3 All ER 285.

関連は存しなかった[111]。

12. 8 結　　論

　本章は,「裁量の拘束」,「法についての過誤」及び「事実についての過誤」並びに委任立法に対する異議に関する主導的な判例法を分析してきた。関係する問題の複雑さを前提とすると, 主要な点を要約しようとすることにほとんど利点はないであろうから, 1つ論評をするに留める。手短にいえば, 第11章で検討された領域と同様に, 本章での違法性の問題に対する司法のアプローチは, 原理と実用主義の必要性の双方により導かれる。そこで, 原理の点から, 裁判所が政府権限の濫用を抑制することを益々望むようになり, それに応じて違法性の根拠を発展させてきたことは明らかであるはずである (残る根拠に関する後の章においても見られる法の特徴である)。しかし実用主義の点から, 裁判所は, 意思決定者が, 例えば, 公衆にサービスを提供しようとするため, 政策を採用し, 契約を締結しなければならないであろうことをさらに承認してきた。かくて裁判所は, 意思決定者がそうすることを, 法的諸制約を条件として, 許容することにより, 意思決定者のニーズを明らかに受け入れ, 序章において言及された行政法についての黄信号の見方に向かうのである[112]。

FURTHER READING

Blundell, D [2004] 'Material Error of Fact—Where are we Now?' *Judicial Review* 36.

---

111)　Compare *DPP v Hutchinson* [1990] 2 AC 783 (同判決は, 切り離しの限界を例証するものである。1985年イギリス空軍グリーナムコモン空軍基地規則に基づき訴えられた反核主張者の有罪決定が, 同規則の条項が権限踰越であり, 切り離しを実施することが可能でないため, 取り消された).

112)　See 1.4.3.

Costello, K (2015) 'The Scope of Application of the Rule Against Fettering in Administrative Law' *Law Quarterly Review* 354.

Craig, P [2004] 'Judicial Review, Appeal and Factual Error' *Public Law* 788.

Forsyth, CF and Kong, E [2004] 'The Constitution and Prospective Henry VIII clauses' 9 *Judicial Review* 17.

Hilson, C [2002] 'Judicial Review, Policies and the Fettering of Discretion' *Public Law* 111.

Knight, CJS [2009] 'A Framework for Fettering' *Judicial Review* 73.

Lanham, D (1984) 'Delegation and the Alter Ego Principle' *Law Quarterly Review* 587.

Page, EC (2001) *Governing by Numbers: Delegated Legislation and Everyday Policy-making* (Oxford: Hart Publishing).

Syrett, K [2006] 'Opening Eyes to the Reality of Scarce Health Care Resources? (R (on the application of Rogers) v Swindon NHS Primary Care Trust and Secretary of State for Health' *Public Law* 664.

第 13 章

不合理性，不条理性，比例性

13.1 序

　本章は，明確な問題，すなわち，いかなる種類の機関も不合理に又は不条理に行動すべきであるというのが，議会の意思であったことがそもそもあるだろうかと問うことから始めるとよいであろう。もちろん答えは「否」であり，審査管轄権の基礎を与えるのは，まさしく裁判所の側のこの推定である。後に見るように，裁判所は，公的権限が気まぐれに行使されるべきことを議会が意図していないと推定するのであり，したがって，合理性が，権限濫用に対して権限踰越原則に基づき介入する可能性の根拠となる。しかし，不合理性がそれ自身で審査の根拠として生じたのはなぜか。この問題，そして，本章の議論の過程で生じるその他の問題に答えるためには，権限踰越原則の歴史に頼らなければならない。特に，後に強い影響を及ぼした Wednesbury 判決において Greene 裁判官により表明された不合理性〔unreasonableness〕の原則と，それと関連した GCHQ 判決における Diplock 裁判官による不条理性〔irrationality〕の定式化を検討しなければならない[1]。

　先に進む前に，判例法において審査の根拠が極めて頻繁に重複すること，また，例えば，以下で論じられる比例性のように，新たな根拠が常に発展していることは，再度繰り返して述べる価値がある。というのも，主には，所与の事案の事実がもたらすであろう複雑さは，裁判所に対し，判決に到達するとき

---

1)　Respectively, *Associated Provincial Picture Houses v Wednesbury Corporation* [1948] 1 KB 223 and *Council of Civil Services v Minister for the Civil Service* [1985] AC 374.

に，複数の根拠を使用するに相応しいものとして検討するよう要求するほどで
あろうからである。この領域における多くの判決を一見すると，不合理性が一
般にそのような審査原則の中の主要な部分であることが直ちに明らかとな
る[2]。しかし，次の問題が提示されて然るべきである。すなわち，裁判官は「不
合理性」又は「不条理性」という用語をいつ使用するのか。それらの用語は何
を精確に意味するのか。それは，公的機関が合理的に行為する一般的な義務が
存するということに尽きるのか，あるいは，不合理性は明らかに著しく常軌を
逸脱した行動を表現するために使用されるものなのか。裁判所は不合理性の程
度を決定するためにどのような規準を用いるのか。これらの規準は明確なの
か，あるいは，判例法には曖昧さが存するのか。加えて，「不条理性」という
用語は，GCHQ 判決における Diplock 裁判官の意見以降，審査の項目としての
強い不合理性を指すために時々使用されてきた。不条理性は強い不合理性より
も好まれるべきなのか，あるいは，それは本質的にほぼ同じことを意味するの
か。さらに，これらの Wednesbury 原則及び不条理性の異種と，比例原則と
結びついた衡量テストとは，どのような関係にあるか。これらの問題に答える
ためには，Wednesbury 判決自体の概観から始めなければならない。

13. 2 Wednesbury 判決の不合理性と一般的な不合理性の区別

Associated Provincial Picture Houses v Wednesbury Corporation[3] は，依然
として行政法において最も一般的に引用される判決の１つである（それは私法
上の紛争においても時々引用される）[4]。本件は，不合理性の基本的な諸原則につい
て価値を再確認し，具体化した機会である。事実は簡単である。Wednesbury
都市法人は，1932 年日曜興行法１条１項に基づき，「当該機関が課すことを適

---

2) See, for instance, chs 11 and 12. これらの章は，違法性との重複のいくつかの例を
    与える。

3) [1948] 1 KB 223.

4) e.g., *Braganza v BP Shipping* [2015] UKSC 17, [2015] 1 WLR 1661.

第 13 章　不合理性，不条理性，比例性　*533*

切と然るべく思料する条件」に従い，映画館が日曜日に営業することを許容する免許を付与する裁量権限を有していた。当該機関は，15 歳未満の児童が日曜日の上演のために入館を認められないとの条件を導入した。この条件は不合理であり，結果として，制定法上の権限の範囲を逸脱し，権限踰越であると主張された。それにもかかわらず，当該条件は破棄されなかった。というのも，そのような決定が地方政府機関の裁量の範囲内にあるという理由から，本件は，裁判所が積極的には介入したがらなかった種類の事件であったためである[5]。Greene 裁判官は，彼の意見において，当該制定法がその文言上は無制限である条件を課す裁量権限を地方政府機関に与えていたことを指摘した。彼は，当該制定法が地方政府機関の決定からいかなる根拠に基づいても上訴を規定していないことも指摘した。したがって，彼は，裁判所の介入する権限の範囲を引き続き検討しなければならなかった。そうする際に，立法の枠組みの中で行われた行為が破棄されるのは，意思決定者が裁量を行使するときに「法に違反した」ことが証明できるときだけであることが明らかにされた。Greene 裁判官は続いて，いつ法の違反が「不合理性」の根拠に基づくものになりうるかを次のように説明した。

　　例えば，裁量を委ねられた人は……法的に適切に振る舞わなければならない。彼は，自己の注意を，考慮しなければならない事項に向けなければならない。彼は，自己の考慮から，考慮しなければならないものとは関連しない事項を排除しなければならない。もし彼がこれらの原則に従わなければ，「不合理に」行為していると確かにいうことができる……[6]。

同裁判官はさらに進んで，彼の議論の中において，不合理性の概念が妥当す

---

5)　同判決の歴史的及び背景的分析については，see M Taggart, 'Reinventing Administrative Law' in N Bamforth and P Leyland (eds), *Public Law in a Multi-Layered Constitution* (Oxford: Hart Publishing, 2003), 311.

6)　[1948] 1 KB 223, 229.

534

るであろうもう1つの意味を明らかにした。

　同様に，いかなる分別のある人も当該機関の権限内のことであるとはおよそ思わないであろう程度に非常識なことが存することがある。Short v Poole Corporation［1926］Ch 66, 90, 91 において，Warrington 裁判官は，赤毛であるために解雇された赤毛の教師の例を与えた。それは，ある意味において不合理である。またある意味において，それは外来の事項を考慮している。それは，不誠実に行われているとほぼ表現できるであろう程度に不合理である。そして実際には，これらのことすべては，相互に重複する[7]。

Greene 裁判官により彼の意見において選ばれた言葉に慎重な注意を払う価値がある。「不合理性」が使用される第1の（一般的な）意味に目を向けると，目的，関連性及び不合理性という言葉によって意味されることは，意思決定者の心の中で最も重要であるべき一般的な考慮事項であることが理解できる。それらの考慮事項を遵守しないことは，決定が争われる一因となりうる。これらの根拠は，他所では，弱い，広範な又は一般的な不合理性と呼ばれてきた。それらは，前の章において様々な種類の違法性に当たると考えられたものと同一ではないにせよ，極めて類似していることが明らかとなる。それらは，不正な目的，関連考慮事項及び関連しない考慮事項並びに不誠実を含むであろう[8]。判例法において，これらの要素の全てが一般的な不合理性の一因となり，単独で，又は様々に結び付いて，裁判所における異議の基礎を形成しうることが確立している。

　その後 Greene 裁判官は，もう1つの，極めて特殊で独特な種類の（強い）不合理性について述べている。実際に，彼は意見の最後において，当該状況につき，一般的な不合理性が意思決定過程に付着していないと裁判所が認めるときでも，現在では Wednesbury 判決の（強い）不合理性と呼ばれるようになっ

---

7)　Ibid.
8)　See ch 11.

第13章　不合理性，不条理性，比例性　**535**

たものが，決定を無効にするための根拠の最後の手段として，なお働くであろうと示唆することによって要約している。彼は，このことが事実となるのは，「いかなる合理的な機関も」到達しえなかったであろう「程度に不合理である」決定であると判明するときであろうと示唆する。彼はこのことをわずかに異なる言葉で言い直しているが，彼がこれらの介入の根拠を示す際に，単に日常的な意味で不正であるとか誤っただけではなく，狭く焦点の絞られたもの，発動するためには圧倒的でなければならないものを指していることが明らかである。すなわち，

　　権限ある事項についての決定が，いかなる合理的な機関もおよそ到達しえなかったであろう程度に不合理であるときには，裁判所が介入することができると述べることは正しい。思うに，そのことは極めて正当であるが，その種類の主張を証明するためには，圧倒的なものが必要であろう[9]。

Wednesbury 事件それ自体には，この水準に近い事実が全くなかったが，それ以前の事件である Roberts v Hopwood がまさしくそのような例を与えている[10]。Poplar バラカウンシル（その急進的な政治ゆえに「共産主義の Poplar」として知られていた）が制定法により「適切と思料することができる」賃金を自己の被用者に支払うよう授権されていたという事実にもかかわらず，当該地方政府機関により設定された4ポンドの最低賃金が地方監査人により否認された。Sumner 裁判官が貴族院の所感を反映したのは，「……［同カウンシル］が適切と思料することができる俸給及び賃金」が無制限の裁量ではなく，誠実と合理性を伴う裁量を付与していると述べた時であった。当該機関が自己の賃金水準を設定した時に市場価格を無視することを選択したという事実は，裁判所の見解では，完全に不合理であった。当該機関は，地方税納税者の卓越した信認に係る利益を完全に無視していた。かくして，同カウンシルの決定を破棄した

---

9)　[1948] 1 KB 223, 230.
10)　[1925] AC 578; and see 11.5.2.

点での同監査人の認定は，貴族院により全員一致で支持された[11]。

Greene 裁判官の意見のこれらの節で定式化された「強い不合理性の原則」
又は Wednesbury 判決のテストは，多くの様々な文脈において公的機関の活
動の地位を検討するときに広く採用されてきた基準である。しかし，既に示し
たように，裁判所がこの不合理性の定義を用いるときには，ある機関が，いか
なる合理的な機関もおよそ到達しえなかったであろう程度に不合理な決定に到
達したときにしか裁量の行使に介入しないことになる。これは，裁量権限を委
ねられた人又は団体がその権限を合理的に行使しなければならないとだけ示唆
するよりも遥かに厳格な基準である。実際には，それは，それ自体として証明
することがほぼ不可能なほど高い，審査の最低基準である。というのも，
Greene 裁判官は，地方政府機関の決定が何らかの点で疑わしいと思料される
ものか，望ましくないか不人気であるために争うことができるものであるとい
うだけの理由で，地方政府機関の裁量権限を自己の決定に代置することが裁判
所の任務の一部であるとは提案していなかったからである。おそらく実際には
権限踰越原則の拡大であるが，裁判所は，決定の質や実体的当否に関する論争
に巻き込まれる可能性に注意しなければならないのであり，なぜならば，その
論争は裁判所を政治に必然的に巻き込むことになるものであるからである[12]。
おそらくはこのことが念頭にあったからこそ，Wednesbury 判決の不合理性テ
ストと呼ばれるようになったものは，Greene 裁判官によって，特定の限定さ
れた状況においてのみ依拠されるべき，最後の手段の原則として現れるものと
考えられたのであろう。基本的に，Wednesbury 判決の不合理性テストが働く
ことがあるのは，その他の審査原則が司法審査の目的を達成できないときに限
られるが，それでも，裁判所がそのテストに依拠するのを躊躇することがあ
る。この意味において，そのテストは，司法の自制と同義である。

---

11) See also, e.g., *Secretary of State for Education and Science v Tameside Metropolitan Borough Council* [1977] AC 1014, considered below.

12) その可能性については，see JAG Griffiths, *The Politics of the Judiciary*, 5th edn (London: Fontana Press, 1997).

しかし，Greene 裁判官が全ての根拠が相互に重複すると述べて，この有名な一節を終えることは重要である。このことは，全ての根拠が，理論上も実際上も，必ずしも別個のものではないことを示唆する。さらに，既述のように，Wednesbury 判決の不合理性が単独で生じるのは稀であり，判例法においてはその他の審査の根拠とほぼ常に関連している。例えば，Roberts v Hopwood で見たように，同判決では，市場水準を超えて賃金を支払った同カウンシルの決定が，明らかに Wednesbury 判決の意味で不合理であると認められたが，裁判所の認定は，同カウンシルの博愛の目的が関連しない考慮事項であるとの意見にも部分的に基づくものであった。他方で，地方税納税者を重視することは，裁量の行使において考慮されなかった関連考慮事項であると思われた。本章では，そのような他の根拠がほぼ常に Wednesbury 判決の不合理性とともに引用されることが示されることになる。したがって，不合理性は，この意味において，そもそも独立した審査項目として考えることが適切なものか否かは議論の余地がある。おそらく，それは，ほぼ不必要になるほど狭く定義されている。この議論にはある循環性が存すると言い足してもよいであろう。例えば，ある決定は，いかなる合理的な人も到達しえないであろうときに不合理であると考えられる。もし上記の前提を受け入れると，この強い不合理性の定義に該当すると考えられる可能性のある行動は，多かれ少なかれ，その他の根拠――それ自身が一般的な不合理性又は手続的不適正の問題を持ち込む根拠――の連続体の一部になるであろうから，本来であれば明確な区別と見えたであろうものを混乱させるのである。

最後に，不条理性及び Wednesbury 判決の不合理性がそれ自体で自立の根拠と考えることができると想定すれば――Greene 裁判官は，それがそのような地位を有することを予見したように思われ，後の判例法はそれが自立したものであることを明らかにした――それは，実際には権限踰越原則の拡大になる。というのも，不合理性は，究極的には決定の効力だけではなく質や実体的当否にも関わるからである。これは，以下で続けて Wednesbury 判決と比例原則との関係を検討するときに，重要性を増すと考えられることになる点である。

13. 3　不合理性の歴史

　不合理性は，行政法において伝統的な審査の根拠の1つとして長期にわたり
確立されてきたものであり，Wednesbury判決に遥かに先行することが広く承
認されている。実際に，司法の声明は，Rookes Caseにおける Edward Coke
首席裁判官の意見にまで遡る[13]。この一般原則は，今日まで基本的には同じま
まである。しかし，Wednesbury判決に戻ると，当該判決が興味深いのは，こ
の歴史的背景と対比することができるからだけではない。本判決のもう1つの
側面は，それが，本書が「司法静観主義」と呼んできたものの期間内，すなわ
ち，1914年から1960年代初めの間に出されたものであることであり，その期
間内は，介入に対する司法の姿勢が，司法の役割に関する制限的な考えにより
一般的に限定されていた。1つの直ちに生じる問題とは，次のものである。す
なわち，Greene裁判官により想定された，決定を破棄する裁判所の権限に対
する厳格な制限は，より介入主義的な司法のムードの先触れをした1960年代
における一連の判決の後に適用されたものと同じであったか。判例法を検討す
ると，この問題への答えが得られるが，不合理性は Padfield v Minister of
Agriculture, Fisheries and Food においてようやく本当に復活したと他の識者
が信じていることに気付くと，興味深い[14]。

　ある権限が選挙に基づく公的機関に委任されるときにも，司法の沈黙の歴史
が存した。1つの初期の良い例は，Kruse v Johnson であり，本件は，Kent カ
ウンティカウンシルにより導入された，何人も住宅から50ヤード以内の公共
の場で音楽を演奏し，又は歌うことを禁止する条例に関するものであった[15]。
Russel首席裁判官は，裁判所が，代議制の政治的機関により制定された条例

---

13)　(1598) 5 Co Rep 99b.

14)　e.g., W Wade and C Forsyth, *Administrative Law*, 11th edn (Oxford: Oxford
　　University Press, 2014), ch 11.

15)　[1898] 2 QB 91.

を，不合理性を理由として無効であると非難することを躊躇すると述べた。彼は，委任立法に対する異議を検討するときに，不合理性は次のように関連することを示唆した。

　例えば，条例がその適用において階級間で不公平，不平等であると認められれば，また，条例が明らかに不正であれば，また，条例が不誠実を示すものであれば，また，条例がそれに服する者の権利に対して，合理的な人の考えでは正当化事由を見出すことができないような抑圧的な又は理由のない干渉を伴うものであれば，裁判所が，「議会は，そのようなルールを制定する権限を付与するよう意図していなかった。それらのルールは不合理であり，したがって権限踰越である」と述べるのはもっともであろう。しかし，思うに，不合理性の問題を適切に考えることができるのは，この意味においてであり，また，この意味においてのみである。ある条例は，当該条例が賢明であり，必要であり，又は便宜である範囲を逸脱するものであると裁判官が思料することができるから……というだけで不合理となるものではない[16]。

Russel 裁判官は彼の定式に到達する際に，Wednesbury 判決の不合理性と事実上同一の基準を述べており，裁判官がそのような状況でもっぱら自己の見解を代置することになることの危険性を説明している。

13.3.1　Wednesbury 判決の不合理性の限界

　判例法に見られるように，たとえ Wednesbury 判決の不合理性が頻繁に使用される場合でも，不正確に，Greene 裁判官自身がおそらく意図していなかったように適用されるように見えることがある。裁判所は，Wednesbury 判決の不合理性を，比較的些細な程度の不合理性から明らかに不条理なものにまで及ぶ範囲の行為を表現する便利な速記法として，時々使用してきた。例え

---

16)　Ibid, 99-100.

ば，この文脈での「不合理」の意味は，Secretary of State for Education and Science v Tameside Metropolitan Borough Council[17] において詳細に論じられた。Diplock 裁判官は，「不合理」とは，自己の責務を適正に理解して行為する分別ある機関であれば，いかなる機関も追求しなかったであろう行動を示すものであると述べた。これは，Wednesbury 判決において Greene 裁判官により使用された言葉と対比することができる。

今や明らかになるように，不合理性は，客観的な基準に固定し又は限定することが困難である可変的な基準である。さらに，過去の判決からは，特定の領域，特に政治的裁量が選挙に基づく代表者により行使されている領域では，裁判所が介入するのを極めて躊躇することになることが明らかであるように思われる。このことは，当該問題が議会により検討された場合に特に妥当する。例えば，R v Secretary of State for the Environment, ex p Nottinghamshire County Council[18] においては，被告大臣が地方政府機関に発付した「支出指針」に対して異議が唱えられた。Scarman 裁判官は，審査の根拠として不合理性の利用可能性に取り組み，そのような決定の審査可能性には憲法的限界が存すると述べた。

　　国務大臣により立案され，必然的推論によれば庶民院により承認された指針は，地方政府機関による公的支出の限界と，国税納税者と地方税納税者との間の税負担の帰属に関係するものであり，この指針を取り消すために不合理性を根拠として裁判所が介入することは，極めて例外的な状況を除き，憲法上適切であると認めることはできない[19]。

ところが，同裁判官は引き続き，Wednesbury 判決の不合理性が明らかであり，当該決定がそれ自体邪悪なものであるときには，裁判所は依然として介入

---

17)　[1977] AC 1014.

18)　[1986] AC 240.

19)　Ibid, 247.

第13章　不合理性，不条理性，比例性　*541*

することができると述べた。Scarman 裁判官は，この種類の不合理性だけが
これらの状況において救済を許容することになり，それが最後の手段であると
明らかに述べている。地方政府の財政領域における政府政策に対する異議と
なったものに係る別の事件において，ex p Nottinghamshire County Council
判決の Scarman 裁判官の意見が，貴族院の Bridge 裁判官により強く支持され
た[20]。British Airways Board v Laker Airways[21]で論じられたもう１つの側面
は，当該問題がこの国と他の国との関係に関わるものであるときには，不合理
性を根拠として裁判所が介入することは極めて難しくなることであった。政治
的決定は，適正に到達されたものであれば，裁判所により客観的な根拠に基づ
いて判断することはできないのであり，したがって，裁判所は極めて例外的な
状況においてのみ（「超 Wednesbury」テストと時々呼ばれるものに基づいて）介入
するであろう。

13. 3. 2　制定法の文言の効果

さらなる問題は，裁量権限を付与する制定法における「合理的」という文言
の使用が，何かを付け加えるか，又は，実質的な違いをもたらさないかであ
る。例えば，Roberts v Hopwood[22]における地方政府機関がどのように合理的
な賃金を自らの被用者に支払うよう授権されたか，また，Luby v Newcastle-
under-Lyme Corporation において地方政府機関が同様に合理的な家賃をカウ
ンシルの賃借人に課すよう要求されたことは，既に見た[23]。ところが，これら
の判決のいずれにおいても，制定法中の「合理的」という言葉は，裁判所の介
入する資格に全く影響を及ぼさなかった。というのも，裁判所は，当該機関が
不条理に行為したか，又は，例えば，他事考慮をすることにより，何らかの別

---

20)　*R v Secretary of State for the Environment, ex p Hammersmith and Fulham
    London Borough Council* [1991] 1 AC 521.

21)　[1984] 3 All ER 39.

22)　[1925] AC 578.

23)　[1964] 2 QB 64.

の方法で権限を濫用した場合にかぎり，救済を発給しようとしたからである。したがって，そのような事案において，法は，公的機関が常に合理的に行為すると推定しており，反対のことが証明されないかぎり，その推定は影響を受けないままになるように思われる。

　そのほかに，制定法が，「国務大臣が……と思料する合理的な理由を有するときは」といった言葉を使用することにより裁量を付与することがある[24]。これは，自己の信念に基づいて行為するだけではなく，自己の決定の根拠とすべき事実に係る証拠を斟酌するよう大臣に要求する基準を導入するものである。大臣がこの証拠からこの決定に到達したことが合理的であれば，裁判所が介入することはない。Liversidge v Anderson は，事案の主題が当該判決に影響を及ぼすという，物議を醸す——そして今や時代遅れの——例を与える例外的な判決であった[25]。被告大臣は，一見して 1939 年防衛（一般）規則により「その人が敵国の生まれであると思料する合理的な理由」を証明するよう要求されていたが，根拠の十分性は裁判所とは関わりなくもっぱら大臣により決定されるべき問題であると判示されたがために，そのように証明する必要はなかった。Secretary of State for Education v Tameside Metropolitan Borough Council[26] において，Wilberforce 裁判官は，1944 年教育法の各条が同法全体の文脈において検討されなければならないと示唆した。本判決も良い例であるのは，本判決が裁判所と行政府との関係に関わるものであったのと同様に，中央政府と地方政府との関係にも関わるものであったためである。本判決は，近年展開してきた合理性の概念並びに実体的当否及び効力の議論をうまく例証するものでもある。特に本判決は，主観的な文言が存する事件に介入し，それにより，事実上，道徳的及び政治的問題に関与するために裁判所が有する権限を明らかにするものである。本件の事実は，労働党政権による総合教育の提供を保守党支配の地方政府機関が受け入れることを拒否したことを中心としたものである。原

　24）　裁量と制定法の文言については，see 8.4.

　25）　[1942] AC 206; and see 17.2.6.

　26）　[1977] AC 1014.

第13章　不合理性，不条理性，比例性　*543*

告大臣は，1944年教育法68条に従って行為しており，同条は，ある機関が不合理に行為していると思料するときには，「便宜であると見える……指示」を発付するよう大臣に権限を与えていた。裁判所は，被告カウンシルの主張を認める判決を出し，その際に「不合理に」を Wednesbury 判決の不合理性を意味するものと解釈した。言い換えると，裁判所は，同大臣の介入する資格が，当該教育行政機関がいかなる合理的な機関も意図しないであろう程度に極端なことをすることに依存するとの見解をとった。不合理に行為することは，政策問題に反対であることを単に意味するものではなかったし，教育政策の急な変更から混乱が生じるであろうことを含みうるものでもなかった。他方で，マニフェストの政策についての有権者の承認により創り出された委任の重要性を考慮すると，同カウンシルがしたように行為することは，合理的な活動方法と考えられた。

13. 3. 3　スライド式の尺度及び変化する基準としての不合理性

Tameside 判決では，上記の「一般的な」不合理性と「強い」不合理性との間で言及された区別を見ることができる。実際には，貴族院はその原理の双方の側面に依拠していたということができるであろう。このことは，「一般的な」側面と「強い」側面の相互作用が，不合理性は事実上司法の介入に係るスライド式の尺度の上に存在することを意味するかという問題を生じさせる。言い換えると，いくつかの基準が利用可能であり，かつ，裁判所が意思決定者の見解に自己の見解を代置することを躊躇するときに，個別の事件の結果は，当該事件の主題やその一般的文脈といったその他の考慮事項にどこまで依存するだろうか。この問題に取り組むときには，「準 Wednesbury」テストと呼ばれるものの適用を伴った Wheeler v Leicester City Council から始めるとよいであろう[27]。当該事件は，被告地方政府機関により Leicester Rugby Club に課された禁止に対する異議に関するものであり，その禁止は，同クラブが公園内のカウ

---

27)　[1985] AC 1054; and 11.4.1.2.

544

ンシルの競技場を使用することを妨げるものであった。その禁止は，同クラブ
の選手の何人かが南アフリカ遠征に参加するよう意図していたために導入され
たものであった（当時南アフリカはアパルトヘイト制度の下にあったため，ボイコッ
トが慣例であった）。この禁止は，制定法上の権限の不正な行使であり，同クラ
ブを不公正に処罰する効果を有すると判示された。加えて，貴族院は，その禁
止が，同ラグビークラブに対して同カウンシルの政策に同意するよう強制する
ため，同カウンシルから非合法な圧力をかけるものであるから，Wednesbury
判決のいう不合理なものであると認めた。Roskill 裁判官によると，当該決定
は Wednesbury 判決のいう不合理なものであるが，当該決定が非論理的又は
不道徳であることは全く明らかではなかった。これは，合理的な人々が一致し
なくても無理のない問題であると彼は指摘した。同カウンシルが，1976 年人
種関係法 71 条に従い，同市における人種関係の調和を促進しようとする願望
により動機付けられるのは適正であると主張できることは認められた。ところ
が，この合理的な目的は，それ自体が不合理に処罰的である政策の追求を正当
化することはできなかった。このように Roskill 裁判官のアプローチは，控訴
院において Ackner 裁判官により採用されたアプローチとは正反対なもので
あったのであり，控訴院において Ackner 裁判官は，当該機関が 1976 年人種
関係法 71 条を適法に考慮する資格があるだけではなく，同カウンシルの活動
を邪悪なものと種別するのは完全に誤りであろうとも判示していた[28]。

　同様に，West Glamorgan County Council v Rafferty[29] において，被告カウ
ンシルは，1968 年トレーラーハウスキャンプ場法により，漂白民のために十
分な住居を提供する制定法上の義務を負っていたにもかかわらず，代替の住居
を提供することなく，自らの土地から漂白民を立ち退かせようとした。当該漂
白民らは立ち退きを阻止することを求めたところ，Ralph Gibson 裁判官によっ
て，当該命令が Wednesbury 判決のいう不合理なものであり，代替の場所が

---

28) See C Turpin, 'Race Relations, Rugby Football and the Law' (1985) 44
　　Cambridge Law Journal 333.
29) ［1987］1 All ER 1005.

見つかるまでは引き続き不合理なものであると判示された。これは，例えば，同カウンシルがその場所を開発しようとしていた，当該漂白民らによりニューサンスが生じていた，さらに彼らが不法侵入者であったなど，立ち退きに有利な多くの点があったという事実にもかかわらず，であった。それにもかかわらず，彼らの不法侵入は，同カウンシルが代替の住居を与えなかったことによるものであることが，優越的な要因であると判示された。このように同カウンシルの決定は，その決定を支える特定の「関連考慮事項」の存在にもかかわらず，不合理であったと判示された。

　他方で，公的支出や政府政策の問題が関係する場合には，裁判所が関与することを躊躇することは既に見た。すなわち，不誠実又は非行（極端な種類の）に当たる邪悪又は非常識な結果だけが，不合理性の最低基準を満たすことになる。したがって，「超 Wednesbury テスト」と時々呼ばれるこの基準は，司法の自制の最高水準を表すものである[30]。しかし，「準 Wednesbury」審査の重要性に改めて留意することも同様に重要であり，この審査は，Tameside 判決において部分的に問題となったものであり，また，基本的人権が問題となるときにも使用されることがある（もっとも，そのような事案は通常は下記の 1998 年人権法に該当し，そこでは比例原則が適用される）。例えば，裁判所はそのようなアプローチを採用し，とりわけ，生命に対する権利[31] 及び表現の自由[32] に影響を及ぼす決定を厳格に審査してきた。このことは，裁判所が意思決定者の裁量的選択との関係で自己の立場をどこまで修正すべきかに関する問題を生じさせる一方で，ここで留意されるべき点は，準 Wednesbury 審査の基準が Wednesbury 判決の項目の下での裁判所のアプローチの潜在的な柔軟性を改めて明らかにすることである[33]。さらに，以下で Wednesbury 判決と比例原則との関係を論じ

---

30)　*R v Secretary of State for the Environment, ex p Nottinghamshire County Council* [1986] AC 240, 247 における Lord Scarman の意見を参照。

31)　*Re Officer L* [2007] 4 All ER 965; *R v Cambridge Health Authority ex p Child B* [1995] 25 BMLR 5; and *R v Home Secretary, ex p Bugdaycay* [1987] AC 514.

32)　*R v Home Secretary, ex p Brind* [1991] 1 AC 696.

33)　この点に関する近時の司法の議論については，see *Pham v Home Secretary* [2015]

ることに取りかかるときには，準 Wednesbury 審査の概念の意味を把握していたことが重要になる。

13. 4　不条理性：GCHQ 判決における Diplock 裁判官の再定式化

Diplock 裁判官は，GCHQ 判決[34] において司法審査の根拠を提示するときに，「不条理性」という言葉を，「Wednesbury 判決の不合理性」を表現するために用いることを好んだ。彼はそうする際に，「それは，決定されるべき問題を真剣に考えたいかなる分別のある人も到達しえなかったであろう程度に論理から，又は受け入れられた道徳的基準から著しく逸脱した決定に適用される」と説明した[35]。重要な点は，それが単独で受け入れられた審査の根拠として存立し，したがって権限踰越原則の真の拡大になるであろうと彼が示唆していることである。同時に彼は，この範疇が自己の訓練と経験を任務のために使う裁判官により承認されうることを示唆するときに，その境界を定義することに伴う問題もほのめかしている。ところが，Wednesbury 判決の不合理性と不条理性が本当に同じことであるか否かに関しては疑問がある。既に見たように，Wednesbury 判決の不合理性は，公的機関が示すよう期待される基準に満たない種類の意思決定における行動についての司法による速記法となったことが示唆されてきた。しかし，「不条理性」という言葉が司法審査の根拠として Wednesbury 判決の不合理性よりも優れているか，疑いがあるにもかかわらず，その言葉は，Wednesbury 判決の不合理性と同様に単独で使用されてきた。

R v Secretary of State for the Environment, ex p Fielder Estates (Canvey Ltd) は，不条理と考えられた種類の行動を例証する事件の一例である[36]。

UKSC 19, [2015] 1 WLR 1591, in particular the judgments of Lords Sumption and Reed.

34)　*Council of Civil Service v Minister for Civil Service* [1985] AC 374.

35)　[1985] AC 374, 410.

36)　(1989) 57 P & CR 424.

Canvey 島の近くで住宅を建築する計画申請が拒否された後に、3 日間続くことが予想された公審問が設定された。当該審問の間、反対者の 1 人である Canvey Ratepayers Association は、第 2 日目に自己の証拠を提出するつもりであった。同 Association がそうするために現れた時に、当該審問が既に審問官により閉じられていたことが分かった。被告国務大臣に対して不服が申し立てられた後に、もう 1 つの審問が設定された。しかし今回は、Fielder Estates 社を含む、第 1 回審問に出席していた他の当事者が、第 2 回審問について告知されなかった。同国務大臣の行動は、不条理かつ非常識なことにほとんど等しい程度に不合理であると判示された。同国務大臣の行動は、手続的に公正に行為しないことにもなり、これにより、いかに審査の根拠が重複することがあるかをもう一度例証したのであった[37]。

注目すべきもう 1 つの事件は、R v Secretary of State for Trade and Industry, ex p Lonrho plc[38] であり、本件は、被告大臣がハロッズ百貨店の買収を独占・合併委員会に付託しなかったことに関するものであった。本件の問題は、同大臣が、公正取引庁長官の助言に従い、検査役の報告書に基づいて行為する裁量を行使せず、付託を拒否する理由を提示しないことが、それ自体、不条理になるか否かであった。これがこの点に関する異議の唯一の根拠であったことに注意することが重要である。本件の結論は、上記 ex p Nottinghamshire County Council 判決における Scarman 裁判官の理由付けからは、物議を醸す政治的な要素が存するときには、介入の根拠としての不条理性についての極めて狭い解釈を提示することによって、導かれるように見える。この点において、面白いことに、女王座部合議法廷が同大臣の行動を不法〔unlawful〕と認め、さらに、貴族院では合議法廷自身が「無意識にではあるが誤って、自己の意見を意思決定者の意見に代置した」との理由で批判されたのであった[39]。Keith 裁判官により述べられた裁判所の役割についての解釈は、たとえ極めて質の低い決定で

---

37)　手続的公正性については、see chs 16 and 17.

38)　[1989] 1 WLR 525.

39)　[1989] 1 WLR 525, 535.

あっても，もし争われれば，裁判所が政治過程に引きずり込まれ，実質的に意思決定者になることを意味するときには，争われるべきではないことを示すものであろう。問題は，決定にどのように到達したかを検討するときに，当該決定の政治的側面を選り分けることが大抵はできないことである。後に強い影響を及ぼした判決である Padfield v Minister of Agriculture[40] とは区別して，Keith 裁判官は，理由を提示する義務が存しない場合において，理由の不存在は，合理的な理由が存しなかったとの推論による場合を除き，単独で不条理性を支えることはできないと述べた。同裁判官はさらに進んで，同大臣の考えにおいて最も重要であったであろう良き理由について推測した。しかし，このこととは，本件の争点が当該決定の質それ自体であったことは確かであるから，そのような審査が伴うであろう複雑さを再び示すものである。

Ex p Lonrho 判決では，同大臣が省の検査役の報告書を公表しなかった点で邪悪に行為したとも主張された。同大臣は公表が公正な裁判を害するであろうとの見解をとる資格を有していたため，この主張は斥けられた。Keith 裁判官は，同国務大臣の誠実に対する攻撃が存していなかったため，本決定に誤りは何ら存しないと認めた。その含意とは，たとえ意思決定過程が正しかったとしても，しかし不誠実が伴っていたと認められれば，上記 Nottinghamshire County Council 判決の場合と同様に，不条理性が補足的な根拠として用いられるだろうということであった[41]。

---

40) [1968] AC 997, considered at 11.4.1.

41) See also *R v Ealing London Borough Council, ex p Times Newspapers* (1986) 85 LGR 316.「不合理性」と「不条理性」の両方又は一方を審査項目として使用するその他の判決として，see, e.g., *Re Duffy's Application* [2008] UKHL 4, para 31, Lord Roger; *R v Bow Street Metropolitan Stipendiary Magistrate, ex p DPP* [1992] COD 267; *R v Secretary of State for the Home Department, ex p Handscomb* (1988) 86 Cr App R 59; and *R v Secretary of State for the Home Department, ex p Norney* (1995) Admin LR 861.

第13章 不合理性，不条理性，比例性 *549*

13. 5 比 例 性

13. 5. 1 比例原則の性質

　関連する比例原則は，欧州大陸において広く受け入れられており，そこで
は，ドイツ及びフランスの国内法だけではなく，欧州連合（EU）法及び欧州
人権条約（ECHR）においても重要な役割を果たしている（もっとも，EU 法及び
ECHR に適用される同原則は，極めて似ているが，同一ではないことに注意すべきであ
る）[42]。その概念は，ドイツ行政法に起源を有し，いくつかの点において，不条
理性，不正な目的並びに関連考慮事項及び関連しない考慮事項と密接に関係す
る[43]。比例性は，行政活動がその望ましい結果を達成するために必要な範囲を
超えるべきではない（日常的な用語では，鶏を割くに牛刀を使うべきではない）とい
う仮定に基づき作用するものであり，不条理性とは対照的に，ある決定の実体
的当否を審査することに裁判所をかなり接近させるものとしばしば理解されて
いる。言い換えると，諸措置が所与の目的を達成する点で善よりも多くの悪を
なすと思料されると，破棄を免れないことになる。例えば，Sedley 裁判官は，
上訴人を退去させる内務大臣の決定が比例性を欠く程度に過酷であった退去強
制の事件である B v Secretary of State for the Home Department において，
次のように述べた。

　本質的にそれはこういうことである。すなわち，欧州共同体法上の権利又
は人権に干渉する措置は，法により授権されていなければならないだけでは
なく，差し迫った社会的必要に対応したものであって，多元的社会において
その許容される目的を達成するために厳密に必要な範囲を超えてはならな

---

42)　See generally E Ellis (ed), *Proportionality in the Laws of Europe* (Oxford: Hart
　　Publishing, 1999). EU 法及び ECHR における同原則の微妙な差異については，see
　　R (Lumsdon) v Legal Services Board [2015] UKSC 41, [2015] 3 WLR 121.

43)　目的並びに関連考慮事項及び関連しない考慮事項については，see ch 11.

い。より手短にいうと，正当な目標にとって適切かつ必要なものでなければ
ならないのである[44]。

　これは，裁量の行使を，関連する決定により影響を受ける個人の権利と衡量
しようとするときに採用すべき有用なアプローチである。比例性は，公的機関
が行為する法的権限を有し，当該機関が不正な目的を追求していないことが証
明された後に初めて作動する追加の安全装置として考えることができる。すな
わち，たとえこれらの根拠が妥当しないとしても，当該機関が比例的に行為し
ているか否かを検討することが依然として適切であることがあるのである。最
も単純化すると，裁判所は，公的決定の目標がその達成のために用いられる手
段を必要とするものか否か（「必要性テスト」），又は当該手段が比例性を欠くと
考えることができるものか否かを評価するために，一種の衡量を行うよう要求
されることが可能である。したがって，ある措置が通常比例的になるのは，
（ⅰ）当該措置の目的が権利又は利益の制限を正当化するほど十分に重要であ
り，（ⅱ）当該措置が当該目的に合理的に関連しており，（ⅲ）使用することが
できたであろうより侵入的でない措置が存せず，（ⅳ）「これらの問題とその結
果の重大さを斟酌して，個人の権利と共同体の利益との間で公正な均衡がとれ
ていた」[45]場合に限られる。後に——今や1998年人権法と同義である——こ
のテストの性質に戻ることにする。
　国内行政法における同原則の地位に関して，Diplock裁判官は，GCHQ判決
において比例性の潜在的な重要性を承認した[46]。その後，同原則の地位は，
1998年人権法以前のもう1つの重要な判決であり，政治的論争に満ちた判決
である R v Secretary of State for the Home Department, ex p Brind[47] におい

---

44)　[2000] UKHRR 498, 502.
45)　*Bank Mellat v HM Treasury (No 2)* [2013] UKSC 38 and 39, [2014] AC 700, 771,
　　para 20, Lord Sumption.
46)　[1985] AC 374.
47)　[1991] 1 AC 696.

第13章　不合理性，不条理性，比例性　*551*

て貴族院により検討された。内務大臣は，その当時北アイルランドにおいて続いていた衝突における暴力に対抗して，IRA，Sinn Fein 及び Ulster Defence Association を含む，禁止された組織及びその政治的関係者による生の又は録音による演説の使用を禁止する放送指令を導入した（1981 年放送法 29 条 3 項は，BBC と IBA〔Independent Broadcasting Authority〕が放送できる事項を制限することを内務大臣に認めていた）。この行為は，National Union of Journalist（NUJ）により争われ，NUJ は，司法審査を申請し，当該禁止がいくつかの理由により不法であると主張した。第 1 に，NUJ は，当該禁止が 1981 年法の目的を損なうように見えること，第 2 に，当該禁止が ECHR10 条に基づく表現の自由の権利に違反するものであること，第 3 に，当該禁止が Wednesbury 判決の意味で不条理なものであることを主張した。ここで最も重要なことは，NUJ が当該行為は比例性を欠くとも主張したことであった。

　Templeman 裁判官は，彼の意見において，表現の自由への干渉は，当該制限が阻止するよう意図された害悪に照らして評価されなければならないことを指摘した。この状況において衡量されなければならない競合する公益が明らかに存すること，そして，差し迫った公益でなければ，賦課されたような禁止を正当化しないことも指摘された。それにもかかわらず，被告国務大臣は，テロリストらが視聴者に与えるであろう不快さ，禁止された組織に与えられる，公益に反する宣伝と評判，当該放送が有するであろう脅迫効果等の重要な考慮事項により影響されたのであるから，自己の裁量の限界を越えなかったと貴族院により判示された[48]。しかし，貴族院の何人かの他の裁判官——特に Ackner 裁判官と Lowry 裁判官——は，比例性の審査の表面の真下に見える実体的当否の問題を極めて懸念し，裁判所が意思決定過程の射程外に留まることを憲法的適正がどうして要請するかを強調した。換言すれば，彼らは，裁判所が，当該禁止が差し迫った必要に対応したものか否か検討することにより，議会が国務大臣に委ねるべきと決定していた問題に自ら取り組むことになることを懸念

---

48)　後に当該措置がストラスブールでも正当化されると認められたことに注意された
　　い。*Brind v UK*, App No 18714/91, 77 DR 42.

していた。したがって，彼らは，おそらく比例性のテストを近々認めるところであった一方で，自身の認められた監視的管轄権の行使と対比されるところの上訴的職務を引き受けることの危険性を予見したのであった。それゆえ，貴族院は，比例性が国内法における独立した審査の根拠であると認めることを拒否したのであるが，ただし，同原則の将来的な承認の可能性は残したのである。

13. 5. 2　比例性と審査の密度

　Brind 判決は，強力な先例を設定しようとしたものであり，裁判所は，1998年人権法の制定及び施行以前の数年間は比例性を国内法において発展させるのを躊躇したままであった[49]。この躊躇は何人かの識者から批判され，彼らは，裁判所が同原則を EU 法に関係する事件で既に適用することだけではなく，同原則がイギリス法の領域において十分に確立している（例えば，1689 年権利章典には刑罰又は制裁は過剰であるべきではないとの根本原理が盛り込まれている）ことも主張した[50]。それにもかかわらず，支配的な司法の意見は，同原則を独立の審査の根拠として承認すると，裁判所の憲法上の役割の望ましくない変化を示すことになるというものであった。Irvine 裁判官が示唆したように，「比例性テストが Wednesbury 判決の『不合理性の最低基準』を引き下げるであろうことを受容することから逃れることはできない」[51]。

　しかし，また何人かの識者から，比例原則は誤解されており，欧州連合裁判所（CJEU）及び欧州人権裁判所（ECtHR）の判例を十分に分析すると，同原則

---

49)　See, e.g., *R v Secretary of State for the Environment, ex p NALGO* [1993] Admin LR 785.

50)　EU 法における当該地位については，see ch 3 and, e.g., *R (Rotherham MBC) v Secretary of State for Business, Innovation and Skills* [2015] UKSC 6, [2015] 3 CMLR 20 (discussed at 14.3). イギリス法におけるその地位については，see J Jowell and A Lester, 'Beyond *Wednesbury*: Substantive Principles of Administrative Law' [1987] *Public Law* 368.

51)　Lord Irvine of Lairg, 'Judges and Decision-Makers: The Theory and Practice of *Wednesbury* Review' [1996] *Public Law* 59, 74.

は柔軟かつ文脈に応じた仕方で適用することができるものであるとも主張された[52]。ここで，比例原則は，立法上及び行政上の意思決定者に付与される「評価の余地」と調和しうるものであり，司法審査の密度はある範囲の要素に依存することになり，それらの要素は，状況によっては，司法の自制を要請することになると主張された。したがって，本質的には，同原則に基づく司法の任務は，正しい衡量が原意思決定者によりされたか否かを問うというものだけではなく，当該テストを当該状況の必要に適合するように調整するというものでもある。例えば，EU法に関して，比例性についての最低基準は必ずしも下がるわけではなく，もし下がるとすれば，CJEUは，既にされた政策選択をあと知恵で批判するよう要求されることになるであろうと指摘されてきた。このことがCJEUにもたらすであろう難点は，Paul Craigによって，EU法を論じるときとイギリス行政法自身の発展を論じるときの両方において突っ込んで検討された[53]。

　他方で，基本的権利のことになると，比例性は（Wednesbury判決の不合理性及び不条理性テストと同様に），異なる基礎の上で，異なる密度で用いられるべきであると示唆されてきた。さらに，そのような権利が不必要に干渉されるべきではないことは自明である。したがって，公的機関に認められる「評価の余地」は，この文脈ではそれに応じて縮減されるであろう。実際に，Laws裁判官（当時）は，基本的権利がコモンローに組み入れられており，もし特別の保護に値するのであれば，意思決定者はそのような権利を適正に考慮することなしに優先順位を定めるよう委ねられるべきではないと法廷外で主張した。彼は，「したがって，必要とされるものは，基本的権利を十分な客観的正当化事

---

52)　See, e.g., G de Búrca, 'Proportionality in EC Law' (1993) 13 *Yearbook of European Law* 105; and for leading case law, e.g., Case C-331/88, *FEDESA* [1990] ECR I-4023 and *Handyside v United Kingdom* [1976] 1 EHRR 737.

53)　See P Craig, *Administrative Law*, 7th edn (London: Sweet and Maxwell, 2012), ch 21; and P Craig, *UK, EU and Global Administrative Law: Foundations and Challenges* (Cambridge: Cambridge University Press, 2015), 375ff. See also *R (Lumsdon) v Legal Services Board* [2015] UKSC 41, [2015] 3 WLR 121.

由もなしに踏みにじる決定が，法律問題として，予定する目的との比例性を必然的に欠くことになると判示する準備である」と指摘した[54]。それゆえ，特定の種類の事件では，裁判官が最終的に行政活動を権利への干渉と衡量することになることが想定された。このことは，まさしく R v Cambridgeshire Health Authority, ex p B[55] において生じたことであり，同判決では，Laws 裁判官自身が生命に対する権利を不可侵のものと考え，資源をどのように配分すべきかを決定する医療実施機関の権限に対する絶対的な制約を提示するものと考えた。同判決の物議を醸す結論——同判決は上訴に基づき破棄された——は，おそらく，上記の ex p Brind 判決における貴族院裁判官ら及び Irvine 裁判官により既に言及された危険性の有益な例として役立つものである。そのような事件は，最も困難で主観的な道徳的，政治的問題に直面し，そのような問題は哲学のレベルでの不一致の大きな余地を生じさせるものであろうから，どちらかといえば，司法の決定にはさして相応しくない事項であるということが問題である。例えば，裁判官は，訓練，経験及び知識によって，どこに線を引くべきかについて本職の行政職員によりもよく知る立場にあるだろうか。

それもかかわらず，比例原則は，裁判所が，基本的権利に関係するような考慮事項に比較的高い価値を認める結果をもたらしうることは，明らかである。R v Ministry of Defence, ex p Smith において，Thomas Bingham 裁判官（記録長官）は，「人権への干渉が実質的であればあるほど，裁判所は決定が合理的であると認めるのに先立ち，正当化のためにより多くのことを要求することになる」ことを認めた[56]。ここでの含意は，行政決定が基本的権利に影響を及ぼすものである場合には，裁判所は適切な事案では当該決定を「厳格な審査」に服せしめることになることである（ただし，ex p Smith 判決において採用されたアプローチは，後に ECtHR により，ECHR の保護の基準に満たないとして批判され

---

54)　J Laws, 'Is the High Court the Guardian of Fundamental Rights? [1993] *Public Law* 59, 74.

55)　[1995] 1 FLR 1055.

56)　[1996] QB 517, 554.

た）[57]。しかし，特定の権利を他のものよりも幾分注意深く保護する必要を承認することは，それらの権利を，公共の秩序や安全の問題のような他の関連する重要な考慮事項に自動的に優先するものとして考えることとは全く異なる。例えば，R v Coventry City Council, ex p Phoenix Aviation は，公的論争の的となった問題を伴うものであり，そこでは，（主として当該事件には EU 法の要素があったため）比例性という専門用語が判決の中で言及された[58]。原告は，生きた動物の輸出を禁止する地方カウンシルの活動を争うため，司法審査を求めたのであり，当該禁止は，動物の権利のデモ隊からのトラブルを表面上防ぐためのものであった。Simon Brown 裁判官は，港湾当局が当該禁止を実施することを許容すると，抗議者による広範にわたる不法行為を奨励することになるであろうから，裁判所が法の支配を擁護するために介入する資格を有すると判示した。加えて，裁判所は，より広範な諸利益を考慮しなければならなかったのであり，その中には，本件では，混乱から生じる経済的破綻に直面した農家の生計を保護することが含まれた。生きた動物の輸出を禁止するという被告カウンシルの決議は，その当時提示された安全上のリスクと全く比例性を欠くと判示された[59]。

13.6　人権法と比例性

2000 年 10 月の 1998 年人権法の施行以降，比例原則は，もちろん，国内法において遥かにより中心的な役割を果たしてきた（後に，まさにその役割がどれほど中心的かという問題に戻る——しかし，Wednesbury 判決も基本的権利の事件において依然として役割を果たすことがあることに留意されたい）[60]。それにもかかわら

---

57) *Smith and Grady v UK*（2000）29 EHRR 493.

58) ［1995］3 All ER 37.

59) これらの問題並びに EU 法及び国内法における比例性の問題については，see also *R v Chief Constable of Sussex, ex p International Trader's Ferry Ltd* ［1998］3 WLR 1260.

60) As in, e.g., *In re Officer L* ［2007］1 WLR 2135 and *Keyu v Secretary of State for*

ず，個別の利益を衡量することの強調を，裁判所の役割に関する伝統的な公法の理解とどのように調和させるべきかということが，中心的な問題のままである。さらに，今やこのことは，行政決定の審査の文脈だけではなく，ウエストミンスター議会の法律がECHRに適合するか否かを評価する文脈でも妥当する。第4章で見たように，裁判所は，「できるかぎり」議会の法律（及びその他の措置）をECHRに適合する仕方で解釈するよう要求される（そのような調和的解釈ができない場合には，同法4条に基づき不適合宣言をすることができる）。しかし，裁判所が解釈的義務に達する前でさえ，まずは，当該立法が，関係すると主張される権利を侵害するであろうか否かを検討しなければならない。かくして，それらの状況の下で，裁判所は立法による権利への干渉が比例的であり，例えば，「民主的社会において必要」であるか否かを問わなければならない。

　同原則により提示された問題に対する裁判所のアプローチは，同原則の登場，調整及び適用を取り扱う3つの小項目を使用することにより評価するのが最善である。

13. 6. 1　比例性の登場

　比例性が人権法に基づく独立の審査の根拠として正式に承認されたのは，貴族院の下に来たその点についての最初の事件であるR v Home Secretary, ex p Daly においてであった[61]。ある意味において，その判決は平凡なものとして考えられるべきものであった。というのも，同法2条は，比例原則を含むECHRの判例法体系を裁判所が「考慮する」ことを要求しているからである[62]。しかし，同判決は，少なくとも人権法に基づき，同原則がWednesbury審査にどのように関係すべきかに関する司法の不確定性を解消したことから，さらなる重要性を有するものであった（同法の範囲外の判例の状況については，

Foreign and Commonwealth Affairs [2015] UKSC 69, [2015] 3 WLR 1655 (noted at 4.4.6).

61)　[2001] 2 AC 532.

62)　See 4.4.1.

13.7 を参照のこと）。Daly 判決以前のいくつかの判決は，裁判所が，実体審査への自らのアプローチを合理性という言葉で表現し続けるべきであると示唆していた。というのも，そのようなアプローチは，司法の役割に関する通説的な理解とより適合していたからである。例えば，R (Mahmood) v Home Secretary[63] において，原告は，庇護を求める最初の申請が拒否された後に，婚姻を基礎としてイギリスに滞在する許可を求めた。滞在の許可申請も拒否された後に，原告は，ECHR8 条に基づく家族生活の尊重を受ける自らの権利に干渉するものであるとの根拠に基づき，当該決定を争った。しかし，控訴院は介入しようとせず，Phillips 裁判官（記録長官）は，「裁判所は，客観的なテストを適用し，当該干渉が条約により承認された正当な目的の 1 つ又は複数を達成するために必要であると意思決定者が合理的に結論付けることができたか否かという問題を問うことになる」（傍点は原著者）[64] と述べた。これにより控訴院は，ECHR の保障への干渉の程度を，追求されている目的の重要性と対比する種類の衡量に関わることを避けたのであった[65]。

　このアプローチは，Daly 判決では承認されなかったのであり，本件で貴族院は，ECHR が問題となっている事案における審査にとって比例性が中心的であると述べた[66]。Daly 判決は，1952 年刑務所法 47 条 2 項に基づき制定され，受刑者の権利に影響を及ぼす規則に対する異議に関するものであった。本件の状況では，過酷で不必要と考えられる規則に晒されるおそれのある刑務所内の個人の権利を保護する必要性と，刑務所が安全な環境でありうるよう確保するために特定の権利に干渉する国家の利益との対立が存した。Bingham 裁判官によって，刑務所内の人々には，危険で，破壊的で，巧妙な受刑者の中核であって，当局に敵対的であり，自らにされた譲歩に付け込もうとする者が含ま

---

63)　[2001] 1 WLR 840.

64)　Ibid, 857.

65)　See also, e.g., *R v Home Secretary, ex p Turget* [2001] 1 All ER 719 and *R v Home Secretary, ex p Isiko* [2001] FLR 930.

66)　この点の肯定については，see *Re E (A child)* [2009] 1 AC 536.

558

れることが指摘された。したがって，本件の問題は，職員が独房を捜索する際に受刑者の通信文を当該受刑者の立会いなしに読むことを許容する新たな刑務所規則が ECHR 8 条違反に当たるか否か——換言すると，同規則が比例性を欠くか否か——であった。貴族院は全員一致の判決で，本規則に含まれる政策が ECHR に違反し，受刑者は秘匿特権付通信文が検査されるときに立ち会う資格を有すべきであるとの見解を認めた。Bingham 裁判官は，主導的意見を述べ，ECHR 8 条 1 項が自己の通信を尊重される権利を原告に付与していると判示した。この権利は，公的機関によるそのような権利への干渉が，安全保障，公共の安全，混乱若しくは犯罪の予防又は他者の権利及び自由の保護のために許されることがあるという ECHR の制限を形成する部分に服した。それにもかかわらず，内務省により採用された政策は，不可欠な必要の範囲を遥かに超えたものであるため，ECHR 8 条 1 項に基づく原告の権利の行使に対する比例性を欠く干渉であると判示された。

　貴族院のその他の裁判官は，比例原則及び同原則と Wednesbury 判決との関係についてさらに詳しく説明した。例えば，Steyn 裁判官は，比例性が今やこの種類の事案では使用されるべきと述べ，伝統的な審査の根拠と比例性との間のアプローチの違いが異なる結論を時々導くことがあることを疑わなかった。すなわち，

　　出発点は，伝統的な審査の根拠と比例性のアプローチとの間には重複が存するということである。多くの事件は，どちらのアプローチが採用されようと，同じ仕方で決定されるであろう。しかし，審査の密度は，比例性のアプローチに基づくと幾分大きい。様々な条約上の権利間の重要な構造上の違いを適正に斟酌すると……[67]。

これにより，同裁判官は，人権法の事案を正しい仕方で，すなわち，比例性

---

67)　[2001] 2 AC 532, 547.

の使用を必要とする仕方で，分析する重要性を強調した。しかし，同裁判官は，このことが実体的当否の審査への変化が存したことを意味しないことも確信していた。彼は，裁判官と行政職員の役割が根本的に異なり，また，そうあり続けることを説明した。というのも，比例性テストの下では，行政職員には「評価の余地」が認められ，その範囲内で行政職員は，差し迫った社会的必要に対応するために必要な制限を設定することを許容されることがあるためである。この権力分立についての懸念は，伝統的な Wednesbury 判決の論理を反映するものであり，Steyn 裁判官の言葉は，それ以降，比例性＋評価の余地（又は国内の相当物）が（同法に基づくものであるか否かを問わず）全ての事案において伝統的な不合理性の根拠に今や取って代わるべきか否かに関するより一般的な討議において卓越したものであった。Steyn 裁判官は，この一層広範な点については沈黙したものの，貴族院の他の裁判官は，Wednesbury 判決の終焉を予測する点で遥かに遠慮なく意見を述べた。特に Cooke 裁判官は，以下のような意見であった。

Associated Provincial Picture Houses Ltd v Wednesbury Corporation ……が，不合理性には程度があり，極端な程度の行政決定だけが，司法による破棄の正当な対象となりうると示唆したかぎりにおいて，イギリス行政法における不運にも後退的な判決であったとより広く承認される日が来るであろう[68]。

このさらに一般的な討議の重要性には 13.7 において戻る。

Daly 判決が，裁判所が 1998 年人権法に基づく事件において比例原則をどのように適用すべきかを明らかにする点で極めて重要な判決であると分かったので，以下では，その後の主導的な判例法のいくつかを検討する。しかし，ここで立ち止まって，Daly 判決以後の比例原則に関してさらなる 2 つの指摘をす

---

68) Ibid, 549.

る必要がある。第1の指摘は，誰が，いつ比例原則を適用する必要があるべき
かに関するものである。Daly 判決は，人権法の事案において裁判所が同原則
を適用すべきであることを確立したが，より一般的に，行政の意思決定者が
ECHR に基づく権利に影響を及ぼすであろう自己の決定又は政策の比例性を
検討する必要があるべきか否かという問題を未解決のままとした。その問題に
対する答えは，貴族院により R (SB) v Headteacher and Governors of Denbigh
High School[69] の判決において与えられたのであり，同判決は，1998 年人権法
6 条が意思決定過程において人権に係る諸原則を明示的に考慮するよう意思決
定者に要求していないと判示した。というのも，貴族院は，Thomas Poole の
分析を参照し，このことが，意思決定者が裁判所にとってより適した法原則を
適用するよう要求されることになるという意味で，「空前の規模での司法化の
原因」になると思料したことによるものであった[70]。Bingham 裁判官が述べた
ように，「全ての事件で問題なのは，[ECHR との適合性に関する] 実際の結
果であり，そこに至った意思決定過程の質ではない」[71]。したがって，争われ
ている決定が比例的か否かということが，ex p Daly 判決に照らして裁判所が
決定すべき法律問題である[72]。

　第2の点は，比例性を評価するときに裁判所により使用されるテストの構造
に関するものである。Daly 判決の時点で，それは，三段階のテストと考えら
れ，それにより，裁判所は，「(i)……目的が基本的権利を制限することを正
当化するほど十分に重要であり，(ii)……目的を達成するよう意図された措
置が目的に合理的に関連しており，かつ，(iii) 権利又は自由を損なうために

---

69)　[2007] 1 AC 100.

70)　[2007] 1 AC 100, 116. Poole の論玫とは次のものである。'Of Headscarves and
　　Heresies: The Denbigh High School Case and Public Authority Decision Making
　　under the Human Rights Act' [2005] *Public Law* 685.

71)　[2007] 1 AC 100, 116.

72)　See also *Belfast City Council v Misbehavin' Ltd* [2007] 1 WLR 1420. But
　　compare *Manchester City Council v Pinnock* [2011] 2 AC 104, 134, Lord
　　Neuberger.

使用される手段が，当該目的を達成するために必要とされる最小限度のものである」[73] か否かを問うものであった。これらの要素の全てが裁判所により適用されるテストの内部に残っている一方で，そのテストは，その後，衡量過程においてより広範な共同体の利益に明示的に言及する，さらなる要素を含むよう修正された。この修正されたテストは，先に参照したものであり，Bank Mellat 判決において Sumption 裁判官により形成され，今や有権的な法の声明と考えられるべきものである。Bank Mellat 判決自体は，政府が安全保障の理由でイラン系の銀行に課した金融規制の適法性に関するものであり，Sumption 裁判官は，Daly 判決を含む判例法を概観した後に，次のように述べた。

　これらの［すなわち，Daly 判決等の］効果は，さしあたり，問題は，以下のことを決定するため，当該措置の防御のために提出された事実の主張を厳格に分析することに依存すると述べることで，十分に要約することができる。すなわち，（ i ）その目的が基本的権利の制限を正当化するほど十分に重要であるか否か，（ ii ）当該措置は当該目的と合理的に関連するか否か，（iii）より侵入的でない措置が使用することができたか否か，及び，（iv）これらの問題と当該結果の重大性を考慮して，個人の権利と共同体の利益との間で公正な均衡がとれているか否か。これらの 4 つの要素は論理的には別個のものであるが，実際には，同じ事実がそれらのうちの複数に関連する可能性があるため，必然的に重複するのである[74]。

付け加えると，最高裁判所は，このテストを自らの下にある事実に適用して，政府の金融規制がその効果において比例性を欠くものであると判示した。

---

73)　[2001] 2 AC 532, 547, Lord Steyn, citing *de Freitas v Permanent Secretary of Ministry of Agriculture, Fisheries, Lands and Housing* [1999] 1 AC 69.

74)　*Bank Mellat v HM Treasury (No 2)* [2013] UKSC 38 and 39, [2014] AC 700, 771, para 20.

13. 6. 2　同原則の調整

　同原則を調整しようとする裁判所の試みは，概ね，「適正な敬譲」又は「裁量的な判断領域」の法理の併用に焦点を合わせたものであった。その法理の概念的基礎は何人かの識者からの批判を招いたものの[75]，その本質的な目的は依然として憲法的に健全である。手短にいえば，その法理は，裁判所が意思決定者の適法な選択に直面して自制することが完全に適切である特定の状況が存することを承認するものである（意思決定者とは，立法府，中央政府の大臣，地方の選挙に基づく機関であることがあり，より物議を醸すことには，例えば警察長のような，選挙に基づかない，委任された権限の受領者であることもある）。その法理が最初に導入された判決は，R v DPP, ex p Kebilene[76] であり，人権法が施行される前に出された判決である。本件の事実は，テロリズムに関与していた Armed Islamic Group の構成員であることが疑われていた 2 名の共同被告人が公判の可能性に直面していたというものであった。貴族院が判断すべき 1 つの争点は，公訴長官の公訴が ECHR 6 条に反することになる場合に，当該公訴決定を争うために司法審査が利用可能であるか否かであった。貴族院は，司法審査が利用可能であるべきことを認めつつ，それにもかかわらず，司法による用心の重要性を強調した。Hope 裁判官が以下のように指摘したとおりである。

　　[ECtHR] は，各国の制度に評価の余地を容認することにより，欧州人権条約が，生ける制度として，全ての国家により均一に適用される必要はなく，地方の必要と状況に応じてその適用において変化することがあることを承認してきた。この技術は，国内裁判所が自己の国内で生じた欧州人権条約

---

75)　初期の批判について，see RA Edwards, 'Judicial Deference Under the Human Rights Act' (2002) 5 *Modern Law Review* 859. See also, e.g., T Allan, 'Judicial Deference and Judicial Review: Legal Doctrine and Legal Theory' (2011) 127 *Law Quarterly Review* 96.

76)　[2000] 2 AC 326.

第 13 章　不合理性，不条理性，比例性　*563*

上の問題を検討するときには利用できるものではない。しかし，欧州人権条約は，国内裁判所により取り扱われているときも，単なる規則集ではなく，基本的な諸原則の表現として考えられるべきである。裁判所がこれらの原則を適用するときに決定しなければならなくなる問題は，競合する諸利益の衡量の問題と比例性の問題に関係することになる。この領域では，個人の権利と社会の必要との間で困難な選択が行政府や立法府によりされなければならないことがある。状況によっては，司法府が，民主的な根拠に基づき，選挙に基づく団体又は人——その行為又は決定が欧州人権条約に不適合であると主張されている——の考え抜かれた意見を敬譲する判断領域が存することを裁判所が承認することが適切になる[77]。

いつ司法による用心が適切であろうかに関するさらなる指針が，International Transport Roth GmbH and others v Secretary of State for the Home Department において Laws 裁判官により与えられた[78]。これは，不法入国者によるイギリスへの不法入国を幇助したとの容疑をかけられた運搬人に対して定額の制裁金を科す（乗物のような財産を没収することもできた）制度の ECHR との適合性に関する事件であった。当該制度は，1999 年出入国管理及び庇護法 32 条に基づき導入されたものであり，裁判所が判断すべき最も重要な問題は，当該制度が ECHR 6 条に適合するか否かであった（当該制度は ECHR の諸原則と一致しないと判示され，不適合宣言が発給された）。（反対意見を述べた）Laws 裁判官は，いくつかの中核的な原則を明らかにする際に，存在する判例法を概観し，司法の自制の適切な程度を決定する様々な筋書きの可能性を提示した（その様々な筋書きは，定義的なものではなく，むしろ指標的なものであることが意図されていた）。Laws 裁判官の第 1 の原則は，主権者である立法府により導入された措置に関して問題が提起された場合には，より大きな制約が要求されるということである。このことは，裁判所が議会の選択を疑問なしに受け入れるべきであ

---

77)　Ibid, 380-1.

78)　[2003] QB 728.

ることを意味するものではなく，ここで，憲法的な緊張関係が「最も深刻に」なるということであった[79]。この後に，Laws 裁判官は，「意思決定者が議会ではなく，議会により付与された権限を行使する大臣又はその他の公的機関若しくは政府機関である」諸事件を区別した[80]。ここでも，意思決定者が議会の代理人であるから，民主的な根拠に基づき，ある程度の自制が適当であろうが，もっとも，アプローチは事件ごとに異なるべきである。裁判所が二次的な決定や行為をどの程度厳格に審査すべきかを決定するのを援助する要素には，当該権利が制限的なものか絶対的なものか，当該主題が「民主的な権力」と裁判所のどちらの「憲法的責務」により一層該当するか，ある決定が「司法的統制から比較的遠くなる」マクロ経済政策に関係するものか否かが含まれる[81]。Laws 裁判官は，この最後の考慮事項について論じた時に，イギリスの裁判所における過去の判例法がいかにして人権に関わらなかったかを指摘したが，それにもかかわらず，制度的な均衡の問題がより一般的な関心であることを指摘した。したがって，列挙された規準は，人権の文脈だけではなく，それ以外でも潜在的に関連するものである。

　次いで，そのような規準が実際に裁判所にどのように影響を及ぼしてきたかを簡単に検討する。しかしそうする前に，裁量的な判断領域の法理は，裁判所の憲法上の役割に関する討論を，1998 年人権法の施行前に支配的であったのとは異なる方向に導いたことに留意することが重要である。すべての識者が，比例原則を使用するときの司法による用心の必要を認める一方で，裁量的な判断領域の法理が司法の自制を体系化するための十分な理論的基礎を提供することに疑いを持つ者もいる。例えば，Murry Hunt は，過去に「領域」という言葉の使用に批判的であった。というのも，彼は，この言葉が，司法府が決して審査することのできない空間領域を示唆するものであり，比例原則により要求される諸利益の衡量を損なうことがあると考えるからである[82]。その代わりに，

---

79)　Ibid, 765.

80)　Ibid, 765.

81)　Ibid, 766-7.

Hunt は「適正な敬譲」の法理を主張した。なぜならば，彼は，これが，裁判所が決定の基礎を遥かにより厳格に検討した上で，当該決定を十分な法的及び憲法的背景に照らして認めるか斥けることを許容すると考えたからである。しかし，その後，適正な敬譲という言葉は，「敬譲」が行政の選択に直面した司法の追従を示唆すると考える司法府の何人かの上級裁判官により批判されてきた。特に，Hoffman 裁判官は次のように述べて，その言葉を批判した。

　　思うに，その追従又はおそらくは鷹揚な譲歩の響きは，発生していることを表現するために適切ではない。法の支配と権力分立に基づく社会においては，政府のどの部門が特定の場合に意思決定権限を有しており，その権限の法的限界が何かを決定することが必要である。それは法律問題である[83]。

　さらに，Huang 判決において，貴族院は，裁判所が自制するときに，当該裁判所は意思決定者を「敬譲」しているのではなく，むしろ，「それぞれの側にある競合する考慮事項を衡量し，そして，所与の主題に係る責務を有するとともに特別の知識と助言を利用できる人の判断に適切な重み付けをするという通常の司法の任務」を遂行していると述べるのが「適切」であると主張した[84]。後のある最高裁判所の判例法は，裁判所が政府の意思決定者の意見に「適正な敬譲」を示していると述べた――Huang 判決と調和させることが容易ではないことである――一方で，同じ判例法は，最高裁判所が行政府の選択に直面して決して「卑屈な態度を取る」べきではないことも強調した。Neuberger 裁判官が述べたように，「裁判官が自信を持って自らの意見を形成することができる証拠，経験，知識及び制度的正統性を有する要素に基づく決定から，裁判官がそのような適格性を主張できない要素に基づく決定まで，様々な種類の決定が

---

82)　See M Hunt, 'Sovereignty's Blight: Why Contemporary Public Law Needs the Concept of "Due Deference"' in Bamforth and Leyland, n 5, 337.

83)　*R (Pro-life Alliance) v BBC* [2004] 1 AC 185, 240.

84)　*Huang v Home Secretary* [2007] 2 AC 167, 185, Lord Bingham.

存在するのであり，後者の決定の場合，例外的な状況のみが司法の干渉を正当化するであろう」[85]。この理解によると，裁判所は，適切な場合には，自らの審査に係る憲法上の職務を用心深く守り，自らの下にある事件で使用される個別の言葉の形式にかかわらず，この職務を遂行するように見えるであろう。

13. 6. 3　比例性の実際

13. 6. 3. 1　主位立法と比例性

　裁判所は，比例原則により道を探るときに，極めて物議を醸す問題に必然的に取り組まなければなかったのであり，関連する判例法は，立法上の選択についての厳格な司法審査により特徴付けられることがあれば，自制により特徴付けられることもあった。おそらく立法制度についての厳格な司法審査の最も良い例は，依然として A v Home Secretary により与えられるものである[86]。本件——「Belmarsh 刑務所の被拘禁者」事件——における中心的な争点は，2001 年 9 月のニューヨーク，ワシントン及びペンシルベニアにおける攻撃の後の国際的テロリズムによりもたらされる脅威に対する立法的対応の比例性であった。2001 年反テロリズム・犯罪・安全法は，とりわけ，テロリズムへの関与が疑われたイギリス以外の国籍の人を，裁判なしに，無期限に拘禁することを内務大臣に授権する広範に及ぶ立法であった。そのような拘禁は，イスラム教テロ集団への関与が疑われた多くの個人に関して命じられており，ECHR 5 条に基づく自由に対する権利の保障に干渉するものであった。ところが，そのような保障は，「国家の存立を脅かす公の非常事態」が存する場合には，ECHR 15 条に基づき一時適用除外することができ，政府は欧州評議会とともに一時適用除外を行い，1998 年人権法 2001 年（指定一時適用除外）規則を制定した。貴族院の多数は，そのような非常事態が存するとの政府の評価を形式的

---

85)　*R (Lord Carlile) v Secretary of State for the Home Department* [2014] UKSC 60,
　　[2015] AC 945, para 68 (Lord Neuberger).「卑屈な態度を取る」という文言は，
　　Kerr 裁判官により第 150 段落で使用された。

86)　[2005] 2 AC 68.

第 13 章　不合理性，不条理性，比例性　*567*

に斥けなかった——Hoffmann 裁判官は，この点に同意せず，一時適用除外を厳しく批判した——一方で，無期限の拘禁が，認識された脅威に対して比例的な反応に相当するとの主張を斥けた。というのも，ECHR 15 条は，導入された措置が，付きまとう害悪に厳密に比例したものであるべきことを要求しており，貴族院は，2001 年規則の関連規定が個人の自由権に関してそのテストを満たさないと思料した（貴族院は，イギリス以外の国籍の人のみが拘禁されうるかぎりにおいて，当該措置は差別的であり，ECHR 14 条に反するとも考えた）からである[87]。例えば，Bingham 裁判官は，テロリストの容疑者によりもたらされる脅威が，当該個人が地方警察本部に定期的に報告すべきとの要求を含む，遥かにより侵入的でない方法により対抗できるものであったと思料した。かくして1998 年人権法 2001 年（指定一時適用除外）年規則は，ECHR 15 条への不適合を根拠として取り消され，対応する不適合宣言が 2001 年規則の関連規定について発給された。

　厳格な司法審査のもう一例は，R (F) v Home Secretary により与えられる[88]。本件は，それぞれ，11 歳の時に強姦で有罪の決定を受けた児童と，強制わいせつで有罪決定を受け，11 年の拘禁刑を言い渡された成人である 2 人の個人に関する事件であった。2003 年性犯罪法に基づき，いずれの個人も自動的に無期限の告知要求に服しており，その要求は，彼らが警察に対して，とりわけ，特定の個人の詳細や海外旅行の計画をも告知しなければならないことを意味した。しかし，2003 年法は，告知要求が引き続き妥当すべきか否かを定期的に評価する審査機構を定めていなかったのであり，当該個人らは司法審査を請求し，それにより，彼らは，当該立法が ECHR 8 条に基づく私的及び家族生活を尊重される自己の権利への比例性を欠く干渉に当たると主張した。最高裁判所はその主張に同意して，ECHR 8 条への明確な干渉が存すること，そして，そのような干渉は，告知要求に服する個人が再犯の危険性をもはや示さないことを証明できる場合には，もはや必要であるべきではないことを指摘し

---

87)　See 14.4.

88)　[2011] 1 AC 331.

た。最高裁判所は，将来の犯罪の危険性が考慮されるべきではないと独立の意思決定者が結論付けることができる最低限の基準を設定するのは立法府がすべきことであることを承認しつつ，現行の立法制度の内部にそのような審査機構が全く存しないことは，ECHR 8 条と調和することができないものであると判示した。かくして当該立法は，ECHR 8 条への比例性を欠く干渉に当たり，不適合宣言が発給された。

　他方で，R（Animal Defenders International）v Secretary of State for Culture, Media and Sports を含む諸事件では，自制が明らかであった[89]。本件の原告は，全ての残酷な形式での動物の抑圧を阻止し，動物とその環境を保護するようロビー活動を行う非営利会社であった。2005 年に，同社は，My Mate's a Primate という名称のキャンペーンを始め，そのキャンペーンは，人による霊長類の動物の負の利用について注意を喚起するという目的を有していた。同社は，そのキャンペーンの一部として，いくつかの広告を放送しようとして，そうするのに先立ち，放送広告クリアランスセンターに広告案を提出した。その後，同クリアランスセンターは，当該広告を，2003 年通信法 321 条 2 項の政治的広告の禁止に違反するとの理由で許可することを拒絶し，Animal Defender International 社は，321 条 2 項が ECHR 10 条の表現の自由の権利に不適合であるとの宣言的判決を求めて司法審査を請求した。貴族院は請求を斥け，政治的広告の問題が特に物議を醸すものであり，その問題に関する議会の慎重な意見が重視されるべきであると指摘した。貴族院は，このことに基づき，政治的広告の規制が，他者の権利を，不公平な政治的広告の害悪から防御することにより保護するものと主張することができ，議会がそのような広告を真の危険と考える資格を有すると述べた。貴族院は，広告が公衆に及ぼしうる直接的な影響と，ECHR 10 条に基づく権利を制約するためのより限定的な制度を立案することはできないと議会が裁断したことも指摘した。これらの考慮に基づき，321 条 2 項の禁止は正当化された[90]。

---

89)　[2008] 1 AC 1312.

90)　後の ECtHR への申立てが斥けられたことに注意されたい。*Animal Defenders*

第 13 章　不合理性，不条理性，比例性　*569*

　ウエストミンスター議会の法律の規定が比例性を欠くと裁判所が考える場合でさえ，不適合宣言の発給を拒否することができるため，司法の自制の選択が明らかであることもある。既に第 4 章において，不適合宣言がどうして裁量的な救済であるかを論じたのであり，最高裁判所が救済を拒否した 1 つの（明らかに例外的な）判決が，R（Nicklinson）v Ministry of Justice であった[91]。本件における主要な争点の 1 つは，最高裁判所が 1961 年自殺防止法 2 条 1 項——人が自殺を実行するのを幇助することを犯罪とする——と ECHR 8 条に基づく私的及び家族生活を尊重される権利との関係で不適合宣言を行うべきか否かであった。当該争点が生じたのは，原告が自己の生命を終わらせようとしたが，自己の身体的条件のためにそうすることができなかったからであり，彼は，2 条 1 項の一律の性格が自己の条約 8 条の権利に及ぼす影響において比例性を欠くと主張した。同判決の中で ECHR 8 条に当該立法が違反したか否かに関して詳細な議論が存した——Hale 裁判官と Kerr 裁判官は反対意見を述べ，同法が比例性を欠き，不適合宣言が発給されるべきであることに賛成した——一方で，他の裁判官は，そのような宗教的，道徳的に複雑な領域における自己の権限の限界を懸念した。かくして，裁判官の多数は，自らが不適合宣言を発給することは適切ではなく，議会がその問題を自分に合った速さで再検討できるという意見であった[92]。

　もう 1 つの重要な——今度はスコットランド議会の立法的選択に直面した——自制に関する判決は，Axa General Insurance v Lord Advocate である[93]。本件において，スコットランド議会は，個人がスコットランドの重工業における労働中にアスベストに晒された結果として肋膜プラークを発生させた場合に損害賠償請求訴訟を提起することを許容するため，2009 年損害賠償（アスベス

International v UK（2013）57 EHRR 21.

91)　［2014］UKSC 38, ［2015］AC 657; and 4.4.3.

92)　同判決は後に ECtHR により容認されないと考えられた。See *Nicklinson v UK*
　　（2015）61 EHRR SE7.

93)　［2011］UKSC 46, ［2012］1 AC 868.

ト関連状況）（スコットランド）法を制定していた（それにより，同法は，肋膜プラークが身体的被害に当たらず，したがって請求を成り立たせるのに十分ではないと判示した貴族院の Rothwell 判決の効果を破棄した）[94]。現実には，このことは，Axa 社やその他の多くの生命保険会社が使用者に対する膨大な請求に対処しなければならなくなることを意味したのであり，これらの会社は，同法を，ECHR 第 1 議定書 1 条の自らの財産上の権利に対する比例性を欠く干渉であり，それゆえ 1998 年スコットランド法 29 条 2 項（d）の権限を踰越するという理由で争った。最高裁判所はその主張を斥け，財産上の権利が ECHR に基づく制限的な権利であり，ECtHR の判例法が，「公益」のための立法的選択を行うときに広範な評価の余地を国家に与えていることを指摘した[95]。最高裁判所は，争われている立法が導入されたのはスコットランド議会が「社会的不正義」であると知覚するものを是正するためであったことを強調し，自らが ECHR の諸原則をそのような選択に干渉するために使用するのは，それらの選択が「合理的な基礎」を欠くか「明らかに不合理である」場合に限るべきであるとの意見であった。Hope 裁判官が以下のように述べたとおりである。

　これは社会的不正義と考えられたものを除去するために立法すべき公益上の問題であるというスコットランド議会の判断が，合理的な基礎を欠くか，又は，明らかに不合理であると主張することはできるか。私はそう思わない。Clydebank のような社会的に不利な地域に活動を集中させる使用者のネグリジェンスが，その被用者をアスベストとそれに関連する全ての危険性に長期間晒してきたことは疑いがない。肋膜プラークが発生したとの診断により生じた不安は十分に証拠がある……。関与した人の数，彼らの多くが共同体の中で極めて深刻なアスベスト関連疾病に罹患したと知られている人々の側で暮らしているという事実は，いかなる責任ある政府も無視することができないであろう状況の一因となるものである。スコットランド議会は，彼ら

---

94)　*Rothwell v Chemical Insulating Co* [2008] 1 AC 281.

95)　Citing, most prominently, *James v UK* (1986) 8 EHRR 123.

の苦境を社会的不正義と考える資格を有していたのであり，アスベスト関連の肋膜プラークが請求を成り立たせるのに十分であるべきであるというスコットランド議会の判断は，不合理として斥けることができないものであるように思われる[96]。

Axa 判決に関して注意すべき別の1つの点は，最高裁判所が，スコットランド議会の決定はコモンロー上の不合理性及び不条理性の根拠を参照して審査できるという主張も斥けたことである。そのように審査できるとの主張は，比例性を中心とした主張に加えて提出されたが，最高裁判所はその主張を斥ける際に，スコットランド議会が1998年スコットランド法の枠組みにおいて広範な権限を集める民主的に正統な機関であることを強調した。同時に最高裁判所は，スコットランド議会が，ウエストミンスター議会に関する意味で法的な主権者ではないことを明らかにする一方で，裁判所がスコットランド議会の法律の効力についてコモンローを参照して審査するときにはできるかぎり自制をすべきであるとの確固たる意見であった。結論において，不合理性は審査の根拠として利用可能ではなく，立法がコモンロー上の基本的権利を廃止しようとする場合にかぎり，裁判所はコモンローに基づいて介入することになる[97]。

13.6.3.2 比例性と裁量

次に，制定法上の裁量及び権限の受領者により行われた決定の適法性を評価するために比例原則が使用された多くの事件が存する。1つの有用な出発点が，この問題に関する最も初期の貴族院判決の1つである R v British Broadcasting Corporation, ex p Pro-Life Alliance により与えられる[98]。本件は，ウエールズ

---

96) [2011] UKSC 46, [2012] 1 AC 868, 907-8, para 33. Compare *Recovery of Medical Costs for Asbestos Diseases (Wales) Bill* [2015] UKSC 3, [2015] AC 1016.

97) [2011] UKSC 46, [2012] 1 AC 868, 913, para 51 (Lord Hope) and 946, para 153 (Lord Reed).

98) [2004] 1 AC 185.

において，Pro-Life Alliance により作成された政見放送を放送しないという
BBC 及び他の放送局らの決定に対する異議に関するものであった。当該放送
は，煽情的で，心をかき乱すと同放送局らが思料する素材を使用したものであ
り，Alliance は，当該決定を ECHR 10 条に基づく自らの表現の自由の権利の
侵害として争った（当該決定は，国家遺産大臣との協定に基づき，また，1990 年放送
法 6 条 1 項に基づき行われたものであった）。控訴院は，比例性審査に対して，公
的選挙，特に総選挙における公認の政党により享受される政治的言論の自由
が，最も差し迫った根拠に基づく場合を除き，干渉してはならないものである
ことを前提とするアプローチを採用した。Laws 裁判官は（放送しないとする当
該決定を不法と判示する際に），裁判所が政治的討議の自由の憲法的擁護者として
公衆に対して特別の責務を負うと述べた。放送局らが娯楽やニュース報道にお
いて広範な編集上の裁量を享受することが認められた一方で，政治的言論の自
由が関係する場合にはそうではなかった。しかし，貴族院の多数は，そのよう
な問題における裁判所の役割について根本的に異なる見解をとって，同原則の
憲法的限界についての異なる司法の理解を明らかにした。例えば，Nicholls 裁
判官は次のような意見を述べた。

　現実には，控訴院は，政治的言論の自由の要求と自宅において不当に動揺
することから公衆を保護することとの間で事実上自ら衡量を行った。そのこ
とは，本件において裁判所の正統な活動ではなかった。どこで均衡が保たれ
るべきかは，議会が決定したのである[99]。

当該放送が不快なものであるか否かを査定するときに BBC が不適切な基準
を適用したことを示すものは存しなかった。この放送の拒否に先立ち，BBC
から Pro-Life Alliance に対して（政見放送を行おうとする他の者の場合と同様に），
Pro-Life Alliance の番組の大部分が分別及び礼儀の問題に関する BBC のプロ

---

99)　Ibid, 226, para 16.

第13章 不合理性，不条理性，比例性 *573*

デューサー指針及び独立テレビ委員会の番組コードの関連規定に適合しないことが指摘されていた。控訴院は，当該放送が，分別に係る関連規準を満たすものか否かについて自己の意見を表明することを躊躇しなかった。ところが，貴族院にとって，これは裁判所が決定すべきものであるか，あるいは，意思決定者が決定すべき事項であるかが問題であった。貴族院は，控訴院による決定が行き過ぎであったのであり，これらの状況において何が放送できるかという問題を決定することが，実体的当否の審査の一形式に当たることを認めた。

　様々な司法のアプローチは，他の判決でも看取できるものであった。R (Farrakhan) v Home Secretary は，アメリカ合衆国の Nation of Islam の指導者である Louis Farrakhan 氏が，自己の支持者向けに演説するためにイギリスに入国するための入国許可証を発給することを内務大臣が拒否したことを争った事件であった[100]。内務大臣の決定は，公の秩序に関する懸念に基づくものであったのであり，というのも，過去に原告は反ユダヤの声明を出したことがあり，彼のイギリスでの滞在が共同体内の緊張状態を煽るであろうと思料されたためである。原告は，当該拒否に対して ECHR 10 条に基づく自らの表現の自由の権利への不当な干渉として異議を申し立てる際に，自身が既に反ユダヤの意見について撤回して謝罪したのであり，さらに，イギリスでの滞在中に自身を拘束する行動条件を列挙する書面に署名したと主張した。原告の主張は，当初は高等法院行政専門部において認められ，行政専門部の裁判官は，公の秩序への脅威が存するという内務大臣の意見が十分な証拠により支えられていないと結論付けた。しかし，国務大臣による控訴院への上訴が認容され，控訴院では，そのような事件における意思決定者が，裁量的な判断領域を享受することが強調された。控訴院は，国務大臣が自己の決定について民主的にアカウンタビリティを負っており，この種類の事件において価値判断を行う最も良い立場にあることを強調し，それにより，また正統にも，「広範な裁量の余地を大臣に付与する」よう要求されると述べた。このことに基づき，控訴院は，国務大

---

100) [2002] QB 1391.

臣が公の秩序に関する懸念に依拠する資格を有すると決定したのであった。

　同様の事件であって，今度は最高裁判所により審理されたものが，R (Lord Carlile) v Secretary of State for the Home Department[101] である。本件の争点は，内務大臣が反体制派のイラン人政治家のイギリスへの入国を拒否した時に不法に行為したか否かであった。当該個人は，パリ在住であり，ウエストミンスターの議員の団体向けに講演するよう招待されていた。反対意見を述べた Kerr 裁判官は，最高裁判所が内務大臣の決定の比例性に関して意見を自ら形成することができるとの見解であった。結論的に同裁判官は，当該事件の事実に基づき，ECHR 10 条に基づく原告の権利の侵害が存していたと判示した。しかし，多数の裁判官は同意せず，内務大臣が当該決定を行う資格を有していたと思料した。最高裁判所の下にある証拠は，内務大臣が自己の決定を行った時に国際関係及びイギリスとイランとの歴史的に難しい関係を斟酌したというものであった。さらに内務大臣は，入国許可がイギリスの海外権益に消極的な影響を及ぼすであろうことを懸念していた。裁判官の多数は，表現の自由が政治的討議の文脈では特に重要であると認めた一方で，ECHR 10 条が安全保障等の優越的な関心事に左右されることのある制限的権利であることも認めた。この理由付けに基づき，そして，司法の役割の限界に留意して，国務大臣の決定が不法ではないと判示された。

　必然的に，表現の自由の文脈外で，裁判所が比例原則を使用するときの自己の役割の限界を（再）評価しなければならなかった多くの他の事件が存する[102]。ここでそれらの判決の核心でさえ，要約しようとして得るものはほとんどなく，当該判例法が Pro-Life Alliance 判決，Farrakhan 判決及び Lord

---

101)　[2014] UKSC 60, [2015] AC 945.

102)　e.g., *Re E (A child)* [2009] 1 AC 536（警備及び積極的義務並びに ECHR 3 条に基づく非人道的及び品位を傷付ける取扱いの禁止の文脈におけるもの）; *Chikwamba v Home Secretary* [2008] 1 WLR 1420（ECHR 8 条に基づく家族生活を尊重される権利及び出入国管理決定に関するもの）; *R (Clays Lane Housing Co-operative Ltd) v The Housing Corporation* [2005] 1 WLR 2229（第 1 議定書 1 条の財産上の権利及び資産の強制移転）.

第13章　不合理性，不条理性，比例性　*575*

Carlile 判決において見られたような不一致により大抵は説明されることを繰り返し述べるだけになるであろう。これらの不一致はおそらく当初は ECHR の判例法を執行するという目新しさによるものと考えられたが，今日的に残る違いは，司法の役割の限界に関する哲学の競合という事実と合致する。既に概説したように，それらの哲学は，多かれ少なかれ公的意思決定への司法の介入を想定しており，比例原則が公的機関に対する司法的統制の範囲の増大を提案してきたことは確かである。いつその介入が正統であるか——又は，その介入が正統であるか否か——を理解するためには，既に検討された International Transport 判決[103] における Laws 裁判官の広範かつ印象的な原則の声明をもう一度参照することになるであろう。

13.7　人権法の適用外での Wednesbury 判決と比例性

　もちろん，上の節で検討された判決の全ては，1998 年人権法の下で生じた例である。そうすると，1998 年人権法の適用外で生じる判例法において Wednesbury 判決と比例性の関係はどうか。比例性が EU 法と人権法の事件で適用されるのであれば，このことは，どのような役割を Wednesbury 判決に残すのか。Wednesbury 判決は廃れたのか，それとも，スライド式の尺度の上に存在する原則として，同様に可変的な審査基準を与える比例原則と共存しうるのか。

　この問題については 2 つの主たるアプローチがあり，それぞれのアプローチは司法と学問上の相当の支持を得ている。第 1 のものは，裁判所が伝統的な審査の根拠を保持すべきであることを提案し，それらの伝統的な根拠が EU 法と ECHR の両方又は一方に含まれない事件において機能し続けることを許容するものである[104]。このアプローチは，Wednesbury 判決が自らに永続的な性質

---

103)　*International Transport Roth GmbH and others v Secretary of State for the Home Department* [2003] QB 728.

104)　M Elliott, 'The Human Rights Act 1998 and the Standard of Substantive Review'

を与える強健さを有していることから，国内の審査基準が欧州の基準に自動的に取って代わられるべきではないとの明白な理解に基づくものである[105]。このアプローチは，Wednesbury 判決と比例性が実務の問題として大抵は類似の結論に至ることになり，したがって，両原則をそれぞれの作用の領域内で，さらには一緒に使用する点で有害となるものは存しないとも予想する[106]。

第 2 の見方は，比例原則に基づく単一の公法上の違法性テストの発展を好むものである。このアプローチは，Wednesbury 判決が現在では今日的というよりも歴史的価値を有するものと考えられるべきと思料するもので，当初は司法府の何人かの裁判官から強力な支持を得た。例えば，Slynn 裁判官は，以下のように考えると述べた。

1998 年人権法を参照することをしなくても，裁判官が［EU の］行為を取り扱っているときだけではなく，国内法に服する行為を取り扱っているときでも，［比例性］がイギリス行政法の一部であると承認すべき時が来たのである。Wednesbury 判決と比例性を別の区画に留めようとすることは，不必要かつ混乱をもたらすものであるように思われる[107]。

Daly 判決において，Cooke 裁判官は，さらに一層確固たる声明の中で，比例原則のために Wednesbury テストが歴史へと追いやられ，「とどめ」を刺されるべきであることを示唆した[108]。さらに，R（British Civilian Internees – Far

---

(2001) 60 *Cambridge Law Journal* 301.

105) そもそもは Sir John Laws により法廷外でされた主張である。See, '*Wednesbury*', in C Forsyth and I Hare (eds), *The Golden Metwand and the Crooked Cord* (Oxford: Clarendon Press, 1998).

106) See further *Pham v Home Secretary* [2015] UKSC 19, [2015] 1 WLR 1591, 1624ff, Lord Sumption, and *Kennedy v Information Commissioner* [2014] UKSC 20, [2015] AC 455, paras 51-5, Lord Mance.

107) *R (on the application of Alconbury Developments Ltd) v Secretary of State for the Environment, Transport and the Regions* [2003] 2 AC 295, 321, para 51.

第 13 章　不合理性，不条理性，比例性　**577**

Eastern Region) v Secretary of State for Defence において，控訴院は，比例性
が EU 及び ECHR の文脈外で利用可能であるべきと示唆したが，ただし，そ
のような利用可能性は最上級の上訴裁判所が決定すべき事項であるとの意見を
述べた[109]。しかし，最高裁判所としては，そのような措置をまだとっておら
ず，近時，重要な判決である Keyu 判決においてそのような求めを拒否し
た[110]。最高裁判所は，Wednesbury 判決が破棄される可能性を塞ぐことをし
なかった一方で，そのような重要な決定は，Keyu 事件を審理した 5 名の裁判
体と対比されるものとしての 7 名又は 9 名の裁判官の裁判体により行われるべ
きであると警告した。

　どちらのアプローチが選択されるべきか。ここでの答えは，究極的には，
Wednesbury 判決と比例原則のそれぞれの利点に関するその人の見方次第であ
る。確かに，比例原則の衡量と正当化事由の強調が「より体系的な方法論」を
提供すると考えられることから，比例性が Wednesbury 判決の不合理性及び
不条理性に優位する概念として時々考えられてきた。例えば，Jowell と Lester
は，「比例性は，比較的具体的な法原則——少なくとも『不合理性』や『不条
理性』よりも遥かに具体的なもの——を提示するものであり，それらの曖昧な
基準よりも明確に，防止しようとする精確な行動に焦点を合わせるものであ
る」と長い間考えてきた[111]。それにもかかわらず——そして，比例原則のより
完全な出現についての相当な学問上の支持と司法の支持にもかかわらず——司
法府の上級裁判官により，裁判所が代表制の公的機関による正統な意思決定へ
の直接的関与から距離を置き，政治過程に引き込まれることを避けることが重

---

108)　*R v Secretary of State for the Home Department, ex p Daly* [2001] 2 AC 532, 549,
　　　 para 32.

109)　[2003] QB 1397.

110)　*R (Keyu) v Secretary of State for Foreign and Commonwealth Affairs* [2015]
　　　 UKSC 69, [2015] 3 WLR 1665. See also *R (Youssef) v Foreign Secretary* [2016]
　　　 UKSC 3, [2016] 2 WLR 509, paras 55-6.

111)　J Jowell, 'Proportionality: Neither Novel nor Dangerous' in J Jowell and D Oliver
　　　 (eds), *New Directions in Judicial Review* (London: Sweet & Maxwell, 1988), 61, 68.

要であると強調されてきた。この点は，最高裁判所の最も注目を集める裁判官であるSumption裁判官により行われた2011年のFA Mann lectureの核心であったのであり，そこでは，使用された言葉の多くが，Wednesbury判決の憲法的論理を想起させるものであった[112]。Mann lectureを特徴付けた司法保守主義に全ての裁判官が同意するわけではないが，Wednesbury判決が司法府の裁判官の間で，また，限定的ではあるが，学界において，徐々に多くの支持を得るようになってきたと思われることは，おそらく偶然ではないであろう[113]。おそらくは，欧州化とグローバル化[114]の増大期にあってさえ，コモンロー原理が有する永続性の証拠である。

13. 8 結　　論

　本章では，司法審査の根拠として，Wednesbury判決の不合理性の原則と比例原則が，公的機関の裁量的な意思決定権限に対する異議についての司法のアプローチを決定する点において，根本的に重要であったことを見てきた。Wednesburyテストは，少なくともその当初の形式においては，自制の必要性に係る司法の認識を反映して，最低限の基準を故意に高く設定するものであった。本章では，同時に，理論と実務が常に融合するものであったわけではなく，裁判所が，例えば，「準」及び「超」Wednesbury審査の基準の発展を通じて，審査密度の上昇又は低下に時々関与してきたことを指摘してきた。比例原則は，大抵は「より厳格な」審査を不可避のものとして仮定するため，比例原則の登場が，人権法の導入以降，どのように非常に異なる課題を裁判所に提示してきたかについても検討してきた。そのような審査は，過去の経験（すな

---

112)　'Judicial and Political Decision-making: the Uncertain Boundary' [2011] 16 *Judicial Review* 301.

113)　See *Pham* and *Kennedy*, n 106, and e.g., P Daly, '*Wednesbury*'s reason and structure' [2011] *Public Law* 238.

114)　これらの概念については，see ch 3.

わち，準 Wednesbury 審査）と完全に矛盾するわけではないであろうが，「実体的当否」の審査への完全な変化は，権力分立に関して問題があると考えられるであろう。裁判所は，後者の原則を保護するため，例えば，人権法の事件において適切な司法の自制を確保しようとする，並行する「裁量的な判断領域」の法理を発展させてきた。

　最後の要点は，そのような明らかに可変的な公法原則を使用することの望ましさに関することである。裁判所が諸原則を創造的かつ応答的に使用することはコモンローの性質の範囲内のことであるが，この法領域においてはあまりにも多くの不一致が存すると主張することができるであろう。例えば，本章では，特定の選択の「合理性」又は「比例性」に関して非常に多様な司法の意見がどのように存在しうるかを見てきたのであり，細かな技術的な点ではなく規範的な点について議論が認められた。そうすると，これは問題のあるものと考えられるべきなのか。確かに，全般的な司法の推論の過程における首尾一貫性が大きくなることについては，予測可能性と明確性の増大に寄与するという単純な事実を理由として，好意的な議論が存する。しかし他方で，所与の事件における適切な審査の基準に関して様々な司法の意見が存在しうる理由を見失わないことが重要である。事件が，極めて多様な司法に関する哲学を有しうる裁判官らにより審理されるだけではなく，当該事件が，極めて複雑で，文脈に特有の問題を生じさせることもある。かくして，まさにここにおいて，原則の適用が変化しうる余地が明白となり，さらには，「法の支配」や「権力分立」といった概念のそれぞれの憲法的重要性に関する継続中の討議における分岐点を明らかにするのである。

FURTHER READING

Allan, T（2011）'Judicial Deference and Judicial Review: Legal Doctrine and Legal Theory' 127 *Law Quarterly Review* 96.

Amos, M（2007）'Separating Human Rights Adjudication from Judicial

Review—*Huang v Secretary of State for the Home Department*' European *Human Rights Law Review* 679.

Arden, M (2015) *Human Rights and European Law: Building New Legal Orders* (Oxford: Oxford University Press).

Carnwath, R (2014) 'From Rationality to Proportionality in Modern Law' 44 *Hong Kong Law Journal* 1.

Craig, P (2015) *UK, EU and Global Administrative Law* (Cambridge: Cambridge University Press), 256ff.

Craig, P [2015] 'Judicial Review and Anxious Scrutiny: Foundations, Evolution and Application' *Public Law* 60.

Daly, P [2011] '*Wednesbury's* Reason and Structure' *Public Law* 238.

Elliott, M (2001) 'The Human Rights Act 1998 and the Standard of Substantive Review' 60 *Cambridge Law Journal* 301.

Goodwin, J [2012] 'The Last Defence of Wednesbury' *Public Law* 445.

Hickman, T [2008] 'The Substance and Structure of Proportionality' *Public Law* 694.

Irvine of Lairg, Lord [1996] 'Judges and Decision-Makers: The Theory and Practice of *Wednesbury* Review' *Public Law* 59.

Laws, Sir J (1998) '*Wednesbury*', in Forsyth, C and Hare, I (eds), *The Golden Metwand and the Crooked Cord* (Oxford: Clarendon Press).

Poole, T [2005] 'Of Headscarves and Heresies: The Denbigh High School Case and Public Authority Decision Making under the Human Rights Act' *Public Law* 685.

Sales, P (2013) 'Rationality, Proportionality and the Development of the Law' 129 *Law Quarterly Review* 223.

Taggart, M (2003) 'Reinventing Administrative Law' in Bamforth, N and Leyland, P (eds), *Public Law in a Multi-Layered Constitution* (Oxford: Hart Publishing).

第14章

平　等

14.1　序

　本章は，平等原則，あるいは別の語を用いるならば，差別禁止原則に焦点を当てる。ここでの目的との関係では，この原則は，公的な意思決定者が，適切な理由がない限り，等しい状況は等しく，異なる状況は異なるように取り扱わなければならないという原則であると定義できる[1]。本書の構成についていえば，平等についての章を，Wednesbury原則と比例原則についての章の直後に置いている。これは，平等に対する司法のアプローチが合理性などに関するアプローチをしばしば反映しているという意味で，これら諸原則との間に非常に密接なつながりがあるからである。平等原則が多くの側面を持っているのをみることになるが，この原則は，究極には，公的な意思決定における一貫性への期待と，Wednesbury原則及び比例原則と同様に，権限濫用の不存在とによって定義される。しかし，これにより諸原則の間の1つの関連性が示されるものの，私たちは，個人が不公正に取り扱われたという主張が，しばしば，公的な意思決定者がどのように裁量権を行使したか，また問題となっている差別的取扱いを正当化することができるかに関する議論を伴うのをみることになるだろう。それゆえ，これらの権限行使のやり方に対する異議申立ては，審査の強度をめぐるお馴染みの問い——裁判所は当該決定を慎重にみるべきなのか，それとも，合理的な意思決定者であればとらなかったであろう程度に当該決定が不合理である場合にしか裁判所は介入すべきでないのか——を惹起するだろう。

---

1)　*Re Coroner for South Down's Application* [2004] NIQB 86, para 33, Weatherup J.

もちろん，前章を読めば，すべては，決定が行われた文脈と，例えば，当該事項がコモンロー上の諸原則の下で検討されるのかEU法と欧州人権条約（ECHR）の両方又はいずれかが適用されるかとによることは明らかであろう。当該事項がコモンロー上の諸原則に基づいてのみ検討されるときは，司法審査の出発点はWednesbury判決の不合理性になるだろう[2]。それにもかかわらず，既に見たとおり，Wednesbury原則はスライディングスケールで存在し，この原則が比例原則の審査に組み込まれるべきか現在議論がある。しかし，もし訴訟が1972年欧州共同体に関する法律と1998年人権法の両方又はいずれかの下で提起されるならば，比例原則が裁判所を指導すべきであり，裁量的な選択に対するより慎重な審査を——必ずしもではないものの——もたらしうることは明らかである。繰り返せば，すべては，決定が行われた文脈と，その決定が決定者の「裁量的な判断の領域」の内部に含まれると裁判所が判断するか否かとに依存するのである。

　本章における分析は，平等についての主張が判例法の中でどのように生じうるのか，またこのことがコモンロー上の諸原則に基づく審査に提示する論点を見ることから始める。これに続く2つの節で，それぞれEU法及びECHRの法における平等原則の性質を考察する。これらの節では，判例法から多くの例を提示して，比例原則が平等原則とどのように相互作用しているのか，また欧州の諸基準の受容がイギリスにおける憲法の通説にどのようなインパクトを与えたかを明らかにする[3]。本章の最後の節では，具体的な立法枠組みが差別除去との関係で果たしうる役割[4]，またこれらの枠組みがどのように司法審査の平等原則と関係しているのかを簡単にみる。

　序で述べておくべき最後の点は，本章が実質的意味での平等にかかわるもの

---

2)　*Matadeen v Pointu* [1999] 1 AC 98, 109, Lord Hoffmann.

3)　See further chs 2-4.

4)　See J Wadham et al (eds), *Blackstone's Guide to the Equality Act 2010* 2nd edn (Oxford: Oxford University Press, 2012) and N Bamforth, M Malik, and C O'Cinneide, *Discrimination Law: Theory and Context, Text and Materials* (London: Sweet and Maxwell, 2008).

であって，形式的意味での平等にかかわるものではない，ということである。形式的意味とは，第2章で検討したダイシー派の法の支配の観念，すなわち，すべての者は，公的であれ私的であれ，ひとしく国の通常の法に服するべきであるという観念と結びつくものである。これに対応する形式主義は，立法府の最高性というダイシーに関連する原理から導かれる。この原理は，社会における異なる集団の間で実質的平等が必要とされるという議論にもかかわらず，ウエストミンスターの議会は，法律により影響を受けるすべての者にひとしく適用されるという意味で差別的な立法を制定することができることを含意している[5]。しかし，ウエストミンスターの議会がこのような差別的な法律を制定することは今なお理論的にも実務上も可能であるものの，このような法律は，今では，1972年欧州共同体に関する法律及び1998年人権法の解釈により得られる，EU法及びECHRの要請により，緩和されるかたちで司法により受容される。既に他の箇所で説明したとおり，EU法の平等の要請に抵触する議会制定法は，裁判所によって適用しないことができる（明示的に又は「抗し難い」黙示によりEU法を否定する文言がある場合を除く）が[6]，その一方で，欧州人権条約に適合するやり方で解釈することができない法律は，1998年人権法4条に基づく不適合宣言の対象になるだろう[7]。

14.2 平等とコモンロー

平等原則に中心を置くコモンロー上の主張が司法審査手続の中で登場しうる方法はおそらく主に2つある。第1は，この原則が行政の意思決定者による政策の適用によって侵害されたと主張する場合である[8]。ここでは，個人は，実

---

5) See J Jowell, 'Is Equality a Constitutional Principle?' (1994) 2 *CLP* 1.

6) See 3. 3. 2 and, e. g., *R v Secretary of State for Transport, ex p Factortame Ltd (No 2)* [1991] 1 AC 603 and *Thoburn v Sunderland* CC [2003] QB 151.

7) See 4. 4. 3 and e. g., *A v Secretary of State for the Home Department* [2005] 2 AC 68.

8) 政策の性質については，12.2を参照。

在する政策を指摘して，意思決定者が当該事項をその政策に照らして解決しないことを選択し，それによって不適法に行為したと主張することができる。このような状況において，平等原則に基づく主張がとりわけ説得的であるのは，正確にいえば，政策が意思決定者を指導し，それにより意思決定過程に確実性と一貫性を生じさせることが意図されているからであるということができよう。それゆえ，R v Home Secretary, ex p Urmaza[9] では，イギリスに居る間に「船を降り」，その後にこの国の中で結婚したフィリピン人船員が国外追放の意図をもって彼を収容する決定に異議申立てを行った。司法審査申請が成功したのは，請求人にイギリスに滞在する資格を付与するであろう政策の下で国務大臣が請求人の移民の地位を認めない決定を行ったからであった。この政策を請求人に適用しないことに理由はなく，国務大臣の決定は違法であると判断された[10]。

　平等原則が登場しうる2つ目の方法は，現実には政策によってカバーされていない領域で裁量的な選択を行う際に意思決定者が差別をしたと個人が主張する場合である。このシナリオでは——上記の場合とは対照的に——不適法な決定があったと裁判所を説得しようとする際により高い壁に直面することが予想されるだろう。それは，この場合には，2つの別々の事柄が現実には同一であって同一のものとして取り扱われるべきであるか否かに関する価値判断を行う際に当該機関に必然的に伴う広範な裁量に基づき決定を行うことができるからである。このような状況の下で平等の必要性に関する主張を司法府が受け入れるならば，権力分立の分析に基づくと当該機関が所管する事項に裁判所が関与することになる。その結果，2つの事案を同一に取り扱うべきであったという効果をもたらす司法判断は，法的には当該機関の所管である選択を裁判所が行っていることになるだろう。

　これに対応する，Wednesbury 原則と比例原則の両方又はいずれかと平等原

---

9)　[1996] COD 479.

10)　See too *R v Home Secretary, ex p Gangadeen* [1998] 1 FLR 762 and *R (Gurung) v Ministry of Defence* [2002] EWHC Admin 2463.

第 14 章 平　　　等　*585*

則との結びつきは，諸個人の間又は諸個人の集団の間の取扱いにおける違いが
正当化されるかを裁判所が決定しなければならないときに作られる。たしか
に，「合理的な行動の一般的な公理として，類似の事案を同様に，異なる事案
を異なるように」[11] 取り扱うことが必要だと裁判所がみることは十分に確立し
ており，したがって，決定の正当化が Wednesbury 原則の強い意味で不合理
なものである（すなわち，「合理的な意思決定者ならば」それを行わなかっただろうほ
どその正当化が「不合理である」）場合に裁判所が介入することは期待できる。し
かし，より困難なのは，正当化することがそこまで不合理ではない状況の場合
である。通説は，裁判所は強い不合理性がないときは介入すべきでないと命じ
ているものの[12]，法ははるかにもっと複雑でありうること，そして事案の文脈
によって，より多くの，あるいはより少ない介入が導かれるかもしれないこと
が知られている。裁判所に「よく調べる」審査をさせる考慮要素には，裁量の
程度や，コモンロー上の基本的権利が異議を唱えられている当該決定によって
影響を受けているか否かが含まれる。他方，裁判所を抑制的な立場に導く考慮
要素には，決定が本質的に政治的な性質を帯びていたか社会政策によって特徴
づけられたかが含まれる[13]。

14. 3　平等と EU 法

　EU 法における平等原則は，互いに交錯する多くのレベルで存在しており，
ウエストミンスターの議会の法律ですら「よく調べる」審査を行うことを裁判
所に要求しうる[14]。第 1 に，この原則は，EU 基本権憲章の平等の章[15]，また

---

11)　*Matadeen v Pointu* [1999] 1 AC 98, 109, Lord Hoffmann.

12)　例えば，*Kruse v Johnson* [1898] 2 QB 91（一定の場所で音楽演奏を禁止する条例
は，異なる種類の間の運用において明らかに偏りや不平等があるか，不適正である
か，不誠実に定められているか，あるいはそれに服する人々の自由に対し正当化で
きない介入を明らかにもたらしている場合のみに，不適法と判断される）における
ようにである。

13)　*Matadeen v Pointu* [1999] 1 AC 98, 109, Lord Hoffmann.

国籍に基づく差別を禁止し[16)]，性別・人種・民族的出自・宗教又は信念・障が
い・年齢又は性的指向に基づく差別の除去を追求し[17)]，そして性別間における
同一労働同一賃金を要請する[18)]，EU 運営条約の広範な諸規定にみられる。第
2 に，この原則は，上記の条約諸条項に基づき採択され，イギリスの裁判所で
直接に実現可能である EU 諸機構の多くの立法行為の中にみられる。これらの
立法行為が指令の形式で存在する場合には，もちろん，イギリスの（諸）議会
はその立法行為の目標を達成することを義務づけられ，この義務は通常，個人
が差別を受けた時に審判手続を開始することを可能とする特定の立法的枠組み
を導入することによって遂行される（14.5 を参照）。第 3 に，平等は EU 法の一
般原則として存在する。すなわち，EU 法の領域内で活動する国家の意思決定
者には，類似の事案を同様に，異なる事案を異なるように取り扱うことが，そ
うしないことについて客観的な正当化がない限り求められるということであ
る[19)]。比例原則も EU 法の一般原則であるので，EU 法は，一定の文脈の下で
裁判所による介入を緩めうる「評価の余地」原理をもっているものの[20)]，あら
ゆる裁量的な選択の適法性はこの原則を用いて評価しなければならないことが
導かれる。

　上述の様々なレベルの交錯が，イギリスの EU 加盟の憲法的含意に関するい
くつかの著名な判例法の中心をなしてきた。例えば，第 3 章で検討した
Factortame 判決は，1988 年商船法が，他の諸論点に加え，（当時の）欧州共同
体条約による国籍を理由とする差別の禁止に抵触すると主張したスペイン人の

---

14)　See 3.2.1.2.

15)　20 条から 26 条。

16)　EU 運営条約 18 条。

17)　EU 運営条約 19 条。

18)　EU 運営条約 157 条。

19)　Cases 117/76 and 16/77, *Ruckdeschel v Hauptzollamt Hambourg-St Annen*
　　[1977] ECR 1753, 1811.

20)　3.2.2.1 を参照。EU 法における評価の余地の原理については，例えば Case C-265/95,
　　Commission v French Republic [1997] ECR I-6959, 6999, para 33 を参照。

漁船の船長によって提訴されたものであった[21]。これに匹敵する憲法上の重要性をもつ事件が，R v Secretary of State for Employment, ex p Equal Opportunities Commission であった[22]。この事件の原告は平等問題を監督する責務をもつ制定法に基づく組織であり，この事件では，1978 年雇用保護（統合）法が EU 法の平等賃金の諸要請（当時は EEC 条約 119 条に含まれていたもので，現在は EU 運営条約 157 条に含まれている）の関係で有効かを争った。原告の主張の中心は，この法律がフルタイム労働者——その多数は男性である——にパートタイム労働者——その多数は女性である——より優先的な雇用保護の諸権利を付与しているので，女性を間接的に差別しているというものであった（間接的な差別は，表面上は中立的なルール又は条件が特定の個人又は集団に不利な影響を与えている場合に生じるものということができる）。貴族院は，この主張，そして差別は正当化できないということに同意をしたうえで，ウエストミンスターの議会の法律を取り扱う際に裁判所が利用可能な救済手段を取り上げるときに，Factortame 事件の意義を考慮に入れた。結局，貴族院は，1978 年法が EU 法の関連諸規定に合致しないとの宣言を出すという先例のない処置をとった[23]。

　最高裁判所が間接的な差別である措置を違法だと認めた近年の事件が，Patmalniece v Secretary of State for Work and Pensions である[24]。この事件の中心的な争点は，国家年金給付金の受給資格を定める条件が EU 法の国籍に基づく差別禁止に抵触していないか，またもし抵触しているならば正当化できるかであった。この訴訟はイギリスに 2000 年から住んでいる——しかしイギリ

---

21) *R v Secretary of State for Transport, ex p Factortame Ltd (No 2)* [1991] 1 AC 603.

22) [1995] 1 AC 1.

23) EU 法の平等に関する他のリーディングケースについては，例えば，*Duke v GEC Reliance Ltd* [1988] AC 618; *Pickstone v Freemans plc* [1989] AC 66; *Finnegan v Clowney Youth Training Ltd* [1990] *2 AC 407; Webb v EMO Cargo (UK) Ltd* [1995] 1 WLR 1454 を参照。

24) [2011] 1 WLR 783. 問題となった法律は 2002 年国家年金給付金法 1 条 2 項（a）及び 2002 年年金給付金規則である。

スでは働いていなかった——ラトビア人女性によって提起された。ラトビアが2004 年に EU に加盟したとき，Patmalniece 夫人は EC 1408/71 号規則（この規則は社会保障スキームに適用される）から受け継いだ受給資格があるとして国家年金給付金の申請を行った。しかし，彼女の給付金申請は，関連する国内法に基づく居住適格要件を充たさないことを理由に拒否された。最高裁判所は，当該法律が間接差別であったことを認めたものの，それにもかかわらず正当化されるとの見解に立った。これは，当該法律がいわゆる「受給」又は「社会」ツーリズムから公共の財布を保護するためのものであること，またこの目的は国籍の問題とは独立していることを理由とするものであった。Hope 裁判官が述べるように，当該法律の文言は次のようなことを示している。

　国務大臣の目的は，イギリスの財源を経済的又は社会的にこの国と統合されていない者たちによる受給ツーリズム又は社会ツーリズムから保護することにあった。これは，その者たちの国籍や出自を理由としているものではない。これは，経済的又は社会的に受入加盟国と統合している者たちのみがその国の社会扶助システムへのアクセスを有するという原則を理由とするものである[25]。

　もう 1 つ著名な事件が，R (Rotherham MBC) v Secretary of State for Business, Innovation and Skills である[26]。この事件は，北アイルランド並びにスコットランドのハイランド及び北部諸島を含むイギリスの諸地域の間における EU 構造基金の配分に関する国務大臣の決定に異議申立てをするために EU 法の平等原則を用いたものであった。原告のカウンシルは，国務大臣はイギリス内部の地域の間で配分を行う際に不公平な計算方法を採用し，このために原告カウンシルは資金水準を非常に低くされたと主張した。最高裁判所は，平等原則違反があったとするこの主張を斥けるに際して，本件——資金の配分にかかわる——

---

25)　[2011] 1 WLR 783, 803, para 52.

26)　[2015] UKSC 6, [2015] 3 CMLR 20.

の争点は国務大臣が広範な「判断の余地」をもっているものであり，裁判所は介入を控えるべきであると述べることから始めた。地域間で差別があったか否かという特定の問題については，裁判所は，国務大臣のアプローチが4つの地方の間に不正に差別をしておらず，またこれにより国務大臣が構造基金にかかわるEUの立法への違反とならない限りで，国務大臣はイギリスにおける憲法上の配置を考慮する権限を有していたと判断した。裁判所に示された事実に基づけば，多数意見は国務大臣の行為は適法であるとの見解であった。

14. 4　平等とECHR

本節における平等原則に関して出発点となるのは，ECHR 14条である。同条は次のように定める。

　本条約が定める権利及び自由の享受は，性別，人種，肌の色，言語，宗教，政治的若しくはその他の意見，国家的若しくは社会的出自，民族的少数者への所属，財産，出生又はその他の地位に基づく差別なしに保障されなければならない。

ECHR 14条は，これによって，独立した差別禁止を保障しているわけではない――すなわち「本条約の権利及び自由の享受」への参照がある――が[27]，欧州人権裁判所の判例法によって，ECHR 14条違反が成立するのに他の権利及び自由の侵害は必要ないことが確立している[28]。その代わり，争われている

---

27)　イギリス政府はまだ批准していないが，ECHR 第12議定書が次のように定める。「1. 法が定める権利の享受は，性別，人種，肌の色，言語，宗教，政治的その他の意見，国家的若しくは社会的出自，国家的マイノリティとの結合，財産，生まれ又はその他の地位などいかなる根拠に基づくものであれ差別されることなく保障されなければならない。2. いかなる者も，第1項に定める事項に基づき公的機関によって差別されない」。

28)　e.g., *Abdulaziz, Cabales and Balkandali v UK* (1985) 7 EHRR 471.

決定又はその他の措置が，他の諸条項の１つの「射程の内部に」入っていれば十分であり，その段階で，ECHR 14 条違反があったか否かを裁判所が判断することができる[29]。個人が他の権利又は自由の１つと結びつけて ECHR 14 条に基づく主張を行う場合には，より有利に取り扱われてきているか取り扱われていた比較対象者を同定することができなければならない。ここでの差別は形式において直接のこともあれば間接のこともあり，審査を行う裁判所は，その比較が妥当なものだとの見解に立つならば，原告の劣位取扱いが正当化できるかを判断しなければならない[30]。正当化とは，この文脈では，公的機関が劣位取扱いの正当な目的を同定し，その取扱いがすべての事情を考慮に入れた上で比例原則を充足していると裁判所に満足させることを求めるものである。もし裁判所が，正当な目的が追求されていないことと比例原則を充足していないことの両方又はいずれかを結論づければ，ECHR 14 条違反となり救済を付与しなければならない。他方，裁判所は，紛争にかかわるすべての文脈を考慮に入れ意思決定者の選択に対して抑制を働かせることもある。このような事情の下では，裁判所は，争われている決定その他の措置が意思決定者の「裁量的な判断の領域」に含まれることを強調することができる[31]。

　1998 年人権法に基づく ECHR 14 条の射程に関しては多くの判例が存在し，その中には相当に物議をかもした事項に触れるものもある。１つの例は，すでに以前の章で言及したものであるが，A v Home Secretary[32]，有名な 'Belmarsh

---

29)　e.g., *Van der Mussele v Belgium* (1984) 6 EHRR 163, 178, para 43.

30)　*Larkos v Cyprus* (2000) 30 EHRR 597, 608, para 29 ; and *R (Carson) v Secretary of State for Work and Pensions* [2006] 1 AC 173.

31)　裁判所による指導的な原理の言明としては，*R (Hooper) v Secretary of State for Work and Pensions* [2005] 1 WLR 1681; *R (Carson) v Secretary of State for Work and Pensions* [2006] 1 AC 173; and *R (M) v Secretary of State for Work and Pensions* [2009] 1 AC 311 を参照。またこの原理の適用については，例えば，*Humphreys v Revenue and Customs Commissioners* [2012] UKSC 18, [2012] 1 WLR 1545 and *R (SG) v Secretary of State for Work and Pensions* [2015] UKSC 16, [2015] 1 WLR 1449.

32)　[2005] 2 AC 68. See 4.4.3 and 13.6.3.1.

detainees' 判決である。ここでは，議会が2001年反テロリズム・犯罪・安全法を制定し，同法は，他の事柄と合わせ，国際テロリズムへの関与が疑われるイギリス国籍者でない者を公判なしに無期限で拘束することを定めたものであることを思い出してほしい。この判決の結果は，ECHR 15条と結びついたECHR 5条に基づく自由の諸権利に対し，比例原則を充足せず，侵害があったとの判示に関係する部分がおそらく最も有名であるが，貴族院は，この措置がECHR 14条との関係でも差別的で正当化できないと判断した。政府は，この点について，これらの措置は出入国管理及び庇護の分野に含まれ，また出身国においてその者の福利に対する脅威があることに鑑みればその者を出身国に強制送還することができないため拘束が唯一の意味ある選択肢であると主張した[33]。しかし，貴族院は，これらの措置が出入国管理及び庇護に関係することに同意せず，代わりに，これらの措置は国家安全保障の領域で採択されたのだと判断した。テロ攻撃は——後に2005年7月7日の悲劇的な出来事によって裏付けられたが——イギリス国民によっても等しく犯されうると述べて，貴族院は，これらの措置が正当化されず形式において差別的であると結論づけた。ECHR 5条についてと同じく，ECHR 14条に不適合であるとの宣言が出された。

差別的な措置がECHR 14条の下で適法であると判断された事件が，Re Parsons' Application 判決であった[34]。この事件の原告はプロテスタントの信者であった。彼は，北アイルランドの警察への入職を希望したが，50/50任用クオータ制，すなわち，本件の事実に基づくとカトリック信者による応募を原告に優先する仕組みのゆえに任用を拒否された。このクオータ制は，2000年警察（北アイルランド）法46条1項に根拠があり，北アイルランド紛争後の警察におけるカトリック代表の割合を高める努力の中で導入されたものである。

---

33)　これは，*Chahal v UK*（1996）23 EHRR 413における欧州人権裁判所の判決の結果であった。

34)　[2002] NI 378（Northern Ireland High Court）and [2004] NI 38（Northern Ireland Court of Appeal）.

Kerr 裁判官は，これは正当な目的である——北アイルランドにおける警察は歴史的に対立を生んでおり，大多数の警察職員はプロテスタントであった——ことを認め，争われている措置は比例原則を充足しており，そして ECHR 9 条で保障される信教の自由と結びついた ECHR 14 条に違反しないと判断した。その理由は，他にもあるが，執られた措置が，その運用が 5 年後に見直されるという意味で時限的なものであったからであった。控訴院への上訴は斥けられた。

　特筆すべきもう 1 つの事件は，R (Hurley) v Secretary of State for Business, Innovation and Skills である[35]。この事件の争点は，他にもあるが，イングランドの大学に年間 9000 ポンドまでの授業料を徴収することを認める諸規則が ECHR 第 1 議定書 2 条に基づく教育を受ける権利と結びついた ECHR 14 条に違反しないかであった[36]。これらの規則は，授業料の値上げを認めるものの低所得層出身の学生により大きな支援を行うべきであるというパネルの勧告をうけて定められていた。これらの規則に異議を申し立てて，請求人は，新しい授業料の上限は低い社会的，経済的集団出身の者が高等教育に進むのを阻害する要因として作用している証拠があることを理由に，値上げ後の授業料は低層の社会的，経済的集団出身の個人を間接的に差別していると主張した。しかし，裁判所は，この授業料が一定の学生たちにとって阻害要因として作用している証拠があることは認めたものの，貧困層の学生たちに大学へのアクセスをしやすくすることを意図した諸措置の利用可能性をとくに勘案すると，これらの学生たちが必ず低所得層の出身であるということには満足しなかった。裁判所はまた，「これはマクロ経済の判断の領域であり，ここでの決定は公的資金配分の優先づけについて行わなければならず……持続的で質の高い高等教育を提供するという目的をどうすれば最もよく確保できるかに関しては，民主的にアカ

---

35) [2012] HRLR 13.

36) これらの諸規則とは，Higher Education (Basic Amount) (England) Regulations 2010, SI 2010/3021 と Higher Education (Basic Amount) (England) Regulations 2010, SI 2010/3020 である。

第 14 章 平　　等　*593*

ウンタビリティを負う国務大臣に広い判断余地が与えられなければならない」
ことから，この種の事件における司法の抑制の必要性にも言及した[37]。したがっ
て，請求人は，法律の下における国務大臣の平等義務と国務大臣による包括的
な措置のパッケージ（ただし授業料の水準ではない）についての分析とに関係す
る細かな点に関しては不適合宣言を得たものの，ECHR 14 条違反の主張は認
められなかった。

14.5　平等と制定法

　最後に取り扱うべき問題は，1972 年欧州共同体に関する法律及び 1998 年人
権法に加えて制定された，差別除去を目指す広範な制定法上の枠組みと平等原
則との関係である。14.3 で既に示したとおり，これらの枠組みの中には，歴史
的に，EU 諸機構の立法行為に効力を与えるために制定されたものがあるが[38]，
他方で，Re Parsons' Application 判決で争点になったような，イギリス（の一
部）に特有の害悪に向けられたものもある。人種や障がいといった性質に基づ
く差別に対処することを目指してきた枠組みもあるが，現在は，2010 年平等
法によって，イングランド及びウエールズ並びにスコットランドの大部分にお
いてこれらの枠組みの多くは統合されている[39]（Hurley 判決で言及された種類の平
等義務がこの法律にみられること，そして意思決定者は，例えば措置が特定の社会的集
団に与えるだろう影響を評価することを通じて，この義務に適正な考慮を払わなければ
ならないことにも注目できるだろう）[40]。
　司法審査との関係で，立法に関する鍵となる問題は，当該立法が，差別が
あったときに，例えばカウンティコート又は審判所における手続を通じて代替

---

37)　[2012] HRLR 13, para 63.
38)　例えば，2010 年平等法附則 27 により廃止された，1975 年性差別法がある。
39)　この法律については，Wadham et al., n 4 を参照。この法律は北アイルランドには
　　一般的には適用されていない。217 条 3 項を参照。
40)　「適正な考慮」義務については，11.5.5 を参照。

的な救済方法を提供しているかということにしばしばなるであろう[41]。その場合，立法者の意思に忠実であるとの理由のみならず，ある救済手段がその事情においてより効果的であるとの理由から，その救済手段を裁判所が原告に利用させることがよく知られる[42]。しかし，法律が適当な救済手段を提供していない場合には，司法審査申請が適切なものとなるだろう。文脈によるが，司法審査申請は，問題となっている公的団体が，関連法律の条件に抵触して差別を行うことによって違法にあるいは権限踰越で行為したとの主張を中心に据えることになるだろう。

かかる司法審査申請の指導的な例は，R（E）v Jewish Free School Governing Body である[43]。2006 年平等法に基づいて，宗教を理由とする差別は禁止されたが，信仰学校には免除が付与された。これは，学校には，その学校が採用した信仰をもつ者を優先して生徒の選抜を行うことが許されるという意味である。しかし，この免除によっても，他の理由，例えば人種を理由とする差別は許されない。請求人は定員を上回る応募があったユダヤ学校への入学を希望したマソラ派ユダヤ人であったが，学校は，原告の母親がユダヤ人の血統ではなく（父親はそうであった），非正統派のシナゴーグでユダヤ教に改宗したことを理由として入学を拒否した。この学校の決定は，学校の定員を上回る応募があった場合の選抜方針に基づき行われたもので，当該方針を争う中で，申請人は，申請人の民族に基づく直接差別である（1976 年人種関係法 1 条 1 項（a）に違反する）ことと，同じ理由に基づく間接差別である（同法 1 条 1A 項に違反する）

---

41) 2010 年平等法第 9 部。審判所については，本書第 7 章を参照。カウンティコートにおける訴訟として始まった著名な事件については，*Hall v Bull* [2013] UKSC 73, [2013] 1 WLR 3741 を参照（ベッドアンドブレックファストの施設の所有者であるキリスト教信者による，ダブルの部屋をシヴィルパートナーシップの関係にある同性カップルに使わせることを拒否した決定が，2007 年平等法（性的志向）規則に違反する差別とされた）。

42) e.g., *Re Kirkpatrick's Application* [2004] NIJB 15.

43) [2010] 2 AC 728. And see C McCrudden, 'Multiculturalism, Freedom of Religion, Equality, and the British Constitution: The JFS Case Considered' (2011) 9 *International Journal of Constitutional Law* 200.

ことの両方又はいずれかであると主張した。最高裁は、5対2の多数決で、犠牲者の民族的な出自が入学を拒否する事実上の根拠であることが明白であることを理由に、この学校の方針は直接差別であると、そしてかかる差別はそれにより不適法であると、換言すれば、入学許可が、実践している宗教ではなく、母親の家系を参照して行われていると判断した。学校側にとってこれに対応する困難な事情は、ユダヤ人母親からの家系という規準は1976年人種関係法の射程にきれいに入るものであって、ここでは「信仰学校」という免除が適用されないことであった。この最初の認定——直接差別は1976年法の下では正当化できない——が事件を方向づけたが、多数意見は、当該方針が間接差別にあたり、正当化されないことも判示していた。これは、異なる民族的出自をもつ申請人たちがこの方針の下で不利に取り扱われるのが明白であること、この規準が宗教的実践の問題にはまったく重点を置いていなかったことを理由とする。もし学校が、当該方針は「信仰学校」のエトスを保持することを意図していると主張したとしても、裁判所は、この規準には比例性の充足に必要な質が欠けていると結論づけたであろう[44]。

14. 6 結　　論

　本章での議論は、平等原則が第13章で検討したWednesbury原則及び比例原則と切り離せないかたちで結びついていることを指摘することから始めた。この結びつきに戻り、2点を指摘して本章を締めくくりたい。第1は、——14.2で概略を示したように——Wednesbury原則及び比例原則の議論を通じてみられる緊張が、コモンローの平等原則に関する判例の中にみられることである。これまでみてきたように、平等原則は、意思決定者が諸個人の間で区別をした際に適法に行為したか、もしそうでないならば裁判所が救済手段を付与すべきかを問うことを裁判所に求める。強い不合理性がある事案において裁判所

---

44)　See G Bindman, 'When Freedoms Collide' (2010) 160 *New Law Journal* 320.

596

が介入することは問題とならないが，それ未満の場合に介入することは，憲法
の観点で潜在的に大きな問題をはらんでいることを指摘した。

　第2の点は，差別除去を追求する立法的枠組みに基礎を置く決定などに対す
る異議申立ての射程にかかわる。上述したいくつかの例が明確にしているとお
り，比例原則という語は，第11章及び第12章で考察した違法性の原則の語や
論理と同じく，しばしば，かかる異議申立てを根拠づけることができる。司法
審査の根拠に関する前述の議論を振り返るならば，平等は，諸々の根拠が重な
り合う性質をもっていることを頻繁にみることができるもう1つの領域であ
る。

FURTHER READING

Bamforth, N, Malik, M, and O'Cinneide, C (2008) *Discrimination Law: Theory and Context, Text and Materials* (London: Sweet and Maxwell).

Bell, M (2002) *Anti-discrimination Law and the European Union* (Oxford: Oxford University Press).

Jowell, J (1994) 'Is Equality a Constitutional Principle' 2 *Current Legal Problem* 1.

Mancini, S [2009] 'The Power of Symbols as Power: Secularism and Religion as Guarantors of Cultural Convergence' 30 (6) *Cardozo Law Review* 2629.

McCrudden, C (2011), 'Multiculturalism, Freedom of Religion, Equality, and the British Constitution: The JFS Case Considered' 9 *International Journal of Constitutional Law* 200.

Wadham, J et al. (eds) (2012) *Blackstone's Guide to the Equality Act 2010* 2nd edn (Oxford: Oxford University Press).

第 15 章

正当な期待

15. 1　序

　本章では正当な期待の原理について考察しよう。これは，過去 20 年ほどの間に判例法において徐々に著名になってきた原理であり，現在では，公法の仕組みの中心にあるとみなされている[1]。この原理の起源は，コモンローの公正性にあり，決定によって影響を受けうる個人は当該決定がなされる前に協議を受けることを期待しうるとの考え方——いわゆる「手続的正当な期待」〔procedural legitimate expectations〕[2] にある。しかしながら，その原理は以後，実体的局面をも包含するように展開してきており，それは，例えば個人がある種の実体的便益を受けうること，又は受け続けることについての適法な意見陳述を受けた場合，意思決定者がそれを守らないことを禁じうるというものである（「実体的正当な期待」〔substantive legitimate expectations〕）。この後者の局面は，司法審査請求における司法の役割の限界に関する広範にわたる議論を引き起こしてきている。というのは，実体的期待を阻害する決定は，典型的には意思決

---

1)　*R v East Sussex County Council, ex p Reprotech* [2002] 4 All ER 58, 66, Lord Hoffman. この原理の EU 法における位置づけ（「法の一般原則」として存在）については，3.2.2.3 を参照。欧州人権条約〔ECHR〕における位置づけについては，see, e.g., M Sigron, 'Legitimate Expectations Under Article 1 of Protocol No. 1 to the European Convention on Human Rights' (2014) 32 *Netherlands Quarterly of Human Rights* 338.

2)　公正性におけるこの原理の基礎について，see *R (Bapio) v Home Secretary* [2008] 1 AC 1003, 1016, para 29, Lord Scott. また，コモンロー上の公正性については第 17 章を参照。

定者に対して裁量権限を委ねる制定法の枠組みの範囲内でなされるためである。それゆえこの結果，議論としては，権力分立の原理に関するよく知られた懸念，つまり裁判所は裁量判断をどの程度厳密に審査すべきかといった点を中心としてきた。また，正当な期待の原理と裁量拘束禁止ルールとの間の明白な緊張関係に関しても考察されてきた。第12章において考察したように，裁量拘束禁止ルールとは，意思決定者が自らに委任された裁量権限に制限を課すことは裁量を付与した立法者の意図に反しうるがために，それをすることができないことを意味するものである。同時に，正当な期待の原理は，法的明確性の原則に基づくものであるが，意思決定者がある個人の状況に関わる従前の政策に拘束されるべき，又は，ある個人に対して以前になされた約束について効果を与える必要があるといった主張を，当該個人が行うことを認めるものである。ゆえに最も単純化すれば，この原理は，従来の政策及び，又は意見表明を無視する裁量権の行使が違法とみなされうることを示すものである[3]。

　以下では，この分野において判例法が展開しており，正当な期待の原理が有するWednesbury判決の不合理性や比例原則といった原則[4]との関係性を通じて裁判所が機能し続けていることについて，見てゆく。但し，現在の判例法に関して一般的に妥当する2つの点があり，それらは以下の記述を読む際に念頭に置かれるべき点である。第1に，期待が形式上手続的である場合には，いかなる事案においても，公正性が何を求めるかを判断する際に，裁判所はより強い要請をするようである[5]。その理由としては，手続的不適正の審査は，裁判所が決定の実体的当否〔merits〕を評価するものではなく，むしろ決定に至る方法を評価するものと理解されるため，裁判所は手続的不適正に関しては決定を審査する意思をかねてから示している点にある。他方で，手続と実体の問題

---

3)　See further C Hilson, 'Policies, the Non-Fetter Principle and the Principle of Substantive Legitimate Expectations: Between a Rock and a Hard Place?' [2006] 11 *Judicial Review* 289. また，この点に係る裁判所の考察として，see *Re Loreto Grammar School's Application* [2013] NI 41.

4)　On which see ch 11.

5)　手続的正当な期待について，さらに17.2.5を参照。

は常に又は簡単には分離できないものであり，また，「手続」に係る展開は「実体」についても意味を持ちうると言われる。ここで理由提示に係るコモンロー上の義務[6]が想起されよう。つまり，その義務は手続的公正性の一側面と表されるが，提示される理由は，関連性，不合理性，比例性の欠如，又は権限濫用といった主張を中心とした司法審査請求を基礎づけるものとして，実体的に用いられうる。

　第2点目として，裁判所は次のような場合には，実体的正当な期待を阻害する決定について，厳格な審査をより一層及ぼそうとしている。その場合とは，意見表明が「一人又は数人の人に対して，約束や意見に契約の性質を持たせるように」なされる場合であり，「意見表明が不特定の集団の人に対しては何の含意も持たない形で，少ない数の人に対して，個々の事実に基づきなされたのであれば，それは拘束的なものと判断されうる可能性が高まる」[7]。こうした状況において決定を厳格に審査しようとすることが論争を生じさせることについては以下で考察する[8]が，こうした状況では個人に対する公正性の要請が最も高いものになると言えよう。というのは，個人は典型的には自身の不利益についての意見表明に依拠するのであり（それが金銭を消費するものであるか，新たな人生選択をするものであるかにかかわらず），意思決定者が従前の意見表明を突然取り止めることで「権限濫用」となるのを避けるよう裁判所は気にかけているためである。しかしながら，こうした事案で裁判所が介入することに伴う困難さとして，一人の人（又は小集団の人）に対してなされた意見表明が，その人（又はその集団）に対してのみ意味のあるものであるかを判断するのが困難であるという点である。実際にそうした問題は，争われた公的機関の決定が資源の配分に関する場合，例えば，社会住宅の提供について以前に確言を受けた個人

---

6)　See ch 17.

7)　*R v North and East Devon Heath Authority, ex p Coughlan* [2000] 2 WLR 622, 646, para 59.

8)　M Elliott, '*Coughlan*: Substantive Protection of Legitimate Expectations Revisited' [2000] 5 *Judicial Review* 27.

に対して提供を拒否するといった場合において，特に顕著なものとなりうる。その決定を争って当該個人が勝訴した場合，そこでの司法救済は裁判に参加していない他の多くの人の事案に影響を与えることになりうる。それゆえ以下で見るように，この種の論争は時として「多極的」と評され，そして裁判所で提起された争点が，裁判所で代表されていない利益を持つ者に対して「波及」効果を持ちうる場合には，司法の抑制を支持する強力な議論[9] がある。

　本章における分析として，正当な期待が法的にどのように形成され，認識されるのかを説明する節から始める。それに続く 2 つの節で，(1) 正当な期待の原理の手続的局面と実体的局面との関係性，(2) 現在の裁判所が実体的正当な期待を保護する方法について検討する。強調すべき点として，そこでの分析は，公的機関が適法に又は権限内で行った意見表明その他の手法によって，形成された正当な期待に関するものである（「適法に形成された期待」とする）。以下で明らかになるが，権限踰越での意見表明から生じた合理的な期待を有するとか，又は，意見表明に係る権限のない職員が表明した意見から生じた合理的な期待を有するといった主張を個人が行うことも，（例外的にではあるが）可能ではある（「適法でなく形成された期待」とする）。この種の事案は，公正性の要請と合法性原理の憲法上の要請とをどのように調整するかという難しい問題を提起するため，この問題については最後の節で，適法でなく形成された期待の保護として考察する。結論では，現在の法状況についてのより一般的で，評価を含むコメントを提示する。

15. 2　正当な期待はいつ形成されるのか？

　個人が正当な期待を持つか否かの問題は，客観的に，かつ，事案に係る全ての法的・事実上の文脈を参照して，解答しうる法律問題である[10]。第 1 に，個

---

9)　J Allison, 'The Procedural Reason for Judicial Self-restraint' [1994] *Public Law* 452.

10)　*Re Findlay* [1985] AC 318, 338.

人が正当な期待を持つのは意思決定者の行為に関してのみであるため，裁判所は公的機関の活動に目を向ける[11]。これは，一方の当事者（公的機関）が他方の当事者（個人）に影響を与える決定をすることができるが，後者が前者に関して同等の権限を有さないといった場合において，「権限濫用」を防ぐことが公法においてより一般的に強調されていることと響き合う[12]。それゆえ，もし公的機関が一定の形で行為する又はしないことを示した場合，それ以前に当該機関が個人の不利益に関して示したことに対して当該個人が依拠しなかったという例外的な状況においてさえも，裁判所は正当な期待が形成されたと認定できるとしてきた[13]。公的機関が一定の方法で行為すると示したことについて個人が当初は気づいていなかったが，当該個人が後にその方法での行為を裁判所に命ずるよう求めた場合でも，権限濫用を防ぐという要請により，個人が正当な期待を持ちうることを，裁判所が受け入れるに至っている[14]。

　公的機関の行為が正当な期待を生じさせうる方法として，大まかには3つの方法がある[15]。第1に（正当な期待に最も強固な基礎を与える場合），公的機関が一定の方法で行為する又はしないことについて意見表明をした（こうした目的での意見表明が個別の意見，通達，報告書，その他の公的文書の1つ以上において見出されうる）場合である。意見表明が特定個人に対してなされたこと，及び，それが

---

11) See *R (Bapio) v Home Secretary* [2008] 1 AC 1003, 1017, para 29, Lord Scott.

12) See D Oliver, *Common Value and the Public-Private Divide* (London: Butterworths, 1999), ch 1.

13) *R v Secretary of State for Education and Employment, ex p Begbie* [2000] 1 WLR 1115, 1123-4 and *R (Bibi) v London Borough of Newham* [2002] 1 WLR 237, 246, para 31.

14) See *R (Rashid) v Secretary of State for the Home Department* [2005] Imm AR 608; 12.2.2; and M Elliott, 'Legitimate Expectation, Consistency and Abuse of Power: the *Rashid* case' [2005] 10 *Judicial Review* 281.

15) 包括的な分析として，See S Schønberg, *Legitimate Expectations in Administrative Law* (Oxford: Oxford University Press, 2000) and F Ahmed and A Perry, 'The Coherence of the Doctrine of Legitimate Expectation' (2014) 73 *Cambridge Law Journal* 61.

法的に有効であることについて立証するのは困難ではあるが（例えば，政府があ
る事項について選挙前に声明した場合[16]）や，意見表明が財政環境の変化に服するもので
ある場合[17]），個人に対して約束や「明白かつ明確な〔clear and unambiguous〕」
意見表明がなされた場合には，期待が形成されたものと裁判所がみなすことは
明らかである。これは，影響力のある Coughlan 判決（下で検討する）において
生じた。同判決では，重度の障碍のある個人が，「終の棲家」となるとの公的
機関による約束に基づき，居住ケア施設に転居した事案である。こうした状況
において控訴院は，その意見表明の特定化され，個人化された性質ゆえに，当
該意見表明に「契約の特質」が付与され，また，それを取りやめるやむを得な
い公益上の正当化がない限りは，当該機関が取りやめることはできないという
ことを受け入れた。事案の事実では，そうした公益上の正当化は見出されな
かった。

第2に，正当な期待は公的機関の慣行に基づくこともある。例えば，以前に
公的機関がある種の決定をすることについて影響を受ける個人と協議をしてい
た場合，協議を受ける期待が生じうる[18]。また，長期にわたる慣行について，
個人がそれを考慮して行動していると分かっている場合，又は，個人がそれか
ら便益を受けている場合には，公的機関は通告なしにその慣行を変更すること
はできない[19]。後者の場合においては当該慣行に依存していることが明らかで
あるため，裁判所は，当該個人に対して変更に応じた準備の機会を与えずに，
慣行の変更を許すことは権限濫用になりうると判断している。他方で，個人が
以前に公的機関から許可や免許を受けたという事実それ自体は，許可や免許に
係る将来の申請が認められるとの期待を生じさせうるものではない。許可が与

---

16) See *R v Secretary of State for Education and Employment, ex p Begbie* [2000] 1
    WLR 1115.

17) そうした事案として例えば，*Re Loreto Grammar School's Application* [2013] NI
    41.

18) *Council of Civil Service Unions v Minister for the Civil Service* [1985] AC 374.
    これは 9.3.2.2 で論じた。

19) *R v Inland Revenue Commissioners, ex p Unilever* [1996] STC 681.

えられるとの明白かつ明確な意見表明を公的機関がした場合には状況が異なりうるが，許可や免許の申請がしばしば許可や免許が可能な数を超えてなされうる事実ゆえに，当該個人が許可や免許を得る合理的な期待を持つことはできないことになる。代わりに，当該個人は手続的に公正な方法で，許可や免許の申請が判断されることのみを期待しうるのである[20]。

　第3に，裁量権の行使の指針として公的機関が採用した政策に従って取り扱われるという正当な期待を有すると，個人が主張することがある[21]。そうした主張は，(a) 公的機関が個人に関して既存の政策から乖離した決定を行う場合，又は，(b) 公的機関が政策を変更したが，個人が自分にはまだ従前の政策が適用されるべきと考える場合になされる。(a) に関しては，個人の状況が被告機関の政策に従って扱われることを当該個人が正当に期待しており，そして当該政策からの乖離は理に適ったもので，かつ平等原則に従ったものでなければならないとされる[22]。(b) に係る判例法も同様に，個人は当初の政策の観点からの特定の結果について正当な期待を有しうるとするが，その期待の重みは紛争のコンテクストによって変わるとする。それゆえ，当初の政策の運用において当該政策が個人に適用されるとの明白かつ明確な意見表明が当該個人になされた場合には，裁判所はその期待が最も重い重みを持つと認めている。他方で，約束や意見表明がなされていない場合には，その期待はより弱いものとなり，その結果，司法の保護も求められにくくなる[23]。

　正当な期待の認定についての最後の点は，国内法化されていない国際条約及び協定に関するものである。政府が国際文書に署名し批准した場合，当該文書に基づく国家の義務に従って大臣の決定がなされるべき正当な期待が形成され

---

20)　公正性の要請と免許に関して，*McInnes v Onslow Fane* [1978] 3 All ER 211 を参照。

21)　政策について 12.2 を参照。

22)　See *R v Home Secretary, ex p Urmaza* [1996] COD 479 and *R v Home Secretary, ex p Gangadeen* [1998] 1 FLR 762. また，平等原則について第 14 章を参照（Urmaza 判決は 14.2 で扱っている）。

23)　*R v North and East Devon Health Authority, ex p Coughlan* [2000] 2 WLR 622.

るといった主張が，いくつかの判例でなされている[24]。しかしながら，こうした議論はオーストラリアの判例法[25]に依拠して展開されるが，憲法上の二元主義，及び，国際法は議会がそれを国内法化する目的での法律を制定した場合にのみ国内システムの一部となりうるという理解からすると，疑問視される[26]。それゆえ，こうした議論は条約の国内法化を「裏口」から認めることになるため，国際条約の批准は国内法において執行可能な期待を生じさせないとするのが判例法の立場である[27]。議会が条約に法効果を与える法律を制定したが，当該法律がまだ発効していない場合にも，意思決定者が条約に従って行為する正当な期待は生じえないと裁判所は判断している[28]。

15. 3　原理の展開

　正当な期待の原理が当初は形式上手続的なものでしかなかったが，重要な実体的局面をも包含するものへとどのように展開してきたのかについて，より包括的に検討してゆく。上で示したように，裁判所は現在では実体的に不公正であるという理由で決定を審査することができるが，こうした法の発展について論争が無かった訳ではない。他方で，手続と実体の区別は，手続的理由により司法が介入する真の理由を隠すという限りにおいて，（少なくとも部分的には）常に不十分なものであると議論されうる。ここで重要なのは，協議を受ける正当な期待を有すると主張する個人が，係争決定によって影響を受ける，又は受

---

24)　See e.g., *R v Home Secretary, ex p Ahmed and Patel* [1999] AR 22.

25)　*Minister for Immigration and Ethnic Affairs v Teoh* (1995) 128 ALR 353.

26)　二元主義の通説の適用に関して，see, e.g., *R (Hurst) v London Northern District Coroner* [2007] 2 WLR 726. またより近年の例として，see *Public Law Project v Secretary of State for Justice* [2015] EWCA Civ 1193, para 27, Laws LJ.

27)　*Re T's Application* [2000] NI 516, 537 は，*Thomas v Baptiste* [2000] AC 1 を引用している。

28)　*R v DPP, ex p Kebeline* [2000] 2 AC 326. 1998 年人権法の発効までは，公訴局長官は欧州人権条約に従って行為する必要がないとされた。

けうるという一定の具体的利益を有していることのみを理由として，そうした主張をする点である。それゆえ，手続的保護は，実体的利益とは独立して存在することは決してないとされる。また，こうした実体的利益をより明示的に保護する方向への動きは，法の論理的展開に過ぎないとも論じられる。

15. 3. 1　原理の初期段階

裁判所が正当な期待という用語を初めて用いた事案は，Schmidt v Secretary of State for Home Affairs である[29]。Hubbard サイエントロジー・カレッジで学ぶアメリカ人学生であった原告らは，「認定教育機関」での勉学目的で，限定的な期間の間の滞在許可を付与された。彼らの勉学期間中に，同カレッジにはもはや「認定教育機関」の地位を与えられないと内務大臣が宣言し，原告らは滞在許可の更新を申請したが，申請が拒否された（大学の地位変更はサイエントロジーの実践についての懸念の増大を受けたものであった）。それゆえ原告らは，当該決定に至る前に聴聞の機会が与えられなかったため，自然的正義が否定されたと訴えた。控訴院の主導的意見を出した Denning 裁判官は，当初の滞在許可が限定的な期間でのみ発せられそれが失効したと認定し，この議論を退けた。しかし Denning 裁判官はこれを超えて，もし原告らの滞在許可が失効前に取り消されていたのであれば，裁判所のアプローチは異なるものとなっていたであろうと述べた。そうした状況であれば，原告らは「意見表明の機会を与えられる……べきであり，その理由としては，（彼らは）許可された期間の間の滞在が認められる正当な期待を有するためである」（[1969] 2 Ch 149, 171）。Christopher Forsyth が後に述べたように，ここで裁判所はイギリスへの滞在が認められることの実体的期待を手続的に保護することを考えていたのである[30]。

　この当時におけるより一般的な公法の展開からすれば，この Schmidt 判決

---

29)　[1969] 2 Ch 149.

30)　C Forsyth, '*Wednesbury* Protection of Substantive Legitimate Expectations' [1997] *Public Law* 375, 377.

は，影響力のある Ridge v Baldwin[31] 以降において裁判所が公正性と自然的正
義の観念を一層強調していることと整合するものであった。とはいえ，
Denning 裁判官による「正当な期待」の用語は広く司法での支持を得ていな
かったことは明らかで，この概念に何らかの新たな点を認める考えについてさ
え一定の懸念があった。例えば Lloyd v McMahon[32] においては，支払義務を
課されたカウンシルが以前に口頭での聴聞を受けたことがあることを理由に，
口頭での聴聞の機会を与えられるべきであるとの主張について貴族院は退けた
が，その際に Templeman 裁判官は，正当な期待の概念が公正性に係る既存の
コモンロー上の要件に付加するものがあるとは考えないと述べた。同裁判官
は，口頭での聴聞を受ける正当な期待が権利と解されるべきで，そして当該権
利を守らないことは自動的に後の決定を無効にするとの主張に関して，この点
を述べたのであった。Templeman 裁判官は，この議論を「法外である
〔extravagant〕」とし，いかなる事案でも審査基準は「公正性」についての基準
にとどまり，確立したコモンローの水準を超えて裁判所が検討する必要はない
と述べた。換言すれば，同裁判官は「キャッチフレーズ」を「原則」[33] に転換
しようとしなかったのである。

　正当な期待をコモンロー上の公正性において一層重要な位置に高めようとす
るものとしばしば評される判例としては，Council of Civil Service Unions v
Minister for the Civil Service[34] がある。そこでの事実関係は，政府通信本部
（GCHQ）の公務員が多くのストライキに関与し，それにより国家安全保障への
潜在的な脅威について政府が懸念を高めたというものであった。それゆえ，政
府は公務員勅令を制定する国王大権上の権限を行使し，その下で，公務員担当
大臣である首相は，GCHQ の被用者の持つ結社の権利を，複数の政府認可組
合の構成員となることに限定した。この雇用条件における変更は公務員組合と

31）　[1964] AC 40; and see 17.2.3.

32）　[1987] AC 625.

33）　[1987] AC 625, 714.

34）　[1985] AC 374.

の協議なしに実現され，同組合は協議に係る長年の慣行から組合が協議を受けるべきであったと主張した。貴族院は，結論としては国家安全保障を理由に政府の行為を違法ではないと判断したが，事案の事実においては正当な期待が存在し，また，もし状況が異なっていれば，司法審査請求は認められたであろう点について同意した（例えばScarman裁判官の意見を参照）。同時に，複数の裁判官の意見で強調されたのはまさに手続的公正性の観念であり，組合が協議結果に関して実体的な期待を持つことは全く示されなかった。にもかかわらず，このGCHQ判決は公正性が手続的正当な期待の原理を含むものであるとの判断を強固に確立したもので，その点において同判決は後の全ての法発展において参照点を提示するものであった[35]。

　これ以降，正当な期待を手続とのみ関連させるのが一般的となり[36]，同原理が実体的局面を持たないとする司法における堅固な判断がいくつか見られた[37]。しかしながら，手続という用語を中心としつつも，早期から実体的正当な期待の存在を誤って示しているとされたいくつかの判例も存在していた。その1つの例がR v Secretary of State for the Home Department, ex p Khan[38]であり，そこでの原告は，政府の通達（手紙の形式でなされた）に依拠して，イギリス国外に居住する子どもを家族がいつ養子にすることができるかの判断において，政府が通達で明示した基準を適用しなかったと主張した。裁判所は再び正当な期待と手続との関係の重要性を強調したが，同時に同原理を手続要件に限定することは全ての事案において適切なわけではないと判断した。Parker裁判官は次のように判示した。

---

35)　コモンロー上の公正性と正当な期待との関係性について認める近年のものとして，see *R (Moseley) v Haringey LBC* [2014] UKSC 56, [2014] 1 WLR 3947, 3956-7, para 23, Lord Wilson.

36)　e.g., *Re Police Association of Northern Ireland's Application* [1990] NI 258.

37)　e.g., *R v Secretary of State for Transport, ex p Richmond upon Thames London Borough Council* [1994] 1 WLR 74.

38)　[1984] 1 WLR 1337. 12.2.2 と 17.2.5 で扱う。

国務大臣がコモンロー上の裁量権を公正に行使する義務を負うことが明らか……である場合はある。さらに，公正な聴聞を行うことなしに，公的機関が自らの政策を取りやめたり，変更したりする（そうしたことができない点は判例で確立している）ことと同様に，一定の条件を満たした場合に個人に認める約束をしたのであれば，国務大臣は原則として，利害関係者に聴聞の機会を与えることなしに当該約束を取りやめる資格があるべきではないと考える。但し，優越的な公益が取りやめることを要請する場合にはその限りではない。……当然ながら国務大臣は政策変更を自由に行うことができるが，手紙において示された手続から乖離することを正当化するだけの一定の優越的公益があるか否かについて，手紙の受け手に対して十分かつ真摯な検討の機会が与えられた後に初めて，新たな政策が実施されうると考える。[39]

　ここで裁判所が述べている点を明確にするのは重要である。つまり，政策変更によって影響を受ける個人との協議がすでになされていたとしても，政策変更が正当化されるかについて裁判所は検討することがあることを示している。次に，この変化は実体的正当な期待の登場の重要さを理解するのに不可欠である。というのは，個人が手続に関して期待するものを超えて裁判所が検討をすること，及び，約束を阻むよりも約束実施を公的機関に求めることで公益がより増進されることになるのかを裁判所が問うことを，本裁判所が示しているためである[40]。以下で見るように，そうした審理の見込みは，司法介入の適切な限界に関して困難な問題を提起し続けている。

　Khan判決に関してもう１点触れると，同判決は，特定の結果や便益を期待する基礎として，個別的な意見表明や限られた類型の個人に関して形成された政策ではなく，より一般的な政策に個人が依拠しうる点を認めた，最初の判決

---

39)　Ibid, 1344. 本文中の強調は著者が追加した。See also *R v Secretary of State for the Home Department, ex p Ruddock* [1987] 2 All ER 518.

40)　See, too, *R v Liverpool Corporation, ex p Liverpool Taxi Fleet Operators' Association* [1972] 2 QB 299, 308, Lord Denning.

であると言われることがある[41]。本章の導入においてすでに示したように，正当な期待の原理が裁量拘束禁止ルールに潜在的に抵触しうると考えられる[42]限りにおいて，この点は同判決に対するさらなる批判を導くものである。当該ルールの下では，公的機関はその裁量権の行使において指針となる政策を採択することが認められるが，個々の事案状況の観点からの裁量権行使を不可能にするように当該政策を墨守することは認められない。これを考慮すると，Khan 判決は，公的機関が自らを従前の政策に縛り付けることで適法な裁量的選択をすることを阻んでしまう潜在性を有しているとされる。それゆえ，他の判例は正当な期待と政策変更に関してより制限的なアプローチを採用している。例えば，Findlay v Secretary of State for the Home Department[43] では，刑務所の仮釈放政策の変更の際に政府が違法な行為をしたか否かが争点となり，その新たな制度が導入されなければ受刑者が早期に釈放される状況であった。貴族院は，「既決の受刑者が正当に期待しうることで最も大事なのは，国務大臣が適切と考える（適法な）政策の観点から，自身の事案が個別に審査されることである」と判断したうえで，内務大臣が仮釈放の運営に関して裁量権を行使できるようにすることに公益が存在する点を強調した。

　他の見解では，制定法によって大臣に与えられた拘束のない裁量権は，一定の事案において，政策変更を阻害したり，阻止さえもしたりするよう，制約されうるとの結論に至るかもしれない。……本件の裁量権がこうした方法で制約されることについて，議会が意図していたとは，私には考えられない。[44]

---

41)　B Hadfield, 'Judicial Review and the Concept of Legitimate Expectation' (1988) 39 *Northern Ireland Legal Quarterly* 103, 114.

42)　And see, e.g., *Re Loreto Grammar School's Application* [2013] NI 41.

43)　[1985] AC 318.

44)　Ibid, 338; see, too, e.g., *Hughes v Department of Health and Social Security* [1985] 1 AC 776.

15. 3. 2 実体的正当な期待へ

この原理の初期の実体的局面は，R v Minister of Agriculture, Fisheries and Food, ex p Hamble (Off-shore) Fisheries Ltd.[45] の高等法院判決において，より全体的に，そして論争的に展開してきた。同事案において，Sedley 裁判官（当時）は，この原理について，（GCHQ 判決のように）正当な期待を形式上手続的に過ぎないとする理解，及び，又は，（Schmidt 判決のように）実体的期待の手続的保護を与えるものとする理解を超えて，「実体的正当な期待の実体的保護」というものも存在するとの理解へと移行させようとした（これは Khan 判決に伏在する考えで，Mark Elliott による用語法である）[46]。これに係る論争は，こうした保護がどの程度実現されるべきかについての Sedley 裁判官による判断から生じてきた。つまり，同裁判官が，一定の事案において裁判所が決定を厳格に審査すべきで，また公正性の要件と政策変更の理由との衡量を裁判所が行うべきと考えたためである。このアプローチは，比例原則に係る欧州司法裁判所 (CJEU) の判例法[47] を部分的に援用しながら展開され，その結果，裁量的選択についての過剰に厳格な審査に裁判所を関わらせる潜在性を持つものと考えられたため，批判にさらされた。それゆえ本判決は，第 13 章で検討した Wednesbury 判決と比例原則の論争の諸要素について，異なる文脈において鋭く焦点を当てるものである。

この事案は，農業・漁業・食料大臣が，一定類型の漁業船舶免許の移転と集約について一時停止期間を設けたことから生じた（問題となった政策変更は，一般的に共通農業政策の射程内に収まるものと捉えられ，ゆえに Sedley 裁判官は EU 判例法を援用した）。一時停止以前には免許移転は認められており，Hamble Fisheries 社は免許を受けた船舶からより大きな船舶に免許を移転するために，

---

45) [1995] 2 All ER 714.

46) See M Elliott, 'The Human Rights Act 1998 and the Standard of Substantive Review' (2001) 60 *Cambridge Law Journal* 301.

47) On which see 3.2.2.1.

2隻の船舶を購入していた。この政策変更によりそれが不可能になったため，原告は政策変更が正当な期待を侵害すると主張した（裁判所への訴えは結論としては棄却された）。Sedley裁判官は，原告が原則として実体的正当な期待の実体的保護について主張することができることを認めた上で，それまでの判例法において影響力を持っていた裁量拘束の議論の堅牢さに疑問を呈するにとどまらず，正当な期待が形式上手続的なものに限るとの考えを次のように強く否定もした。

　……真の問題は公行政における公正性の問題である。意思決定者が特定の手段を採るか否かを判断する前に原告が意見を聴かれることについての正当な期待を阻害することよりも，ある事柄が意思決定者によって行われるか行われないかについての正当な期待を阻害することの方が不公正ではないとする理由を見出すことは，困難である。そうした原理が公的義務を果たす際の公的機関を拘束するという危険はない。というのは，いかなる個人も当該個人に固有の地位を理由に，公的義務の遂行をしないことやそれが歪められることを期待しえないからである。[48]

　Sedley裁判官は，初めにこうした指摘をしたうえで，実体的保護がなされるべき方法と場合の問題について目を向けた。同裁判官はまず，政府によってなされた公約から生じた期待と，政策や既存の慣行の存在から生じた期待とを区別した。期待が前者から生じた場合，当該公約の実施が公的機関の法定義務の遂行を阻害しない限りにおいて，その実施は良き行政の利益となることのみを理由に正当化しうると考えた。しかし期待が政策の存在や慣行の継続から生じた場合，立場は必然的により複雑となるとし，そこでSedley裁判官は次のような衡量テストを導入した。

---

48) [1995] 2 All ER 714, 724.

その結果について司法審査で争われる場合，裁判所の審査基準が政策決定者の結論について裸の合理性審査であるとは私は考えない。政策は政策決定者の専権ではあるが，当該政策が阻害しうる合理的な期待を受け入れないとする政策決定者の決定が公正であるかは，裁判所の関心である。……これを求めることは，裁判官を大臣の立場に置くものではない。……裁判所の役目は，政策の形成や変更における大臣の自由の持つ憲法上の重要さを認めることにあるが，同時に，異なる扱いを受ける期待がそれを脅かす政策選択よりも公正性において勝るような正当性を持つ場合に，その期待を持つ個人の利益を守ることも裁判所の義務である。[49]

当然ながら，Sedley 裁判官のアプローチは議論となり，それが判例法で受け入れられるには数年を要した。その理由としては，裁判所が Wednesbury 判決で認められたものを超える実体的審査の機能を果たすことができるとの議論について，控訴院が当初，R v Secretary of State for the Home Department, ex p Hargreaves[50] において拒否したためである。Hargreaves 判決における争点は，受刑者に対して帰宅許可の特典を明確に認める約定に当該受刑者が署名をした後に，帰宅許可の正当な期待を持ちうるか否かについてであり，控訴院は事実に基づき請求を退け，その際に，実体の問題は Wednesbury 基準の援用でもってのみ審査されるべきと強調した[51]。その判決理由において，Sedley 裁判官の Hamble 判決は「異端」と解されるべきとされた[52]。

それと同時に，Hamble 判決は実体的正当な期待に係る議論を新たな段階に移したことも明確である。したがって，同原理が個人に手続的保護を与えるべきことは自明となっていたが，Sedley 裁判官は個人の実体的保護は手続的保

---

49) Ibid, 731.

50) ［1997］1 All ER 397.

51) See, too, *R v Inland Revenue Commissioners, ex p Unilever* ［1996］STC 681. 「権限踰越」を「不条理性〔irrationality〕」と結びつけている。

52) ［1997］1 All ER 397, 412.

第15章　正当な期待　*613*

障に必要なコロラリーであると考えた。すると，これは Wednesbury 判決を超えて，又は少なくとも修正 Wednesbury 審査の枠組み[53] において，実体的な理由での一層の司法介入を表明するものであった。それゆえ，実体的正当な期待をどのように保護するかの問題が控訴院に再び現れるのは，時間の問題でしかなかった。控訴院は，R v North and East Devon Health Authority, ex p Coughlan[54] において，Hamble 判決と Hargreaves 判決の双方における理由付けをめぐって同原理を作り直す形で判断を下した。

15.4　Coughlan 判決と実体的正当な期待の保護

Coughlan 判決の事実は次の通りである。原告 Pamela Coughlan 氏は 1971 年に交通事故で重傷を負い，Newcourt 病院の長期入院患者となった。1993 年に，被告機関の前身の機関が原告と他の多くの入院者に対して，新たな目的で建設された施設（Mardon ハウス）に移動してもらい，そこが彼らの「終の棲家」となると約束した。しかし 1998 年に当該機関は，当該施設が運営に「過度に高額な費用が掛かる」ようになったとし，その閉鎖をすることを決定した。原告がこの決定を高等法院で争い，高等法院は，従前になされた約束を理由に取消命令を発した。それに対して当該機関が控訴院に上訴したが，棄却され，高等法院の命令が維持された。

控訴院（その構成員には Sedley 裁判官もいた）は，正当な期待についてのこれまでの判例法を概観することから始め，審査する裁判所の役割についていまだ「一定の議論」があると述べた。にもかかわらず，現在では判例法は次のような段階に至っていると判示した。

　　……少なくとも 3 つの帰結がありうる。(a) 公的機関は方針変更を決定する前に，従前の政策その他の意見表明について，自ら適切と考える重みづけ

---

53)　See ch 13.
54)　[2000] 2 WLR 622.

614

をしつつ考慮することのみが求められ，それ以上は求められないと，裁判所は判断することができる。ここでの裁判所は，Wednesbury 基準に基づき当該決定を審査することに限定される。……受刑者の早期の釈放に係る判例において，政策変更の効果に関してこうした判断がなされている。Findlay 判決……（及び）……Hargraves 判決……を参照。……（b）他方で，約束や慣行が，例えば特定の決定が行われる前に協議を受けるといった正当な期待を引き出すと，裁判所は判断することができる。ここでは，協議の機会を与えることについて，それをしないことの優越的な理由がない限りは，それを裁判所自体が求めることは論争にはなっていない。……その場合，裁判所自体が，公正性によって求められるものを考慮しつつ，政策変更を支持する理由の適切さを判断することとなる。（c）適法な約束や慣行が，手続に限らず，実体的な便益についての正当な期待を生じさせると裁判所が考える場合，現在の判例では，当該期待を阻害することが不公正であるとして，新たな異なる方針を採用することが権限の濫用に至るか否かに関して，裁判所は適切な事案において判断することとなる。そこで期待の正当性が立証されれば，裁判所は，政策変更のために依拠された優越的理由と公正性の要件との較量の作業を行う。[55]

この判示の中心部分は，（a）と（c）の分類で採用されたアプローチに関する部分である。つまり，両方の分類は，審査する裁判所に対してかなり異なる役割を規定しているが，いずれも実体的正当な期待の実体的保護に関わるものである。それゆえ，分類（a）に当てはまる事案では，裁判所は自制的な立場をとり，いかなる形でも「よく調べる」審査を行うことを避ける。対照的に，分類（c）の事案は，Hamble 判決で初めて示唆された形の較量作業を特徴とし，そこでは定義上ほぼ厳格審査と言えるものが求められる。実際に，分類（c）は「公正性」と「権限濫用」の用語で言い表されているが，現実に採用さ

---

55) Ibid, 645. 強調は判決文のものである。

れるアプローチは，比例原則の適用と関連づけられるアプローチと非常に似た
ものとなる。その意味で Coughlan 判決は，国内法において，比例原則の影響
力の増大，及び Wednesbury 判決の不合理性が現在果たす役割の低下に係る，
さらなる一例を提示するものである[56]。

　当然ながら Coughlan 判決は激しい議論の対象となった。例えば Mark Elliott
は，（分類（c）に当たると捉えられる）本事案の事実に基づけば，本判決は資源
配分にとって明らかな含意を持つものであるとして，権力分立を根拠に本判決
を批判した[57]。この批判は，資源に係る紛争の多極的性質，及び公的決定者の
支出に係る選択に関する争いに直面した際に裁判所が果たすべき役割につい
て，導入で触れた点に我々を引き戻すものである。John Allison は，資源に係
る紛争は審査裁判所で代理されていない当事者にとっての帰結を持ちうるもの
であり，それゆえに自制が要請されると，かねて論じていた（公益の点からの資
源配分の意思決定は公的機関に委ねられるという議論である）[58]。しかしながら，
Coughlan 判決の分類（c）に含まれるアプローチは，そうした選択についてよ
り積極的に監督をする枠組みを明らかに示すもので，権力分立の論理が危機に
さらされると言われるのはそうした意味においてである。この視点からすれば，
Coughlan 判決は（議論はあるが）問題をはらむ法の展開を表すものであった。

　第 2 の批判は，実体的正当な期待についての個々の論争が（a）と（c）のど
ちらに分類されるべきかの問題に関してであった。確かに，「洗練されていな
いがマクロ政治の分野と呼ばれる分野」[59] に属する事案は分類（a）に該当す
ると考えられ，そして，分類（c）の事案は，「事柄の性質上，約束や意見表明
に契約の特徴を与えるように，期待が一人、又は少数の人に限定される事案と
なりうる」[60] ことは明らかであった。しかしながら，分類（a）か（c）に該当

---

56)　On which see 13.7.

57)　Elliott, n 8.

58)　J Allison, 'The Procedural Reason for Judicial Self-restraint' [1994] *Public Law* 452.

59)　*R v Secretary of State for Education and Employment, ex p Begbie* [2000] 1
　　WLR 1115, 1131, Laws LJ.

60)　Coughlan [2000] 2 WLR 622, 646.

することが「自明」である事案を超えると（問題は，マクロ政治分野の境界線はど
こにあるのか？），Coughlan 判決の分類は「密封されている」[61]とは解されない
からこそ，司法の理由づけには不明確性の余地があった。ゆえに全国の刑務所
政策に関する事案は分類（a）に該当すると考えられうるが，そうした政策に
基づき受刑者に対して特定的かつ個別的に意見表明がなされた場合はどうなる
であろうか？[62] さらに，意見表明が個人の小集団に対してなされた場合，そ
れは当該事案を自動的に分類（c）とするのであろうか？ 個人の「小」集団に
対する意見表明が不特定の類型の人々への含意を持つ意見表明である場合，紛
争の事実関係を分類（c）から分類（a）に移すことになるのか？[63]

　第3の批判は，第2の批判と密接に関連するが，分類（a）において
Wednesbury 基準を用い，分類（c）において「公正性及び権限濫用」の枠組
みを用いることに関してであった。要するに，2つの審査基準がいずれも実体
的正当な期待の実体的保護という目的を追求する場合，それら2つの審査基準
を維持する必要があるのかが疑問視された。この点は，どちらかの審査基準が
立ち退かされるべきかという問題を提起し，司法審査における広範な潮流を加
味すれば，Wednesbury 基準がその地位を譲ることになると考えられた[64]。し

---

61) *R v Secretary of State for Education and Employment, ex p Begbie* [2000] 1
WLR 1115, 1130, Laws LJ.

62) See, e.g., *R (Vary) v Home Secretary* [2004] EWHC 2251. 少数の受刑者にのみ
影響を与える刑務所の決定は，少なくとも明示的な約束がない場合には，いまだ
Findlay 判決及び Hargreaves 判決によって決定される。

63) *R (Bancoult) v Secretary of State for Foreign and Commonwealth Affairs (No 2)*
における控訴審判決（［2007］3 WLR 768）と貴族院判決（［2009］1 AC 453）のア
プローチを比較し対比する。ディエゴガルシア島がアメリカ軍基地として使用され
るために，かつてチャゴス島民が強制的に退去された事案で，控訴院は，政府声明
の内容を考慮して，島民が母国への帰還が認められることについて正当な期待を有
すると判断したが，貴族院は事実に基づきそうした正当な期待は生じないとした。
この事案について詳しくは，9.3.2.3 を参照。

64) P Craig and S Schønberg, 'Legitimate Expectations after *Coughlan*' [2000]
Public Law 684. Wednesbury 基準の影響について，13.7 を参照。

かしながら次に，これは「公正性及び権限濫用」の枠組みが正当な期待に係るすべての紛争を解決するのに必要な概念的基礎を持つものであるのかという問題を惹起し，またそこで比例原則との重複が潜在的に重要になった。分類（c）の判断枠組みは比例性審査における構造と正確さを欠いていると言われた[65]一方，それはまたヨーロッパでの審査基準の機能を示す均衡の要素を包摂するものであるとも言われた[66]。この点を前提に，分類（c）は比例原則の周辺で開かれた形で構成されるべきであり[67]，また，それができたならば，分類（a）の事案にもその原則を適用することを認めるには，（議論はあるが）少しだけの法の展開を要するだけである，と議論されている。というのは，比例原則はコンテクストに敏感な形で適用され，それは事案の事実からの要請に応じて，厳格な審査も緩やかな審査も認めるものであると指摘されるためである[68]。「マクロ政治分野」での決定が争われた場合には，この理由づけに基づき，比例原則においては，Wednesbury 判決の不合理性と関連するような司法の自制を認めるのに十分な柔軟性があるのである。

　Coughlan 判決後の判例法はすぐに，裁判所がそうした批判をどのように認識したかをある程度示した[69]。例えば，R（Bibi）v Newham London Borough Council[70]において，控訴院は，当該事案において適切な形の救済を判断する際に，権力分立の考慮事項及び多極性によって明らかに影響を受けていた。その事案における争点は，地方政府機関が多くの住宅困窮家族に恒久的な住宅を提供するとの約束を実施することが求められるか，そしてどの程度求められるかというものであった（その約束は，当該機関が恒久的な住居提供義務を負うといった，従前の，そして結論としては誤った考えに基づいてなされたものであった）。原告

---

65)　See Craig and Schønberg, n 64.

66)　See Elliott, n 46.

67)　Craig and Schønberg, n 64.

68)　See ch 13.

69)　P Sales and K Steyn 'Legitimate Expectations in English Public Law: An Analysis' [2004] *Public Law* 564.

70)　[2002] 1 WLR 237.

は当該約束が住宅に係る実体的正当な期待をもたらすものであると主張し，高等法院はそれに賛同して，「原告が安定的な賃借権に基づく適切な住居を提供されるまでは，当該機関は両原告に対して負っている当初の義務を……果たしていないものとして扱うことが義務づけられる」と宣言的判決を下した。しかしながら控訴院は，原告が実体的正当な期待を有することを受け入れたが，「裁判の当事者である約束を破られた者の観点からのみ状況を見ることは，適切ではないことがしばしばある」ことを強調した。同裁判所は，約束がしばしば多くの様々な人に対してなされるとし，「支出の優先順位に係る社会的・政治的価値判断を特質として決定がなされる場合，そうした不利益をはらむ選択は本質的には司法的よりも政治的な選択であるとの認識をもって裁判所は挑み，……（そして）……本件のコンテクストにおいてこうした選択を行うのに適切なのは当該機関である」と述べた。このように従前の意見表明が実体的正当な期待を生じさせた場合，その期待は意思決定手続において考慮されるべき一要素とされた。他方で同裁判所は，期待の実現を阻害しうる他の要素があること，また，意思決定者がそれらをも考慮しなければならないことについても受け入れた。それゆえ同裁判所は高等法院の宣言的判決の文言を次のように変更した。つまり，「原告が当該機関によって安定した賃借権に基づく適切な住居を提供されることの正当な期待を有することに基づき，当該機関は適切な住宅に係る原告の申請について考慮する義務を負う」とした[71]。

「どの分類か」，「どの原則か」という点も，判例法において一定の検討がなされている。例えば，出入国管理及び庇護政策の適用に関する事案であるNadarajah v Home Secretary[72] において，Laws 裁判官は，正当な期待の原理が，「公的機関は公衆を率直にかつ一貫して扱うべきであるとする，良き行政の要件を中心としている」と述べた。これは，公的機関が将来の行為についての自らの約束や慣行を取りやめることができるのは次の場合に限られる，ということを意味しているとされる。その場合としては，「そうすることが公的機

---

71) See ibid, 247 and 251.
72) [2005] EWCA Civ 1363.

関の法的義務である場合，又は，そうでなくとも，当該公的機関によって公益の観点から追求される正当な目的を考慮したうえで，そうすることが（なじみの良い用語でいえば）比例した対応である場合（その判断又は最終的判断を行うのは裁判所である）」に限られる。それゆえ Laws 裁判官は，期待が形式上手続的か実体的かにかかわらず，もしくは実際に実体的な期待が個別的な意見表明によって生み出されたか，政策という広範な又は「マクロ政治」の争点に係るかにかかわらず，比例性審査を行うと考えた。いずれの場合においても，裁判所の職務は変わるものではなく，その事案において期待を否定することが追求される正当な目的に比例したものであるかという問いによって導かれるのであるとされた。ゆえに，「依拠された意見表明が明白な約束となる場合，不利益に係る依拠である場合，約束が個人や特定の集団に対してなされた場合は，期待を否定することを比例した手法として正当化するのは困難となることがある。……他方で，政府の意思決定者が政策に係る広範又はマクロ政治の争点を提起すると考える場合には，裁判所においてその期待を実行することは厳しい山に直面することになる」[73]。

　こうした判示は，Coughlan 判決における 3 分類が確定したものではないことを明確にしており，たとえ事案が論点の中心であり続けるとはいえ，Nadarajah 判決とその他の判例は，現在，正当な期待が「公正性，よき行政，法的明確性，及び適切な権限行使といった［重複する］諸原理に根差した」[74]ものと解されるようになったことを明らかにしている。そしてこのことは，正当な期待が生ずる様々な方法，及び裁判所がそれを保護する方法にとって何を意味するであろうか？　これらが判例法において現れる論点であろうか？

　現在の法状況について看取する最良の方法は，「意見表明」，「慣行」，及び

---

73)　Ibid, all quotes at paras 68-9. さらなる分析として，see *R (Bhatt Murphy) v Independent Assessor* [2008] EWCA Civ 755.

74)　*Re Board of Governors of Loretta Grammar School's Application* [2001] NIQB 30, para 95, McCloskey J. 本件におけるこの争点についての高等法院の判断は，北アイルランド控訴院で覆された。[2013] NI 41.

「政策」によって提示された分析枠組みに戻ることであると考える。第1に意見表明を取り上げると，個人や個人の小集団が実体的便益を受けることについての意見表明や約束がある場合，Coughlan 判決の分類（c）の論理はその十全な勢いを保ち，裁判所は権限濫用を避けることに特に注視することになると考えられる（但し，上記の議論のように，分類（c）における集団の境界線を引くことには困難がある）。実際には，唯一の変化は用語法のレベルに過ぎないかもしれない。というのは，Nadarajah 判決を含む判例法が示すように，現在広く用いられる用語は（「権限濫用」の観念と結びついた）「比例性」であり，ゆえに，約束を取りやめる決定を正当化するのに十分な公益が存在しない場合には，裁判所は比例原則に基づいて介入することが予期されるためである。この点に基づき，公的機関は公益に係る自らの主張を維持するのに十分な証拠を提示しなければならず，そしてそれができない場合には，審査裁判所はそうした公益は存在しないと結論づけることができる点にも注意をすべきである[75]。

「慣行」に関しては，まずは，当該慣行の生じさせる正当な期待が形式上手続的か実体的かによって，全てが左右される。慣行が手続的期待を生じさせる場合，公的機関は慣行の変更前に影響を受ける当事者と協議をすることが期待され，協議要件から乖離する場合には公正性と適合したものでなければならない（この点は公的機関が協議を約束していた場合にも当てはまる）。他方で，慣行が性質上実体的である期待を生じさせた場合，それから乖離することは比例原則を援用して評価されることになる。当該原則を用いる際に裁判所の指針となる考慮事項としては，慣行の変更によって追求される目的の正当性，変更によって影響を受ける利益の性質，利益への影響を考慮したうえで慣行の変更が必要か否か，そして当該事項に係る意思決定者の裁量について裁判所が意識すべき程度といったものがある。

政策に関して，その出発点としては，意思決定者が公正であるとの法的義務によって制約されるという点である[76]。このなかには，公的機関は政策変更前

---

75) *Paponette v Attorney General of Trinidad and Tobago* [2010] UKPC 32, [2012] 1 AC 1, 14, paras 37-8, Sir John Dyson SCJ.

に協議をすることが求められうる点，また，一定の個人に関わる特定の政策を遵守すると約束した場合に，当該機関はその個人に影響を与える当該政策を遵守することも求められうる点がある（「意見表明及び約束」との重複は上記を参照）。後者の例において政策から離れようとするのであれば，比例原則がまた作用し，当該機関は，当初の政策によって決定されることを正当に期待する者の利益に勝る公益があることを認めることができなければならない。公的機関がそうした公益を認めることができない場合には，裁判所は，当初の政策を遵守するよう当該公的機関に求めるか，又は代替として，当初の政策の適用を期待する者の利益に適切な配慮をした過渡的な手法を採用することを求めることになる[77]。いずれにせよ，比例原則が実体的公正性の要素を駆動させる要因となる。

15. 5 適法でなく形成された正当な期待

本章で議論する最後の争点は，「適法でなく形成された正当な期待」である。導入で示したように，これらは，(a) 公的機関が適法に行うことのできないことを行うと意見表明をした場合（権限踰越の意見表明），又は (b) 意見表明をする権限の無い職員が公的機関を代表して偽って意見表明をした場合（当該機関の権限の範囲内ではあるが，権限の無い職員による意見表明と言えよう）に形成されうる。以下ではこれに対応した判例法での原則を検討するが，その前に，それぞれのシナリオが実際にどのようであるかの具体例を示すことが役に立とう。つまり，(a) において期待が生じる場合としては，例えば，実際には制定法上，公用の土地とされる土地の一部について，個人が所有権を有するとの主張を公的機関が受け入れたという場合がある[78]。そして (b) に関して期待が生じる場合としては，個人が公的機関の職員と連絡を取り合い，その職員が当該個

---

76) *R (Bhatt Murphy) v Independent Assessor* [2008] EWCA Civ 755, para 50.

77) *R (Bhatt Murphy) v Independent Assessor* [2008] EWCA Civ 755, para 50 における Laws 裁判官と Sedley 裁判官のアプローチを比較，対比。

78) See, e.g., *Rowland v Environment Agency* [2004] 3 WLR 249.

人に有利となる決定がすでになされたとか，なされるところであると，当該個人に対して助言をした場合である。この典型例は計画の文脈において見られ，職員が個人に対して計画許可が付与されたことを伝えたが，そうした決定はなされておらず，さらに機関内の委員会において議題にもなっていないといった場合がある。

この節の初めにおいてさらに強調すべき点として，こうした争点が判例法に現れることはまれであるが，それは議会主権や合法性の原理と公正性の要請とをどのように調整するかという困難な問題を提起するものである。この緊張関係は，上のシナリオ（a）との関係で最も顕著となる。というのは，その場合，期待を認めて実行に移すことは，当該機関が権限踰越の意見表明をすることで自らの権限の境界線を引き直すことができてしまうことを，実際上意味するためである。イギリス憲法が立法府の最高性を強調している[79]ことからすると，そうした状況において裁判所は，公的機関がそうした意見表明に拘束されえないと判断することで，個人を保護する余地をかねてから制限してきた（但し，1998年人権法以降，同法がアプローチの微修正を要請している）。対照的に，シナリオ（b）に対する司法のアプローチは，公的機関に委任された権限を越えさせるような権限踰越の意見表明が無いため，それほど絶対的なものではない。代わりにそこでの緊張関係は，制定法上の権限は権限を委任された者によってのみ行使されるという要件と，個人に対して公正性を保障するといった要請との関係として生じる。下で見るように，この場合において裁判所は，かつて禁反言の原理を用いることで個人に対して一定の保護を与えてきており，その後，同原理は公法の文脈では正当な期待に包摂されてきている[80]。

15.5.1 権限踰越の意見表明

権限踰越の意見表明が公的機関を拘束できないとの理解は，憲法の通説に基づき，特に，意思決定者は制定法によって付与された権限，又は制定法によっ

---

79) See ch 2.
80) 禁反言について12.3を参照。

て課される義務の範囲内でのみ行為することができるとの理解に基づくものである[81]。この立場は，意思決定機能は典型的には（必ずというわけではないが），ウエストミンスターの立法府，又は分権政府の立法府によって制定された法律の下で公的機関に委任されるという事実から導かれる。制定法上の権限又は義務の範囲は当該制定法に係る司法解釈によって左右されるが，基本的な理解としては，意思決定者は立法府が権限を与えた事のみを行いうるのである。この原則は，司法審査請求の根拠である違法性の中心をなし[82]，それゆえに，もし公的機関が自らの権限の基礎についての誤解や意見表明を通じてその権限を広げることができるのであれば，この原則は明らかに犯されることになる[83]。ゆえに，たとえ個人が自らの不利益についての意見表明に依拠したとしても，通説では，その個人が裁判所で救済を得ることができないこととなる。そうした状況の下では，問題は行政の過誤の一種とみなされるのがより適切であり，過誤行政については関連のオンブズマン[84]の注目を向けさせるべきものであろう。

しかしながら，個人への意見表明が1998年人権法の対象となる状況でなされた場合，この立場はより複雑なものとなる。欧州人権裁判所（ECtHR）は，公的機関がその法的権限に則って行為することの重要さを受け入れつつも，通説のように合法性の議論が個人の権利に優先することは，常にそうであるべきではないことも強調している。この点について現在，最もよく連想されるのはStretch v UK における欧州人権裁判所判決である。その事案では，争点となった権利は財産権であり，個人が賃貸借の更新という利益を受けうることについて（適法でなく形成された）期待が中心となった[85]。そこで欧州人権裁判所は，

---

81)　制定法上の権限と義務について8.4を参照。

82)　See chs 11 and 12.

83)　司法における議論として，see further *R (Bibi) v London Borough of Newham* [2002] 1 WLR 237 and *Rowland v Environment Agency* [2004] 3 WLR 249.

84)　Ch 6.

85)　(2004) 38 EHRR 12. See further *Pine Valley Developments Ltd v Ireland* (1991) 14 EHRR 319. また，正当な期待が欧州人権条約第1議定書1条の対象となる場合の問題について，see *Breyer Group Plc v Department of Energy and Climate*

個人の権利が劣後されるべきかの問題は，比例原則の観点から事案ごとに答えられなければならず，事案のコンテクストによっては，適法でなく形成された期待を個人が実行することができるべきこともありうる，と述べた。こうした理解について，国内裁判所はいまだ合法性の要請が個人の権利に譲るべきと判断したものとして扱ってはいないが，従前の意見表明が特定の結果についての期待を生じさせた場合には，公的機関がその権限を個人に有利に行使すべきことを，国内裁判所は示唆している[86]。それ以降，有利な権限行使として，損失を被った個人に対する補償給付の形式を採ることがあり，また，そうした補償がなされない場合には，代わりに当該個人は過失による不実表示の訴え〔action for negligent misstatement〕において救済を求めることができることも，示されてきている[87]。

15. 5. 2 権限の無い職員によってなされた表明

第12章において，禁反言の原理が個人に限定的な保護を与えるためにどのように用いられてきたかについてすでに検討した。そこでは，Denning 裁判官の次のような理解に言及した。つまり，公的機関の職員と連絡を取った個人が，意見表明をした職員にその権限があると考えたと認められると，職員がそうした権限を有していない場合には個人がその損失を被るべきではない，という理解である[88]。当然ながら，全ての裁判官が彼のアプローチに同意するわけ

Change [2015] 2 All ER 44.

86) *Rowland v Environment Agency* [2004] 3 WLR 249, 300, para 153FF, Mance LJ. しかしより近年，「合法性の原則を弱めることは行い難い」という裁判所の要請を示すものとして，see *Rainbow Insurance Company Ltd v The Financial Services Commission* [2015] UKPC 15, para 53, Lord Hodge.

87) M Elliott, *Beatson, Mathews and Elliott's: Administrative Law Text and Materials*, 4th edn (Oxford: Oxford University Press, 2011), 219-20; W Wade and C Forsyth, *Administrative Law*, 11th edn (Oxford: Oxford University Press, 2014), 2284-5; and Y Vanderman, 'Ultra Vires Legitimate Expectations: An Argument for Compensation' [2012] *Public Law* 85.

88) See *Robertson v Minister of Pensions* [1949] 1 KB 227 and *Howell v Falmouth*

第15章　正当な期待　**625**

ではなく（それはしばしばDenning裁判官にも当てはまる），禁反言について彼が考えた広範な役割は以後の判例法においてかなり狭められた。例えば，Western Fish Products Ltd v Penwith District Council[89]において，企業が自らに対してなされた意見表明に基づき建築工事を開始し，後に職員から，形式的にだけ計画許可申請が必要である旨が伝えられた。しかしその後に許可申請が拒否されたため，従前の意見表明や通知を考慮して，公的機関がそうすることを禁じられるかが争点となった。Megaw裁判官はその判示において，公的機関は権限行使を禁じられないとのルールについて，2つだけ例外があると述べた。第1に，当該機関がその機能の一部を職員に委任する権限を有する場合で，職員が当該機関を縛ることができると申請者が信じることを正当化できるような特別な状況がある場合である[90]。第2の例外は，当該機関が事案に関する手続的要件を放棄した場合である。こうした状況において，当該機関は形式が欠けることに依拠することは禁じられうる[91]。

　Western Fish判決以降，裁判所はさらに，公法の分野において禁反言という私法の概念を用いることは「役立つものではない」，そして「公法は［私法の］基礎にある道徳的価値から役立つものをすでに吸収しており……，公法自らの二本足で立ち上がる時が来たのである」[92]と述べさえもしている。これは当然，正当な期待の原理の登場，及び，その結果，公的決定における合法性の要請や広範な公益と公正性の追求とを調和させようとする公法の試みに言及するものである。それゆえ，禁反言が休止状態に置かれたのであるならば，権限の無い助言を受けた個人に保護を与えるのは，現在では正当な期待の原理にな

　　Boat Construction Co Ltd [1950] 2 KB 16.

89)　[1981] 2 All ER 204.

90)　この点について同裁判官は次の判決を引用した。*Lever Finance Ltd v Westminster (City) London Borough Council* [1971] QB 222.

91)　この点について同裁判官は次の判決を引用した。*Wells v Minister of Housing and Local Government* [1967] 2 All ER 104.

92)　*R v East Sussex County Council, ex p Reprotech* [2002] 4 All ER 58, 66, Lord Hoffmann.

るのであろうか？　確かに，権限の無い意見表明が正当な期待を生じさせうることを裁判所が認めた場合，その期待がどのように保護されるべきかの問題が生じる。しかしながら，禁反言と正当な期待の区別，特に，それぞれの起源が私法と公法という事実が明瞭になりうるのはこの段階である。それゆえ，私法上の禁反言の原理は紛争によって直接影響を受ける二当事者の利益に主たる焦点を当てるが，正当な期待の原理は（公的機関によって代表される）広範な公衆の利益と個人の利益を調和させる必要性の観点から発展してきた。ゆえに，権限の無い意見表明が公的機関を拘束することを認めるべきか否かの評価において，裁判所は，当該機関の権限行使や義務実施を阻むことについて，公益の観点から利点があるかどうかを検討しなければならない。裁判所としては，提案された又は実際の公的機関による行為が適法であることを前提に，個人によって過度の苦難があり，さらにその苦難を緩和する他の方法が無い場合にのみ，介入をするということになる。

15. 6　結　　論

　本章は主として，（適法に形成された）正当な期待の原理が，当初の形式上手続的でしかなかったものから，現在の手続と実体の両局面を含むものへとどのように展開してきたかに焦点を当ててきた。終始強調してきた点は，こうした法の展開が困難さや議論なしになされたものではなく，司法審査請求における裁判所の役割に係る根本的問題を提起する点である。他方で，そこで裁判所が，個人への公正性，及び公的決定における全体としての一貫性の水準についてどのように関心をもってきたかについても，強調しようとしてきた。それゆえ意思決定者は，（例えば）意見表明を守らないことについて，そうすることがその法的義務に適合する，又はそうすることを正当化する公益がある場合には，守らないことができる一方で，裁判所は権限濫用から個人を守ることにより一層懸念するようになってきている。この点は，上で分析した影響力のあるCoughlan 判決における控訴院の当初の判示に言及することで，現在でも最も

よく描くことができる。

　結論ということで指摘すべき最後の点は，実体的正当な期待の原理と裁量拘束禁止の原理との関係性に関してである。本章で何度か触れたように，時として2つの原理の間で衝突があるとされる。それは，正当な期待が公的機関を従前の政策に縛り付けようとする一方で，裁量拘束禁止原理が意思決定者はいかなる状況においても自らの政策から自由に離れられるべきことを求める，という意味においてである。それでは本当に衝突があるのであろうか，又は2つの原理は調和できるのであろうか？　これへの解答は，合法性，柔軟性，法的明確性という，司法審査請求において裁判所を導くより広範な価値において見出されると考えられる。Chris Hilson は，2つの原理が矛盾するものではないと主張し，裁量拘束禁止の原理が合法性と柔軟性の価値に関するものであるとしたうえで，古い政策によって生み出された正当な期待の観点から新たな政策を柔軟に適用することは，正当な期待の中核にある法的明確性の価値を補完するものであると述べた[93]。それゆえこの視点から見れば，問題は，意思決定者が従前の政策に縛り付けられるか否かではなく，むしろ新たな政策が柔軟に適用されるべきか否かということになる。もしそうであれば，新たな条件に照らした裁量権行使と並んで，正当な期待は保護されうるのである。

FURTHER READING

Ahmed, F and Perry, A (2014) 'The Coherence of the Doctrine of Legitimate Expectation' 73 *Cambridge Law Journal* 61.

Craig, P and Schønberg, S [2000] 'Legitimate Expectations after Coughlan' *Public Law* 684.

Elliott, M (2001) 'The Human Rights Act 1998 and the Standard of

---

93)　C Hilson, 'Policies, the Non-Fetter Principle and the Principle of Substantive Legitimate Expectations: Between a Rock and a Hard Place?' [2006] 11 *Judicial Review* 289.

Substantive Review' 60 *Cambridge Law Journal* 301.

Elliott, M [2005] 'Legitimate Expectation, Consistency and Abuse of Power: the Rashid case' 10 *Judicial Review* 281.

Forsyth, CF [1997] 'Wednesbury Protection of Substantive Legitimate Expectations' *Public Law* 375.

Forsyth, C [2011] 'Legitimate Expectation Revisited' *Judicial Review* 429.

Hadfield, B (1988) 'Judicial Review and the Concept of Legitimate Expectation' 39 *Northern Ireland Legal Quarterly* 103.

Hilson, C [2006] 'Policies, the Non-Fetter Principle and the Principle of Substantive Legitimate Expectations: Between a Rock and a Hard Place?' 11 *Judicial Review* 289.

Reynolds, P [2011] 'Legitimate Expectations and the Protection of Trust in Public Officials' *Public Law* 330.

Sales, P and Steyn, K [2004] 'Legitimate Expectations in English Public Law: An Analysis' *Public Law* 564.

Schønberg, S (2000) *Legitimate Expectations in Administrative Law* (Oxford: Oxford University Press).

Vanderman, Y [2012] 'Ultra Vires Legitimate Expectations: An Argument for Compensation' *Public Law* 85.

第16章

手続的不適正 I

——制定法上の要件——

16. 1　序

　（数ある原理等のなかでも）合法性，不合理性，正当な期待の原則と原理について議論してきたが，ここでは，GCHQ 判決の判示において Diplock 裁判官が言及した違法な行為の第3の類型に目を向けよう。彼は，公的機関がある種の手続的過誤を犯した場合に違法に行為したと説明する際に，「手続的不適正」という用語を用いた。これは2つのものを含んでいる。

　(1)　法制度の権限を踰越する決定等（すなわち手続的権限踰越）。そうした決定は，手続のなかでも，期間制限，通知，協議，決定機関の前への出頭の権利，被代理権，決定の理由提示義務に関する手続に係る制定法上の規範に違反してなされる。
　(2)　自然的正義及び公正性に係るコモンロー上のルールに違反してなされた決定。それには，審理を受ける権利，被代理権，理由提示義務等といった要素も含まれる。

　本章では手続的権限踰越を扱い，その後，第17章において自然的正義及び公正性に係るルールの起源と性質について考察をする。しかし，法の詳細に目を向ける前に，法が意思決定者に手続上の義務を課することの理由について少し述べることとする。これはおそらく（第1章で議論した）行政法の基礎となるモデル類型の問題を提起するものではあろうが，ここでは手続的要件について

3つの連関する正当化があることを示す。第1に，決定によって影響を受ける者に対して，例えば審理での意見陳述を通じて，意思決定手続への参加を認めるといった意味で，法がこうした方法で民主的機能を果たすことができる[1]。第2に，そうした審理を受ける権利を規定することで，法は意思決定における透明性について規定することができる。というのは，意思決定者が個人からの意見陳述を受ける義務は，しばしば（常にではないが），当該意見を考慮してなされた決定についての理由提示の義務を付随することがあるためである。するとこのことは，自分の陳述した意見が意思決定者によってどの程度考慮されたか，意思決定手続においてどの程度重みづけがされたかについて，個人が評価することを可能にする。第3の正当化は，アカウンタビリティの価値に焦点を当てたもので，決定の理由が，個人による不服申立て（利用可能な場合）や司法審査請求を通じて是正されうる法的瑕疵を示している場合，アカウンタビリティの価値は達成されうる[2]。

　上記の正当化のいずれも，欧州人権条約（ECHR）6条に係る判例法において，同様に見いだされるものであることを付言しておく。同条は，1998年人権法に基づき法効果を持つもので，「民事上の権利義務の決定又は刑事上の罪の決定」がある場合に，個人を守るための広範な手続的義務を課している（ECHRの他の条項もまた手続的義務を課することがある）[3]。それゆえ，制定法上，及びコモンロー上の要件の役割について考察する際に，この点について多く言及することになる。

---

1) See further *R (Moseley) v Haringey LBC* [2014] UKSC 56, [2014] 1 WLR 3947, 3957, para 24, Lord Wilson.

2) See also *Re Reilly's Application* [2013] UKSC 61, [2014] AC 1115, 1149-50, Lord Reed. 参加，法の支配，及び資源の有効利用といった価値を示している。

3) 例えば，欧州人権条約2条は，国家による力の行使について調査をする手続的義務を課し，なかでも，訴追をするか否かの決定について理由を提示することの義務を課している。とりわけ，see *McKerr v UK* (2002) 34 EHRR 20.

16. 2　手続的権限踰越

　まず，行政決定や他の手法が，制定法上の基礎的な要件を完全に無視したとして，又は不適切に遵守されたとして，瑕疵があると争われた状況に目を向けよう。そこではまた，司法の役割範囲に係る困難な問題が生じるため，裁判官は，この機能を果たす際に重要な役割を不可避的に引き受けることになる。制定法，及びそれによって委任された権限は，時として複雑さを持つものであり，それぞれの要請が相矛盾することもありうる。手続的誤りが性質上軽微にとどまり，ゆえに重要性が限定的と考えられることもある。これのみを根拠に決定を取り消すことは，決定をそのままとしておくことよりも，大きな不正義を生じさせるかもしれない。それゆえ裁判所は，主張された手続的不適正について審理する際には，確立した制定法解釈ルール，つまり係争に係る法律の立法における議会の全体的な目的や意思について検討を求めるルールを特に考慮する[4]。実際に，Howard v Bodington において，Penzance 裁判官は，「それぞれの事案において，主題に注意を向けなければならない。無視された規定の重要性，及び法律によって確保されようとしている一般的な目的と当該規定との関係性について検討しなければならない」[5] と判示した。この判示は，「義務的〔mandatory〕」要件と「任意的〔directory〕」要件としばしば言及される要件のどちらに当たるのかについて，裁判所が判断しなければならない時の基準として，受け入れられている（但し，この区別は現在では法において中心的なものではない）。同時に，手続要件の重要性を評価する際には，有効性と公正性の基本原則とともに，第三者の利益やより広範な公衆の利益をも考慮しなければならない。手続を遵守しなかったことが，係争人に対する，又は公共の利益に対する重大な不正義や侵害に至るものであるのか？

---

4)　See further 11.2.

5)　(1877) 2 PD 203, 211.

632

16. 2. 1 義務的要件と任意的要件

制定法や規則が，行政事項において遵守すべき手続を規定することは一般的である（主位立法はまた，委任立法の制定において遵守すべき手続要件を定めることもある）。計画法におけるように，時としてそれらは複雑である。典型例としては，なされようとする行為について一定期間内に人々が通知を受けるべきとする規定，決定がなされる前に特定の団体が協議を受けるべきとする規定，決定の理由が提示されるべきとする規定，影響を受ける当事者が制定法上の不服申立権に係る通知を受けるべきとする規定がある。実務において手続が厳格に遵守されなかった場合に何が起きるかに関して，法律が規定することはほとんどない点に，基本的な困難さが存在している。これが意味することは，裁判所が不遵守や実質的遵守の効果について判断しなければならず，その手助けのために，裁判所は多くの用語や区別を用いてきたことである。そのなかで歴史的におそらく最も重要なものは，上述した「義務的」要件と「任意的」要件の区別である。裁判所はもはやこの区別を法律問題において決定的なものとはみなしていない[6]が，「義務的」条件を遵守しないと，そこでなされた事は一般的には無効とされうる。対照的に，「任意的」と解される規定は，通常は意思決定者によって遵守されるべきものであるが，不遵守であっても結果としての決定を無効とするものではない。全てはコンテクストに依存し，例えば，瑕疵が軽微であると認められるか，又は，要件の不遵守によって個人の権利が明らかに侵害されるかによって左右される。London & Clydeside Estates v Aberdeen DC[7] において Hailsham 裁判官（大法官）は，こうした「義務的」と「任意的」のラベルを有益であるとしつつ，それらは常にコンテクストに応じて適用されるべきと述べた。

裁判所はある規定を義務的とも任意的とも解釈することがある点にも，注意

---

6) See *R v Immigration Appeal Tribunal, ex p Jeyeanthan* [1999] 3 All ER 231; and *R v Soneji* [2005] UKHL 49, [2006] 1 AC 340.

7) [1980] 1 WLR 182.

すべきである。つまり，その規定の実質的な遵守については義務的で，正確な遵守について任意的であるといった形である。この実質的な遵守の考えは，意思決定者にとって非常に有利に働きうるものである。というのは，裁判所は，全体として法の仕組みに合致した方法で決定がなされた場合には，単なる技術的事項が決定に勝ることや，「正義に適わない意図しない結果」を引き起こすことを認めない[8] ためである。他方で，実質的遵守の要請は，決定過程において単に要件を形式的に遵守したに過ぎないと主張されうる場合，意思決定者に対して反対の含意を持ちうることを意識するのも大事である。こうした状況においては，意思決定者が法律における実際の手続目的を避けることができてしまうため，形式的遵守は要件の目的を損なうものとなりうる。それゆえ，例えば制定法が協議義務を課している，又は決定の理由提示義務を課している場合（下記を参照），当該制定法のコンテクストのなかで，行われる協議は適切でなければならず，また提示される理由は意味のあるものでなければならない。それが行われないと，決定は違法とみなされうる。

　当然ながら，個人が手続要件を遵守しておらず，それゆえ決定に対する訴えは退けられるべきであると，公的機関が主張することもありうる。しかしここでもまた，実質的な遵守の観念が個人によって持ち出されることがある。その好例は，Howard v Secretary of State for the Environment[9] で見られる。地方計画機関によって発せられた是正通知に対する不服申立ての権利が，1968年都市農村計画法16条に規定されていた。大臣に対してなされる不服申立ては，一定期間内に，書面で行わなければならず，また，申立ての理由を明示しなければならなかった。Havering カウンシルから発せられた是正通知に対して，Howard 氏のソリシタによって 1970 年 11 月 6 日付で不服申立書が送付さ

---

8)　*R v Immigration Appeal Tribunal, ex p Jeyeanthan* [1999] 3 All ER 231, 238-9, Lord Woolf CJ; and see e.g., *R v Dacorum Gaming Licensing Committee, ex p EMI Cinemas and Leisure Ltd* [1971] 3 All ER 666. 後者では，地方紙における通知のミスプリントについて，ミスが「些細な印刷上の誤り」であったため，当該通知を無効にするものではないと判断された。

9)　[1974] 1 All ER 644.

れたが，そこには制定法で求められた申立理由が示されていなかった。理由を示すべきとして大臣が返信をした。ソリシタは 11 月 16 日に理由を明示して再度送付したが，今度は職員の過誤によって申立書の配送が遅れ，11 月 24 日までに大臣のもとに到着しなかった。大臣は申立書の受領後，期間経過後に受け取ったため，何らの行為も行わない旨を Howard 氏に通知した。そこで，当初の申立書，又は後の申立書とも併せた当初の申立書は，不服申立てについての有効な通知になるとの宣言の請求がなされた。控訴院において，Denning 裁判官（記録長官）は，当該条項について，書面で一定期間内に不服申立てを行う必要性に関しては必須であり，つまり義務的であると解したが，その内容，つまり申立理由に関しては任意的に過ぎないと解した。不服申立てを行うことの効果は，是正命令を差し止めるものであるため，期間はこの問題において本質的であることは明白である。しかし一旦通知がなされれば，（理由は後に示されることができるため）理由が示されていないことのみをもって，不服申立ては不適法とはならない。したがって，11 月 6 日の申立書は有効な不服申立通知であると，全員一致で判断された[10]。

　最後に触れるべき点として，決定過程が欧州人権条約における個人の権利に影響を与える場合，手続要件を規定する法律が同条約の観点から解釈されることになる点である[11]。このことは，義務的と任意的の区別との関係において，個人の権利に対して負の影響を持ちうる義務的規定は，同条約との適合性を確保するよう，可能な限り任意的として解釈されるべきということを意味している。ここでの例として，個人が裁判手続に係る義務的ルールを遵守しなかったがために上訴を阻まれるといった場合がある。そうした状況において裁判所は，同条約 6 条の裁判アクセスの権利が比例性を欠いた制限を受けないように

---

10)　実質的遵守について，see too, e.g., *Berkeley v Secretary of State for the Environment* [2000] 3 WLR 420（HL）; *Haringey London Borough Council v Awaritefe*（1999）32 HLR 517; and *Secretary of State for Trade and Industry v Langridge* [1991] Ch 402.

11)　1998 年人権法 3 条を，同法の附則 1 とともに参照。See 4.4.2.

第16章　手続的不適正 I　*635*

するために，当該ルールを任意的として解釈することが求められよう[12]。

16. 3　制定法上の要件：判例法からの示唆

それでは，より頻繁に問題となる類型の手続要件について，それに関して採るべきアプローチについてのリーディングケースである判例法とともに検討しよう。

16. 3. 1　事 前 通 知

公的機関が行為をする前に，影響を受ける個人や団体に通知をすることを制定法が求めることがあり，それによって，行為前に当該組織に対して，影響を受ける個人が意見を表明することなどが可能となる。1944年教育法における事前通知に関する2つの対照的な判例において，義務的と任意的との歴史的区別がどのように生じたかについて見ることとする。伝統的に厳格な見解は，Bradbury v Enfield LBC[13] において控訴院で採用された。Enfield カウンシルは，総合教育のために学校の再編計画を導入しようとしていたが，その意向についての通告は公衆による検討の際には提示されていなかった。この瑕疵に基づき，地方税納税者が，制定法上規定された手続が採られるまでは，選別制から総合制の中等教育への転換を遅らせるインジャンクションを得ようとした。Denning 裁判官（記録長官）は，これは義務的要件であり，意見陳述ができるように，1944年教育法13条に基づき事前通知をする義務があると判断した。彼はさらに，制定法の要件に沿った協議の実施期間の間，一定の混乱を生じさせるとしても，インジャンクションが与えられると述べた。加えて Dankwerts 裁判官は次のように付言した。

この種の事案においては，関連制定法において定められた手続を適切に遵

---

12)　See, e.g., *Foyle, Carlingford and Irish Lights Commission v McGillion* [2002] NI 86.
13)　[1967] 1 WLR 1311.

守すべきことは必須である。この点についての制定法の規定は，女王陛下の臣民に対してセーフガードを与えるものだと考えられる。公的機関や大臣は，法を遵守することが強いられなければならず，官僚は本来の位置に置かれ続けることが不可欠である[14]。

こうした厳格なアプローチにもかかわらず，今度はNottinghamshireにおける学校再編に係る計画に関するConey v Choyce[15]では，全く異なる結果となった。所管機関は1944年教育法の同じ条項（13条）に従う義務を負い，そこでは計画についての公示は学校の主な入口かその近辺に掲示され，また地方新聞に掲載されなければならないと規定されていた。当該計画は，会合，ニュースレター，教会において広く公表されていたが，Worksopにおける2つの学校においては掲示がなされていなかった。Templeman裁判官は，通知を行う一般的要件は義務的であると判断した。しかしながら，計画は反論できるほどに十分広く公表されていたため，救済は拒否された。換言すれば，法律を「実質的に遵守」していたのである。このことは特定の要件が任意的でしかないとみなされたことを意味する。代表的な数の人が計画の内容について見ることができる方法で計画が公表されており，それゆえ導入される手法の対象となる人が実質的な不利益を受けていないことは明らかであった。これらの学校が漏れたことは，結論においては軽微であり，計画を取り消すことができないと考えられた。また，学校再編に反対する争いはその実体において既に敗れており，こうした手続的論点についての主張は計画を無効にするための最終手段として用いられたことも指摘に値する。

16. 3. 2　不服申立ての権利

制定法の下で利用可能な不服申立ての権利を付与する規定は根本的な重要性を持つものであると，裁判所は見ているようである。それゆえ，個人に対して

---

14)　Ibid, 1325.

15)　[1975] 1 All ER 979.

その不服申立権を告知しなかったことは，決定を不適法とすると考えられよう。

Agricultural, Horticultural and Forestry Industry Training Board v Kent[16]においては，名宛人が不服申立権を持つことを明示せず，不服申立書を送るべき宛先を記載せずに通知がなされた。不服申立権は最重要であるため，この瑕疵は通知を無効にするのに十分であると判示された。この点は，London & Clydeside Estates v Aberdeen DC[17]においても示された。この事案では，原告に届けられた公文書に含められた地方政府機関の決定が，制定法上の不服申立権に言及し忘れていたため，1963年土地補償（スコットランド）法，及び1959年都市農村計画法（一般）（スコットランド）規則をも併せた制定法上の要件に違反するものであった。原告企業は自身が不服申立権を持つことに気づいていたことは明白ではあったが，この権利に係る適切な通知は義務的であると判断された。たとえ原告の被る不利益がないとしても，義務的要件に違反するとして，当該文書は裁判所によって取り消された。これは興味深い結論である。というのは，実質的不利益ルールは通常，手続要件に従わなかった瑕疵の結果，その団体が何らかの損害に直面しなければならないことを意味しているためである。他方で，不服申立権そのものではなく，不服申立ての理由に係る通知は任意的要件に過ぎないと解されているようである[18]。

16. 3. 3　協議を行う義務

協議を行う義務は，ほぼ必ず義務的と解され，また，協議が行われる場合にはそれが適切でなければならない。

Agricultural, Horticultural and Forestry Industry Training Board v Aylesbury Mushrooms[19]は，協議義務が必須であるという性質についてのリー

---

16)　[1970] 1 All ER 304.

17)　[1980] 1 WLR 182.

18)　See also *Button v Jenkins* [1975] 3 All ER 585 and *Chief Adjudication Officer v Foster* [1993] AC 754.

19)　[1972] 1 All ER 280.

ディングケースである。1964年産業訓練法1条4項は，大臣が産業訓練命令をする前に，当該産業でかなり多くの被用者を代表すると考えられる組織と協議をしなければならないと規定していた。新たな訓練評議会の機能について要約した新聞での公示がなされ，全国農業者組合が協議を受けた。しかしながら，その構成団体であるマッシュルーム生産者協会に対しては計画の詳細を含む通知が送付されたが，同協会は受領しなかった。命令が発効し，マッシュルーム生産者協会を代表するAylesbury Mushroomsは，法律に従った協議を受けていないことを理由に，命令の完全な適用除外を求めた。法律の文言上，大臣による一定の協議は義務的である点については，両当事者が同意していた。協議に瑕疵があり，結果として命令はマッシュルーム生産者には適用されないと判断された。

　もう1つの例はGrunwick Processing Laboratories v Advisory, Conciliation and Arbitration Service[20]（ACAS：助言斡旋仲裁局）であり，そこではGrunwick社という企業の労働者が雇用者による組合の承認を求めていた。これが拒否されたため，当該労働者は1975年雇用保護法11条に基づき，ACASに申立てをした。ACASは同法12条，14条に基づいて手続を進めた。同法14条1項は，承認問題に関する調査過程において，ACASがそれに関連する労働者の意見を確認することを規定していた。しかしながら，Gunwick社が非組合員である労働者の名前と住所の情報開示を拒んだため，組合の構成員である少数の被用者に対してのみ接触がなされた。にもかかわらず，ACASは組合の承認を勧告した。ACASは全ての労働者と協議をしていないとして，Gunwick社が当該勧告決定を争った。問題は，ACASが労働組合の承認論争に関わる全ての者と協議をする強制的な義務に服するのかという点であった。Diplock裁判官は協議を行う強制的な義務があると認定し，次のように述べた。「本法のこの部分に係る文脈において，ACASが結論に至る前に決定に関係する者と協議を行うべきか否かに関して，議会がACASの裁量に委ねていたとは考

---

20)　[1978] AC 655.

えられない」[21]。さらに，当該要件が「合理的に実行可能な」限りにおいて義務的であるとの条件については，それでは ACAS の裁量が広範になりすぎるとして，裁判所は受け入れることを拒否した。しかしながら，ACAS が協議相手の名前と住所を与えられないなかでどのように協議できるのかは，問われよう。ACAS の決定は，苛烈な労働争議の過程でなされたもので，その性質上高度に政治的なものと考えられている。加えて，同決定は，組合承認を雇用者の協力に左右されるものとし，ゆえに 1975 年雇用保護法の目的の１つを阻害する効果を持つものとなっていた。

　影響力のある判例である R v Brent LBC, ex p Gunning[22] にも触れるべきであろう。そこでは，地域内の学校の合併と閉鎖に係る提案の前に，適切に協議がなされなかったため，被告が不適法に行為したと判断された。判決においてHodgson 裁判官は，協議義務に係る４つの基本的要件を提示した。（ⅰ）協議は提案の作成段階でなされなければならない。（ⅱ）提案者は，理解に基づく検討と応答ができるのに十分な提案理由を示さなければならない。（ⅲ）検討と応答のために適切な期間が確保されなければならない。（ⅳ）協議結果は，制定法上の提案をまとめる際に意識的に考慮されなければならない。これらの要件はその後，「Gunning 判決の基準」として知られるようになり，近年，R (Moseley) v Haringey LBC[23] において最高裁判決で支持された。当該事案での争点は，カウンシル税の減税計画について広範にわたる選択肢（可能ではあるが排斥された選択肢）ではなく，１つのみの選択肢について意見を求める形での協議によって，地方政府機関が制定法上の協議義務を果たしたことになるかであった。Wilson 裁判官は，当該機関が不適法に行為したと判断する際に，Gunning 判決の基準に触れ，「示された４要件のいずれについて，拒否や事実

---

21)　Ibid, 677.

22)　(1985) 84 LGR 168.

23)　[2014] UKSC 56, [2014] 1 WLR 3947. 同基準の適用について，see also, e.g., *R (Wainwright) v Richmond upon Thames London Borough Council* [2001] All ER (D) 422.

上の修正を行うことは困難であると考える」と判示した[24]。これにより，当該
事案の下では，協議が広範にわたる選択肢を含むものとして拡張されるべきと
なり，そして，選択肢をより狭くしたことを理由に手続が瑕疵のあるものと
なった。結果として裁判所は，採用された計画がその時点で発効から2年間経
過していたため，宣言的判決による救済を与えた。裁判所は，新たな協議を行
うことを求めるのは比例性を欠くことになると考えたのである[25]。

16. 3. 4 理由提示の義務

決定を行う理由を事前に示すことは，良き行政に資するためほとんどの場合
に望ましいが，理由提示に係るコモンロー上の一般的な義務は存在していな
い[26]。しかしながら制定法が，大臣や審判所など一定の決定者に理由提示の義
務を課すことがある[27]。例えば，1992年審判所及び審問法10条は，ほとんど
すべての審判所について決定の理由が求められるとしている。ここで強調すべ
きは，理由提示に係る制定法上の義務は義務的と判断されており，通常その不
遵守は決定を取り消すか，決定機関へ差し戻すことに帰結する。

Mountview Court Properties Ltd v Devlin では，当時存在していた審判所
法（1958年審判所及び審問法）の下での委員会による家賃評価に関して，理由は
決定のコンテクストにおいて十分かつ適切でなければならず，各事案における
十分さは審判所に現れた事実に依存することになると判示された[28]。しかしな

---

24) [2014] 1 WLR 3947, 3957, para 25.

25) Compare *R (United Co Rusal plc) v London Metal Exchange* [2014] EWCA Civ
1271, [2015] 1 WLR 1375. そこでは，コモンロー上は，公的団体が何について協議
するかの選択肢について，広範にわたる裁量権を有しているとされ，また，排除さ
れた選択肢について協議する一般的な義務は，そうすべき非常に特別な理由がある
場合を除き，存在しないとされた。

26) See 17.3.5.

27) See further *R v London Borough of Southwark, ex p Dagou* [1996] 28 HLR 72;
South Bucks District Council v Porter (No 2) [2004] 1 WLR 1953; and *Uprichard v
Scottish Ministers* [2013] UKSC 21, 2013 SC (UKSC) 219.

28) (1970) 21 P & CR 689.

がら Parker 首席裁判官は，十分な理由を提示しなかった事それ自体は，決定を取り消す権利を裁判所に与えるものではないと考えた。それゆえ，当該事案の事実に基づき，争点となる点に関して更に理由を示すよう求めて，事案は差し戻された。

　判例法において取り上げられる関連した争点として，司法審査手続において，公的機関が当初の理由に理由を追加することがどの程度認められるのかという問題がある。これは本質的に証拠の許容性に関する事項であり，裁判所は当該機関に対して決定を補完したり説明したりすることを認めうるが，決定と矛盾したり，決定を事後に正当化することを認めないという点が出発点となる[29]。しかしながら，多くの事は当該決定の制定法のコンテクストに左右され，義務の性質を考慮すると，基本的な立場はより複雑なものとなりうる。例えば，決定を当事者に通知することの一部として理由提示の義務がある場合，裁判所は通常，決定時点における適切な理由の提示を，決定の有効性のための条件と解する（ゆえに理由をより完全に説明することは不可能であろう）。対照的に，適切な理由が決定の有効性の条件とは解されない場合には，裁判所は，事後的な理由について（注意深くではあるが）受け入れようとするようである。そうした場合，裁判所は，事後の理由が当初の理由と一貫しているか，それが偽りのないものであると考えられるか，それが決定の事後的な正当化となっていないかについて審査することになる。事後的な理由が認められないとする場合，裁判所は，結果として当該決定を不適法とすることを法律が意図しているか否かについて判断しなければならない。

　最後に述べるべき点として，制定法が理由提示を求めていない場合でも，欧州人権条約が決定に理由を提示することを求めることがある（但し，同条約は人権法の下で国内法上の法効果を持つため，ここでの義務は国内制定法に源泉を持つと言えよう）。例えば，同条約6条は，公正な審理の一側面として理由提示を求めうる[30]。また，国家によって引き起こされたとされる死亡に関して調査実行中

---

29)　See *R v Westminster City Council, ex p Ermakov* [1996] 2 All ER 302.

30)　See 17.3.5.

642

といった文脈で，決定がなされる場合，同条約2条の下でも義務が発生しうる。後者に関する事案において欧州人権裁判所（ECtHR）は，透明性に係る特別な要請を認定し，訴追機関が犯罪に関与した国の職員を訴追しないと判断する場合，通常，理由が提示されるべきであるとしている[31]。同条約3条及び8条も同様に，理由が提示されるべきことを求めることがある。例えば，精神保健患者が自身の表明した意志に反する投薬を受けるといった場合である[32]。

16.3.5 期 間 制 限

制定法はしばしば，決定を行うことの期間制限も規定する。期間制限が義務的か任意的であるかは，同様に，広範な制定法と事実のコンテクストによって左右される。一般的には，個人の利益が直接影響を受ける場合には，裁判所は期間制限を義務的と解する傾向にある。例えば上記の Howard v Bodington において，牧師に対する不服申立てに関して，申立てを受け付けた主教が法定の21日以内にそれを当該牧師に伝えなかったため，申立てが認められなかった[33]。そうしたアプローチが適切であることは，R（Dawkins）v Standards Committee of the District Council of Bolsover[34] において承認された。そこでは，地方議員について3か月間の職務停止とする決定について，規則で定められた3か月の期間制限後になされたとして，不適法であると判断された。停止決定が制限後になされたことを裁判所は受け入れつつ，停止決定をした当該委員会が期間制限内に会合を開くことの困難さについて「理解できる」ことを立証するだけでなく，それ以上の立証をする必要があると判示した。この基準は，予見不可能や予期不可能な出来事によって遵守が阻害されているか否かを考慮するものである。

Howard 判決と Dawkins 判決におけるアプローチは，非常に異なる事案で

---

31) See *Jordan v UK* (2003) 37 EHRR 2, para 124.
32) See *R (Wooder) v Feggetter* [2003] QB 219.
33) (1877) 2 PD 203.
34) [2004] EWHC 2998.

ある Robinson v Secretary of State for Northern Ireland[35] で採用されたアプローチとは対照的であろう。当該事案における主たる争点の1つは，北アイルランド議会が，首相と副首相の職に充てる者の選任に係る法定の6週間の期間制限経過後に，それらを合法的に選任することができるかであった。貴族院の多数意見は，期間制限後に議会が首相等を選任することができると判断する際に，この結果が1998年北アイルランド法の全体的な憲法上の目的，つまり安定した分権政府システムの形成に合致するものであるため，選任は有効であると考えた。そうした状況において，法定の期間制限は，たとえそれが明らかに義務的な用語で明記されていたとしても，厳格に墨守する必要が必ずしもないのである。

16. 3. 6 財政手法

財政負担をもたらす手法に関しては，手続的要件は厳格に執行される。例えば，Sheffield City Council v Graingers Wines Ltd において，税を課すことを公的機関に認める議決に関して，それが発効する正確な日にちを特定していないとして取り消しがなされた[36]。

16. 4 結 論
——常識的アプローチ？——

上記の判例の検討が示すように，義務的要件と任意的要件の区別はかなり明確になされるが，実際には今日の裁判所は，事案の全ての状況を理解するという広く常識的なアプローチを採用している。それゆえ現在では，裁判官は制定法上の手続要件への違反に直面すると，当該要件が重要か，そして違反に係る政府活動を取り消すことが公正，正義，便宜であるかを簡潔に問うようである。そして，R v Lambeth LBC, ex p Sharp では次のように判示された。

---

35) ［2002］NI 390.
36) ［1978］2 All ER 70.

（手続）規則の規定への違反がある場合，規則不遵守の結果について考察するために，当該規定が義務的規定か任意的規定を含むか，停止条件を含むか，決定の無効又は取消しを可能とする規定を含むかという分類をしたり，又は，管轄権に関わる規定を含むかを検討したりすることは，ほとんど役に立つものではない。検討すべきは，当該規定が達成しようとしていることが何であるのかである[37]。

この判示は，手続的権限踰越事案におけるコンテクスト・アプローチの必要性を明確に示しており，上述のように，裁判所は現在，義務的・任意的の二分法を裁判所の手にある多くの手段のうちの1つでしかないと解しているのである。この点は，R v Immigration Appeal Tribunal, ex p Jeyeanthan においてWoolf 裁判官（記録長官）によって示された。同事案では，内務省が，特別審判官から出入国管理不服審判所への不服申立ての許可申立てにおいて真実性の言明を添付していなかったため，1993 年庇護上訴（手続）規則の要件を遵守していなかった（結論としては，当該瑕疵は当該大臣の行為の有効性に影響を与えるものではなく，瑕疵は不服申立てにおいて処理されうると判断された）[38]。Woolf 裁判官（記録長官）は，この区別を過剰に強調することは，規定を設けた立法府の意思を確認するという中心的役割から注意をそらすことになるとして，次のように述べた。つまり，より重要なことは，法律の文言を検討することとともに，手続要件が正義の利益に資するものとしてあり，そうした利益に反するような結論は留保付きで扱われるべきであるということを意識することである。それゆえ，要件が義務的か任意的かの問題は第一段階としてのみ問われるべきで，大部分の事案においては他の考慮事項が助けとなることがよくあるのである。Woolf 裁判官は，他の考慮事項に次のものが含まれるとした。(a) 制定法の要件を厳格に遵守していなかったとしても，実質的に遵守している場合，当該要件が充足されているか否か（実質的遵守の考慮事項），(b) 不遵守は免除される

---

37)　(1986) 55 P & CR 232, 239, Woolf LJ.

38)　[1999] 3 All ER 231.

第 16 章　手続的不適正 I　*645*

ことが可能であるか，そしてもし可能な場合，特定の事案において免除されるべきか否か（裁量の考慮事項），（c）不遵守が免除可能でない場合，不遵守の結果は救済が与えられるべきものであるか（結果の考慮事項）(See [1999] 3 All ER 231, 238-9.)。

　当然ながら，係争事案においてこれらや他の事項を扱う方法は，事案の事実や争点となる特定の規定の性質に依存する。しかしながら概括的には，そうした事項を考慮することは，政府の手続において公法原則の要請と手続結果に係る実利主義や柔軟性の要請とを調和させることを，裁判所が行うのを可能にするという利点を有していると考えられよう。実際に，原則と実利主義とのバランスの探求は，今日，制定法の解釈について判例を定義づけるもので，自然的正義と公正性に係るコモンロー上の原則の論理をより十分に補完するものであると言えよう。次の章で見るように，これらの原則は長年にわたり可変的なものとして，また，手続的不適正についての紛争においてはコンテクストが何よりも重要であるとの理解に基づいて，適用されてきた。それゆえ上で検討したアプローチは，現在では，手続的保護の争点について制定法が部分的に又は完全に規定していない場合において採用されるアプローチと，より一層軌を一にしていると論じられる。

　手続的公正性に関する更なる文献については，第 17 章を参照。

第 17 章

手続的不適正 II

——コモンロー上のルール——

17. 1 序

　ここでは，公正性に係るコモンロー上のルール，しばしば自然的正義に関するルールとも表されるものについて考察してゆこう。最初に，「審理を受ける権利」と「偏向禁止ルール」というルールは，それらがコモンローにおける歴史的な個人の保護を意味する場合，長い間，行政法の中心となってきたことを強調すべきである。例えば，McNab v United States[1] において，Frankfurter 裁判官は，「自由の歴史は概して，手続的保護の歴史である」と判示し，また，R v Chancellor of the University of Cambridge[2] において，Fortescue 裁判官は，「アダムが自らの抗弁をするために呼び出される前に，アダムに対して罰を下すのは，神自身さえもしなかった」と述べた際には，エデンの園に自然的正義の基礎を見出していた。そうした声明は，コモンローが意思決定者に対して遵守することを期待する最低限の手続的保障が存在することを示し，そしてそれに係る法は，現代的形式においては，個人が自らの権利と利益に影響を与える決定手続に意味ある形で参加しうることを保障するように，広範にわたる要件を課するものである[3]。意思決定者がそうしたコモンロー上の要件に従わない場合には，当該決定は不適法であることを意味しうる（但し必ずそうなる訳

---

1) 318 US 332 (1943).

2) (1723) 1 Str 557.

3) 手続的公正性の正当化根拠について, see further 16.1; and, e.g., *Reilly's Application* [2013] UKSC 61, [2014] AC 1115, 1149-50, Lord Reed.

648

ではない）。

　コモンロー上のルールを考える際に，本章を主に2つの節に分け，それぞれ，当該ルールの歴史的発展，ルールの内容について記述する。しかしこれらの節に移る前に，当該ルールの動態を理解するのに重要な，全体に関わる4つの点について触れよう。第1は，当該ルールと制定法における手続要件との関係に関してである。前章ですでにみたように，立法はしばしば手続要件を定め，意思決定者がそれに従わなかった場合，その結果としての決定は権限踰越とみなされうる。これは立法府の最高性の原理と完全に調和するが，たとえ意思決定者がすべての制定法上の要件を遵守していたとしても，その決定が手続的に適正であることには必ずしもならないことを注記するのは大事である。というのは，手続的不公正性があるか否かの問題は裁判所の法律問題であると，裁判所はかねてから判断してきおり，裁判所は「公正性の実現を保障するように，追加の手続的保護によって……そこまでだがそれ以上ではない保護」[4] を含意して，コモンローを用いうるのである。そうは言っても，裁判所が意思決定手続の公正性を厳格に審査する際に，決定が公正性の要請に従ってなされることを国会が黙示的に求めているとの前提で審査を行うとも裁判所が述べている[5] ことからすれば，上の司法における意見は立法府の優位に係る憲法上の強調に対して異議を申し立てるものではないことを注記しておくことも，同様に大事である。ここから当然に，国会が明示的に又は必然的推論によって，コモンロー上の保障を休止するよう立法することはできる。但し，当該法律が欧州人権条約〔ECHR〕6条に適合しない場合には，不適合宣言の可能性は残る[6]。いくつかの判例では同様に，法律が排他的な手続規定を定めている場合には，裁判所がさらなる保護を含意することは必要でなく，正当でもないとされてい

---

4)　*Lloyd v McMahon* [1987] AC 625, 702, Lord Bridge.

5)　*R v Secretary of State for the Home Department, ex p Pierson* [1998] AC 539, 573-4.

6)　議会の権限に係るこの点についての認識として, see ibid. 但し, *Re Moohan* [2014] UKSC 67, [2015] AC 901, 925, para 35 における Hodge 裁判官のコメントと比較。不適合宣言については, see 4.4.3.

る[7]。

　第2の点は，ルール（特に審理を受ける権利のルール）がコンテクストに意識的な性質を持つことに関してである。以下で明らかになるように，公正性に係る正確な要件は，当該事案のコンテクストによって変化する。つまり，それぞれの事案において事案の事実に依拠して，より多い又はより少ない手続的保護が導かれるというように，公正性の「スライド制」がある。例えば，決定がその性質上本質的に「司法的」である場合，手続としては必然的に裁判手続とより共通したものが求められうる（情報の開示，法的代理の権利，理由提示を受ける権利など）。他方で，「行政的」決定とみなされるものに適用されるのは，より低い水準であると考えられる（但し，意思決定者は常に公正に行為することが求められる）。それゆえすべては，コンテクスト，及び裁判所がその事実関係において適切と考える事項によって左右されることになる。Bridge 裁判官は Lloyd v McMahon において次のように表現した。

　　いわゆる自然的正義のルールは，聖書の石板に刻まれたものではない。その根底にある観念をより良く表すフレーズを用いれば，国内の行政的又は司法的組織が個人の権利に影響を与える決定を行わなければならない場合に，公正性の要件が求めるものは，その決定組織の性質，行う決定の種類，そして行為に係る制定法その他の枠組みによって左右されるのである。[8]

　第3の点は，公正性及び自然的正義のルールが，司法審査の他の根拠と同様に，欧州人権条約，特に同条約6条における公正な裁判を受ける権利の観点から展開し続けている点である（また，頻度は下がるが，EU 基本権憲章47条からも[9]）。その影響の仕方については以下でより詳細に説明するが，この段階では，

---

7)　*Furnell v Whangarei High Schools Board* [1973] AC 660 and *R v Secretary of State for the Environment, ex p Hammersmith and Fulham LBC* [1991] 1 AC 521.

8)　[1987] AC 625, 702.

9)　47条は，なかでも，「効果的な救済を受ける権利」，「法によって決定以前に設立さ

本章で記されるコモンローの発展が（かつては孤立的に起こったとしても）孤立的に起こった訳ではないことについて，意識することは重要である。むしろコモンローは，国内制度に内在及び外在する公的考慮事項によって影響されており[10]，欧州人権条約といった外在的考慮事項が時として，長年にわたるコモンローの知見に修正を求めうることをこれから見てゆく。その先導的な例と考えられるものは，以下で議論する偏向の例であり，そこでは「外観上の偏向」に対するコモンロー上のアプローチが，欧州人権裁判所の判例法の観点から修正された[11]。

　第4のそして最後の点は，本章を通じての「公正性」と「自然的正義」の用語の使用法に関してである。つまり，本章を読めば明らかなように，「自然的正義」の用語は概ね初期の判例法においてより用いられており，その理由は，当該ルールが行政的決定者ではなく司法的決定者にのみ適用されると裁判所が考えていたためである（ゆえに裁判審理に対応する「正義」の用語）。しかしながらその後の判例法は，司法的・行政的決定者という区別を乗り越え，現在では「自然的正義」の原則は，「（誰かが）何らかの決定をする」[12] 場合にはいつでも適用される「公正性」に係るコモンロールールに包摂されたとみなされる。それゆえ，本章を読む際に覚えておくべきことは，自然的正義と公正性のルールは本質的には区別できず，そうしたものと解されるべきものという点である。ゆえに，いくつかの節やいくつかの判例の議論で，それらの用語のどちらかを用いる場合には，その当時に用いられていた用語法か，該当する判例集での用語法に従っているにすぎない。

れた独立かつ公平な審判所によって，合理的な期間内に，公正かつ公開の審理を受ける権利」を保障している。同憲章の射程について, see 3.2.3 and 4.5; and, e.g., Case C-300/11, *ZZ v Secretary of State for the Home Department* [2013] 3 WLR 813.

10)　See chs 2-4.

11)　*Porter v Magill* [2002] 2 AC 357.

12)　*Board of Education v Rice* [1911] AC 197, 182, Lord Loreburn.

17. 2 沿　　　革

17. 2. 1　ルールの確立

　上記のように，自然的正義の現代的観念の基礎にある原則は，何世紀もさか
のぼるものである。初期の判例の多くは地位の剝奪に関するものであり，例え
ば Baggs 判決では，告知と審理の要件が存在すると判断された[13]。この考えに
おける重要さとしては，その考えが Dr Bonham's 判決[14] において Coke 首席裁
判官によって述べられ，その 100 年後の City of London v Wood[15] において
Holt 首席裁判官によって復唱されたという事実から測ることができよう。そ
こでは，ある者を自らの事件における裁判官とするのであれば，裁判所は議会
の法を無効と宣言しさえするであろうとされた（これは，議会主権の原理にもか
かわらず，現代の裁判所がほのめかしているアプローチでもある。)[16]。しかしながら
より概括的に言えば，自然的正義のルールの発展と国家活動や国家機関の拡張
との間には，より一層の歴史的な連関がある。この文脈において，そうした公
的機関に与えられた権限が大きくなるほど，保護に係る監視と執行への要請も
それに比例して大きくなることに，裁判所がより一層意識的になっていた。実
際にこの点は，主に過去 150 年以上の間に，又は 19 世紀末以降に制定された
ある種の法律（例えば 1872 年及び 1875 年の公衆衛生法，又は 1875 年及び 1879 年の
職工・労働者住宅改良法）による一定の帰結に対応するために，自然的正義及び
公正性のルールが発展してきた判例を検討することで，明らかになるであろ
う。その時代のリーディングケースは Cooper v Wandsworth Board of

---

13)　(1615) 11 Co Rep 93b; and see 4.2.1.

14)　(1610) 8 Co Rep 113a.

15)　(1701) 12 Mod 669.

16)　See, e.g., *R (Jackson) v Attorney-General* [2006] 1 AC 262, 318, Baroness Hale は，
　　司法審査へのアクセス権を廃止しようとする議会制定法について，裁判所は拒否す
　　ることができると判示した。

652

Works[17] であり，審理を受ける権利について制定法上規定がなかったとしても，その権利の重要性を強調した。当該事案において，1855 年首都地域管理法 76 条では，新規の住宅建設をする者は委員会に書面で 7 日前の通知をしなければならず，それがなされない場合，委員会は当該財産を改修したり，取り壊したりすることができるとされていた。その後，本件の原告は 76 条における通知を送付したと主張したが，委員会はそれを否定した。いずれにせよ原告は，通知をしたと主張する日から 5 日以内に建設作業を開始していることを認めた。もし審理がなされたのであれば，Erle 首席裁判官が通知の不履行と表現するものについて説明がなされたであろうから，通知に係るこの問題は重要である。委員会自体も通知をせずに，当該建築物の取壊しのために，夜遅くに作業員を派遣した。その時点で建築物は 3 階建てに達していた。ここで注意すべき興味深い点として，委員会は所定の制定法の要件すべてに従っていたが，それにより他人の財産を侵害もしていた点である。換言すれば，たとえ正しい手続が採られていたとしても，この状況において，自分の家屋が取り壊されることはその人にとっては大いに比例していないものである。委員会は原告に審理の機会を与えることなしに行為をする権限を有しないと判断され，賠償という形での救済が与えられた。

　もう 1 つ，裁判所が介入の意思を示した初期の画期的判例としては，Board of Education v Rice[18] がある。それは教員の給与に関する争いであった。地方政府機関は，教会学校における教員について，政府機関自体の学校よりも低い金額での報酬としていた。これはモラルに重大な影響を与えており，多くの教員が離職の間際であった。同時にその政策は議論にもなっており，当該機関が教会学校を効果的に維持できなくしていると校長は主張していた。この問題に対処するため，地域のバリスタを長とする公審問が立ち上げられた。その審問は校長に賛同する形の報告をしたが，教育委員会は地方政府機関を支持するとの立場を継続した。これにより紛争解決における同委員会の行為について深刻

---

17) (1863) 14 CB (NS) 180.

18) [1911] AC 179.

な疑念が呈されることとなった。貴族院は，当該委員会の判断を覆し，同委員会に義務を果たさせるよう移送令状と職務執行令状（現在の取消命令と職務執行命令）を発した。しかしながらこの判決の重要さは，Loreburn 裁判官の判示にある。それはすでに上で言及したものであり，意思決定者の義務についての古典的声明と解されるようになっている。つまり，

　　意思決定者は，誠実に行為し，両当事者の声を公平に聴かなければならず，というのはそれが何らかの決定をするすべての者に課される義務であるためである。但し，意思決定者がそうした問題について，裁判審理であるかのように扱うことが義務づけられるとまでは考えない。[19]

17. 2. 2　自然的正義の一時休止：「司法的」決定と「行政的」決定の区別

　上の判示の潜在的意味は広範に及ぶものであったが，Loreburn 裁判官の判示について，すべての事項を「裁判審理であるかのように」扱う必要がないと誤解されたため，一定の期間の間，法の展開は阻まれることとなった。広義には，彼の判示は，「司法的」決定（自然的正義の最大限の保護を引き寄せる）と「行政的」決定（そうした保護を引き寄せない）との区別があることを意味するものと捉えられた。このことは，日々の行政活動において，省や執行機関による意思決定が顕著に増加しているとしても，問題となる決定が「司法的」と分類されない限りは，個人は手続的保護を享受しないということを意味するようになった。当然ながら，区別の線をどこに引くかの判断はしばしば問題となり，行政法が概念的抽象化へと後退したために，自然的正義の展開は阻まれた。
　そうした後退を示すリーディングケースとしては，Local Government Board v Arlidge[20] がある。ここで貴族院は，司法介入の必要条件として一定の条件を挿入し，それはその後長年にわたって，政府及び非政府主体の行政手続に対

---

19)　Ibid, 182.
20)　[1915] AC 120.

して等しく，自然的正義の適用を制限する効果を持つこととなった。そこで判断すべき中心事項は，自然的正義のルールが「実際の行政上の必要性」を超えることを裁判所がどの程度認めるかという点である（これは「行政の効率性」の議論として言及されうる）。Arlidge 判決自体は住宅の検査に係る地方政府機関の役割に関するもので，その事実関係として Arlidge 氏の住居が人の居住には適さないと宣言された。彼は争い，当該住居は実際には居住に適するとする専門家による報告書を提出した。その後この問題を判断するために立ち上げられた公審問における審問官が現地を訪れ，同審問官が証拠を取りまとめた後，審問でも除却命令は維持された。この審問は，Arlidge 氏が審問官の前に出頭することもできず，また，同氏が自らに係る証拠を検討する機会を与えられもしないなかで行われた。しかしながら貴族院は，公開の会議で行われなかったとの理由のみでは，住宅検査官の前で行われたこの審問が報告書の公表の点において不適正であったとの主張を受け入れなかった。貴族院は，（司法的手続とは対照的に）行政的手続が法に基づく裁判所と同様に機能すべきとの期待は存在せず，ゆえに審問官の報告書を公開すべきとする要件は存在しないとした。

　司法的決定と行政的決定の間の線引きの困難さを表す判例として Errington v Minister of Health[21] があり，そこでは救済が与えられたが，それは決定作用の性質について裁判所が満足する程度まで立証された後においてであった。この事案ではスラム撤去命令が争われ，その理由としては，大臣の代理として行為する公務員が地方職員と協議し，公審問が終了した後にさらなる証拠について審理を行ったためである（何人かの職員は，審問の後に，所有者に通知をせずに現地に訪れてもいた）。提起された問題は，この証拠の情報について反対当事者に応答の機会を与えること無しに当該情報を受け入れた点であり，それは，一当事者との交渉を他の当事者には秘密裏で行うことになる。裁判所は，まず大臣が閉鎖命令を承認する際に司法的権能か行政的権能のどちらで行為したかを判断することから始めた。大臣が純粋に行政的権能の下で行為したと分類され

---

21)　[1935] 1 KB 249.

るのであれば，自然的正義のルールは適用されないと，Maugham 裁判官によって強調された。大臣は準司法的権能の下で行為したとされ，自然的正義に反していたと判断された。以下で見るように，現在であればおそらく，「準司法的」という用語を避ける方が良いであろう。

Nakkuda Ali v Jayaratne[22) はもう 1 つの重要な判例であり，同判決は現在では，「司法的に行為した」を狭義に定義するとともに，自然的正義に係るそれまでの水準から乖離するとされるものの頂点を表すと，一般的に解されている。スリランカ（当時のセイロン）において織物管理者は，防衛規則の下で，織物取引業者が事業を継続することが不適切であると「考える合理的な理由」がある場合に，織物の取引業免許を取り消す権限を有していた。ある取引業者が詐欺的に行動したため，管理者は滞りなく当該権限を行使したとされた。枢密院は，取引業免許を撤回する際に管理者は司法的には行為していないとし，彼は権利の問題を決定したのではなく，特権を除去する行政的行為を行ったと判断した。Radcliff 裁判官は，管理者が司法的又は準司法的権能で行為することを示す文言が関連する制定法や規則には存在しないため，救済を与える理由がないと判示した。この判示は行政的行為と司法的行為の区別を維持することを超えるものであり，そしてこの判示は裁判所が必要な場合には立法府の遺漏を補完するために介入するという事実を単純に無視した，と広く考えられている。William Wade は影響力のある書籍の旧版において，次のように述べていた。「免許が単なる特権であり，ゆえに免許保持者は儀式なしに生計を奪われうるといったように，誤った推論による原理を支持し，同様に論理，公平さ，判例を欠く形で，法における主たる諸原則が放棄された。」[23)

---

22)　[1951] AC 66.

23)　*Administrative Law*, 6th edn (Oxford: Oxford University Press, 1988), 515. And see also, e.g., *R v Metropolitan Police Commissioner, ex p Parker* [1953] 2 All ER 717.

17. 2. 3　ルールの現代的展開：Ridge v Baldwin

　自然的正義のルールは Ridge v Baldwin[24] において，その当時再生されることとなり，当該判決は現代の行政国家における自然的正義及び公正性に係る研究にとって出発点となる。実際に同判決は，自然的正義の判例法における活気ある判例への回帰を示すだけでなく，行政決定に対してより広範かつ積極的に介入するという 1960 年代の司法の態度における一般的な変化を反映した画期的判決の 1 つでもある。その事案においては，ブライトン警察長の Charles Ridge 氏が，司法妨害の共謀で起訴された。彼は裁判において無罪とされた。しかしながら，Ridge 氏はその行為について裁判官から強く批判され，彼の行為はとりわけ高潔，責任，リーダーシップを欠いていたとされた。この批判の結果，彼は警察長の職の継続的身分を維持できないようになった。その結果，地方公安委員会は，裁判が終わったその日に Ridge 氏を解職した。同委員会は，1882 年都市団体法 191 条 4 項の下で解職行為をしたとし，同規定は「義務の実施を怠る，又は同様に不適格であると委員会が考えるバラの警察長」を解職することを委員会に認めていた。しかしながら，さらなる規則が存在し，それは警察長に対する嫌疑の場合に遵守すべき手続を規定していた。結局 Ridge 氏は，解職提案の通知を受けなかっただけでなく，聴聞に当たるものも認められずに，解職させられた。さらに彼には，委員会決定の理由の細目も示されていなかった。委員会は，Ridge 氏のソリシタからの要求に従い，数日後に再度会合したが，当初の決定を承認するのみであった。その後大臣に不服申立てがなされたが，棄却された。そこでの根本的争点は年金の権利を失うことであり，解職の場合にその権利が剥奪されるが，Ridge 氏の辞任が認められるのであれば剥奪はなされなかった。彼は解職が権限踰越であるとの宣言を求めて提訴した。

　貴族院判決において Reid 裁判官は解職の三類型として，雇い主による使用人の解職，身分保障のない職からの解職，職からの解職に言及した（また，コ

---

24)　[1964] AC 40.

ンテクストの重要さ，及び公正性のスライド制にも触れた）。同裁判官は，Ridge 氏の事案は最後の分類に当てはまり，その人に対して解職を警告するための何らかのものがなければならないと判断した。同裁判官はまた，この分野における法が混迷している理由を検討し，改革の必要性の前兆となる特に有名な文言として，「我々は発達した行政法のシステムを有しておらず，おそらくその理由はかなり最近までそれを必要としていなかったためである」[25] と述べた。彼の判示は，混迷の一部の原因として R v Electricity Commissioners, ex p London Electricity Joint Committee（1920）における Atkin 裁判官の傍論にさかのぼった。そこでは「臣民の権利に影響を与える問題について決定する法的権限を持ち，司法的に行為する義務を負う団体が，その法的権限を越えて行為する場合にはいつでも，これらの令状において行使される王座部の監督的管轄に服することになる」[26] と判示されていた。この文言について，後の判例である R v Legislative Committee of the Church Assembly, ex p Haynes-Smith[27] において Hewart 首席裁判官は，裁判所による介入を司法的又は準司法的意思決定とされるものに限定しようとして発展してきた一連の判例の帰結として，この文言は司法的に行為する義務がなければならないということを意味していると解した。Reid 裁判官はこの区分を否定し，個人の権利に影響を与えるいかなる権限も，その人に結果が及ぶがゆえに公正に行使されなければならないとの理解へと推し進めた。そのように行使されない場合には，救済に至りうる。したがって Ridge v Baldwin においては，上訴人は 1882 年都市団体法で求められるように，自らに対する処分事由について知らされるべきであったし，また審理で彼が述べるべきことは事案の実体についてであったため，彼は審理の機会を与えられるべきであったがゆえに，免職は無効であると判断された。

　注意すべきは，審理で主張される事が意思決定手続の結果に変更を迫るものではないがゆえに，審理は不要であるという議論が時としてなされることであ

25）　[1964] AC 40, 72.

26）　[1924] 1 KB 171, 205.

27）　[1928] 1 KB 411.

る。このアプローチは Ridge v Baldwin において Reid 裁判官によって否定され，また，それは以下で検討するように現代の有力な判例にも反するものであるが，判例のなかには，個人が意見陳述の権利を立証するだけでなく，そこでなされる主張に理由があることをも示さなければならないという見解を支持するものもある。その理由は，Wilberforce 裁判官が述べる「裁判所は無為に行為しない」[28] という点にある。しかしながら，そうした議論が行政の効率性の考え方（つまり，手続的要件によって意思決定者に過剰な負担をかけないという要請）に依拠する限りにおいて，意思決定者は決定により影響を受ける者への審理を第一に行わずに，正しい情報に基づく選択をどの程度なしうるのであるかも，問われることになろう。Megarry 裁判官は John v Rees において，この問題を次のような整った論理で要約した。

　　法と関わる誰もがよく知っているように，法の道には，どうも明白ではないようであったが明白となった事案〔open and shut cases〕といった例がまき散らされている。解答不能である罪責が結果として完全に解答された例，説明不可能な行為が十分説明された例，確固として変更不可能な決定が議論によって変更された例。[29]

　これらの点を念頭に置くと，Ridge v Baldwin は，自然的正義のルールが適用されない行政的決定と適用される司法的決定の間の旧来の概念上の区別が廃れたものであることを露わにしたと見ることができる。ゆえに，意思決定機関は司法的に行為する義務を負うとの要件をなしにすることで，それまでの判例において課されてきた厳格な制限から自然的正義のルールは解放されたのである。ここにおいて，公正性が，現在，自然的正義とほぼ同様の解釈に服するこ

---

28)　*Malloch v Aberdeen Corporation* [1971] 1 WLR 1578, 1595. And see, too, e.g., *R v Secretary of State for the Environment, ex p Brent London Borough Council* [1982] QB 593.

29)　[1970] Ch 345, 402.

とになった。例えば，Ridge v Baldwin を受けて，審理の機会を与えない場合，公正性を理由に，及び／又は関連考慮事項（すなわち決定によって影響を受ける者の意見）の考慮不尽を理由に，時として（正確には常にではない）意思決定者が不法に行為していることになりうる。裁判所が，究極的に持続可能ではない地位となる所に自らを置こうとさえしていることは，おそらく驚きであろう。Ridge v Baldwin において Reid 裁判官が唱えた審査基準は，それぞれの状況において合理的な人が公正な手続と考えるものを評価するといったものなのである。

　加えて，Ridge v Baldwin で宣言された原則は，それ以降，非常に多くの判例において適用されており，それゆえにこの判例は行政法において影響力のある判例の１つなのである。この点を描く際に用いられうる例は多くあるが，ここでは，R（Shoesmith）v OFSTED and Others[30] における控訴院判決を用いる。この事案は，「赤ちゃんＰ」の悲劇的な死亡事故から生じたもので，それにより国務大臣が 1996 年教育法の下での命令を発し，原告（Haringey ロンドンバラカウンシルの子どもサービス局長）の解任が即時の効力をもって行われるに至った。国務大臣はまた，原告がその雇用主である地方政府機関から補償を受けるべきでないとの見解も表明した。国務大臣による審理が行われた後，大臣による命令，及び信頼と信用に反したことを理由に彼女は直ちに解職させられた。原告は提訴し，そして Ridge v Baldwin の判示と論理であふれた判決において勝訴した。控訴院は，主に国務大臣の役割における過誤に注目し，原告は究極的には子どもサービスについて責任を負い，アカウンタビリティを負うが，その問題が彼女自身の究極的なコントロール下にあるものかについて説明をする機会を含めて，彼女は手続的保護を受ける資格があると判断した。控訴院はまた，赤ちゃんＰが亡くなってから１年以上，原告が現場のソーシャルワーカーではない状況であるため，原告が自らに対する処分事由について答える機会を否定することを正当化するほどの緊急性には理由がないとの見解も示した。控訴

30）　［2011］PTSR 1459.

院は同様に，原告が自分の主張を説明する機会について，実際に認められた機会以上の機会が与えられたと国務大臣は誤解しており，また彼女の責任を問う論拠はそれほど明白ではないため，彼女の意見陳述が国務大臣の決定に違いをもたらさないとも言えないとした。事実に基づき，国務大臣の命令が違法であるとの宣言的判決が出された。

17. 2. 4 Ridge v Baldwin の後：公正性のスライド制

Ridge v Baldwin の後，上ですでに指摘したように，裁判所は個々の事案での異なる事実関係の観点から，公正性のルールを適用してきた。大学で勉強する意思を持つ人の地位を例にしよう。大学への申請者としては，公正な取扱いを受ける一般的な期待は，すでに大学の一員である場合の期待よりも当然に低くなる。つまり，申請者は他の申請者の申請と同じ基礎の下で，自らの大学への申請が処理されることのみを期待できるにすぎない。他方で，入学した学生が大学と契約関係を持ち，そして何らかの理由で内部の懲戒処分に服することとなる状況では，その学生は当然に一定の手続的保護を受ける資格を持ちうる。最も極端な状況では，そうした学生が大学から退学させられることに至りうる嫌疑に関わる場合（例えば，図書館から物を盗んだとの事由がある場合）において，公正性を保障するためには，何らかの形の意見陳述を含む完全な審理に近いものが求められることが期待されよう。

このアプローチを広義に認識し，適用した重要な判断は，出入国管理事案のRe HK（an infant）判決[31]においてなされた。HK は 1962 年コモンウェルス出入国管理法の下での移民であり，彼の入国は，彼が 16 歳以下であることを証明できるかに依存していた。この事案では，出入国管理職員は HK が 16 歳を優に超えていると疑い，ヒースロー空港の当直医療担当職員の下に少年を移送したため，入国が拒否された。当該職員は彼の年齢を 17 歳と見積もった。訴訟としては，自然的正義のルールが遵守されなかった事を理由とした請求のみ

---

31) ［1967］1 All ER 226.

が判断に付された。この種の事案を個別に処理するのにかけられる時間には明らかに制限があるべきことは，認識されていた。裁判所は，年齢を超えているとの疑いがあることが本人に伝えられるべきで，また，自らの立場について説明する機会が与えられるべきであると判断した。しかし，たとえ職員が司法的又は準司法的に行為しているとしても，完全な形での審理を認めるほどまで拡張はしなかった。「検討したように，このことは司法的に行為したり又はそれが求められることの問題ではなく，公正な行為が求められることの問題である」とした（[1967] 1 All ER 226, 231, per Lord Parker CJ）。それゆえ Re HK 判決は，公正に行為する一般的義務の認定へと向かう判決と解されうる[32]。

　このように公正に行為する義務の考え方を認める方向への傾向は，Re Pergamon Press 判決[33] において強化された。これは，ある企業についての商務委員会の審問に関する事案で，審問官自身は当事者の権利に直接影響を与える決定をする権限を持っていない状況であった。裁判所は，たとえ審問官が行政的権能でのみ行為したとしても，彼は公正に行為する義務に服すると判断した。その理由としては，Denning 裁判官が自らの判示で説明するように，その事案の報告書が非常に広い反響を持ち，それが取締役やその他の者の刑事手続を導いたり，彼らの名誉やキャリアを破壊することになるためである。Denning 裁判官は，当事者に対する主張について訂正や反論する適切な機会を当事者に与えることで審問官は公正に行為しなければならないと結論づけたが，審問自体が公益の観点から行われているがゆえに，他の要素とのバランスがとられるべきという認識も示した。取締役が求めたように，証人の名前が公表されたり，それらの証人が審問という早期の段階で反対尋問に服することになると，証拠を出すために参加することを思いとどまらせてしまい，審問を阻害することになりうるのである。

　個人への不利益の程度との関係で公正性を評価したもう１つの重要な判例と

32）　また同様の効果について，see *Schmidt v Secretary of State for Home Affairs* [1969] 1 All ER 904.

33）　[1970] 3 All ER 535.

して，McInnes v Onslow-Fane[34] があり，そこでは Megarry 裁判官（副大法官）によって Ridge v Baldwin の原則が検討され発展させられた。第 1 に，影響を受ける権利や利益と（スライド制において）適用されるルールとを関連させようと試み，第 2 に，Megarry 裁判官（副大法官）は「正当な期待」[35] の用語の利用を発展させた。原告は英国ボクシング管理委員会に対して，自身のライセンス申請の審査において委員会が正しい手続を経なかったと主張して，宣言的判決を請求した。彼は自分に不利な主張について知らされず，口頭審理の機会も与えられなかった。事実関係として，彼はそれ以前にはライセンスを保持しており，そのライセンスによってトレーニング，プロモーション，司会者としての活動などスポーツボクシングでの多くの活動に関わることができていた。Megarry 裁判官（副大法官）は，この状況が制定法や契約によって規律されていないとの事実にもかかわらず，裁判所は介入すると判断し，次のように述べた。

　……「自然的正義」が柔軟な用語で，異なる事案において異なる要件を課するものであることを受け入れるならば，それは「司法的」，「準司法的」及び「行政的」といった用語で示される広範にわたる状況に適用できるものとなる。にもかかわらず，状況が司法的又は準司法的状況と似たものから離れれば離れるほど，……「正義」という言葉を含む表現を拒否して，代わりに「公正性」や「公正に行為する義務」という用語を用いることがより適切になるのである[36]。

Megarry 裁判官は，一方で既存の権利や地位の剥奪に関する「剥奪事案」と，他方で地位に関して申請をしたが拒否された場合の「申請事案」とで非常に異なる要件となることを論じた。彼はまた，「期待事案」又は「更新事案」

---

34)　[1978] 3 All ER 211.

35)　この原理について，see ch 15.

36)　[1978] 3 All ER 211, 219.

と呼ぶ中間カテゴリーも認め，それは申請者がこれまでの慣行（例えば一定期間のライセンス保持）を基礎に，申請が認められることに正当な期待を持つ場合である。こうして，原告にとってどの程度重要であるかに従って，スライド制があることとなった。剥奪事案において「公正性」を達成するには，偏向していない審判を受ける権利，処分事由について通知を受ける権利，処分事由について答えるための審理を受ける権利といった一般的権利が求められる。（本事案を含む）申請事案においては，剥奪されるものはなく，その人に不利益的になされる処分事由がある訳ではないため，審理を受ける一般的権利は存在しない。こうした状況において「公正に行為する義務」としては，当該委員会（又はその他の団体）は偏向せずに，恣意的な政策を追求せずに，誠実な結論に至らなければならないということであった。しかしその義務は，拒否について理由を示すことを求めるほどまで拡張はしなかった。その理由としては，その拒否決定によって申請者の人格を傷つけるものではないためであった。当該委員会の負う義務は，申請を公正に検討することだけであった。

　こうしたコンテクストの強調は，これ以降の司法アプローチの決定的な特徴となり，個々の事案の状況の肝要さについて多くの裁判で重要な判断がなされてきた。例えば，すでに導入で触れた Lloyd v McMahon における Bridge 裁判官による著名な傍論があり，同様に R v Commission for Racial Equality, ex p Cottrell and Rothon における Lord Lane 首席裁判官も次のように説明している。

　　司法の審理には程度の差があり，純粋に行政的な領域から刑事の訴因や刑事法院の事案についての完全審理の領域まで程度の差がある。特定類型の状況について，行政的な箱に入れるか司法的な箱かに入れるか分類しようとすることは，誰の得にもならない。いずれの事案も必然的に異なるものであり，そこで行われている手続の基本的な性質が何なのかを自問しなければならないのである[37]。

---

37)　[1980] 3 All ER 265, 271.

664

当然ながら，コンテクストについて考える際に，どの事案においても最も重要な考慮事項の1つは，決定によって個人の基本的権利が影響を受けているか否かである。R v Army Board of the Defence Council, ex p Anderson は，そうした権利が影響を受ける場合，コモンローが手続的保護に関する要請をすることを描き出している[38]。Anderson 氏は，軍で彼の小隊における唯一の黒人隊員であり，他の隊員からの人種差別的中傷を受けたとして，許可なしに欠勤した。結局，彼は捕らえられ，部隊に戻された。彼の不服に対応して，人種差別の主張に関して憲兵隊による審問が行われた。しかしながら，審問の結果としての報告書は，Anderson 氏が見られないこととされた。軍法会議において，彼は有罪宣告され，拘禁の刑を宣告された。軍法会議の少し後，彼は報告書の要旨を受け取り，同報告書は彼が口頭での中傷を受けたとする主張を認めたが，暴行を受けたとする他の主張を認めるものではなかった。こうした報告書の開示を受け，彼は 1976 年人種関係法に基づき差別について不服申立てを行った。その申立ては司令官によって調査され，棄却されたが，2 人の隊員に対する懲戒処分が行われたと Anderson 氏には伝えられた。最終的に彼は陸軍本部委員会に不服申立てを行った。その手続においては，関連文書が委員会の 2 人の委員には送られ，2 人はそれぞれ独立して結論に至った。委員らの決定としては，申立てを実証する一定の証拠の存在を認めたが，それは謝罪や補償を認めるには不十分であるとした。しかしながら，Anderson 氏は口頭審理や当該関連文書へのアクセスを求めたが，それらは拒否された。最終手段として，彼は司法審査を請求した。

Taylor 裁判官は，重要な判断において，Lloyd v McMahon における Bridge 裁判官の判示を引用し，行政的・司法的機能の区別を再生や維持しようとする試みに対して再び抵抗した。彼はまた，Ridge v Baldwin 及びその後の著名な判例で確立された見解を支持するために，何が司法的かの判断における決定的事実は個人の権利や利益に影響を与える決定であるか否かにすぎないとする

---

38)　[1992] QB 169.

Wade 教授の見解に言及した。そして、「軍委員会は最終的な場として、個人の制定法上の基本的な権利を扱うため、その手続により高水準の公正性を実現するものでなければならない」とした。これは同裁判官の見解では、必ずしも口頭であることを要しないが、適切な審理を受ける権利も含んでいた。当該委員会は、状況のいかんにかかわらず口頭審理を行わないと判断することで、自らの裁量を拘束したことが明白であった。さらに、不服申立ての性質ゆえに、委員会よって検討された資料の完全な開示を受ける資格が原告にあるとも判示した。これは実際上スライド制である[39]。

当然ながら、1998 年人権法が発効して以降、個人の基本的権利が関わる事案においては、欧州人権条約 6 条が（潜在的に）関わることとなる。同条は、ここで関連する限りでは次のように規定している。

　　すべての者は、その民事上の権利義務の決定又は刑事上の罪の決定のため、法律で設置された、独立の、かつ、公平な裁判所による合理的な期間内の公正な公開審理を受ける権利を有する。[40]

欧州人権条約 6 条に含まれる一定の手続上の義務については後に論じるが、ここで述べるべき点として同条がコモンロー上の手続保護を増大させ、場合によっては補完もしうる点である。他方で、「民事上の権利」が条約固有の意味として、期待されるよりも狭いものであり、これによりコモンローが適用される事案において 6 条の射程が及ばないことがある点も真実である。つまり、この用語は歴史的には、大陸法システムで用いられた私法上の権利の概念と結びついてきたものであり、人権条約 6 条はそうした権利に関する「紛争」がある

---

39)　See also, e.g., *R v Secretary of State for the Home Department, ex p Moon* (1996) 8 Admin LR 477 and *R v Secretary of State for the Home Department, ex p Fayed* [1998] 1 All ER 228.

40)　どのような場合に当該条項が意思決定者に関わるかの問題については、see *R (G) v X Governors School* [2011] UKSC 30, [2011] 3 WLR 237.

場合に適用されるものなのである[41]。同時に，いかなる行政決定が人権条約6条によって包摂されるのかが常に明確である訳ではないため（17.4.5で論じる社会・福祉給付に関する判例法は著しく複雑なものになっている）[42]，この歴史的参照点は国際及び国内の判例法においてかなりの困難を生じさせてきている。しかしながら，欧州人権裁判所はこの用語を広義に解釈するアプローチを採用する傾向にあり，「民事上の権利」は土地利用[43]，公的機関に対する金銭的請求[44]，免許（申請と撤回のいずれも）[45]，社会保障給付[46]，そして懲戒手続[47]をも含む紛争において関わるものとされてきている。他方で，明らかに同条の射程外のままとされる類型の決定もあり，例えば，出入国管理及び庇護[48]（但しイギリス国民に関しては，イギリスの裁判所での引渡手続において同条が適用されうる[49]），一定の公的セクターの雇用紛争[50]に関する決定がそれに当たる。

17. 2. 5 公正性についての正当な期待

上記のように，McInnes v Onslow-Fane[51]において Megarry 裁判官が公正

---

41) See *H v Belgium* (1988) 10 EHRR 339, 346, para 40.

42) より最近のものとして，see *Ali v Birmingham City Council* [2010] 2 AC 39. 2015年10月20日に下された *Fazia Ali v UK* の判決の観点から読むこと。

43) 例えば，*Ringeisen v Austria* (1979-80) 1 EHRR 455 and *Skärby v Sweden* (1990) 13 EHRR 90.

44) *Editions Périscope v France* (1992) 14 EHRR 597.

45) *Benthem v Netherlands* (1986) 8 EHRR 425 and *Pudas v Sweden* (1988) 10 EHRR 380.

46) *Feldbrugge v The Netherlands* (1986) 8 EHRR 425; *Salesi v Italy* (1998) 26 EHRR 187; *Mennitto v Italy* (2002) 34 EHRR 48.

47) *Le Compte, Van Leuven and De Meyere v Belgium* (1982) 4 EHRR 1.

48) *Maaouia v France* (2001) 33 EHRR 42 and *Algar v Norway* (2012) 54 EHRR SE6.

49) *Pomiechowski v District Court of Legnica* [2012] UKSC 20, [2012] 1 WLR 1604, 1623-4, paras 31-3, Lord Mance.

50) *Pellegrin v France* (2001) 31 EHRR 651 and *Eskelinen v Finland* (2007) 45 EHRR 43.

51) [1978] 3 All ER 211.

性と正当な期待の原理とをどのように連関させたかを検討した。この原理（第15章で深く検討した）は，手続的及び実体的局面を持ち，意思決定手続に関してとともに，（より議論となるが）その結果に関しても個人に対して公正性を確保しようとするものである（但し，公的機関は，期待を制限するために公益の点に依拠することができる）。当然ながら，本章の文脈においては，この原理の手続的局面のみに関心があり，それは自然的正義及び公正性のルールのより一般的な展開の一部としてうまく現れてきた。実際に，第15章で論じたように，正当な期待の原理の物語は手続的局面から始まった。

　この原理の発展についてすでに詳細に検討をしたため，ここで再度判例法を検討することから得られるものはほとんどない。しかし，自然的正義及び公正性の題目において同原理の重要さを理解することからすると，指摘すべき点が2点ある。第1は，同原理が，決定によって影響を受けうると認められた法的権利を有さない場合でさえも，その個人に手続的保護の手段を与えることで，手続的公正性の射程を広げた点である。これが何を意味するのかを明確にすることが，ここでは重要である。つまり，個人が認められた権利を有する場合，例えば（上記の Cooper 判決のように）財産権を有する場合，常にそのコンテクストには服するが，当該個人が審理の機会を与えられることはすでにコモンローが求めていた。しかしながら，正当な期待の原理の登場によって，個人がそれに比肩するコモンロー上の権利を有していない場合でも，当該個人が審理を受けたり，協議を受けたりすることが期待されるということが受け入れられるようになった。換言すれば，裁判所は同原理をもって，確立した権利について判断することよりも，公正性を期待する他の一定の理由を有する個人に対して公正性を保障することにより一層焦点を当て始めたのである。判例法における好例が，Schmidt v Secretary of State for Home Affairs[52] であり，正当な期待の章で論じる。

　2点目は，審理を受ける，又は協議を受ける正当な期待がいつ法において形

---

52)　[1969] 2 Ch 149 at 15.3.1.

成されるのかという問題に関してである。ここでもまた，裁判所は非常に柔軟
であり，明示的約束，政策，及び／又は慣例によって期待が生じされられうる
ことを裁判所は受け入れてきた。Attorney-General for Hong Kong v Ng Yuen
Shiu は，明示的約束によって期待が生じた例である[53]。そこでの事実として，
マカオから香港へと来た違法な移民が，香港で事業を確立していた。違法な移
住に関して存在する問題に対応するため，公的機関に出頭した者については，
その内容に基づき〔on their merits〕個別の事案を処理すると，公式な宣言がな
された。しかしながら，原告が出頭した際に彼は収容され，一方で退去命令の
申立てがなされた。その後，彼が退去について不服申立てをしたが，審理を受
けることなく棄却された。彼が退去についての自らの主張を公的機関に対して
提示することが認められなかったことを理由に，移送令状（取消命令）の請求
がなされた。ルール上はこの状況において外国人は審理を受ける権利を持たな
いとされたが，上記の宣言がなされた以降は，彼には審理の機会を与えられる
正当な期待が存在すると判断された。Fraser 裁判官は次のよう述べた。

　　「正当な期待」は，……執行可能な法的権利を超える期待が一定の合理的
　な基礎を持つのであれば，そうした期待を含むことも可能である。……もし
　公的機関がその職員を通じて，そうした審問を否定することで，［原告に
　とって］不公正であったり，良き行政と整合しないような方法で行為する場
　合，期待は，意思決定をする義務を負う公的機関による，又はその代理によ
　る一定の声明や約束を基礎にすることがありうる。[54]

　政策が期待を生じさせた例は，R v Secretary of State for Home Office, ex p
Asif Mahmood Khan[55] で提示される。そこでは，養子についてのルールが通
達に係る手紙で発せられ，原告によって受領された。この手紙を念頭に原告が

---

53)　[1983] 2 AC 629.

54)　Ibid, 636.

55)　[1984] 1 WLR 1337.

様式に入力した情報が，内務省に送付された。当該手紙それ自体が，実現しなかった正当な期待を生じさせると主張された。申請について検討する際に，通達で特定された者には通常とは異なる基準が適用され，原告による養子申請は拒否された。これに加え，不十分な拒否理由が同省大臣によって提示されたという事実もあった。Khan氏らは，彼らに伝えられた形での既存の政策に依拠し，その例外として扱われないことを望んだ。彼らは，同省自体が公表した通達によって形成された正当な期待に反する形で，同省が行為したと主張することで，これを立証することができた。同省大臣にこの期待の実現をしないことを許すのは，優越的な公益がある場合のみであることが，明らかにされた[56]。

　最後に，慣例が協議を受ける期待を生じさせる例に移るが，その例として影響力のあるGCHQ判決がある[57]。そこでの事実としては，政府通信本部(GCHQ)の公務員が多くのストライキに関与し，それにより国家安全保障への潜在的な脅威について政府が懸念を高めたというものであった。それゆえ，政府は公務員勅令を策定する国王大権上の権限を行使し，その下で，公務員担当大臣（当時は首相）が，GCHQの被用者の持つ結社の権利について，複数の政府認可組合の構成員となることに限定した。この雇用条件における変更は公務員組合との協議なしになされ，同組合は協議に係る長年の慣例から組合が協議を受けるべきであったと主張した。貴族院は結論としては国家安全保障を理由に政府の行為を合法と判断したが，この事実に基づき正当な期待が存在し，また，もし状況が異なっていれば，司法審査請求は認められたであろう点について同意した。Diplock裁判官は次のように判示した。

　　一見すると，……GCHQで雇用され，全国労働組合の構成員であった公務員は，せいぜい1983年12月には，その構成員としての便益，及び，雇用条件の変更に関する政府の省の管理職代表との協議や交渉において当該労働

---

56)　この事件については，15.3.1でさらに議論する。

57)　*Council of Civil Service Unions v Minister for the Civil Service* [1985] AC 374;
　　and see 9.3.2.2.

670

組合によって意見を代表される便益について，享受し続けうる正当な期待を有していた。それゆえ，しかし再び一見した限りで，「手続的不公正性」の項目の下で公法問題として，そうした便益を撤回する決定に係る行政活動がなされる前に，当該撤回の理由についてその時点で自らが代表される全国労働組合に対して意見を伝え，当該組合がそれについて意見を述べる機会を与えられることについて，彼らには資格があるのである。[58]

17. 2. 6　公正性と国家安全保障

GCHQ 判決における国家安全保障の考慮の重要さは，自然的正義及び公正性のルールの内容について移る前に扱うべきもう 1 つの論点，つまりこのルールの適用の限界と重なり合う。また，これは常にコンテクストが機能する場面であり，ある状況において個人がより一層の保護を与えられうる程度と同様に，手続的保護がより制限されたり，一時停止されさえもすべきことを，裁判所が受け入れるという状況もありうる[59]。こうした事案において最も有力な司法審査としては，このルールの射程を制限する理由として国家安全保障を最も強力かつ最も頻繁に用いており，手続的権利を制限する政府の決定について裁判所が厳格に審査をすべきではない点を事柄の機微性が要請するといった形で，歴史的に行われてきた[60]。しかしながら，裁判所が行政府の選択を前にしばしば抑制することはいまだ真実ではあるが[61]，欧州人権条約 6 条の要請が近年判例法を大きく複雑化させ，手続的公正性の制限についての重要問題に裁判所を立ち戻らせていることもまた，真実である。その結果，欧州人権条約の影

---

58)　Ibid, 412. See further 15.3.1.

59)　See, e.g., *R v Davey* [1899] 2 QB 301. そこでは，感染性の病気を持つ個人が聴聞なしに病院に収容されることについて，公衆衛生の利益が要請していた。

60)　但し，国家安全保障の問題について例外となる著名な例もある。例えば，*A v Home Secretary* [2005] 2 AC 68（Belmarsh 刑務所収容事件）における Hoffmann 裁判官の反対意見を参照。

61)　特に悪名高い例として，see *R v Ponting* [1985] Crim LR 318.

響の下でコモンローは，国家安全保障の利益のために受容されるとみなされて
きた境界線をほぼ継続的に引き直しており，流動的な情勢にある。

　行政府の選択を審査することに係る歴史的な忌避は，Liversidge v
Anderson[62] という戦時中の事件と最もよく結びつけられる。当時の内務大臣
は，1939 年防衛（一般）規則 18B 条の下で，敵性の出自や関係があると大臣が
「考えることに合理的な理由がある」いかなる者をも収容する命令を発する権
限が付与されていた。これは広範な権限であり，問題はその権限を制限なしに
行使しうるかという点であった。上訴人は被収容者であり，彼は収容が違法で
あるとの宣言的判決を求めて，不法監禁について提訴した。貴族院は，当該収
容に合理的な根拠があったか否かについての審査はありえないと判断した。当
該立法の下では，この点は内務大臣が自ら判断すべき事項であった。悪意が証
明されない限りは当該決定を争うことはできず，大臣は決定の根拠の詳細を明
らかにする義務を負わないとされた。しかしながら Atkin 裁判官は，称賛さ
れる反対意見として，この法解釈を承認することを拒否した。彼は次のように
判示した。

　　裁判官が臣民の自由に関する請求に向き合ったとき，……行政府よりもよ
　り行政府的な心性を持っていることを示すような裁判官の態度を，懸念しつ
　つ見ている。……この国では，武力衝突の最中においても，法は沈黙しな
　い。法は変更されうるが，法は平時と同様に戦時においても同じ言葉を語
　る。裁判官が個人の尊厳を守る者ではなく，臣民と彼の自由を侵そうとする
　行政府の試みとの間に立つということは，常に，近年の判例において我々が
　勝ち取ろうとしている自由の柱の 1 つ，自由に係る諸原則の 1 つなのであ
　る。[63]

Atkin 裁判官はさらに，「そうしたことはチャールズ一世の時代に王座裁判

62）　［1942］AC 206.

63）　Ibid, 244.

所に提起されて受け入れられた」とする政府側の主張を聞き，「投獄に係る統制の無い権限を大臣に与える効果を持つ形で，文言に対して制約的な解釈をすることについて，私は抵抗する，たとえ私一人であろうとも抵抗する。」と判示した[64]。現在では，規則18B条の解釈だけでなく，イギリスの法原則に関しても，この判決の多数意見は誤ったもので，Atkin裁判官の意見が正しいものと解されている。すなわち，すべての監禁が拘束権限を持つ機関によって正当化されるまでは，明らかに違法なのである[65]。

Liversidge判決は，R v Secretary of State for the Home Department, ex p Cheblak[66]と併せて考察されるべきで，この判決もまた戦時中に緊急権限を行使した執行行政機関に関するものである。国連の旗の下での多国籍軍とイラクとの間における湾岸戦争が，1991年に，外国籍住民の一連の拘束をもたらした。上訴人はレバノン市民であり，イギリスに15年間居住している者であった。彼の拘束の後，1971年出入国管理法18条1項（b）の下で，「公共善に資する」ことを理由として国外退去命令が発せられた。当該機関から示された点は，彼が中東のテロリスト組織とつながりを持っていることであった。上訴人は国務大臣によって任命された「3人の賢人」からなる法定外の委員会に対し，自らの主張を提示する権利を与えられたが，彼は自身に対する主張を把握せず，意見陳述の機会を与えられず，それゆえに自らの主張を適切に提示することができなかったとして司法審査請求をした。内務省の職員は，本件に関係するさらなる詳細の開示が国家安全保障に害を及ぼすとする宣誓供述書に署名をした。控訴院のDonaldson裁判官（記録長官）は，上訴人の請求を棄却し，この種の事柄は時の政府の手に委ねるのがより良いものであることを明らかにした。裁判所は限定された役割を持つにすぎず，大臣がその法的権限の制限を超えたり，悪意で行為したりといった場合にのみ裁判所は介入するとした。そう

---

64)　Ibid, 244.

65)　*R v Inland Revenue Commissioners, ex p Rossminster Ltd* [1980] AC 952における，Diplock裁判官とDenning裁判官の意見を参照。

66)　[1991] 1 WLR 890.

した状況においては，自然的正義は時として犠牲にならなければならず，内務大臣の独立諮問委員会がこの種の退去事案において公正な決定に至ると，上訴人は信頼しなければならないとした[67]。

　しかしながら，Cheblak判決における理由づけは，欧州人権条約6条の影響から生き残らず，この種の事案においては法の変更が続いている[68]。欧州人権条約6条の関連判例法についてより詳細な検討は下で行うが，ここで指摘すべきは，公正性が（それがコモンロー及び／又は人権条約6条に基づくものであれ），国家安全保障事案において一定程度の透明性の必要性をより一層要請するようになっている点である。この点は，次の要件において特に当てはまる。つまり，個人が応答しなければならない国家安全保障に係る主張について，当該個人が十分な情報を与えられなければならないという要件であり，そしていかなる制限も，欧州人権条約6条が手続的権利の制限として認める限度において，比例したものでなければならず，公正な審理の保障を無視するものあってはならないのである[69]。この原則は，いわゆる9/11後の「テロとの戦い」から生じた多くの事案で中心的になっており，政府がテロリスト被疑者の活動を制限しようとする際に「不開示資料」を用いることが，時として，公正な審理のまさにその概念を覆すものとして非難されたりしている[70]。これはテロリズム事案において「不開示資料」を用いることができないことを意味している訳ではない（すべては関連法の規定[71]を含むコンテクストに依存する）ことは後に見るが，そうした資料の利用は最低限の水準の公正性を守らなければならないことを意味

---

67)　「平時」における同様のアプローチとして，see *R v Secretary of State for Home Affairs, ex p Hosenball* [1977] 3 All ER 452.

68)　この侵入は人権法の施行以前からすでになされていた。See, e.g., *R v Secretary of State for the Home Department, ex p McQuillan* [1995] 4 All ER 400. See also *Secretary of State for the Home Department v Rehman* [2003] 1 AC 153.

69)　人権条約6条に関して，see, e.g., *Tinnelly v UK* (1999) 27 EHRR 249.

70)　*Home Secretary v AF (No 3)* [2010] 2 AC 269 and e.g., *AT v Home Secretary* [2012] EWCA Civ 42. Compare *Tariq v Home Office* [2012] 1 AC 452.

71)　例えば，2011年テロリズム防止及び調査措置法の附則4，2013年裁判及び安全保障法の第2部を参照。

するのである。政府がそれを守らない場合には，不開示資料に含まれる情報は政府の活動を正当化するのに依拠することができないものとなる。

17.2.7　放　　棄

最後に述べるのは，コモンロー上のものでも欧州人権条約6条に基づくものでも，個人がその手続的資格を放棄することができる点である[72]。しかし，個人が手続的保護を放棄したことを裁判所が受け入れる前に，放棄が「明確かつ明白であり，また，放棄するか否かの判断に関わるすべての事実を十分に理解してなされていること」について，裁判所が納得しなければならない[73]。放棄が任意になされたことが立証されれば，当該個人が後に手続的に不公正であると主張することができなくなるとされる。代わりに，個人の選択が事案の決め手となる。但し，「一定の広範な公的懸念が生じるといった，公益」に関する対抗的議論がある場合は，その限りではない[74]。

17.3　審理を受ける権利

それでは，審理を受ける権利の要件についてより詳細に検討する。すでに上で示したように，コモンロー上の審理を受ける権利は，何世紀も以前からあり，決定によって影響を受ける個人が決定のなされる前に意思決定者に対して情報に基づく意見陳述をすることができるよう，歴史的に模索されてきた[75]。その権利は，最も高度には，裁判へのアクセスの憲法上の権利に相当し[76]，より一般的には，意思決定者の側において現実の又は外観上の偏向がない形で，

---

72) *Millar v Dickson (Procurator Fiscal, Elgin)* [2002] 1 WLR 1615.

73) *Re Glasgow's Application* [2006] NIQB 42, para 12. Weatherup J は，*Locabail (UK) Ltd v Bayfield Properties Ltd* [2000] 1 All ER 65, 73, para 15, Lord Bingham を引用している。

74) *Re Glasgow's Application* [2006] NIQB 42, para 13.

75) *Bagg's Case* (1615) 11 Co Rep 93b.

76) *R v Lord Chancellor, ex p Witham* [1998] QB 575.

決定がなされる権利に相当する（偏向については17.4で論じる）。審理を受ける権利の内容に関して，コモンローと欧州人権条約6条は，決定がなされる前の義務（例えば，扱われる争点についての通知），審理それ自体がなされる間の義務（審理の形式，証拠などについて），そして決定がなされた後の義務をそれぞれ課しうる。しかしながら，上で強調したように，事案におけるコモンロー上の権利の詳細はコンテクストに依存し，個人への保護の程度は影響を受ける権利，利益，期待に従って変わりうる。さらに，当初の決定が適用されるコモンローの要件及び／又は欧州人権条約6条に明白に違反してなされた場合，当該決定が違法であることが意味されうる（但し必ず違法となる訳ではない）。すべては，元の決定における瑕疵が，（コモンロー上は）上訴において，又は，人権条約6条への「複合的」遵守〔'composite' compliance〕を通じて（つまり，独立かつ公正などである裁判所又は審判所に頼る権利を個人が持つ場合），「治癒」されうるかによって左右される。

　分析の初めにおいて記すべき重要な点として，審理の要件は，当事者主義形式の手続の利点を前提とするところから始まるコモンロー固有の見地と連関しうることである。しかしながら，上記のようにMegarry裁判官による洗練されたスライド制のアプローチで示されたように，当事者主義アプローチが不適切な場合もあることもまた，認識されるべきである。ここでは，代替的紛争解決（ADR）や比例的紛争解決に向かう傾向の高まりが想起され，その手続は係争争点について合意による解決でもってより特徴づけられる。

　この点に留意し，コモンローと人権条約6条の両方における審理を受ける権利の内容について，6つの相補的な表題に触れながら検討することとする。それらは，審理前手続と申請，自らに不利な主張を知る権利，審理と証拠の性質，代理，理由，上訴と再審理である。

17. 3. 1　審理前手続と申請

　準備的な決定，例えば個人が応答すべき一応の懲戒事由があるか否かの判断が，個人に対して決定的な影響を持ちうることがあり，それゆえにそうした判

断に自然的正義のルールが適用されるべきと論じられている。そうした状況に
おいて当該ルール遵守を支持する議論としては，準備的決定が最終決定に効果
的な影響を持ちえ，ゆえに個人に対して不利益な効果を持つ危険性に対して，
ルールが保護として機能するとされる。しかしながら，特定の判断におけるコ
ンテクストは（当然に）考慮しなければならないものであるため，そうした議
論が自動的に優位的になる訳ではない。それゆえ，結果として裁判所における
問題は，公正性のスライド制に従って提示されるものとなる。つまり，準備的
判断の性質が，その段階においてより十全な手続的保護を求めるものであるの
か，それとも，公正性の要請は後の審理によって満たされうるのか？

　この争点に関する判例法は複雑であり，常に１つの声で語られるものではな
い。例えば，Wiseman v Borneman[77] においては，納税者が租税審判所の決定
を争い，当該決定は審理前段階において，彼に対して意見陳述の機会や審判所
での証拠の検討を拒否したものであった（問題となったのは，納税案件について答
える必要のある一応の証明がある主張〔prima facie case〕があるか否かの判断をする段
階であった）。Reid 裁判官は，状況が刑事審判における起訴の状況と類似した
ものと考え，そこでは一応の論拠があるか否かの判断のために証拠の評価がな
されなければならない。彼の判示では，この職務を実施する際には被告人と協
議する義務はないと指摘された。貴族院は，この事案においては手続の後の段
階で主張を争う十分な機会があったと認め，上訴を棄却した。判決は公正な審
理の一般的権利を強固に承認し，その権利は準備的決定で必ずしも排除される
ものではないとしたが，事案の状況全体において公正性がある限りは，各段階
で公正性が満たされなければならない訳ではないと判示された。他の判例も，
同様の理由で，団体が勧告のみを行う場合には，審理を受ける権利は存在しな
いと判断している[78]。

　しかしながら，Wiseman 判決は Re Pergamon Press 判決[79] と対照的であり，

---

77)　[1971] 1 AC 297.

78)　e.g., *Herring v Templeman* [1973] 3 All ER 569; and *Norwest Holst Ltd v
　　Secretary of State for Trade [1978] Ch 201.

第17章　手続的不適正Ⅱ　*677*

その事案は1948年会社法の下での商務委員会による正式調査に関するものであった。Denning裁判官は，調査官が自らは何らの決定も行わず，一応の論拠があるか否かの判断もしないため，調査官の機能は司法的でも準司法的でさえもないと認定することから始めた。調査官の役割は単に調査をし，そして報告書を提出することであった。にもかかわらず，報告書が会社の取締役や被用者に対して持つ影響ゆえに，この事案のコンテクストにおいては，調査官が行政的機関にすぎないとしても，調査官には公正に行為する義務があるとされた。

　Denning裁判官は，よく知られた申請事案であるR v Gaming Board for GB, ex p Benaim and Khaida[80] では，その事実に基づき異なる結論に至った。そこでは，制定法の手続が作用し，1968年賭博法の免許申請をなしうる前に，個人が賭博委員会から同意書を取得する必要があった。長い歴史を持つギャンブルクラブであるCrockfordsは，同意書の申請において，聴聞の機会が認められず，理由も示されずに拒否された。同法は，委員会に対して自らの手続を規定する権限をも付与していたが，申請者が同法の規定を守ることにおいて，その能力があるか，清廉であるかという点を考慮することのみを委員会に求めていた。この点において，委員会は申請者の特徴，評判，財政状況を考慮することとした。しかしながらクラブ側からは，一方の側からの証拠の審理を他方の側の不在で行うのは不公正であると主張された。Denning裁判官は，この主張を拒否し，賭博委員会が警察やその他の信頼できる情報源からの情報を，当該情報を開示することなしに，取得することができると判断した。同裁判官は，委員会が公正に行為することを求められる限りにおいて自然的正義のルールが適用されると考えたが，公正に行為する義務は，法によって求められた事項に関して委員会を納得させるほどの機会を申請者に与える所まで至るものではないとした。加えて，申請者が反論できるよう，委員会は申請者に関して自らが抱いた印象について申請者に知らせるべきであるとした。しかしDenning裁判官は，地位の剥奪に係るRidge v Baldwinや他の判例とは注意深く区別し

---

79)　[1971] Ch 388.
80)　[1970] 2 All ER 528.

た。本件の申請を権利の剥奪と見るのは誤りであり，営利での賭博実施の特典や特権なのであるとした。裁判所の見解では，委員会は，たとえその情報源を秘匿しているとみなされたとしても，完全に公正に行為していたとして，申請者による請求は認められなかった。

Benaim and Khaida 判決におけるアプローチは，もう１つの申請事案である R v National Lottery Commission, ex p Camelot Group plc[81] と対照しうる。その事案では，全国宝くじ委員会（NLC）は，その裁量権を行使して，新たな免許の付与において競争入札手続を行った。当時の免許保持者であった「Camelot 社」と，「People's Lottery 社」の両社が申請をした。しかし，2 社の最終入札についての長期間の評価の後，委員会は次のように宣言をした。（ⅰ）現在の競争入札手続を終了し，（ⅱ）People's Lottery 社との独占交渉の手続を新たに開始するとした（これは，免許付与に係る委員会の懸念を緩和するために，Camelot 社ではなく，People's Lottery 社に免許を認める効果を持つものであった）。Camelot 社は，公正性の欠如を含む多くの根拠の下で，司法審査請求をした。裁判所は，1993 年全国宝くじ法〔National Lottery Act 1993〕（1998 年全国宝くじ法による改正後のもの）の下で委員会が広範な裁量権を有するが，その裁量権は基本的な公法原則を犯すことなく行使されなければならないと判示した。2 社の競合入札者の間での公明正大さの明確な欠如には，委員会による極めて強固な正当化が必要であり，決定について委員会が示した理由は求められる水準には到底届かなかった。本件では，People's Lottery 社との独占交渉を行うとの委員会の決定は不公正であり，「権限濫用」になるとされた。したがって当該決定は違法と解され，取り消された。

同様に複雑なのが，欧州人権条約 6 条が準備的判断に適用される場合の問題であり，そのリーディングケースは，R（G）v Governors of X School における最高裁判決である[82]。当該事案の事実としては，学校の教育補助者の原告について，生徒との不適切な性的関係を持ったとする申出に係る調査の間，停職

---

81) [2001] EMLR 43.

82) [2011] UKSC 30, [2012] 1 AC 167.

とされた。学校の懲戒手続の下では，原告は，法律家ではなく同僚又は労働組合による審理において意見陳述をする資格を有していた。審理の結果，学校は，原告が生徒と不適切な関係を持ったと認定し，彼を免職とし，そして，原告を「児童接触禁止リスト」に加えるべきかの決定のために 2006 年弱者保護法の下で事案を国務大臣に移送した。この点におけるいかなる決定も，原告の雇用可能性に重大な影響を持つものであり，独立保護機関（ISA）の前での審理の後になされるが，この段階では法的代理が認められるものであった。しかしその審理が開始される前に，学校での審理の結果が ISA の審理結果に不可避的に影響を持つがゆえに，当初の審理において法的代理が認められるべきであったとして，原告が人権条約 6 条の下での自らの権利が侵害されているとの宣言判決を求めた。最高裁はこの主張を退け，学校での審理において法的代理が求められるかの問題は，当該審理が ISA での手続の結果に「実質的影響」を有するか否かによって左右されると判断した。最高裁は，ISA の決定がなされる制定法と事実のコンテクストについて検討し，そうした実質的影響は及ばないと結論づけた。学校と ISA は本質的に別個の手続を行わなければならず，学校での審理における法的代理の欠如は人権条約 6 条の違反には至らないとした。

17. 3. 2　自らに不利な主張を知る権利

決定によって負の影響を受けうる個人に対しては，自らに不利に働く情報，及び意思決定者が扱うべき該当する争点について，事前に告知されるべきということは，時としてコモンローの「第一原則」[83] と言われる。これの基礎的な正当化は単純に次のようなものである。「もし審理を受ける権利が価値のある真の権利であるのならば，その権利は，被告人が自らに対する主張を知る権利

---

83)　*Re D (Minors) (Adoption Reports: Confidentiality)*［1996］AC 593, 603, Lord Mustill. また，事前告知を「最も古い原則の 1 つ」と述べた，*Bank Mellat v HM Treasury (No 2)*［2013］UKSC 38 and 39,［2014］AC 700, 774, para 29, Lord Sumption も参照。

を伴うものでなければならない」[84]。「被告」人や「自らに対する主張」の用語
はおそらく，例えば刑事手続や懲戒手続をより呼び起こすものであるが，告知
の考えは，（財産権といった）個人の権利や（雇用といった）利益に意味を持つ行
政決定手続にもまた関係するものである[85]。他の場合には，自らに不利な主張
について告知を与えられるべき権利は，公正な審理に係る合理的期待と結びつ
けられることもある。

「手続的公正性は，当事者が自らに対する主張を知る権利と，それに応答す
る権利を要請する」[86]ため，告知を受ける権利のコロラリーとして，当然に，
応答する機会がある。そして応答する権利は，影響を受ける当事者に対して重
要な事実を開示すること，応答を準備するために適切な時間を与えることを求
める（応答する権利は，当事者が証人を反対尋問する権利を必ずしも含むものではない
が，そうした権利は審理の性質において存在することはある。後述する）。開示を認め
る方向での推定は，同時に，公益上の理由による免責（PII），及び秘匿性の維
持や承認の保護の要請に係る議論を服することもある（緊急事案はまた，「適切
な時間」要件に影響しうる）が，コモンローはここにおいて，「意思決定手続へ
の参加や関与を促し」，「実際的正義への強力な推進力を内包」[87]しようとする。
それゆえ，意思決定者によって採用された手続において，「個人の効果的な参
加が実際に無きものとされた場合はもちろん，それが重大に棄損された程度に
おいて」[88]個人の利益を侵害する場合，コモンロー上の公正性のルールに違反
することとなりうる。

告知を受け，応答する権利は，民事上の権利に係る欧州人権条約6条の保障

---

84) *Kanda v Government of the Federation of Malaysia* [1962] AC 322, 337, Lord
Denning.

85) 例えば，巡査の解任手続における公正性に関する *R v Chief Constable of North
Wales Police, ex p Evans* [1982] 3 All ER 141 を参照。

86) *Re McBurney's Application* [2004] NIQB 37, para 14, Weatherup J.

87) *Re A & Ors Application* [2007] NIQB 30, paras 40 and 41, Gillen J.

88) *R v Thames Magistrates Court, ex p Polemis* [1974] 2 All ER 1219, 1223, Lord
Widgery CJ.

においても同様に見い出される。そこでの出発点は欧州人権裁判所における「武器の対等」の原則であり，それは「各当事者が，相手方と相対して実質的に不利な立場に置かれないとの条件の下で，自らの主張を行う合理的な機会を与えられなければならない」[89] ということを伴う。ゆえに，個人の「民事上の権利」に関する決定がなされた場合，武器の対等原則は当該個人に文書を開示する義務を課しうる[90]。但し，開示を制限することに正当な理由がある場合には，制限はされうる。欧州人権裁判所の判例法は同様に，この原則は，個人が自らの主張を準備するのに適切な時間を有するべきことをも黙示的に求めている点を確立している[91]（欧州人権条約6条3項は，刑事手続の文脈でこうした効果を持つ明示的な要件を含んでいる）。

　上記の原則の働きは，上で言及した多くの論争的な国家安全保障事案において明白になってきており，ここでより注視するのに値しよう。第1は非常に重要な判例の Home Secretary v AF（No 3）[92] であり，それはイギリス国内において認識された現実的なテロの脅威を封じ込める手段として「管理命令」を用いることに関する事件であった。2005年テロリズム防止法〔Prevention of Terrorism Act 2005〕の下では，「条約の一時適用除外の明示を要しない命令〔non-derogating order〕」（内務大臣によってなされ，事後の司法統制に服する）の利用により，欧州人権条約の下での個人の制約を受けうる権利を制限すること，又は，「条約の一時適用除外の明示を要する命令〔derogating order〕」（内務大臣の申立てに基づき裁判所によってのみ発せられうる）の利用により，人権条約5条の個人の自由権を制限することが，政府には可能であった。AF判決における争点は，条約の一時適用除外の明示を要しない命令に対する訴訟がなされた場合の内務大臣の開示義務の性質についてであり，同法は，影響を受ける個人が資料にアクセスはしておらず，特別弁護人が当該個人の代理として意見陳述を

89）　*De Haes and Gijsels v Belgium*（1998）25 EHRR 1, 57, para 53.
90）　e.g., *McGinley and Egan v UK*（1999）27 EHRR 1, 41, para 86.
91）　*Albert and Le Compte v Belgium*（1983）5 EHRR 533, 546, para 39.
92）　[2010] 2 AC 269.

682

することが認められる状況において，「不開示資料」を用いることができると
規定していた。しかしこれに係る困難さとして，特別弁護人は，不開示資料を
検証する前にのみ，当該個人と協議することが認められ，いったん弁論がなさ
れると，特別弁護人は，裁判所の許可がある場合を除き，当該個人と協議をす
ることが認められないという点であった。それゆえ，全体の手続において潜在
的に重大な欠陥があった。つまり，特別弁護人は当該個人の側に立って証拠な
どを検証するものとされるが，当該個人は問題となる資料に何があるのかにつ
いての事前の知識を持たないため，当該個人からの指示があるにしても，非常
に限られた指示しか受けることができないのであった。

　貴族院の結論的判断としては，ＡｖＵＫ[93]における欧州人権裁判所の判断に
従い，欧州人権条約の原則の受容に関して最高水準となるものを表すものと
なった。貴族院は以前，「不開示資料」に依拠する場合に特別弁護人の手続が
公正性を保障しうると判断していた[94]が，その後にＡｖＵＫにおいて欧州人権
裁判所は，裁判所の判断が「不開示資料」のみを基礎に，又はそれを決定的な
程度まで基礎にしてなされる場合，当該手続の利用は欧州人権条約に違反する
と判断をしていた。貴族院は，ＡＦ判決においてその論理を採用し，2005年法
の仕組みは欧州人権条約6条の限界を超えることがありうる（但し常にその効果
を持つとは言えない），と判断した。貴族院は，一定の事案においては証拠の情
報源を開示しないことが適切となることは未だありうることを付記しつつ，に
もかかわらず，人権条約6条に適合しているためには，統制される者が特別弁
護人に効果的な指示を与えられるよう，自らに対する主張の「基礎」について
示されていなければならない点を強調した（この「基礎を示すこと」の用語は現
在，判例法でしばしば用いられている。また，貴族院は「十分な情報」が与えられるべ
き要請についても述べた）。貴族院はこれに基づき，この要件が満たされる限り
において，処分事由が基礎とした証拠の情報源の詳細な開示を求めることなし
に，公正な審理がなされうると判示した。しかしながら，開示された資料が一

---

93)　(2009) 49 EHRR 29.

94)　*Home Secretary v MB* [2008] 1 AC 440.

般的な言明から構成されるにとどまり，統制される者に対する主張が開示され
ない資料のみを基礎に，又は決定的な程度においてそれを基礎にしている場合
には，人権条約6条における公正な審理の要件は満たされておらず，行動統制
命令は不適法となる[95]。

この判示は行動統制命令のシステムの長期的な持続可能性に疑問を投げか
け，最終的にはその根拠となる法律の規定の削除と，新たな仕組みの導入に至
らしめた[96]ため，判示の含意がいかに根本的であるかを明確にすることは重要
である。その持続可能性に係る疑念は，「基礎を示すこと」と「十分な情報」
の要件が事案ごとに異なり，裁判所が高水準の詳細さが必要だと考える場合に
は，それが命令を求めることの負のインセンティブとして機能しうるという事
実から帰結されるものであった。Hope裁判官は次のように判示した。

詳細が情報源から区別し得ないために，又は，国務大臣が開示に合意しよ
うとしている以上の開示を裁判官が必要と判断しているために，手続が無効
とされる……場合が必然的に生じる。Bingham裁判官が「効果的に争いう
る」という用語を用い……［これ］は相対的に高水準を設定するものであ
る。詳細が問題となる場合（それはよくある），その詳細は詳しく満たされな
ければならない。……多くの事案はそうしたものであることが，……現実で
あろう。その場合には，この仕組みは持続不可能である事実に率直に直面し
なければならない。[97]

他方で，AF判決において明言された原則が，他の事実の事案に自動的には
及ばないと判断する判例もある。例えば，Tariq v Home Office[98]は，パキス

---

95) As in, e.g., *AT v Home Secretary* [2012] EWCA Civ 42. 対照的に，*Re Corey's Application* [2014] NI 49 と比較。また，他の争点に係る最高裁の関連した判断とし て，*In re Corey* [2013] UKSC 76, [2014] AC 516 も参照。

96) 2011年テロリズム防止及び調査措置法。

97) [2010] 2 AC 269, para 87.

98) [2011] UKSC 35, [2012] 1 AC 452.

684

タンとムスリムの祖先を持つ者で，彼の親戚の何人かがテロリズムに関与したために，移民担当職員の職を一時停止された者が提起した，人種・宗教差別に係る請求の事案であった。政府は，本件に適用される審判所法の規定に従って「不開示資料」と特別弁護人に依拠しようとし，Tariq 氏は AF 判決に言及して，それがとりわけ欧州人権条約6条違反となると主張した。最高裁判所はその主張を退け，個人の自由への含意を持つ統制命令の事案と，非常に異なる状況の雇用紛争とを区別した。再び Hope 裁判官から引用しよう。

　結局，どのような状況についても常に主張の基礎を示すことに頼らなければならないという絶対的ルールは存在しえない。この分野の法において，厳格なルールも存在しない。冒頭で述べたように，本件の中心にある諸原則は異なる方向に引っ張り合う。一方における［公正性］，他方における［国家安全保障］の間の衡量をし，それぞれに対してどの程度の重みづけをするかという程度問題なのである。本件の性質に基づき，不開示手続がもたらしうる Tariq 氏への不利益はある程度最小化しうるという事実，及び安全保障の審査手続の完全性を保護する最高位の要請を考慮すると，その衡量は内務省を支持するものとなると私は判断する。[99]

この節の表題の下では，さらに2つの判例に言及すべきである。第1が Al-Rawi v Security Services[100] であり，Tariq 判決と同日に最高裁で判断が下されたが，国家安全保障に係る議論に対してコモンローのアプローチがなされた。その訴訟は，テロとの戦いの一環として国外で拷問を受け，イギリス政府がその拷問に共謀していたと主張している諸個人によって提起されたものである。公判の冒頭において政府は，公益上の理由による免責の対象となる非常に膨大な証拠があると主張し，「不開示資料」を認める法制度がないなかで，そ

---

99)　Ibid, para 83. また，例えば，AF 判決が刑務所での懲罰手続に適用されるとの議論を退けたものとして，*Re Davidson's Application* [2011] NICA 39 を参照。

100)　[2011] UKSC 34, [2011] 3 WLR 388.

うした証拠を評価するのに同様の「非公開審理」を設ける固有の管轄権を行使することを裁判所に求めた[101]。このことがコモンローはそうした全般的な手続変更を受忍するのかという問題を惹起し，最高裁判所は強固にそれを否定する判断をした。最高裁は不開示資料の利用を規定する法律を制定するかは議会に委ねられている（現在，2013年裁判及び安全保障法が「関連する民事手続」においてそれを可能にしている[102]）としたが，公開の裁判がコモンローの主たる要素であり，公益上の理由による免責請求を通じた場合を除いてそうした裁判形式に対する制限はあるべきではない点を最高裁は強調した。Al-Rawi 判決で採用されたアプローチは，Tariq 判決において欧州人権条約6条に関して採られたアプローチを補足するものではないようであるとしても，Al-Rawi 判決は上のようにして，コモンローの中核的原則について強力な主張を提示した。

　もう1つの判例は，W（Algeria）v Home Secretary[103]である。これは，特別出入国管理上訴委員会（SIAC）での上訴人が，自らの証人が重要な証拠を有しているが，身元が明かされると危険に遭いうる場合に，その証人のうち1人の身元を秘匿としうるか否かという問題を提起した，特に興味深い事案である。この争点は，テロリズムに関与した疑いがあるが，母国に送還された場合には拷問を受けると主張する複数のアルジェリア人に対してなされた，送還命令についてなされた上訴の文脈で生じたものである。上訴人の1人は，当該上訴人が拷問を受ける可能性を証言しうる証人の喚問を提案したが，その証人はその後の自身の安全に対する脅威の可能性を懸念していた。最高裁判所はこの事案において証人には匿名が認められると判断をし，SIAC はアルジェリアにおける拷問のリスクに関して正しい決定に至るためにその権能を最大限に用いるこ

101）　PII について see 10.5. All-Rawi 判決については 10.5.6 で論じる。

102）　同法6条。See also *Bank Mellat v HM Treasury (No 2)* [2013] UKSC 38 and 39, [2014] AC 700. 同事件の最高裁の多数意見は，上訴の対象となった下位裁判所の判決が部分的に不開示資料を基礎にしている場合には，2005年憲法改革法40条2項，5項の下で，最高裁が非公開審理を行う一般的な制定法上の権限を有すると判断した。

103）　[2012] UKSC 8, [2012] 2 AC 115.

とが必須であることを，最高裁は強調した。最高裁判所は，とりわけ証人への報復のおそれに関する状況について，上訴人がSIACに対して十分に開示する義務を常に負うことを明確にした一方で，提案された方法での証拠の審理には本質的に反対すべき点はないとした。それゆえ，「不開示資料」は政府のみの領分という訳ではないようである。

17. 3. 3　審理と証拠の性質

コモンローによって求められる審理の性質が，個人の権利，利益又は期待，及びその後になされる決定の性質によって規定されるコンテクストにどの程度依存するのかについては，上でMcInnes v Onslow-Faneに言及してすでに論じた（17.2.4を参照）。最も高度な場合，個人の十全な保護により，当該個人が出頭し，完全に参加する形での口頭審理があることが求められる（但し，個人がそうした審理の機会を拒否することは可能である）。しかし同時に，口頭審理の確固たる要件は存在しておらず，例えば個人が経済活動のための免許を初めて申請した場合には，書面の意見提出で十分となるであろう。他方で，コモンローは，刑務所から早期に仮釈放された受刑者が仮釈放の条件に違反したとされ刑務所に収監されることに抵抗しているといった，非常に異なる状況において口頭審理を与える義務を課すことがある[104]。その場合，口頭審理を受ける権利は絶対的なものではないが（意思決定者は再犯のリスクから社会を守る任務をも負っている），裁判所は，主要事実について争いがない事案においてさえも，口頭審理が優先されるべきことを強調してきている。これは，争いのない事実でも説明や刑の軽減のために開かれているものであり，又は，争いのない事実は他の新たな事実の観点からその重要性を一定程度失うかもしれないがゆえである。また，口頭審理が無いならば，意思決定者の懸念点を受刑者が知り，受刑者がその点に効果的に対応することが困難になるという意味において，口頭審理は受刑者の応答の権利を促進しうるものであるがゆえに，裁判所はそう判断した

---

104)　*R (Smith and West) v Parole Board* [2005] 1 All ER 755.

のである[105]。

　しかしながら，公正性に係るコモンローのルールは，審理の間，厳格な証拠ルールを遵守すべきことを求めないし[106]，また，証人の反対尋問を通じた証拠の検証の機会があることも必ずしも求めない[107]。にもかかわらず，審理の間に採られる全体の手続は公正でなければならず，審理がより当事者主義的であればあるほど，手続的保護を通じて一層の公正性が望まれる。それゆえコモンローは，最も厳格には次のものを求める。

　　口頭審理がある場合には，審判所は……提出されたすべての関連証拠を検討し，考慮する証拠について当事者に告知し，証人への質問を認め，そしてすべての主張についての意見を認めなければならない。……［審判所］は，議論されていない点や，非公開に審理された点に依拠すべきではない。[108]

　民事上の権利に関する欧州人権条約6条の保障も同様に，当該個人が参加できる口頭審理の重要性を強調している。そして，例えば個人の行動が紛争の中心論点である場合，民事紛争においてそうした審理をすべきより強力な推定が働く[109]（他の条項もそうした審理を求めることがあり，例えば欧州人権条約5条は受刑者の仮釈放に係る紛争の文脈でそれを求めている[110]）。こうした口頭審理の強調は，上で概説した「武器の対等」原則のみでなく，個人が「公正な公開審理」を与えられるべきとの人権条約6条の文言上の要件とも対応したものである。そう

---

105)　Ibid. また，受刑者が仮釈放審査委員会によって仮釈放を検討される資格がある場合に適用される指導的原則に関して，see *Re Reilly's Application* [2013] UKSC 61, [2014] AC 1115.

106)　*R v Deputy Industrial Injuries Commissioner, ex p Moore* [1965] 1 QB 456, 487, Diplock LJ.

107)　*R v Commission for Racial Equality, ex p Cottrell & Rothon* [1980] 3 All ER 265.

108)　*Re J's Application* [2004] NIQB 75, para 15, Gillen J.

109)　*Muyldermans v Belgium* (1993) 15 EHRR 204.

110)　*R (Smith and West) v Parole Board* [2005] 1 All ER 755 and *Re Reilly's Application* [2013] UKSC 61, [2014] AC 1115.

すると，証拠ルールは国内制度の問題である一方で，そのルールはいかなる状況でも，公正であることに係る人権条約の概念に従ったものでなければならず[111]，また，同条約は民事紛争においてさえ証人の反対尋問の機会があることをも求めうるのである[112]。人権条約6条はまた，争点の複雑さ，個人の利益の性質などといった紛争の性質を考慮して，審理が「合理的な期間」内になされることをも求めている[113]。

17. 3. 4　代　　理

コモンローにおいてもう1つの根本的に重要な要件として，各当事者が自らの主張を行う同様の能力を持つべきであるというものがある（これは欧州人権条約6条の「武器の対等」原則からの本質的に論理的帰結でもある）。決定によって影響を受けるが，自らの主張を最も望ましい形で主張する能力を持たない個人が多くいることを指摘するのは，分かり切ったことを述べるものである[114]。さらに，審判所に関する調査では，代理は事案の結果においてその者の請求認容に寄与することが明らかにされている[115]。裁判所と審判所が関わるほぼすべての状況において，原則として代理は認められているが，問題はその費用に係る法律扶助を受ける資格が厳格に制限されていることにある。一定の文脈では代理の利用が能力のバランスを矯正するのに役立ちうるという事実にもかかわらず，すべての事案において法的代理が必要な条件であると示すことには，識者は慎重である。これは主として，裁判手続における形式性と時間が掛かる性質を避けようとするためである。より司法的な手続が関わることでの支出や遅滞は，特に給付に係る不服申立てといった分野において，利点を上回る可能性が

---

111)　*Miailhe v France (No 2)* (1997) 23 EHRR 491, 511, para 43.

112)　*X v Austria*, App 5362/72, 42 CD 145 (1972).

113)　See, e.g., *H v UK* (1988) 10 EHRR 95, 111, para 86.（母親が保護機関の保護下にある自身の子どもに面会できるべきかの判断に31か月間かかったことを，不合理とした。）

114)　*Pett v Greyhound Racing Association* [1968] 2 All ER 545, 549, Lord Denning.

115)　See ch 7.

高い。しかしながら裁判所は、公正性に係る主たる考慮事項を考慮し、代理の問題について、手続が明確に司法的である場合、又は、手続が人の生計の喪失に至りうる場合やその他の重大な負の結果をもたらす場合には、法的代理を必須の要件と考える傾向にあるようである。

この点に係るコモンローのアプローチは、いかなる事案においても法的に代理される権利はなく、また、意思決定者の裁量に委ねられる事項であるとする[116]。しかしそうした裁量は、いわゆる「Tarrant 判決の基準」[117]の観点から行使されるべきであるとしばしば述べられ、それらは公正性のルールのすべての側面と同様に、文脈依存的である。それゆえ、この基準の下では意思決定者は次の事柄を考慮しなければならない。つまり、なされる決定の重大さ、法的論点が生じうるか、個人が自らの主張を行う能力があるか、手続的困難さがありうるか、決定に至る合理的な迅速さの要請、紛争における個人と他方当事者の間の公正性の要請といった事柄である。その同じ基準は、決定によって影響を受ける個人の友人や助言者として審理に出頭しようとする当事者が意思決定者に申立てをした場合にも、検討されることになる。

欧州人権条約 6 条の意味における個人の民事上の権利の決定がなされる場合も同様に、代理の資格が自動的に認められはしない[118]（いつ権利に係る決定がなされるのかの問題、及び、それと代理の要請との結びつきについて、上で検討した R (G) v Governors of X School[119]を参照。また、刑事訴追に関しては自動的な代理の権利があることを注記する）[120]。しかし欧州人権裁判所は、権利が効果的に保護される必要性を前提としており、それゆえに、とりわけ紛争が法や事実において複

---

116) *Enderby Town FC v FA* [1971] 1 All ER 215.

117) *R v Secretary of State for the Home Department, ex p Tarrant* [1985] QB 251.

118) *Webb v UK* (1984) 6 EHRR 120, 123ff, Eur Comm.

119) [2011] UKSC 30; [2001] 3 WLR 237.

120) 6 条 3 項（c）は次のように規定する。「刑事上の罪に問われているすべての者は、少なくとも次の権利を有する。…… （c）自ら又は自己が選任する弁護人を通じて、防御すること。弁護人に対する十分な支払手段を有しないときは、司法の利益のために必要な場合には無料で弁護人を付されること。」

690

雑である場合には，審理における権利を保護する目的で，代理は必要なものと
みなされる。そうした状況においては，法律扶助の必要性の問題も同時に生じ
うる[121]。

17. 3. 5　理　　由

前章において理由の重要さについてすでに触れ，公正な審理に係るコモン
ロー上の権利の点から注目したように，理由は，意思決定者がその個人からな
された議論を考慮したか否か，また，もし考慮していない場合，決定を争うか
否かについて，当該個人が判断するのを可能にしうる。制定法が理由提示の義
務を課していない場合には，特定の決定に関して理由提示義務が課されるべき
か否かを解決するのは，コモンローの役割となる（コモンローの下で提示される
理由は，制定法の下で付される場合と同様に，「十分で，理解できるもの」でなければ
ならない）[122]。コモンローは歴史的には理由提示の一般的義務を課してきていな
いが，その理由は概ね，意思決定者に及ぼされると考えられる負担である。そ
の負担とはすなわち，「意見の違いがあっても全員一致があるように見せるこ
とを要請し，時として表現できない価値判断について明確化を求め，また，こ
れまで疑いのないような係争根拠を基に理由についてのあら探しの誘因を与え
る」[123] というものである。しかしながら，いまだ理由提示の一般的義務は存在
しないとはいえ[124]，公正性が理由提示を求めていると解される広範な状況にお
いて義務を課すように，コモンローは展開してきている[125]。現在では，コモン

---

121)　*Airey v Ireland* (1979) 2 EHRR 305. また，刑事の場面において，*Re Brownlee's Application* [2014] UKSC 4, [2014] NI 188.

122)　*R v Mental Health Review Tribunal, ex p Pickering* [1986] 1 All ER 99, 102, Forbes J.

123)　*R v Higher Education Funding Council, ex p Institute of Dental Surgery* [1994] 1 All ER 651, 665, Sedley J.

124)　e.g., *R (Hasan) v Secretary of State for Trade and Industry* [2008] EWCA 1312 and *Martin v Secretary of State for Communities and Local Government* [2015] EWHC 3435 (Admin), para 51.

125)　この点についての司法の認識について, see, e.g., *Re Kavanagh's Application* [1997]

ローが理由提示を求めない場合よりも，求める場合の方が多いとも言えよう。

　理由について公正性の一面としてコモンローがアプローチする展開において，多くの重要な判例があるが，現在の法状況にとって鍵となる3つの判例に焦点を当てよう。第1はR v Civil Service Appeal Board, ex p Cunningham[126]の事案であり，刑務所職員が受刑者を暴行したとの告発を受け，免職とされたことから生じた。これは後に，公務員不服審査会によって不公正な免職であったと認定され，同審査会は当該職員の復職を勧告した。しかしながら，内務省がこの勧告に基づいて行為することを拒否したため，審査会は補償として6,500ポンドの支払いを決定したが，当該職員である原告にはその額が大幅に不十分であった。彼は当該決定の理由を知らされるよう司法審査請求をしたところ，理由提示に係る制定法上の義務はないが，決定が適法か否かを示すのに十分な理由を概説することについて，コモンロー上の自然的正義の要件が存在すると判断された。Donaldson裁判官（記録長官）は，Public Service Board of New South Wales v Osmond[127]の判決を引用して，「［意思決定者が］意思決定において扱った争点，及び意思決定者が合法に行為したことを，当事者が知ることを可能にするよう，決定について十分な理由があるべきである」との見解の基礎づけた[128]。ゆえに，この事案は公正性の要請のみでなく，公的決定における一定の透明性の要請によっても推進させられたものであった[129]。

　第2の影響力のある判決は，R v Secretary of State for the Home Department, ex p Doody[130]であり，それは終身刑の必要的刑期が宣告された受刑者に関する事案であった。終身刑は殺人の場合にのみ利用可能なものであったが，ほとんどの受刑者はその残りの人生の間投獄されはしないことが自明であった。代わりに刑は，事実審裁判官が必要と考える期間である刑罰部分と，刑罰部分が

───────────────

　NI 368, 381; and *Re Tucker's Application* [1995] NI 14, 26.

126)　[1992] ICR 816.

127)　[1986] ALR 559.

128)　[1992] ICR 816, 828.

129)　And see *Re Officer O's Application* [2009] NI 55, para 50, Gillen J.

130)　[1994] 1 AC 531.

果たされた後に，釈放を正当化するほどに公衆へのリスクが十分縮減するまでに必要と考えられる期間である付加的リスク部分に分けられた。Doody 判決の時には，リスク部分は内務大臣によって決定され，当該事項について内務大臣は広範な裁量を有することが認められていた[131]。大枠では，内務大臣は司法との協議の後に受刑者の刑における刑罰部分を設定し，それによって同時に，仮釈放審査委員会が受刑者の刑を審査する日付を決めるといった政策を，内務省は採っていた。しかしながら上訴人は，自身の事案においては，内務省が刑の刑罰部分について，当初司法によって勧告されたものよりも加重させていると考え，その加重の理由が示されるべきであると主張した。貴族院は，理由が付されるべきことに同意し，議会が行政権限を付与した場合，そこには当該権限はいかなる状況でも公正な方法で行使されるとの推定が存在していると判断した。貴族院は，問題となった内務省の手続にこの原則を適用し，「意思決定の公開性へと向かう行政法の継続的な勢い」は，内務大臣がより透明性のある手続をとることを義務づけると結論づけた。Mustill 裁判官は次のように判示した。

　　私の理解では，刑罰要素についての内務大臣の決定が司法審査に服するかは問題とはされていない。犯罪の事実と刑罰要素の期間以上の資料が与えられないなかで，受刑者が当該決定について効果的な攻撃をするためには，意思決定手続が逸脱した事案であるか否かを確かめる以外に実質的には方法がない。裁判所が介入するに値するようなこの種の過誤を発見する効果的な方法があるべきことは重要であり，実際にはこの目的のために，内務大臣の理由づけが開示されるべきことが必要であると考える。[132]

131）　なお，行政府が必要的終身刑の受刑者の刑に役割を持つことは欧州人権条約6条に適合しないと貴族院によって判断されたため，行政府はもはやそうした機能を担っていない。See *R (Anderson) v Home Secretary* [2003] 1 AC 837，及び，2003年刑事裁判法303条，332条，附則37第8条を参照。

132）　[1994] 1 AC 531, 565-6.

第17章　手続的不適正II　*693*

　Doody 判決のような判決の趣旨が何であるかを意識することは重要である。つまり，公的機関が決定に係る理由を付する必要がないのであれば，当該機関によって意思決定手続における欠陥の可能性が公表されずに，その決定がなされうることを意味するのである。しかしながら，もしより広い範囲の事案で理由が付されるのであれば，意思決定過程で何が起こったのかについて，影響を受ける個人がより良く把握するがゆえに，決定の司法審査の余地が拡張することになることを意味する。それゆえ Doody 判決は，コモンローにおける「公正性」と「透明性」の価値に加えて，コモンローの機能に「アカウンタビリティ」を付加したとも言えよう[133]。

　第3の事案は R v Ministry of Defence, ex p Murray であり，それは 1998 年に判例集に掲載されたものであるが，理由提示の義務について指導的原則のリストを示すもので，いまだコモンローの現状を表すものである[134]。その事案自体は，模範的性格で長年勤める軍人が傷害の罪で有罪とされた後（彼は自身の行動が抗マラリア薬の副作用に起因するとしていた），軍法会議が彼の刑期ついて宣告する際に，当該決定について理由を付すべきか否かが問題となった。Bingham 首席裁判官は，理由が付されるべきと判断し，行政の意思決定において一層の公開性と透明性の求めへの潮流が認識されることを付言した。同裁判官は同時に，理由提示の一般的義務が存在しないことを認めたが（彼はまた，この点について裁判所が納得するよう提示するのは原告の責任であるとした），個別の事案において理由が付されるべきかについての見解を形成する際に裁判所の指針となる多くの考慮事項を明示した。考慮事項としては，不服申立ての権利があるか否か（それが無いと，理由が付されるべきかを判断する一要素となりうる），決定によって影響を受ける個人の利益の性質（利益が重要であるほど，理由が必要と

---

133)　And see, e.g., *R v Secretary of State for the Home Department, ex p Duggan* [1994] 3 All ER 277; *R v East Yorkshire Borough of Beverley Housing Benefits Review Board, ex p Hare* (1995) 27 HLR 637; *Stefan v General Medical Council* [1999] 1 WLR 1293; and *Home Secretary v Thakur* [2011] Imm AR 533.

134)　[1998] COD 134.

なる可能性が高まる），意思決定者によってなされる果たされる決定に係る機能である。裁判所はまた，理由提示に不利に作用する公益の考慮事項があるか否かも検討しなければならない。同裁判官はさらに，特定の意思決定手続が理由提示要件の賦課によって阻害される場合には，理由が求められないこともあることも注記した。

欧州人権条約6条も同様に，民事上の及び刑事上の権利に影響を与える決定に対して理由提示の義務を課している（但し，その義務が明示的文言で課されている訳ではない）。当該義務の正当化としてはここでも，公正性の要請，及び，決定を争うか否かの判断を個人にできるようにすることがある（この意味で，理由としては，決定の本質を個人が理解するのを助けるのに十分なものである必要がある)[135]。理由提示の義務はさらに，欧州人権条約の他の条項によっても課されうる。例えば，R (Wooder) v Feggetter[136] においては，精神疾患患者が施されることになる措置について本人が反対しており，当該措置を進めるとの決定の理由が提示されるべきであるか否かについて，裁判所で問題となった。Sedley裁判官は，理由が提示されるべきと判断する際に，欧州人権条約8条の個人の自律の観念に依拠し，当該患者が「恩恵や実務の問題としてではなく，権利の問題として」理由を受ける資格があることを強調した[137]。同裁判官はそのように判断する際に，コモンローもまた理由の提示を求めるが，にもかかわらず発展中のコモンローの状況は「公的決定について原則に基づく枠組み」を示すまでには程遠いものであるとも判示した[138]。これが示唆する点はおそらく，コモンローの現在進行の発展は未だ完璧なものではないことと，ヨーロッパの人権法の要素から学べることが多くあることである。

この題目の下で検討すべき最後の点として，特定の決定について理由を提示する義務と，決定によって影響を受ける個人に適切な開示をする義務との間

---

135) *Helle v Finland* (1998) 26 EHRR 159.
136) [2003] QB 219.
137) [2003] QB 219, 232.
138) [2003] QB 219, 229.

に，やや明瞭に引かれた区分についてである。実際には，後者の義務は特定の制定法上の制度に関する非常に少ない事案においてのみ問題となったものであり，前者の義務と同様に，コモンローにおける公正性の追求によって基礎づけられている。その義務についてのリーディングケースは，R v Secretary of State for the Home Department, ex p Fayed[139] である。そこでは，イギリスに長年のつながりを持つ有名なエジプト人ビジネスマンである Fayed 兄弟が，正式な申請要件を満たしているという事実にもかかわらず，内務大臣が行った帰化認定の拒否決定を争った。内務大臣が原告の「善良な人格」の点に懸念を有していたことは明らかであったが，関連法である 1981 年イギリス国籍法は，当該決定に理由を付する義務を内務大臣に課していなかった。その下で原告は，自らに不利に判断された情報が示されるべきであり，また，すべての懸念点について意見を述べる機会を与えられるべきであると主張した。Woolf 裁判官（記録長官）は，この点について制定法の規定がないなかで，公正性の要件があるか否かをまず問うことでアプローチし，高名な著名人が市民権に係る実質的便益を剥奪される場面であると認定した。彼は，理由の作成が異なる結果となりうる場合の例として ex p Benaim 判決[140] と ex p Doody 判決[141] に言及し，「かなり曖昧な要件である善良な人格を原告が充足しているとは考えられないことを理由に，内務大臣が申請を拒否しうるという事実は，……公正性の義務の必要性を明瞭に示している」[142] と述べた。彼は，原告が懸念されている点について知らされていない限り，その結果はひどく不公正となると結論づけた。内務大臣は理由の提示を求められないとはされたが，それは大臣が理由を提示することを阻むものではないとされた。Woolf 裁判官の見解では，行政的便宜は不公正さを正当化しうるものではなかった。これが意味するのは，1981年イギリス国籍法はいまだ，内務大臣に対して「自身の懸念点の主題につい

---

139) ［1998］1 WLR 763.

140) ［1970］2 QB 417.

141) ［1994］1 AC 531.

142) ［1998］1 WLR 763, 773.

て，原告がなしうる意見提出をできるような形で特定する」ことを求めている
ということであった[143]。さらに，1981 年法が決定の理由を提示することを求め
ていない限りにおいて，これが裁判所の管轄を排除したり，手続的理由により
当該決定を裁判所が審査することを阻んだりするものではないという見解を裁
判所は採った[144]。公正性の要請に合致しない決定の審査を排除することを議会
が意図していないとの結論を支持するために，Attorney-General v Ryan[145] が
先例として引用された。その結果，手続的公正性の争点が基本的権利に関して
生じた場合には，司法が介入する意思を表した強固な司法判断となった。

17. 3. 6　上訴と再審理

　コモンロー上の公正な審理の要件，及び／又は，欧州人権条約 6 条の同等の
側面について明白に違反して決定がなされる場合，決定は不適法となりうる
が，必ずそうなる訳ではない。多くは，上訴を通じた救済があるか，また，当
該救済が原決定の手続における瑕疵を治癒しうるかによって左右される（いわ
ゆる「治癒」原則である。なお，上訴についてコモンロー上の権利は存在せず，すべて
の上訴は制定法によるものである）[146]。個人が当該決定に対する全面的な上訴の権
利を有する場合には，上訴審査機関がすべての争点について再審査することが
でき，適切な場合には原決定者の決定を自らの決定で取って代えることができ
るため，コモンロー上，治癒はより認められやすくなる。しかしながら，上訴
が部分的にすぎない場合には，上訴審査での救済によって当初の瑕疵が治癒さ
れず，ゆえに当該決定が不適正で染まったままとなることがある。そうした状
況の下では，司法審査請求が適切となりえ，例えば，高等法院が当該決定を取
り消して，再度の決定を求めたりする。他方で，事案の事実に基づき，不適正
が最終決定には影響しておらず，新たな決定がなされても係争決定と異なるも

---

143)　[1998] 1 WLR 763, 776.

144)　管轄権排除条項などについて，see 10.2.

145)　[1980] AC 718.

146)　*Ward v Bradford Corporation* (1972) 70 LGR 27.

のとはならないと高等法院が考えるため，高等法院がその裁量として救済の付
与を拒否するということもありうる[147]。

　コモンロー上の「治癒」原則に係るリーディングケースは，いまだ Calvin v
Carr[148] における枢密院判決である。その事案は，低いオッズであったが 4 着
となった競争馬についてのオーストラリア・ジョッキークラブによる調査に関
するものであった。その馬の所有者と騎手は当初の審理において不適切な行動
ゆえに有責と判断され，所有者（原告）と騎手に対して 1 年間のレース資格を
停止する制裁が科された。ジョッキークラブの懲戒委員会に対する不服申立て
がなされ，そこでは所有者と騎手は代理人により完全に代理され，証人の反対
尋問が認められたが，上訴は棄却された。そこで当該所有者は，当初決定が無
効と解されるべきであるため，そこで上訴で争えるものも無いことを根拠に，
宣言的判決とインジャンクションを求めて，資格停止について裁判所で争っ
た。Wilberforce 裁判官は自然的正義の原則は遵守されなければならないとし，
絶対的ルールは存在しないにしても，彼は 3 類型の状況を概説することとし
た。第 1 に，当初の審理が，不完全に構成された形での不服審査機関による場
合である。そうした事案では，しばしば契約上の規範の下で合意された手続を
持つ社交クラブに関わるが，瑕疵は事後の審理によって治癒しうるというのが
一般的ルールである。第 2 の状況は，審理と上訴について適切な手続の要件が
ある場合である。このことが裁判所によって強調されないのであれば，もし最
初の審理がすでに無効と証明された場合，実質的に上訴が最初の審理になって
しまうため，個人は「2 回のむち打ち」を持つことを奪われるのである。第 3
の状況は，すべての手続が全体として公正であるかを評価するために，全手続
を見直す必要がある場合である。Wilberforce 裁判官は，ルールが甚だしく犯
され，深刻な結果となったために，完全な上訴でさえもその状況を修正できな
いといった場合があることを示した。本件では，所有者と騎手は上訴手続につ
いて認識しており，彼らの競技に常に適用されてきた基準をいかなる場合も受

---

147)　救済の裁量的性質について，see ch 18.
148)　[1980] AC 574.

け入れていたため，そうした状況にはないとした。公正な審理の要件は充足されていたとして，請求は棄却された。

　欧州人権条約6条も同様に，民事上の権利に影響を与える原決定手続における瑕疵について，その点に係る上訴や司法審査の審査機関が当該事項に「全面的な管轄権〔full jurisdiction〕」を有する場合には，その瑕疵は上訴や司法審査によって治癒されうることを受け入れている[149]（いわゆる，適合性における「複合的」アプローチである）。全面的な上訴の権利がある場合には，審査機関がすべての争点について再審理することができ，原決定者の決定を自らの決定で代置することができるため，この意味での適合性が最も容易に満たされる。しかしながら欧州人権裁判所は同時に，何が「全面的な管轄権」を構成するのかの問題はコンテクストに依存し，一定の場合には，個人が法律問題について上訴ができたり，司法審査請求を通じて救済ができれば十分であるとも判断している。この点が1998年人権法の下での司法審査に関して重要であることは，17.4.5においてより詳細に検討する。

17. 4　偏向禁止ルール

　それでは偏向を防ぐルールについての検討に移ろう。このルールは，通常，聴聞・審理を受ける権利の要素よりもより厳格に適用されており，意思決定者は紛争の当事者に名を連ねているかいないかにかかわらず，自らの事件において裁判官となるべきではない（何人も自ら関係する事件の裁定者たるをえず〔nemo judex in causa sua〕）ことを求める。このルールは，意思決定者が司法的又は行政的権能のいずれで活動する場合にも適用されうるもので[150]，意思決定者が当事者間の正義の実現に係る利益を超えて紛争の結果について利益を有する場合には，その審理は公正であることが期待しえないため，このようにして審理を

---

149)　*Bryan v UK* (1995) 21 EHRR 342.

150)　*R v Secretary of State for the Environment, ex p Kirkstall Valley Campaign Ltd* [1996] 3 All ER 304, 323, Sedley J.

受ける権利を補うものである。それゆえ，公正性に係るコモンローのルール（同様に，制定法における手続要件）を基礎づける価値との関係では，偏向を防ぐルールは，不公正である者や不公正であるとみなされうる者に対して自ら忌避することや「退く」ことを求めることで，意思決定における恣意性を除去しようとする。コモンローは同時に，意思決定者の性質や結果に係る利益に応じてルールが可変的に適用されるべきものであることを認めているが（また，認定された偏向について個人が抗弁する権利を放棄することも可能であるが），このルールの全体的な目的は，意思決定手続の透明性の確保と，その手続における公衆の信頼の担保にある。このようにして偏向を防ぐルールは，決定によって影響を受ける個人の利益に関して内部的に，また，決定に至る方法についての公衆の認識に関して外部的にとして，内部的及び外部的な動態性を有している。

　これに係る判例法は 2 つの類型の偏向を認めており，それは「実際の」偏向と「外観上の」偏向である。それぞれについて以下でより詳しく検討するが，外観上の偏向の審査基準に関してより一般的な重要性を有する点がある。かなり最近まで，その審査基準としては，R v Gough[151] において貴族院で示されたもので，審査裁判所が，利用可能な情報を参照して，意思決定者の側に「偏向の現実的危険」があるか否かを判断するというものであった。この審査基準は同時に，「合理的な人」という観点からは構成されていない。その理由としては，裁判所自体が合理的な人を体現するものと考えられるため，及び，裁判所は通常の観察者には利用できないような証拠を利用できると考えられるためであった。しかしながらこうした裁判所中心のアプローチは，係争争点についての公衆の認識への強調が不十分であるとの理由で，他のコモンロー諸国の司法においては批判されており[152]，また，イギリスにおいては偏向に係る欧州人権条約 6 条のアプローチに適合しない可能性があると考えられていた[153]（それは裁判所によって認定された状況の観点から，偏向の客観的なリスクがあるか否かを問う

---

151)　[1993] AC 646.

152)　例えば，オーストラリアにおいて *Webb v R* (1994) 181 CLR 41 を参照。

153)　*Re Medicaments and Related Classes of Goods (No 2)* [2001] 1 WLR 700.

アプローチである)[154]。それゆえ貴族院は，Porter v Magill において修正した審査基準を採用し，そこでは審査裁判所が偏向を示唆するものに影響を与えるすべての状況を確認したうえで，公正かつ知識のある観察者が事実を考慮して偏向の「現実的可能性があると結論づけるか否か」を問うことを審査裁判所に求めた[155]。それゆえ，この現在の審査基準は，常に簡単に適用できる訳ではないが，他のコモンロー諸国の制度や欧州人権条約における外観上の偏向へのアプローチとより綿密に連携したものである[156]。

　もう1つの導入的な点として，偏向についての欧州人権条約6条の影響につき，個人の「民事上の権利や義務」についての決定が「法律で設置された独立かつ公平な裁判所」によってなされるべきという要件に関する点である。行政分野における民事上の権利の決定は，行政府から「独立」せず，「公平」でない意思決定者によってしばしばなされうるがために（例えば，大臣が中央政府や分権政府の政策に効果を与える場合や，地方政府機関の職員が同機関によってなされた決定の審査を行う場合），この要件は司法審査の作用について重要な問題を提起している。そうした状況の下では，影響を受ける個人が，問題となる事項について「全面的な管轄権」を持つ独立かつ公正な裁判所に頼る手段を有している限りは，人権条約6条は自動的に違反されていることにはならない[157]（これは上で触れた欧州人権裁判所における「治癒」原則に当たるものである）。司法審査の作用に関して，司法審査手続が歴史的に，「上訴〔appeal〕ではなく，審査〔review〕」との区別で，決定の妥当性についての司法による評価を排除するものを採用しているため，高等法院が全面的な管轄権を持つと言いうるのかについて，難しい問題が惹起された。しかしこの点についての判例法の大部分は，とりわけ審

---

154)　*Piersack v Belgium*（1983）5 EHRR 169, 179-80.

155)　[2002] 2 AC 357, 494, paras 102-3, Lord Hope. また，*Lawal v Northern Spirit Ltd* [2004] 1 All ER 187 と *Davidson v Scottish Ministers* [2004] HRLR 34 における貴族院判決も参照。

156)　その議論としては，see P Havers QC and A Henderson, 'Recent Developments (and Problems) in the Law of Bias' [2011] 16 *Judicial Review* 80.

157)　*Bryan v UK*（1995）21 EHRR 342.

査事由としての事実における過誤に係る展開ゆえに，司法審査は欧州人権条約
6条の目的において（常にではないが）概ね十分であるということを受け入れて
いる[158]。これに係る判例法，そしてコモンローと欧州人権条約の間の相互作用
について判例法が明らかにした点については，以下で触れる。

17. 4. 1　実際の偏向

実際の偏向の問題については，非常に少ない言葉で扱うことができる。要す
るに実際の偏向は，意思決定者が，（1）決定において不公平さや先入観によっ
て影響を受けた場合，又は，（2）実際に当事者に有利又は不利な先入観を持っ
た場合に，存在するとされる[159]。決定がそうした偏向によって汚されたか否か
は事実問題であり，実際の偏向の主張は「最も明確な証拠によって支持された
場合」にのみ認められると裁判所は述べてきた[160]。裁判所はさらに，実際の偏
向の主張は「究極的には重大な主張」であると述べ[161]，ゆえに主張が軽々に行
われるべきではないことは明らかである（判例法での件数は非常に少ない）[162]。こ
の請求理由はほとんど用いられないにしても，にもかかわらず，いまだ潜在的
な権限濫用への重要な歯止めであり，その意味で，悪意[163]といったほとんど
用いられない題目に相当している。

17. 4. 2　外観上の偏向

上で記したように，外観上の偏向の審査基準は，「公正かつ知識のある観察
者が事実を考慮して」，偏向の「現実的可能性があると結論づける」か否かと
いう問題を中心とする[164]。一定の場合には，意思決定事項に係る決定者の利益

---

158)　事実についての過誤に関して，see 12.6.

159)　*Re Medicaments and Related Classes of Goods (No 2)* [2001] 1 WLR 700, 711, para 38, Lord Phillips MR.

160)　*Re Foster's Application* [2204] NI 248, 265, para 66, Kerr J.

161)　Ibid.

162)　For an example see *Catalina SS (Owners) v Norma* (1938) 61 L1 L Rep 360.

163)　On which see 11.6.

の性質ゆえに，コモンローが意思決定手続からの自動的欠格を求めることがあるとの推定を基礎に，この審査基準は適用される。しかしながら他の多くの事案では，欠格が自動的な要件とはならず，その点はコンテクストに依拠して判断される。そこでは，審査裁判所は第1に，偏向を示唆するものに影響を与えるすべての事実を認定しなければならず，それに基づき，公正かつ知識のある観察者が偏向の現実的可能性があると結論づけるかを判断する。偏向を防ぐルールが可変的に，また意思決定者の性質や決定に係る利益の観点から適用されるべきことを裁判所が受け入れているため，こうしたコンテクストの強調は非常に重要である。他方で，裁判所は，ルールの射程を制限しうる法におけるかつての区分（例えば，司法的，行政的意思決定者の区分）を認めないことを強調している[165]。それゆえ現在の出発点としては，コンテクストは重要であるが，「何らかの決定をする者」[166]はそれを公正に行わなければならないという点である。

　合理的に知識のある観察者の審査基準については，下でより詳細に検討する。しかしそこに移る前に，外観上の偏向の議論がどのように，どの時点でなされるのかについて一定の例を提示しておく。

17. 4. 2. 1　自動的欠格：直接の金銭的利益

　第1原則として，裁決者が事案について金銭的利益を有している場合（小額かを問わず），決定は自動的に取り消されることになる。Dimes v Grand Junction Canal Proprietors はそのリーディングケースである[167]。運河沿いの引き船道に隣接する土地が，Grand Junction 運河事業者と地域の土地所有者である Dimes 氏との間で訴訟の対象となっていた。当該訴訟は 1831 年から 20 年以

---

164)　*Porter v Magill* [2002] 2 AC 357, 494, paras 102-3, Lord Hope.

165)　*R v Secretary of State for the Environment, ex p Kirkstall Valley Campaign Limited* [1996] 3 All ER 304, 323, Sedley J.

166)　*Board of Education v Rice* [1911] AC 179, 182.

167)　(1852) 3 HL Cas 759.

上続き，大法官が当該運河事業者を支持する命令を承認するに至った。後に，当時の大法官であったCottenham裁判官が数千ポンドに値する当該運河会社の株を有していることが，Dimes氏によって発見された。彼が訴訟手続の当事者である会社の1つにおいて利害関係者であったため，当時の大法官は当該事案における裁判官として欠格であるとの帰結の下で，その判決は取り消された。この理由としては，そのことが当時の大法官に偏向の現実的可能性を形成したためではなく，手続に認められた公正性に係るより一般的な懸念に至りうるがためである。Campbell裁判官は次のように述べた。

　この懸念点において，Cottenham裁判官が彼の有していた利益によって，最も間接的にでも影響されえたとは，誰も考えない。しかし，何人も自身の訴訟において裁判官であるべきではないとの確言が神聖なものとされるべきことが，最も重要なのである。……これは，すべての下級審判所がその判決において自身の個人的利益によって影響されないことだけでなく，そうした影響の下で働いていると見えることを避けることにも配慮するよう，下級審判所に対して教訓となる。((1852) 3 HL Cas 759, 793-4)

　他方で，偏向を防ぐルールのこの側面については，（まれにしか見られないが）明白な例外があることを注記すべきである。例えば，当事者がそうした利益について認識をし，それの抗弁を放棄することに同意する場合，手続は継続しうる。また，この点について制定法上の特別な適用除外がある場合，又は，すべての利用可能な裁決者が同じく欠格に値する利益によって影響を受け，手続を進める以外に選択肢がない場合も，手続は継続しうる。もし財政的利益が非常に関係の薄いもので，合理的な者にとって偏向の疑念が生じえないのであれば，当該意思決定者は欠格とされないことを示す判決もある[168]。また，いかなる金銭的利益でも欠格に至るのに十分であるが，金銭以外の利益に対するアプ

---

168)　*R v Mulvihill* [1990] 1 WLR 438.

ローチはより緩やかになりうるとも判断されている[169]。

17. 4. 2. 2　偏向と司法

　意思決定者が裁決をしようとする紛争の当事者である場合にも，同様のアプローチが採用される。最広義には，個人の意思決定者（典型的には裁判官）が，手続で明示された一当事者である団体の構成員である場合，又は，その当事者や団体と緊密な組織的関係を持つ場合に，当該決定者は当事者と判断されうる。しかし，単に構成員であることは自動的欠格を正当化するには十分ではなく，当該決定者が問題となる手続の開始に積極的に関与したものでなければならないことを示す判例もある[170]。意思決定者が単に組織の構成員にすぎない場合には，自動的欠格にはならないであろう[171]。

　この広義のアプローチが採用された主導的事例として，R v Bow Street Metropolitan Stipendiary Magistrate, ex p Pinochet Ugarte（No 2）[172] がある。これは，貴族院が司法の絶対的公平性を維持するとの理由で，貴族院自身のかつての判決を取り消すという前例のない判決であった。取消判決がなされたのは，チリの独裁者であったピノチェト将軍によってなされた犯罪人引渡しに対する申立てについて，審理をした上訴委員会のメンバーの1人のHoffmann裁判官が，当事件の訴訟参加人の1つであるAmnesty Internationalと関係性があったためである。このことは，彼がピノチェト将軍に対して偏向を持ちうるとの印象を与えるものであった。この点は，事案が民事訴訟の一種ではなく，刑事訴訟手続に関するものであったため，なお一層重要であった（ピノチェト将軍は人権侵害に関して訴追されていた）。貴族院は，適用されるべきコモンロー

---

169)　*R v Cambridge Recorder*（1857）8 E & B 637.

170)　*Meerabux v Attorney-General of Belize*［2005］2 AC 513.

171)　But see, e.g., *R (Northamptonshire DC) v Secretary of State for Communities and Local Government*［2012］EWHC 4377（Admin）.（ナショナル・トラストの構成員であった裁判官が，ナショナル・トラストが当事者であった計画事案の審理において自動的に欠格となるとされた。）

172)　［2000］1 AC 119.

第17章　手続的不適正Ⅱ　**705**

の審査基準の正確な性質について判断する必要はないと判断した（異なるアプローチについて以下で考察する）。それは，Hoffmann 裁判官がこの事案における審議に参加すべきではないと言えば十分であったためである。Hope 裁判官は次のように述べた。「[Hoffmann 裁判官] が実際に偏向を持っていたことを示すものはない。……しかし，Amnesty International との彼の関係性は，事実上，彼が自らの事件における裁判官として行動するものになっている」[173]。換言すれば，彼は，どれほど間接的であれ，結果についてある種の利益を有しており，ゆえに裁判所は，以前の判決を取り消すことで自動的欠格の原則を拡張するよう行動したのであった。この件について，貴族院はもう１つの判決も下し，将軍が病気を理由に公判に出頭しなかったにもかかわらず，彼の送還を結論づけた[174]。

17.4.2.3　偏向と諸機能の交錯

　早期の段階で事案に関わった当事者，例えば個人の調査に関与した当事者が，当該個人に制裁を科すかといった後の決定に一定の関与する場合にも，偏向として決定が争われうる。そうした事後の関与は，正式及び／又は直接の関与である必要はなく，手続の後の段階に当事者として単に参加しているだけでも，決定を有効でないものとするのに十分である。この点を表す記憶すべき判決として，R v Barnsley Metropolitan Borough Council, ex p Hook[175] がある。Harry Hook 氏は路上販売者であり，６年間の間，彼に対する一切の苦情なく商売をしていた。ある夕刻，公衆トイレがすでに閉まった後，彼の露店のある市場近くの道路脇で小便をした。２人の自治体職員がそれを見つけた。Harry Hook 氏と自治体職員との間で白熱したやり取りがなされ，Hook 氏は市場管

---

173)　[2000] 1 AC 119, 144.

174)　裁判官に関する他の事件として，see, e.g., *Hoekstra v HM Advocate* [2001] 1 AC 216 and *Davidson v Scottish Ministers* [2004] HRLR 34 and *Helow v Home Secretary* [2008] 1 WLR 2416.

175)　[1976] 3 All ER 452.

理者に通報された。管理者はこのことを深刻な事柄と考え，Hook 氏の免許を撤回することを彼に書面で通知した（これは，その市場での彼の商売を永久に禁じる効果を持つものであった）。Hook 氏は自治体からさらなる審理を受け，自治体の委員会は彼の代理として組合の代理人及び見習い職員を認めたが，代理人らは委員会への出頭が認められず，Hook 氏に対する処分事由の詳細も提示されなかった。さらに，当初の決定を行った市場管理者はすべての審理において参加しており，管理者は証拠についての自らの見解を，私的に，反対尋問を受けることなく，委員会に対して述べることができる立場にあった。Hook 氏の主張の審理がなされた後，委員会の審議の間も市場管理者は参加したままで，そして委員会は当初決定を支持する裁決を行った。控訴院において Denning 裁判官は，検察官が審議の間は参加すべきではないとする自然的正義のルールに対して，市場管理者の参加及び彼の伝聞証拠は違反するとして，同裁決は維持できないと判断した[176]。

　Hook 判決における原則についてその限界を示すのに，他の2つの判決が役立つ。第1に，R (Bennion) v Chief Constable of Merseyside Police[177] であり，ある職員が懲戒手続の結果，警察長によって違反について責任があると認定された。当該手続では，警察長が事案について利益を有していない限り，警察長によって審理がなされ，利益を有している場合には，審理の役割は他の部に委任されることとなっていた。当該職員は警察長を相手取って訴訟を提起し，そこでの主張として，性的差別と性的搾取の行為について警察長自身は個人としては関与していないが，彼は間接的に責任があり，つまりこれらは矛盾する機能であると当該職員は主張した。裁判所は，警察長が異なる権能に基づく彼の関与から，欠格に値する利益を有していないと判断した。彼は部内の秩序に係る全体の運営責任を有しているのであるため，彼の役割は裁判官とは同じものではなく，また，本手続における彼の役割を他の部に委任しないとの彼の判断は誤っていないとされた。しかしながら，R (McNally) v Secretary of State for

---

176)　See also, e.g., *R (Agnello and others) v Hounslow LBC* [2003] EWHC 3112.
177)　[2002] ICR 136.

Education and Metropolitan Borough of Bury[178] においては異なる帰結が見られる。そこでは，生徒との不適切な身体接触の告発を受け，ある教員がすべての教育義務を停止させられた。その後，複数の学校長の前で懲戒審理がなされたが，審理においては，当該地方教育機関の教育長が，1996年教育法附則3第8条9項の下での法的資格があるとして参加していた。しかし，学校長らは審理の後の審議からは教育長を除くこととし，それは彼が当然に本件追及チームの一員と考えられるためであったが，他方で，教育長は1996年法の下で参加する資格があると主張した。同法附則3に基づき国務大臣が介入し，教育長が関与すべきと結論づけた。当該決定に係る司法審査請求が当該教員によってなされ，その判示では特に，教育長は参加する資格を有するが，いかなる状況，すべての状況においてこれは正しくないと判断された。Dyson裁判官はさらに，当該教員が教育長を追及チームの一員と考えるのが合理的であるため，教育長の参加はいずれにせよ自然的正義の原則に反すると述べた。

17. 4. 3 外観上の偏向の審査基準

それでは，上で論じた種類の判例に係る外観上の偏向の審査基準に移るが，それが「公正かつ知識のある観察者」の点から定式化されていることはすでに見た。しかしこの審査基準の重要さはどのようなものであろうか，そしてかつて用いられていた「偏向の現実的危険」の審査基準をなぜ変更する必要があったと考えられるのか？

まずは「偏向の現実的危険」の審査基準を取り上げるが，これはR v Gough[179]における貴族院判決と結びついている。Gough判決は，被告人が有罪判決を受けた後に，その陪審の一人が被告人の兄弟の隣家に居住していることに気づいたというものであった。貴族院は，すべての関連状況を確認した

---

178) [2001] ELR 773.
179) [1993] AC 646. なお，Gough判決の審査基準は，それ以前における偏向の「合理的な疑い」という審査基準に取って代わるものであった。以前の審査基準について，see *R v Sussex Justices, ex p McCarthy* [1924] 1 KB 256.

後，適用されるべき正しい審査基準は上訴人（上記被告人）が公正な審理を受けなかった「現実的危険」があるか否かである，と判示した。これは，治安判事や審判所構成員の側に偏向の現実的可能性（蓋然性よりも低い程度）の点から現実的危険があるか否かを判断することを意味している。Goff 裁判官は，「裁判所が偏向の蓋然性よりも可能性の観点から検討するように，現実的見込みではなく，現実的危険の観点からの審査基準とすることが望ましい」と述べた[180]。これは，主張された偏向から不正義が帰結する現実的危険性があるか否かを問うことと同じであると考えられている。同裁判官は，合理的な人の目から問題を検討する形で，この審査基準を定式化する必要はないと考えたが，それはこうした事案においては裁判所が合理的な人を体現することになるためである。彼はまた，偏向が潜行するものであり，人の意識に表れえないものであるため，この審査基準が偏向を指摘された者の実際の心の状態に関わるものではない点も指摘した。公衆の信頼は，正義がなされたように見えなければならないことを求めるとされた。これは，主張された偏向が不正義を作り出す危険性がないと裁判所が考えられるよう，裁判所はすべての必要な資料を検討しなければならないことを意味している[181]。

この審査基準のその後の再定式化は，上で見たように，欧州人権条約 6 条といくつかのコモンウェルス諸国の制度での経験の観点からなされた。そうした変化の発端としては，Locabail (UK) Ltd v Bayfield Properties Ltd と Re Medicaments and Related Classes of Goods (No 2)[182] における控訴院判決にある。但し，リーディングケースは Porter v Magill[183] における貴族院判決である。Locabail 判決では，5 件の申立てにおいて首席裁判官，副大法官，記録長官が共に審理をし，何が裁判官による偏向を構成するのかに関して，控訴院が

---

180) [1993] AC 646, 670.

181) この審査基準の適用については, see, e.g., *R v Inner West London Coroner, ex p Dallaglio* [1994] 4 All ER 139 and *R v Secretary of State for the Environment, ex p Kirkstall Valley Campaign Ltd* [1996] 3 All ER 304.

182) それぞれ, [2000] QB 451 と [2001] 1 WLR 700.

183) [2002] 2 AC 357.

審査をし，指針を提示する機会を得た。2つの基本的ルールが区別された。第1が，上のDimes v Grand Junction Canalにおいて見た自動的欠格の審査基準であり，そこでは，裁判官は異議が提起される前に事案において自ら忌避すべきことになる。しかしながら控訴院は，このルールの基礎にある重要な根底的原則に効果を与えるのに明らかに必要でない限りは，このルールを非財政的利益に係る限定的な類型（上記のPinochet判決）を超えてさらに拡張することは望ましくない点も強調した。同裁判所はまた，裁判官が「実質の伴う異議を無視するのと同様に，根拠薄弱であったり取るに足らない異議に従うことも誤りである」ことも強調した[184]。第2のルールは，（R v Goughのように）偏向の現実的危険又は可能性を基礎にしたものであり，貴族院において判断されていたがために，ここで控訴院は適用するよう拘束されると考えていた（但し，同控訴院は，イングランドの法がこの審査基準の適用において，スコットランドでのアプローチや，他の多くのコモンウェルス諸国の判例で適用される「合理的な懸念〔reasonable apprehension〕」とは異なるものであることに触れていた[185]）。現実的危険の審査基準に関して，それが適用されるすべての状況を観念することは不可能であるが，異議が例えば裁判官の宗教，人種や出身国，ジェンダー，年齢，階級，所得，性的指向を基礎にしたものであれば，そうした異議は認められないことも，同裁判所は述べた。また，社会的・教育的背景，以前の政治的関係，（フリーメイソンといった）他の団体の構成員であることを基礎にした場合にも，異議は有効なものにはならない。対照的に，その事案に関連した事柄に関して堅固に保持された見解を以前に表明している場合や，事案に関わる公衆の一員との緊密な個人的つながりがある場合は，偏向の現実的危険や可能性を構成するのがもっともである。すべての申立ては，個々の事案の事実と状況に基づき判断されなければならない。

　Locabail判決において控訴院はまた，欧州人権条約による要請を考慮し，

---

184)　[2000] QB 451, 475, and 479.

185)　例えば，オーストラリアの判例として，*Webb v Queen* (1994) 181 CLR 41を引用している。

Gough 判決の審査基準に代わる偏向の審査基準が現在必要かという争点も扱った。Re Medicaments and Related Classes of Goods（No 2）において控訴院は，1998 年人権法の施行の点から，その審査基準の再検討と採用について再度の機会を得た。そこで議論された争点は制限的取引慣行裁判所がその構成員の一人に外観上の偏向がある場合に，同裁判所自体が忌避すべきかであり，そして忌避すべきとの判断において控訴院は，欧州人権条約 6 条に適合するのに何が必要と考えられるかを概説した。この点に関して，裁判所が偏向の問題を検討する場合，第 1 に，偏向を示唆するものに影響を与えるすべての状況を認定しなければならないとした。しかし，裁判所が合理的な人を体現して，偏向の現実的危険があると考えるか否かを問うのではなく，そうした状況が公正かつ知識のある観察者にとって，偏向の「現実的可能性」や「現実的危険」があると結論づけさせるか否かを，裁判所は問うべきであるとした。そして，こうした定式化は従来と「同じもの」とされ，控訴院判決は，Gough 判決の審査基準を合理的な人について構成しないこととした点以外には，同判決の適切性を疑問視しなかった。同時に，Gough 判決における問題も明らかになり，後に Porter v Magill において貴族院は「現実的危険」への言及をなくす際に，同控訴院判決の文言を用い，洗練させた。この事件における争点は，地方議員が政党政治に有利になるよう自らの権限を濫用し，そのカウンシル（ウエストミンスター・シティカウンシル）に多くの費用負担をかけたとの認定をした監査人に対して，偏向があるとしてなされた主張であった。Hope 裁判官は，Gough 判決の審査基準は事実上，実際的な偏向の審査基準となるため，もはや適切ではないとしたうえで，単に「現実的危険」への言及を削除することで，欧州人権裁判所の判例法，及び多くのコモンウェルス諸国の判例やスコットランドで適用されている審査基準に適合するようにしようとした。それゆえ，修正された審査基準において問われるのは，「公正かつ知識のある観察者が，事実を考慮したうえで，裁判所が偏向を持つ現実的可能性があると結論づけるか否か」である。

　この点から離れる前に，「公正かつ知識のある観察者」がどのようなもので

あるかの問題について指針が与えられてきている点に触れるべきである。当然ながら，そうした人物が法において果たす役割にはフィクションの要素が常に存在するため，これは現実的には，不可能なものを特定しようとする試みではあり，また，事案ごとに困難さを生み出しうるものでもある[186]。にもかかわらず，この観察者は行政法においてより目立った地位に上り詰めており，Hope裁判官は Helow v Home Secretary[187] の事案において，観察者の特質を一定程度解説する機会を得た。この事件は，パレスチナ人の亡命希望者が，彼女の申立てを審理した（そして棄却した）スコットランド民事上級裁判所の裁判官について，なによりも同裁判官がユダヤ人弁護士・法学者国際協会の創設メンバーであったため，偏向を持っていると主張したものである。Hope裁判官は，「公正かつ知識のある」観察者が偏向の現実的可能性を探知するとの議論を退け，次のように述べた。

　公正かつ知識のある観察者は，我々の法律村に住む選ばれた人格の集団のなかで，比較的新参者であるが，客観的に解決する必要がある問題が生じたときに呼び出される者である。ネグリジェンス法の文脈でしばしば属性が探求される合理的な人と同様に，公正な観察者はフィクションの産物である。ジェンダーは中立的であり（本件では申立人も被申立人もいずれも女性であるため，「彼」の用語を避ける），我々の多くが成ろうとしている属性を観察者である彼女は有している。

　公正な観察者は，双方の議論を伺い，十分に理解するまでは，いかなる点に係る判断を常に保留するような人である。彼女は過度に敏感ではなく，疑念深くない。……彼女のアプローチは，不服申立てをする人のアプローチと混同されるべきではない。「現実的可能性」の審査基準は，こうした利害からの乖離の方法があることを保障するものである。申立人の仮説は，客観的に正当化できない限りは，観察者のものとはされない。しかし彼女はまた独

---

186)　See Havers and Henderson, n 156.

187)　[2008] 1 WLR 2416.

712

りよがりでもない。彼女は，裁判官が偏向を持ってはならず，持っていない
ように見えなければならないことを，公正性が求めている点を理解してい
る。彼女は，裁判官が他の人と同様に弱みを持つことを知っている。裁判官
の言ったことやしたこと，又は裁判官の作った関係性が，眼前の事案につい
て公正に判断することを難しくしうるという結論について，それが客観的に
正当化しうるのであれば，彼女はその結論から尻込みしないであろう。[188]

17. 4. 4 政策的偏向と意思決定

上の判例にもかかわらず，偏向を防ぐルールを厳格に適用することが不適切
と判断される一定の状況がある。例えば，Franklin v Minister of Town and
Country Planning[189] は，既存の政策と，偏向なしに公正性のルールに従って
行為する暗黙の要件との間で，衝突がある場合に生じる困難さを表している。
1945 年に終結した第 2 次世界大戦の後，ロンドンの外縁に多くのニュータウ
ンを建設し，特に Stevenage の開発をするとの明確な政策が公約された。し
かし個々の提案に対する多くの反対があったため，この政策は争いのあるもの
となった。法律が議会を通過し終える前に，大臣は公開の会合において，いか
なる反対にもかかわらず Stevenage 事業を進めると宣言した。その後すぐ，
1946 年ニュータウン法が議会を通過し，同法の規定にのっとり，Stevenage
をニュータウンに最終的に指定する前に反論を聞くために公審問が立ち上げら
れた。Stevenage の計画を承認する際の大臣の決定は，大臣の以前の声明から
すると，不可避的に偏向を示すものを含んでいるとの主張は，否定しがたいも
のであった。しかしながら貴族院は，これを司法的ではなく行政的判断事項と
みなし，決定が正しい手続に従ってなされたか否かについてのみ問うことでこ
の問題を判断した。これは，何があろうと事業を進めることになるとの以前の

---

188)　Ibid, 2417-18. And see, e.g., *O'Neill v HM Lord Advocate* [2013] UKSC 36,
　　　 [2013] 1 WLR 1992.
189)　[1948] AC 97.

大臣による声明が決定の有効性を失わせるものではない，との結論を可能にするものであった。貴族院は，それが純粋に行政的決定であるため，自然的正義のルールに従う必要はないとの理由づけを採用した。当然ながら，この筋の理由づけは Ridge v Baldwin によって告げられた法の変化を生き延びうるものではないが，この判決はいまだ，意思決定者に政治的（政策的）考慮事項を考慮することが認められる場合があることを示すものではある[190]。

　この判決を，Steeples v Derbyshire County Council[191] の判示と対比しよう。この事案では，カウンシルが KLF 社と契約合意を締結し，その合意はカウンシル所有地について同企業が複合レジャー建設の開発をすることを定めていた。地方政府機関が同企業に計画許可を与えるとの了解についても合意されていた。実際に合意の一部として，計画許可が付与されなかった場合には，116,000 ポンドが支払われることになっていた。計画委員会による計画許可決定は，Webster 裁判官によって無効と宣言された。それは主として，カウンシルがこの状況を事前に決定していたことを，締結された契約が示しているためであった。但し，地方政府機関は自らに対して計画許可を付与する資格が問題なく認められ，そうした状況では自らの事件における裁判官になりうることが，本件の弁護士によって指摘されていたことを注記すべきである。にもかかわらず，Webster 裁判官は，カウンシルが計画許可に係る契約を締結することで許可を確約するのを避けるべきであり，カウンシルが誤りを犯した場面であると明確に述べた。そうすることで，偏向を防ぐルールはそれほど厳格に適用されないことになる。

　偏向をより広範な政策の文脈で検討すると，「事前の意思決定〔predetermination〕」と「予断〔predisposition〕」の間の区別に触れることも重要である。事前の意思決定は，意思決定者が事前にすでにその意思を決定している場合であり，R v Secretary of State for the Environment, ex p Kirkstall

---

190)　See also *R v Amber Valley District Council, ex p Jackson* [1984] 3 All ER 501 and *R v Sevenoaks District Council, ex p Terry* [1985] 3 All ER 226.

191)　[1984] 3 All ER 468.

Valley Campaign Ltd において Sedley 裁判官は，「同様に重要であるが異なる原則が存在する。事前の意思決定は，ある組織が結果に利害を有さない個人から構成されるにもかかわらず，柔軟性を欠く政策を採用したり，組織の独立した判断を事実上放棄したりすることで，結果が事前に決定されているという場合には，組織による当該決定は取り消されうるという原則である」と述べた[192]。他方で，予断は，意思決定組織における人がある個人に望ましくない意見を明示したが，意思決定者はいまだ当該個人の主張を聴く準備がありうる場合に，生じるものである。特定の政策についての公約宣言がある場合にも，そうした状況がありうる。裁判所はこの点について判断するためには，すべての事実を考慮したうえで，公正かつ知識のある観察者が偏向の現実的可能性があると結論づけるか否かを評価することになる。例えば，Condron v National Assembly for Wales[193] においては，ウエールズ議会の計画決定委員会による決定について，その構成員の１人が，露天掘りの鉱業許可の申請に関して「審問官報告書にのっとるつもりである」と口頭で発言したことから，当該決定が争われた。Condron 判決では，司法的ではない意思決定者は偏った意見を持つことが可能であることから，事案の事実に基づき外観上の偏向はないと結論づけられた[194]。

17. 4. 5　欧州人権条約６条，偏向，及び「独立かつ公正な裁判所」

検討すべき最後の事項として，決定において「独立」でも「公正」でもない意思決定者によって「民事上の権利」に影響を与える決定がなされる場合の，司法審査と欧州人権条約６条との間の相互作用という複雑な問題がある。そうした意思決定のいくつかの典型例について，中央政府・分権政府の政策を実施

---

192)　[1996] 3 All ER 304, 321.

193)　[2006] EWCA Civ 1573.

194)　See also, e.g., *R (On the Application of Lewis) v Redcar and Cleveland BC* [2009] 1 WLR 83 and *R v Local Commissioner for Administration in the North and North East England, ex p Liverpool CC* [2001] 1 All ER 462.

する大臣の役割，所属する地方政府機関による決定の再審査を実施する当該機関職員の役割に触れて，上で示した。そうした状況の下では，影響を受ける個人が事後に，係争事項について「全面的な管轄権」を持つ独立かつ公正な裁判所に頼る手段を有する限りは，自動的に欧州人権条約6条の違反とはならない（全面的な管轄権を持つか否かはコンテクストに依存し，特に，「争われた決定の主題，決定がなされた方法，及び，訴えにおいて求められる実際の根拠を含む紛争の内容」に依存する)[195]。これはまた，遵守についてのいわゆる「治癒」アプローチであり，制定法が当該個人に対して審判所や裁判所への訴えの十全の権利を与えている場合には，それは明らかに満たされる。しかしながら，司法審査が唯一可能な救済方法である場合にはより難しい状況となる。というのは，司法審査は歴史的に「上訴ではなく，審査」の区別を採用しており，それは，争われている決定の妥当性，例えば事実問題の争いを検討することから裁判所を排除するものであるためである。それゆえ，「全面的な管轄権」が高水準とされると，司法審査の裁判所が要件である「全面的な管轄権」を決して有しえず，欧州人権条約6条に違反する可能性があるということが懸念されるのである。

　この点に係る法は，主に3つの舞台で展開してきている。第1は，司法審査がしばしば人権条約6条の目的にとって十分であると判断することで，「全面的な管轄権」要件の文脈依存的な性質を強調するものである。例えば，R (Alconbury) v Secretary of State for Environment, Transport and the Regions[196] においては，計画立法が，（計画政策を策定する責任を有する）国務大臣に対して，特に一定の計画許可申請を「コールイン〔call in〕」し，決定する権限を付与しているために，人権条約6条に適合していないか否かが問題となった。政府は，この制度では国務大臣が決定をする際には独立かつ公正とはみなされえないが，（違法性，不条理性，手続的不適正という）通常の根拠に基づく司法審査に頼ることで，いかなる瑕疵をも救済するとした。貴族院はこの主張を受け入れ，計画制度における国務大臣の役割は，議会による統制とアカウ

---

195)　*Bryan v UK* (1995) 21 EHRR 342.

196)　[2003] 2 AC 295.

ンタビリティの存在によって正統化されているとした。貴族院はまた，国務大臣の権限は，議会に対してアカウンタビリティを負うこと，及び伝統的な根拠の下での司法審査に服することよって支持される手続要件によって統制されているとも述べた。それゆえ，権力分立を基礎に，申請について処理する枠組みが機能しており，事案のすべての状況を考慮すると，これで十分であるとされた。

　同様の理由づけは，Runa Begum v Tower Hamlets LBC[197] における貴族院判決を導いた。そこでは，地方政府機関が住宅困窮状態であった原告に対して住宅を提供したが，原告はその住宅がレイシズムと薬物乱用のはびこる地域にあると考えたため，提供を拒否した。地方政府機関の職員が当該拒否を審査し，提供を適切であったと決定した後に，原告はカウンティ裁判所に訴えを提起し，当該機関が事案を独立した審判所に付託しなかったがために人権条約6条に違反したと主張した。貴族院への上訴において，争点としては，地方職員の役割によって生じた問題がカウンティ裁判所への訴えを通じて救済されるかというものであった（関連法の下では，カウンティ裁判所は，司法審査手続における高等法院と本質的に同様の審査をする権限を有していた）。この点について，当該個人は，伝統的な根拠では，地方政府機関の原決定の審査をしたと争われている当該機関の職員の事実認定について，カウンティ裁判所が自らの事実認定で取って代えることをできないがために，伝統的な根拠は不十分であると主張していた。しかし貴族院は，欧州人権条約6条が本件において独立した事実認定者を求めるものではないと判断し，「問題は，法の支配や憲法上の適正さに適合した形で，当該決定権限が行政官に委任されているか否かである」点を強調した[198]。貴族院は，事案を福祉の文脈に位置づけたうえで，立法府がこの種の決定をこの分野における専門的知見を持つ行政官に委任することは，行政官が規定された手続に従ってその決定に至ることが求められ，また，その決定が後に伝統的根拠に基づき審査に服するのであれば，それは完全に正当であると結

---

197)　[2003] 2 AC 430.

198)　Ibid, 454, Lord Hoffmann.

論づけた。これは，福祉国家，また類推的には免許や計画の分野といった他の規制分野の作用について，過剰な司法化を避けるものである，と判示された。対照的に，決定が私人の私権に影響がある場合，又は，公訴された刑法違反に関する場合には，裁判所にはより一層関与する役割が考えられる。

　第2段階は，欧州人権裁判所と Tsfayo v UK[199] でのその判決によって主導され，同判決は，Alconbury 判決と Runa Begum 判決の理由づけにもかかわらず，一定の事案では司法審査が欧州人権条約6条の目的にとって不十分であることを確立した。Tsfayo 判決自体は，個人が福祉受給請求における遅滞について正当な理由を示さなかったとした，地方政府機関の住宅給付審査委員会の決定から生じた事案である（審査委員会は当該カウンシルの3人の議員で構成され，ゆえに独立でも公正でもなかった）。欧州人権裁判所は，欧州人権条約6条違反があると認定する際に，「専門的知見や経験に基づく評価，及びより広範な政策目的に沿った行政裁量の行使を要する」ような事実問題の争いに関する事案（Alconbury 判決，Runa Begum 判決）と，本件のように，意思決定者が「単純な事実問題，つまり請求における申請者の遅滞に『正当な理由』があるか否かを判断する」といった事案との間に区別をつけた[200]。欧州人権裁判所は，後者のような事案においては，審査裁判所が原決定者の事実認定について自らの事実認定で代置できるべきであるとし，その理由としては，「この争点の判断に専門的知見が求められるものでなく，……［また］……本件における事実認定は，民主的アカウンタビリティを負う当該機関の役割である政策や便宜に係る広範な判断をすることに付随するにすぎないと言えるものでもない」ためであるとした[201]。しかしながら欧州人権裁判所は，国内法の事実における過誤の原則は高等法院が原決定者の事実認定を自らの事実認定で取って代えることを認めるまで拡張していないがゆえに，本件においてはそうした審査の可能性がないとした。結果として，欧州人権条約6条に複合的遵守もしていないとされ

---

199)　(2009) 48 EHRR 18. See too, e.g., *Kingsley v UK* (2002) 35 EHRR 177.

200)　(2009) 48 EHRR 18, para 45.

201)　Ibid, para 45.

た[202]。

　Tsfayo 判決の含意については多くのコメントがなされ, 欧州人権裁判所の
理由づけが Alconbury 判決と Runa Begum 判決の本質的論理を掘り崩しさえ
するとする著者もいる。これはまさに John Howell 勅選弁護士の見解であり,
彼は, 「欧州人権裁判所が単に Alconbury 判決及び Runa Begum 判決の判決
と区別をしただけに見えるが, ……[Tsfayo 判決]はその含意においてより
重要であり, これらの事件の判決とは整合しない」と述べた[203]。しかしながら,
この判決が司法審査を「全面的な管轄権」の要件と調和させるというさらなる
問題を示唆している限りにおいては, このことはまだ現実のものとはなってい
なかった。この判決の当該理由づけの部分について, 後に Ali v Birmingham
City Council において最高裁によって欧州人権条約 6 条の射程が（明らかに誤っ
て）狭められることとなったことは後に見てゆくが, 欧州人権裁判所は, その
後に Ali 判決が申立てによって同裁判所に来た際に, Tsfayo 判決の含意が狭
義に絞られるべきことを示唆しているようであった[204]。これが法の発展におけ
る第 3 段階であり, 最も決定的となるかは未だ明らかではない。

　Ali 判決の原告はシングルマザーであり, 原告に住居の提供をした（原告は
それを拒否した）ため 1996 年住宅法に基づく制定法上の義務を果たしたとする
バーミンガム・シティカウンシルの決定について, カウンティ裁判所で争おう
とした。カウンティ裁判所の権限は上記と同様に, 司法審査請求における高等
法院の権限と本質的には同じであり, 原告は特に, 欧州人権条約 6 条の目的に
おける「全面的な管轄権」を持つ裁判所にアクセスできないことを主張した。
しかしながら最高裁は, この争点を解決するよりも, 欧州人権条約 6 条が住宅
決定によって関わることになるのかという先決問題に焦点を当て, ここで最高

---

202)　Tsfayo 判決の国内適用について, see, e.g., *Re Bothwell's Application* [2007] NIQB
　　25. 事実についての過誤に関して, see 12.6.

203)　J Howell, '*Alconbury* Crumbles' [2007] 12 *Judicial Review* 9, at 11.

204)　最高裁判決について, see [2010] UKSC 8, [2010] 2 AC 39. 欧州人権裁判所の判
　　決は 2015 年 10 月 20 日に下され, [2015] HRLR 46 で報じられている。

裁は明らかに誤った転換をした[205]。最高裁は，欧州人権条約6条は関わらないと判断する際に，給付内容が明確に定義されるがゆえに，原告が自身をその権利保持者と考えるような個人の権利となるような社会保障や福祉の給付の類型と，本質的に関連行政機関の判断の行使に依存するような給付の類型との間で，区別をした。最高裁はこれを基礎に，後者のカテゴリーの事案について，その種のサービスや給付の提供が提供者による一連の評価的判断に依存する場面であり，そうした事案は人権条約6条の自律的意味（autonomous meaning）における「民事上の権利」にはならないと述べた（「民事上の権利」の内容については，さらに17.2.4を参照）。この事案における住居に係る権利は後者のカテゴリーに該当するため，人権条約6条の下での争点は生じないこととなった[206]。

　そして，Ali判決における欧州人権裁判所の判断は，主に2つの事実認定を中心としていた。第1が，1996年住宅法の下での住居の資格について，それが裁量権の行使に左右され，「この種の給付」に分類されるにもかかわらず，欧州人権条約6条の意味における「民事上の権利」であるという点である。当然ながらこの認定は，最高裁判所によってなされたものと全く異なっており（ゆえに最高裁における明白な誤り），欧州人権裁判所はその判例法が福祉の分野において民事上の権利の性質について広義のアプローチを採っていることを強調した。しかしながら，第2の認定は福祉の分野における「全面的な管轄権」の要請に関してであり，欧州人権裁判所がTsfayo判決の限界を認めていると考えられるのはこの点においてであった。Tsfayo判決の事実をこの事案の事実と区別し，欧州人権裁判所は，Runa Begum判決における貴族院の理由づけに言及して，次のように述べた。つまり，1996年住宅法は「多数の重大ではない事案」をカバーし，「経済的かつ公正な方法で，必要とする人にできる

---

205)　また前兆として，see *R (A) v Croydon LBC* [2009] UKSC 8, [2009] 1 WLR 2557.

206)　この最高裁の判断を，後に住宅の文脈以外で適用したものとして，see *R (Savva) v Kensington and Chelsea RLBC* [2010] EWHC 414 (Admin). (高等法院は傍論において，病気と障害のある人に対する個人予算の作成が欧州人権条約6条の対象外であると述べた。)

だけ多くの給付をもたらすよう意図されている……事実についての適正な調査が行政の裁決段階ですでになされている場合には，裁判所での司法審査が証人についての再審理での再開を含むことを，［欧州人権条約6条が］求めているのと解されるべきではない」とした[207]。欧州人権裁判所は，問題にこのようにアプローチすることで，原告の利用できたカウンティ裁判所の手続という選択肢について，次のような理由で欧州人権条約6条に適合すると結論づけた。つまり，「原告は，職員が決定に至る際に関連しない考慮事項を考慮した，及び／又は，根本的な事実の誤りに基づき行為したと主張でき，カウンシルが適法な決定に至るために適切な調査をしなかったと主張でき，決定がいかなる合理的なカウンシルもなしえないようなものであると主張でき，カウンシルがその裁量を拘束したと主張でき，そして，カウンシルが自然的正義に違反して行為したと主張でき，そして当初そう主張した」という理由である[208]。事件についてこのように判断することで，欧州人権裁判所は，イギリスの現代行政国家における司法審査の範囲を受け入れると同時に，「民事上の権利」に係る自らの理解を守ることができたのである。

17. 5　結　　　論

　この章では，特に1945年以降の公的機関による意思決定の膨大な増加を背景に，自然的正義や公正性のルールの形式において，手続的不適正に関して論じてきた。この分野において Ridge v Baldwin のリーディング判決によって特徴づけられる司法積極主義の再主張は，生じた問題の程度との関係で不適切で，おそらく時機を失した司法の対応と議論されうるが，にもかかわらず，意思決定者によって適切な手続が遵守されなかった場合，決定の性質にかかわらず，決定を正すために介入しようとするより一層の意思が存在するようである。現在では，指導原則（それがあるのであれば）は公正性の原則であり，大ま

---

207)　［2015］HRLR 46, para 85.
208)　Ibid, para 83.

かに言えば，個人や団体に対する決定の潜在的影響が，その手続を当事者主義モデルにどれほど近づけることが期待されるかの決め手となる。実際に，Ridge v Baldwin から 50 年ほど経ち，多くの手続に関する裁判所の期待はかなりの程度まで高まってきた。例えば，決定について理由を付するべきと裁判所は増々主張するようになってきており，また，「比例性」や「正当な期待」のフレーズは司法用語の中心で確立したものとなった[209]。他の章ですでに見たように，これらの（また他の）原則の出現は，ヨーロッパ法の影響によって促されてきている。

　最後に繰り返しとなるが，本章における公正性のルールの議論が，このルールの作用に関して継続的に生じてきた重要な問題に対応して，小分類に分けられてきていた。手続的瑕疵が生じた場合，それには諸要素の複合が関わるのがしばしばであり，したがってこの分類は正確ではない。実際に，自然的正義及び公正性のルールは厳格な方法で適用される訳ではないことが明らかになってきており，それゆえに，それらはもはやルールでさえないと言われることがある。それらはおそらく，起こりうる不正義に対する保護を提供するよう発展してきた指針として考えるのがより良いであろう。ゆえにそれらは，コモンローが新たな要請を満たすようどのように展開したか，また，救済を与えるか否かの裁量をどのように裁判所に与えるかのいずれに関しても，コモンローの柔軟性を見事に描き出している。

FURTHER READING

Attrill, S (2003) 'Who is the "Fair-Minded Observer"? Bias after *Magill*' *Cambridge Law Journal* 279.

Clayton, R and Tomlinson, H (2010) *Fair Trial Rights* (Oxford: Oxford University Press).

---

209)　See chs 13 and 15.

Craig, P [2003] 'The Human Rights Act, Article 6 and Procedural Rights' *Public Law* 753.

Elliott, M [2011] 'Has the Common Law Duty to Give Reasons Come of Age Yet?' *Public Law* 56.

Havers, P and Henderson, A [2011] 'Recent Developments (and Problems) in the Law of Bias' 16 *Judicial Review* 80.

Howell, J [2007] '*Alconbury* Crumbles' 12 *Judicial Review* 9.

Le Sueur, A (1999) 'Legal Duties to Give Reasons' 54 *Current Legal Problems* 150.

Maher, G (1986) 'Natural Justice as Fairness' in Birks, P and MacCormick, N (eds), *The Legal Mind* (Oxford: Oxford University Press).

Mallinson, K (2000) 'Judicial Bias and Disqualification after *Pinochet (No 2)*' 63 *Modern Law Review* 119.

Maurici, J [2007] 'The Modern Approach to Bias' *Judicial Review* 251.

Olowofoyeku, AA [2000] 'The *Nemo Judex* Rule: The Case Against Automatic Disqualification' *Public Law* 456.

Williams, Sir D, QC [2000] 'Bias; the Judges and the Separation of Powers' *Public Law* 45.

第18章

司法審査における救済手段

18.1 序

　行政の決定などに異議申立てできる根拠について深く考察したので，次に裁判所により付与することが**できる**救済手段を検討する。「できる」という語を強調したのは，司法審査請求に基づき利用可能な救済手段は裁量的であるということをこれからみるからである[1]。このことは，たとえ公的機関が不法に行為したと判断するとしても，裁判所は申請人に救済を与えないという決定をできることを意味する。それは，裁判所が，申請人は救済に値しないかたちで振る舞っていたと考えたからということもあろうし，救済手段が実践的な有用性を限定的にしか有していないと考えたからということもあるだろう。その例として，意思決定者がいくつかの点で手続に従わなかったものの，手続上の義務を果たしたとしてもなお同じ決定を行ったであろうと裁判所が結論づける場合がある。

　諸々の救済手段が，裁判所が当初の意思決定者の決定に自らの決定を代置しないことを少なくとも理論的には確保するように設計され使用されていることもみる[2]。このことは，司法審査の根拠を貫通している「上訴ではなく，審査」という区別に完全に合致しており，救済手段の効果が期待されているよりも限られていることをみる。例えば，いわゆる大権上の救済手段によって，裁判所

---

1)　Sir T Bingham, 'Should Public Law Remedies be Discretionary?' [1991] *Public Law* 64.

2)　もっとも，18.3.1でみる2007年審判所・裁判所・執行法141条に含まれる例外には注意をしなければならない。

は，決定を取り消すこと（歴史的には移送命令〔certiorari〕，今は取消命令〔quashing order〕と呼ばれる）か，公的団体に特定のやり方での決定をさせないこと（歴史的には禁止命令〔prohibition〕，今は禁止命令〔prohibiting order〕と呼ばれる）あるいは公的団体にその公的義務の履行を強制すること（歴史的には職務執行命令〔mandamus〕，今は職務執行命令〔mandatory order〕と呼ばれる）のいずれかが可能である。これらの救済手段の使用は，時として広範な影響を持つことがあるが，裁判所に公的団体に代えて裁量的な選択を行うことを可能とすることを意図しているものではない。同じことが，1977年に司法審査のもとでの大権上の救済手段と統合された私法的救済手段についてもいえる[3]。インジャンクションは，通常，一連の行為がとられあるいは継続されるのを止めるために付与されるのに対し，宣言的判決は争訟の当事者各々の法的権利義務を同定することを超える効力を持たない。

　ここでの分析は，救済手段の起源とその裁量的な性質をより詳細にみる節から始める。次に，各々の救済手段を上述した順番で考察し，いくつかの指導的な判例法を検討する。最後に，1972年欧州共同体に関する法律及び1998年人権法に基づく救済手段の利用についてコメントをする。

　さらに2つ，はじめに述べておくべき点があるが，それは，大臣の立場と損害賠償請求にかかわる。大臣に関して，強調しておくべきは，大臣に対する手続においては，大権的命令の形式であれ私法に淵源を持つものであれ，すべての救済手段が利用可能だということである。ここで重要なのは，インジャンクションに関することである。なぜなら，M v Home Office[4]における貴族院の先駆的な判断（後述）以前は，1947年国王訴訟手続法21条が民事手続におけるこの救済手段の付与を排除していると考えられていたからである。しかし，

———————————

3)　第8章を参照。イングランド及びウエールズにおけるこの手続は，1981年上級法院法31条と合わせて，民事手続規則54部に見ることができる。実質的に同じ救済手段が北アイルランドでも使用可能であり，そこでは，支配的な手続は，1978年司法府（北アイルランド）法18〜25条及び司法裁判所規則53号に含まれている。スコットランドについては，民事上級裁判所規則58部を参照。

4)　[1994] 1 AC 377.

M判決——庇護申請者が司法手続中には国外退去されないとの取極めに対する違反にかかわる事件である——において，貴族院は，これは正しい立場ではないと判断した。まず，司法審査手続は「民事手続」ではないので，21条は司法審査手続には適用されないと判断したうえで，貴族院は，インジャンクションは1972年欧州共同体に関する法律に基づく事件において大臣に対し利用可能であり，EU法に関係しない事件においても利用可能とするのが望ましいと指摘した（インジャンクションは，有名なFactortame判決で出されていた）[5]。貴族院は，大権的命令や宣言的判決が大臣に対して利用可能なのであれば，インジャンクションが利用可能であるべきであり，また1970年代終盤の手続の諸改革は救済手段の統一化を意図していたものであることも強調した。

損害賠償に関して重要なことは，これが司法審査手続において付与されることは稀である点である。損害賠償を請求することは可能であるものの，裁判所は，私法上これに対応する請求がありえたと判断した場合か，1972年欧州共同体に関する法律と1998年人権法の両方又はいずれかに基づく損害賠償を受ける資格がある場合にのみこれを認めるだろう。しかし，公的機関の責任についての，とくに不法行為法に関連する判例法は大変に複雑であり，本章において，これについてはわずかな言及しかしていない。適用可能な法原則についての十分な説明は，公的機関の契約責任と不法行為責任とに関する第19章と第20章とにおいて行い，そこでは，1972年欧州共同体に関する法律及び1998年人権法に基づく損害賠償請求訴訟の射程についても考察する。

18.2　救済手段の起源と裁量的な性質

第8章から，大権的命令（以前は令状）が歴史的に国王〔Crown〕により発されていたこと，そして大権的命令は君主に裁判所並びに地方の及び王以外の意思決定者とに対する統制の行使を可能にしていたことを思い出そう。しかし，

---

5)　*R v Secretary of State for Transport, ex p Factortame Ltd (No 2)* [1991] AC 603; and see 3.2.4.

時間が経過して，個人が国王本人からでなく王座裁判所において救済を求める
ようになり，裁判所がコモンローの原則に従って救済手段を与え始めたのにつ
れて，大権的命令は司法化された。対照的に，宣言的判決とインジャンクショ
ンは，エクイティに起源を持ち，これによって，歴史的に，コモンロー上の大
権的命令よりも柔軟なものとなった。換言すれば，大権的命令は高度に技術的
な区別に照らして発展し，そのため，個人がこれにアクセスすることが困難に
なったのに対し[6]，宣言的判決とインジャンクションは，その起源から，厳格
な先例ルールによって制約されず，不正義に直面した際にエクイティが柔軟性
を強調することによって定義された[7]。他方，もっぱら宣言的判決による救済
を司法が避けたので，少なくとも立法府がこの救済手段を促進するように介入
するまでは[8]，宣言的判決は公的団体に関する事件において未発達のままでい
た。

1970年代終盤の総合的な司法審査手続の導入は，救済手段間の歴史的な区
別がもはや重要ではないことを意味するが，これらの救済手段で引き続き最も
重要な点は裁量的な性質である（大権的命令もエクイティ上の救済手段も常に裁量
的であった）。裁判所の歴史的なアプローチは，事件の文脈と，当該個人の動機
や行為とに依拠するものであり，これらは，現代の判例法において指導的な考
慮要素であり続けている（もっとも，1972年欧州共同体に関する法律と1998年人権
法の両方又はいずれかに基づく事件では，異なる考慮要素が適用されうる。後述する）。
例えば，今日，裁判所は，次のような場合に救済手段の付与を拒否することが
できる。すなわち，原告が他の手段を尽くしていない場合，不法が技術的な規
則違反で原告に実質的な害悪をもたらさなかった場合，原告が要請されている
期間内に手続を提起しなかった場合，原告が救済を求める原告適格を持たない
場合，あるいは原告が無垢性や高潔性を持たずに行為した場合である[9]。救済

---

6) 例えば，8.10の原告適格に関する検討を参照。

7) J Glister and J Lee, *Hanbury & Martin: Modern Equity*, 20th edn (London: Sweet
& Maxwell, 2015), ch 1.

8) 例えば，1852年大法官手続法50条を通じてのものがある。

第18章　司法審査における救済手段　**727**

手段は，上に述べた状況，すなわち，意思決定者がいくつかの手続に従うことができなかったものの，たとえ手続上の義務を果たしたとしても同じ決定を行ったであろうと裁判所が結論づけた場合にも，拒否することができる[10]。

　裁判所は，ある事件では特定の救済手段の付与を，その救済手段の付与が広範な影響を及ぼすことを理由として拒否することもできる。ここで重要なのは，司法審査申請はしばしば複数の救済手段を求めることができるが，裁判所は特定の1つの救済を与えることがその状況において適切ではないと考えることができるということである。この点は，職務執行命令との関係で最もよく理解することができる。なぜなら，この救済手段は，意思決定者に公的な――通常は制定法上の――義務の履行を強制する効果があるからである（この救済手段の性質の詳細は後述する）。その義務の履行が，例えば資源分配にかかわる裁量的な選択を伴うものであるならば，裁判所は，職務執行命令が訴訟に関与していない他の当事者（例えば，国民医療サービスの患者[11]や経済活動の許可を求めている他の申請者）に影響を与える状況で資源に関する選択を命じる効果を持ちうることを理由に，職務執行命令を出すべきでないと考えることができる[12]。他の部門に委ねるべき選択を裁判所に行わせることで権力分立の論理を損なうかもしれない救済手段を付与するよりも，当事者の権利義務に関する宣言的判決を行う方がよいと裁判所が判断することもできる[13]。それに代えて，裁判所は，裁判所による判断そのものが当事者の当該権利を事実上宣言したことを理

---

9)　司法審査手続のこれらの要素と対応する判例法については，8.6 以下を参照。

10)　See, e. g., *Re National Union of Public Employers and Confederation of Health Service Employees' Application* [1988] NI 255.「例外的な公益」の事件を除き，「異議申立てをした行為が起きなくても原告にとっての帰結が実質的に異ならなかった可能性が高い」場合には救済を拒否することを求める 1981 年上級法院法 31 条 2A 項及び，例えば *Hawke* [2015] EWHC 3599（Admin）も参照。

11)　*R v Cambridge Area Health Authority, ex p Child B* [1995] 1 All ER 129.

12)　*Re Kirkpatrick's Application* [2004] NIJB 15, 23, para 36.

13)　See, e. g., *R (Bibi) v Newham London Bourough Council* [2002] 1 WLR 237（原告が期限のない住宅に対する正当な期待を持つことを立証した事件で宣言的判決を出した）and 15.4.

由として，公式の救済手段の付与を拒否することもできる。

18. 3 救 済 手 段

翻って，ここでは，司法審査請求で利用可能な主な救済手段，すなわち，取消命令あるいは移送命令（quashing order / *mandamus*），禁止命令あるいは禁止命令（prohibiting order / *prohibition*），職務執行命令あるいは職務執行命令（mandatory order / *mandamus*），インジャンクションそして宣言的判決について，より詳細に検討する。損害賠償は，その後に簡単にのみ触れる。十分な説明を第19章と第20章で行うからである。人身保護令状という救済手段——第8章で議論した——は，司法審査手続では利用できず，独自の手続ルールのもとで利用できる[14]。

18. 3. 1 取消命令（以前の移送命令）

取消命令は，最も広く使われる大権上の救済手段であり，原告にとってしばしば最も価値のある救済手段である。その名称から明らかなとおり，この命令は決定その他の措置を破棄する役割を果たし，これが付与されると，当該決定その他の措置は法的効力を持たないものとみなされる[15]。この救済手段は強制的である。強制的とは，それに従わないと裁判所侮辱罪となり罰金などの制裁が科されることになるという意味である[16]。取消命令は，歴史的には，下位裁判所をコントロールする文脈において起源を持つが，現在は，公法上の決定を行う下位の決定者の決定との関係で利用できる可能性がある[17]。この救済手段

---

14) イングランド及びウエールズについては，民事手続規則87部を参照。人身保護令状については，*Rahmatullah v Secretary of State for Foreign and Commonwealth Affairs* [2012] UKSC 48, [2013] 1 AC 614 を参照。

15) *Boddington v British Transport Police* [1999] 2 AC 143, 154.

16) *M v Home Office* [1994] 1 AC 377.

17) *R v Electricity Commissioners, ex p London Electricity Joint Committee (1920)* [1924] 1 KB 171 and *Ridge v Baldwin* [1964] AC 40.

第18章　司法審査における救済手段　*729*

が付与された事件には，以下で順にみるとおり，多くの例がある。すなわち，大権により設置された公的団体に対してこの救済手段が請求されたR v Criminal Injuries Compensation Board, ex p Lain[18]，学生に対する義務的な奨学金を拒否した決定を取り消すためにこの救済手段が用いられたR v Barnet London Borough Council, ex p Nilish Shah[19]，受刑者に対する刑期短縮を失わせる効果を持つ刑務所巡視委員会の決定が取り消されたR v Hull Prison Board of Visitors, ex p St Germain[20]，権限踰越であると判断された計画許可の付与に付された条件を裁判所が取り消したR v Hillington London Borough Council, ex p Royco Homes Ltd[21]，医師審議会の懲戒委員会の制定法上の権限行使に関するR v General Medical Council, ex p Gee[22]，人種差別の主張に対する軍事委員会の原拒否決定の後に，公正な聴聞という手続的保障を確保するよう救済手段が付与されたR v Army Board of the Defence Council, ex p Anderson[23] である。

　しかしながら，取消命令には，当該決定その他の措置の法的効果をないものにするがゆえに，難点がないわけではない。例えば，事件によっては，異議申立てを受けている決定その他の措置が完全に不法とならないことがあり，決定や措置のすべてを取り消すことが必要なのかが疑わしいことがあったり（主位立法に基づき定められた規則がこの例になるだろう），争われている決定を基礎としてそれ以降に他の決定や行為がなされている状況で救済手段を求めるときにもまた複雑な問題が生じたりするからである。このような場合にはいずれも，一方で法の支配を維持する必要性と，他方で部分的には適法な決定を取り消したり他の広い諸決定の基礎となっている措置を取り消したりすることから生じるであろう実務上の困難から行政を保護する必要性との間で緊張が生じるかもし

---

18)　[1967] 2 QB 864.
19)　[1983] AC 309.
20)　[1979] QB 425.
21)　[1974] QB 720.
22)　[1986] 1 WLR 226.
23)　[1992] QB 169.

れない。その意味で，裁判所は，一種の厳格な「あれかこれか」の選択に直面しているようにみえる。

避けられないこととして，「法の支配」と「柔軟性」の両方のアプローチを支持する判例法が存在する。例えば，R v Paddington Valuation Officer, ex p Peachey Property Corporation Ltd は，取消命令はたとえ行政に対し射程の広い結果を導くとしても発することができるという命題にとっての典拠である[24]。本件における事実は，全地域のために地方政府機関が準備した評価リストを無効にするために移送命令が請求されたというものである。本件ではこの救済手段は与えられなかったが，Salmon 裁判官は，違法な行為があったのであれば移送命令が出されることに疑いを持っていなかった。

　　評価官が違法に行為しそれによって正当でなくかつ妥当でないリストが作成されたのならば，これは権限濫用であり，裁判所が確実に救済を付与する事柄である。そうするならば評価機関に不便と混乱が生じるというのは答えにならない——さもなくば，法は漂い不正義が咎められないままはびこるであろう[25]。

他方，裁判所が裁量を行使して取消命令を出さずその一方で同時に他の救済手段を発するのが適切であると判断することもある。ここでの他の主な救済手段とは，宣言的判決であろう。というのは，この救済手段は決定を無効とはせず，しかし不法の源を特定してそれにより意思決定者に必要な修正を加えさせることを促すものだからである。R v Secretary of State for Social Services, ex p Association of Metropolitan Authorities[26] で，住宅扶助規則の立案前に関係地方政府機関に十分な諮問がなかったという効果を持つ宣言的判決を裁判所が準備して付与したが，それにもかかわらず，移送命令は発されなかった。

---

24)　[1965] 2 All ER 836.

25)　Ibid, 849.

26)　[1986] 1 WLR 1.

Webster 裁判官は，争いが手続的な性質であることを根拠とし，また当該規則が全国的に発効して数か月経過していることを理由に，ここでは裁量を行使したと述べた。

とくに重要な事件——そして法の支配を行政府の便宜に優先させた事件——が，HM Treasury v Ahmed[27] である。この事件は，イギリス政府そのものにより指定されることとその名称が国際連合により作成された「制裁リスト」に掲載されていることとの両方あるいはいずれかを充足するテロ容疑者の資産凍結をイギリス政府に認める従位立法の適法性にかかわる，複雑な事件である[28]。当該立法に対する争いの一部は，制裁リストで指名された者に対する手続的保障が欠如していることに向けられたもので，最高裁判所は，当該規定を，実効的な司法的救済手段に対するアクセスという根本的な権利に違反しているとして取り消した。これを受けて，財務省は，現在進行形のテロの脅威に鑑み，この法に適切な改正を行うまでこの判決の効力を停止するよう裁判所に求めた。しかし，裁判所は，この判決の効力を停止する権限を持つことは認めたが，問題となっている立法は法としての力を決して持つべきでないことが明白であるというのが重要であると判断した。したがって，裁判所は，取消命令を停止することは，銀行など第三者にこの立法は有効であると示すことによって「この判決の効力を妨げる」として，これを拒否した[29]。結局，議会はこの後に介入して，最高裁判所の判決を覆す効果を持つ立法を制定した[30]。

この節では，さらに 2 つの点について述べておかなければならない。1 つは，1981 年上級法院法 31 条 5 項に含まれる補完的な救済権限についてである[31]。

---

27) [2010] 2 AC 534. For commentary see C Forsyth, 'The Rock and the Sand: Jurisdiction and Remedial Discretion' [2013] 18 *Judicial Review* 360.

28) この従位立法は，1946 年国際連合法に基づき制定されたもので，2006 年テロリズム（国際連合措置）命令（SI 2006/2657）及び 2006 年アル・カイダ及びタリバン（国際連合措置）命令（SI 2006/2952）である。

29) [2010] 2 AC 534, 690, para 8.

30) 2010 年テロリスト資産凍結（暫定規定）法及び 2010 年テロリスト資産凍結法。

31) 2007 年審判所・裁判所・執行法 141 条により置き換えられている。

732

この規定は，高等法院が決定を取り消す場合には，他の救済手段との間で比較して，高等法院みずからの決定を当該決定に代置することができることを定める。しかし，これは法に対する重要な変更であるようにみえるが，判断代置の権限は，問題となっている決定を裁判所又は審判所が行ったものであり，当該決定が法についての過誤を理由に取り消される場合で，かつその過誤がなければ裁判所又は審判所がただ1つの決定にたどり着く場合にのみ利用可能であるという点に注意しなければならない。このような状況に限定されることで，この権限は，実務上は限られた意義しか持たないだろうし，裁判所がその決定を行政の意思決定者により行われた決定に代置することを可能にするものでもない（もっとも，本条は，裁判所が決定をこれらの機関に差し戻し，「当該事項を再び考慮して高等法院の事実認定に適合する決定に到達するよう」命じることを許すものである）[32]。

　第2の点は，「無効の」決定，すなわち，法的には，決して法的効力を持たないと考えられる決定にかかわる。一言でいえば，このような決定により影響を受ける者は単純にこれを無視できると考えられる。しかし，決定が潜在的に無効であるという事実は，その決定が争われる時まで，その決定の完全な実施を妨げるものではない。これは，妥当性の推定と呼ばれ，この推定によって，決定は，それに対する異議申立ての期間制限の経過を待たずに，直ちに実際上の効果を持つことができるので，行政国家の運営にとって大変重要である。さらに，潜在的に無効である決定が争われないままにおかれているならば，その決定は，時の経過に伴い，有効な法と考えられるようになるということに注意すべきである。もし異議申立てされていない決定を無視することを選択するのであれば，みずから危険あることを承知してそれを行うことになるのである。

18. 3. 2　禁止命令〔Prohibiting order〕（以前の禁止命令〔*prohibition*〕）

　禁止命令は，歴史的には，個人があらかじめ違法な決定が行われることを

---

32)　北アイルランドにおける，1978 年司法府（北アイルランド）法 25 条と比較せよ。

知っている状況で，公的団体が不法な，あるいは不法であろう方法で行為する
のを抑制するために役立っていた。それ以外には，この救済手段の性質から，
取消命令が原決定を無効にできる範囲で，禁止命令は被告が将来に同じ決定を
行わないようにするために発することができるので，取消命令とともに請求す
ることもありえる。今では，禁止命令は，職務執行命令やインジャンクション
と区別がつかないものであるとも考えられている[33]。これら3つの救済手段は
すべて，被告に裁判所における争点に関連することであれば何であれ作為又は
不作為を請求できるからである。取消命令と同様に，この救済手段は強制的で
あり，それに従わなければ裁判所侮辱罪とされる[34]。

　この救済手段が付与された事件の例には，R v Kent Police Authority, ex p
Godden[35] がある。この事件では，禁止命令が，医師がその事柄についてすで
に結論的な見解を形成していることを理由として，当該医師が強制退職の所見
を出すことを止めるために警察機関に対して発された。別の有名な事件であ
る，R v Liverpool Corporation, ex p Liverpool Taxi Fleet Operators'
Association[36] では，市カウンシルがこれ以上タクシーに許可を与えない旨の
公的な約束に背いた際に禁止命令が発された。この事件の特有の文脈におい
て，この救済手段は，関連する委員会及び小委員会が決議に基づき行為してさ
らなる許可を出すことを阻止するために利用された。この救済手段は，委員会
がこの問題を新たに考え直すよう強制し，その際に，委員会が拘束力ある約束
を行っておりこれを覆すことができるのは極めて重大な公益がある場合だけで
あることを認識するよう要請することにも資した。

18. 3. 3　職務執行命令〔Mandatory order〕（以前の職務執行命令〔*mandamus*〕）

　職務執行命令もまた強制的な救済手段であって，上述したとおり，意思決定

---

33)　*M v Home Office* [1994] 1 AC 377, 415, Lord Woolf.

34)　Ibid.

35)　[1971] 3 All ER 20.

36)　[1972] 2 QB 299.

者に公的な——通常は制定法上の——義務を履行することを要請する効果を持つ。この命令が強制的な性質を持つというのは，再言すれば，これに従わなければ裁判所侮辱罪となり，被告が例えば罰金などの方法により処罰されうることを意味する。初期の判例法においては，この救済手段を得ることを望む個人は，まず当該機関に義務の履行を求めなければならず，当該機関がこれを拒否した場合にはじめて訴訟手続に入ることができると考えられていた[37]。しかし，このいわゆる「要求と拒否」要件は，現代の判例法ではそれほど目立っておらず，それゆえ，この要件の意義は疑われているかもしれない。

　職務執行命令は，判例法では頻繁に付与されておらず，意思決定者が適法にとりうる行為が1つだけである場合に発される傾向にある。したがって，ある義務が意思決定者における裁量行使を含意している場合には，裁判所は，職務執行命令は適切ではないと判断するのが通常であると思われる。これと同時に，この裁量の程度は，関連法律の司法による解釈に委ねられているものではあるが[38]，裁量の存在は職務執行命令を救済手段とすることに否定的にはたらくと裁判所は考えている。これに対する正当化理由は，司法の役割に対する憲法上の限界を遵守する必要性である。職務執行命令は裁判所が特定の選択をどのように行うべきかを指示することになると考えられているからである[39]。かかる抑制に対する裁判所の配慮は，警察，医療，住宅供給，児童保護，交通安全といった公共サービスに関する「目標達成義務」に訴訟手続がかかわる場合に，最も高くなるだろう[40]。ここでは義務の賦課は社会の構成員に対してサービスを提供する社会的義務を示しているが，裁判所は，意思決定者が価値判断をしなければならないこと，専門性の点で相対的に劣るために裁判所が決定

---

37)　司法の概観については，*The State (Modern Homes (Ireland) Ltd v Dublin Corp* [1953] IR 202. 213-16 を参照。

38)　「義務」と「裁量」については，8.4 を参照。また制定法解釈の重要性について，11.2 を参照。

39)　*R v Secretary of State for Employment, ex p Equal Opportunities Commission* [1992] All ER 545, 560, Nolan LJ を参照。

40)　On which duties, see 8.4 and 11.5.1.

第 18 章　司法審査における救済手段　*735*

過程に介入するのに慎重であるべきであるということを認識しているのである[41]。

　それにもかかわらず，判例法の中には職務執行命令が出された例がある。例えば，第 11 章から，Padfield v Minister of Agriculture では大臣がその裁量を適法にかつ法律の政策を妨げないよう行使することを強制するために職務執行命令が出されたことを思い出してほしい[42]。別の例としては，R v Camden London Borough Council, ex p Gillan[43] がある。この事件では，カウンシルが住宅困窮者のための申請を取り扱うのに 1985 年住宅法に基づく制定法上の義務に違反したと認定された。住宅困窮者部は平日の 9 時 30 分から 12 時 30 分までしか開いておらず，申請は電話で行わなければならなかった。税率の上限規制に由来する財政上の制約はこの義務の不履行を軽減するものとしては受け入れられず，宣言的判決とともに職務執行命令が，当該機関に対して出されたのであった。

18. 3. 4　インジャンクション

　インジャンクションは，訴訟手続の当事者に特定の方法での行為又は不作為を要求する命令である（それゆえ，形式上，インジャンクションは命令的でも禁止的でもありえ，このことを理由に，職務執行命令や禁止命令と区別がつかないといわれることがある）。この救済手段は強制的であり[44]，訴訟手続の中でいつでも発することができ，暫定的でも終局的でもありえる[45]。暫定的インジャンクションは，

---

41)　See further, e.g., *R (McDonald) v Kensington and Chelsea RLBC* [2011] 4 All ER 881 and *R v Gloucestershire County Council, ex p Barry* [1997] AC 584, discussed at 11.5.1.

42)　[1968] AC 997; and 11.4.1.

43)　(1988) 21 HLR 114.

44)　*M v Home Office* [1994] 1 AC 377.

45)　See, e.g., *Bradbury v Enfield London Borough Council* [1967] 3 All ER 434. この事件では，この救済手段が，選抜教育から統合教育への変更を阻止するために，その付与により学校行政に混乱をもたらすとの主張があったにもかかわらず，地方税納税者に付与された。

「便宜の衡量」テストに従って発される。このテストは私法と結びついたものであるが[46]，公法の訴訟手続では裁判所が公益を考慮する程度に応じ変容したかたちで用いられる[47]。次に，終局的インジャンクションは，審査の根拠が証明されて，裁判所がこの救済手段を付与すべきであると裁量において判断した場合に限り出される。終局的インジャンクションは，いったん出されると，当事者の権利を確定し，これに従わなかった場合には裁判所侮辱罪となりうる[48]。侮辱罪の原則は，インジャンクションが大臣に対して付与された場合にも適用される[49]。

　国王の大臣に関係する立場については，さらに説明を行うに値する。というのは，序ですでに言及したように，以前は，1947年国王訴訟手続法21条によって「民事手続」においては裁判所がこのような救済手段を付与することはできないと考えられていたからである[50]。この問題は，結局，Factortame訴訟に始まりM v Home Office[51]の貴族院判決で終わる一連の判例法によって解決された。Factortame事件は1988年商船法の影響にかかわっていたことを思い出そう。同法は，これに基づき登録される船舶の船主にイギリス国籍の要件を課していた。多くのスペイン漁船の運航者たちは，この規定はEU法の様々な規定に違反すると主張し，運輸大臣がこの事件の係争中にはこの法律を執行しないよう暫定的インジャンクションを求めた。貴族院は，当初，1947年国王

---

46)　*American Cyanamid Co v Ethicon Ltd* [1975] AC 396.

47)　*R v Secretary of State for Transport, ex p Factortame Ltd (No 2)* [1991] AC 603, 672-3, Lord Goff. And see, e.g., *R v Ministry of Africulture, Fisheries and Food, ex p Monsanto plc* [1999] 2 WLR 599.

48)　*M v Home Office* [1994] 1 AC 377.

49)　Ibid.

50)　21条2項には，「裁判所は，いかなる民事手続においても，いかなるものであれ国王の官吏に対してインジャンクションを付与し又は命令を行うことは，当該インジャンクションの付与又は命令の発出の効果が，国王を被告とする訴訟手続において受けることができない救済手段を国王に対して行うことになる場合にはできない」とある。

51)　*M v Home Office* [1994] 1 AC 377.

第18章　司法審査における救済手段　**737**

訴訟手続法21条2項は暫定的救済手段の付与を認めておらず，さらに本件で救済手段を付与することは主権者たる議会の法律を差し止める効果を持つことになるのでできないと判断した[52]。しかし，原告は，救済手段の拒否は，EU法の優越性と，これに対応する，個人はEU法上の権利の実効的保護を受けることができなければならないという要請との不遵守になるとさらに主張した。この点を考慮して，貴族院はこの事項を欧州連合司法裁判所（CJEU）に付託したところ，同裁判所はEU法上の権利は実効的な保護を受けることができなければならず，いかなる国内法のルールであれ，この保護を妨げるものは破棄されるべきであると判断した[53]。それゆえ，R v Secretary of State for Transport ex p Factortame Ltd（No 2）[54]で，貴族院は，その以前の判決を覆し，インジャンクションの救済方法は大臣に対して利用可能であると判断した。21条──そして議会主権──に対する介入が，1972年欧州共同体に関する法律に基づく事件で行われたのであった。

　その後，M v Home Office が，この救済手段をEU法ではない事件にも拡張した[55]。M事件では，庇護請求者が司法手続の終了前に，内務省のバリスタからそのようなことは起きないとの明白な保証がなされていたにもかかわらず，内務省によって国外退去とされた。問題となる保証は，1947年国王訴訟手続法21条で認められる効果ゆえに必要なものであったが，この問題が貴族院に来たとき，インジャンクションはEU法に関係しない事件にも付与することができると判断された。この判断の理由については，序ですでに示した──すなわち，司法審査手続は21条にいう「民事手続」ではないというものである──が，Woolf 裁判官は，貴族院の主導的意見を書く中で，1981年最高法院法（現在の1981年上級法院法）31条が裁判所に必要的管轄権を与えているとも

---

52) *Factortame Ltd v Secretary of State for Transport* [1990] 2 AC 85.

53) Case C-213/89, *R v Secretary of State for Transport ex p Factortame Ltd* [1990] ECR I-2433.

54) [1991] 1 AC 603.

55) [1994] 1 AC 377. スコットランド法への拡張については，*Davidson v Scottish Ministers* (2006) SC (HL) 41 を参照。

述べた。ここでは，侮辱罪の問題を取り上げ，もし大臣が彼の官吏としての資格に対して出されたインジャンクションに従わなかった場合，裁判所は裁判所侮辱罪の認定を行う管轄権を持つと判断した。この侮辱罪は懲罰的ではないかもしれないが，訴訟費用の支払命令は，侮辱の重要性を強調するために出されるかもしれない。しかし，Woolf 裁判官は，この管轄権は，例外的な事情のもとでしか行使すべきでないとも述べた。その意味では，この判決はもしかすると究極の権限を議会に委ねたのかもしれないが，同時に，裁判所が執行する法の支配に大臣が服することを強調している。この判決によって，個人の権利の平等な保護を，その権利が EU 法に見出されるものか国内法に見出されるものかにかかわらず，裁判所は確保しようとするものであるということも明確となっている[56]。

インジャンクションに関する最後の重要な点は，法務総裁が果たす特別な役割についてである。法務総裁は，「公益の番人」であると描かれることがある[57]。広義では，法務総裁は，公的団体が権限踰越の行為をするのを防ぐことを含め，一定の公的な権利及び利益の保持を確保するために職務上の〔ex officio〕そして独立の資格で行動する。例えば，雑誌がテロリズムを促進する目的で創刊されるのであれば，法務総裁は公衆に代わり関連法律に基づく法を実現しそれを閉鎖させるために行動する。同様に，インジャンクションに訴える権限は，公的機関が公的ニューサンスのような，私人に特別な損害を与えることがない不法な行為をするならば，行使することができる。さらに，法務総裁は，みずからの発意に基づき行動することもできるし，又はそれに代わって，私人がいわゆる「リレイター訴訟」を進めることを承認することもできる。その場合，法務総裁は名目的な原告にとどまる[58]。場合によっては，法務

---

56) この事件については，さらに 3.3.4 を参照。

57) *R v DPP, ex p Manning* [2001] QB 330, 343, Lord Bingham.

58) See, e.g., *Attorney General v Manchester Corporation* [1906] 1 ch 643 and, most famously, *Gouriet v Union of Post Office Workers* [1978] AC 435（法務総裁がリレイター訴訟に同意を与えなかった事件).

第18章　司法審査における救済手段　*739*

総裁が行うのと同じ根拠に基づく手続を提起する権限は，「当該地域の住民」
の利益のために行動する地方政府機関によって行使されることがある[59]。

18. 3. 5　宣言的判決

　大法官裁判所及びコモンロー上の財務府裁判所に由来する宣言的判決は，だ
いたいこの100年の間に公法で発展した，非常に広範に使われる救済手段であ
る[60]。一般的にいえば，宣言的判決は，裁判所に持ち出された事実に基づき法
を述べ，これにより訴訟当事者間の法的地位を明確なものにするという効果を
持つ。この救済手段は，このようにして，当事者の各々の権利を，これらの権
利に直接に影響を与えることなく示すものである。裁判所が，例えば取消命令
や職務執行命令よりも，宣言的判決を付与することをしばしば好むのは，それ
ゆえである。さらに，他の救済手段と対照的に，宣言的判決は強制的ではな
く，これに従わなかった場合でも裁判所侮辱罪の問題を引き起こさない。しか
し，意思決定者が違法に行為し又は行為しようとしていたということを実質的
に示す宣言的判決は，意思決定者にその立場を改めさせる誘因となる。意思決
定者が確立した法的見解に違反して行為し続ける場合には，さらなる強制的な
救済手段を求めることができる[61]。

　裁判所は，一般的に，宣言的判決の付与に対して柔軟なアプローチをと
る[62]。宣言的判決は，多様な異なる機能を果たしうる。例えば，行政の命令や
通知が無効であることを裏付けたり，課税に関する争点を明確にしたり，婚姻
上の地位や国籍に関する事柄を確定したりするために用いられる。判例法から
有名な例をいくつか挙げると，宣言的判決は，無効な解雇にかかわる Vine v

---

59)　1972年地方自治法222条及び，例えば，*Stoke-on-Trent City Council v B & Q (Retail) Ltd* [1984] AC 754.

60)　宣言的判決がどのような場合に出されるべきなのかに関する手引きとして，*R v DPP, ex p Camelot* (1998) 10 Admin LR 93及び*R v Medicines Control Agency, ex p Pharma Nord Ltd* [1998] COD 315を参照。

61)　As in, e.g., *Webster v Southwark London Borough Council* [1983] QB 698.

62)　*R v DPP, ex p Camelot* (1998) 10 Admin LR 93.

National Dock Labour Board[63] で認められた。Agricultural, Horticultural and Forestry Industry Training Board v Aylebury Mushrooms[64] では，宣言的判決によって，条例が権限踰越でそれゆえ拘束力を持たないと述べられた。裁判所が他の救済手段に代えて宣言的判決を付与しようとすることも，他の有名な事件の中から窺うことができる。例えば，すでに第8章において，裁判所がR v Felixstowe Justices, ex p Leigh[65] で取消命令ないし移送命令を拒否した状況で宣言的判決を付与する準備があったことをみた。また別の有名な事件である R v Independent Broadcasting Authority, ex p Whitehouse[66] では，Whitehouse 夫人に，テレビライセンスの保持者として独立放送機関（現在は廃止された）の制定法上の義務の履行に関し宣言的判決を求める原告適格が認められた。裁判所によるアプローチの柔軟性は，権限踰越として争われている公的団体の決定を特定する必要がない事件において，実に，最もよく示された。すなわち，宣言的判決は，例えば，堕胎に関与した，あるいは関与するかもしれない看護師の法的地位に関して懸念がある場合など，争いがある法の領域においてガイダンスを示すために付与されてきている[67]。別の事件である Gillick v West Norfork and Wisbech Area Health Authority[68] では，十代の娘を持つ原告が，保健・社会保障省が発した避妊に関する通達の有効性について宣言的判決を求めた。

　しかし，裁判所は，権力分立の法理を捻じ曲げるべきでないことに注意しており，宣言的判決の文言がこのことを反映することがある。例えば，15.4 で議論した正当な期待に関する事件である Bibi 判決[69] では，控訴院は，高等法院が出した宣言的判決の文言を，その文言では住宅の資源の割当てに関する選択をどのように行うべきかを指示することにあまりに近づきすぎてしまうことを

---

63)　[1957] AC 488.
64)　[1972] 1 All ER 280.
65)　[1987] QB 582; and 8.10.1.
66)　The Times, 4 April 1984.
67)　*Royal College of Nursing v DHSS* [1981] AC 800.
68)　[1986] AC 112.
69)　*R (Bibi) v Newham London Borough Council* [2002] 1 WLR 237.

第18章 司法審査における救済手段 *741*

理由として，変更した。裁判所は，宣言的判決が純粋に勧告的な方法で，すなわち当事者間に現実の争いがない場合に使用されること（いわゆる「勧告的宣言判決」）のないようにも注意している。裁判所は，事件が広範囲にわたり公的な重要性を持つ論点を提起する場合，その事件を審理するのを拒否しない[70]——上訴審が上訴を審理する場合にしばしば当てはまることである——が，それでも，もっぱら学問的な問題や仮説的な問題を提起する事件を審理することには消極的である。これは，単純に，裁判所が，実際には紛争をまったく生じさせていない法的論点に関する答えを明らかにすることに興味がある当事者の便宜のためのフォーラムになることを望まないからである[71]。

18.3.6 損 害 賠 償

損害賠償は司法審査手続において救済手段として利用できるが，それが裁判所によって認められることが稀であることは，既に指摘した[72]。基本ルールは，損害賠償が与えられるのは，司法審査請求を引き起こした事実関係が私法における訴訟原因，例えば，ネグリジェンス，人身に対する不法侵害（trespass to the person），制定法上の義務違反などをも含んでいる場合に限られるということである（1972 年欧州共同体に関する法律と 1998 年人権法のいずれか又は両方に基づいても，損害賠償の請求を追加することができる）。これらの訴訟原因の中で適用される法原則は，一般に，私的な 2 当事者間における損害賠償請求で適用されるものと同じであるが，公的機関に関する判例法には違いがあり，さらにもっぱら公的団体を被告としてのみ取り上げることができる訴訟原因がある（公務における失当行為の不法行為）。これに対する判例法と法原則は第 19 章及び第 20 章で検討する。

しかし，ここで強調しておきたい点が 1 つある。それは，損害賠償の請求

---

70) *R v Secretary of State for the Home Department, ex p Salem* ［1999］1 AC 45.

71) *Vince v Chief Constable of Dorset Police* ［1993］1 WLR 415.

72) この救済手段の利用可能性については，例えば，イングランド及びウエールズにおいては，1981 年上級法院法 31 条 4 項を参照。

は，とにかく，司法審査手続の外で行われることがしばしばあり，この請求が
救済を得るのに非常に有効な手段となっているということである。これは，損
害賠償の請求が，しばしば非常に事実の特定に向けられたものであり，裁判所
に，みずから事実関係に関する結論を導きそれに従って法を適用することを求
めるものだからである。第12章からわかるように，これは，司法審査手続に
はないものである。なぜなら，司法審査手続では，裁判所は，他の意思決定者
の結論の合法性を判断する際に，その意思決定者が行った事実認定をしばしば
受け入れようとするからである。したがって，損害賠償が司法審査手続におい
て稀にしか利用されないと述べるとき，裁判所が原則として損害賠償を与える
ことに反対していることを意味するのだと理解してはならない。そうではなく
て，損害賠償がないのは，司法審査手続の性質と，この手続が事実認定より合
法性の問題に力点を置いていることの現れなのである。

18. 4 救済手段と1972年欧州共同体に関する法律

　1972年欧州共同体に関する法律3条によって，イギリスの裁判所は，同法
に基づき提訴される事件においてCJEUの救済手段に関する判例法に効力を
与えるべきことが求められるということを第3章でみたのを思い出してほし
い[73]。この一体の判例法は，優越性の原理と直接効の原理とに基づき発展した
ものであり[74]，EU法上の権利にかかわる紛争を審理する国内裁判所に重要な
救済義務を課している。CJEUは，長年，EU法上の権利は国内法の手続及び

---

73) 「すべての法的手続のために，いかなるものであれ欧州共同体条約の意味若しくは
　効力に関する問題又はいかなるものであれ欧州共同体の命令の妥当性，意味若しく
　は効力に関する問題は，法律問題として取り扱うこととする（そして，もし欧州裁
　判所に付託されない場合には，欧州裁判所の関連する判決が下した原則に適合する
　ように決定するものとする）」。

74) Case 26/62, *Van Gend en Loos v Nederlandse Aministratie der Belastingen*
　[1963] ECR 1; Case 6/64, *Costa v ENEL* [1964] ECR 585; and Case 106/77,
　Amministrazione delle Finanze dello Stato v Simmenthal SpA [1978] ECR 629.

第18章 司法審査における救済手段 **743**

実務を通じて保護されなければならない——この保護は実効的でありかつ国内法に基づく権利に与えられる保護に匹敵するものであらねばならないとの要請に服する[75]——ことを強調してきたが，個人に与えられる保護の水準を高めようとした多くの特定の救済手段の要請もまた導入してきた[76]。イギリス法の文脈で最も著名な例は，もちろん，上で検討した，国王の大臣にかかわる訴訟手続においてインジャンクションを利用可能とする結論を出したFactortame判決の例である[77]。

　これ以外に，EU法上の救済手段のレジームと司法審査についてさらに指摘すべき点が2つある。第1は，上でみた，救済手段の裁量的な性格にかかわる。最近まで，司法による影響力の強い説明は，EU法の事件においては，救済手段が裁量的であるならばEU法の優越性の原理の本質が損なわれるから，救済手段は裁量的であるとは考えられない，ということを示唆していた[78]。しかし，最高裁判所は，後に，Walton v The Scottish Ministers という重要判例でこの問題に応対し，たとえEU法の事件であっても救済を常に付与されなければならないわけではないと判断した[79]。すでに第8章で説明したとおり，この事件は，アバディーン郊外の道路網の建設に対し，EU法によって（特定するならば戦略的環境アセスメント（SEA）指令[80]によって）課されている諮問の要請

---

75) Case 33/76, *Rewe-Zentralfinanz eG and Rewe-Zentral AG v Landwirtschaftskammer für das Saarland* [1976] ECR 1989; Case 47/76, *Comet v Produktshap voor Siergewassen* [1976] ECR 2043; and Case 158/80, *Rewe Handelgesellschaft Nord mbH v Hauptzollamt Kiel* [1981] ECR 1805.

76) See P Craig and G de Búrca, *EU Law : Text, Cases and Materials*, 6th edn (Oxford: Oxford University Press, 2015), ch 8.

77) Case C-213/89, *R v Secretary of State for Transport, ex p Factortame Ltd* [1990] ECR I-2433; *R v Secretary of State for Transport, ex p Factortame Ltd (No 2)* [1991] 1 AC 603.

78) Most notably in *Berkeley v Secretary of State for the Environment* [2001] 2 AC 603, 616, Lord Hoffmann.

79) [2012] UKSC 44, [2013] 1 CMLR 28; and 8.10.1.

80) Direckive 2001/42/EC.

に違反して与えられたと主張される大臣の同意の適法性に対する（制定法上の）異議申立てにかかわる。この事件が最高裁判所に来たとき，上訴の主要な争点は，（ⅰ）原告が訴訟手続を提起する原告適格を有するか，（ⅱ）SEA 指令が本件で適用されるか，（ⅲ）SEA 指令が適用されるとしても原告に救済手段が拒否されるべきか，であった。最高裁判所は，原告は原告適格を持つが，SEA 指令は本件の事実関係には関係しないと判断して，救済手段は EU 法の事件において常に付与される必要があるわけではないこと，また裁判所は，例えば原告が手続上の瑕疵の結果として実質的な不正義を何も蒙っておらず，むしろ救済手段の付与のためにより広範な公益又はなんらかの私的な利益が損なわれる場合には救済手段の付与を拒否できることを明らかにした。このような状況においては，最高裁判所は，救済手段を裁判所の裁量で拒否することができ，それは国内手続の自律性とこれに関連する EU 法上の権利の「実効的」保護の原則を EU 法が強調していることと完全に合致するとの見解に立っていた。Carnwath 裁判官は，この点を次のように表現した。

　　原告が，欧州の法律により与えられた諸権利を実際に享受することができていると裁判所が判断する場合，そして手続上の争いが，その違反が実質的な不正義を何も引き起こしていないことを理由に国内法のもとでは敗れる場合，手続上の要請が国内の法源ではなく欧州の法源に基づき発生することだけを理由として裁判所に異なるアプローチをとることを要求する原則や先例は何も見出されない[81]。

　他の点は損害賠償にかかわる。第3章で説明したように，1972 年欧州共同体に関する法律に基づく損害賠償を請求することは，事件の事実関係が「国家責任」原理の諸要素を充足する場合に可能となる[82]。本章でこの原理の諸要素

---

81)　[2012] UKSC 44, [2013] 1 CMLR 28, para 139. See further, e.g., *R (Champion) v North Norfork DC* [2015] UKSC 52, [2015] 1 WLR 3710.

82)　See, most famously, Cases C-46 and 48/93, *Brasserie du Pêcheur SA v Germany*,

第 18 章　司法審査における救済手段　*745*

を再び考察してもほとんど益するところがない。個人が損害賠償を請求したい
と望む場合には，制定法上の義務違反の不法行為によりこれを行うのが通常で
あるだろうということだけを述べておきたい[83]。この不法行為の諸要素は第 20
章で論じる。

18. 5　救済手段と 1998 年人権法

　最後の節では，翻って 1998 年人権法に基づく救済手段を考察する。すでに
第 4 章で指摘したとおり，この法律は，イギリス憲法が議会主権を重視する点
はそのままにしつつ，欧州人権条約（ECHR）の中の多くの権利に国内法上の
効力を与えようとするものである[84]。救済手段に関しては，この法律は，特定
の事件で違法の主張を行う個人に対し拘束力のある救済手段を裁判所が付与す
ることを可能とする規定（6 条〜 8 条）と，国内法において認められた違法性が
ないことを理由に拘束力ある救済手段を認めない規定（原則として，4 条及び「不
適合宣言」）とに分かれる[85]。実務上は，明らかに多数の事件は 6 条〜 8 条に入
り，裁判所は，違法性があったか又は生じるのか，もしあるならば救済手段を
発するべきかを決定する。しかし，司法審査の事件は，両方の種類の規定に基
づく争点を提起することもありえ，それゆえ，裁判所が付与する救済手段が法
的効力のあるものとないものとが混ざることもありえる[86]。このほか，事件に
よっては，単純に拘束力ある法的効果を持たない規定の適用対象となり，そこ
では，議会が問題になっている法律を改正しない限りあるいは改正するまで，

　　R v Secretary of State for Transport, ex p Factortame Ltd [1996] 1 ECR 1029.

83)　*R v Secretary of State for Transport, ex p Factortame (No 7)* [2001] 1 CMLR
　　1191.

84)　See, in particular, 4.4.

85)　6 条 2 項も参照。

86)　例えば，*A v Secretary of State for the Home Department* [2005] 2 AC 68——2001
　　年反テロリズム・犯罪・安全法 23 条が ECHR に不適合だと宣言され，2001 年 1998
　　年人権法（指定一時適用除外）命令が取り消された。See further 4.4.3 and 13.6.3.1.

当事者の法的な立場が変わらないこととなる。

18. 5. 1　拘束力ある救済手段

　拘束力ある救済手段に関する出発点は，公的機関が同法に含まれる ECHR 上の権利と不適合なかたちで行為することを不法とする 6 条 1 項である[87]。第 4 章と第 9 章で，「公的機関」という語には裁判所により不当に狭い解釈が施されてきていることを示唆したが[88]，6 条は国家と国家を現しているすべてのものに対して個人がその権利を実現することを認めることを意図している（ただし，人権法が 2000 年 10 月 2 日に発効する後の訴訟手続を導く事実でなければならない）[89]。これに基づき，7 条は，6 条 1 項により不法とされるやり方で行為したか行為しようとしていると主張する者は，その者が当該不法行為による「犠牲者」である場合に限り，訴訟手続において ECHR に依拠することができると定める。これらの訴訟手続が司法審査請求の方法をとる場合には，7 条 3 項が，請求人は，その者が同法における「犠牲者」である場合に限り当該不法行為との関係で「十分な利益」を持つとみなすことができると定める[90]。

　8 条は，拘束力ある救済手段に関する鍵となる規定である。同条は，「裁判所が不法である（又は不法になるであろう）と判断する公的機関のいかなる行為（又は行おうとしているいかなる行為）に関連しても，裁判所は，その権限の範囲内で，正当かつ適切だと判断する救済手段又は命令を出すことができる」と定める。司法審査手続の文脈では，これは，上で論じた救済手段——取消命令，宣言的判決など——を 1998 年人権法に基づく事件で裁判所が利用できることを意味する。しかし，これらの救済方法は伝統的に裁量的であると考えられている一方で，1998 年人権法に基づく救済手段を拒否するか否かの決定は欧州

---

87)　In Sch 1.

88)　As in *YL v Birmingham City Council* [2008] 1 AC 95.

89)　7 条及び 22 条。But see *Re McCaughey* [2011] 2 WLR 1279 and *Keyu* [2015] 3 WLR 1665; and 4.4.6.

90)　犠牲者の要件とこれに対応する「十分な利益」概念については，8.10.3 を参照。

人権裁判所の判例法に照らして行わなければならない点を覚えておくことが重要である。これは，1998年法の2条と8条が，裁判所にその審理する手続においてはすべての関連するECHRの判例法を「考慮に入れる」よう求めているからである。それゆえ，6条〜8条に基づく違法性が争われている事件で救済手段の付与を安心して拒否することができるのは，その結論を支持するECHRの先例がある場合に限られるだろう。いかなるものであれこれと異なる帰結は，ECHRは「理論的又は幻想的な権利ではなく，実践的かつ実効的な権利を保障することを意図している」[91]との欧州人権裁判所の理解に反することになるだろう。

　最後に，損害賠償は8条に基づいても利用可能であることを指摘しておきたい。同条は，裁判所に，その者の有利になる判決を行う者に対し「正当な満足」（この「正当な満足」という語は，欧州人権裁判所に損害賠償を付与することを認めるECHR 41条の文言に直接に対応している）を与えるために損害賠償の付与が必要であると判断する場合に，この救済手段を付与することを求めている[92]。いかなるものであれ損害賠償の付与の必要性を判断するに際しては，裁判所は，損害賠償を付与するか否かを判断する際に欧州人権裁判所を導いている諸原則や，付与される他の救済手段を含む当該事件のすべての事情を考慮に入れなければならない[93]。これに対応する裁判所の判例法は第20章でみる。

18. 5. 2　不適合宣言

　もちろん，議会主権の原理をECHRの受容によってもそのままにしたいということは，人権法3条の解釈義務と合わせて4条を解釈すれば，明らかであ

---

91)　*Airey v Ireland*（1979）2 EHRR 305, 316, para 26.

92)　ECHR 41条は，「裁判所が条約又はその付属議定書の侵害があると認定し，また締結国の国内法により部分的な回復しかなされない場合には，裁判所は，必要であれば，被害を受けた当事者に対して正当な満足を与えるものとする」と定める。

93)　See further *R (Greenfield) v Home Secretary*［2005］1 WL 673 and, e.g., *R (Sturnham) v Parole Board*［2013］UKSC 23,［2013］2 AC 254.

る[94]。これら諸規定を結合した効力は，裁判所は，権利を制約する立法を「可能な限り」ECHR に適合するかたちで解釈するべきであるが，そのような解釈が不可能で当該立法が主位立法である場合には裁判所は当該規定又は当該諸規定が ECHR に不適合であるとの宣言を行うことができるということである（宣言的判決を行うことができる裁判所は，4条5項に列挙されており，本書の目的との関係でいうと，重要なのは，高等法院，スコットランド民事上級裁判所とこれら以上の裁判所である。裁判所は，不適合宣言を出すか否かにつき裁量を持つことが，いくつかの事件で強調されている）[95]。立法の優位の原理が同法によって影響を受けないままであることは，宣言的判決は「(a) それが付与される規定の妥当性，継続的な運用又は執行に影響を与えず，(b) それが出される訴訟手続の当事者に拘束力を持たない」と定める4条6項から明らかである。主位立法はこうして最高のままであり，当該法律を廃止若しくは改正するのか又はそれを有効なままでおくのかを選択するのは議会である。

　不適合宣言は従位立法との関係でも出されることがありえる。それが出される場合でも，これは立法の優位の原理のさらなるはたらきである[96]。ECHR と不適合である従位立法は権限踰越として無効にできることが人権法の3条及び4条で黙示的に示されているけれども，4条4項によって，当該従位立法が「主位立法の権限の行使として定められ」，「当該主位立法が不適合の除去を妨げている」場合は例外とされている。これらの事情のもとでは，裁判所は，当該従位立法が ECHR と不適合であるとの宣言のみを行うことができ，当該立法を廃止若しくは改正するのか又はそれを有効なままでおくのかを選択するのは議会である。立法の優位の原理は，公的機関に，主位立法の結果として特定のやり方で行為する必要があった場合に防御を与える同法6条2項の根底にも

---

94)　On which see 4.4.2 and 4.4.3.

95)　See e.g., *R (Chester) v Secretary of State for Justice* [2013] UKSC 63, [2014] AC 271, 303, para 39, Lord Mance, and *R (Nicklinson) v Ministry of Justice* [2014] UKSC 38, [2015] AC 657.

96)　主位立法及び従位立法は本法の21条で定義されている。

同様に存在する[97]。

18.6 結　論

　本章では，司法審査請求の終わりに利用可能である救済手段を描いてきた。これらの救済手段は手続の終結を表しているので，本章の結論を用いて，司法審査の全体に関して省察する論評を行いたい。たしかに，司法審査は，1960年代以降ますます重要な役割を果たしてきており，地方政府，分権政府そして中央政府という様々なレベルで政府の実効的な統制をよりよく確保するのに役立ってきていることは，これまでの諸章から明らかとなっただろう。しかし，これは司法審査をめぐる物語のただ一部分であること，そしてもしかすると物語のほんのわずかな一部分にすぎないかもしれないこともまた明らかであろう。別の物語は，最終的な，実効的な救済が得られるという意味での司法審査へのアクセスは限定的であり，この手続は有名な事件が示唆するよりきわめてわずかな影響しか与えていないというものである。救済が得られるまでの道のりの中で充足しなければならない要件をいくつか挙げてみると，次のとおりである。請求人は司法審査が適切な手続であることを確実なものとしなければならない（公私区分と実効的な他の救済手段）。請求人は原告適格を持っていなければならない。請求人は司法審査の根拠のうち１つのものないし別のものが示されたことを裁判所に満足させることができなければならない。原告は裁判所に，その裁量を行使する中で，上でみた救済手段の１以上のものを付与するよう説得できなければならない。救済手段は限定的な価値しか持たない——意思決定者はこの問題に再び戻って実質的に同じ決定を再び行うことができる——という事実も加えれば，司法審査をめぐる物語はまったく異なるものになる。

---

97)　司法による分析については，*R (Hooper) v Secretary of State for Work and Pensions*
　　[2006] 1 All ER 487 及び *Manchester City Council v Pinnock (Nos 1 & 2)* [2011] 2
　　AC 104 を参照。*R (GC) v Metropolitan Police Commissioner* [2011] 1 WLR 1230,
　　1249-50, paras 67-8, Baroness Hale も参照。

そうはいっても，司法審査は，個人の請求人という見地からだけでなく，より広い共同体の見地からも分析することができるということも常に念頭におく必要がある。一見すれば，司法審査請求はしばしば請求人のみにしか影響しないようにみえるけれども，裁判所のもとで提起された争点は，時として，社会全体あるいは社会の大きな部分に影響を与えることがある。そのような状況においては，請求人個人を勝たせる決定は，共同体の他の構成員にも帰結を持ち，また間接的にそれらの者にさもなくば得られたであろう便益を間接的に否定することになるかもしれない。その場合，裁判所は，請求人個人の利益と共同体の利益との衡量を行おうとしなければならない一方で，裁判所の監督者としての役割に対する憲法上の限界を意識しなければならない。司法審査における救済手段を，権利に対応するものとして出さなければならないものではなく，裁量的なものとしておくことに価値があるのは，おそらくこのような理由からである。

FURTHER READING

Bingham, Sir T [1991] 'Should Public Law Remedies be Discretionary' *Public Law* 64.

Cane, P (1997) 'The Constitutional Basis of Judicial Remedies in Public Law' in Layland, P and Woods, T (eds), *Administrative Law Facing the Future: Old Constraints and New Horizons* (London: Blackstone Press).

Forsyth, C [2013] 'The Rock and the Sand: Jurisdiction and Remedial Discretion' 18 *Judicial Review* 360.

Horne, A [2007] 'The Substitutionary Remedy under CPR 54.19 (3): A Final Word' 2007 *Judicial Review* 135-8.

Kolinsky, D [1999] 'Advisory Declarations: Recent Developments' *Judicial Review* 225.

第 19 章

契約と公的組織

19.1 序

　本章は，国王や他の政府組織の契約権限に関する法的地位について考察する。政府が契約に係る通常法に服するべきであるということは，憲法原則として受け入れられている。前章で論じたように，国王は，歴史的に君主個人の権限であった権限を行使する個人や組織を指す際に用いられる一般的用語である[1]。現在では，政府の行政部門に適用される用語である[2]。契約は実際には，国王自身の代わりに活動する代理人である国王の公務員によって，締結されることになる。契約に係る責任を負うのは代理人（公務員）ではなく，本人（省）であるため，政府の省のために契約について交渉する責任を負う公務員が，個人としては責任を負わない点は，確立している。制定法ではなくコモンローの下で大臣職が形成された場合でさえも，大臣は別個の契約権能を持たないようである。むしろ，大臣は国王と同様の権限を有し，有効な契約を締結することができ，それは相手方にとっては，大臣が公的権能の下で締結した契約は国王を拘束することを意味する。Town Investments Ltd v Department of Environment[3] における判決は，国王と大臣は分離不可能との原則を確立した。

---

1) See 5.1.1.

2) 国王の性質と概念の変化についての分析としては，see M Freedland, 'The Crown and the Changing Nature of Government' in M Sunkin and S Payne (eds), *The Nature of the Crown* (Oxford: Oxford University Press, 1999).

3) [1978] AC 359. But compare *M v Home Office* [1994] 1 AC 377. 同判決は，司法審査請求において利用可能な救済の文脈において，国王とその職員との区別をした。See further 18.3.4.

その理由としては，大臣が省の長として同省の活動すべての責任を負うためである。

1947年までは，国王から損害の回復を受けるには権利の請願が求められた。これは，契約の下での債権や約定支払額の回収，契約違反に対する損害賠償の請求を可能にした。しかしながら，契約に基づき国王を訴える一般的権利は，1947年国王訴訟手続法1条に次のように規定されている。

　　本法の施行後，何人も国王に対して請求をする場合，本法が可決されないのであれば，当該請求は権利の請願によって国王陛下の命令の下で執行されうるが，本法の諸規定の下で，当該請求は，本法の諸規定に従ったクラウンに対する訴訟手続によって，国王陛下の命令なしに，権利として執行されうる。

この規定は，国王に対する提訴において大法官の許可を得る必要性を取り去るものであり，ゆえにそうした訴訟提起における最も面倒な手続的障害が無くて済むようになった。それゆえ今日では，ほとんどの点において，国王は他の被告と同様に扱われ，国王に対して訴訟を提起するには，原告は関連の省や大法官を相手取ることになる。また，1977年不公正契約条項法は国王と他の公的機関にも適用される点も注記すべきである。この法律は，過失や契約違反についての責任を免除したり制限したりする契約条項を無効にするものである。しかしながら，国王が裁判所における一般的手続の対象となると認識する一方で，実際には政府契約に係る紛争が訴訟に至るのはまれであることは強調すべきである（19.2.2と19.2.3を参照）。

19. 2　政府の契約権限

現代の政府は，多くの類型の契約を締結する広範な権限を有し，こうした権限は政策形成手続に関わる際に最も重要かつ注意すべきものになりうる[4]。大

臣や公務員はその職務遂行において，「政策過程の中で，約束をし，契約を締結し，財産の取得や処分をし，情報を取得や発信し，物の譲渡や受領をし，会社を組織し，委員会やエージェンシーを設置し，その他広範にわたる機能を果たす」[5]。一定の場合には，法律が政策目標の達成のために直接義務を課す形で可決されることがある。1992 年タイムシェア法はよく知られた例で，それは長期休暇用の「タイムシェア」マンションの売買に関して，公衆一般に影響を与える悪用を防ぐために，契約法に諸条件を導入した。もう 1 つの例として，2002 年たばこ広告及び販売促進規制法はたばこ製品の宣伝を禁じた。政府はまた，異なるアプローチとして，全ての政府契約において賃金規制遵守条項を挿入することで，所得政策実施のために立法をする必要性を回避した。しかし他の戦略として，大臣が一定の活動形態を規制するために，産業界と任意協定を取り結ぶこともある。その例として，19 世紀にさかのぼるが，搾取労働を根絶するために導入された公正賃金協定がある。

　政府はまた，表に出ない政策目的の達成のために，公的セクターにおいて広範な契約権限を行使してきた。特記すべき例としては，経済発展の乏しい地域に対する計画があり，そこでは契約締結が特定された区域における高失業率に対応する手段となる。しかしながらその動機がどうであれ，この種のアプローチはまた，ある利益を他の利益よりも優先する際に，アカウンタビリティを果たさない手段になりうる[6]。実際に，政府によって契約が締結されることで，政府は「議会主権」の原則を間接的に掘り崩しているのである。（ダイシーによって解釈された）この原則は，議会が後の議会を拘束することができない（但し一定の例外はある[7]）ことを示すが，契約は一定の分野において，将来の長年にわたり，特定のサービスや組織の機能を事実上拘束しうるものとして締結され

---

4)　中央政府の権限に係る議論としては，see 8.2.

5)　T Daintith, 'The Techniques of Government' in J Jowell and D Oliver (eds), *The Changing Constitution*, 3rd edn (Oxford: Oxford University Press, 1994), 211.

6)　例えば，「付帯的」目的での政府の契約権限の利用について，see P Cane, *Administrative Law*, 5th edn (Oxford: Oxford University Press, 2011), 226ff.

7)　See chs 2-4.

るのである。このことは，異なる政治的態度を持つ後の政府が，そうした規定を含む法律を破棄することでその結果から自ら脱することを，不可能ではないにしても極めて困難にするのである。1997年に公選された労働党政権は，以前の政権によってなされた契約の破棄又は再交渉によって生じうる，深刻な結果に直面した。鉄道民営化が有益な例である。旅客鉄道フランチャイズ庁は，1993年鉄道事業法に基づき保守党政権によって，鉄道ネットワークを民間セクターに売却するために設立され，7〜15年継続するフランチャイズ契約を締結した。フランチャイズに入札した民間企業は，将来の利益を見込んでシステムの改良のためにかなりの額の資金提供を約束することが求められた。（旅客鉄道フランチャイズ庁からフランチャイズ業務を引き受けた）戦略鉄道庁の役割については，後に，交通省が引き受けていることに注意すべきである。交通省は現在，鉄道フランチャイズ契約を締結する責任を直接負っている[8]。加えて，プライベート・ファイナンス・イニシアティブ（PFI）は公私間パートナーシップの一形態であり，後の政府によって公共サービスの質と費用対効果を改善する重要な手法として認められていることも，念頭に置くに値する点である。PFIは，公共サービスと施設の提供において民間セクターのスキルと専門性を獲得するものである。例えば健康分野において，民間企業が病院を建設し，それを健康サービス部門へ賃貸する形で関わっている[9]。

19. 2. 1　標準約款

　上で指摘したように，契約に係る一般的自由は政府にも当てはまる。しかし，政府により締結される契約は，民間セクターの相手方と同様に執行可能性の視点から理解される一方で，財とサービスの調達に係る大規模な契約は通常，政府契約に固有のものとして発展してきた一連の標準的条件を含んでいる。これらの条件は，異なる省庁間での一定の統一性を確立するのに有用なものである。例えば，建設と供給に関する契約において発展してきた固有の条項

---

8)　2005年鉄道事業法を参照。

9)　See 5.4.1.

群がある。ダイシー派の遺産の一部と考えられうる自由放任のアプローチは，契約締結における公法上の権限に特別な地位を認めない帰結となる。しかし，国王（現実には政府）の契約に係る権限は他の個人と同じであるのに対して，実務上，裁判所はしばしば，政府契約の内容に介入するのを避けるようである。この最たる理由は，調達契約が政策上の論点を惹起しがちであり，それは裁判所での解決に適さないものと考えられるためであり，また，政府契約内における標準条項は通常，仲裁手続による紛争解決という特別な定めをしているためである。「ベスト・バリュー」イニシアティブ[10] の一環として，中央政府は全国調達戦略において，調達と支払いのサイクルにおける効率性（サイクル時間の縮減，事務処理費用の削減が含まれる）を実現する目的で，地方政府に対して電子調達の主目標を設定した。政府の目標は最前線の公共サービスに振り向けられるべき資源を自由なものとすることにあった。労働党政権による政府調達刷新における 2007 年イニシアティブは次のように述べている。

　　良き調達は，金銭に見合った価値を得ることを意味している。つまり，ホールライフコストを考慮したうえで，目的に合った製品を購入することを意味する。良き調達手続はまた，関係当事者の時間と経費を縮減するよう，効率的に行われるべきである。それに成功した調達は，公衆にとっても，納税者にとっても，政府に供給をするビジネスにとっても良いものとなる。[11]

その目的は，近年政府支出の水準が大幅に削減されているにもかかわらず，政府一般における調達の共通枠組みを確立することにある。

19. 2. 2　EU 法と政府調達

　イギリスの公的セクターは，2013 年度における財とサービスの調達において，2420 億ポンドを支出しており，それは全ての公的セクターの支出の 33%

---

10)　See 5.6.2.5.

11)　〈http://www.hm-treasury.gov.uk/d/government_procurement_pu147.pdf〉

を占める[12]。EU 経済法は，単一市場の確立と政府契約に関して自由かつ公正な競争を期するものであるが，そこでは公的機関による一定額を超える調達契約に適用される厳格なルールがある[13]。国王の大臣，政府各省，両議院，地方政府機関，警察・消防機関は全て，公共契約規則が適用される指定契約機関とされる。これらの公的機関は，基準を満たすために，EU 機関に通知をしなければならず，反対に EU 機関は当該契約を公告し，その結果としての入札については当該公的機関によって客観的に検討されなければならない。多くの調達手続の中心には，現在，2015 年公共契約規則と 2016 年公益事業契約規則がある[14]（これらは，それぞれ公共契約，公益事業契約の分野で適用される EU 法の要件を実施するものである）。これらの規則の新たな特徴として，競争的対話手続があり，それは公的機関が最終入札を行う前に，入札者との対話を行うことを認めるものである。EU の規制制度における他の重要な特徴としては，社会・環境上の論点について一層の説明もある。現在の制度にはまた，調達手続を簡素化し，官僚的形式主義の量を減らそうとする現代化という特徴もある。上記の2015 年公共契約規則は，これらの多くの変更をイギリス国内法の一部として実施するものである[15] 一方で，2015 年小規模事業・企業・雇用法は，小規模ビジネスからの調達を行う方法について公的セクターの契約組織に義務を課している。

---

12) HM Treasury, Public Spending Statistics: April 2015 release.

13) L Booth, 'Public Procurement' Briefing Paper, No 6029, 3 July 2015, House of Commons Library. かつて EU 指令を実施した初期の従位立法の例としては，（現在は廃止された）1991 年公共事業契約規則，1995 年公共調達契約規則を参照。

14) 各規則の出典は，SI 2015/102 and SI 2016/274.

15) Directive 2014/24/EU of the European Parliament and of the Council of 26 February 2014 on public procurement and repealing Directive 2004/18/EC; Directive 2014/25/EU of the European Parliament and of the Council of 26 February 2014 on procurement by entities operating in the water, energy, transport and postal services sectors and repealing Directive 2004/17/EC; Directive 2014/23/EU of the European Parliament and of the Council of 26 February 2014 on the award of concession contracts.

19. 2. 3　政府と議会

　契約の権限は究極的には，議会の同意に服するか，個別の議会制定法によって制約されている。国王の公務員は，制定法上の権限の範囲内で契約を締結し，同契約は翻って国王を拘束することになる。いかなる支出も，歳出予算法が可決される際に，議会によって認可される。一般に，政府は契約の相手方に対する個別の支払いを認めるのに，議会からの承認を必要としない。しかし例外的には，議会が支出を拒否する形で介入することで，契約の有効性に影響を与えてきた。これは Churchward v R[16] における状況であり，政府が拘束的契約を締結したが，そこでは当該合意への十分な資金を受け入れるかが議会の投票に服することとなっていた。海軍本部は Churchward 社による手紙の運搬を取り決めていたが，その合意を継続するかは 18,000 ポンドの額が利用できるかに依存していた。数年経過後，Churchward 社のサービスはもはや海軍本部によって用いられておらず，議会は未払い額を超える支出を明確に否定する採決をした。これは実際には，終了までまだ数年残っていた合意を破るものとなった。裁判所は，そうした議会投票条項がある状況において，契約の存在以前に議会によって財源が利用できないものとされたのであるため，政府は当該合意に拘束されないと判示した。

　Churchward 判決は，財政に対して議会が統制を及ぼす程度に焦点を当てたものである。一般的な意味では，政府は財政に係る予算法を通じて議会から資金を調達するのが基本原則であるが，議会による財源配分は政府が関わる全ての契約の前提条件ではないことは強調されるべきである。オーストラリアの判例である New South Wales v Bardolph[17] では，Churchward 判決に比肩しうる状況において，財源が利用可能でなくとも，有効な契約を締結しうることが示された。しかしながら，支払いが議会からの財源が利用可能かに左右されるため，そうした契約は執行できないことがあることも明らかであろう。概ね現

---

16)　(1865) LR 1 QB 173.

17)　(1934) 52 CLR 455.

在の状況としては，そうした財源は一般的根拠の下で取得されるが，歳出の広い分類を除き，通常はその額が指定されないというものである。それゆえ政府契約の契約者は，政府が契約上の義務を破ることを過度に懸念する必要はない。実際に，Churchward判決で生じたような類型の訴訟はかなりまれである。

19. 3　裁量の拘束

政府は，契約を締結したことによって，自らの将来の行政活動の自由をどの程度拘束することができるのか？

19. 3. 1　公の政策の抗弁とAmphitrite判決の原則

第1に，政府が自らの契約上の義務を守らないことが公益に適うとみなされる，例外的な状況がありうる。これは，広範にわたる公益の評価に依存しうる。重要な判例であるRederiaktiebolaget Amphitrite v The King[18]は，優越的な公益上の考慮が問題となっている場合には，政府は締結した契約によって自らの将来の行政活動を拘束しえない，ということを確立した。このAmphitrite判決は，第一次世界大戦の間に採られた政策から生じたものであった。スウェーデンの会社は，その船舶であるAmphitriteが英国の港に承認された物品の積み荷を陸揚げした場合，出航できるとの明示的な約束を与えられた。この保証は，中立国の船舶は同じトン数の他の船舶に交換されない限り英国の港から出港することを禁ずる政策に対して，例外となるものであるとの事実にもかかわらず，それが与えられた。いずれにせよ，船舶Amphitriteは長期間留め置かれ，結果として損失を最小限とするために当該会社によって売却されなければならなくなった。そこで親会社が，国王を相手取って契約違反による損害賠償を請求した。Rowlatt裁判官は，政府が商事契約にのみ拘束され，また，当該約束は将来の行政活動に関する保証に係る取決めとなるため，本件の状況

---

18)　［1921］3 KB 500.

では執行可能な契約が存在しないと結論付けた。その約束は「一定の場合に特定の方向で行為する意思の表明に過ぎない」とした（[1921] 3 KB 500, 503）。Rowlatt 裁判官は，執行可能である純粋に商事的性質の契約と，契約を執行不可能にするような一定の優越的な国家的利益が存在する国家に関わるその他の契約との区別をしたようである。彼は，政府が将来の行政活動に関する裁量を拘束することはできず，ゆえに国の福利に関する事柄における活動の自由を妨げることはできないと判示した。

　Amphitrite 判決における洗練された執行上の要請に係るこのルールは，どこまでの射程を持つであろうか。その解答としては，非常に広範に及ぶものではないようである。例えば，これは通常の商事契約については適用されない。実際に，Robertson v Minister of Pensions[19] において Denning 裁判官は，Amphitrite 判決の原理はその効果を持たせる黙示的条項がある場合にのみ適用されると，非常に明確に述べた。それゆえ Amphitrite 判決は，執行上の自由における国家的利益が関わることが自明である戦時の事案であったという，その事実にほぼ限定される判決とみなされるのが最善であろう。

19. 3. 2　契約による裁量の拘束

　公的組織が契約を締結することで，制定法上付与された裁量を拘束することは，違法である。Birkenhead 裁判官は，Birkdale District Electricity Supply Co v Southport Corporation において基本原則を示し，次のように述べた。「もし個人や公的組織が制定法によって，公的目的のために明示的又は黙示的に一定の権限や義務を委ねられる場合，当該組織や個人はその権限や義務を自ら放棄することはできない。それらの者はその権限や義務の適切な行使と整合しないような契約を締結したり，そのような行為をすることはできない」[20]。これは，契約条項が制定法によって付与された権限の行使と抵触する場合には，公的組織はその契約を締結することはできないことを意味している。そうした条

---

19)　[1949] 1 KB 227.

20)　[1926] AC 355, 364.

項が，議会によって意図された方法で公的組織が適法に裁量権を行使すること
を妨げ，同時に，それが公益に反しうることがありうるのである。同じルール
は，条例や計画許可付与においても当てはまる。そうした契約は違法であり，
無効と判断される[21]。

19. 4　司法のアカウンタビリティ

　我々のシステムにおける明らかな欠陥にもかかわらず，公的サービス提供に
おける契約という新たな仕組みに関して，裁判所が介入する状況があることを
認識することは重要である。指摘されているように，「そうした権限が司法審
査から自由であれば，政府の権限行使をめぐる免責範囲が実質的に増大してし
まう」[22]。この点は，争訟可能性に係る他の争点と共通して，原告が救済を求
める原告適格を有するか否か，また，決定が公法と私法の区分のどちらに該当
すると考えられるかという点に主として依存することになる[23]。

　この分野において残る不明確な点は，R v Lord Chancellor, ex p Hibbit &
Sanders[24] においてよく描かれている。そこでは，1907 年からサービス提供を
してきた速記の会社が，裁判所の速記提供契約を他の会社と締結するとの大法
官府の決定を争った。この決定は，当該サービスに係る入札での公募を経てな
されたものであった。裁判所は，同府によって採用された手続を不公正とした
が，入札段階では公法の要素が不十分であると解した。同府はその入札手続に
ついて制定法上の権限を得ている必要はないとされ，当該決定は政策問題とは
解されないとされた。それゆえ，当該事案は司法審査の対象外であると判示さ

---

21)　契約による裁量の拘束に係る判例法については，12.4 でより詳細に検討する。

22)　S De Smith, H Woolf, and J Jowell, *Judicial Review of Administrative Action*
　　(London: Sweet and Maxwell, 1995), 315.

23)　*R v Panel on Takeovers and Mergers, ex p Datafin plc* [1987] 1 All ER 564 の判
　　決，及び争点が公私の区分のどちらに当たるかの判断基準については，9.2.2 におい
　　て詳しく分析されている。

24)　[1993] COD 321.

れた。対照的にフランスにおいては，政府契約の契約前の段階は，厳格な手続要件に服し，審査範囲を超えるものではない[25]。コモンローの下では，現在のところ，競争入札手続の監督を裁判所に認めるアプローチは，既存の国内やヨーロッパの立法でその対象としていない限りは，確立したものではない[26]。

19.5 無効の契約

公的機関が自らの制定法上の権限を越えるような結果となる契約を締結した場合には，裁判所は介入をしている。Crédit Suisse v Allerdale Borough Council[27] において，金利スワップ取引は無効と判断され，ゆえに損害の回収が不可能となった[28]。その事案では，1976年地方政府（雑則規定）法19条の下で水泳プール施設の提供をしようとしていた地方カウンシルが，当該計画の資金調達のためには，1972年地方政府法で規定された地方政府の借入制限を回避する手段が必要であった。この制限を迂回する目的で，カウンシルは立地開発のための法人を設立した。さらに，水泳プールの建築は，その同じ複合施設の一部として設計された「タイムシェア施設」のユニット建設と結びつけられた。当該法人は銀行から600万ポンドまでの借入保証を得た。しかしながら，タイムシェア施設ユニットの売却ができなかったため，事業は失敗することとなった。結果として，カウンシルによって設立された当該法人は清算に至り，銀行がカウンシルから金銭の回収を求めた。

金銭回収を求める司法上の請求において，控訴院では，タイムシェア施設ユニットの提供が19条1項の下でのカウンシルの権限を越えていると判断された（カウンシルはレクリエーション施設の提供権限を持つに過ぎないとされた）。同裁

---

25) See N Brown and J Bell, *French Administrative Law* (Oxford: Oxford University Press, 1998), 202ff.

26) 19.2.1 と 19.2.2 で説明する。

27) [1996] 3 WLR 894.

28) See also *Hazell v Hammersmith and Fulham London Borough Council* [1992] AC 1. また，1997年地方政府（契約）法も参照。

判所はまた，当該法人の設立計画が，地方政府機関の借入権限を包括的に定義し制限する1972年地方政府法の附則13を回避することを意図した複合的計画の一部であるとも判示した。こうした認定に基づき，当該計画の一当事者（つまりカウンシル）は契約を締結する権能を欠いており，銀行と法人の間の契約は無効であり，そして銀行は借入保証に関してカウンシルから回収する手段を持たないとされた。Hobhouse裁判官は次のように判示した。

　　私法上の争点は，私法のルールに従って判断されなければならない。行政法の広範で比較的厳密ではないルールは，修正なしには，民事手続における私法上の紛争の解決について適用されるべきではない。……公的組織や個人の活動が民事手続における私法上の紛争に関わる場合，公法は私法上の争点の解決に関して同様の方法で解答を与えうる。しかしながら民事事件は，適用される公法を考慮した後に，私法上の問題として判断がなされることになる。当該争点は行政法の争点になるのではなく，行政法の救済が関わるものではない。[29]

　無効である合意の他方当事者は，契約法の下で損害の回収の権利を有さないことは，確立した原則である。しかし，問題が単に私法の問題としてのみ扱われることは，公益の局面を完全に無視するものであり，明らかに不十分である。これが含意する点は，いくつかの意味において潜在的に広い射程を持っている。第1に，この点は，O'Reilly v Mackman[30]におけるDiplock裁判官の排他性原則の弱体化を背景に考察されることになろう。手続的排他性のルールに係る例外は大きくなってきており，結果として（司法審査請求とは別に）通常裁判所ではこの問題は終了している。それゆえ，関連する公的機関は，当該機関による活動が高等法院によって権限踰越と解されることでの公法上の結果から，逃れることとなった。

---

29)　[1996] 3 WLR 894, 938.

30)　[1983] 2 AC 237. See 8.7.

司法審査における公法原則は，権限の違法な行使（又は濫用）を統制することに集中していることは明らかであり，他方で，私法原則は訴訟当事者の義務や責務についての狭い判断に向けられている。にもかかわらず，狭い杓子定規な分析を適用することで，争点をその文脈から引き離したアプローチを正当化することは困難である。Crédit Suisse 判決において，権利と義務が契約に関する限りでのみ検討されたがゆえに，公的機関が銀行に対する義務だけでなく，その地域全体に対する義務からも逃避することを認める結果となった。しかしこれは，契約が執行不可能となりうると貸主が考える場合，貸主が契約の締結に抵抗感を抱くということを，善意で活動する公的機関が将来見出しうるといった，望ましくない可能性を生み出しうる。これを抑制するため，議会は1997 年地方政府（契約）法を制定し，その 2 条において，地方政府機関が公法の点で権限を踰越して行為したとしても法的拘束力をもちうる「認証」契約を，地方政府機関が締結することを認めている。

19. 6　不当利得の返還と公的機関

不当利得の返還は，Hazell v Hammersmith and Fulham London Borough Council[31] において（議論はあるが）適用された，契約が無効と宣言された場合に可能な救済である。不当利得の返還請求は，法的権限を欠く要求に基づき，又は，契約が権限踰越とされ無効な場合に行われた要求に基づき，原告が公的機関に金銭を支払った場合になされうる。不当利得の返還は本質的には，個人や団体が損害賠償を得ようとするよりもむしろ，公的組織に対して誤って支払われた金銭の返還を求めようとする場合に適用されるものである。

公的機関が一定の手数料や料金を課しそれが権限踰越とされた場合，どのような状況であれば公的機関に対する救済が認められるであろうか？　この問題は，通常法の原則の下でどの程度の射程を持つものとして扱われるべきであろ

---

31)　[1992] 2 AC 1.

うか？　公的機関が争われている資金の返還を自主的に行うことは，ありえなくはない。しかしながら，Woolwich Equitable Building Society v Inland Revenue Commissioners[32] は，違法な要求がなされた場合の，公的機関に対する賠償金の回収における一定の障害を取り除いた「革命的判決」とみなされている[33]。加えて，同判決は，法的権限なく要求をした公的機関に対する救済を執行するために，コモンローが介入した例でもある。新たな公法ルールが確立されたのである。Woolwich 判決の事実としては，Woolwich 住宅組合がその納税義務について争っているなか，内国歳入委員会（IRC）に対して，指摘された金額を「権利関係に影響を与えずに」支払ったというものである。租税請求への納付の根拠であった規則について争う司法審査請求が提起され，当該規則は裁判所によって権限踰越と認定された。その後，IRC は金銭の返還をしたが，その利息分は当初の支払いの時からではなく裁判所の命令の時からのみの返還とした。そして，失われた利息の 670 万ポンドを求めて，IRC に対する訴訟が提起された。裁判所は，同組合が納税義務を負っておらず，つまり金銭は自主的に納付されたため，利息は支払われないとする IRC の主張が正しいかについて判断しなければならなかった。

　この事案は究極的には，不当利得返還の法原則に係る貴族院の解釈にかかっていた。一方で，金銭が強要や強制によって支払われたと立証できれば，それは回収可能である。他方で，金銭が法の錯誤によって支払われたのであれば，救済は利用できない。この事案における過失は，住宅組合に起因するものではなく，IRC の要求を原因とするものであった。Goff 裁判官は，違法に課された税を国家が保持することは醜悪なもので，1688 年権利章典の下で確立された原則に反するものであり，「一般的正義の問題として……維持できないものである」と判断した（[1993] AC 70, 172 を参照）。

　Woolwich 判決における不当利得の返還へのアプローチは，Kleinwort

---

32)　[1993] AC 70.

33)　W Wade and C Forsyth, *Administrative Law*, 11th edn (Oxford: Oxford University Press, 2013), 679.

第19章 契約と公的組織　*765*

Benson Ltd v Lincoln City Council[34) において貴族院によって拡張された。その判決もまた，当時は有効と考えられた利息スワップ合意から生じた訴訟であり，別訴の上訴において権限踰越とされ，無効と判断された。銀行が次の点について判断するよう，貴族院に上訴したものである。つまり，(a) 法の錯誤の下で支払われた金銭についての不当利得の返還請求を排除するような法の錯誤ルールは維持されるべきであるか，また，(b) 判例によって確立した法のルールを変更することが金銭回収を認めるものとなるか，であった。貴族院は3対2の多数決で，確立した原則から離れることを判断し，法の錯誤ルールはもはや不当利得返還法の一部ではないと判示した。貴族院はさらに，法の確立した理解の下で支払われた金銭は回収可能であるとも判示した。多数意見においてGoff 裁判官は，ニュージーランドの制定法の規定とともに，ドイツ法・フランス法を引用し，「こうした比較法の素材の重要性は，大陸法システムにおいて，法の錯誤の下で支払われた金銭の包括的回収が必要とはみなされていないことを表す点にある」と判示した（[1999] 2 AC 349, 375 を参照）。この判決は議論となるものであった。判決は，（貴族院の多数意見が批判をした）悪いルール無しで済ましたが，この変更が持ちうる広い射程のある含意について扱わずにそれを行い，結果としてかなりの商業上の不確実性をもたらした。実際に，Brown-Wilkinson 裁判官と Lloyd 裁判官の反対意見は，この種の法における根本的変更は一次立法の対象となるべきであると主張していた[35)。

19. 7　結　　論

　本章においては，政府は通常の方法で拘束的契約を締結することができるが，それには一定の限定的な例外があることを見てきた。さらに，政府が定型

---

34)　[1999] 2 AC 349.

35)　関連した判例法として，see *R v East Sussex County Council, ex p Ward* (2000) 3 CCLR 132 and *Deutsche Morgan Grenfell Group v Commissioners of the Inland Revenue* [2007] 1 AC 558.

的機能の実施の一部として，財やサービスの提供に関する多くの合意（例えば
調達契約）を行っている。しかしながら，第5章で論じた現代国家の性質の展
開を背景にこの論点について見ると，契約と契約締結は要式と不要式のいずれ
であれ，政府の活動方法において特に重要な特徴となっている。例えば，第1
に，ネクストステップ・エージェンシーの設立に関して，枠組合意と呼ばれる
執行不可能な契約形式が政府の内部編成を再構成するために用いられた。この
合意は政策の実施に係る責任を示すことも含んでいる。第2に，公的セクター
の経営における中心的関心は，計測可能な効率性における継続的な改善を達成
することにあり，多くのレベルにおいて，サービス提供のパラメーターや条件
を示すために契約形式が用いられている。第3に，かつて中央政府と地方政府
によって実施されてきた多くの機能が，現在では民間セクターの企業によって
担われている。この状況において，提供されるサービスの詳細な特質を定める
ために，要式の拘束的契約が用いられている。しかしながらこうした展開は，
非常に広範にわたる問題，つまり，損害賠償という形式で私法上の責任を負う
ことが，一定種類の公的サービスの提供に係る場合に適切であるのかという問
題を引き起こした。公的団体は私法上の責任に服するべきなのか，もしくは，
契約締結手続において，公的団体がその一定の活動についてアカウンタビリ
ティと統制という定型的仕組みの射程を超えるものと位置づけることは認めら
れるべきであるのか？

FURTHER READING

Arrowsmith, S (1992) *Civil Liability of Public Authorities* (London: Earlsgate
　　Press).

Arrowsmith, S (1996) *The Law of Public and Utilities Procurement* (London:
　　Sweet & Maxwell).

Arrowsmith, S (2012) 'The Purposes of the EU Procurement Directives:
　　Ends, Means and the Implications for National Regulatory Space for

Commercial and Horizontal Procurement Policies' *Cambridge Yearbook of European Legal Studies*, 14.

Boyron, S and Davies, A (2011) 'Accountability and Public Contracts' in Noguellou, R and Stelkens, U (eds), *Treatise on the Comparative Law of Public Contracts* (Brussels: Bruylant).

Burrows, A (2011) *The Law of Restitution*, 3rd edn (London: Sweet & Maxwell).

Daintith, T (1994) 'The Techniques of Government' in Jowell, J and Oliver, D (eds), *The Changing Constitution*, 3rd edn (Oxford: Oxford University Press).

Davies, A (2001) *Accountability: A Public Law Analysis of Government by Contract* (Oxford: Oxford University Press).

Davies, A (2008) *The Public Law of Government Contracts* (Oxford: Oxford University Press).

Freedland, M [1994] 'Government by Contract and Private Law' *Public Law* 86.

Freedland, M [1998] 'Public Law and Private Initiative—Placing the Private Finance Initiative in a Public Law Frame' *Public Law* 288.

Freedland, M (1999) 'The Crown and the Changing Nature of Government' in Sunkin, M and Payne, S, (eds), *The Nature of the Crown* (Oxford: Oxford University Press).

Halliday, P [2007] 'Restitution and Public Bodies: Overview and Update' *Judicial Review* 178.

Harden, I (1992) *The Contracting State* (Buckingham: Open University Press).

McCrudden, C (2007) *Buying Social Justice: Equality, Government Procurement and Legal Change* (Oxford: Oxford University Press).

Neill, J [2012] 'Procurement Challenges and the Scope of Judicial Review'

Judicial Review 61.

Rawlings, R (2008) 'Poetic Justice: Public Contracting and the Case of the London Tube' in Pearson, L, Harlow, C, and Taggart, M (eds), *Administrative Justice in a Changing State* (Oxford: Hart Publishing).

Virgo, G [2006] 'Restitution from Public Authorities: Past Present and Future' *Judicial Review* 370.

第20章

公的機関の不法行為責任

20.1 序

　公的機関は一般的に，いかなる私人とも全く同じように不法行為責任を負う。これは，公的機関が，ネグリジェンス，ニューサンス，トレスパスなどで訴えられうることがあり，また，不法行為で訴訟を提起できるということをも意味する（国王に関する法的な位置付けはこれとは異なっていたが，1947年国王訴訟手続法によって大部分が同様なものとなるように統一された）。このような法的な位置付けは，ダイシー派の法の支配概念が「公」と「私」とを区別せず，代わりにすべての階級を等しくその国の通常法に服させることを選んだという歴史的事実に由来する[1]。よって，原告が他方当事者を訴えたい場合，同じ法原則が訴訟で適用されるため，理論上，被告が公的機関であるか私人であるかは問題とならないはずである。公的機関が所有する車両との交通事故による人身傷害についての請求は，明らかにその典型例である。

　しかし，現代行政国家の出現と，それに関連して公私の区別が見られるようになったことにより，公的機関の責任に関する問題が複雑になった分野もある[2]。これは，公的機関が制定法に基づいて，どのように公的活動を行うかを決定する裁量を与えられている場合に特に当てはまる。具体例については後でさらに詳しく見ることとするが，裁量の行使を伴う決定には，虐待を受けた児童へのケアサービスの提供，特別な教育ニーズプログラムの提供，道路の安全性の改善が含まれることが一般的である。このような状況下での責任の問題は

---

1)　法の支配については，see 2.7.

2)　公私の区別については，see 8.7.

複雑になる。それは，ある決定の結果として損害を被った個人は，公法上の救済手段として損害賠償を得ることはできず，むしろ私法上の訴えを提起しなければならないからである[3]。しかし，私法上の手続の枠内であっても，裁判所はしばしば公法上の考慮事項を反映する判断を下しており，そして，公的活動を行う公的機関が容易に損害賠償責任を負わされない場合の方が，より広範な公益にかなうことがあることを強調している。その結果，学説からすれば，複雑で予測不可能な一連の判例法が形成されている[4]。

　本章は，まず公的活動を行っている公的機関に影響を及ぼしうるいくつかの主たる不法行為の概要と，公法上の概念がどのように司法の理由付けに組み込まれてきたかについての分析から始める。次に，ネグリジェンスにおける公的機関の責任に関する判例法にさらに詳細に焦点を当て分析する。ネグリジェンスは，裁判所が責任を制限することにより広範な公益があると最も頻繁に強調してきた分野であり，これが最も極端な場合には，特定のカテゴリーの決定について事実上の免責を生じさせてきた。このような判例法の傾向は，コモンローの発展や欧州人権条約〔European Convention on Human Rights〕(ECHR) により抑えられてきたとはいえ，その根底にある司法が採用してきた理由付けは依然として重要である。ネグリジェンスに関する訴訟を審理する裁判所は，本質的に，自らの制度上の役割や公法と私法の概念の関係についての多くの問題に直面している。例えば，裁判所は，ある決定の結果として損害を被った個人に対してどこまで救済手段を与えるべきなのか，また，限られた資源しか持たず，納税者によって資金が賄われている公的機関をどこまで責任から保護するのか（ここで懸念されるのは，優先事項として，意思決定者が責任を回避する必要性を意識するようになることで，損害賠償を認めることが公的機関のサービス提供に悪影響

---

3)　提案された法律改正案については, see the Law Commission paper, *Administrative Redress: Public Bodies and the Citizen*, critiqued in T Cornford, 'Administrative Redress: The Law Commission's Consultation Paper' [2009] *Public Law* 70.

4)　See R Buckley, 'Negligence in the Public Sphere: Is Clarity Possible?' (2000) *Northern Ireland Legal Quarterly* 25.

を及ぼす可能性があるということである）。さらに，ある決定が制定法上の裁量に基づくものであり，損害賠償が認められる場合，それによって裁判所は，議会が公的機関に与えた権限の行使に介入したことになるのだろうか。このような状況で損害賠償は認められるべきではないのか，もしくは，決定が公法上の意味においても権限踰越である場合にのみ認められるべきなのか。あるいは，私法上の意味において損害を与えつつも，同時に公法上の用語で適法である（権限内の）決定に対して損害賠償が認められることは可能なのであろうか。

　この後で見るように，このような疑問には簡単に答えられず，裁判所は競合する諸利益のバランスを取らなくてはいけないという課題に取り組み続けている。ネグリジェンスに関する訴訟の文脈で重要視される1つの区別は，「政策」決定と「実施」決定である。この区別には多くの批判が加えられてきており[5]，裁判所ではもはや本来のようには使われていないが，この区別は，裁判所が決して問うべきではない特定の種類の選択がある，つまり，不法行為法の文脈では，責任を問う目的で評価すべきではない特定の選択が存在するという理解を反映している。したがって私たちは，「政策」決定は司法手続に適さないという意味で司法判断に適合しないため，責任を生じさせることはできないと裁判所が歴史的に強調してきたことが分かる[6]。政策決定とは一般的に資源配分の問題であり，例えば，地方政府機関が一会計年度に何人の新しいソーシャルワーカーを育成し雇用すべきかに関連する。このような決定が責任を生じさせない理由は，損害賠償を認めるという形での裁判所の介入が，地方政府のプロセスに予見できない困難をもたらすからである。しかし，地方政府機関に雇用されたソーシャルワーカーが，児童福祉に関して決定を下す際に過失がある場合，この種の行為は，以前は「実施」とされてきた区別に大きく近づくことに

5)　SH Bailey and MJ Bowman,'The Policy/Operational Dichotomy──A Cuckoo in the Nest' (1986) 45 *Cambridge Law Journal* 430.

6)　この点は，司法的統制をまさに超えたものとして，経済政策の選択に関する司法審査の判例法と重なるところがある。See ch 13 for discussion of super-*Wednesbury* review and, e.g., *R v Secretary of State for the Environment, ex p Nottinghamshire County Council* [1986] AC 240.

なる。裁判所にとっての課題が最も顕著になるのは，このような場合である。

20. 2　公的機関の責任
——主な不法行為——

20. 2. 1　ネグリジェンス

ネグリジェンスに関する訴訟は，他方の当事者の作為又は不作為によって人（又は複数の人）に損害が及んだ場合に提起されるものであり，その損害が人身傷害（精神的傷害を含む），財産に対する損害，経済的損失のいずれであるかを問わない[7]。ネグリジェンスに関する訴訟を成功させるためには，3つの要件が満たされる必要がある。

(1)　被告が原告に対してコモンロー上の注意義務を負っていたこと
(2)　被告が注意義務に反していたこと
(3)　注意義務違反が，主張された損害の原因となっていたこと

個人が公的機関をネグリジェンスを理由に訴え成功した訴訟は数多く報告されており，これらは前述したダイシー派の原則と一致している。例えば，Cassidy v Ministry of Health[8]（保健省の管理下にある病院の外科医が，ある男性の手を治療したが，その手が使えなくなるような処置をしてしまった事件），Hughes v Lord Advocate[9]（郵便局員がマンホールに適切に蓋をせず，それによって幼児が落ち，爆発したランプでやけどを負った事件），そして Kent v Griffiths[10]（緊急通報への対応で救急車が正当な理由もなく遅れ，それによって，患者が重篤な合併症を引き起こし

---

7)　See C Witting, *Street on Torts*, 14th edn（Oxford: Oxford University Press, 2015）, chs 2-6. ただし，不作為は作為とは法的に異なるものであることに注意されたい。これについては，see *Gorringe v Calderdale MBC* [2004] 1 WLR 1057.
8)　[1951] 2 KB 343.
9)　[1963] AC 837.
10)　[2001] QB 36.

た事件）がある。

制定法上の裁量行使に関する訴訟において，公法上の考慮事項が「接ぎ木」されたとされるのは，「注意義務」と「義務違反」の要件である。判例法については後ほど詳しく検討するが，この段階で，裁判所が特に注意義務の要件にどのようにアプローチしてきたのかを概観することは有益である。コモンロー上の注意義務は，以下の場合に負う。

(1) 被告が，自らの作為又は不作為が原告に損害を与えることを予見すべきであるとき

(2) 当事者間に十分な近接関係があるとき

(3) 注意義務を課すことが公正，適正かつ合理的であるとき[11]。

これらの各要件は，裁判所がそれぞれの訴訟における多様な事実に照らして適用しなければならないという意味で柔軟なものであり，この柔軟性によって，裁判所がより広範な公法上の考慮事項を取り入れることを可能にしている。貴族院は，その一部の問題について，その後区別をしたが，依然としてこのような要件を用いた代表例は X v Bedfordshire County Council である[12]。本件は特に，幼児を保護するための手続に着手しなかったように，虐待から幼児を守るための適切な手続を地方政府機関が講じなかったことが問題となったものであった（ここには教育サービスに関する請求も併合されていた）。Browne-Wilkinson 裁判官は，責任はないと判断し，その中で注意義務を課すことは「公正，適正かつ合理的」ではないと理由付けた。こうした制限がなされるのは，児童保護に関する決定は複雑な制定法上の枠組みに左右され，責任を認めることは「危険にさらされている児童を保護するために設けられた制定法上の制度に反することとなる」ため，すでに「非常にデリケート」な業務をさらに

---

11) *Caparo Industries v Dickman* [1990] 2 AC 605.

12) [1995] 2 AC 633. しかし，*Jain v Trent Strategic Health Authority* [2009] 1 AC 853 も参照。

複雑なものにし，地方政府機関が「自らの義務に対してより慎重で防御的なアプローチを採用する」[13] 可能性があるからである。さらに同裁判官は，このような場合の意思決定者は公共善をもたらそうと努めるものであり，裁判所は，「他者の非行から社会を保護するという任務を議会によって負わされている者に，ネグリジェンスの責任を負わせる前に，細心の注意を払うべきである」と論じた[14]。

　義務違反という要件が公法上の原則を取り入れている方法は，ある機関が決定をする際に過失があったかどうかを判断する際に使用されうる基準として，一部の裁判官が Wednesbury 判決の不合理性に言及しているところから見ることができる。裁判所は義務違反を判断する際に，通常，被告の行為が，同じ状況に直面した場合に合理的な人〔reasonable person〕に期待される水準を下回っていたかどうかを検討する[15]。「合理的な人」テストは一般的に適用されることを意図しているが，裁判所は，特定の種類の訴訟，例えば医療過失の訴訟は，状況に応じて修正されたテストが必要であることを認識している（そのため，医療訴訟では実質的に「合理的な実務家」〔reasonable practitioner〕テストが用いられている）[16]。Barrett v. Enfield London Borough Council[17]（虐待を受けた児童に対して地方政府機関が適切な対応を取らなかったのではないかとされたもう１つの事件）において，Hutton 裁判官は次のように示した。そこでは，公的機関がその制定法上の裁量を行使する中で，合理的に行動したかどうかが争点となる場合，裁判所は重ねて慎重であるべきとしている。「難しい分野で採用すべき最善の方針については意見が分かれる余地があり，裁量は裁判所ではなく，当該機関とそのソーシャルワーカーによって行使されるべきものである」と強調した上で，同裁判官は，裁判所は「争われた行為が，裁量行使における単なる判

---

13)　[1995] 2 AC 633, 749-50.

14)　[1995] 2 AC 633, 751.

15)　*Blyth v Birmingham Waterworks Co* (1856) 11 Ex 781.

16)　See *Bolam v Friern Hospital Management Committee* [1957] 1 WLR 582 and *Bolitho v Hackney Health Authority* [1997] 3 WLR 1151.

17)　[2001] 2 AC 550.

第 20 章　公的機関の不法行為責任　**775**

断の誤りを超えて，それを行うことが決定された際に過失があるとみなされる行為であるということを満たさなくてはならない」と結論付けた[18]。このことは，注意義務を負っている場合でも，最終的な責任は，その機関の決定が公法上の意味において不合理なものに近づいたかどうかに左右されることを示唆しているように思われる（ただし，Wednesbury 判決の不合理性はスライディングスケールで存在することに注意されたい）[19]。

　しかし，公的機関が注意義務に違反したと判断された重要な判決の１つに，Connor v Surrey County Council[20] がある。この事件の原告は，生徒の大多数がイスラム教徒である様々な文化的背景を持つ生徒が集まる学校の校長としてカウンシルに雇われていた。2003 年，新たに選出された親の代表 [parent governor] が，学校と地域社会とのつながりが不十分であり，その原因は原告が人種差別的でイスラムフォビアであるためと抗議し始めた。原告と親の代表との関係はますますこじれ，個人的な対立となり，このことは必然的に学校の理事会の機能，職員の士気，そして原告の健康状態にかなりの悪影響を及ぼした。やがて，原告は自らへの批判が原因で体調を崩し，仕事を辞めなければならなくなった。そして原告は，訴訟を提起した。その中では，カウンシルが1998 年学校基準及び枠組法に基づく制定法上の権限を行使して理事会を交代させるべきであり，それをしなかったことにより，カウンシルは注意義務に違反し，自らに精神的傷害を与えたと主張した（カウンシルが理事会に介入したのは，原告が仕事を辞めた後であった）。本件では，使用者と被用者の関係からして，カウンシルは注意義務を負っているというのが共通認識であったため，カウンシルに義務違反があるとされたことは制定法上の裁量行使にかかわるものであり，司法判断に適合しないと主張した。しかし，控訴院は，事実に基づきこれに同意せず，原告は被った損害について損害賠償を受ける権利があるとした。すでに注意義務が存在することをふまえ，控訴院は，こうした義務を果たす唯

---

18)　Ibid, 591.

19)　See 13.3.3.

20)　[2011] QB 429.

一の，あるいは主たる手段が裁量の行使によるものであった場合，他の公法上の義務履行と矛盾を生じさせない限り，適切な状況においてカウンシルは裁量の行使を求められる可能性があると判示した。これに基づいて，控訴院は，カウンシルはより早い段階で理事会の交代という介入をすべきであり，そうしなかったことを正当化する，関連した公法上の義務はなかったと判断した。その結果，カウンシルはコモンロー上の注意義務に違反したとされた。

Connor 判決が非常に重要な判決であることは明らかだが，その意義について2つの注意すべき点がある。1点目は，すでに注意義務が存在していたために，控訴院は義務違反の問題に直接移行できたという点である。この点で，この判決は，コモンロー上の注意義務が制定法の枠内で負わされたかどうかが争点となった，以下で検討する多くの訴訟とは大きく異なっている。2点目は，控訴院自体が Connor 判決の独特な事実に注目し，この判断が法における根本的な転換を意味するものではないことを示したことである。本件の事実は，原告が屈辱的，攻撃的でありそして中傷的な脅迫キャンペーンを受けたという，実に不穏なものであった。Laws 裁判官は次のように述べた。

　　これは特殊なケースである。その理由の1つは，カウンシルが遺憾なほどに攻撃に屈してしまったからである……。まず，［裁判所の事実認定は］，このかなり特異な一連の出来事における特定の状況によってのみ正当化されているということを認識することが重要である……。したがって，私としては，この訴訟の結論は，政策決定を含む公的機関による微妙で困難な決定から，今後，私法上の請求を組み立てるための手引きのようなものを提供するものでは全くないことを強調したい[21]。

20. 2. 2　制定法上の義務違反

制定法上の義務違反を問う訴訟は，ネグリジェンスに関する訴訟と形式は似

---

21)　Ibid, 473.

ているが，個人が負う義務はコモンローよりもむしろ制定法から生じる点が異なる（この場合も，原告は義務違反と因果関係について立証しなければならない）。制定法上の義務が特定の原告に負わされ，それによって私法上の訴訟原因が成立するかについての答えは，関連立法の司法の解釈によって決まる。例えば，労働時の安全衛生については，義務の存在は制定法を文字通りに解釈することから明らかとなり，責任を課すことは議論の余地のないものとなる[22]。

この問題は，社会福祉立法と呼ばれるものに基づく義務について訴訟が提起された場合には，より複雑なものとなる。つまり，公益に関するより広範な概念と関連付けることができるサービスを提供するように公的機関に要求する立法に関して訴訟が提起された場合である（このような義務は，未だ裁量の要素を伴うことが多く，「達成目標」に関する義務と呼ばれることもあることに注意されたい）[23]。代表的な判例は，ここでも X v Bedfordshire County Council[24] である。この中では，地方政府機関の決定が，様々な立法（1969 年児童及び青少年法，1980 年育児法，1989 年児童法）に基づく，原告に対する制定法上の義務にも違反していると主張された。この請求を退けるにあたり，Browne-Wilkinson 裁判官は，当該立法が包括的な規制構造を作り上げていたため，立法による義務は特定の個人ではなく，むしろより広い社会に対するものであると考えた。これにより，諸立法が私法上の救済手段を生じさせることを意図したものであることを示唆するものは何もなかったため，この訴えは認められないとした。

他の 2 判決は，明らかに不法行為の範囲を限定しようとしている。O'Rourke v. Camden London Borough Council[25] において，貴族院が問題としたのは，1985 年住宅法に基づく住宅困窮者への住宅提供義務違反に対して地方政府機関が責任を負うかどうかであった。貴族院はそれ以前の判決を覆し，当該機関は責任を負わないとした。その際，当該立法は私法上の訴訟原因を排除するも

---

22) See Witting, n 7, ch 19.

23) See 8.4.2 and 11.5.1.

24) [1995] 2 AC 633.

25) [1998] AC 188.

のであるとしている。この訴訟の原告は，住宅困窮者であると地方政府機関に申し出ており，当初は住居が提供されていたが，退去させられ，新しい住居を与えられなかった。損害賠償請求については，当該立法が一般的な社会福祉制度の創設を目的としたものであり，司法審査申請において関連する救済手段があるため，賠償責任は生じないとされた。私法上の訴訟原因はその枠組みの一部として想定されていなかった。

2つ目の判決，Cullen v Chief Constable of the Royal Ulster Constabulary[26]は，義務違反と因果関係の要件との関係についてものである。事実としては次のようなものである，原告はテロ行為に関与した疑いで逮捕されたが，1987年北アイルランド（緊急措置）法15条に基づく弁護士の利用を保障する義務に違反して弁護士を利用することを拒否されたと主張した。Bingham 裁判官と Steyn 裁判官は，弁護士を利用する権利はコモンロー上の基本的な憲法的権利であるため，この違反はそれ自体で訴えの対象となるべきであると考えたが，貴族院の多数意見はこれに同意しなかった。不法行為のすべての要件が満たされる必要があるということを再確認した上で，裁判官らは，原告に具体的な損害がなかったこと，そして（司法審査手続が）否定された時点で他の救済手段が利用可能であったことから，損害賠償は認められないと考えた。このようなアプローチを採用することで，裁判官らは，損害の証明なしに損害賠償を認めるコモンロー上の「憲法的」不法行為の出現を防いでいるようである。

ここでさらに指摘すべき点は，EU 法上の個人の権利への侵害に対する損害賠償請求に関してである。第3章で説明したように，「国家責任」原理に基づいて損害賠償を請求することは可能であるが，欧州連合司法裁判所〔Court of Justice of the European Union〕（CJEU）は長い間，権利は国内の手続と救済手段（相当性と実効性の要件によって）を通じて保護されるべきであると強調してきた[27]。当初，EU 法違反の請求が国内法の枠内でどのように提起されるべきか

---

26) [2003] 1 WLR 1763.

27) 国家責任については，see, most famously, Cases C-46 and 48/93, *Brasserie du Pêcheur SA v Germany, R v Secretary of State for Transport, ex p Factortame Ltd*

は不明確であったが，現在では，請求は制定法上の義務違反としてなされるべきであると一般的に受け入れられている[28]。これに対応する制定法は，EU 法に効力を与える 1972 年欧州共同体に関する法律である。

20. 2. 3 ニューサンス

ニューサンスは，ここでは私的ニューサンスのことを指し，他者の行為によって財産に影響を受ける個人に対して，コモンロー上の訴訟原因を提供する，財産に対する不法行為である（その判断基準は，原告の財産又はその利用に対して，実質的そして，不合理な妨害があったかどうかである）[29]。ニューサンスは，洪水や騒音公害といった，財産の物質的価値またはその快適さに関する価値に影響を与えうるものである。ニューサンスに関する訴訟に関係する公的機関は，事案の事実関係によっては，ある行為が制定法により授権されていることを理由とした主張をする場合がある。ここでの基本原則は，被害が，議会が授権したことによる不可避な結果である場合には，公的機関は不法行為責任を負うことはできないというものである[30]（ただし，1998 年人権法が適用される場合には，問題がより複雑になる可能性があることに注意されたい）[31]。制定法の司法による解釈もこの分野では極めて重要であり，裁判所は「必然的推論」によって，ある機関がニューサンスである行為をすることを立法が許容していると認めること

[1996] 1 ECR 1029. そして，相当性と実効性については, see, e.g., Case 33/76, *Rewe-Zentralfinanz eG and Rewe-Zentral AG v Landwirtschaftskammer für das Saarland* [1976] ECR 1989; Case 47/76, *Comet v Produktschap voor Siergewassen* [1976] ECR 2043; and Case 158/80, *Rewe Handelsgesellschaft Nord mbH v Hauptzollamt Kiel* [1981] ECR 1805.

28) *R v Secretary of State for Transport, ex p Factortame (No 6)* [2001] 1 WLR 942.

29) See *Coventry v Lawrence* [2014] UKSC 13, [2014] AC 882. See also Witting, n 7, chs 17-18 （これは，公的ニューサンスと *Rylands v Fletcher* (1868) LR 3 HL 330 でのルールについても考察している）.

30) See, e.g., *Dormer v Newcastle upon Tyne Corporation* [1940] 2 KB 204.

31) 1998 年人権法における 3 条の解釈義務と 4 条の不適合宣言については，4.4.2 と 4.4.3 を参照。

がある[32]。しかし，公共事業によるニューサンスで個人が苦しむ場合，その者は1973年土地補償法に基づいて，補償を受ける権利が与えられる可能性がある。また，ある機関が活動を実施する拠点を選択できる場合，裁判所は当該機関が最も妨害を引き起こさない拠点を選択する義務があるとみなすことも注目に値する[33]。比例原則は，ECHR上の権利が問題となっている場合，「最も妨害のない」選択肢を取ることも要求する[34]。

　ニューサンスに関する訴訟における公法と私法の原則の相互作用は，特に公共サービスの提供の効率性に影響を及ぼす負担を課すことに関する裁判所の懸念を反映し，これは，Marcic v. Thames Water Utility[35]における貴族院判決に見ることができる。Marcic氏の財産は，地方下水システムの構造的欠陥のため，何度か排水により浸水したことがあった。Thames Water社は民営化された会社であり，1991年水道事業法に基づき，下水システムの管理と修理に責任を負っていた。Marcic氏はThames Water社をニューサンスと人権法に基づき提訴した。そしてそこでは，それぞれ欧州人権条約8条と第1議定書1条に基づいて，住居への干渉と財産権の侵害があったと主張した。この主張は控訴院で認められたが，Thames Water社による貴族院への上訴は認められた。貴族院は，Thames Water社の活動を監督する業務監査機関が設けられることを伴う，関連する制定法上の制度が救済制度を提供していることを認め，このような判断を下した。議会がこうした代替的救済手段を定めているため，Marcic氏は私法上の手続で問題を追及するのではなく，業務監査機関を通じて問題を解消すべきだったと強調された[36]。また貴族院は，ECHRの判例

---

32)　See *Allen v Gulf Oil Refinery Ltd* [1981] AC 1001. しかし，土地へのトレスパスという似た状況における「必然的推論」の限界については，see *Manchester Ship Canal Co Ltd v United Utilities Water plc* [2014] UKSC 40, [2014] 1 WLR 2576.

33)　See *Manchester Corporation v Farnworth* [1930] AC 171.

34)　See generally ch 13.

35)　[2004] 2 AC 42.

36)　See also, e.g., *Barratt Homes Ltd v Dwr Cymru Cyfyngedig (Welsh Water)* [2013] 1 WLR 3486（1991年水道事業法の制度に反し，同法106条の下で，公共下

法が想定している方法で，業務監査機関が個人の利益とより広範な公益との競合する利益のバランスを取ることを要求していることから，この制定法の制度はECHRに適合しているとした。

Marcic判決のような判決の基礎にある根拠を特定することは重要である。もしニューサンスに関する責任が認められた場合，Thames Water社（及び公共サービスを提供する他の同種の事業者など）は，会社の価格に関する方針とサービス提供全体に根本的な影響を及ぼす，増え続ける請求にさらされることになったであろう[37]。しかし，このような状況で私法上の救済手段が否定された場合，Marcic氏のような私人が公益のためにどこまで負担を求められるべきなのかという問題が生じる（Marcic氏は自らの財産を守るために多額の投資をしていた）。また，実効的な公共サービスの提供よりも利益を優先させているとされる民営化された公共事業者の利益を，裁判所がどこまで保護すべきか，という問題も生じるかもしれない。

20. 2. 4　公務における失当行為

公務における失当行為という不法行為は，公的機関に対してのみ有効であり，公的機関またはその職員が害意で〔maliciously〕又は不誠実〔bad faith〕に行動した場合に用いられる。明らかに，この種の主張を立証するのは難しいが，それができた場合，裁判所は影響を受けた個人に救済手段を与えるであろう。この不法行為の要件に関する代表的な判決は，Three Rivers District Council v Bank of England (No 3)[38]である。本件は，国際商業信用銀行〔Bank

---

水道への接続を不当にも拒否した決定について，ニューサンスに関する訴訟を提起できるとした。）.

37) See also Lord Millett's comments in *Southwark London Borough Council v Mills* [1999] 4 All ER 449, 470. この判決は，地方政府機関の資源配分の優先順位に対して，指図をしないことの重要性について論じている。

38) [2003] 2 AC 1. 本判決以前の検討については，see, e.g., *Calvely v Chief Constable of the Merseyside Police* [1989] 1 All ER 1025 and *Racz v Home Office* [1994] 2 AC 45.

of Credit and Commerce International〕（BCCI）の6000人の預金者が，同銀行の破綻によって被った損失に関して5億5000万ポンドを請求した事件である。原告は，イングランド銀行がBCCIに免許を与えたことが不適切であると主張したが，勝訴するためには，1987年銀行業法1条4項によってイングランド銀行に認められる行為の免責を覆し，失当行為を立証する必要があった。請求を却下することを拒否し，貴族院は不法行為がどのような場合に訴えることができるかについて次のように説明した。(a) 公職者が害意を持って，原告に権利侵害をする目的で行為した，又は行為しなかった場合であるか。又は，(b) 公職者が，自らに権限のないことを意図的に行ったり，行わなかった場合，そして，他人の権利侵害となるかもしれないと知っていたことを意図的に行ったり，行わなかった場合である[39]。貴族院は，(a) と (b) 共に，公職者側に不誠実さが内在することを強調し，Three Rivers判決以降の判例法は，そのような不誠実さの存在が制裁を免れないようにしているということを強調した[40]。したがって，この不法行為はわずかしか使われていないが，権力濫用に対するコモンローの安全装置のうち，非常に重要な部分である[41]。

　不法行為についての議論を終える前に，損害賠償に関連して，不法行為についてさらに2つの点を指摘する。損害賠償は通常，個人が被った損害の程度を反映し，金銭賠償を行い，可能な限り，その者を損害が発生する前の状態に戻すことを目的としている。しかしながら，場合によっては，裁判所は，特に被告の行為が「抑圧的，恣意的，違憲」[42]なものであった場合，被告の行為に対する不満を示すために，懲罰的損害賠償を認めようとすることもある。公務に

---

39) And see, e g., *Bourgoin SA v Ministry of Agriculture, Fisheries and Food* [1986] QB 716.

40) See, e.g., *Karagozlu v Metropolitan Police Commissioner* [2007] 2 All ER 1055.

41) See further C Harlow, 'A Punitive Role for Tort Law? in L Pearson et al (eds), *Administrative Law in a Changing State: Essays in Honour of Mark Aronson* (Oxford: Hart Publishing, 2008).

42) *Rooke v Barnard* [1964] AC 1129S. See also *Kuddus v Chief Constable of Leicestershire Constabulary* [2001] 3 All ER 193.

おける失当行為に関する請求の原因となる事実は，しばしばこのような損害賠償の認定に適することがある。

2点目としては，公職者が不誠実に行為したが，個人が特別な損害を被らなかった場合には，公務における失当行為を理由とする訴訟は成功しないということである。これは Watkins v Home Office[43] に基づいており，この中で貴族院は，受刑者は弁護士と連絡を取ることを刑務官に妨害されても特別な損害を被ってはいなかったとして，不法行為に基づく訴訟は成功しないとした。イングランド及びウエールズの控訴院は，刑務官が，受刑者の裁判へのアクセスに関するコモンロー上の憲法的権利を侵害したことから，不誠実それ自体で十分であると判示したが[44]，貴族院は，特別な損害の立証は 300 年以上にわたって，明示的又は暗黙的に訴訟原因の中心であったと判示した。このような長きにわたるルールは，やむにやまれぬ理由がある場合にのみ変更されるべきであり，本件ではそのような理由は存在しないとした。また貴族院は，コモンロー上の憲法的権利に照らして不法行為を再び構築する必要はないともした。これは今後，原告が，1998 年人権法に基づき損害賠償を請求できるからである（これについては後述）。Watkins 判決では，その意味において，前述の Cullen v Chief Constable of the Royal Ulster Constabulary における「憲法的不法行為」に対する制限的アプローチと対応していると言える[45]。

20. 2. 5　不 法 監 禁

不法監禁は，おそらく公的団体に対して最も一般的に主張される不法行為で

---

43)　[2006] 2 AC 395.

44)　コモンロー上の権利については，see 4.2.

45)　しかし，*Karagozlu v Metropolitan Police Commissioner* [2007] 2 All ER 1055 と比較せよ。控訴院は，不法行為の目的における特別な損害には，ここで主張されているように，受刑者が開放状態から閉鎖状態に移されることによって生じる自由の喪失も含まれると判示した。Watkins 判決後の判例法については，see CJS Knight, 'Constitutionality and Misfeasance in Public Office: Controlling the Tort' [2011] 16 *Judicial Review* 49.

ある（より一般的な「人身に対するトレスパス（trespass to the person）」に分類され
るいくつかの不法行為の１つであり，他の不法行為には暴行や傷害が含まれる）[46]。不
法監禁に関する不法行為は，公的機関が適法な理由文又は授権もなく行動した状
況において，ある人の自由が完全に制限された場合に成立する。イタリック体
（前文の圏点部を指す）の言葉は，訴訟原因が認められるか否かという問いに対
して重要である。これは，例えば，ある個人が刑事上の罪で有罪判決を受けた
後に収監された場合には，不法行為は成立しないからである。しかし，適法な
理由なく個人の自由が制限された場合は，その者は特別な損害（例えば，経済
的な不利益）の証明がなくとも，人身保護令状による救済を求め，損害賠償訴
訟を提起できる。これは，個人の自由は非常に重要なものであり，それに対す
るいかなる介入も許されないと考えられているからである。したがって，訴訟
原因それ自体で訴訟の対象となり，例えば，当初は適法であった監禁が不当に
継続された場合には，訴訟が開始する。

　最高裁判所によって示された不法行為に関する非常に重要な判決は，R
(Lumba) v Home Secretary[47] であった。これは，イギリスで罪を犯して有罪
判決を受け，刑に服した後，国外追放の決定がなされるまで収容されていた多
くの外国人によって起こされたものであった。彼らのような立場にいる者たち
を一律に収容することを支持する非公表の政策に基づいて彼らは収容された
が，結果的にそれが正当化される場合にのみ収容が認められるという公表され
ていた政策と矛盾していることが後に明らかとなった。長文の判決文の中で，
最高裁判所は，政府が不法な行為を行っており，不法監禁の責任を負うと判断
した。しかし，賠償額の問題について，最高裁の多数意見は，たとえ内務省の
行為が「遺憾」〔deplorable〕であると示されたとしても，原告はより大きな「懲
罰的」〔exemplary〕又は「制裁的」〔vindicatory〕賠償金ではなく，名目損害
賠償金のみを受けとれるべきだとした。これは，公表された政策に沿って決定
が下されたとしても，原告たちは事実上，収容されていたであろうということ

---

46)　See generally Witting, n 7, ch 9.
47)　[2011] UKSC 12, [2012] 1 AC 245.

第20章　公的機関の不法行為責任　*785*

は避けられなかったからである。この判決は，政府への財政的な影響を制限
し，その点で，責任に対する制限的なアプローチで公益を守ろうとする他の分
野に関する判例法を補完するものであった。

20.3　ネグリジェンス，公的活動，コモンロー上の注意義務の制限

　次に，公的活動を行うことの根底にある裁量的な選択に対するネグリジェン
スに関する訴訟について，裁判所のアプローチをより詳細に検討する。最初
に，1つの重要な点を指摘すると，何かを行うためという制定法上の権限の結
果として，そして制定法上の義務の結果として，公的機関は裁量を有すること
がある[48]。「義務」という言葉は，文言からしてある機関が特定の方法で行為し
なければならないことを示唆しているようであるが，社会福祉制度に規定され
ている種類の義務は，より広範な目的に関連する傾向があり，立法はその義務
をどのように果たすかについて，当該機関に相応の裁量を与える（これらは「達
成目標」に関する義務と呼ばれることがある）[49]。義務の1つの例は，1989年児童法
17条にある[50]。

　コモンロー上の注意義務と制定法上の権限及び義務を理解する上での出発点
は，Anns v Merton London Borough Council[51] である。この Anns 判決は，
裁判所が不法行為責任の及ぶ範囲を拡大する傾向にあった時期に発生し，その
時期に貴族院は，すべての訴訟ではないが，一部の訴訟では地方政府機関にも
注意義務を課すことを視野に入れた判決を下した。問題となった立法は1936

---

48)　権限と義務については，see 8.4.

49)　See *R v Inner London Education Authority, ex p Ali* (1990) 2 Admin LR 822,
　　828, Lord Woolf.

50)　「(1) すべての地方政府機関……の一般的義務は次の通りである。(a) その地域内
　　で，困窮状態にある児童の福祉を保護し，促進すること，(b) その義務に合致する
　　限りにおいて，そのような児童のニーズに沿う範囲と水準のサービスを提供するこ
　　とによって，当該児童の養育を家族が行うことを促進すること。」

51)　[1978] AC 728.

年公衆衛生法である。同法の下では，地方政府機関は，例えば計画の承認や進行中の工事の監視を通じて，建築工事を監督する責任を負っていた。本件では，地方政府機関がアパートの基礎の調査を適切に行わなかったことに過失があり，その結果，多くの建物に構造上の損害が生じたと主張された。Wilberforce 裁判官は，このような状況でも地方政府機関は注意義務を負いうるとし，注意義務を負うかどうかを裁判所が評価する際の指針として，政策と実施の二分法を導入した。

　ほとんどの，実際にはおそらくすべての制定法が，その中に広範な政策領域を含んでいる。裁判所はこれを「裁量」と呼び，そしてその決定は，裁判所ではなく機関や団体が行うべきものであることを意味する。また，多くの制定法は，政策決定を実際に行うことを規定するか，少なくともそれを前提としている。これを端的な表現で表すと，政策又は裁量の領域に加えて，実施の領域が存在するということである。このように政策領域と実施領域を区別することは便利であり，また示唆に富んでいるが，それはおそらく程度の問題である。そして，多くの「実施」権限又は義務は，その中にある程度の「裁量」要素を有している。ある権限や義務が「実施に関するもの」であればあるほど，コモンロー上の注意義務をそれらに重ね合わせることは容易であると確実に言える。

　この二分法は，基本的に，例えば資源配分に関する重要な決定を保護しようとするものであり，いくつかの点で批判されるようになった。第1の批判は，実際にはこの区別をすることは難しいことが多いというものである。Wilberforce 裁判官自身も，この点を一部認めており，他の裁判官の中には，この区別を「不適当」とまで評した者もいた[52]。しかし，以下で見るように，その後の判例法において，この区別は依然として重要な位置を占めており，

---

52)　*Stovin v Wise* [1996] AC 923, 951, Lord Hoffmann.

「政策」という用語は依然として審査の中で登場することがある[53]。

　第2の批判は，この区別は責任が認められる範囲を広げる可能性があり，その結果，公共サービスの提供に悪影響を及ぼすというものであった（ここでもまた，責任が拡大することが予想されることにより，意思決定者がまず考えることとしては，訴訟を回避する必要性があるという点が指摘される）。そのため裁判所は，様々な方法で注意義務を課すことに対するアプローチを緩やかなものにしていった（Anns 判決そのものは，その後，Murphy v Brentwood District Council における貴族院判決によって，事実関係に基づいて覆された）[54]。責任を制限する手段の1つは，決定を「政策」として分類し，それによって司法判断に適合しないとすることであった[55]。そしてさらに，注意義務の存在をあらかじめ決定する法的要件を，限定的に適用するという手段もあった。上記のように，注意義務は，原告と被告との間に十分に近接した関係がある場合にのみ課されるものであり，この要件は柔軟に適用されることができ，裁判所が自らの価値判断を反映することができるものである。裁判所がこのような形で近接性の要件を用いた最も顕著な例の1つが，Hill v Chief Constable of West Yorkshire[56] である。本件は，「ヨークシャーの切り裂き魔」として知られる連続殺人犯の犠牲者の1人の遺族が，切り裂き魔の殺人行為に関する捜査過程で犯した数々の過誤に関して警察を訴えたことにより発生した。負わされる義務はないとするに当たって，貴族院は判示の中でまず，警察と一般市民である個人との間の近接関係が不十分であったこと（警察は犠牲者が誰であるかを事前に分かっていなかった）を強調し，また裁判官は，このような場合に責任を負うという見通しは，いずれにせよ，消極的な警察活動や資源の転用（公共政策の議論）につながることを

---

53)　See, e.g., *Barrett v Enfield London Borough Council* [2001] 2 AC 550, considered below.

54)　[1991] 1 AC 398.

55)　See, e.g., *Rowling v Takaro Properties Ltd* [1988] AC 473 and *Lonrho plc v Tebbit* [1992] 4 All ER 280. 行政裁量の行使は，事実関係からして，政策問題であったとされた。

56)　[1989] AC 53.

強調した。そのためこの判決は，公共サービスの提供の効率性に関するより一般的な懸念に注目させただけでなく，影響力のある一連の司法の理由付けを示すことで，強力な先例を確立した。実際，この先例は非常に強力なものであったため，後に控訴院は Osman v Ferguson で，当事者間に近接関係があるとされる可能性があったとしても義務は生じないと判示した[57]。本件における事実は，警察が犯罪の最終的な加害者と被害者の両方と事前に話をしていたというものであった。しかし，そのようなことからして本件は近接性という点で区別することもできたが，控訴院は，Hill 判決で強調された公共政策という観点に従った。その結果として，義務は負わされないとした[58]。

20. 3. 1 X v Bedfordshire County Council
——制定法上の義務とコモンロー上の注意義務——

このような司法の懸念を背景に，X v Bedfordshire County Council[59] における貴族院判決を検討できる。本件は，上述したように，虐待を受けた児童の福祉に関する意思決定における地方政府機関による裁量行使に関するものであった（この事件は，教育サービスの提供についての意思決定に関するものだけでなく，いくつもの他の「虐待」に関する上訴も併合されていた）。いずれの事件も，制定法上の義務違反であれネグリジェンスであれ，合理的な訴訟原因が明らかにされていないという理由で，第一審では却下されていた。ネグリジェンスについては，原告らが（明白な制定法の義務違反の訴えに加えて）制定法上の義務の不注意

57）［1993］4 All ER 344.

58）　そして，警察が関係する訴訟における Hill 判決の適用については，特に，*Brooks v Metropolitan Police Commissioner*［2005］2 All ER 489, *Smith v Chief Constable of Sussex*［2009］1 AC 225, and *Michael v Chief Constable of South Wales Police*［2015］UKSC 2,［2015］AC 1732. を参照。*Swinney v Chief Constable of the Northumbria Police*［1997］QB 464. と比較せよ。本件は，警察が，犯罪情報を提供した個人に対して注意義務を負っていたが，情報を紛失してしまい，それによって個人が脅迫されたというものである。

59）［1995］2 AC 633.

な履行に関しても訴訟原因があると主張したことによって生じた。訴えを却下するのが正しいと判断した上で，貴族院は，制定法上の権限や義務の不注意な行使・履行があったと主張するだけでは，私法上の訴訟原因を生じさせるには不十分であるとした。代わりに，原告はコモンロー上の注意義務が生じるような状況であったことを示す必要があったが，貴族院はそのような義務は負っていなかったと結論付けた。

　Browne-Wilkinson 裁判官は，主導的意見を示した。その中では，まず，ある決定が「政策」という形式をとっている場合には，注意義務を負うことはあり得ないと強調し，そのような問題は司法判断に適合せず，裁判所が扱えない問題であるとした。したがって，義務を課すことができるのは，その決定が政策決定でない場合，さらに，その決定が Wednesbury 判決の不合理性があり，権限踰越である場合に限られることとなる。この後者の要件は，古典的な公法上の正統性に基づくものであり，同裁判官は権力分立の観点に大きく依拠した上で，次のように強調した。

　　議会が授権したことを地方政府機関が行った場合，それに対して損害賠償責任を負うことができないのは，原則的にも判例からも明らかである。したがって，問題となった決定が制定法上の裁量の範囲内であれば，コモンロー上，訴訟をすることはできない。しかし，そうした決定があまりにも不合理で，地方政府機関に与えられた裁量の範囲外である場合には，コモンロー上の責任をすべて排除するアプリオリな理由はない[60]。

　したがって，請求を成功させるためには，個人は前述の各要件が満たされていることを示す必要があり，その上で，当該訴訟の事実に基づいて義務を課すことが「公正，適正かつ合理的」であることを証明する必要がある。すでに説明したように，貴族院は，包括的な制定法上の枠組みの複雑さと，それに伴う

---

60)　Ibid, 736. 同様の趣旨である本件以前の貴族院判決としては，see *Home Office v Dorset Yacht* [1970] 2 All ER 294.

公共善の追求を考慮すると，義務を課すことは公正かつ合理的ではないとした。

X v Bedfordshire については後ほどすぐに触れるが，この段階で指摘できることが2つある。1つ目は，この訴訟で見られた訴えの却下に関するものである。却下とは，想定される事実によって合理的な訴訟原因が明らかとならない場合に，予備的な段階で訴訟を終了させることにより，裁判所が自らのスケジュールを管理できるようにするための手続上の仕組みである（この場合はその後，事件は正式審理に移行しない）。X v Bedfordshire で示された制限的基準がもたらしたことの1つは，同種の事柄について将来訴訟が提起されたとき，合理的な訴訟原因が示される可能性が極めて低くなった，つまり，訴訟は却下されることとなるであろう（これは Hill 判決をふまえて審理された Osman 判決で起こったことである），ということである。このような「義務なし」ということを理由とする却下は，訴訟手続が予備的段階を超えて進行しなかったため，特定の種類の決定が訴訟からの「免責」を受けているという主張と同義となった。裁判所がこの主張を否定しようとしたことが，その後，注意義務を課すことに関するアプローチを修正した理由の1つであったことは，後に見ることとなる（ただし，判例法はその後再び，より制限的なアプローチに戻っている）。

2点目は，代位責任に関するものである。X v Bedfordshire では，すべての児童虐待と教育に関する訴訟において，被った損害に対する直接的な責任が機関にあるとして，主にそれに対して請求がなされた。しかし，原告側のもう1つの主張は，機関がその職員の行為に対して代位して責任を負うというものであった。その後，法律は改正されたが[61]，貴族院は，児童虐待の判決において，機関が代位して責任を負う可能性があるという主張を，ここでの義務はすでに困難な業務を再び複雑化させてしまうという理由で退けたということが重要である（その結果，被用者は使用者に対して注意義務を負うが，サービスの受益者に対して注意義務を負うことはないとした）。しかし貴族院は，教育に関する訴訟では機関が代位して責任を負う可能性を想定していた。これは，この場合保護者は，

---

61)　*D v East Berkshire Community Health NHS Trust* [2005] 2 AC 373.

影響を受ける児童にとって最善の結果を得るために，当該機関やその職員と連携することになるはずだからである。この区別は，その後の教育に関する訴訟の中で，ネグリジェンスを理由に機関を訴えることに成功した訴訟において，重要な意味を持つことになる[62]。

20. 3. 2　Stovin v Wise と制定法上の権限

同様に，注意義務を課すことに対する制限的なアプローチは，Stovin v Wise and Norfolk County Council[63] の貴族院判決も支えている。本件では，制定法上の権限を行使しなかったこと（これは作為，すなわち「失当行為」[misfeasance] ではなく，「不作為」[nonfeasance] に相当する）に対して義務を負うことができるかどうかが争点となった。1980 年道路法 79 条に基づき，道路管理機関は，公道に危険を及ぼす土地の障害物を変更するよう土地所有者に要求する権限を有する。この訴訟は当初，2 人の私人の間で争われ，原告は被告の土地の一部によって見通しが悪くなっていた交差点で事故に遭い，怪我を負ったとして被告を訴えた。しかし，被告は訴訟において第三者として地方政府機関を追加し，当該機関には怪我に関する責任があると主張した。被告は特に，当該機関が交差点での見通しを良くする方法について行った提案に従うことを怠ったため，その不作為により責任があると主張した。

多数意見を代表して判決を下した Hoffmann 裁判官は，被告の主張を退け，損害をもたらす行為と，損害をもたらすと主張される不作為とを区別した。この区別は重要である。その理由としては，「不作為が作為と異なる扱いを必要とするのには正当な理由がある。ある行為を行う者は，他人に損害を与えないよう合理的な注意を払うべきだということは，1 つの法の要請である。また他方で，特に何もしていないような人に，第三者による行為や自然によって引き起こされる損害から他者を守るための措置を講じるべきだとする法の要請とは

---

62)　*Phelps v Hillingdon London Borough Council* [2001] 2 AC 619. これについては後に検討する。

63)　[1996] AC 923.

別だからである[64]」。さらに，不作為が制定法上の権限を行使しないことと関係する場合には，こうした区別は効力を増すこととなり，X v Bedfordshire で示された基準に類似した基準を同裁判官は示した。よって，課された義務に対して，貴族院はまず，「その状況において，権限を行使しないことが不合理であり，事実上，行為するという公法上の義務があったこと，そしてまた，権限が行使されなかったために損害を被った人に金銭賠償をすることを制定法上求められていると判示する例外的な根拠があることに納得しなければならない[65]」とした。これらの基準に基づけば，負うべき義務はないとされた。

20. 4　判例の変化

　裁判所は，その後，様々な理由により X v Bedfordshire や Stovin 判決による制限的なアプローチをとらなくなった。1つは，X のような事件では，しばしば極端な虐待があり，被害を受けた者に対する救済が必須だったということである（Browne-Wilkinson 裁判官は，X v Bedfordshire で，「法の忠誠においてまず考慮すべき事項は，被害が救済されるべきであるということである」と述べ，この点に触れている）[66]。X 事件の事実は，その後，欧州人権裁判所（ECtHR）によって人権保障の観点から審理され，ECtHR は，特に，非人道的で品位を傷つける取扱いの禁止に関する ECHR 3 条の違反があったと判断した[67]。したがって，イギリスの裁判所は，ECtHR がそのことを明らかにする以前から，コモンローが（欧州人権条約加盟国に）受け入れられている最低基準に後れをとっていることを認識し始めていたのかもしれない。

　もう1つの考慮すべき点は，「義務がない」という理由による訴え却下は，裁判所へのアクセスを保障する ECHR 6 条に反するという懸念であった。

---

64)　Ibid, 943.
65)　Ibid, 953.
66)　[1995] 2 AC 633, 749.
67)　*Z v. United Kingdom*（2002）34 EHRR 97.

第 20 章　公的機関の不法行為責任　*793*

Osman v United Kingdom[68)]——この事件は，前述の Osman v Ferguson をふまえて提起されたものである——において，ECtHR は，Hill 判決の先例・免責を理由とする訴え却下が，比例原則に反し，ECHR 6 条の定める手続上の権利に違反すると判示した（ECtHR は，要旨以下のとおり判示した。すなわち，ECHR 6 条はすべての事件について本案審理を求めているが，免責の判断は，そのような審理を妨げ，裁判所への完全なアクセスに対する手続上の障害を結果的にもたらす）[69)]。ECtHR は，後に，訴え却下は，ECHR 6 条に違反する効果を持たないと判断した[70)] が，イギリスの裁判所は，正式の事実審理を行わないことについてより慎重になるべきであると判断する際，すでに Osman 判決に言及していた。実際，コモンローは極端な濫用の場合の救済を確保する必要があるという上記の指摘をふまえると，ECtHR の判例法が安定しているとは限らないとしても，訴訟手続の打切りについて再考することは避けられなかったかもしれない。

20. 4. 1　Barrett v. Enfield と Phelps 判決

　判例の変化の先駆けとなった判決は，Barrett v. Enfield London Borough Council[71)] であり，訴訟手続打切り命令に対する上訴であった。本件は，20.2.1 で述べたとおり，児童福祉に関する決定に関するものであったが，本件の争点は，保護された子どもに関する決定に対して賠償責任があるかどうかであったため，X v Bedfordshire と事案は区別される（Barrett 事件では，被告が里親の間で原告を移動させたことなどについて過失があり，それによって精神的傷害が生じたと原告が主張した）。X v Bedfordshire で示された基準を修正する際，貴族院は，まず，政策上の決定であれば，司法判断可能でないため，それについて法的責任は生じないと繰り返し述べた。しかし，それに続き，貴族院は，責任が生じ

---

68)　(2000) 29 EHRR 245.

69)　解説につき，C Gearty, 'Unravelling *Osman*' (2001) 64 *Modern Law Review* 159 参照。

70)　See C Gearty, '*Osman* Unravels' (2002) 65 *Modern Law Review* 86.

71)　[2001] 2 AC 550.

る場合についていくつかの重要な要件を加えた。第1は，政策上の決定以外の法的責任を評価する際に，公法上の合理性の概念を用いることはもはや望ましくないということであり，その代わりに，責任を課すことが公正，適正，かつ合理的であるかどうかが問題とされるべきであるということであった。さらに，義務を負うかどうか，または，ある決定が司法審査に服すかどうかという問題は，事案の法的・事実状況を十分に考慮してこそ答えられるものであり，言い換えれば，訴え却下は，事案次第で十分な審査を妨げることになるとした（Browne-Wilkinson 裁判官は，ECtHR に批判的であったが，本件では，Osman v UK の影響を受けている）。その結果，ある決定が公法上の意味で司法審査に服しかつ不法であることを立証する必要性をあまり重視せず，司法判断が可能な事項に関してコモンロー上の義務を課すことが公正，適正，かつ合理的であるかどうかを決定する目的で正式の審理を行うことを重視するアプローチがとられた。

　貴族院は，その後の多くの判例において，この修正アプローチを発展させた。例えば，W v Essex County Council[72) では，他の里子に性的虐待を受けた子どもたちが，その両親と共同して精神的損害の賠償を求めた訴えを却下することは誤りであるとされた（この家族は，里子になる子どもには性的虐待の履歴がないことを特に求めていたが，この事件の子どもにはそのような履歴があった）。また，Phelps v Hillingdon London Borough Council[73) において，Slynn 裁判官は，Barrett 基準により，教育事件においても地方政府機関が直接損害賠償責任を負う可能性がないわけではないと考えていると述べた。重要な一節で，同裁判官は次のように述べている：

　　私は，地方政府機関がその権限を行使しているすべての状況において，直接に損害賠償請求できる可能性があると判断するわけではない。適法に判断した方針に従って特定のスキームを設定するとの裁量権を行使する場合，コ

---

72)　[2000] 3 WLR 776.
73)　[2001] 2 AC 619.

モンロー上の注意義務違反は存在しないか，少なくとも存在する可能性は低い。しかし，例えば，特別な教育的支援を必要とする子どもに関する職務を遂行するために，その職務を遂行する資格も能力もないことが当初から明らかな心理学者やその他の専門家を任命した場合は，事情が異なる。そのような事態が起こる可能性は低いかもしれないが，もしそのような事態が起こった場合，そもそもコモンロー上の過失を問うことができない理由が私にはわからない。責任を制限したり生じさせたりするために，政策問題と実施上の問題を区別しすぎることは批判されているが，この区別にはある程度の妥当性がある。Barrett v Enfield London Borough Council におけるソーシャル・ワーカー個人が実施上「過失責任を負う」可能性があるように，……地方教育機関が注意義務を負い，その履行において過失責任を負う可能性も，状況によってはあり得るように思われる。協議や不服申立ての手続が存在するという事実は，注意義務が存在しない，また存在すべきではないという結論を導くものではないように私には思われる[74]。

Phelps 判決は，この事件の原告らが，地方政府機関は，その職員の行為について代位責任を負うべきであると主張し成功を収めたという点で，さらに興味深い[75]。最初の3人の原告は深刻な教育上の困難に苦しんでおり，地方政府機関から専門の教育心理学者を紹介されたが，その専門家はその3人の原告が失読症と診断することができなかった。原告らは，それぞれの事案で，教育上の発達が得られなかったこと，他者と社会的関係を築くことができなかったこと，精神的傷害といった深刻な問題が誤診によって引き起こされたと主張した。4人目の原告Gは，デュシェンヌ型筋ジストロフィーの少年で，通常の学校から障害を持つ子どものための設備がある特殊学校に転校させられた。Gは，コンピュータ技術や教育的対応に適した訓練を受けておらず，その結果，教育

---

74) Idid, 658.

75) Ibid, 658. D Fairgrieve, D Fairgrieve, 'Pushing Back the Boundaries of Public Authority Liability: Tort Law Enters the Classroom' [2002] *Public Law* 288.

上の発達を得られず，他者と社会的関係を築くことができず，うつ病という精神的傷害を被ったと主張した。

貴族院は，特定の技術や専門的知見を有する者は，その遂行において注意義務を負い，これは他の分野と同様に教育においてもそうであるとした。この注意義務は，当事者間の契約には依存せず，被用者が雇用者に対して注意義務を負っているという事実にも影響されない。注意義務は，当該義務が生じるために必要な「関連性」があるかどうかにより，それは，原告，被用者，及び地方政府機関との関係によるものであった。その結果，例えば，教育心理学者がある児童の評価と将来的の養育について助言するよう特別に依頼され，その児童の両親と教師が明らかにその助言に従う場合，一応の〔prima facie〕注意義務が生じる。さらに，地方教育機関がその義務に違反した場合，当該機関が自己責任として損害賠償責任を負うことはないにせよ，代位責任を負うことは明らかであった（ただし，上記の Slynn 裁判官のコメントも参照）。また，同じ原則が教師にも適用され，教師が教育活動をする際に一般に求められる教師の技量と注意力を発揮できなかった場合には，地方政府機関も代位責任を負うことになる。

20. 4. 2 より重い責任又は軽い責任？

現在，公的機関の責任が強化されるような制度になっているのだろうか。Barrett 判決，W v Essex，Phelps 判決は確かにそのような変化を示唆しており，警察に関する判例でも，注意義務がより容易に課されるように見えるものがあった[76]。確かに，X v Bedfordshire や Barrett 判決の事実を考えると，より注目すべきは，D v East Berkshire Community Health Trust の控訴院判決である[77]。この判決は多くの重要な問題を提起しているが，その中でも重要な

---

76) 例えば，*Darker v Chief Constable of West Midlands* [2000] WLR 747, *L (A Minor) and P (Father) v Reading Borough Council and Chief Constable of Thames Valley Police* [2001] 1 WLR 1575 参照。

77) [2004] 2 WLR 58.

のは，──コモンローの発展や人権法に照らして──地方政府機関が監護養育
手続開始前に虐待の申立てを調査している場合，注意義務を子どもに負ってい
ることを否定することが正当化されるかどうかという点であった。控訴院は，
このような場合に地方政府機関は子どもに対して注意義務を負うとした上で，
X v Bedfordshire はその事実に限定して読むべきであり，子どもの監護の要
否が問題になっている場合のみ先例として扱うと判示した。そうでない場合に
ついて，控訴院は，地方行政機関が子どもに対して注意義務を負っていること
は明らかであると強調した。なぜなら，子どもの利益は最優先されるべきであ
り，責任追及が監護養育の質に影響を及ぼすという懸念に優越するからであ
る。控訴院は，さらに，この種の事案は ECHR 3 条及び 8 条により保護され
るため，このアプローチによってコモンローにおける保護が ECHR の下での
保護と並立することを可能にすると強調した（事案は ECHR の施行前であったた
め，人権法は D 自体には適用されなかった）[78]。

　その一方で，すべての事例において注意義務を負うわけではないことを明確
にして，異なった判断をしている判決群もある。例えば，D v East Berkshire
が貴族院で上訴審として審理された際（〔判決には〕JD として記載）[79]，子どもを
虐待したと公務員に誤って認定された親に対しては注意義務を負わないとされ
た。これは，上訴審の中心的な争点であったが，貴族院は，注意義務を子ども
に負っていることを明確に認める一方[80]，「国中の無数の子どもたちの幸福は，
医師とソーシャルワーカーに決定的に依存しており，……法によって課される
義務はただ 1 つ，子ども自身の福祉を守ることである」として，親に対しては

---

78)　同法の不遡及効については 4.4.6 を参照。本案審理が認められた例としては，*Smith
v. Ministry of Defence* [2013] UK 41, [2014] AC 52（イラクにおける軍事作戦の準
備に関連して過失を主張した兵士の遺族が提起した訴えの却下を最高裁が退けた事
例）がある。

79)　[2005] 2 ac 373. ただし，後述の *MAK v UK* (2010) 51 EHRR 14 判決も参照。

80)　この点については判決中に明確には述べられなかったが，*Lambeth London Borough
Council v Kay* [2006] 2 AC 465 の貴族院判決と読み合わせれば，推認することがで
きる。

注意義務を負わないと判示した[81]。さらに，警察をめぐる重要な判例において，Hill判決が依然として踏襲すべきことが確認されている。裁判所は，Hill判決がもはや疑いの余地なく適用できるものではないことを認めつつも，公共政策に関するその本質的な指摘は依然として妥当するとしている。Brooks v Metropolitan Police Commissioner[82]において，貴族院は，警察が犯罪を捜査する際に被害者というよりむしろ容疑者として扱ったと考える犯罪被害者には注意義務を負わないと判示した。さらに，Smith判決では，元パートナーに重傷を負わされた男性が，元パートナーからの脅迫を警察に通報していたとしても，その男性に対して注意義務は負わないと判示した[83]。より最近の例として，最高裁判所は，Michael事件において，緊急電話への対応が技術上の問題とヒューマンエラーによって遅れたため家庭内暴力によって被害者が死亡したことについて注意義務違反はないと判断した。本件の緊急対応電話のシステムは国民全体の利益のために設置されたものであり，政府が責任を負わない第三者によって引き起こされた損害賠償を国民が追加で負担しなければならないのは，妥当ではない[84]。

この節で最後に指摘すべき点は，たとえ特定の事例において注意義務違反が認められるとしても，請求者は「違法」と「因果関係」も立証しなければならないことを忘れてはならない。公法上，合理性のないことが，権限行使が注意義務違反となるか否かを評価する際の裁判所の指針になり得ることは，すでに述べたとおりである——しかし，Conner v Surrey County Council[85]に関する本書の議論も参照——また，因果関係を証明することも難しい。この点は，

---

81) ［2005］2 AC 373, 422, Brown裁判官。

82) ［2005］2 All ER 489.

83) *Smith v Chief Constable of Sussex Police*［2009］1 AC 225.

84) *Michael v Chief Constable of South Wales Police*［2015］UK 2,［2015］AC 1732. 他の公的機関に関しては，*Mitchell v Glasgow City Council*［2009］1 AC 874, *Jain v Trent Strategic Health Authority*［2009］1 AC 853, *Gorringe v Calderdale Metropolitan Borough Council*［2004］1 WLR 1057も参照。

85) ［2011］QB 429.

第 20 章 公的機関の不法行為責任 **799**

Phelps 事件のような事実との関連で理解することができる（ただし，Phelps 判決の原告には請求が認められた者もいた）。失読症に関する誤診が教育上の困難や精神的損害を生じさせたと主張する原告らは，誤診と損害との間に因果関係があることを証明しなければならない。これには，被告の行為が事実として損害を引き起こしたこと（事実的因果関係）と，原告が損害を被ることが「合理的に予見可能」であったこと（法的因果関係）を証明する必要がある。合理的な予見可能性とは，柔軟なテストであり，好ましい価値判断を優先させるために柔軟な基準を用いるというこれまでの司法の姿勢をふまえると，因果関係の要件もまた，政府機関が（自己か代理かを問わず）責任を回避する結果となる可能性がある[86]。したがって，注意義務は方程式の一部分に過ぎず，法的責任は他の方法でも制限される可能性がある。

20. 5　人権法と不法行為責任

　本章では，ECHR が公的機関の不法行為責任に与えた影響について何度か言及してきた。ここでそれらの言及をまとめると，その影響は間接的なものであると同時に直接的なものであると考えるのがおそらく最善であろう。間接的な影響とは，関連する事実が 1998 年人権法より前のものであるが，裁判所が英国の国際的義務に照らしてコモンローを発展させるべきであると考えた事件において，裁判所が ECHR の原則と適用に言及した場合に生じたものである[87]。他方，直接的な影響は 1998 年人権法に基づいて審理された事件において

---

86)　教育の分野で敗訴した事例については，*Bradford-Smart v West Sussex County Council* [2002] ELR 139; *Liennard v Slough Borough Council* [2002] ELR 527; *Smith v Havering Borough Council* [2004] ELR 629; and *Carty v Croydon London Borough Council* [2005] 2 All ER 517 を参照。また，教育の分野で勝訴した事例については，*DN v Greenwich London Borough Council* [2005] ELR 133; および *Devon County Council v Clarke* [2005] ELR 375 を参照。

87)　例として，*Barrett v Enfield London Borough Council* [2001] 2 AC 550, 前述のとおり。

生じており，同法2条は，公的機関に対する請求を判断する際にECtHRの判例を考慮するよう裁判所に求めている。同法7条によれば，このような請求は，ECHRにのみ基づくことも，コモンローの訴因に基づくより一般的な請求にECHRを追加することもできる[88]。

　人権法に基づき損害賠償請求が提起された場合を考えると，8条3項は，裁判所が，損害賠償を受けるべき者に「正当な満足」を与えるために必要であると判断した場合に，損害賠償を行うことを規定している（「正当な満足」という用語は，ECHR 41条の文言と直接に対応していることに留意していただきたい）。人権法に基づく損害賠償について，当初は裁判所が柔軟なアプローチを採用するとの見方もあったが[89]，裁判所が賠償を認める際には慎重を期すと理解されている（ただし，すべては状況や関係する権利の性質による）。この点に関する重要先例は，現在もR（Greenfield）v Home Secretary[90]であり，刑務所の懲戒手続によってECHR 6条に基づく権利が侵害された囚人が，被告による違法行為の宣言に加えて損害賠償を受けることができるかどうかが問題となった。貴族院は，本件では宣言で十分であるとした上で，ECtHR自身がECHR 6条の事例では損害賠償を行わないことが多く，ECHR 6条違反と個人が賠償を求めている非金銭的損害との間に因果関係が認められる場合にのみ損害賠償を行う傾向があることを強調した。貴族院は，また，人権基準の遵守を確保するという同法の目的は，多くの場合，違反の認定だけで達成できるため，1998年人権法は，いかなる場合でも，自動的に損害賠償による救済を生じさせる不法行為法とみなされるべきではないと強調した。貴族院によれば，この法律は，個人がECtHRに出訴した場合よりも多くの救済を受けられるようにすることを意図しているのではなく，ECtHRのケースバイケースのアプローチを国内法に取り入れ，国内裁判所にそのアプローチを考慮するよう求めることを意図してい

---

88)　同法とその主要条項については第4章を参照。

89)　*Anufrijeva v Southwark London Borough Council* [2004] 2 WLR 603.

90)　[2005] 2 All ER 240; *R (Sturnham) v Parole Board* [2013] UK 23, [2013] 2 AC 254 などで適用されている。

るのである。ECtHR の判例に照らせば，本件事実に損害賠償を正当化するような特別の特徴はない。

損害賠償請求に対する保守的なアプローチを示すもう1つの判例は，——権利が侵害されたかどうかという問題に関して——Van Colle v Chief Constable of Hertfordshire がある[91]。この訴訟は，刑事裁判で証拠を提出することになっていた男性が元従業員に脅迫され，その後殺害されたため，その男性の遺族が提起したものであった。高等法院と控訴院は双方とも，証人は公務員とのつながりを理由に危険にさらされる可能性のある特定の類型の人であり，また，本件事実においては警察は被害者の生命が脅かされていることを知るべきであったとして，ECHR 2 条が定める生命に対する権利の侵害があったと判断した。しかし，上訴審の貴族院は，警察が個人の生命に対する「現実的かつ差し迫った危険」を認識していたことを示す証拠がなかったとして，ECHR 2 条違反を認めなかった。ECtHR の判例法によれば，国家が個人を保護する積極的な義務を負うのは，そのような認識が存在する場合のみであり，例えば，個人の自宅に警報器を設置したり，近隣をパトロールすることにより認識する場合である[92]。しかし，この事件では，警察の行動を必要とする義務はなかったという理由で，貴族院は全員一致で警察署長の上訴を認めた。貴族院は，犯人の側に不規則な行動があったことを示すいくつかの証拠を指摘しながらも，後知恵の危険性を戒め，中心的な問題は，警察が「当時，知り得た事実と状況において，合理的かつ情報に基づき判断し」危険を「認識すべきであったかどうか」であると述べた[93]。貴族院は，警察が他の証人に対する脅迫的でないやりとりや，故人と犯人との間の悪意のある電話連絡を認識していたに過ぎなかったと述べ，ECHR 2 条違反と判断できるような証拠に乏しいと結論付けた。後にこ

---

91)　[2009] 1 ac 225.

92)　*Osman v UK* (2000) 29 EHRR 245. 詳しくは，G Anthony, 'Positive Obligations and Policing in the House of Lords' (2009) *European Human Rights Law Review* 538 参照。

93)　[2009] 1 AC 225, 258 at [36], Bingham 裁判官。

の事件が ECtHR で争われた際，ECtHR も同様に，ECHR 2 条の違反はなかったと判断した[94]。

しかしながら，法的責任についてのより制限的でないアプローチは，Rabone v Pennine Care NHS Trust[95] での最高裁判決によって採用された。この事件は，NHS Trust〔運営病院〕を運営する独立行政法人の任意の精神科入院患者であった女性が自宅に戻った際に自殺したため，その両親が提起したものである。彼女の両親は，1934 年改革（雑則）法に基づくネグリジェンス訴訟を提起し，和解したが，上訴審での主な争点は，ECHR 2 条と 1998 年人権法 7 条に基づく出訴期間 1 年以内を満たしているか否かに関するものであった[96]。第 1 の問題は肯定されたが，それは，故人が任意に治療を受けていた患者であったことから，同 Trust が故人に対して ECHR 2 条に基づく実施上の義務を負っていたかどうかであった（裁判所は，国の積極的義務があったと認定する際に，故人と同 Trust の関係の性質について詳細に論じた）。第 2 の問題についても肯定されたが，それは，故人の両親が，その死別について，人権法 7 条にいう「被害者」として自身の名前で ECHR 2 条に基づく訴えを提起できるかであった[97]。本件判断は，ECHR 2 条が関係する事件における「被害者」の範囲を拡大するものであり，ネグリジェンス訴訟の和解によって，両親が ECHR 2 条に基づく訴権を黙示的に放棄したことになるかどうかという第 3 の問題を提起した。最高裁は，和解にそのような効果はないとし，特に，ネグリジェンスによる損害賠償請求は娘の遺産のためになされたものであり，死別に対する両親の補償にはならないとした。最高裁は，遺族に支払われた金額は妥当ではあるが，不当に寛大なものではなく，ECHR 2 条に基づく請求に対して十分な救済を与えているとはいえないと指摘した。本件事実においては，請求の出訴期限を延長することが適切であると判断され，――延長は，4 箇月未満であった

---

94) *Van Colle v United Kingdom* (2013) 56 EHRR 23.
95) [2012] 2 WLR 381.
96) これについては，4.4.6 を参照。
97) 被害者の要件については，4.4.5 および 8.10.3 を参照。

——最高裁は，各請求人に対して5,000ポンドの支払いを命じた。

　最後に，Van Colle事件のように，国内裁判所で救済を受けることができない場合には，個人がECtHRに申し立てることができることを指摘しておく。この点を説明するためにさらに使用できる例はたくさんあるが，ここではJD v East Berkshire[98]判決からMAK v UK[99]判決までの発展をとりあげる。上述のとおり，JD事件において，所管福祉機関の公務員は，子どもへの虐待を誤って疑われた親に対して注意義務を負っていないとして，貴族院は，コモンローに基づく救済はないと判断した（この事件の事実は人権法の施行前であったため，親は同法に基づく訴え提起もできなかった）。しかし，この事件がMAK v UK事件としてECtHRに提訴されると，ECtHRは，虐待の疑いに照らして取られた決定——とりわけ父親による娘との面会を制限する決定——が法に従って行われたものではなかったとして，私生活と家族生活に対するECHR8条の権利の侵害があったと判示した。さらに，ECtHRは，注意義務がないことを理由にした訴え却下は，ECHR13条に基づく実効的な救済を受ける権利に反すると判示した。ECtHRは，本件が最初の段階で却下されるのではなく，審理されるべき事案であったと判示したのである。

20.6　結　　論

　本章では，まず，政府と私人の不法行為責任には区別があってはならないというダイシーの理解に言及した。しかし，1970年代以降，一部の重要な政府の活動領域において，この理解は虚構のようなものとなっている。ネグリジェンスの判例法理は，公的機能を遂行する公的機関に注意義務を課すか否かの間で浮き沈みを繰り返したが，一貫しているのは，私人の利益とより広範な公衆の利益の競合を調整しようとする司法の関心である。当初のトレンドは，公的機関の決定を責任から遮断することにあったが，Barrett v EnfieldやPhelps事

---

98)　[2005] 2 ac 373.
99)　(2010) 51 EHRR 14.

件の判決では，個人の利益がより重視されると思われるようになり，Fairgrieve
の言葉を借りれば，社会はより消費者中心的な責任に近づいていった[100]。しか
し，このような責任が生じることは，損害賠償請求に定期的に応じなければな
らない公的機関にとって財政的にどのような影響があるかという，より基本的
な問題を再び提起するものであり，最近の貴族院や最高裁判所の判断は，責任
追及の動きを鈍らせているように思われる。いずれにせよ，本書は，訴訟に代
わる手段を模索する必要があり，訴訟手続が開始される場合には，公的機能を
遂行する公的機関から得られる損害賠償額に制限を設けるべきであると提言す
る。また，この分野では，政府がさらなる制定法上の規制の仕組みを提供し，
適切な場合には，代替的救済手段（例えば，関連する公的機関に適用されるオンブ
ズマン）の数を増やす方がよいだろうと提案する[101]。もっとも，政府がそうし
ない場合には，もちろん，原則に基づく分析のための包括的な枠組みを提供す
ると同時に，ケースバイケースで多くの競合する利害のバランスを取ろうとす
るのは裁判所の役割である。しかし，それは「単一の判決ではできない」こと
である[102]。

FURTHER READING

Anthony, G（2006）'The Negligence Liability of Public Authorities: Was the
    Old Law the Right Law?' 57 *Northern Ireland Legal Quarterly* 409.

Anthony, G（2009）'Positive Obligations and Policing in the House of Lords'
    European Human Rights Law Review 538.

---

100)　[2001] 2 AC 619, 658. D Fairgrieve, 'Pushing Back the Boundaries of Public
　　　Authority Liability: Tort Law Enters the Classroom' [2002] *Public Law* 288, 307.

101)　損害賠償を規定する制定法のしくみの例としては，*R (Adams) v Secretary of State
　　　for Justice* [2011] UK 18, [2012] 1 AC 48 で検討された 1988 年刑事政策法 133 条を
　　　参照。

102)　*Gorringe v. Calderdale Metropolitan Borough Council* [2004] 1 WLR 1057, 1059,
　　　Steyn 裁判官。

Bailey, SH and Bowman, MJ (1986) 'The Policy/Operational Dichotomy—A Cuckoo in the Nest' 45 *Cambridge Law Journal* 430.

20-LeylandandAnthony-Chap20.indd 490 06/17/16 1:02 PM Public authority liability in tort 491 Buckley, RA (2000) 'Negligence in the Public Sphere: Is Clarity Possible?' *Northern Ireland Legal Quarterly* 25.

Cornford, T [2009] 'Administrative Redress: The Law Commission's Consultation Paper' *Public Law* 70.

Fairgrieve, D [2002] 'Pushing Back the Boundaries of Public Authority Liability: Tort Law Enters the Classroom' *Public Law* 288.

Gearty, C (2001) 'Unravelling Osman' *Modern Law Review* 159.

Gearty, C (2002) 'Osman Unravels' *Modern Law Review* 86.

Knight, CJS [2011] 'Constitutionality and Misfeasance in Public Office: Controlling the Tort' 16 *Judicial Review* 49.

Markesinis, BS, Auby, J-B, Coester-Waltjen, D, and Deakin, SF (1999) Tortious Liability of Statutory Bodies (Oxford: Hart Publishing).

Witting, C (2015), Street on Torts, 14th edn (Oxford: Oxford University Press).

Wright, J (2001) Tort Law and Human Rights (Oxford: Hart Publishing).

第 21 章

2016 ~ 2022　行政法の過渡期？

21. 1　序

　前章までの（全てではないにせよ）いくつかの章を読んだ読者は，この第8版が，イギリスにおける憲法上の大変動の直前に出版されたものであることに気づくだろう。その大変動の中心にあったのは2つの要因である。第1の要因はブレグジットである。ブレグジットとは，イギリスの欧州連合離脱の過程を表現する略語である。この離脱の過程は，複雑なだけでなく面倒なものであった。そして，主権についての理解，イギリスの分権政府と中央政府の関係，そしてもちろん，イギリスとEUの関係にとって非常に重要な意味を持つものであった。第2の要因は世界中の制度と経済にとって意味を持つものである。すなわち，Covid-19である。このパンデミックにより，イギリスの中央政府と分権政府は，基本的権利を大きく制限する公衆衛生上の施策を導入した。それらの施策の導入は，表面上強化された行政権限を持つ大臣のアカウンタビリティに関する問題も提示している。附随する問題としては，裁判所と審判所がいかにしてパンデミック中も機能し続けられるのかという問題がある。もし，裁判所と審判所がリモートワークを要求されるなら，開かれた（そして有効な）司法の原則は意味を持つのだろうか。

　注目度は劣るものの，同様に重要な発展として，司法審査にかかわる諸点の刷新がある。本書の第8章から第18章を読むと，ここ数十年で，司法審査は，裁判所によって大きく拡張され，そのことがしばしば政治的な問題を引き起こしてきたことに気づくだろう。そのため，2020年，政府は，司法審査手続と審査の根拠にかかわる諸点の改革を検討するための委員会を立ち上げた。裁判

所が「司法権の範囲を超えた」行為をしていると考えられているためである[1]。この委員会の報告書は，最終的には，非常に控えめな改革を提案するにとどまったが，裁判所自身は，明らかに，より謙抑的な立場をとりはじめた。イギリス最高裁判所における多くの重要な判決が，審査の根拠をより狭めることや，議会の過程に服してきた政策上の選択を扱うことに司法が消極的であることを示している。今後出される判決もまた謙抑的な特徴を有し，そして，最高裁判所が自らを，「事実上の」最高裁判所ではなく，最終上訴裁判所として再定位することが予想される。

　本章では，本編の補遺として以上の問題について検討することにする。本章は３つの節に分かれる。第１節ではブレグジットについて検討する。そこでは，離脱の過程に関するリーディングケースを検討するとともに，行政部の決定に対する議会の監督，イギリスにおける中央政府と分権政府の権限の接点という関連する問題を扱う。第２節では，Covid-19 とそれが提示した問題について，権利，アカウンタビリティ，司法の電子化という観点から取り上げる。第３節は，司法審査におけるパターンと，現在現れている積極主義者と謙抑を基本とする司法判断の間の緊張関係について検討する（また，1998 年人権法と並んで，行政法の改革に関する政治主導の議論についてもここで再び触れる）[2]。結論では，全体を要約する形で，いくつかのより一般的なコメントを行う。

　ここで，付言しておきたいのは，本章では，技術的で難解な事柄について詳細に説明するよりも，その展開のスナップショットを提示することに努めたと

---

1)　解説として，例えば，D Campbell and J Allan, 'Procedural Innovation and the Surreptitious Creation of Judicial Supremacy in the United Kingdom' (2019) 46 *Journal of Law and Society* 347 を参照。委員会への付託事項について，https://www.gov.uk/government/groups/independent-review-of-administrative-law#terms-of-reference を参照。委員会の報告書について，https://assets.publishing.service.gov.uk/government/uploads/system/uploads/attachment_data/file/970797/IRAL-report.pdf を参照。

2)　人権法に関する検討とその後の改革の提案について，https://consult.justice.gov.uk/human-rights/human-rights-act-reform/ を参照。

いうことである。はじめにのところで明らかにしているように，本書では，イギリスにおける行政法の現状を，分かりやすく，容易に理解できるよう説明するように心がけている。詳細な点の重要性を軽視するものではないが，Brexitと Covid-19 によりイギリス法に起きた明らかな問題と，繰り返されてきた憲法上の論争に迫りたいと考えている。そのため，読者が，ここで扱った諸点についてより知りたいと考えた際に調べることができるよう，既存の章への参照も付している。

21. 2　ブレグジット

　ブレグジットに関する分析は，イギリスが EU を離脱することを 52％対48％という絶対多数で表決した日である 2016 年 6 月 23 日という日を記すことから始めることができる。この表決は，イギリスが 40 年を超えて構成員であり，また法的，政治的，経済的に深い結びつきを持っていた超国家組織を離脱することを選択したものなので，政治的に劇的に重要である[3]。また，この表決は，イギリス国内における政治的な緊張を固定させることとなった。なぜなら，北アイルランドとスコットランドの有権者の多数は EU 残留に票を投じていたからである（それぞれ，56％対 44％，62％対 38％）。それゆえ，イギリスの絶対多数というのは，その構成単位のうち 2 つが EU 残留を望んでいるがイングランドとウエールズにおける票のために離脱の見込みに直面しているという事実を覆い隠すものである。

　憲法及び行政法の関係では，ブレグジットは 3 つの——関連する——問題を提起した。第 1 の問題は，離脱の過程における国家の様々な組織の間の関係についてである。イギリス議会，イギリス政府と裁判所との間の関係，またイギリスの中央の組織と分権政府の立法府，行政府との間の関係の双方について問題となる。第 2 の問題は，イギリスの法制度に影響を与え，農業，環境，社会

---

3)　See ch 3.

810

保障そして消費者保護を含む諸領域を規律してきた EU 法の一体に何が生じるのかである。この一体の法は、従来、1972 年欧州共同体に関する法律の下においてEU 法の優越性及び直接効の原理と関連していた。しかし、同法の廃止が迫っていることは、ブレグジットが実現するときに何か広範なかたちで「保留」を行使する必要があることを意味している。第 3 の問題は、EU との将来の関係について、すなわち、どのような条件でイギリスは EU を離脱するのか、将来の貿易及び協力に関する協定はどのようなかたちをとるのかにかかわる。

21. 2. 1 離脱の過程

ブレグジットの過程でおそらく最も有名な出来事は、Gina Miller 氏による法的手続の提起であった。この女性実業家は、イギリス政府が提案した離脱手続の着手方法に（初めて）異議申立てを行った（彼女は後に、離脱の日が近づいた時点での首相による議会の停会を争う——後述する）[4]。欧州連合条約（TEU）50 条に基づき、構成国は「その国の憲法上の要請に従い、[EU] からの離脱を決定することができる」。イギリス政府は、イギリスの離脱の意思の通知を行うのに外交関係事項として国王大権上の権限を用いるつもりであることを示した[5]。Miller 氏は、この提案されたアプローチに対して、立法府により設定された広範な諸権利を廃止するのに国王大権に基づく行政府の権限を用いることはできないという根拠に基づき異議申立てを行い、成功した。これは、EU 法そのものの性格にかかわる点であり、そこでは、EU 法は、1972 年欧州共同体に関する法律に基づきイギリス市民に広範な諸権利を与えたのだと主張された。最高裁判所は、この分析に同意して、イギリス議会は 1972 年法を制定したので、これらの諸権利が変化に服せしめられる過程を承認することができるのは議会だけであると判断した。この結果、2017 年欧州連合（離脱通知）法が制定

---

4) *R (Miller) v Secretary of State for Exiting the European Union* [2017] UKSC 5, [2018] AC 61.

5) 国王大権上の権限については、第 9 章を参照。

され，同法に基づき，政府は 2017 年 3 月 29 日にイギリスの離脱の意思を通知したのであった。

Miller 判決は，分権で設定したものをめぐりブレグジットが生み出した緊張をもまた強調することになった。この事件はしばしば Miller 氏の名前でのみ報道されるが，北アイルランドで起きた 2 つの事件（McCord 事件と Agnew 事件）と併合審理されたものであり，これらの事件では，スコットランドとウエールズの法務官が訴訟参加していた。権限移譲の次元は，本質的に「Sewel習律」が関係し，この習律によって，イギリス議会は権限移譲された事項に関しては権限移譲を受けた諸組織の同意なしに立法を「通常は」行わない[6]。この事件では，ブレグジットが権限移譲された事項（農業法や環境法など）に影響を与えることを理由に，議会が離脱の通知を承認する立法はいかなるものであれ権限移譲を受けたものの同意を得てしか可決することができないと主張された。この主張に基づけば，実質的に，スコットランドの諸組織は，ブレグジットに拒否権を行使しあるいは離脱を実現する過程を非常に複雑なものとすることができたであろう。結局，この論点は消えた。すなわち，最高裁は，Sewel習律は憲法上の習律であるから裁判所で強行可能ではなく，この習律の違反に対する制裁は政治的な解決になじむ問題であって法的な解決になじむ問題ではないと判断したのであった[7]。

この後の離脱過程は，離脱を確実なものにしようとする政府の努力をブレグジット反対派の議員たちが議会手続を通じて妨害しようとする，議会内部における消耗戦となった。この議会手続が用いられた詳細はここではそれほど重要ではなく，議会の会期がしばしば切断され，いわゆる「残留派」が国民投票で示された国民の民主的な意思を妨げようとしているという物語が発生したとい

---

6) See further P Leyland, *The Constitution of the United Kingdom* (Oxford: Hart Publishing, 4th ed., 2021) pp. 234ff.

7) Miller 判決に関する評釈については，権限移譲の次元も含めて，M Elliot, J Williams and A Young (eds), *The UK Constitution After Miller: Brexit and Beyond* (Oxford: Hart Publishing, 2018) を参照。

う事実もまた同様に重要でない。この物語は，もちろん，イギリス全体では
「離脱」への賛成が多数であったがこの国を構成する諸地域の全てにおいてそ
うであったわけではなく，また多くの議員たちはブレグジットの諸現実がよく
知られるようになったときに離脱が賢明か否かをテストするのが正しいと考え
ていたという事実を無視するものであった。例えば，立法化された措置の1つ
は，政府に TEU 条約 50 条に基づく交渉の時間延長を，そのような効果を持
つ動議が庶民院により可決される場合に求めており，さらに後の立法では，政
府に EU との交渉の進捗状況につき議会に報告書を提出するよう求めてい
た[8]。これらの要請は，政府からの露骨な批判にあった。そのことから，離脱
を促す民主的な付託が損なわれていると政府が考えていたことは明らかであ
る。最終的に，政府が議会による監視からいったん逃れてブレグジットに決着
をつけるために，首相が 2019 年秋に議会を閉会する国王大権上の諸権限を行
使するよう女王に助言することになったのは，政府がこのように信じていたか
らであった。

　（上述の）Gena Miller 氏により提起された 2 番目の事件は，この国王大権上
の諸権限の行使の適法性を争うものであった[9]。驚くべき判決において，最高
裁判所は，首相の決定は議会に対するアカウンタビリティの原理を損なうもの
であることなどを理由として違法であると判断した。最高裁は，この事件が
「1 回限りのもの」であることを認識していたが，コモンローは「このような
訴えに応えるために用いられ，私たちにその解決のための理由づけを可能とす
る法的道具を提供する」[10] ことを強調した。この事件の文脈において，このこ
とは，裁判所による次の判断を意味していた。すなわち，（ⅰ）手元にある争
点は司法判断適合性を持つこと，（ⅱ）国王大権上の権限は議会主権と議会に
対するアカウンタビリティとにより制限されること（アカウンタビリティを果た
せない場合，統治は「民主主義モデルと正反対のもの」[11] になる），（ⅲ）議会の閉会

---

8)　2019 年欧州連合（離脱）法及び 2019 年欧州連合（離脱）（第 2）法。

9)　*R (Miller) v Prime Minister* [2019] UKSC 41, [2020] AC 373.

10)　[2020] AC 373, para 1.

は，政府がそれを正当化できる理由に関する証拠を出さない状況ではアカウンタビリティの理念を明らかに損なうこと，そして，（iv）結論として，議会の閉会は適法に行われなかったことを意味していたのである。この判決は，非常に物議をかもすこととなり，後に政府が行政法の見直しを始めた1つの理由であった。この見直しについては，上でも言及したが，以下でも立ち戻ってみることにする。

21. 2. 2　EU 法の保持

EU 法体系をブレグジット後にどうするかという問題は，国民投票の時点から政府の意思決定者を悩ませていた。すでに述べたとおり，イギリスの法の大部分は，EU 法を法源とし，消費者保護，環境，安全衛生などの分野における実体法上の規定が，EU 法の優越性と直接の原理，さらには欧州基本権憲章に縛られていたからである。当時の政府にとって，これは非常に現実的で差し迫った課題であった。一方で，ブレグジットは，主権を取り戻すという考えがより多くの組織上の自律をイギリスにもたらすように，イギリスが欧州連合司法裁判所などとの関係を解消することを意味するのは明らかであった。その一方で，EU 法が 50 年近く施行されてきたことを考えれば，イギリスには法的な確実性と継続性が必要であることは明らかだった。したがって，政府の課題は，社会的・経済的な不確実性を最小限に抑えつつ，どのようにして変化を確実に起こすかであった。

政府のアプローチは，大部分において 2018 年欧州連合（離脱）法という形になった。これは必然的に複雑な法律であり，ここでは 3 つのポイントのみを強調する。第 1 点は，同法が 1972 年欧州共同体に関する法律を「離脱日」に廃止したことで，自由な移動，欧州基本権憲章の遵守，欧州連合司法裁判所の管轄権の尊重など，幅広い条約上の義務が終了したことである[12]。第 2 点は，同法が，EU 法による国内法修正の措置の広範な範囲についてその効力を維持

---

11)　[2020] AC 373, para 48.

12)　Ss 1 and 5。

814

し，今ではこの部分が「保持される EU 法」と呼ばれており，イギリスの裁判所の専属管轄権に服している[13]。このアプローチは（もちろん）法的安定性の理由から望ましいものであったが，一部の裁判官は，この新しい管轄権が裁判所を政治化する可能性について懸念を表明した[14]。これは，同法 5 条に規定されたことに対する批判であった。同法 5 条によれば，EU 法の優越性の原則は，ブレグジット以降の立法又は判例に適用されないが，ブレグジット以前の立法又は判例が後に修正され，EU 法の優越の原則が「修正の意図と整合する」場合には，この限りでない。この漠然とした文言が多くの批判を受けたのは，同法 5 条が，今後 EU 法とイギリス法の調整について必然的に誤った役割を裁判所に与えたからであった。この点で，イギリスの裁判所は，EU 離脱後の時代にどの程度まで EU 法の優位性の原則を適用できるかという問題について，まだ判断を下していないことに留意すべきである。──その答えは，グローバル化された社会においてどこまで後戻りできるか，多くを語ることになるかもしれない。

　第 3 点は，同法が中央政府の閣僚に広範な権限を与えているため，保持される EU 法を将来どのように変更できるかという点である[15]。これらの規定の効果は，ブレグジットに照らして議会の精査メカニズムがある程度修正されたとはいえ，議会の権限よりもむしろ行政府の権限を増大させることになる[16]。Covid-19 のパンデミック対策として導入された緊急措置（後述）と同様，2018年欧州連合（離脱）法とそれに続く法律の下で設けられた規則の増大は，議会両院の関連委員会による限定的な精査しかないため，議会に対する憲法上の説明責任という重要な問題を提起している[17]。さらに，ウエストミンスターの議

---

13)　Ss 2-7.

14)　'Lady Hale outlines concerns with language of Brexit bill' Irish Legal News, 22 March 2018, available at http://www.irishlegal.com/11809/lady-hale-outlines-concerns-language-brexit-bill/.

15)　2018 年欧州連合（離脱協定）法 8 条，2020 年欧州連合（離脱協定）法 41 条。

16)　2020 年欧州連合（離脱協定）法 29 条及び 30 条，並びに 2018 年欧州連合（離脱協定）法 13 条を改正するスケジュール 4 を参照。

会による十分な精査が行われていないことが，離脱法の下で旧 EU 法の取り込みに関連して，分権政府からの批判の理由となっている。特に，スコットランド政府は，2018 年法が中央政府閣僚の権限を分権政府に権限移譲された領域に拡大する「権限奪取」をもたらすことを懸念していた。こうした懸念は，権限移譲された分野で中央政府が権限を行使する際に分権政府の同意を求めるという政府の約束によって部分的には和らげられたが，スコットランド政府は，最終的に最高裁にその権限を越えていると言われた法案を提出した。その主な理由は，スコットランドの当該法律が制定された場合，ウエストミンスターの議会がスコットランドのために立法する権限を制限するという許されざる効果をもたらすというものであった。その結果，分権合意 (devolution settlement) の根底にある議会主権の原則と矛盾することになる[18]。

　分権地域におけるブレグジット後の喧噪は，経済や商取引の分野でも観察され，そこでは，イギリスが単一の国内市場として機能するという考えがイギリス全体の経済政策の基礎にある。2020 年イギリス国内市場法 (UKIM) の制定は，商品やサービスの規制などに関する基準の統一を国家レベルで維持したいという意図を反映したものであった。実際，合同閣僚委員会 (欧州交渉) (JMC (EN)) によって共通枠組み〔Common Framework〕の原則が認められた[19]。これらの原則には，国際貿易における義務遵守の確保，イギリスが新たな貿易協定や国際条約の交渉，締結，履行を行えるようにすること，国境を越える要素を含む事件における司法の運用及び司法へのアクセスの提供，イギリスの安全保

---

17) *'Government by Diktat: A call to return power to Parliament'*, House of Lords, Secondary Legislation Scrutiny Committee, 20th Report of Session 2021-22, 24 November 2021, HL Paper 105.

18) *The UK Withdrawal from the European Union (Legal Continuity) (Scotland) Bill – A Reference by the Attorney General and the Advocate General for Scotland* [2018] UKSC 64, [2019] AC 1022.

19) 2017 年 10 月に合意。*Frameworks Analysis 2020, Breakdown of areas of EU law that intersect with devolved competence in Scotland, Wales and Northern Ireland*, September 2020, 4 参照。

障など，比較的議論の余地のない一般的な事項が列挙されている。しかし，分権政府の立場からすると，これらの事項の一部は議論を呼ぶ可能性がある。というのも，UKIM は主権を主張するものとみなされ，分権の基本的事項，特に分権事項に関する多様な政策の求めと衝突するからである。法律（UKIM）がイギリス政府と各分権政府によって合意されたアプローチを反映していないため，調整されたアプローチを達成することがより難しくなっている。ウエストミンスターの議会は，分権政府の猛反対を押し切って UKIM を制定したが（上記の Sewel 習律に基づく立法同意動議は，スコットランドとウエールズの議会で可決されなかった），UKIM が意図したとおりに機能するようにするために，イギリス政府は現在，実務的な課題だけでなく政治的な課題にも直面している。イギリス政府は，分権行政機関と有意義な形で関与する協議プロセス[20]を再確立することによって，イギリス国内市場を管理するしくみを実施するという，より大きな課題に直面している[21]。

21.2.3　EU との関係

UKIM は，EU との関係事項について橋渡しを提供する。イギリスの国内市場の取り決めは，イギリスと EU 27 ヶ国の間で結ばれた 2 つの協定のうち，最初の協定である「グレート・ブリテン及び北アイルランド連合王国の欧州連合及び欧州原子力共同体からの離脱に関する協定」の文言によって部分的に影響を受けるからである。2019 年のこの協定によってイギリスは正式に EU から離脱し，2020 年には包括的な「貿易・協力協定」が締結された。すなわち，最初の協定は，（ⅰ）いわゆる「離婚法案」，すなわち EU 予算への拠出金としてイギリスが EU に支払うべき金額，（ⅱ）市民の権利，すなわちブレグジッ

20）　主として二政府間の一連のソフト・ロー協定が，イギリス政府と分権政府間の実務関係を定めている。ウエストミンスター政府と分権政府の代表で構成される合同閣僚委員会（JMC）は，中央政府と分権政府との間の紛争を解決するために開催される。

21）　United Kingdom Internal Market Bill, House of Lords Selected Committee on the Constitution, 17th Report of Session 2019-21, 16 October 2020, HL Paper 151, 10.

ト後のイギリスに住む EU 市民と EU に住むイギリス市民の保護，(ⅲ) アイルランド・北アイルランド議定書，すなわち 1998 年ベルファスト合意によって定められたアイルランド島の政治関係を保護するための具体的な取り決めである。この議定書は，とりわけ，北アイルランドを EU の単一市場と関税同盟の範囲内にとどめ，これらの分野で EU 法の適用を受けるようにすることから，北アイルランドとグレートブリテン島の間に経済的国境を設けるという効果を持つため，北アイルランドにおける政治的論争の種となった（そして現在もそうである）。裁判所は，その後，この結果は 1800 年合同法に違反するが，2018 年欧州連合（離脱）法（議定書を含むように改正された）を制定した議会の意図に合致しているという点で適法であると認めている[22]。UKIM は，現在，同議定書の下での北アイルランドの立場を反映した規定も定めている[23]。

　貿易・協力協定は，物品及びサービスの貿易，公共調達，運輸，エネルギー，漁業，社会保障の調整，法執行及び刑事事件における司法協力などの事項を規定している（公平な競争条件と基本権の尊重を保障する条項も含まれている）。この協定は，以前存在した統合のレベルを再現するものではないが，EU 加盟以前のものと重複する協力分野がかなり多く維持されている。しかし，ここで興味深いのは，貿易・協力協定に関して正式な役割を持たない欧州連合司法裁判所の立場である（議定書の下では限定的な役割を持つ，上記参照[24]）。EU は同裁判所が何らかの役割を持ち続けるよう求めていたが，イギリス政府は，これでは議会主権の有意義な復帰を否定することになると主張した。このため，協定の監視はパートナーシップ協議会〔Partnership Council〕によって行われることになった。パートナーシップ協議会は，貿易と協力を監督する新しいガバナンスの枠組みの一部として創設されたイギリスと EU の共同機関である。これはイ

22)　*Re Allister's Application*，北アイルランド控訴院判決，2022 年 3 月 14 日，判例集未登載。

23)　11 条，46 ～ 49 条，55 条。議定書全体に関する解説は，C McCrudden (ed), *The Law and Practice of the Ireland-Northern Ireland Protocol* (Cambridge University Press 2022) を参照。

24)　12 条 4 項。

818

ギリスと EU の関係を管理し，あらゆる紛争を解決するためのもので，欧州委員会のメンバーとイギリス政府の閣僚が共同議長を務める。

21. 3　Covid-19 のインパクト

21. 3. 1　議会，行政府，法の支配

他の多くの国での経験と共通して，2020 年初頭に Covid-19 のパンデミックがイギリスを襲った。その結果としてのコロナ法制は，私人の行動に関して，平時では考えられない程度の広範な権限を行政府に与えた[25]。国民医療サービス〔NHS〕に人が殺到するのを防ぐことを狙いとして，全国的なロックダウンを実施し，社会的接触を制限するために，緊急事態立法が迅速になされた。議会はこの期間（2020 ～ 2021 年）の一定の間，自らの会議や投票をオンラインで再開することを決定するとともに，そこでの法律の量は，議会が主位立法と二次的立法の審査をし，政策について政府に説明をさせるという憲法上の役割を効果的に果たすことについて，重大な課題を提示するものでもあった。国家の緊急事態の程度と緊急度は，立法化の前に両議院の議員に対して公衆からの意見提出を認めるという通常の議会審査手続が可能ではないことを，意味していた。Covid-19 への対応として，1984 年公衆衛生（疾病管理）法，及び 2020 年コロナウィルス法の下で，多数の規則が大臣によって迅速に導入された。いくつかの規則は，議会に上程されることなしに発効された[26]。度重なるルールの改正や廃止は，それが二次的立法の一部に含められることもあり，執行される法規定のどれが適用されるのかについて，公衆の人々が明確に理解するのを困難にした。さらに，こうしたルールに関する情報，及び政府の医療職員や科学者からの健康に係る一般的な注意や助言に関する情報の密度ゆえに，法的に執

---

25)　*Covid-19 and Parliament*, House of Lords, Select Committee on the Constitution, 1st Report of Session 2021-22, 13 May 2021, 11.

26)　規則のいくつかは裁判所で争われた。See, e.g., *R (Dolan) v Secretary of State for Health and Social Care* [2020] EWCA Civ 1605.

第21章　2016～2022　行政法の過渡期？　*819*

行されるルールと公的な健康指針の間の混同が目立った[27]。ロックダウン中，及びロックダウン後に，いかなるルールが法的に執行されるものとして存在し，そして残るのかについて明確性が欠如していた。緊急性のない施策が短い告知期間で施行されることもあった。こうした過激な緊急的規定が濫用されるのを制限するための手法として，2020年コロナウィルス法の一部に2年間のサンセット条項が含められた[28]。しかしながら，同等の施策を導入するのに2004年市民緊急事態法が用いられるのであれば，30日ごとに施策の議会承認が必要とされると指摘されている[29]。率直に言えば，それに比肩する議会審査が望ましいであろう。

21. 3. 2　裁判の実施へのインパクト

2020年3月に，Covid-19のパンデミックが襲来し，それに続くロックダウンが裁判所や審判所における日常の対面での審理を妨げる結果となったが，その時点では，王立裁判所及び審判所サービス〔HM Courts and Tribunal Service: HMCTS〕による民事裁判制度検証の中核部分として，オンライン紛争解決（ODR）〔Online Dispute Resolution〕を含む諸改革がすでに進行中であった[30]。以前からイギリスにおける法律扶助の削減がその法制度における明らかなギャップに目を向けさせ，そこでは8000ポンド以上の貯蓄を持つ個人はもはや法律扶助を受ける資格が無くなっていた[31]。この法律扶助の制限は，多くの類型の司法がほとんどの国民にとって利用できないものに急速に変化していることを

---

27) *Covid-19 and the Use and Scrutiny of Emergency Powers*, House of Lords, Select Committee on the Constitution, 3rd Report of Session 2021-22, 10 June 2021, 31.

28) 2020年コロナウィルス法89条。

29) *Covid-19 and the Use and Scrutiny of Emergency Powers*, 51.

30) 王立裁判所・審判所サービスは，法務省の下にある執行エージェンシーであり，裁判所及び審判所サービスの運営責任を負っている。

31) 2012年法律扶助・量刑及び犯罪処罰に関する法律〔Legal Aid, Sentencing and Punishment of Offenders Act 2012〕は，法律扶助の提供に重大な影響を与えた。See Sir Stanley Burnton 'Delivering Justice in an Age of Austerity', *Justice*, April 2015.

意味し，そしてオンライン紛争解決が一定の分野で安価な代替として導入される過程にあった。庶民院の公会計委員会は，「全体としては，裁判所及び審判所制度に係る計画された改革は，世界のどこでもなされた事のない規模となる」と強調していた[32]。司法省による改革の実施は共通ケース管理システムの導入にかかわる予定表よりは遅れてはいたが，同省は全ての手続や審理においてデジタル化と最新の IT 利用に力を注いでいた。データ管理システムは，当該事案がオンラインで処理されるか否かにかかわらず適用されるものとされていた。その目的としては，最終的にペーパーレスでの司法を目標として，民事・刑事の裁判所及び審判所サービスに共通の IT プラットフォームを入れることで，過程と手続の簡素化を目的とするものであった（そして現在もそうである）[33]。

今般のパンデミックに対応して，裁判所と審判所は，その司法業務のほとんど全てについて急速にオンライン化し，また，審理が必要な場合には法廷をソーシャルディスタンスが確保されるよう適応させる[34]ことで，機能するシステムを維持するために迅速な対応をした。リモート審理はシステムの機能を維持するのに不可欠であり，2020 年コロナウィルス法は，裁判所と審判所でのリモート審理のために必要なコンピューター技術の導入を認める規定を置いた[35]。結果として，裁判所と審判所は，電話審理，リモート・ビデオ審理，ハイブリッド審理を日常業務の一環として確立した。多くの事案において，こうしたリモートの要素は，恒久的なものとして保持されることになろう。特に，

---

32) *Transforming Courts and Tribunals*, Public Accounts Committee, Fifty-Sixth Report of Session 2017-19, 20 July 2018, HC 976.

33) 電子ファイリングシステムが，高等法院女王座部，王立裁判所，第二層審判所において 2021 年 10 月から義務化された。'Data in the Courts and Tribunals System' HMCTS Update Report, December 2021.

34) 例えば，そのことが，審判所部門における未処理事件の劇的な増加を引き起こし，コロナ以前の水準との比較で 45%の増加，平均待機期間が 49 週となった。期間は前年よりも 15 週多いものであった。See Senior President of Tribunals', Annual Report 2021.

35) 2020 年コロナウィルス法 55 条。

完全な手続に対する代替としてオンライン紛争解決が原告に提示されるような，迅速審理の場合には当てはまろう。IT の導入は，物理的に出頭できない者の参加を可能にし，また，オンライン司法はより安価な選択肢を与えるという付加価値を持つ。しかしながら，こうしたオンライン化の潮流には限界があり，誰からも歓迎されているわけではない。IT プラットフォームが時として信頼できないものとなるということだけでなく，そうした技術にかかわるリテラシー水準が洗練されていない原告，技術にアクセスしにくい原告やできない原告にとっては，オンライン体験によって重大な不利益を受ける危険性がある。さらに，当事者主義的形式手続の一部である証人尋問と反対尋問は，リモートの文脈では効果的に機能しない可能性がある[36]。

　根本的には，伝統的な審理に代わる新たな技術の採用が，司法システムの中心にある基本的要素に影響を与える点に問題がある。本書における自然的正義及び公正さに係るコモンロールールの起源に係る議論で，公正な審理の権利は，少なくとも中世の時代にさかのぼる，イギリスの司法の中心的特徴とみなされる点を考察した[37]。この伝統は，多くの市民にとって，請求に対する決定が，裁判所又は審判所の前での公開で証拠を提出することと結びついていることを意味する。それゆえ，審判所長官が事案の効率的な処理を大きく強調する一方，対面での審理がリモート手法での紛争解決によって完全に取って代えられるべきではない点を主張し続けていることは，驚くことではない[38]。

21. 3. 3　行政的正義の統合システムへ向けてのさらなるステップ

　「1 つの司法」は，審判所長官が示した最新（2021 年）の戦略的目的であり，それは裁判所と審判所の間での一層の結合と調和を実現しようとするものであ

---

36)　Sir Keith Lindblom, Senior President of Tribunal's Annual Report 2021, 19, 〈https://www.judiciary.uk/wp-content/uploads/2021/09/Senior-Presidents-Annual-Report-2021-Final-web.pdf〉

37)　Ch 17.3.

38)　Lindblom, n 36.

る[39]。本書の第7章で論じた改革の結果として，大部分の行政審判所を含む単一の包括的機関へのアクセスが，市民に与えられたのである[40]。積極的な意味で，この新たな機関は，「より合理的であり，より場当たり的ではなく，潜在的にはより効率的であり，また，不服申立ての権利の観点からは，ここを通じたより明確かつ一貫した経路となる」[41] ものである。1998年人権法によって提示された手続的欠陥への対応として，Leggatt改革と併せて，審判所を司法部門の中に確固として位置づけ，裁断機関として機能し，裁判所類似の組織として，時には当事者主義的形式手続をも伴うものとした点は，再度述べる価値がある。同等の事案は同等の方法で扱われるようにするために，そのシステムはよりルールで縛られたものとなり[42]，第二層審判所の裁決は第一層審判所を法的に拘束するものとなった[43]。

　最新の「1つの司法」のアプローチは，裁判所と審判所のシステムにまたがる異なる管轄の間で，裁判官の相互配置を奨励している。当然，全国の審判所サービスの一部を構成する特定の審判部で専門的知見を保持する必要性ゆえに，こうした試みが適用できうる程度は制約される。さらに，「1つの司法」は，高等法院行政専門部における急激な未処理事件の負担を緩和するために導入された近年の制度趨勢を強固にするものである。例えば，出入国管理・庇護請求の分野で，第二層審判所出入国管理・庇護部（UTIAC）は，上位記録裁判所と認められて以降，同部が無ければ行政部で審理されることとなる大量の司法審査事件について責任を負うようになっている[44]。出入国管理及び庇護事案

---

39)　Ibid, 5.

40)　See also P Cane *Controlling Administrative Power* (Cambridge, Cambridge University Press, 2016), 331.

41)　M Elliott 'Ombudsmen, Tribunals, Inquiries: Refashioning Accountability beyond the Courts' in N Bamforth and P Leyland (eds) *Accountability in the Contemporary Constitution* (Oxford University Press, 2013), 240.

42)　M Elliott 'Ombudsmen, Tribunals, Inquiries: Refashioning Accountability beyond the Courts' in N Bamforth and P Leyland (eds) *Accountability in the Contemporary Constitution* (Oxford University Press, 2013), 241ff.

43)　C Radcliffe 'The Tribunals Revolution' *Judicial Review* [2007], 203.

は，すべての司法審査請求の75％以上となり，事案をUTIACに送ることでシステムにおける遅延を緩和しているため，これは重要である[45]。しかしながら，正式手続の増大というこの潮流は，他の重要な目的，特にアクセス可能で参加的な司法を提供するという目的と衝突する。実際に，未処理事件の蓄積を「ボトムアップ」の観点から見れば，原告にとって最善のオプションは，審理を伴う時間がより必要なより正式な法的手続に頼る前に，利用可能な代替的紛争解決（ADR）が多くの形で利用できうる事であろう[46]。

21. 3. 4 自動的な行政意思決定について考える

Covid-19のパンデミックによってもたらされた全国的なロックダウンの間，国はできる限りリモートで機能した。例えば，公立学校や大学はオンラインで運営される一方で，多くの診療予約は電話でなされた。公的機関とやり取りしたり，NHSにコンタクトを取る際には，IT利用が標準となった。この実務における目覚しい適応は，行政目的達成のためのアルゴリズムと人工知能（AI）の利用が，日常の行政決定の特徴として表れてきたという事実に注目させる[47]。この潮流は，再度の薬の処方，自動車免許の申請，納税のように，ありふれたサービス提供のために政府の公式ウェブサイトを利用することを優に超える所に至っている。センシティブな政策分野，時には人権への影響のある分野において，政策実現手段として複雑なアルゴリズムがますます用いられるようになっているため，現在ではアカウンタビリティの問題が生じているのである。

---

44) R Thomas 'Mapping immigration judicial review litigation: an empirical legal analysis' *Public Law* [2015] 652-678. See, too, R Thomas and J Tomlinson, *Immigration Judicial Review Guide* (Nuffield Foundation, 2019).

45) Thomas [2015], 652.

46) 多くの審判所において請求を行う原告は，ルールの下で，第一にADRの手段を尽くす義務がある。

47) A Le Sueur 'Automated Decision-Making' in A Horne and A Le Sueur (eds) *Parliament, Legislation and Accountability* (Hart Publishing, 2016), 183ff.

サービス提供における一層の効率性への期待は，アルゴリズムが差別や不公正をはらみうる予見できない結果に至る価値判断を含むという危険性と対比して，衡量されるべきである。実際にこうした技術は，コンピュータープログラムにおいて生ずる偏向の可能性とありふれた落とし穴に注意を引かせる[48]。イギリスのビザ申請の分野において，アルゴリズム作成に採用された基準について国籍に基づく差別があるとして争われた[49]。そのような瑕疵の結果については，Covid-19 のパンデミックの間において，大学入試に求められる高校での試験が実施不可能であった場面でより生々しく描き出された[50]。そこでは，試験実施の責任を負う政府機関である資格・試験監査機関（Ofqual）が，生徒のそれまでの成果から算出された生徒に対する教員の評定，及び各高校に対する予想評価との組み合わせを用いた複雑なアルゴリズムに依拠した。その計算式は，全国的に，生徒の 35％について評価を引き下げる結果となった。この計算式によって評価が低くなった生徒が，低実績の高校において，高い評価結果を得ることが期待された生徒であったため，これは広範な動揺を引き起こした。そのしくみが廃止されない限り，彼らは大学入学資格を与えられる機会を失うおそれに直面したため，最終的に政府はこの制度を用いないことを決定した。そうした展開は，公正さの水準が意思決定手続の必須部分として組み込まれ，適用されうるようにカスタマイズされたソフトウェアの開発を通じて，コンピューターがどの程度アカウンタビリティを果たしうるのかについての議論を惹起した。公行政に係る戦略についてこうした形式を採用することで，これまで理解されてきたような意味において法的又は憲法的にアカウンタビリティ

---

48) C Harlow & R Rawlings, *Law and Administration* (4th edn, Cambridge University Press, 2021), 251.

49) Ibid. R（Joint Council for the Welfare of Immigrants）v Secretary of State for the Home Department [2020] EWCA Civ 542.

50) *Getting the grades they've earned: Covid-19: the cancellation of exams and "calculated" grades: Response to Committee's First Report*, House of Commons, Education Committee, Second Special Report of Session 2019-21, HC 812, 24 September 2020, 19ff.

を果たしえないような機能を，コンピューターのプログラマーはおそらく意図せずに果たすことになるのである[51]。全ての市民がこうした技術を用いた形式の政策実施の対象となることは，増えてきている。IT を基礎にした政策実施が広がることは，公行政に不可欠な要件としての専門家の知見や技能の必要性，実施のモニタリングの重要性，濫用を防ぐために必要な倫理的価値，そして最終手段としての法的制裁の利用可能性に対して注意を向けさせることになる。

21.4 「司法審査のパターン」

次に，第8版刊行後の司法審査の主要なパターンについて検討する。すでに述べたように，判例法には2つの主要なパターンがあった。第1のパターンは，司法による行政上の決定者に対する監督の拡大というテーマで続いてきたもので，先ほど要約した2番目の Miller 判決が依然としてそのアプローチの最も重要な例である。第2のパターンは，より広範な原則の表明と事件の具体的な事実の両方の点において，司法の役割についてより謙抑的なアプローチをとるものである。この変化は，少なくとも部分的には，政府がますます裁判所に対して批判的になり，（特に司法審査についての）行政法と1998年人権法について2つの審査を設定した時代において生じた。政治的批判と司法の決定の間にどれだけ「因果関係」があるかは疑わしいが，2つは少なくともなんらかの形で一致していたように思われる。将来の問題は，どちらの線での推論が判例法において優越的なものとなるかである。

ここでは司法審査の領域におけるいくつかの特に有名な判例法のみ取り上げる。なお，本書が扱っている領域には他に多くの重要な判決がある。それらの判決は新しい版で取り上げる予定である。そうした判決として，「管轄権排除条項」に関する Privacy International 判決（Anisminic 判決の正しさをほぼ再確認

---

51)　Ibid, 256.

826

したもの)[52]，「終局性条項」に関する Lee v Ashers[53]，拷問，不法行為責任，国家免責に関する Belhaj v Straw[54]，欧州人権条約 6 条と公法上の手続における「市民権」の概念に関する Poshteh 判決[55]，Padfield 判決の原則に関する Palestine Solidarity Campaign 判決[56]，欧州人権条約〔European Convention on Human Rights〕（ECHR）3 条のもとでの警察の積極的義務と責任に関する DSD 判決[57]，警察と地方政府機関のそれぞれについて，ネグリジェンスの責任が問題となった Robinson 判決と Poole 判決[58] がある。イギリス法に影響を与えた欧州人権裁判所の判決も多い。とりわけ，Big Brother Watch v United Kingdom（国際電気通信の大規模傍受について比例性を欠き，欧州人権条約 8 条と 10 条に違反するとしたもの)[59]。

21. 4. 1 「拡張的司法審査」

すでに見た 2 番目の Miller 判決は，その事実の点で非常に特徴的なものであり，最高裁自身が認めるように，コモンローが眼前の問題に取り組むために

---

52) *R (Privacy International) v Investigatory Powers Tribunal* [2019] UKSC 22, [2020] AC 491. On Anisminic see chapter 10.

53) *Lee v Ashers Baking Co Ltd* [2018] UKSC 49, [2020] AC 413.「終局性条項」については第 10 章を参照。

54) [2017] UKSC 3, [2017] AC 964. 公的機関の不法行為責任については第 20 章を参照。

55) *Poshteh v Kensington and Chelsea RLBC* [2017] UKSC 36, [2017] AC 624. 6 条については第 17 章，特に 17.4.5 を参照。

56) *R (Palestine Solidarity Campaign) v Secretary of State for Housing, Communities and Local Government* [2020] UKSC 16, [2020] 1 WLR 1774. Padfiled 判決については第 11 章，特に 11.4.1 を参照。

57) *DSD v Commissioner of Police of the Metropolis* [2018] UKSC 11, [2019] AC 196. 国家の人権に関する義務については第 4 章と 20.5 を参照。

58) *Robinson v Chief Constable of West Yorkshire* [2018] UKSC 4, [2018] AC 736; and *Poole BC v GN* [2019] UKSC 25, [2020] AC 780. 公的機関のネグリジェンスの責任については第 20 章を参照。

59) Apps 58170/13, 62322/14, 24969/15.

第 21 章　2016 ～ 2022　行政法の過渡期？　*827*

自己改革をすることを要求するものであった。司法による積極的な監督を志向する他の判例法の中には，司法上の発明よりも，十分確立された（そして拡張的な）原則の適用によることを要求するものがあった。その一例が，最高裁のUnison 判決である。この事件は，「合法性」原則の適用に関するものであった[60]。この原則については第 4 章で検討したが，そこでは，この原則は，主位立法が結果を明示的に又は必要な黙示により認めている場合を除いて，議会はその主位立法がコモンロー憲法上の権利を制限するために使われることを意図していないことを裁判所は前提とするという解釈ルールとかかわるものであると説明した[61]。Unison 判決における問題は，雇用審判所の手続に適用される手数料制度の変更の適法性であった。すなわち，請求と上訴について手数料の前払いを義務付ける制度改正について，その適法性が問題となったのである（政府は，「受益者負担」原則を根拠にこの変更を正当化していた）。この新しい手数料制度に対する訴えは，公的セクターの組合により提起され，そこでは，新制度は，特に，権利の有効な保護に関する EU 法原則と司法へのアクセスに関するコモンロー上の権利に反すると主張された。最高裁は，多くの者が訴えを提起することができなくなるという現実的効果を有するものであるとして，この変更は違法であり，新しい手数料制度が EU 法の比例性と有効性に関する規範に違反するとした。我々がここで主に焦点を当てているコモンロー上の問題に関して，最高裁は同様に，司法にアクセスする権利の侵害があったと認定した。そこでは，最高裁は，「裁判所へのアクセスに関する憲法上の権利は法の支配に内在するものであると述べ，コモンロー上の権利の侵害が可能であるのは，明確で明白な制定法上の文言，あるいは，必然的な黙示により効果を有する文言によって認められた場合に限られると強調した[62]。そして，本件はこうした場合にあたらないとして，新料金制度は取り消されたのであった[63]。

---

60)　*R (Unison) v Lord Chancellor* [2017] UKSC 51, [2017] 3 WLR 409.

61)　特に，*R v Home Secretary, ex parte Leech (No 2)* [1993] 4 All ER 359 を検討した4.2.2 を参照。

62)　[2017] UKSC 51, [2017] 3 WLR 409, at paras 66-85（the quote is at 66）。

学説による裁判所に対する批判の中心となったのは，Re Northern Ireland Human Rights Commission（NIHRC）である。この事件は北アイルランドの妊娠中絶に関する法律を争ったものであった[64]。この法律は，妊娠中絶が母体の生命を守るために必要であるか，妊娠の継続が母体に対して精神的肉体的に深刻な影響を与える場合を除いて，妊娠中絶を犯罪とするものであった。最高裁判所の多数意見は，まず，請求人である委員会は自らの名前で請求をする原告適格を持たないと判断し，批判された。この点は，1998年人権法と委員会の業務の根拠となる法律のもとでの原告適格に関するルールにかかわる難問であり，その問題の解決は，通常であれば，その事件の結果を決定づけるものであった。しかし，最高裁は，続けて，当該法律のECHRへの適合性の問題について，その問題が「十分に検討されていなかった」こと，この点の結論を「示すことを拒否することは，現実的でなく，有用ではない」として，検討を行った[65]。この点，最高裁の別の裁判官は，当該法律がECHR3条又は8条に適合していないとし，傍論において，当該法律が変更されるべきであるとした。裁判所がこの問題に取り組んだことは，必然的に，機関の権限の問題と，妊娠中絶についての価値判断が北アイルランドの権限移譲された機関に委ねられた方がよいかという問題につながった。さらに，当時，北アイルランドの機関が，主要政党間の意見の不一致から動いていなかったという事実から，その問題は複雑になっていた。Hale裁判官にとっては，この問題は，最終的には，二次的な重要性を持つものに過ぎなかった。なぜなら，彼女は，「これは，民主的な立法機関が独自の権限を有するかという問題ではなく，立法機関と同様に，裁判所が判断する資格がある基本的人権の問題である」と考えたためである[66]。Kerr裁判官も同様に，最高裁は正当に役割を果たすことができ，「決定

---

63) See also, e.g., *R (Public Law Project) v Secretary of State for Justice* [2016] UKSC 39, [2017] AC 1531.

64) [2018] UKSC 27, [2018] NI 228.

65) [2018] UKSC 27, [2018] NI 228, 246, para 42(c), Lord Mance.

66) [2018] UKSC 27, [2018] NI 228, 245, para 38.

者の機能を奪うことになるという問題は……全く生じるものではない」との立場をとった[67]。Kerr 裁判官は，北アイルランドの政党の間に妊娠中絶に関する立場の違いがあると述べ，裁判所は，たとえ当該機関が動いていたとしても，最高裁は役割を果たしていたかもしれないと暗に示している。彼が指摘するように，「北アイルランドの民主的機関により明確に示された見解がないことに照らして，裁判所は，現在の法が ECHR 8 条に違反するかどうかという問題に関して抑制的に感じるべきではない」[68]。

　以上の最高裁の判断は David Campbell と James Allan の論文において強く批判された[69]。彼らは，それを「……尋常ではない手続的革新」と表現し，その判断は「現在，イギリスにおいて司法の最高性が密かに作り出されつつあるが，その手段である多くのそうした革新のうち最新のものであった」と主張した[70]。彼らが基本的に反対しているのは，多数意見が，原告適格に関するルールによれば委員会は訴訟を提起できないとしているため，それは抽象的審査をしたに等しいということであった。彼らは，「その判示が，分類的に，そして慎重に，傍論であったために，（最高裁が）当該法律を不適合としたと真にいうことはできない」と述べつつ，「この例は，……それが認識されているときでさえ，法的限界を無視するものであるので，法的規制の可能性を語ることはできない」と付け加えた[71]。さらには，彼らは，手続的に瑕疵のある請求が依然として最高裁判所によって審理されており，最高裁は，「適切に裁判所に提起されなかった問題について，将来の訴訟における結果となる可能性が非常に高いものを予め当事者に伝えた」と主張した[72]。その結果, NIHRC 判決は「憲法

---

67)　[2018] UKSC 27, [2018] NI 228, 325, para 295.

68)　Ibid.

69)　D Campbell and J Allan, n 1, 347.

70)　Ibid, 348. *Simmons v Castle* [2012] EWCA Civ 1039 and [2012] EWCA Civ 1288, [2013] 1 WLR 1239, and *R (Miller) v Secretary of State for Exiting the European Union* [2017] UKSC 5, [2018] AC 61 についても同様に分析している。

71)　Ibid, 361-362.

72)　Ibid, 364.

830

理論上，実務上，以前に理解されてきたような裁判ではなかった。……それ
は，事前の裁判であった。すなわち，それは，全く裁判ではなかった」[73]。

21. 4. 2　自制的論議

　自制的論議への変化は，3つの判決に関して例証することができる。第1の
判決は，Gallaher v Competition and Markets Authority であり，同判決は，
競争・市場庁が，Gallaher 社により支払われた制裁金を返還することを拒否す
ることによって，調査対象の当事者を平等に取り扱う公法上の義務に違反した
という認定に対する上訴であった[74]。本上訴は，究極的には，特に第11章から
第17章までで論じたように，GCHQ 判決[75]における Diplock 裁判官の有名な
原則の声明以降，大きく拡大してきた司法審査の根拠の射程と性質にかかわる
ものであった。最高裁判所は，上訴を認容する際に，イギリス法が平等な取扱
いを独立の行政法の原則として承認しておらず，したがって，事実に基づき，
上訴人が適法に行為したと述べた[76]。主導的意見を述べた Carnwath 裁判官は，
取扱いの首尾一貫性が一般的には望ましく，不条理性や正当な期待という項目
に基づき争点を生じさせることがあると指摘した。しかし，このことは，コモ
ンローにおいて平等性という独立した原則が存することを意味しなかったので
あり，そこでは，同裁判官は，コモンロー上の公正性の概念に対する過度に拡
大的なアプローチを採用することに対して警告を与えた。同裁判官は，手続的
公正性が法的に十分確立したものであると指摘した一方で，「実体的不公正性」，
「明白な不公正性」及び「権限濫用」の地位に対しては，「そのような言葉は，
司法審査の通常の諸原則に何も付け足すものではないではない」ため，遥かに
懐疑的であった[77]。Sumption 裁判官も，「公法では，大部分の他の法領域と同

---

73)　Ibid.

74)　[2018] UKSC 25, [2019] AC 96.

75)　*Council of Civil Service Unions v Minister for the Civil Service* [1985] AC 374.

76)　コモンロー上の平等については，see chapter 14.2.

77)　[2018] UKSC 25, [2019] AC 96, 113, para 41.

様に，範疇を不必要に増やさないことが重要である。不必要に増やすと，公法において一般に妥当するルールや隣接した範疇に適用されるルールとは全く異なる特別のルールを大量に生じさせることによって，法の首尾一貫性を損なうことになるのである」[78]と同様に主張した。その明確な含意とは，最高裁判所が司法審査の根拠を簡素化しようと望んでおり，Diplock 裁判官による違法性，不条理性及び手続的不適正（並びに比例性）への焦点の絞り込みに回帰することさえ望んでいるかもしれないことであった。

　第2の判例は，R（A）v Secretary of State for the Home Department であり，同判決は，公的機関により採用されてきた政策の司法審査の範囲にかんするものであった[79]。本判決——最高裁判所により審理された——以前は，裁判所の判例法は，政策の内容が，法的に誤ったものである場合だけではなく，手続的不公正を生じさせるものである場合及び不条理なものである場合の一方又は両方においても，審査可能であるということを示唆していた。今や，不公正性及び不条理性は，審査と全く無関係というわけではないが，政策を争う方法としては，より限定的に定義された合法性のプリズムを通してしか働かない。この趣旨の最高裁判所の判決が出されたのは，警察が，児童と接触をして児童に関する性犯罪のために有罪決定を受けた人の名前を公衆に開示すべきか否かを決定するときに，他の警察と連携することを許容した指針を，有罪決定を受けたある児童性犯罪者が争った時であった。原告は，名前を挙げられる可能性のある個人からの意見陳述を求めるよう警察が義務付けられる状況に関して十分な細目を同指針が定めておらず，このことは，コモンロー上の公正性及びECHR 8 条に違反すると主張した。最高裁判所は，今や，政策を採用している公的機関により一層大きな保護を与える判決の中で，原告の主張を斥けた。要

---

78)　[2018] UKSC 25, [2019] AC 96, 115, para 50.

79)　[2021] UKSC 37, [2021] 1 WLR 3931. See, too, *R (BF (Eritrea)) v Secretary of State for the Home Department* [2021] UKSC 38, [2021] 1 WLR 3967; and *R (Begum) v Special Immigration Appeals Commission* [2021] UKSC 7, [2021] AC 765. 行政法における政策の役割については，see chapter 12.2.

約すると，最高裁判所は，3種類の事件において，ある政策がコモンロー上不法と認定されることがあると判示した。すなわち，（ⅰ）当該政策が誤った法の積極的な宣言を含んでおり，意思決定者が当該政策に従うと法についての過誤を犯すことになる場合，（ⅱ）ある機関が法に関する正確な助言を与える義務に従って政策を採用したが，（法の誤った宣言又は法状況を説明しなかったことのいずれかにより）正確な助言を与えなかった場合，（ⅲ）ある機関が政策を採用することを自発的に決定し，そうする際に（やはり，法の誤った宣言又は法状況を説明しなかったことのいずれかにより）法状況の十分な説明をしなかった場合である。最高裁判所は，これに基づき，本件における指針が第1の種類に該当し，コモンロー上不法ではない——個人が不公正に取り扱われる危険性を創り出すときには，政策指針が不法となるという独立の原則は存しない——と判示した。最高裁判所は同様に，ECHR 8条の違反が存しないと判示したのであり，そこでは，同指針がECHRのいわゆる「法の質」要件に適合すると述べられた[80]。

　第3の事件は，R (SC) v Secretary of State for the Work and Pension であり，同判決は，特にECHR 14条に基づく差別禁止に反すると主張された福祉の資格についてのルールに対する異議にかかわるものであった[81]。同判決の個別の事実は，ここではReed裁判官によって出された原則の声明ほど重要ではなく，その声明とは，人権にかかわる事件における比例性を基礎とした審査の限界に取り組むものであった。同裁判官は，社会保障及び福祉制度に対する異議が「イギリスにおいて徐々に一般的になった」——そこでは多くが認容された——ことを指摘し[82]，そのような異議が，大抵は，当該措置が議会で検討されている時に反対のロビー活動を行ったが不首尾に終わった運動団体によって唱えられた」ものであると述べた。彼は，人権にかかわる事件における裁判所の役割を参照し，「比例原則は，極めて広範な裁量権限を裁判所に付与するも

---

80)　この点については，see *Re Gallagher* [2019] UKSC 3, [2020] AC 185.

81)　[2021] UKSC 26, [2022] AC 223. ECHR 14条については，see chapter 14.4.

82)　See, e.g., *Re McLaughlin* [2018] UKSC 48, [2018] 1 WLR 4250.

のであるから，そのような事件は，政治的選択の領域への裁判所による不当な
干渉の危険性を引き起こすものである」と警告した。かくて彼は，裁判所が代
議政治の範囲に不法侵入すると考えられるべきではないことを切望して，イギ
リス憲法における権力分立の重要性を改めて述べた。彼は要点を以下のように
述べた。「［不当な干渉］の危険性は，裁判所が［比例］原則を合法性と政治過
程との境界線を尊重する仕方で適用するときにだけ避けることができる」[83]。

　Reed 裁判官のこれらのコメントは，過度に活発な司法審査への関与に対す
る現在の司法の慎重さを反映したものであるように見える。歴然とした政治的
要素を有する事件への介入からの退却が，裁判所が最終的にしようとしている
ことだとすれば，裁判所は，政府が司法審査の射程に関して近時表明してきた
懸念に取り組むためのまさしく真の処置をとったことになるであろう。すでに
指摘したように，政府は，（主として司法審査の領域における）行政法及び 1998
年人権法の構造と作用の改革を検討するために，2 つの見直しを委託した。行
政法の見直しは，司法審査の根拠を改革すべきか否かにかんする問題を最終的
には回避したが，SC 判決における Reed 裁判官の意見は，Gallaher 判決にお
ける意見に照らしてみると，判例法における Wednesbury 判決の審査の当初
の論理への回帰を示唆するものである。次いで，そのことは，行政法の見直し
を，裁判所が超えて活動してはならない明確な（かつ自制的な）標識を設定す
る任務として位置付けた政府に明らかに気に入られるであろうことである。さ
らに，1998 年人権法の見直しは，本章の執筆時点において進行中である──
改革の提案が最近されたところである──が，それもまた，国内法を，人権法
の最悪の行き過ぎた部分（であると政府が思料するもの）から遮断しようとする
ものである。1998 年人権法について広範にわたる立法の変更が今後されるか
否かにかかわらず，すでに SC 判決は，立法府と行政府の裁量的な判断領域の
内部にとどまる決定に直面したときに司法が自制を強めることを好むことを示
すものである。このように，この全般的な結果とは，権力分立が何を要求する

---

83)　引用部分中の全ての言葉は，at［2021］UKSC 26,［2022］AC 223, 286, para 162.

834

かについての自制的な理解によって，司法による個人の保護が実効性を弱める
ということであろう。

21. 5　結　　論

　本章は，本書の読者のためのアップデートの作業として考え出されたもので
あり，2016 年刊行の最新版以降の行政法の領域における主要な展開のいくつ
かを描いてきた。さらに，この空白期間は，一世代を超える期間で最も広範に
わたる政治的，社会的及び法的展開と一致するものであったことが明らかにな
る。EU からの離脱は，法的主権やかつての欧州の仲間との関係でのイギリス
の法的地位に影響を及ぼすだけではなく，移譲された統治制度や裁判所の役割
にとっても大きな含意を有するものである。全く異なる文脈において，Covid-19
の緊急事態は，行政救済を与える伝統的な方法に深刻なインパクトを与えたの
であり，裁判所及び審判所と並んでオンラインでの紛争解決が登場した。本書
を貫く中核のテーマは，法的及び憲法的アカウンタビリティの主な機構，特に
「……根本的かつ奪うことのできない憲法上の保護，すなわち法の支配の実
践」[84] としての司法審査の評価である。Miller 判決が重要な時期に有した広範
なインパクトやその他の近時の判決は，司法が脚光を浴びることの含意につい
て，そして，司法の監視的職務や司法権と行政権との均衡を巡る未解決のより
広範な討議について，明らかな注意を喚起するものである。

---

84)　M Fordham, *Judicial Review Handbook* (Oxford: Hart Publishing, 2020), 6.

訳者紹介

徳 本 広 孝（とくもと　ひろたか）
　　中央大学法学部 教授

太 田　信（おおた　まこと）
　　札幌学院大学法学部 准教授

深澤龍一郎（ふかさわ　りゅういちろう）
　　名古屋大学大学院法学研究科 教授

上 田 健 介（うえだ　けんすけ）
　　上智大学法学部 教授

北 島 周 作（きたじま　しゅうさく）
　　東京大学大学院法学政治学研究科 教授

洞 澤 秀 雄（ほらさわ　ひでお）
　　中央大学法学部 教授

牛 嶋　仁（うしじま　ひとし）
　　中央大学法学部 教授

イギリス行政法

日本比較法研究所翻訳叢書（90）

2025 年 3 月 31 日　初版第 1 刷発行

訳　　比較行政法研究会
発行者　松 本 雄一郎

発行所　中 央 大 学 出 版 部
〒192-0393
東京都八王子市東中野 742-1
電話 042（674）2351 FAX 042（674）2354

©2025　Hirotaka Tokumoto　ISBN 978-4-8057-0391-5　　恵友印刷㈱

本書の無断複写は、著作権法上での例外を除き、禁じられています。
複写される場合は、その都度、当発行所の許諾を得てください。

日本比較法研究所翻訳叢書

0	杉山直治郎訳	仏 蘭 西 法 諺	B6判 (品切)
1	F. H. ローソン 小堀憲助他訳	イギリス法の合理性	A5判 1320円
2	B. N. カドーゾ 守屋善輝訳	法 の 成 長	B5判 (品切)
3	B. N. カドーゾ 守屋善輝訳	司 法 過 程 の 性 質	B6判 (品切)
4	B. N. カドーゾ 守屋善輝訳	法 律 学 上 の 矛 盾 対 立	B6判 770円
5	P. ヴィノグラドフ 矢田一男他訳	中世ヨーロッパにおけるローマ法	A5判 (品切)
6	R. E. メガリ 金子文六他訳	イギリスの弁護士・裁判官	A5判 1320円
7	K. ラーレンツ 神田博司他訳	行 為 基 礎 と 契 約 の 履 行	A5判 (品切)
8	F. H. ローソン 小堀憲助他訳	英米法とヨーロッパ大陸法	A5判 (品切)
9	I. ジュニングス 柳沢義男他訳	イギリス地方行政法原理	A5判 (品切)
10	守屋善輝編	英 米 法 諺	B6判 3300円
11	G. ボーリー他 新井正男他訳	〔新版〕消 費 者 保 護	A5判 3080円
12	A. Z. ヤマニー 真田芳憲訳	イスラーム法と現代の諸問題	B6判 990円
13	ワインスタイン 小島武司編訳	裁判所規則制定過程の改革	A5判 1650円
14	カペレッティ編 小島武司編訳	裁判・紛争処理の比較研究(上)	A5判 2420円
15	カペレッティ 小島武司他訳	手 続 保 障 の 比 較 法 的 研 究	A5判 1760円
16	J. M. ホールデン 高窪利一監訳	英 国 流 通 証 券 法 史 論	A5判 4950円
17	ゴールドシュティン 渥美東洋監訳	控 え め な 裁 判 所	A5判 1320円

日本比較法研究所翻訳叢書

18	カペレッティ 編 小 島 武 司 編訳	裁判・紛争処理の比較研究㊦	A 5 判 2860円
19	ドゥローブニク 他編 真 田 芳 憲 他訳	法 社 会 学 と 比 較 法	A 5 判 3300円
20	カペレッティ 編 小 島・谷 口 編訳	正義へのアクセスと福祉国家	A 5 判 4950円
21	P. ア ー レ ン ス 編 小 島 武 司 編訳	西 独 民 事 訴 訟 法 の 現 在	A 5 判 3190円
22	D. ヘーンリッヒ 編 桑 田 三 郎 編訳	西ドイツ比較法学の諸問題	A 5 判 5280円
23	P. ギ レ ス 編 小 島 武 司 編訳	西 独 訴 訟 制 度 の 課 題	A 5 判 4620円
24	M. ア サ ド 真 田 芳 憲 訳	イスラームの国家と統治の原則	A 5 判 2136円
25	A. M. プ ラ ッ ト 藤 本・河 合 訳	児 童 救 済 運 動	A 5 判 2669円
26	M. ローゼンバーグ 小 島・大 村 編訳	民 事 司 法 の 展 望	A 5 判 2456円
27	B. グロスフェルト 山 内 惟 介 訳	国 際 企 業 法 の 諸 相	A 5 判 4400円
28	H. U. エーリヒゼン 中 西 又 三 編訳	西ドイツにおける自治団体	A 5 判 (品切)
29	P. シュロッサー 編 小 島 武 司 編訳	国 際 民 事 訴 訟 の 法 理	A 5 判 (品切)
30	P. シュロッサー 他 小 島 武 司 編訳	各国仲裁の法とプラクティス	A 5 判 1650円
31	P. シュロッサー 編 小 島 武 司 編訳	国 際 仲 裁 の 法 理	A 5 判 1540円
32	張 晋 藩 真 田 芳 憲 監修	中 国 法 制 史 ㊤	A 5 判 (品切)
33	W. M. フライエンフェルス 田 村 五 郎 編訳	ド イ ツ 現 代 家 族 法	A 5 判 (品切)
34	K. F. クロイツァー 山 内 惟 介 監修	国 際 私 法・比 較 法 論 集	A 5 判 3850円
35	張 晋 藩 真 田 芳 憲 監修	中 国 法 制 史 ㊦	A 5 判 4290円

日本比較法研究所翻訳叢書

36	G. レジエ 他 山野目章夫他訳	フランス私法講演集	A5判 1650円
37	G. C. ハザード他 小島武司編訳	民事司法の国際動向	A5判 1980円
38	オトー・ザンドロック 丸山秀平編訳	国際契約法の諸問題	A5判 1540円
39	E. シャーマン 大村雅彦編訳	ＡＤＲと民事訴訟	A5判 1430円
40	ルイ・ファボルー他 植野妙実子編訳	フランス公法講演集	A5判 3300円
41	S. ウォーカー 藤本哲也監訳	民衆司法——アメリカ刑事司法の歴史	A5判 4400円
42	ウルリッヒ・フーバー他 吉田 豊・勢子訳	ドイツ不法行為法論文集	A5判 8030円
43	スティーヴン・L. ペパー 住吉 博編訳	道徳を超えたところにある法律家の役割	A5判 4400円
44	W. マイケル・リースマン他 宮野洋一他訳	国家の非公然活動と国際法	A5判 3960円
45	ハインツ・D. アスマン 丸山秀平編訳	ドイツ資本市場法の諸問題	A5判 2090円
46	デイヴィド・ルーバン 住吉 博編訳	法律家倫理と良き判断力	A5判 6600円
47	D. H. ショイイング 石川敏行監訳	ヨーロッパ法への道	A5判 3300円
48	ヴェルナー・F. エブケ 山内惟介編訳	経済統合・国際企業法・法の調整	A5判 2970円
49	トビアス・ヘルムス 野沢・遠藤訳	生物学的出自と親子法	A5判 4070円
50	ハインリッヒ・デルナー 野沢・山内編訳	ドイツ民法・国際私法論集	A5判 2530円
51	フリッツ・シュルツ 眞田芳憲・森 光訳	ローマ法の原理	A5判 (品切)
52	シュテファン・カーデルバッハ 山内惟介編訳	国際法・ヨーロッパ公法の現状と課題	A5判 2090円
53	ペーター・ギレス 小島武司編	民事司法システムの将来	A5判 2860円

日本比較法研究所翻訳叢書

54	インゴ・ゼンガー 古積・山内 編訳	ドイツ・ヨーロッパ民事法の今日的諸問題	A 5 判 2640円
55	ディルク・エーラース 山内・石川・工藤 編訳	ヨーロッパ・ドイツ行政法の諸問題	A 5 判 2750円
56	コルデュラ・シュトゥンプ 楢﨑・山内 編訳	変革期ドイツ私法の基盤的枠組み	A 5 判 3520円
57	ルードフ・V. イエーリング 眞田・矢澤 訳	法学における冗談と真面目	A 5 判 5940円
58	ハロルド・J. バーマン 宮島直機 訳	法　と　革　命　II	A 5 判 8250円
59	ロバート・J. ケリー 藤本哲也 監訳	アメリカ合衆国における組織犯罪百科事典	A 5 判 8140円
60	ハロルド・J. バーマン 宮島直機 訳	法　と　革　命　I	A 5 判 9680円
61	ハンヅ・D. ヤラス 松原光宏 編	現代ドイツ・ヨーロッパ基本権論	A 5 判 2750円
62	ヘルムート・ハインリッヒス他 森　勇 訳	ユダヤ出自のドイツ法律家	A 5 判 14300円
63	ヴィンフリート・ハッセマー 堀内捷三 監訳	刑罰はなぜ必要か 最終弁論	A 5 判 3740円
64	ウィリアム・M. サリバン他 柏木　昇 他訳	アメリカの法曹教育	A 5 判 3960円
65	インゴ・ゼンガー 山内・鈴木 編訳	ドイツ・ヨーロッパ・国際経済法論集	A 5 判 2640円
66	マジード・ハッドゥーリー 眞田芳憲 訳	イスラーム国際法　シャイバーニーのスィヤル	A 5 判 6490円
67	ルドルフ・シュトラインツ 新井　誠 訳	ドイツ法秩序の欧州化	A 5 判 4840円
68	ソーニャ・ロートエルメル 只木　誠 監訳	承諾，拒否権，共同決定	A 5 判 5280円
69	ペーター・ヘーベルレ 畑尻・土屋 編訳	多元主義における憲法裁判	A 5 判 5720円
70	マルティン・シャウアー 奥田安弘 訳	中東欧地域における私法の根源と近年の変革	A 5 判 2640円
71	ペーター・ゴットバルト 二羽和彦 編訳	ドイツ・ヨーロッパ民事手続法の現在	A 5 判 2750円

日本比較法研究所翻訳叢書

72	ケネス・R.ファインバーグ 伊藤壽英 訳	大惨事後の経済的困窮と公正な補償	A 5 判 2860円
73	ルイ・ファヴォルー 植野妙実子 監訳	法にとらわれる政治	A 5 判 2530円
74	ペートラ・ポールマン 山内惟介 編訳	ドイツ・ヨーロッパ保険法・競争法の新展開	A 5 判 2310円
75	トーマス・ヴュルテンベルガー 畑尻剛 編訳	国家と憲法の正統化について	A 5 判 5610円
76	ディルク・エーラース 松原光宏 編訳	教会・基本権・公経済法	A 5 判 3740円
77	ディートリッヒ・ムルスヴィーク 畑尻剛 編訳	基本権・環境法・国際法	A 5 判 7040円
78	ジェームズ・C・ハウエル他 中野目善則 訳	証拠に基づく少年司法制度構築のための手引き	A 5 判 4070円
79	エイブラム・チェイズ他 宮野洋一 監訳	国際法遵守の管理モデル	A 5 判 7700円
80	トーマス・ヘェーレン編 山内惟介 編訳	ミュンスター法学者列伝	A 5 判 7370円
81	マティアス・カスパー 小宮靖毅 編訳	コーポレート・ガバナンス、その現下の課題	A 5 判 1430円
82	エリック・ヒルゲンドルフ 髙橋直哉 訳	医事刑法入門	A 5 判 3410円
83	ピエール=イヴ・モンジャル 西海・兼頭 訳	欧州連合・基本権・日欧関係	A 5 判 1760円
84	ニールス・ペーターゼン 柴田・徳本・鈴木・小野寺 訳	公法における比例原則と家族法におけるヨーロッパ人権条約の機能	A 5 判 1540円
85	ベルンハルト・グロスフェルト 山内惟介 訳	標と数の法文化	A 5 判 3960円
86	於興中 梶田幸雄・柴裕紅 編訳	法の支配と文明秩序	A 5 判 3080円
87	ヴィール・コラート 他編 杉浦宣彦 訳	欧州金融規制	A 5 判 9350円
88	トーマス・J・ミチェリ 髙橋直哉 訳	刑罰のパラドックス	A 5 判 4180円
89	ベッティナ・ハイダーホフ 鈴木・デルナウア 編訳	ドイツ家族法・デジタルコンテンツ法の現代的課題	A 5 判 2090円

＊表示価格は税込みです。